ELMAR GRUBER

TRANCEFORMATION

ELMAR GRUBER

TRANCE FORMATION

SCHAMANISMUS UND DIE AUFLÖSUNG DER ORDNUNG

SPHINX VERLAG BASEL

CIP-Kurztitelaufnahme der Deutschen Bibliothek

Gruber, Elmar:
Tranceformation: Schamanismus u. d. Auflösung
d. Ordnung / Elmar Gruber.
Basel: Sphinx-Verlag, 1982.
ISBN 3-85914-151-1

1982

Übertragung des Vorworts
aus dem Amerikanischen
von Dieter A. Hagenbach
Umschlagbild: Jean Villard
Gestaltung: Charles Huguenin
Gesamtherstellung:
Rombach+Co GmbH, Freiburg
Printed in Germany
ISBN 3-85914-151-1

Für Oona

If the fish and the bird were worried about the limits of the water and the air . . . they'd never go anywhere

Graffiti an der University of California at Santa Barbara

Inhalt

Vorwort

Ein gewaltiger Wolkenbruch durchnässte mich bis auf die Knochen, als ich auf dem Weg zur Behausung des Cayapa Schamanen etwas unbeholfen eine glitschige Böschung emporstieg. Ich hatte mir bei einem Unfall meinen rechten Arm gebrochen, an jenem Morgen im Juli 1980, in einem entlegenen Urwald im nördlichen Ecuador. Die Heilungszeremonie, die in derselben Nacht stattfinden sollte, galt nicht mir, sondern den örtlichen Kranken und all jenen, die von weit her in ihren Kanus angereist kamen. Die Behausung glich weniger dem Heim einer Familie, sondern eher einem Spital mit Dutzenden von Männern, Frauen und Kindern, die ausgestreckt oder zusammengerollt auf dem bambusbelegten Boden herumlungerten. Indem ich mich den Reihen der Kranken anschloss, realisierte ich, dass das Leiden jeden von uns mit dem anderen vereinte. Dieses Wissen machte mich betroffen und liess mich das Warten aufgeben, denn unter den Menschen um mich herum war bereits eine gewisse Bewegung und Absicht zu bemerken.

Rund fünfzehn Stunden später, frühmorgens nach Beendigung der Zeremonie, blickte ich in das gütige Gesicht des Schamanen, der die Zeremonie abgehalten hatte, und eine ungeheure Erregtheit der Anerkennung durchströmte mich. Ich kann nicht beschreiben, wie wir uns einem gegenseitigen Mitgefühl zu öffenen schienen. Das Ausmass dieses Augenblicks war uralt und bekannt. Ich wünschte der gesamten Menschheit dieses Auflösen von Grenzen in einem Akt des Heilens, der kulturelle Unterschiede transzendiert. Ich erkannte, dass die Stille zwischen uns aus der hellen Dunkelheit seiner Ayahuasca- (eine halluzinogene Pflanze) Trance entstanden ist, nachdem die Kerzen gelöscht worden sind und er uneingeladen den Weg in meinen Traum gefunden hatte. Er kam zu mir wie ein leuchtender Körper und landete im Ozean meines

Schlafes. Ich wusste er war dort, obwohl mir nicht gesagt wurde, dass er dies tun musste, um mein Leiden zu sehen, und es zu heilen. Was kann ich sagen über das Wohlwollen dieses Fremden, der mir nun so nah war? Unaufgefordert hatte er von weit her meine Schutzgeister gerufen. Dies hatte er für uns alle getan, die sich in seinem Urwaldspital versammelt hatten. Er verzauberte die Geister mit seinem Lied, seinem Pfeifen und dem Rauschen trockener Blätter, mit denen er spielte wie mit einer Rassel. Er und seine Assistenten hatten das Caapi-Gebräu getrunken und vermochten so in die Bereiche der Geisterwelt zu reisen. Nachdem sich die Schutzgeister, die Sippen des Unsichtbaren, versammelt hatten, wurden die Kerzen ausgeblasen und eine grosse Stille senkte sich über alle. Ich lag zusammengerollt auf einer Plattform zur Linken des Schamanen und hielt meinen pochenden Arm, als ich plötzlich in Schlaf fiel. Während der folgenden Stunden hatte ich den Eindruck einer mitfühlenden Anwesenheit des «Rats der Anderen». Gelegentlich wachte ich auf in der Überzeugung, eine Lampe sei angezündet worden. Doch die Nacht war ruhig und dunkel. Stunden verstrichen, dann hörte ich den Schamanen singen und mit einer Person nach der anderen «arbeiten». Er saugte die Krankheit aus dem Körper der Patienten, stiess Tabakrauch aus, um das Umfeld des einzelnen zu reinigen, raschelte mit den Blättern. Ermunternd, schreiend, schmeichelnd, ging er von einem zu anderen, bis sein «Job» bei Anbruch der Dämmerung getan war. Anschliessend ass er im Kreise seiner Familie und sprach kurz mit mir über die vergangene Nacht.

Ich habe oft an die Begegnung im ecuadorianischen Regenwald gedacht. Als Anthropologin habe ich viele Jahre damit verbracht im «Feld» zu arbeiten, mit Männern und Frauen, die besondere Begabungen als Heiler besitzen. Ich habe auch als medizinische Anthropologin bei konventionellen und unkonventionellen ärztlichen Sitzungen mitgearbeitet. In aufrichtiger Weise habe ich versucht, die verborgensten Aspekte des Heilungsprozesses zu verstehen, in historischer, kultureller, psychologischer und parapsychologischer Hinsicht. In allen Fällen stiess ich gegen einen Fels von Unglauben in bezug auf nicht-mechanistische Erscheinungen. Eine materialistische Wissenschaft hatte in meinen Versuchen, das Metaphysische und Parapsychologische zu analysieren und zu begreifen, eine pragmatische Orientierung geschaffen. Mein Freund, der Gelehrte Joseph Campbell beschrieb dies einst als «unterwürfig den reinen Tatsachen gegenüber». Mein eigenes Glaubenssy-

stem versperrte mir die Sicht und liess mich an Dingen zweifeln, die nicht nur ich, sondern auch andere beobachtet hatten.

Nach vielen Jahren der Befragung, und dem Bedürfnis meine Beobachtungen nachzuweisen, habe ich schliesslich, auf Anraten meines guten Freundes Hyemeyohsts Storm diese Methode fallengelassen. Eines Tages schnauzte er mich an: «Nicht nachweisen, nur klarstellen!» Ich habe mir seinen Befehl zu Herzen genommen. Lasst uns daher eine mögliche Klarstellung der Erfahrung des Schamanen untersuchen.

Es ist ganz und gar nicht überraschend, dass die archaischsten mystischen Praktiken heute für viele von so grossem Interesse sind. Während die Kulturen, die einst den Schamanen hervorgebracht hatten, ihren Boden an die westliche Technologie verlieren, ist es mehr als nur eine atavistische Nostalgie, die unsere Neugier und Forschung in die Vergangenheit führt. Ich möchte kurz verschiedene Gründe für diese ungewöhnliche Situation darlegen. Der Schamane ist oft als ein «verwundeter Heiler», ein «halbgeheilter Irrer», ein schlecht integriertes Individium bezeichnet worden. Viele Schamanen haben tatsächlich eine psycho-physiologische Krise von ungeheuren Ausmassen durchgemacht, bevor sie sich ihrer Berufung zuwandten. Wie auch immer, es ist klar, dass der Schamane nicht nur verwundet worden ist, sondern auch seine oder ihre eigene Heilung bewirkt hat. Der Schamane ist jemand, der direkt die Bereiche der Krankheit, Altersschwäche, der psychischen Verwirrtheit und des Todes erforscht hat. Er oder sie ist gründlich mit dem Leiden des Menschen und der Möglichkeit vertraut, die menschliche Agonie zu transzendieren. Der persönliche Eintritt des Schamanen in das Reich des Leidens wird zur Grundlage mitfühlender Handlung im gesellschaftlichen Bereich. Die schmerzliche Verzükkung des Schamanen ist daher kein solipsistisches Bestreben, sondern eine Erfahrung, die man für die anderen durchmacht.

Der Zugang des Schamanen zu Heilung und Ritual ergibt sich aus dem Kontext. Das Individuum wird in Beziehung zur Gesellschaft gesehen, Gesellschaft zur Natur; einer Natur, die erfüllt ist von Kraft und bewohnt von Geistern und Ahnen. Dies findet sich in einem ausgedehnteren Kreis eines «Grossen Geistes» wieder, und diese göttliche Wesenheit kennt in einigen Kulturen als Vorläuferin und umschliessende Urmutter Raum jene Leere, aus der alle Erscheinungen geboren werden. Folglich befinden sich das Sichtbare und Unsichtbare, das Gesellschaftliche und Spirituelle, das Kulturelle und Natürliche, das Gewöhnliche und Ungewöhnliche in einem Seinskontinuum, das nicht einfach auf Gegensätzlichkeiten, sondern auf sich ergänzenden, verbindenden und ineinandergreifenden Modulationen einer einzigen grossen Einheit aufgebaut ist. Im wesentlichen verkörpert der Schamane eine mystische Weltanschauung, die durch eine numinose Einheit charakterisiert ist, die wiederum allen Formen und Erscheinungen zugrunde liegt. Das Öffnen des transpersonalen Bereichs der Psyche ist häufig für die Neuordnung des persönlichen Wertsystems, in Richtung von Maslows Meta-Werten, verantwortlich.

Wenn wir uns dem Inhalt des schamanischen Initiationsmärtyriums zuwenden, entdecken wir, hinsichtlich ihrer inneren Erfahrung, eine erstaunliche Übereinstimmung unter den Schilderungen der Schamanen auf der ganzen Welt.

Wir können diese Parallelen auch auf viele andere Gebiete ausdehnen, unter anderem auf die mystischen Reisen klassischer Helden, Tod/Wiedergeburt-Erfahrung bei entsprechenden Riten, andere Einweihungsrituale, alte Mysterienkulte, der Seelenreise nach dem Tod, Erlebnisse während des klinischen Todes, bestimmte Arten der Schizophrenie, klassische visionäre Erlebnisse und LSD-Erfahrungen. Die Gleichförmigkeit der Themen in diesen verschiedenen Gebieten könnte sehr wohl auf gemeinsame Strukturen und

Prozesse innerhalb der Psyche hindeuten. Dass der Schamane im Laufe seiner initiatorischen Verzückung direkt das Unbewusste anzapft, macht dieses Individuum zu einer einmaligen Quelle psychologischer und parapsychologischer Information.

Die spontane visionäre Erfahrung des Schamanen lässt erkennen, dass die Inhalte des Bewusstseins von archaischer und dauerhafter Natur sind. Das Studium dieser Erfahrung erlaubt uns nicht nur ein grösseres Verständnis der Psychologie, Psychopathologie und Parapsychologie, sondern auch der todesnahen und anderen mystischen Erfahrungen.

Das Hervortreten des Schamanen als eine relevante Figur in der gegenwärtigen Gesellschaft, in einer Zeit der sozialen und ökologischen Auflösung, deutet auf eine Verschiebung des Interesses von institutionalisierten Formen, auf solche individueller selbstordnender Prozesse. Das Muster unaufhörlicher Revolutionen der Unordnung/Ordnung folgt dem grundlegenden geistigen Modell des autonomen, selbstorganisierenden Systems, das sich in einem Prozess fortwährender Selbsterneuerung befindet. Im weiteren ist die Welt, die der Schamane in einem besonderen kulturellen Umkreis kreiert, eine Konstruktion des Geistes – und dieser Geist wird geteilt mit den anderen Mitgliedern seiner Kultur. Kulturelle Gebilde der «Realität», Zeit, des Raumes, Lebens und Todes werden in Mythos und Ritual verschlüsselt und besitzen daher ein langes, dauerhaftes und beharrliches Leben. Diese elementaren Vorstellungen sind vor allem in jenen Gesellschaften sichtbar, in denen die philosophische und intellektuelle Kultur innerhalb der Sphäre des individuellen psychologischen Prozesses begründet ist, wie dies beim Schamanen der Fall ist, der in Zuständen der Trance-Verzückung fortwährend den Urboden der Seele betritt.

Kehren wir nun zurück zu der Cayapa Zeremonie in Ecuador. Ich habe mich oft gefragt, wessen Geist es war, der die Gegenwart des Schamanen in meinem Traum bewirkte, und wo die Grenzen dieses Geistes sind. Mein «Glaubenssystem» kannte kein kulturelles oder psychologisches Detail eines anderen oder «Aussenseiter»-Beobachters in meinem Traumfeld. Doch kürzlich habe ich begonnen zu verstehen, dass das «Ich», das meinen Geist auf meine eigenen Erfahrungen begrenzt glaubt, nicht das gleiche Selbst ist, das über die Welt der Erscheinungen hinaus in die Reihe der Träume, Visionen und des mystischen Bewusstseins blickt. Die Grenzen dieses Selbst gleichen eher schrankenlosen Fronten wo alle Möglichkeiten existieren – ein grösserer Geist, der einen kleineren Geist enthält. Während ich dies schreibe, erinnere ich mich an die Worte des visionären Black Elk, als er auf dem Gipfel des Mount Harney, dem Weltenberg predigte: «Als ich dort stand, sah ich mehr als ich erzählen kann, und ich verstand mehr als ich sah; denn ich sah in einer heiligen Weise die Form aller Dinge im Geist und die Form aller Formen, wie sie zusammenleben müssen, wie ein Wesen». Dieses Sehen «in einer heiligen Weise» weist über unsere materialistische Wissenschaft hinaus zu einer neuen Wissenschaft, die den Grossen Geist umschliesst.

Joan Halifax
Ojai, Frühjahr 1982

Einleitung

Der Schamanismus ist die älteste Tradition, die Intellekt und Emotion zu einer künstlerisch-poetischen Bewältigung des Lebens einsetzt. Der Weg des Schamanen ist der, aus vorgegebenen Mustern hinauszutreten, den Anspruch auf eine unabhängig vom Individuum existierende Ordnung ungültig zu erklären. Indem er seinen gewöhnlichen Bewusstseinszustand in der Trance verändert, gestattet sich der Schamane, dass jeder Augenblick der Erfahrung der «äusseren» Welt zugleich eine Erfahrung seiner «inneren» Welt ist. In seiner besonderen Aufmerksamkeit der Verschränktheit des Inneren und Äusseren gegenüber entwickelt er die Magie einer sich stets neu bestimmenden und neu organisierenden Persönlichkeit. Keine Gesinnungslosigkeit sondern Gesinnungsfreiheit: Neubildung durch Trance – Trance-Formation, das Ende des Selbstverständlichen.

Der Schamanismus als eine Existenzart weist eine in den wesentlichen Elementen unveränderte, im wahrsten Sinn des Wortes uralte, Tradition auf. Deren gegenwärtiges Vorkommen und das ihr von der zivilisierten Welt entgegengebrachte Interesse deuten darauf hin, dass sich mit ihr ein nicht nur psychisch wichtiges grundlegendes Bedürfnis verbindet, das auf anderen Wegen nur unzureichend befriedigt wurde. Freilich wird häufig vorschnell der Ausdruck der schamanischen Lebenshaltung mit dieser selbst verwechselt. Das ist sowohl schlechte Metaphysik als auch eine übertriebene Gläubigkeit in das pragmatisch einfach Machbare. Das Wesen des Schamanen entzieht sich einer solchen Betrachtungsweise. Mit den Mitteln des gewöhnlichen Verstehens ist der Eingang zum Reich des Schamanen das Tor ins Labyrinth. Aber in gewisser Form wird man diesem Labyrinth zunächst kaum entgehen können. Auch der Versuch das Wesen des Schamanen zwischen zwei Buchdeckeln zu offenbaren muss notwendigerweise ein paradoxes, fast unsinniges Unternehmen sein. Und wer nicht bereit ist, die Säfte seines Hirns und seines Herzens in die Seiten plätschern zu lassen, wird es schwieriger haben, dem abenteuerlustigen Meister des Ungezügelten zu begegnen. Zum Glück scheint die Zunft der fröhlichen Grenzüberschreiter über eingebaute Sicherheitsvorkehrungen zu verfügen, die Neugierige und Aufdringliche davor abhalten durch Wasserschalen in nie erahnte Welten zu tauchen. Darum besteht auch nicht die Gefahr, dass zuviel ausgeplaudert werden könnte, es sei denn, die Unerträglichkeit der Worte liesse dieselben nackt und verantwortungslos werden. Freilich plaudern sie dann nicht mehr. Besonderen Dank möchte ich Angela Jaffé, Joan Halifax, Stefan Becker, Richard de Mille, Wilhelm Gauger und Stanley Krippner zukommen lassen, die mit ihren Hinweisen, ihrer Kritik, ihrem Verständnis und Unverständnis dazu beigetragen haben, dass meine Arbeit an diesem Buch ein ebenso freudiges wie abenteuerliches Unternehmen werden konnte. Susan Fassberg hat durch zahlreiche Gespräche oder durch ihre blosse, höchst willkommene Anwesenheit den aufregenden und manchmal beunruhigenden Zustand hervorgerufen, dass sich meine Ansichten über die Dinge auch während des Schreibens laufend veränderten. An letzterem Zustand hatten auch die nicht immer freundlichen Wesen Anteil, die mich bisweilen am Hemdärmel zupften, als ich Gefahr lief, die Dinge zu verbissen zu sehen. Leider gelang es mir nie, diese Besucher in längere Unterhaltungen zu verwickeln, was mir ermöglichte, das Buch zu Ende zu bringen, obwohl noch genügend Krawattenknoten und verkrampfte Ansichten ungelöst blieben.

Die Österreichische Gesellschaft für Parapsychologie erleichterte mir, durch ihre finanzielle Unterstützung, in freundlichster Weise, die Möglichkeit in Mexiko einigen ausser-ordentlichen Menschen zu begegnen. Ich will nicht unerwähnt lassen, dass ich es Dieter Hagenbach mit seinem Enthusiasmus und seiner Unterstützung und dem Sphinx-Team zu verdanken habe, dass mir die Verlagsbesuche in Basel weniger als geschäftliche Meetings denn als fröhliche Parties in Erinnerung bleiben werden.

Bleibt noch zu erwähnen, dass, wenn immer ich von dem Schamanen spreche, sowohl weibliche als auch männliche Schamanen gemeint sind. Ich entschied mich dafür, die unglückliche Sprachregelung aufrecht zu erhalten, um den Text nicht unnötig zu verstümmeln.

Nicht jeder tritt in die Welt ein
in der alles erkannt wird
Maria Sabina

Der Schamane –
Gelehrter ohne Wissen?

In dem grossen Zelt hatte sich eine stattliche Anzahl von Alaji Jukagiren[1] angesammelt. Scherzend hockten sie um die Feuerstelle in der Mitte des Zeltes, auf der Teetöpfe und Kessel standen. Fahles Licht vom Dampf, vermischt mit dem Rauch der Pfeifen. Die kleineren Schlafzelte in den Ecken waren kaum auszumachen. Fast unbemerkt war der Assistent des Schamanen mit ernster Miene hereingekommen. In einem grossen Sack brachte er das heilige Instrument seines Meisters: die Trommel[2].

Erst als sich der Helfer ans Feuer gesetzt, und der Besitzer des Zeltes den Tabaksbeutel für den Meister gefüllt hatte, legten sich die Gespräche. Das Zelt begann sich zu verändern, wurde zu einer Verbindungsstätte der Welten – ein geschichtsloses Loch im Universum. Als der Assistent die Trommel über das Feuer hielt, war es Reinigung und Stimmung des Instruments zugleich.

Jetzt kommt Tret'jakov, der Schamane. Schweigend setzt er sich an die Feuerstelle und raucht lange an seiner Pfeife. Dann steht er auf und sein Helfer reicht ihm den Rock, schwer mit metallenen Anhängern: auf dem Rücken der Mond, die Sonne, der Stern – himmlische Wegweiser durch das Reich der Schatten[3]. Von den Ärmeln hängen lange Lederriemen, die Vogelfedern[4] für den magischen Flug. Ein Mythos der Jukagiren erzählt von dem Schamanen, der seine menschlichen Innereien herausnimmt[5], aus dem Zelt geht, sein Schamanengewand anlegt und sich in die Lüfte erhebt, um mit den Störchen zu fliegen. So wird er selbst zum Storch[6].

Auf Tret'jakovs Mantel fanden sich auch Metallplättchen in Form von Skeletten[7] wieder und selbstverständlich ein Abbild von *wo'man-o'no'*, der Seele des toten Ahnen-Schamanen. Über den schweren Mantel legte Tret'jakov seine Schürze an. Wieder aus erzenem Unvergänglichen die Verbündeten[8] des langhaarigen Jukagiren: ein zweiköpfiger Adler, ein zweiter Adler, ein Tauchervogel. Sie umspannen die Lüfte und das Meer – das Reich der Tiere, der Geister und der Schamanen. Ein eisernes Herz steht für Mut und Ausdauer. Zuletzt setzt der Schamane seine Mütze aus Leder, Pelz und Bändern auf und nimmt die Trommel zur Hand.

Bereits jetzt hat der Schamane die Welt der Menschen verlassen, hat sich der Todesgefahr der Grenzwanderung, ja der Überschreitung von Grenzen ausgesetzt. Aber er hat sich gewappnet, gewissermassen gerüstet[9] für seinen Weg durch die heimtückische Weglosigkeit unirdischer Fremde. Wenn er beginnt seine Trommel zu schlagen, erst langsam und leise, dann immer rascher, immer lauter, bis man meint der Schlegel oder die Trommel müsse bersten[10], dann wissen auch die Umsitzenden, dass seine Reise begonnen hat. In seinem wahrlich ver-rückten Trommelschlag ruft Tret'jakov die Geister der Tiere mit ihren eigenen Lauten: den Tauchervogel, verschiedene Schnepfenarten, den Kuckuck, mit kurzen pil', pil', pil'-Lauten den Adler, dann den Storch und zuletzt das dunkle Heulen des Wolfes und des Bären. Er ist zufrieden, die Geister sind gekommen, man weiss nicht mehr, ob die Tierlaute aus dem Mund des nunmehr ekstatischen Schamanen stammen, ob er Bauchrednerkünste vollführt, oder ob sie aus den entferntesten Winkeln des Zeltes kommen.[11]

Dann wird der Schlag auf die Trommel wieder ruhiger und Tret'jakov beginnt zu singen: «Herr meines Landes, das acht Winde hat, hilf![12] Herr der Gräser und Herr der Bäume, hilf! Mutter des Wassers, sieben Schneehügel bedecken dich, acht Eisschichten sind deine Bettstatt, schwarze Füchse hast du als Kragen, arktische Füchse als Schaum, junge Füchse als Wellen, Mutter des Wassers, hilf! Lichtschöpfer Grossvater, drei Zügel hast du, hilf!» Und dann wieder: «Herr des Feuers, deine innere Wärme von dem Unsichtbaren, durch deine innere Wärme, hilf! Wenn der Sturm kommt soll mein Haus an den unteren Stangen fest stehen, meine Zeltstangen-Fundamente sollen fest stehen, ich bin zum Schamanen gemacht worden, hilf!»[13]

In einem tragischen Gesang stellt der Jukagiren-Schamane die Verbindung zu den Gottheiten her und versichert sich seiner eigenen Kraft: die Fundamente seines Hauses sind die Fundamente seiner selbst und nicht zuletzt seines Stammes und seiner Tradition.

Der Beginn einer klassischen sibirischen Schamanenséance.

Auf der anderen Seite des Erdballs werden in einer modrigen Holzhütte in dem mittelmexikanischen Bergdorf Huautla de Jimenez Kerzen angezündet für eine nächtliche *velada*[14]: Zeremonie der heiligen Pilze. Auf Strohmatten kauern einige im Halbdunkel kaum auszunehmende Gestalten. Über dem Räucherharz[15] schwenkt die zierliche Mazateken-Indianerin[16] Maria Sabina paarweise die liebevoll *niños santos,* heilige Kinder, genannten Pilze. Drei Paar bekam ihre schwer kranke Schwester, dann aber ass Maria Sabina selbst wohl an die dreissig Paar[17]. Allmählich fühlte sie,

Auf dem Gewand von Tulajew, dem fröhlichen Kargassen-Schamanen, sind Rippen aufgenäht. Posierfoto mit der Feiertagstrommel vor dem trauten Heim.

dass sie mit grosser Leichtigkeit sprechen konnte, Gesang, schönen Gesang brachten ihr die *niños santos* und führten ihre Hände zur kranken Maria Ana. Die Pilze gaben ihr Ratschläge. Maria Ana blutete stark, als würde sie gebären, dann aber hörte das Stöhnen auf in der Hütte und sie schlief ein. Maria Sabina *curandera* – Heilerin.

Zum ersten Mal hat sie es verstanden, die Pilze durch sich wirken zu lassen. Aber entscheidender noch als diese unmittelbare Handlung, fand sie sich plötzlich in einem visionären Raum wieder: die festlich gekleideten Grundwesen standen vor ihr[18], entfalteten ein reges Treiben, offerierten der Staunenden ein Buch, das grösser und grösser wurde, bis es so gross war wie ein Mensch. Es war das Buch der heiligen Sprache[19]. Maria Sabinas Buch. In einem Augenblick lernte die Mazatekin in der nächtlichen Pilztrance die Weisheit des Buches. «In meinen späteren Visionen erschien das Buch nicht mehr,» sagt sie, «denn ich bewahre seinen Inhalt bereits in meinem Gedächtnis.»[20] Die Blitzkarriere zu einer Trance-Gelehrten, sozusagen; zu einer *chotá-a tchi-née,* eine, die Wissen hat.

Später in dieser Nacht löscht Maria Sabina die Kerzen, um besser auf den Grund der Dinge sehen zu können. In einer Metamorphose der Umwelt öffnen sich die Wände der Hütte, und sie sieht *Chicon Nindó,* den mythischen Herrn der Berge, stolz auf einem weissen Pferd. Sein Gesicht – ein Schatten – verschwand wieder im Dunkel der Nacht.

Dann aber sauste ein leuchtendes Etwas mit Getöse durch ein Loch in der Wand, wurde zu einem hellen Blätterwesen, aus dem Äste, Stengel und Blüten wuchsen. Wie Castanedas Mescalito[21], ein Jack-in-the-Green der Sierra Madre, bedeutet das Wesen Tragisches und Possenhaftes zugleich: die tiefe und rätselhafte Bindung zur Natur und ihre gleichzeitige Annullierung. Das ist der Weg der Schamanen.

Maria Sabina hatte verstanden, ihre Tränen «klirrten wie Glasperlen»[22], ein Zeichen dafür, dass sie das Leuchtende dieses Wesens in sich aufgenommen hatte. Sie war er-leuchtet, im wahrsten Sinn des Wortes. Da tanzte sie und wusste, dass sie der grossartige Bajazzo ist.

Was verbindet Tret'jakov und Maria Sabina?

Hier war es die Zeremonie, die mehr oder weniger komplexe Anordnung sakraler Handlungen. Eigentlich nur ein lächerlicher Kunstgriff: Trommelschlag und psychotrop wirkende Pilze. Aber in dieser kleinen Geste steckt bereits der tiefe Wille zum Anschlag auf die Welt der alltäglichen Ordnung[23]. Die Verbündeten des Schamanen stammen von den Orten und Zeiten, die jenseits dieser mess- und wägbaren Wirklichkeit sind. In dieser Haltung kennen die Schamanen nicht mehr den Zaun, der uns vor dem Fremden trennt[24], wohl aber den gefahrvollen Weg *zwischen* den Welten. Und gerade deshalb sind sie keine Überläufer, keine Aussteiger, sondern hermeshafte Vermittler, die sich zudem des schandhaften Vergehens schuldig gemacht haben, ihr Wissen auf einer luftigen Trancefahrt und nicht auf einer hölzernen Schulbank erlangt zu haben.

Der Schamanismus ist ein vielfältig verflochtenes Gewebe der Tätigkeit einer Person. Dabei bewegt sich der Handlungsraum des Schamanen immer von seinen Stammesgenossen zu den Verbündeten aus der fernen Fremde und umgekehrt. In dieser Vermittlerrolle versucht der Schamane ein Gleichgewicht aufrechtzuerhalten, das in letzter Instanz das Verhältnis zwischen Natur und dem menschlichen Eingriff in dieselbe[25] ausgleichen will. Dazu bedient er sich verschiedener Kunstgriffe. Einmal der Trance, dem Bewusstseinszustand der Seher und Wahrsager[26]. Diese Verfassung, die von Eliade[27] zur klassischen Schamanendefinition einer «Technik der Ekstase» führte, verrät bereits die Affinität dieser Person jene Zeichen lesen zu können, welche die Natur dem trivialen Blick der Alltäglichkeit entzogen hat. Es sind die Fährten des Zufalls, die sich in steinernen Erosionsfiguren, im Gurgeln des Baches oder dem Flug einer Vogelschar offenbaren. Dies ist die Schrift, die Schamanen lesen, wie Maria Sabina im Buch der heiligen Sprache.

Durch das Privileg des Zugangs zu den anscheinend verborgenen Ebenen der Wirklichkeit gelangen die Schamanen in eine besondere soziale Position. Man sucht sie auf, um über dies und jenes etwas zu erfahren, um zu hören, wie es mit der nächsten Ernte sein wird und mit dem Regen. Man erhofft, dass der Schamane durch seine jenseitigen Gehilfen Krankheiten heilen kann. Aber zugleich ist darin schon das Bewusstsein verborgen, dass er die Krankheit auch erzeugen kann. Der Hopi Schamane muss sogar jährlich den magischen Tod eines Verwandten hervorrufen, um sein eigenes Leben zu sichern[28], und wenn der *clever man* in Südostaustralien sein *ngathungi* zückt, dann steht es um das Opfer schlecht[29]. Gesucht wie gefürchtet erhalten Schamanen fast von selbst eine Randposition in der Gesellschaft des Stammes. Das mag sich äusserlich darin zeigen, dass sie häufig ausserhalb der Siedlungsstätten wohnen.

Äussere und innere Emigranten.

Die *karai* – die grossen Schamanen der Tupi-Guarani Südamerikas – sind solche Eremiten[30]. Die gewünschte Isolierung steht für eine Art zu zeigen, dass sie anders sind. Mehr noch: es ist der Ausdruck dafür, dass sie überhaupt keiner Gesellschaft zugehören, dass sie eigentlich nirgendwo zu Hause sind. Für Hélène Clastres stehen sie darum ausserhalb der Ordnung.[31]

Deshalb haben wir es hier mit einer unberechenbaren Figur zu tun, die sich nicht in den Kategorien des Selbstverständlichen erfassen lässt, sie entwischt der Einordnung, ja selbst einer angemessenen Beschreibung, wie manche Ethnologen[32] befürchten. Kurz, sie lässt sich nicht auf die geheiligte Kulturformel einer Gleichung festlegen.

Vielfach äussert sich die Persönlichkeit des zukünftigen Schamanen schon sehr früh: ein seltsames Kind, das mit den Füssen voran geboren wurde, oder ein Zwilling ist, oder gar mehr tot als lebendig zur Welt kam. Aua, ein Eskimo vom Stamm der Iglulik, überlebte seine Geburt nur um Haaresbreite. Die zu Hilfe gerufene Schamanin Artjuaq erkannte das sofort als ein Zeichen und kündigte den neugeborenen Schamanen mit den Worten an: «Er ist geboren, um zu sterben, aber er wird leben.»[33]

Die Nähe zum Tod. In dieser Ankündigung steckt bereits eine spätere Allianz mit ihm.

Manchmal treten die Anzeichen einer Berufung später ein, aber immer noch in früher Jugend. Das Kind sucht die Einsamkeit, ist mehr im Wald, in der Wüste oder den Schneefeldern der Tundra zu Hause als im Kreis des Dorfes. Man sagt, es sei ein schwermütiges Kind, ein melancholisches. Dann ist es die Krankheit eines Kindes, die es der erwarteten Rolle enthebt. In der Schwächung durch Fasten und Einsamkeit und in der Schwächung durch die Krankheit öffnen sich die Welten: für die Novizen bedeutet dies eine Öffnung zur Vision, für manche Ethnologen[34] eine psychotische Attacke, die klassisch gewordene medizinische Etikette der «arktischen Hysterie»[35]. Black Elk war neun Jahre, als er krank im tipi lag. Durch die Rauchabzugsöffnung kamen Männer zu ihm, um ihn zu den Grossvätern zu geleiten[36]. Bei den Magar beginnt der Körper des angehenden Schamanen zu zucken und sich zu schütteln, bis plötzlich die Vision durchbricht[37]. Die Ahnengeister des Burjaten lassen den Auserwählten in Träumen und Konvulsio-

Durch die Rauchöffnung im Zelt öffnet sich die Grenze zwischen der alltäglichen und der nichtalltäglichen Welt.

nen wissen, dass es Zeit ist, sich auf den Weg des Schamanen zu begeben[38]. Bei den Mohave erinnert sich der Erwählte in verschiedenen Träumen an seinen Traum von der Schöpfung, den er noch vor der Geburt im Mutterleib geträumt hatte[39]. Gewöhnlicherweise hat ein wildes Kind – Devereux nennt es ein «teuflisches Kind»[40] – solche Träume[41].

Der spontane Ruf. Zeugenschaft dafür lässt sich hundertfach anführen. Aber immer sind deutliche Zeichen vorhanden, die Regeln zu stören scheinen: der Waise, der Zwilling, der Beinah-Tote. Dann aber das verwilderte, das unbändige Kind. Und schliesslich: in Erinnerung an den sattsam bekannten Holzschnitt vom Wanderer, der seinen neugierigen Kopf durch die Wand des Himmels steckt und ein ungeahntes Universum erschaut – das Durchbrechen einer Grenze hin zum *tremendum.*

Die Grenze selbst wird für den Schamanen sichtbar in Form eines Spaltes, das Loch zwischen den Welten: die Rauchöffnung im Zelt ist ein solcher Spalt in der alltäglichen Wirklichkeit. In einem Chumash-Mythos erreicht der kranke Axiwalic, indem er einem kleinen Lichtwesen durch eine Felsritze folgt, ein fremdes, aber zugleich vertrautes Land von Tieren[42]. Dann ist es die Grenze zwischen Tod und Geburt: der Intrauterintraum der Mohave. Schliesslich – in einer Abwandlung des gleichen Themas – der Traum, Bote im Zwischenbereich von Tag und Tag. Auf der gefahrvollen Seelensuche erreicht der Magar Schamane die Grenze des Schicksals, wo die Wasser des Erinnerns und die Wasser des Vergessens entspringen[43]. Ein mythischer Ort mit steingewordener Entsprechung: diese Grenzmarkierung findet sich auf dem Jaljalâ-Pass wieder. Die *nieríka* der mexikanischen Huichol hat viele Bedeutungen[44], aber vor allen Dingen bezeichnet sie eine Tür, die gewöhnlich bis zum Tod verschlossen bleibt. Sie ist der Durchgang und die Grenze zwischen den Welten. Die kunstfertigen Huichol formen sie als Zeremonialscheibe mit eingelegten Garnfäden und Perlen. In der Mitte bleibt ein Loch frei.

Auch hierzu muss ich gleich vorwegnehmen: eine Regel lässt sich nicht angeben. Schmanentum kann in Sibirien, wie bei vielen anderen Völkern erblich sein[45].

Wenn die Neophyten den ersten Kontakt zur Welt jenseits der Grenze haben, dann ergreift dieses Geschehen die ganze Persönlichkeit. Der Körper zuckt und liegt in Konvulsionen, dann wieder regungslos auf dem Boden. Dinge werden gesehen, die in der alltäglichen Wirklichkeit verborgen sind und den Stammesgenossen bestenfalls aus Erzählungen und Mythen bekannt sind. Es handelt sich zweifellos um eine desorganisierende Erfahrung. Ein Sprung in der historischen Kontinuität. Was dem angehenden Schamanen widerfährt, fällt aus dem hergebrachten Rahmen, der einen geordneten Lebenslauf garantiert. Deshalb ist der plötzliche Ruf nach Drüben keineswegs immer ein willkommenes Zeichen[46], manchmal sogar ein als äusserst unangenehm empfundenes Eindringen in den bereits sichergestellt geglaubten Existenzweg[47]. Die Geister machen sich über das Opfer her, und es bleibt ihm oder ihr keine Wahl, als die Herausforderung anzunehmen. Der Schamane muss mit Leib und Seele in das anscheinende Chaos eindringen, das von den Forschern schnell als Hysterie und Epilepsie[48] erkannt wird, und es durchdringen. Indem sich der Schamane die Wesen der anderen Welt zu Freunden, die seltsamen Orte zu guten Bekannten macht, durchmisst er die Fremde und entwickelt eine Übersetzung für die alltägliche Ordnung.

Oft wurde dieser Prozess als eine Selbstheilung beschrieben: ein psychopathologischer Zustand wird ausgelebt und seine Inhalte mit dem festen Bestandteil der ortsansässigen Mythologie in Beziehung gesetzt. Der Erlebende erhält einen neuen Stellenwert in der Gesellschaft, eine besondere Berufsbezeichnung. Weil er krank war und sich geheilt hat, kann auch er heilen und die Mächte des Chaos unter Kontrolle halten. Von nun an entscheidet der Meister selbst, wann er wieder verrückt werden will, wählt Ort und Zeit der Ekstase.

Darin steckt Richtiges. Ebenso handelt es sich aber um eine ausgesprochen grobe Vereinfachung[49], häufig auch um eine unbedachte Zuordnung zu wissenschaftlich Bekanntem. Obwohl Radin[50] behauptet, dass Aranda Schamanen neurotische Epileptiker wären, sehen Warner und Elkin keinen Grund zu dieser Annahme[51]. Warum es sich um eine unzumutbare Vereinfachung handelt will ich nicht in wenigen Worten sagen. Dieser ganze Text ist ein Versuch, nicht einfach zuzuordnen und zu benennen: erst seine Gesamtheit gibt die Antwort.

Eines ist klar: der einmal ins Jenseits geflogene[52] Schamane besitzt plötzlich die Gabe physisch, sozial und psychisch aus den Fugen geratene Beziehungen in einer für normal Sterbliche undurchführbaren Weise wieder ins Lot zu rücken. Dabei bedient sich dieser Wildnis-Arzt aller möglichen Mittel, die von plumpen zu gekonnten Zauberkunststücken bis hin zur echten paranormalen Heilung[53] reichen. Seine Fähigkeit, persönliche Probleme und soziale Unstimmigkeiten zu behandeln, hat ihm den anerkennenden Titel eines «Protopsychotherapeuten»[54] eingebracht. Freilich ist diese nachträgliche Aufwertung der schamanischen Tätigkeit typisch akademisch und für die einem New Age zustrebenden Psychologen ein erschlichenes Eigenlob: Wenn der Schamane ein Psychotherapeut ist, dann bin ich als Psychotherapeut ein Schamane![55] Für die konservativen Psychiater erzeugt solche Hochstimmung, die bis zum «jeder sein eigener Schamane»[56] führen mag, eher Unbehagen. Das Schamanentum erlebe demnach in «psychotherapeutischen Schulen und Sekten eine eher unrühmliche Renaissance»[57]; man kann sich ja schliesslich die mühsam aufgebauten Dämme der Rationalität nicht einfach von Steinzeit-Epileptikern einreissen lassen[58].

Auf beide Standpunkte mögen die Schamanen selbst mit ihrem (leider nicht sprichwörtlichen) Lachen, wie die Dadaisten antworten, die mit John Heartfield-Photomontagen auffordern: «Jedermann sein eigener Fussball»[59]. Zu einfach ist es, jeder auch nur irgendwie irrationalen Tätigkeit den Stempel des Schamanischen aufzudrücken und sie so zu heiligen.

Das schelmische Lachen: bei allem Respekt vor der sakralen Tätigkeit der Schamanen in der Priesterfunktion, ein höchst wichtiger und nicht zu unterschätzender Bestandteil ihres Wesens. Castanedas Don Juan ist natürlich das Standardbeispiel für Psychotherapie[60] und Humor. Matsúwa, der spielerische alte Huichol Schamane, unterbrach plötzlich eine wichtige Zeremonie, um in einem Lachanfall eine Hochzeit zwischen der Ethnologin und dem ortsansässigen *brujo* zu arrangieren[61]. Wir erinnern uns, dass sich Maria Sabina als Bajazzo bezeichnete. Die Ausläufer dieser Ausdrucksform – die im Schamanismus wie im Dadaismus nicht unmittelbar ihr *Wesen* verrät – sieht man heute in spirituellen Schulen stranden: die Crazy Wisdom Lehren des Da Free John[62], um ein Beispiel zu nennen.

Der Schamane hat also in der Wildnis, im Alleinsein und in einer anscheinenden Desorientierung, von Geistern gelernt. Seine sozialpsychologische Funktion als Heiler und Therapeut, die er seinem Wagnis, das Fremde in einem aussichtslosen Zustand der Todesnähe zu erobern, verdankt, erweitert sich durch seine priesterlich zu nennenden Ämter. Eigentlich fällt diese Rolle des Zeremonienmeisters aus dem Rahmen seiner Persönlichkeit. Denn seinem Wesenskern nach ist der Schamane ein Abenteurer.

Als solcher ist er ein Abenteurer der Seele, der Prototyp des spirituellen Anarchen und im eigentlichen Sinn nur Vorläufer einer sozial gesalbten Priesterschaft.[63] Letztere hat das Wagnis eines unvorherzusehenden individuellen Engagements mit den Bereichen des Unbekannten und Ungewussten aufgegeben, zugunsten einer strategischen (und damit im eigentlichen Sinn ritualisierten) religiösen Handlungsweise, die eine persönliche Erfahrung des Spirituellen eher verhindert denn fördert. Die Aufgabe der Individualität zugunsten sozialer Sicherstellungen.

Aber selbst bei anscheinend protokollarisch zu befolgenden Kulthandlungen hat sich der Schamane nicht den Regeln unterworfen: er arbeitet sozusagen mit ihnen, verändert hier und dort etwas an dem hergebrachten Ritus, erträumt neue Gesänge, bereichert den traditionellen Mythos. In der Rolle des «fathers of mysteries»[64] erweist sich unser Protagonist als immer noch beiden Welten verbunden: jener der Ordnung und Selbstverständlichkeit, jener der Überraschungen und Unbestimmbarkeit. Halifax erkennt in der «Schamanenkrone» aus Hirschgeweih die symbolische Darstellung dieser grundsätzlichen Dualität[65] und der Fähigkeit auszugleichen. Vor diesem Hintergrund muss das Wesen und die wesentliche Lektion des Schamanen gesehen werden; ganz gleich, ob man ihn als kreativen Tanzmeister, Künstler, Anreger oder Ekstatiker betrachtet[66], er ist der eigentliche menschgewordene Hermes: Grenzüberschreiter par excellence. Immer ist er beschäftigt, unterwegs, mit den seltsamsten Aufträgen und Wünschen betraut und muss daher über eine makellose Intelligenz verfügen (die ich mehr im Sinne einer «intelligenza d'amore» sehe, denn mathematisch-logischer Denkfähigkeit). Beweglichkeit, Gewandtheit. Don Gennaro demonstriert es, wie auch der Huichol Schamane Ramón, wenn sie über gähnende Abgründe von Stein zu Stein fliegen[67]. Gefahrvolle Wege, Übergänge, Verbindungen, ein ungreifbares Wirrwarr von Beziehungen. Hier wird der Weg der innersten Führung, einer eben unbewussten, aber innerlichst vertrauten Lenkung gegangen: nicht der lahme Priester, sondern der Pfeil, auf dem die Seele des Schamanen reitet, wie einst der Grieche *Abaris* auf einem Pfeil geritten kam[68].

Dies ist das Bild des zeit- und raumlosen Flugs zur Erfahrung der persönlichen Rückverbindung mit dem Ursprung: mythischer Ursprung des Selbst, irdischer Ursprung des Stammes; dorthin also, wo alles wieder eins ist, wo Unterschiede sinnlos sind, wo sich die herkömmlichen Anschauungen über die Ordnung der Welt auflösen wie Rauchwolken. Der Sitz dieser Erfahrungswelt ist vielfach verdunkelt, aber zu immerwährender Vergegenwärtigung in den Götterhimmel gebannt worden: Loki, der Geist der Unordnung, der sumerische Enkidu und der wilde Dionysos[69]. Wie sehr solche Gottheiten der aufgelösten Ordnung mit dem Wesen und der Erscheinung des Schamanen zu tun haben, wird sich noch zeigen.

Auflöser, Trickster, Überschreiter, Verbinder aus innerer Überzeugung, der, einer langweiligen Bestimmung, so zu sein, wie alle anderen, in einer – wie Leiris[70] sagt – «spektakulären Revanche» dem Schicksal gegenüber, entgeht und dadurch Charakter erlangt. Wer wird Gleichgültigkeit bewahren vor solcher Intensität? Wer wird bestehen vor seinen Augen aus Feuer[71], die in jedem Augenblick das Wissen um das Ende und damit das Wissen um den lebendigen Augenblick vermitteln? Dieser Wunsch nach Leben, der plötzlich wieder in den Universitäten und städtischen Häuserschluchten laut wurde, als er sich in den 60er Jahren zum Urgrund der Gegenkultur formierte. Wo ist sie geblieben, diese Werbung für den steinzeitlichen Ordnungsverweigerer, um in der Überschreitung von Grenzen die Banalität des Selbstverständlichen aufzudecken? Die neoreligiöse Hoffnung auf eine technologische Lösung, das Gefühl der verlorenen Kontinuität über Zeit und Fremdsein wiederherzustellen, hat sich als Bumerang erwiesen. Die Lehren der Schamanen sind wieder auf die Fussnoten in den Büchern der grossen sozialen Revolutionen abgerutscht. Der Schamane fliegt, weil er selbst zum Vogel wird, er heilt, weil er sich selbst geheilt hat, er durchschaut, weil er gelernt hat, sich selbst zu durchschauen:

Jeder wirkliche Schamane muss ein Leuchten in seinem Körper, seinem Kopf spüren; etwas, das wie Feuer leuchtet, sagt der Eskimo Schamane[72], und bei seiner ersten Jenseitsreise erhält der sibirische Auserwählte neue Augen, neue Ohren, damit er endlich sehen kann. Augen, die das Ungeheure gesehen haben, sind unerträglich in ihrer Intensität und Ruhe, zugleich aber auf humorvolle Weise menschlich, wie die Buddhas oder der erleuchteten Zen-Meister[73]. Wie gesagt: immer unerwartet, immer überraschend. Im Aussergewöhnlichen und im Herkömmlichen. Das aber ist er: ein Bewohner zweier Welten, der durch sein unmittelbares Wissen, beide durchsichtig – leuchtend eben – macht, wie sich selbst. So entwickelt der Tukano Schamane seine Persönlichkeit langsam und beständig; dahinter steckt ein intellektuell zu nennendes Interesse am Unbekannten[74]. Sein wirklicher Wandel ist aber wieder ekstatisch: die Trance durch das psychotrope *yajé*[75] öffnet den Durchgang zur Welt der Geister und des Ursprungs. In der *yagé*-Zeremonie erfahren die Tukano die Wirklichkeit der Mythen und der tiefen Einheit des Stammes. Eine Erfahrung, die eine neue Perspektive eröffnet, neues Leben formt. Auf ihre Pilgerfahrt zum Ursprung und Paradies machen sich die Huichol auf, um «ihr Leben zu finden»[76]: echte Trance-Formation.

Das Wort Schamane kommt vom tungusischen *šaman*.[77] Uneinigkeit herrscht über die Etymologie dieser Bezeichnung. Die verschiedenen Vorschläge über die Herkunft des Ausdrucks sind allerdings im weiteren Rahmen nicht unwichtig, da sie bereits Beziehungspunkte, Ursprünge abgrenzen wollen. Im letzten Jahrhundert meinte man das Wort von dem Pali-Ausdruck *samana* (Sanskrit *śramana)* ableiten zu können, bzw. aus dem vedischen *śram*, was soviel bedeutet wie sich selbst zu erhitzen, oder zu fasten.[78] Diese Beziehung würde auf einen direkten Einfluss paläo-orientalischer Völker hinweisen, und ganz besonders die Bedeutung Indiens in der Ausbildung des zentral- und nordasisatischen Schamanismus hervorheben.[79] Schwarzkunst-Autor Bansarow sieht den Hintergrund im mandschurischen *saman,* dessen Wurzel *sam* in Wörtern vorkommt, die in Zusammenhang mit Aufregung, Erregung, Hitzigkeit stehen.[80] In derselben Linie liegen die Herleitungen aus dem tunguso-mandschurischen *ša*, was «wissen» bedeutet und ebenso mit der Funktion und dem Wesen des Schamanen in Verbindung steht. Zuletzt ist auch diese Auffassung in Ungnade gefallen[81], und man hat sich wieder dem etymologisch-indischen Ursprung zugewandt, was bei Shirokogoroff in der Formel mündet: der Schamanismus ist direkt vom Buddhismus beeinflusst.[82]

Zwei Dinge sind sogleich zu bemerken: einmal hat sich ein tungusisches Wort zur Bezeichnung einer spezifischen Persönlichkeit (und eines Phänomenkomplexes) durchgesetzt, die auf der ganzen Welt verbreitet ist; die Tungus-Stämme – die zwar im Norden bis ans Kara-Meer, im Westen an den Ural, im Süden an die Mongolei und mit den Stämmen der Golden und Orotschken bis an die Mandschurei reichen – umschreiben einen vergleichsweise limitierten Raum. Die Wortwahl ist einfach ein historisches Faktum.

Der zweite, und entscheidende Hinweis, ist der, dass die Urformen des Schamanismus bis in paläolithische Zeiten zurückverfolgt werden können, und das an den verschiedensten Plätzen der Erde.

In der Shanidar Grotte im nördlichen Irak fanden Archäologen anfangs der 60er Jahre verschiedene Pflanzen in Zusammenhang mit einem männlichen Skelett. Sieben der acht Pflanzenüberreste konnten von Leroi-Gourhan identifiziert werden. Sie alle spielen heute noch in diesen und anderen Regionen der Alten Welt für Naturheilzwecke eine bedeutende Rolle. Es ist deshalb nicht abwegig, anzunehmen, dass diese Kräuter aus dem Erste-Hilfe-Kasten eines neandertalischen Schamanen-Heilers stammen[83]. Immerhin datiert diese Entdeckung aus der frühen Würmeiszeit, in der noch mit dem Moustérienfaustkeil gearbeitet wurde. Zudem sehen wir hier bereits einen klaren Hinweis auf die zentrale Bedeutung des Heilens und des Wissens um die heilenden Kräuter. Das muss freilich noch nicht bedeuten, dass der kräuterkundige Schamane schon vor 60 000 Jahren mit Hilfe von psychoaktiven Pflanzen[84] in unterirdische und himmlische Bereiche geflogen ist, um die mythisch-paradiesische Kommunikation mit den himmlischen Wesen, die in *illo tempore* bestanden hat, nachzuvollziehen[85].

Aus dem Jungpaläolithikum stammen dann die ersten zu Bildern gewordenen Hinweise auf einen voll ausgebildeten Schamanismus. Die berühmte Darstellung in der Höhle von Lascaux, die vielleicht 30 000 Jahre alt sein mag, zeigt einen einfach gezeichneten Mann, der mit erigiertem Penis, einem Vogelgesicht und wahrscheinlich Vogelklauen daliegt. Neben ihm, auf einem langen Stab, ein Vogel und ein wunderschön ausgeführter Bison, der von einer Lanze durchstochen, seine Eingeweide verliert. Für Bataille[86] verrät diese Szene die uralte Verbindung von Ekstase, Tod und Sexualität. Es ist ein sterbender Mann, der in Sühne für die Tötung des Bisons einem sexuell-ekstatischen Tod entgegengeht. Eigentlich unterstreicht Batailles Interpretation jene, die den Mann als einen Schamanen sieht, der sich in Trance auf einer Jenseitsreise befindet[87], denn die Sühne übersetzt sich hier wieder als die schamanische Grundtendenz des Ausgleichs, der Balance: die Desana Schamanen vom Rio Vaupés klettern in eine Höhle und nehmen das psychotrope Pulver *vihó* zu sich, um im Seelenflug den Herrn der Tiere zu treffen[88]. Sie wollen die Seelen toter Stammesangehöriger gegen Jagdtiere tauschen.

Und dann das Vogelgesicht und der Vogelstab: Zeichen der Metamorphose, Symbol des schamanischen Fluges. In der Vogelmaske und den ungezählten Vogelpfählen in Indianerdörfern der nordamerikanischen Westküste steckt die direkte Verbindung zu dieser altsteinzeitlichen Malerei, wie auch zu den vielen Vogeldarstellungen auf sibirischen Schamanengewändern und den zahlreichen Mythologien, die damit in Zusammenhang stehen.

Zuletzt und nicht unwichtig: das Element der sexuellen Erregung. Hier soll es genügen, festzustellen, dass es ein fester und wichtiger Bestandteil der Tranceerfahrung ist und eigentlich mehr noch ein entscheidender Teil veränderten Bewusstseins. Spontanejakulationen in mediumistischer Trance[89], der Orgasmus der Besessenheitstrance[90], Learys unzweideutige Hinweise, dass die LSD-Erfahrung im Grunde sexuell-dionysischer Art sei[91], nicht zuletzt, die unzweifelhaft lustvollen Vereinigungsvisionen aus dem Bereich der christlichen Mystik[92]. Sollte dies ein Fingerzeig sein, dass der Zusammenbruch unseres alltäglichen Bewusstseins unseren Körper und Geist vollständig aus der Kontrolle geraten lässt? Ausgeflippt! Die Sinne spielen verrückt, er wird zum Vogel und segelt – ja, wohin denn?

Zum Glück steht Lascaux nicht als alleiniges Zeugnis da, das den Jägerkulturen der Höhlen und Wälder ein schamanisches Zeugnis ausstellt. In der Höhle von Les Trois Frères erkennt man in einer verwirrend unordentlichen Szene, auf der es nur so von Tieren wimmelt, einen in ein Bisonfell gehüllten Menschen, der ein mythisches Tier verfolgt, das halb Hirsch, halb Bison ist und Schwimmhäute an den Vorderläufen aufweist[93]. Nicht weit davon der vollständig transformierte Zauberer: mit Rentiergeweih, Wolfsohren, Löwenmähne, Pferdeschwanz und Bärenpfoten scheint sein stechender Blick während des magischen Tanzes an jene australischen Schamanen zu erinnern, deren Blick Elkin in Unruhe versetzt haben[94].

Nicht viel jünger sind Darstellungen von Tieren im sogenannten «Röntgenstil»[95]: durchsichtige Tiere, bei denen die Knochenstruktur sichtbar wird, zumindest in schematisierter Form. Die frühesten Abbildungen dieser Art sind auf Knochengravuren aus Südfrankreich zu finden und datieren auf 13 000 bis 6 000 Jahre v. Chr.; dann folgen neolithische Felsbilder der gleichen Art aus Norwegen. Man kann diese Darstellungsform in Sibirien, Indien, selbst in Australien und Nordamerika finden. Und – man ahnt es bereits – die Röntgen-Tiere zieren etwa Schamanentrommeln, wie jene der Lappen, auf denen solche Tiere den Schamanen auf der Himmelsreise zu begleiten scheinen[96].

Das Skelett ist jener Teil, der nach dem Tode am längsten erhalten bleibt. Für dieses Thema ein zweifacher Hinweis: einmal wieder die Bedeutung und Nähe des Todes im schamanischen Umfeld, mit der aber unmittelbar die Idee des Lebens und der Wiedergeburt aus den Knochen gekoppelt wird; und zum anderen die zur

Kunst gewordene Vorstellung der schamanischen Fähigkeit, die Dinge mit anderen Augen zu sehen, ja durch sie im eigentlichen Sinn hindurchzuschauen.

Zum archäologischen Fundus aus derselben Zeit gehören auch Trommeln und andere Musikinstrumente, und wenn man einer gewissen Auslegung[97] glauben darf, dann hält auch der Bison-Mensch von Les Trois Frères ein Schwirrgerät in der Hand.

Alles deutet darauf hin, dass die frühen Jäger bereits eine ausgebildete schamanische Tradition kannten; zu einer Zeit also, bevor noch die paläolithische Migration nach Nordamerika und schliesslich bis in den südlichsten Zipfel Südamerikas vorgedrungen war. Die meisten nordamerikanischen Indianerstämme scheinen einer Wanderungsperiode abzustammen, die viel später als 40000 Jahre v. Chr. – als wohl die ersten Stämme ankamen – einsetzte[98].

Die Waldkultur ist eigentlich Wildkultur, und deshalb vielleicht gar nicht als Kultur anzusprechen. Keine Strassen, keine Pläne, keine grossartigen Regeln. Keine Ordnung. Aber Trance und das Bewusstsein, dass hinter allem Leben etwas Grösseres steht, das *fons et origo* der aktuellen Lebensumstände ist: der Ursprung. Die Wiederherstellung der Beziehung zu ihm, die in dem tragischen Akt der Trennung vom Ich und dem Anderen, der Ur-Grenzziehung, erfolgt ist, hat das erste und heiligste Amt geschaffen: die institutionslose Gilde der Rückverbinder, die in den Tiefen der Höhle und des Unbewussten eine jahrtausendelange Arbeit verrichten, deren Ziel die Entwicklung der Rationalitätsmaschine um jeden Preis verhindern will; ich meine den Rückfall, oder den Vorstoss – wo ist der Unterschied? – der sämtliche Dämme einreisst, die bezeichnen, fest-stellen, eingrenzen und der mit einem Schlag wieder alles möglich macht. Diese geniale Bewegung, die uns unerwartet wieder an die Anfänge stellt, und Kreativität, Schöpfung ermöglicht. Dies ist nicht ein schamanisches Lebensziel, sondern wird mit der Intelligenz der Wildnis immer wieder erprobt und durchgespielt. Aber die einmal begonnene Bewegung kennt keine Wiederholung, nur stumpfsinniges Weitertreiben oder steter revolutionärer Neubeginn.

Letzteres ist das Wagnis, das der Schamane auf sich nimmt, wenn er aus der Alltäglichkeit aussteigt, ohne sie hinter sich zu lassen, sondern um sie zu benutzen. Noch bevor der Jäger beginnt die Spur des Tieres zu lesen, lernt der Schamane die Spuren des Zufalls zu entziffern: der künstlerisch-emotionale Gestus[99] eilt dem intellektuellen voraus. Dadurch wird der Schamane zum Geschichtenerzähler, denn er kann in den schweigenden Rissen der Felswand, im plötzlichen Rascheln im Wald und in den für Nicht-Schamanen völlig unsichtbaren Fährten des Naturlaufs eine Serie von zusammengehörenden Ereignissen lesen[100]. Über diese divinatorische Erkenntnis verfügt er durch die impulsive Resonanz im Lebendigen, die Urform aller Entsprechungen. Der Jäger, der die Fährte des Wildes verfolgt, und schliesslich ob einer empirisch erarbeiteten Kenntnis in der Lage ist, Details über das Tier und seinen Zustand anzugeben, ist dagegen jener Analytiker, der, Ginzburg zufolge, die wissenschaftliche Vorgangsweise «erfindet». Die

Der Riesenvogel und die Kopflosen.
Schamanische Botschaft aus Çatal Hüyük?

Unmittelbarkeit des Schamanen in der Schrift der Natur zu lesen, wird durch den Jäger bereits in eine Theorie verwandelt, die Schrift nur dann lesbar macht, wenn sich gewisse Regeln, Gesetzmässigkeiten, Gemeinsamkeiten ableiten lassen. Diese Entwicklung findet erst in der Kultur der Siedlung, ja eigentlich der *polis* ihren Niederschlag in einer Tradition von Ent-Irrationalisierung. Der Aufzeichnung der Ereignisse über den Körper der Mutter Erde (Geschichte und Geo-Wissenschaften) und den Körpern der Menschen (Anatomie und Medizin) weicht die göttliche Intuition. Sie behält sich ihr Residuum und ihre Macht ausserhalb der Stadtgrenzen. Und je mehr die Städte wuchsen und die Reservate der Wildnis kleiner wurden, desto fremder und unverstandener wurden Zeichen aus diesen Bereichen: Wahrsagung, Himmelsreise, Zauber, wilde Kulte.

In den paläolithischen Höhlen finden wir keine geometrische Organisation. Die Geometrie des Waldes entspricht nicht der Symmetrie zwischen Linie und Linie, es ist die Symmetrie zwischen Mensch und Tier und Pflanze – Kaleidoskop der Urverbindung. In den mythischen Erzählungen vom ersten Schamanen begegnen wir dieser Beziehung wieder, die sich später darin äussern soll, dass der Stadt-Student Castadena ganz und gar nicht verstehen will, was es bedeutet, wenn ihm Don Juan erzählt, er würde mit den Tieren sprechen.

Der Burjaten-Mythos vom ersten Schamanen berichtet, dass die Götter den Menschen einen Adler sandten, um Krankheit und Hunger zu bekämpfen. Aber die Menschen verstanden seine Sprache nicht und im übrigen war es ja nur ein Vogel. Der Vogel flog zurück und wollte das Geschenk der Sprache von den Göttern erhalten. Die Götter aber beauftragten ihn, dem ersten Menschen, dem er begegnen sollte die Macht zu schamanisieren zu verleihen. Zurück auf der Erde sah der Adler eine Frau, die unter einem Baum schlief. Er vereinigte sich mit ihr, und einige Zeit später gebar die Frau einen Sohn, der zum ersten Schamanen wurde. Eine andere Variante des Mythos berichtet, dass die Frau selbst, bei ihrem ersten Kontakt mit dem Adler, die verborgene Wirklichkeit erschaute und zur ersten Schamanin wurde[101]. Erst die direkte Intervention der Götter mit Hilfe ihres Sonnenvogels, erschuf den Schamanen. Bei den Jakuten ist der Adler als Bringer des Schamanentums zugleich mit dem höchsten Wesen identifiziert. Sein Name ist *ai* (der Schöpfer) oder *ai tojon* (der Schöpfer des Lichts). Einer seiner Söhne, der zweiköpfige Adler, den wir auf Tret'jakovs Schamanenmantel kennengelernt haben, sitzt als Vogel-Geist in den höchsten Zweigen des Weltenbaumes[102]. Bei den Iglulik wurde jene Person der erste Schamane, der plötzlich und aus weiter nicht nachvollzogenen Gründen, die Welt anders als gewöhnlich zu sehen begann, und seine Seele durch das Dach schickte und in die Erde hinabtauchte[103]. Tatewarí, unser Grossvater Feuer, war der erste Huichol *mara'akame*[104]. Tatewarí offenbart Botschaften, lehrt den Schamanen, beschützt die Pilger auf ihrer alljährlichen heiligen Wanderschaft.

Der Adler und der Lichtschöpfer, das Feuer und das plötzliche Erleben einer anderen Wirklichkeit: Hinweis auf die direkte schöpferische und ekstasische Erleuchtung als Anfang der schamanischen Tätigkeit.

Bei den Kariben in Südamerika steht zu Beginn der Schamanentradition auch die bereits vollzogene Verständigungsschwierigkeit zwischen der Welt der Tiere und der Menschen. So wie der Burjaten-Adler unverrichteter Dinge zurückfliegen musste, muss der erste Schamane, der *piai*, in einen Fluss hinabtauchen, um den Gesang der Geister-Frauen auswendig zu lernen, damit er ihn verstehen lernt.[105] Es ist dies häufig die geheime Sprache der Tiere, in der sich der Eingeweihte später noch mit seinen jenseitigen Verbündeten unterhalten wird.

In den uralten Traditionen unterstanden die Tiere der grossen Göttin, dem Ursprung allen Lebens und Herrin der Jagd. Die Höhlen sind ihr Leib und die Wasser ihre Wohnstatt. Nicht zuletzt mag das Elaine Morgan veranlasst haben, das Wesen und die Erscheinungsform des Weiblichen ihrem evolutionären Ursprung und Leben im Wasser zuzuschreiben[106]. So ist das Hinabtauchen der Schamanen, um von der Herrin der Tiere in den Abgründen des Meeres Jagdtiere zu erbitten[107], eigentlich Vereinigung mit der Urmutter, der Frau an sich, und Voraussetzung für die Jagd; diese Vereinigung wird in späteren Zeiten in phallokratischer Erneuerung zur Jagd selbst umfunktioniert. Der Jäger als aggressiver Egozentriker – den Deleuze und Guattari[108] den «grossen Paranoiker des Busches» nennen – hat diese Erneuerung bereits vollzogen, die Höhle und die Erde entheiligt. Für den Schamanen, dessen Wurzeln tief in matriarchale Strukturen reichen[109], bleibt die Aufgabe, diese traurige Wunde der männlichen Überheblichkeit zu heilen, so dass der Duwamish Häuptling Seattle 1855 vor Franklin Pierce, Präsident der Vereinigten Staaten, ohne Sentimentalität, aber mit der Traurigkeit des Wissenden sagen konnte: «Was immer den Tieren geschieht – geschieht bald auch den Menschen. Alle Dinge sind miteinander verbunden.»[110] Die Duwamish gibt es heute nicht mehr.

Die Höhle als Körper der Frau, die Gewässer als Wohnstatt: Tiefen und Abgründe, Unbewusstes. Für den Mann der frühen Zeiten verband sich damit der Wunsch und die Möglichkeit zu diesen Bereichen der Nähe zum Wilden, Unbekannten, Tierischen in einer Transformation Zugang und Unmittelbarkeit zu finden. Aber diese unmittelbare Erfahrung bringt uns wieder zurück zu dem, was unberechenbar und unfixierbar ist, verwildert, wie die Herrin der Vegetation selbst, die uns aus der letzten Eiszeit in Statuetten bekannt ist:

Riesiges Gesäss, ausladende Hüften, aufgerissene Vagina, enorme Brüste[111]. Es sind keine schwangeren Frauen, sondern solche, die ihre Herkunft aus dem Meer verraten: die Wellen des weiblichen Körpers[112]. Für den Psychoanalytiker Ferenczi gilt deshalb die Frau immer als Repräsentant jener grenzenlosen Untiefen[113], die, in der (männlichen) Angst vor der Nicht-Vermessbarkeit dieses Fliessens und Wogens, zu chaotisch-beängstigenden umfunktioniert werden, auf denen bezeichnenderweise das steuerlose Narrenschiff treibt; jener Tiefen also, die durch ihre erschreckende Fremdartigkeit eine unaussprechbare Anziehungskraft ausüben. Das männliche Eindringen in die Frau wird so bei ihm zur Suche nach der verlorenen Urexistenz im Meer[114] und eigentlich zum Wunsch, dieser Blick- und Richtungslosen Bewegung teilhaft werden zu können. Im eigentlichen Sinn wird die Penetration also zu echter Durchdringung von Seinsebenen und zur einmaligen Chance an der Urerfahrung wieder beteiligt zu sein. Wiederherstellung der verlorenen Kontinuität.

Der Körper dieser Statuetten drängt sich durch den Umstand der Schematisierung der Gesichtszüge bis zur völligen Gesichtslosigkeit[115] mit grösster Intensität auf. Das unterschlagene Antlitz ist nicht ein Hinweis darauf, dass die Individualität der Menschen in dieser Epoche noch nicht ausgebildet war oder keine Rolle gespielt hat[116], sondern vielmehr der gezielte Ausdruck von Anonymität. Die so zur *Frau an sich* gewordene, deren Blick – Quintessenz des menschlichen Ausdrucks[117] – geblendet ist, fordert gewissermassen heraus. Man kann sich ihr gefahrlos nähern, der Vertreterin der sehnsüchtig gewünschten Fremde. Aber in ihrer Herausforderung verbirgt sich ein zweifaches Wagnis: jenes, aus sich herauszugehen, die Krawattenknoten des Verstandes zu lösen, Moral und Vorschriften ein für allemal zu vergessen, die verkrusteten und wohldurchdachten Bewegungen zu vergessen; und es verbirgt sich in ihr jenes Wagnis, dass dieses Aufgeben des Hergebrachten einmal eine unerhörte erotische Wirklichkeit[118] darstellt, und zwar eine der völligen Auslöschung: vergessen, vernichten, sterben. Ekstatischer Initiationstod in der Vereinigung mit der Herrin des Lebens und des Todes.

Es ist dies der Weg der Erkenntnis aus den Zeiten der Höhlen und Wälder, den die städtische Wissenschaft dem armen, «leidenden Primitiven» überhaupt nicht zuerkennen will[119]. Eine Erkenntnis freilich, die sich nicht keimfreier methodischer Grundsätze bedient, sondern eben alle diese über Bord wirft in einer schmutzigen, bemalten, tätowierten, schreienden, blutigen Auflösung.

Hier treffen sich die Fäden wieder: der ekstatische Mann in den untersten Winkeln der Höhle von Lascaux – mit steifem Schwanz, in unerhörter Todesnähe; dann die Erotik der Trance und der Mystik, ihr gleichzeitig Okkultes, Numinoses, verbunden mit der plötzlich die Augen und das Herz öffnenden Erkenntnis; schliesslich die schamanische Transformation zum Tier selbst, seine Tranceformation in die Bereiche der unmittelbaren Erfahrung durch Pflanzen, die Erkenntnis bringen – Ursprungserkenntnis.

Ein Desana-Mythos erzählt folgende Begebenheit: In der grossen *maloca*, einem riesigen Gemeinschaftshaus, sassen die Ahnen der Menschheit, die Ahnen aller Tukano-Gruppen. Es waren die Desana da, die eigentlichen Tukano, die Pira-Tapuya und die Uanano. Sie hatten sich alle versammelt um die *yajé*-Liane[120] zu empfangen.

Psychedelische Vision
vom mythischen Ursprung
des *yajé* (Barsana).

Vor der *maloca* stand *gahpí mahsó*, die *yajé*-Frau. Dort gebar sie ihr göttliches Kind, reinigte es mit den auf der Unterseite blutroten Blättern der *tooka*[121] Pflanze. Dann trat sie mit dem Kind im Arm in die *maloca* ein. Als die Männer sie sahen, waren sie wie betäubt und verwirrt. Es war ihnen, als würden sie ertrinken im Anblick der Frau und des Kindes.

Da trat *gahpí mahsó* in die Mitte des Raumes und fragte, wer der Vater des Kindes sei. Aber die Männer konnten nicht denken, so berauscht waren sie von ihrem Wesen. Selbst die Tiere waren dermassen verwirrt, dass sie begannen ihre Schwänze zu fressen, die Affen, die Tapire, die Eichhörnchen. Die Tiere sagten, sie würden verrückt werden, wenn sie ihre Schwänze essen.

Aber die *yajé*-Frau stand in der Mitte der *maloca* und fragte abermals: «Wer ist der Vater dieses Kindes?» Da meldete sich ein Mann aus irgendeiner Ecke und sagte, er sei der Vater. Plötzlich begann ein wildes Geschrei, und jeder wollte die Vaterschaft übernehmen. Also stürzten sich alle auf das Kind und rissen es in Stükke. Jeder nahm sich ein Stück, das zu ihm, zu seinem Volk gehörte[122]. Und seitdem haben alle Gruppen ihre eigene Art *yajé*. Das geschah am Anfang der Zeiten[123].

Ich will diese Erzählung nicht in alle Einzelteile zerlegen, um sie zu analysieren; im Gegenteil, ich will mich möglichst zurückhalten, die Dinge auseinanderfallen zu lassen in ihre Bestandteile, um sie – wie der triumphale Jäger, der die Fährte liest – wieder zu einem Ganzen zusammenzuwerfen. Warum habe ich diesen Mythos dann an diese Stelle gesetzt? Einmal ist es die Figur der *yajé*-Frau, vor deren Erscheinung die männlichen Ahnen das Gefühl des «Ertrinkens» haben – einer rauschhaften Auflösung in den Fluten ihrer Weiblichkeit. Ihre Venus-artige Herkunft aus dem Wasser verrät ein anderer Teil des Mythos: *gahpí mahsó* erschien, als das Anaconda-Kanu die Flüsse herabschwamm, um die Menschheit zu schaffen. In der Tat ist dieses Kanu nichts anderes als die Vulva der Grossen Mutter: es hatte die Form einer Anaconda, innen rot, aussen mit einem zickzack-Muster versehen. Bei den Desana heisst es *pamurí gahsíru*; *pamuri* bedeutet keimen oder zum Keimen bringen und *gahsíru* ist eine Muschel, ein Behälter[124].

Mehr noch: der Mythos handelt vom «Beginn der Zeiten», ein Ausdruck, der bei den Desana *neo gorare* heisst. Die Wurzel *go* hat mit dem Uterus zu tun, mit der Vorstellung vom Ursprung und der Geburt. Die Vagina heisst *goró*, und die Vorstellung einer Vitalkraft, die von irgendwoher kommt heisst *gorá*[125]. Diese ureigenst weibliche Vitalkraft manifestiert sich hier in Form der Geburt eines göttlichen Kindes. Damit beweist die *yajé*-Frau ihre schöpferischen Fähigkeiten und Unabhängigkeit vom Mann (und seinem Penis). In gewisser Weise begegnen wir hier der Gebärde Baubos (Iambes), die der traurigen Demeter ihre Vulva zeigt, aus dem der Kopf und der Arm von Iakchos herausragen[126]. Diese Exhibition tröstet Demeter, die um Persephone trauert, welche in der Unterwelt verschwunden ist, weil sie ihr die Zeugungskraft – für Devereux die Unkastriertheit[127] – vor Augen führt. Vor Männern, wie im Fall des Desana-Mythos, wird diese Exhibition zu einer spöttischen Einschüchterung. Die Vaterschaft, die freilich von allen Ahnen beansprucht wird, weil es zu Urzeiten noch keine patrilinearen Verhältnisse mit männlichen Besitzansprüchen einer oder mehreren Frauen gegenüber gab (wie konnte man wissen, wer dann der Vater war?), kommt dem Versuch gleich, diese Ureinschüchterung durch klare Abgrenzungen zum Verschwinden zu bringen. Denn im Grunde genommen wissen sie, wohl auch in der Trunkenheit, dass das Kind von *go'á-mëe*, dem Schöpfer und Sonnenvater stammt. Sein Name setzt sich aus dem Wort für Knochen und der Bezeichnung für die Kraft etwas zu produzieren zusammen. Wiederum: die Knochen des Lebens und die Frau aus dem Wasser.

Die Ahnen haben das Kind zerrissen, wie die ekstatischen Mänaden den Dionysos Zagreus, worin Göttner-Abendroth[128] einen Euphemismus für Kastration erkennen will. Aber die *yajé*-Frau ist über das Zerreissen ihres Kindes und damit ihrer «Kastration»[129] nicht beunruhigt: sie weiss, dass sie jederzeit neu gebären kann und vermittelt durch das Zulassen dieses Aktes des Zerreissens den Ahnen die Erkenntnis ihres eigenen kreativen Wesens. Sie alle haben von da an *yajé*, und ihre Volksstämme haben es heute noch, um diese Urerfahrung nachzuvollziehen.

In der psychedelischen *yajé*-Erfahrung spiegelt sich die Zeit des Anfangs wider als ein rauschhaftes Ertrinken in der Vulva der deifizierten Weiblichkeit. Sie ertrinken, weil in der anderen Wirklichkeit des *yajé* die Frau zum Fisch tranceformiert ist und die Männer – nur diese trinken von dem sakralen Saft – ihr in die weg- und grenzenlose Welt unterhalb der Wasseroberfläche folgen. Sie tauchen in diese Bereiche der weiblichen Fremde durch die Tür – eine Vagina, die auf dem Boden der Schale, die das *yajé* enthält, dargestellt ist[130]. «Frauen sind Fische», sagt der Desana-Indianer[131] und stimmt einen Gesang an, der vom «Fluss des *yajé*» erzählt und nichts anderes als den Geschlechtsakt beschreibt[132]. Das ist der Hinweis darauf, dass sich die Männer nun in der *yajé*-Schale befinden, eins sind mit der mythischen Welt der Schöpfung. Die Frauen feuern die Männer an und verlachen sie, wenn sie sich übergeben oder eine angebotene Schale ablehnen. Auch hier: der Wiedervollzug der verächtlichen Gebärde in der Zurschaustellung der Vulva (die *yajé*-Schale).

In der Rückkehr zum Uterus sterben die Desana und erst durch diesen Tod – eine radikale und unmittelbare Überschreitung – wird die Erkenntnis der Einheit ihres Stammes und ihrer Kultur, der paradiesische Zustand, nicht nur erlebt, sondern neu geformt, eine Realität: Trance-*Formation.* Gewöhnlicherweise tanzen die Desana einen Gemeinschaftstanz und singen dazu, so lange, bis sie alle das Gefühl haben, als ein einziger Körper zu tanzen, ein einziger Tanz, ein einziger Tänzer.

Der Tod im Uterus erweist der *yajé*-Frau ihre Stellung auch als Mutter des Todes. So wie die keltische Göttin Sheela-na-gig Herrin von Schöpfung und Zerstörung ist, die in provokanter Geste ihre überdimensionalen Schamlippen öffnet, um das Leben aus ihnen zu entlassen und dann wieder in denselben Tiefen zu verschlingen[133], damit neu geboren werden kann. Die gesichtslosen Eiszeitfigurinen, von denen oben die Rede war, sind ebenso Herrinnen der Vegetation, des Lebens, der Tiere und des Todes[134]. Dabei spielt der Initiationstod die zweifache Rolle eines Erlösers: er entbindet schlagartig von der Welt des Lebendigen und Gewussten, macht auf ein Mal alles möglich und befreit von den ewigen Gegensätzen der Geschlechter, der Lebensformen, der Standpunkte. Er ist ein unerbittlicher Gleichmacher – Voraussetzung für das neue Bewusstsein. Denn aus dem Uterus kommt der Desana nach der *yajé*-Séance als neuer Mensch hervor, der, wie die Huichol in einer Peyote-Sitzung, sein Leben gefunden hat[135]. Und wieder ist dieser Gedankengang übervoll mit Bildern vom Beschlafen, Sterben, Schöpfen: «Der Knochengott ist ein Penis. . . er schafft den Kontakt zwischen den Menschen und *ahpikondiá* (dem Paradies). Zwischen der sichtbaren und der unsichtbaren Welt besteht ein sexueller Kontakt», erzählt ein Desana[136]. Wir haben gehört, dass der Ausdruck, der den Beginn der Zeiten, den Ursprung, wiedergibt – *neo gorare* – mit der Vagina und einer Vitalkraft in Verbindung steht. Zugleich bedeutet aber *gorosiri* Ort des Ursprungs, aber auch Ort des Todes und der Wiederkehr[137]. Und dieser Ort ist selbstverständlich der Platz der Wahrheit; *gorege* heisst wahr, wirklich. Also ist es doch so, dass die Indianer nicht einfach aus Lust am Spass die *yajé*-Frau in ihre *maloca* locken, um einen durchtanzten Sex-Trip in die untersten Winkel ihres Unbewussten zu unternehmen, sondern sie erweisen sich als authentische Erkenntnissucher. Dass dabei das «Mittel», diese Erkenntnis zu erlangen, in fleischgewordener Form in der Ecke der Hütte hockt und Spässe macht, ist ein anderes Kapitel[138].

Mythen wie diese sind überreich an Entsprechungen und Bezüglichkeiten. Jedes kleine Detail scheint bereits den gesamten Sinn zu offenbaren, und tut es auch. Dann aber wird es zu einer Ergänzung für ein anderes Detail oder für das Gesamt der Erzählung. Gerade deshalb sind Mythen den Träumen so ähnlich. (Ein Faktum übrigens, das die Menschen der Wälder und Wildnis erkannt hatten, als die westliche Wissenschaft den Begriff des Unbewussten noch nicht einmal erträumt hatte[139]). Auch Träume überfluten uns förmlich mit Entsprechungen und Beziehungen, ergänzen einander, füllen Verständnislöcher und öffnen andere. Ein ewiger Fluss. Das Tier des Unbewussten, der Fisch, ist eine Frau.

Und der Schamane? Er ist der eigentliche Meister dieser Beziehungsgefüge, die sich allenthalben zwischen den Bereichen des Ansprechbaren und des Unsagbaren ausbreiten. Er kennt und erkennt die Umstände der Welt und Natur aus der Sicht des Gestorbenen, der hindurchblickt, durchdringt. Sein Wissen ist makellos, denn es entstammt dem Ursprung. (Deshalb beharren Schamanen oft darauf, dass sie als einzige die «korrekte» Version eines Mythos erzählen können. Ein Schuss Eitelkeit ist dabei). Aber selbstverständlich: da der Schamane auch durch sich selbst blickt, ist das Leben für ihn fraglos ein grosses Gelächter. Hierin zeigt sich sein Wissen um die Bezüglichkeit der Lebensumstände und der mythischen Verbindungen, die jeder für sich selbst versteht, wie alles eben. Da ist kein Mythos – nur Subjekt; dein Ausschnitt der Welt ist deine Perspektive. Und losgelöst davon bleibt – nichts.

Als grossartiger, theatralischer Psychopomp flatterte Barbara Myerhoffs Paradeschamane Ramón auf sie zu, als sie sich voll des sakramentalen Peyotes den Pforten des Verstehens zubewegte. Ein klebriger Gnom war er jetzt, wie er plötzlich aus der gurgelnden Dunkelheit orakelnd hervorsprudelte und vor der tapferen Ethnologin auftauchte, die in bebender Erwartung die Frage der Fragen stellte (die sie anscheinend seit Monaten wie die Spukgestalt eines Geisterhundes in englischer Moorlandschaft heimsuchte): «Was bedeuten die Mythen?» Mit unheilvollem Grinsen öffnete sich ein prophetischer Abgrund, als die Antwort ertönte: «Die Mythen bedeuten – nichts. Sie bedeuten sich selber[140]». Da ward die Ethnologin erleuchtet.

Schamanisches Gedankengut hat einen direkten Einfluss auf die Entwicklung der europäischen Kultur aus der griechischen gehabt. Auf der einen Seite lassen sich natürlich diese Wurzeln in den Mythen, Seelen- und Jenseitsvorstellungen der Griechen aufspüren, auf der anderen Seite müssen die ständigen Kontakte mit nordischen und östlichen Völkern – hier vor allem mit Skythien und Thrakien [141] – die schon in vorklassischer Zeit bestanden, schamanische Lebensformen nach Griechenland gebracht haben.

In Skythien und Thrakien war der Schamanismus weit verbreitet. Davon wussten die Griechen, wenn sie von den Hyperboreern sprachen, jenem sagenhaften Volk im äussersten Norden. Denn von dieser Gegend soll Abaris bezeichnenderweise auf einem Pfeil geritten gekommen sein[142] und der hyperboreische Apollo soll von dort seinen mystischen und ekstatischen Charakter erhalten haben, der sich in der Besessenheit der Pythia und den dunklen Worten des Delphischen Orakels äusserte[143].

Schamanismus ist der Hintergrund des ekstatischen Apollokultes, und die Wahrsagerei der Pythia ist der authentische Ausdruck ihres Gottes: Besessenheit und Wahnsinn, jene *mania* also, von der Sokrates in Platons *Phaidros* spricht. Die Seele des Mediums ist ausgetreten, um einem Gott Platz zu machen. Die Wurzel unseres Wortes für Inspiration und Enthusiasmus ist das griechische *entheos*, der «Gott innen». Und es heisst ja auch, dass Apollo die Pythia vergewaltigt, in sie eindringt[144], während sich ihre Identität im Kessel des Dreifusses auflöst. Es scheint sich hier um jenen Kessel zu handeln, in dem die Schamanen auf ihrer initiatorischen Jenseitsreise zerstückelt und gekocht werden, bis alles Vergängliche um ihr Lebenszentrum, den Knochen, von seiner Festgesetztheit befreit ist. Ein Mythos berichtet, dass auch der hyperboreische Apollo nach Schamanenart in einem Dreifusskessel zerstückelt, gekocht und zu einem neuen Körper zusammengesetzt wurde[145]. Seitdem geht der prophetische und mysterienhafte Wahnsinn von ihm aus. Und sicherlich hat Apollo als Adoptivbruder und ebenso ekstatische Gottheit den Dionysos[146] und dessen Bacchantinnen, was die *mania* anbelangt, kräftig unterstützt. Nicht umsonst bezeichnete man den kultischen Schrei dieser wilden Frauen als Päan, was zugleich ein Beiname des Apollo, *Paian*, war[147]. Bisweilen kann man auf Vasenabbildungen thrakische Mänaden sehen, die ein tätowiertes Rehkitz aufweisen[148]. Allegro vermutet in dem Kitz, das von den Bacchantinnen zerrissen und verspeist wird, einen Hinweis darauf, dass dieses in Wahrheit nichts anderes als *amanita muscaria* sei – der Fliegenpilz – der verspeist wird und den Zustand der Gottesbesessenheit hervorruft[149]. Tatsache bleibt, dass die apollinische Pythia den dionysischen Mänaden in ihrer Gotteserfülltheit sehr ähnlich wird und beide auf die schamanische Ideenwelt verweisen.

Und dann die Tatsache der Tätowierung selbst: in Thrakien waren sakrale Tätowierungen bekannt, jener unauslöschliche Hinweis darauf, dass der Tätowierte ein Eingeweihter ist und deshalb als Zeichen seiner neuen Existenz seine ehemalige Identität verändert; auch der als Schamane porträtierte Zalmoxis, ein Thraker, hatte eine Tätowierung auf der Stirn[150], und die *picti Agathyrsi* in Transsilvanien wurden von Vergil als Verehrer des (hyperboreischen) Apollo dargestellt[151].

Aristeas ging nach Norden und brachte von dort Schamanengedichte mit. Während Herodot darin eine tatsächliche Reise sieht, erklärt Maximos von Tyros, dass es sich um eine schamanische Seelenreise gehandelt habe, in der Aristeas die Hyperboreer besuchte. Das erinnert an die verschwindenden und wieder auftauchenden Schamanen, auf die Sophokles in *Elektra* anspielt. Bezeichnend ist es auch, dass Aristeas Gesänge, Poesie mitbrachte, denn Apollo steht gerade für den poetischen Wahnsinn, während Dionysos den erotischen Wahnsinn vertritt[152]. Zusammen genommen repräsentieren sie die Welt des Entrücktseins und des Verrücktseins, die sich äusserlich als ekstatische Zerstörung der Ordnung erweist[153] und für Apollo im prophetischen Wort, für Dionysos aber in der wilden Geste manifest wird.

Epimenides aus Knossos, der wie die Koureten den initiatorischen Tod starb, um wiederzuerstehen[154], war in der Lage willentlich eine ausserkörperliche Erfahrung hervorzurufen, genau so, wie es die nördlichen Schamanen konnten und können. Nach seinem Tode entdeckte man, dass sein ganzer Körper mit Tätowierungen bedeckt war[155]: keine vorgeschichtliche Mnemotechnik, wie Nietzsche vermutet[156], sondern Verhüllung und Preisgabe. Verhüllung der gewordenen und gelebten Form, Preisgabe ihrer Verwandlung. Und damit erhält eine solche Entdeckung, wie bei Epimenides, etwas Fürchterliches. Sie eröffnet, dass Epimenides das Wissen um die verborgenen Dinge besass, da er ein Eingeweihter war, aber sie hebt nicht den Schleier um dieses okkulte Wissen selbst. Verwirrung vor dem schamanischen Epimenides, der zudem die unerhörte Frechheit besass, auch noch unnatürlich lang zu leben, was die Konfusion angeheizt haben mag[157]. Ein Hinweis darauf, dass er im Besitz der Kenntnis war, dem Tode zu entfliehen, was von Schamanen berichtet wird, die noch lebendig in den Himmel entrückt werden[158]? Heute versuchen einige Biologie-Freaks[159] eine technische Lösung für diese schamanischen Fähigkeiten zu finden.

In dem Sizilier Empedokles verschmelzen die schamanischen Züge zu einem echten Universalgelehrten aus der Wildnis, der nicht nur die Winde bannt, wie es die australischen Pintubi auch heute noch demonstrieren[160], sondern auch die Toten erweckt[161]. Wieder ist es ein Zugang zu den unteren Bereichen der Welt, der dem Schamanen diese aussergewöhnlichen Fähigkeiten verleiht, und der nur auf dem Boden der rituellen Reise des Heros durch Tod und Wiedergeburt zu verstehen ist. Nach ihrem Tode werden die Schamanen *üör*, Heroen[162], und es ist anzunehmen, dass sie diese zyklische Reise auf ewige Zeiten fortsetzen.

Die Beziehung der Schamanen und der Seelen zum Tod hat sich vielfach in den Jenseitsvorstellungen niedergeschlagen, die uns von schamanischen Völkern, aber auch von sogenannten «grossen» Kulturen berichtet werden. Bei Aristophanes, aber auch bei Vergil[163], wird die Vorstellung geäussert, dass die Seele im Schlaf in den Hades versinkt und dass deshalb die Träume ihren Ursprung in der Unterwelt, dem Reich der Nacht und der Toten haben. Homer spricht es aus: das Volk der Träume wohne in der Nähe der Toten, des Okeanos und der Tore der Sonne[164], und Ovid macht klar, dass man in diese Bereiche nicht *nur* in einem nächtlichen Seelenflug gelangen kann, indem er von der *Höhle* des Schlafs und der Träume spricht[165]. Durch die Höhle gelangt man, wie wir im Desana-Mythos gesehen haben, in den Urozean des Weiblichen, Ungewussten und Unbekannten, wie wenn Afu-Ra allnächtlich durch die finstere Entsprechung seiner Himmelsgöttin Nut reist, die gigantische Schlange Apophis mit Hilfe der Göttin Bastet erschlägt und am nächsten Morgen über den östlichen Bergen von seiner Göttin neu geboren wird[166]. Übrigens begleiten ihn allnächtlich die Seelen der Schlafenden auf seiner Reise durch die Welt des Todes[167]. Die Griechen haben diese ägyptischen Vorstellungen später im Brüderpaar von Hypnos und Thanatos personifiziert und ihre Jenseitsgeographie ganz der ägyptischen angepasst[168].

Auch hier treffen wir Elemente, die mythologischen Vorstellungsbereichen immer entsprechen: jeder Teil der Vorstellung repräsentiert die Gesamtheit des mythischen Hintergrundes: der Traum, dann die initiatorische Höhlenreise, bis zu den einzelnen rituellen Elementen: sie alle enthalten eine einfache und eindeutige Wahrheit, und gerade deshalb ist eine *Darstellung* davon so schwierig.

Alle schamanischen Völker haben ausgesprochen ausgefeilte Systeme entwickelt um ihre Vorstellungen vom Leben, vom Körper und der Seele, Ausdruck zu verleihen. Es wäre die reinste Sisyphos-Arbeit eine Topographie dieser Welt jenseits der Grenze zu

Auf dem tungusischen Schamanenmantel haben die hilfreichen Geister metallene Gesichter erhalten.

entwerfen, die lediglich zur Verwirrung beitragen würde. Eine solche Verwirrung ist allerdings nicht unerwünscht, will man in das Wesen des Schamanentums eindringen, denn ich glaube, dass man sonst allzu leicht zu jener *docta ignorantia*, der gelehrten Unwissenheit, vordringt, die uns überlesene und mit all dem «Wissen» vollgestopfte westliche Lernmaschinen so auszuzeichnen pflegt. Dieses Charakteristikum unterscheidet uns eben von dem ungelehrten Wissen des Schamanen[169], das ihn so gut funktionieren lässt – um einen typisch unschamanischen Ausdruck zu verwenden – mit und für die Natur und das Leben zu wirken, so dass alles immer wieder neu, aber immer wieder in Entsprechung zum Ursprünglichen erstehen kann. Er weiss, dass er die Kultur seiner Tradition erhält, wenn er sich vom Gedanken der Kultur erst frei gemacht hat, zum Chamäleon geworden ist, der sich der verborgenen Wege der Schöpfung bedient, um einzulenken, zu heilen. Gesinnungsfrei möchte man ihn mit Jünger[170] nennen, denn mehr als alle anderen, hat er von «einem gebietenden Herrn» keinen Begriff[171]. Wenn er sich etwas oder jemandem unterstellt, dann ist das die bedingungslose esoterische Erfahrung, die er benützt, um die selbstverständlich gewordenen Lebensformen ebenso zu entlarven wie seine Erfahrung selbst. Gleichzeitig verhindert er damit die trostlose Entwicklung zur Schrift, zum endgültig Festen, Eingeschriebenen und Historischen, dem sich alles unterzuordnen und anzugliedern hat, was da kreucht und fleucht, bis zur «dogmatischen Fessel der Abstraktion»[172]; und selbst wenn er den Ethnographen Mythen diktiert, die sie treu in die Notizblöcke kritzeln, bleibt er von dieser Handlung und Haltung frei, verweigert letztlich jegliche exoterischen Ansprüche, die aus der wissenschaftlichen Arbeit nicht hinwegzudenken sind. Frank Cushing hat dies – wenn auch in naiver Weise – erfasst, als er seine höchst wertvollen Feldnotizen vernichtete. In dieser Klarsicht ähnelt er dem Schamanen, der, wie Maria Sabina, die Pilz-Zauberin aus Huautla, eine *chotá-a tchi-née* ist, eine die weiss, und zugleich eine Unwissende bleibt, wie ein Schamanengesang der Magar verrät[173].

Der Weg des Schamanen ist der Weg einer sanften Revolution von freundlichen Provokateuren, die nicht gewillt sind der Vernunft einen Rang zuzuordnen, der sie über den des Wiederscheins vom Verborgenen hinaushebt. Damit sind sie die ersten und konsequentesten Vertreter einer Utopie. Die Wildnis bleibt frei von Notwendigkeit.

Le malattie delle persone
intelligenti per tre quarti
provengono della loro intelligenza
Leonardo Sciascia

Der Intellekt in der Wildnis

Der arme Feldforscher, der das Wagnis auf sich genommen hat, seinen gewohnten Umgang und seine Kultur zu verlassen, um irgendwo in der Wüste oder im Busch so viel über ein fremdes Volk zusammenzuschreiben, dass ihm diese Arbeit als professioneller Schnüffler mit einer gehobenen akademischen Position beglichen wird, versteht es immer wieder, sich der Gefahr der zweifachen Entfremdung[1] zu entziehen. Ein Kunstgriff, sich vor dem Schwanken und Taumeln zu retten ist jener, in den Lauf der Dinge in einer Weise einzugreifen, die den Fluss unterbricht und an den Bruchstellen Markierungspunkte anlegt, die mit Bezeichnungen versehen werden. Diese Bezeichnungen sind es, magische Handlungen der Ratio, die aufatmen lassen, weil sie Bekanntes, Gewusstes kodieren, jenen Bereich der Wirklichkeit also, der sich in der Hybris von Theorien und Paradigmen[2] niedergeschlagen hat und den Versuch darstellt, allen Dingen, die zur Welt gehören, einen Platz zuzuweisen, sie damit unter Kontrolle zu halten und zu heiligen. «Alles Geheiligte hat seinen Ort», sagen Indianer[3].

Ein weiterer Haltegriff, der vor Depression[4] und Selbstverlust in der Fremde retten soll, ist weniger methodischer Art, sondern schlicht kulturelle Hypothek. Das mag sich in Ethnozentrismus oder einem romantischen Kulturrelativismus äussern. Von letzterer Form der Krankheit können alle jene Ethnographen befallen werden, deren Motiv das Fremde aufzusuchen in einer tiefen Enttäuschung mit dem eigenen Gesellschaftssystem beschlossen liegt. Waren sie in ihrer eigenen Gesellschaft revolutionär, so mögen sie respektvolle Konformisten der fremden Kultur sein, selbst wenn sie diese eigentlich viel mehr langweilt, als die zu ständiger Untergrabung der traditionellen Einrichtungen auffordernde eigene Kultur[5].

In gewisser Weise mag die Besinnung auf die «heimatliche Revolte» zum eigentlichen Motor dafür werden, damit der Forscher alle Anstrengungen macht, möglichst viel für seinen Zweck «Wertvolles» mitzubringen, das schliesslich irgendwelche Thesen untermauern soll, die in der Heimat für politische Würze dienen können. Allerdings, ganz abgesehen davon, dass nur ein kleiner Teil der Feldforscher solches Engagement zeigt und eigentliche kulturelle Selbstkritik zur politischen Arbeit gedeihen lässt, steht hinter dem mitzubringenden «Wertvollen» zumeist ein mehr oder weniger gut dotierter Forschungsauftrag. Und die wissenschaftlichen Geldgeber interessiert in erster Linie die saubere Arbeit: Fakten, Tonprotokolle, Filme, Ethno-Trophäen fürs Museum und nicht, ob der Forscher von den «Untersuchten» etwas gelernt haben könnte, oder gar seine Ängste, Emotionen und Träume, die ihn in der Wildnis heimgesucht haben[6]. Ganz abgesehen von den gängigen, brüsken Angriffen der «Untersuchten», die sich häufig verkauft fühlen und trotzdem nicht weit kommen, wenn sie dem Forscher etwa klar machen wollen, dass es sinnlos ist zu fotografieren, denn damit liesse sich das Wesentliche ohnehin nicht einfangen[7]. Deutlicher hat sich ein Hopi geäussert: «Ich halte Ethnologen für ausgebildete Idioten.»[8] Wie sollen sie auch verstehen, was es heisst ein !Kung oder ein Arapaho zu sein, wenn sie doch weder !Kung noch Arapaho sind! Diese Kritik kann für eine Vielzahl von Feldforschungsarbeiten Gültigkeit haben, die von der gängigen methodischen Vorgangsweise Gebrauch machen. Trotzdem bin ich sicher, dass ein unmittelbares Verständnis einer anderen Lebensform ebenso möglich ist, wie das plötzliche Begreifen eines eigenen Traumes, der bisweilen ebenso fremd erlebt werden mag.

Ist der Forschungsgegenstand allerdings nicht eine fremde Kultur im allgemeinen, sondern der spezielle Aspekt des Schamanismus, dann spitzen sich die Probleme zu. Mehr noch als in der Begegnung mit fremden Verhaltensweisen muss sich das Kummer gewohnte Bewusstsein des Feldforschers hier mit allen möglichen verwirrenden Eigentümlichkeiten auseinandersetzen, die allesamt Herausforderungen sind – an die Ratio, das Gefühl und die Moralvorstellungen. Auf alle Fälle wird sich die Suche nach Gleichbleibendem, nach Ordnung, Gesetzmässigkeit und Struktur als schwierig erweisen, ein mühsames und tragisches Unterfangen, das, wegen der Schwierigkeiten und der damit verbundenen Bedrohung durch das Fremde[9], mit noch entschiedenerer Hartnäckigkeit verfolgt werden mag. Mehr als deutlich wird es für den Forscher selbst, dass er in der Beschreibung des Beobachteten allenthalben Rationalitätslücken zu füllen hat, und fleissig wird er die Risse stopfen mit dem Stroh einer allzu frommen Denkungsart, und wird nicht vergessen in seiner Niederschrift zu bemerken, dass es sich um Stroh von der allerersten Qualität handelt[10].

Jetzt müssen Barrieren aufgebaut werden, damit sich nichts bewegt, nichts lebendig bleibt, was sich ausserhalb der dunklen Einsamkeit befindet in der gesucht wird nach dem Gleichen und dem Gleichbleibenden – eine besessene und unveränderliche Hast des Benennens: «Was anders und ungleich ist, erscheint wie eine Verschwörung,»[11] gegen die – entgegen der Faustschen Einsicht – mit «Hebeln und mit Schrauben»[12] vorgegangen wird. Doch wenn diese Mittel nicht reichen ist das Repertoire der absurden Vernunftmaschinerie noch lange nicht am Ende: ein Zweig der psychoanalytischen Ethnologie entzieht sich der direkten Auseinandersetzung durch den Schachzug des Analysierens und verlagert die Grundfragen in «klassischer» Weise auf die Ebene des Affekts[13]; und Lévi-Strauss rettet die Wilden vor unseren Projektionen «geistiger Barbarei» indem er ihren Intellekt wiederentdeckt.[14] Beiden Positionen ist ein Grundzug eigen: sie behaupten, dass der wirkliche Sinn niemals der offensichtliche ist. Indem sie den verborgenen Sinn entdeckten und schliesslich aufdeckten, erreichten sie die vermeintliche Rettung der Vernunft. Natürlich: das war kein blindes Vorgehen, sondern ein Akt der Berechnung, der eine klare Wirklichkeit garantieren sollte, mit verständlichen Beziehungen zwischen den Inhalten dieser Realität. Für Lévi-Strauss selbst ein trauriger Prozess, der am Ende der *Tristes Tropiques* einen bewegenden Niederschlag findet: das Hindurchkämpfen durch eine immer wieder neu aufgebaute und zerstörte Wirklichkeit hin zu jenem mythischen Ort, an dem sich der Unterschied auflöst zwischen Sinn und dem Fehlen von Sinn[15]. Es ist der immer *gerechtfertigte* Weg[16] einer Vernunft der Stadtkultur, die plant und ordnet und letztlich zu jener Erkenntnis kommen mag, die für sie selbst so schmerzlich ist, weil sie den Weg dahin als wahnsinnig entlarvt.

Aber mit den Schamanen stossen wir auch an die Bereiche, in denen sich die physische Ordnung aufzulösen scheint. In der Divination und der magischen Handlung mag sich Paranormales zeigen, also jene eigentümlichen Phänomene, die aus dem Rahmen des Erklärten hinausfallen[17] und durch ihre skandalöse Unangepasstheit immer wieder überraschen. Für den Schamanen sind sie alltäglich, aber keineswegs selbstverständlich, sondern Teil einer erarbeiteten Weise mit der Welt umzugehen. Zudem bewegt sich der Grenzgänger Schamane immer auf dem schmalen Grat, der jegliche kulturelle Ordnung unterbricht und verbindet. Natürlich wird er dadurch auch doppelt interessant, wovon die unzählbaren Veröffentlichungen zu seiner rätselhaften Person Zeugnis ablegen. Der Feldforscher begibt sich in das Neuland des Exotischen nicht mit der Vorstellung im Hinterkopf, es könnte sein, dass er hier sein ganzes, mühsam erlerntes Wissen vielleicht vergessen müsste, sondern mit der Mentalität des Entdeckers und Eroberers, der das Unbekannte einordnen will. Was dingfest gemacht werden soll ist demnach ein Residuum an weissem Territorium. Es gilt das Netz von Theorien und Strukturen über dieses Gebiet zu breiten, um es zu vermessen, zu benennen, anzugliedern an das «alte Reich» des Gewussten[18]. Der Feldforscher (und der Schreibtischgelehrte) beweist dadurch, dass er begierig ist nach dem Fremden, angerührt davon, es aufsucht, um letztlich zu zeigen, dass nichts, aber auch gar nichts fremd bleiben darf.

Sollten sich gewisse Erscheinungen im Neuland hartnäckig einer Einordnung entziehen, so werden sie durch wissenschaftstheoretisch fundierte Sofortmassnahmen sichergestellt[19] oder aus dem Rahmen des Erklärbaren – und damit aus der Welt – hinausgeworfen[20]. Natürlich erweisen sich die Wissenschaftler nicht gern als Dogmatiker und wollen unangenehme Phänomene, wie die der Magie, loswerden, indem sie ihnen für den jeweiligen Gegenstandsbereich oder Diskurs keine Bedeutung beimessen. Dabei sind sie sogar «fortunate», weil sie sich gar nicht zu beschäftigen brauchen, «with the question of the existence or non-existence of paranormal phenomena»[21] und damit dem unmittelbar beobachteten Bereich der Fakten den Schwarzen Peter zuspielen. In bewährt raffinierter Weise wird lediglich das bedeutsam, was sich hinter der Erscheinung der untersuchten Phänomene oder Umstände und hinter den Vorstellungen und Fantasien beobachteter Volksgruppen oder Personen *konstruieren* lässt. Erst was ins Modell passt, passt auch in die Wirklichkeit: das gilt für gewisse tiefenpsychologische Schulen ebenso wie für die Standarderklärungen magischer Handlungen ethnologischer Schulen[22]. Aber natürlich stellt das Modell den Garant dafür dar, dass die zu erforschende Fremde bereits vor dem Abenteuer der Reise ins Unbekannte zu einer potentiell Bekannten wird: das Neuland ist eigentlich gar keines, es muss lediglich in der richtigen Weise befragt werden, damit sich seine Unterordnung unter das Modell zeigt, seine Einordnung in den Bereich der wissenschaftlichen Erkenntnis. Die Fremde ist ordinär geworden[23]. Und das Wagnis? Eine zeitweilige Verwirrung, Gefühl der Grenzenlosigkeit, psychischer Ballast, der spätestens durch das Formulieren von Thesen abgeworfen wird. Ehrenrettung für eine objektive Sprachform, die umso anerkennender gewürdigt zu werden scheint, je mehr sich hinter ihr der fühlende und von irrationalen Einsichten überraschte Mensch verbergen kann. «Wovon informiert mich die Sprache der positiven Wissenschaften in vielen Fällen?» fragt Ethnopoet Hubert Fichte und hat die Antwort zur Hand: «Von Mief, Spiessertum, Blähung und Schnurren.»[24]

Der Text verrät bereits durch seine Form[25], dass es nichts Mitreissendes, Umwerfendes, Ekstatisches zu finden gab, in jener Fremde, die einstmals betörend unberührt dalag. Die Chance sich in ihr zu verlieren, um sich zu finden, wie es die Desana in ihren *malocas* tun und die Initianden in der Höhle, ist verspielt. Das *jus primae noctis*, das sich die Wissenschaftler dem reizvollen Neuland gegenüber ausgenommen haben, um Wissen zu erlangen[26] lässt sie als Frustrierte zurück. Ernüchterung für eine phallische Ratio.

Was diese Einstellung so unerbittlich macht sind die Selbstbeschränkungen und der gleichzeitige Ausschliesslichkeitsanspruch[27]: kein Platz für Fehler, verrückte Argumente, Freude, Verschrobenheit, Anteilnahme[28]. Die Sicherheit die hier von einer ganz bestimmten Ecke erhofft wird, fällt als Lüge auf die Hoffenden zurück, die ihren Orientierungsverlust mit Theorienbewusstsein, dem Stolz des ordnungsliebenden Wissenschaftsspiessers, ersetzen. Prüde Moralisten in deren Augen die Welt zu einer grossartigen Peep-show wird. So ist der ureigenste Charakter der Welt in diesen Köpfen schmutzig und pornographisch und muss deshalb in einer sauberen Form und keimfreien Sprache – und selbstverständlich für alle verbindlich – dargestellt werden. Der Geist der Sündhaftigkeit der menschlichen Erkenntnis[29] spukt darin herum. Aber wenn Brechts Galilei verkündet, dass «das Wissen ... eine Leidenschaft» sein wird «und die Forschung eine Wollust»[30], dann meint er keine Vergewaltigung und Inbesitznahme, sondern jenen leidenschaftlichen Akt der Erkenntnis, den die Desana erfahren, wenn sich ihre Sinne für die alltägliche Wirklichkeit durch die Gegenwart der *yajé*-Frau zu trüben scheinen.

Der Wissenschaftler aber behält die triumphale Klarheit, wenn er über den Kontakt des Schamanen zu einer anderen Welt verkündet: «This Otherworld is, *of course*, nothing but a projection of the individual mind. . . »[31], und wird noch schrecklich nervös, wenn in der Aufregung einer wilden Voodoo Zeremonie seine Fotokamera versagt! Da kann ja nicht viel übrig bleiben: so muss denn auch William Sargent gestehen, dass ausser ein paar dramatischer Fotos, die ihm doch gelungen waren[32], die Zeremonie nicht besonders aufregend war. Man gesteht den Primitiven, wie Lommel es formuliert[33], Geistigkeit nur ungern und widerwillig zu. Lévi-Strauss, der dieses Zugeständnis in vollem Umfang darzulegen versuchte, hat dadurch, aber auch durch die intellektualistische Verdunklungstaktik seiner eigenen Gedankengänge, zu heftiger Kritik Anlass gegeben[34]. Ein notwendiger Weg für den französischen Forscher, den das Irrationale «von Kindheit an» so sehr gestört hat[35], dass er nichts anderes tat als diesem schwindelerregend Unordentlichen eine verborgene Ordnung zu entlocken? Selbstverständlich unterstreicht dieser Umstand seine innere Beziehung zum Irrationalen und Wilden. Eine ersehnte und ängstliche Vermutung mit einem Teil des Rauschhaft-Wilden identisch zu sein, denn «wenn des Lebens Wellenkurve zur roten Linie des Primitiven zurückschwingt, fällt die Maskierung; nackt wie je bricht er hervor, der Urmensch, der Höhlensiedler in der ganzen Unbändigkeit seiner entfesselten Triebe[36]».

Eine Unbändigkeit, in der der «Mystiker der Ausschweifung[37]» Georges Bataille die Möglichkeit beschlossen sah, die verlorene Kontinuität wiederherzustellen[38]. Überschreitung des Mechanisierten und durch Selbstverständlichkeit Entfremdeten: verändertes Bewusstsein, darin sich das «Ich denke» auflöst, ausser sich gerät[39]. Es ist der Wunsch nach dieser Grenzüberschreitung, der hinter der Einahme von Psychedelika steht. Man will angerührt sein von seinen eigenen Gefühlen und der Bedeutung, die mehr und mehr aus der Wirklichkeit verbannt zu werden droht. Das archaische schamanische Bewusstsein der Unmittelbarkeit personaler Erkenntnis übt eine ungemein starke Anziehungskraft aus[40]. Die kulturelle Hoffnung auf die neo-religiöse alldurchdringende rationale Ordnung verlangt von uns Anpassung an die Umstände der «äusseren» Welt. Eine geglückte Anpassung wird mit dem Lob der (geistigen) Gesundheit abgesegnet. Alles andere wird zu physischem und geistigem Zusammenbruch. Um wieviel mehr mag es doch der *Durch*bruch[41] sein, der angestrebt wird, um den *deus absconditus* persönlich zu entdecken. Was nützt uns dann der Glaube, den uns Religionen predigen, wenn dieser Glaube schon eine Erfindung einer säkularisierten Welt ist, in der die Nostalgie «nach dem verlorenen Paradies» und die Erfahrung des Anderen, Ungewussten, Göttlichen mit «unseren eigenen Sinnen[42]» zu Wunschdenken degradiert wird.

Die Anziehungskraft des Schamanen muss in diesem Licht gesehen werden. Er lehrt uns, dass wir nicht das Risiko aufgeben dürfen zugunsten einer blinden Technokratie; er zeigt uns, dass es in der Tat möglich ist durch Ver-Rücktheit sich selbst neu zu bestimmen, sich von den Regeln der Gesellschaft zu emanzipieren; er verweist auf die skandalöse Möglichkeit Wissen zu erlangen, ohne sich mit «intersubjektiv nachvollziehbarem» Erkenntnisgut vollzustopfen bis zur totalen Entfremdung, jenem Erleben des «Schrekkens ein Mensch zu sein», wie Castanedas Don Juan es ausdrückt[43], das zwischen dem Intellekt und der Erfahrung von uns selbst eine Wand der Verzweiflung legt. Panik: «You're very well read, it's well known, but something is happening here and you don't know what it is».[44] Diese beängstigende Überraschung angesichts dessen, was uns selbst am nächsten ist, nämlich unter unserer eigenen Haut, will vermieden werden. Schamanische Trommelschläge in den Städten. Die Suche nach *śram*, der Fähigkeit sich selber zu erhitzen, damit die Welt nicht durchdrungen wird von einer schrecklichen Stille und Leere, in die pausenlos eine Ordnung und ein Sinn hineinzubringen sind, um die Existenz vor Bedrohung zu schützen. Der westliche Intellekt hat es fertig gebracht diese Stille als Nullpunkt zu deklarieren: wo keine Sprache ist gibt es auch keinen Sinn[45].

Für Devereux ist dieses Schweigen der Welt so scheusslich angewachsen, dass es zur existentiellen Bedrohung wird. Allerdings muss man sich da schon an eine militante Rationalität eines Realitätsmodells (wohlgemerkt eines *Modells*) halten, das der *conditio humana* die alltägliche Wirklichkeit als Dauerheilmittel verschreibt[46]. Die «wesenhafte Stummheit der unbelebten Natur», schreibt Devereux[47], «ist die Hauptquelle der ‹kosmischen Angst› des Menschen». Für ihn ist die Reaktion des Menschen darauf Panik vor der verschlossenen Natur, in die Antworten halluziniert werden müssen, um an den materiellen Phänomenen «eine nichtexistente, transzendentale Beredtheit zu ‹entdecken›.»[48]

Aber das ist kein Kunstgriff der Angstreduktion, wenn in einer Weltschau nicht-alltäglicher Wirklichkeit die Dinge aus ihrer Anonymität hervortreten, «ihren Dingcharakter abstreifen»[49], wenn der Schamane in den Spiegelungen eines Tümpels und in hingeworfenen Knochen ein Omen sieht. Die Welt ist jäh verwandelt in eine geheimnisvolle. Sie zeigt ihr Verborgenstes offen, wenn man nur zulässt, dass die Dinge passieren, dass die Welt geschieht, dass sich Bezüglichkeiten auftun und überzeugen. Das sind die plötzlichen Beziehungen, die wir von sogenannten Geisteskranken[50], von Wahrsagern und Schamanen und von Synchronizitäten – sinnvollen Zufällen – her kennen. Sie erweisen sich als fremd und höchst vertraut zugleich[51].

Eine Patientin von C. G. Jung war mit ihrer Therapie ins Stokken geraten. Endlich erinnert sie sich an einen Traum und erzählt diesen. In diesem Traum geht es um ein einfaches Bild, das eines goldenen Skarabäus. Während die Patientin den Traum berichtet, fliegt ein Rosenkäfer ans Sprechzimmerfenster, obwohl es draussen hell und innen dunkel war. Für Jung zeigt sich hier eine eigenartige Vermischung von Äusserem und Innerem, Fremdem und Eigenem. Einmal die Tatsache des Trauminhaltes: ein goldener, also wertvoller, Skarabäus, der nach ägyptischem Gedankengut ein Erneuerungs- und Wiedergeburtssymbol darstellt, womit sich die prophetisch im Traum verschlüsselte Hoffnung verbindet, dass die ins Stocken geratene Therapie jetzt zum Tragen kommt: Erneuerung. Dazu jenes biologisch beunruhigende Faktum, dass der Rosenkäfer – in unseren Breitengraden der dem Skarabäus am engsten verwandte Käfer – entgegen seiner «naturgewollten» Gewohnheit zum Licht zu fliegen, in das dunkle Zimmer kam; und zwar genau zu dem Zeitpunkt, in dem der Traum erzählt wird. Das Ereignis liegt ausserhalb der Person, für die es Bedeutung erhält. Indem es aber mit dem inneren Ereignis des Traumbildes in einen rätselhaften Zusammenhang gekommen ist, wird es zugleich höchst persönlich. Die Welt zeigt sich perspektivisch[52], die Geschehnisse sind depersonalisiert und zugleich hyperpersonalisiert[53].

Madge Gill, Malerin aus innerer Inspiration ohne es je gelernt zu haben, sieht ihre künstlerischen Ausdrucksformen von einem Geist geführt, den sie «Myrninerest» nennt[54]. Roger Cardinal vermutet, dass dieser Name nichts anderes bedeutet als eine Metamorphose von «my innerst self»[55]. Das, was am weitesten von der Person entfernt ist, der Geist im Jenseits, ist zugleich am nächsten: im innersten Selbst. Auch die Offenbarung aus dem Nicht-Offensichtlichen, der Zufall als Bedeutungsstifter, den der Schamane als Magier «benutzt», weist auf die wesenhafte Verbindung – Kommunikation – zwischen Mensch und Natur hin, in einer Form, die immer erlaubt, dass sich das Ich in den Dingen erkennt; letztere gewinnen dadurch eine rauschhaft eigentümliche Lebendigkeit, wie in den Geschichten in denen ein Suchender oder Initiand in eine Höhle hinabsteigt, um zu erkennen und schliesslich sich selber sieht. Antworten und Fragen in jedem Winkel des Kosmos. Erst eine Rationalität, die sich als «intellektuelle Physiologie» des Universums[56] aufspielte, konnte die Natur zu einer schweigenden machen und die Ursprünglichkeit am Anfang der Zeiten als eine archaische Selbstbeschwindelung entlarven. Natürlich wissen wir längst, dass auch damals nicht die Tiere sprechen konnten, wie die Indianer[57]! Das ist doch lediglich ein frommer Wunsch von ängstlichen Primitiven, die vor dem grossen stummen Nichts zittern. Punkt und fertig. Womit der Beweis erbracht ist, dass der strategi-

Brave Buffalo, Sioux Medizinmann, sinniert wie Mojique: «He feels the presence of the wind around him/he feels the power of the past behind him, he has the knowledge of the wind to guide him . . . on» (David Byrne and Brian Eno).

sche Charakter des Sicherungsaufbaus die vernünftigen Analytiker davor errettet, ihr Ich aufzugeben, damit es schaubar wird[58].

Das Visionäre hat seinen Wesenszug des Transformatorischen verloren, wenn es zergliedert wird, um nicht mehr es selbst zu sein und nicht mehr zum erlebenden Subjekt zu gehören. Kann hier auch nicht – im Sinn von Sollers und Barthes[59] – das Individuum «hinausdividiert» werden, so verschwindet das Verruchte und alle Normen Durchbrechende darin im Lacanschen Gesetzestaumel[60]. Austrocknung und Stillegung. Breton bietet Klartext: dem Menschen bleibt «nur eine Chance, die Quellen der Inspiration vor der durch Rationalismus und Utilitarismus bedingten Austrocknung zu bewahren, indem er wieder an die sogenannte primitive Vision anknüpft, die eine Synthese sinnlicher Wahrnehmung und geistiger Repräsentation bedeutet.»[61]

Die Rückbesinnung darauf löst Emotionen aus, auch Aggressionen gegen die fortdauernde Zerstörung der Ursprünglichkeit im Namen einer puristischen Vernunft. Der Urmensch *bricht* hervor, wie Jünger es sagte, mit der Unbändigkeit seiner Triebe. So durchbricht Michel Piccoli, in den zu Beton gewordenen Ordnungen städtisch-männlicher Ratio seine scheintote Kultur[62] indem er ein wilder Höhlenmensch wird, die Vorderwand aus seiner Wolkenkratzerwohnung hinausschlägt und in dieser Grotte nächtlich gefangene Polizisten brät – jene also, die auf die schwierig errungene Ordnung aufpassen sollen[63].

Aber die gegenwärtige Vision ist eine sanfte: Wunden sollen geheilt werden durch das Wissen der Steinzeitschamanen und in einer Öffnung für das Irrationale und Fremde. Jede Erfahrung ist eine mögliche und möglicherweise bedeutsame[64]. Transpersonal versteht sich ein Zweig der Ethnographie und Anthropologie. Heilige Orte werden zu heiligen, die Weisheit aus der Wildnis soll eine solche bleiben. Aufgabe und Ziel der transpersonalen Anthropologen liegt in nicht weniger als einer Zusammenführung von Bewusstsein und Kultur, veränderten Bewusstseinszuständen und Persönlichkeit in einer ganzheitlichen Vision des Menschen[65]. Dabei versuchen die Vertreter dieser Richtung, die sich von einer einseitig methodisch-empirisch orientierten Anthropologie wegbewegen wollen, subjektiv *und* empirisch vorzugehen[66]. Das Fremde soll nicht mehr in einen abstrakten Rahmen gepresst werden, um kein solches zu sein, sondern den Blick frei geben auf eine erfahrbare, aber nicht unbedingt wissenschaftlich beschreibbare Welt.

Hier emanzipiert sich der Versuch dem Faktensammler-Denken

unserer Gesellschaft keinen Vorschub mehr zu leisten. Denn die Ethnographie, wie alle anderen Wissenschaften, ist vielfach zu einer regelrechten Sportveranstaltung geworden, bei der nicht mehr der originelle Zugang, das Risiko des Spurensuchers zählt, sondern die Anzahl «erbeuteter» Fakten, die ein bestimmtes Paradigma unterstützen sollen. Der Ethnologe läuft herum und befragt eine Indianergruppe nach ihren Verwandtschaftsstrukturen. Schliesslich wird das Ergebnis der monatelangen Befragung zu einem sauberen System zusammengeschrieben. Der Ethnologe erhält dafür einen Doktortitel. Ein Hopi, der sich mit dieser Situation konfrontiert sah, fragte, was er denn als Belohnung erhalten könnte, da er doch alle diese Dinge wisse, für die es in unserer Gesellschaft einen berühmten Titel gibt[67]. Dahinter steckt die von Jahr und Tag von Feyerabend aufs erheiterndste diskutierte Überheblichkeit der Wissenschaft, die behauptet, den einzigen Weg gefunden zu haben, um Erkenntnis zu gewinnen[68].

Transpersonale Anthropologie und Ethnologie will den wissenschaftlich aufbereiteten und fleissig gesammelten Fakten keine so unangetastete Bedeutung beimessen. Sie hat nicht vergessen, dass hier Menschen «untersucht» werden, sondern dass auch die Untersucher Menschen sind. Was hilft verständnisvolles Einfühlungsvermögen, wenn es nicht auch auf sich selber angewendet wird?[69] Es ist der Versuch wieder dumm zu werden in dem Sinne, wie der Narr des Tarot-Spiels ein Dummer ist, einer der auf die Dinge zugeht, als würde er sie zum ersten Mal sehen; einer der keine Vergangenheit hat, weil alles in jedem Augenblick wieder neu ist und zu einem Territorium gehört, das es wirklich zu erobern gilt; das bezieht sich ununterschieden auf Alltägliches und Nicht-Alltägliches. Auch der Huichol Schamane Matsúwa hat seine Ausbildung, seinen Weg, vierundsechzig Jahre lang verfolgt, und ist immer noch ein Baby[70]. In dieser Offenheit die eigene Vision zu finden, das ist der Wunsch der transpersonalen Anthropologie; verbunden mit der romantischen Vorstellung, dass dieser Weg der Rückverbindung zu einer sprechenden und lebendigen Natur die Wunden der Gesellschaft heilen mag, so wie der Schamane dazu beiträgt, dass in seinem Stamm und in der Welt Balance herrscht. Letztlich ist es der Versuch damit die Kultur wieder zu einer sakralen zu machen und ebenso die Forschung[71]. Nicht mehr der trainierte, neutrale Beobachter soll stellvertretend für alle anderen als Wissenschaftler die Welt erfahren, sondern jeder wird angehalten zu einem «Wissenskünstler»[72] zu werden, der Wahrheit nicht mehr monopolisiert: der revolutionäre Akt in einem technologischen Zeitalter, der kein Indoktrinationssystem erschaffen will, sondern anarche Freiheit. «Ich wüsste nicht, was der Geist eines Philosophen mehr zu sein wünschte als ein guter Tänzer.»[73]

Natürlich ist dieser aussergewöhnliche Standpunkt gefährdet, solang er unverstanden ist. Das zeigt sich in jenen Extremformen die eine visionäre Anthropologie[74] hervorzurufen vermag: unangepasste Vereinfachungen zugunsten einer «wow, isn't that all fantastic»-Einstellung[75]; die romantische Sakralisierung der Lebensweise anderer Ethnien[76]; aber auch neugieriges Faktenbewusstsein in neuem Gewande, wenn es etwa darum geht paranormale Phänomene in schamanischen Séancen nachzuweisen oder zu beschreiben[77]. Letzteres Interesse hat dazu geführt, diese aus dem Rahmen fallenden Erscheinungen in einer scheinbar «natürlichen» Umgebung zu *beobachten.* Um nicht dem Vorwurf der Naivität ausgesetzt zu werden lässt man die Schamanen und Medizinmänner tunlichst in ihrem eigenen Umfeld. Aber die Voraussetzungen der brav gelernten Methoden zwingen dazu, konventionelle Formen für Feststellbarkeit zu beachten: Kontrollierbarkeit, Wiederholbarkeit, objektive Dokumentation. Die Wände der Strohhütte verändern sich, ein Tonbandgerät bekundet summend seine unbestechliche Aufmerksamkeit, sorgfältig verpacktes Untersuchungsmaterial wird vor dem Schamanen ausgebreitet – akademische Fetische; die Miene des Forschers verdunkelt sich, ernsthafte Worte kommen aus seinem Mund: die berühmte Instruktion, die er wie ein *mantra* in unveränderlichem Tonfall üblicherweise den ungezählten Studenten vorpredigt, wenn sie sich für ein bezahltes Mittagessen für ein Experiment zur Verfügung stellen. Und nun zeig deine Künste! Ein Labor in der Wildnis. Damit hinterher niemand sagen kann, dass dem Schamanen nichts eiligeres eingefallen war ein Zauberkunststück aus seiner Trickkiste zu holen, um den wissbegierigen Akademiker zu narren.[78] Eine despotische Supernorm regiert auch im Busch. Im Namen eines revolutionären Wissenszweiges drängt sich hier eine masslose ideologische Heuchelei auf[79], die es längst verlernt hat, zwischen ihrer Vorgehensweise und den untersuchten Erscheinungen zu trennen[80]. Die Sicherheit, die der Forscher sucht, ist ihm zufolge überall in der Welt, deren auffälligstes Merkmal, das der Ordnung zu sein scheint. Womit wir wieder bei Lévi-Strauss angelangt sind, der uns mitteilen kann, «dass der menschliche Geist, wenn er bis in seine Mythen hinein determiniert erscheint, es *a fortiori* überall sein muss.»[81]

Nun lässt sich nicht verleugnen, dass diese eigentümliche Spannung zwischen der Suche nach dem Fremden und dem Wissen, dass es immer schon Bekanntes (Geordnetes) ist, auf dem Umstand beruht, dass auch recht klarsichtige Wissenschaftler den einzigen Wunsch verfolgen, die Wirklichkeit unzweideutig und sicher zu wissen[82]. Damit tut sich ein tragischer Pfad auf; nämlich jener, der eine konstruierte Klarheit als Ziel hat, aber eigentlich das Original will. Da sich das Ursprüngliche aber, wie wir gesehen haben, ohne Ekstase heftigst verbirgt, werden solche «Ursprungssucher» zu eigentlichen Übersetzern. Und deren Erkenntnis hängt von der Güte ihrer übersetzerischen Tätigkeit ab[83]. Wissenschaft als Loslösung von der Unmittelbarkeit des Erlebens[84]. Eine Strassenkarte wird ausgebreitet, um an bekannten Markierungspunkten die durchfahrene Gegend zu bestimmen. Der Urvater der Ratio, nämlich die Klassifikation[85], spielt Polizei und weist die aufgelöste Ordnung in die Schranken[86]. Die Sprache wird ein Mantel, der die Tatsachen eher verhüllt denn preisgibt, sie bewegt sich irgendwo hoch über der pulsierenden Tundra: alles was sie widerspiegelt, sind die ideologischen Klimmzüge ihres Schöpfers, der eine «sprachliche Umweltkatastrophe»[87] erzeugt hat, indem er sich nicht der Welt ergeben hat, sondern den Auswüchsen eines akademischen Stammbaumes.

The map is not the territory,
the menu is not the meal[88].

Eine erste Konsequenz, um sich von dauernden Rückfällen in die alleinseeligmachenden Wege der «scientific community» zu retten, muss also in einer entschiedenen Abwendung der hergebrachten sprachlichen Form ihrer Vertreter gezogen werden. Rasch verselbständigen sich Wortfassaden und vereinnahmen die Wirklichkeit. Der magische Anspruch, der sich mit ihnen verbindet, nämlich mit anderen Wortfassaden in fester Beziehung zu stehen, lässt auch den Wissenschaftler darin verschwinden, bis er «in einem Netz von Kategorien und Qualmwörtern zappelt, mit denen er nur zu leicht an der Wirklichkeit vorbeidenkt.»[89] Das Übersinnliche, Übernatürliche und Irrationale spriesst als Be-Zeichnung hervor, um vorzutäuschen, dass zwischen archaischem und «höherem» Denken lediglich graduelle Unterschiede existieren[90]. Aus solchen Etikettierungen sind feste Versatzstücke geworden, die man bisweilen wohl nur durch eine Lobotomie ihrer hartnäckigen Vertreter aus rigider Orthodoxie herausschütteln kann[91]. Eine ebensolche Verdunklungstaktik liegt in dem angeblichen Einsatz für das Irrationale auf der Höhe der Rationalität im strukturalistischen Erkenntnisprozess: hier wird Unbekanntes für den *Verstand* vorbereitet, nicht aber für das *Verstehen*[92]. Die angebliche Gemeinsamkeit mit Wittgenstein, der sagt, dass sich das Mystische zeigt[93], beschränkt sich auf die strukturalistische Vorliebe, das Subjekt aus der Welt «hinauszuwerfen» und unterliegt damit dem Trugschluss einer vollkommen verselbständigten Ordnung[94].

Was übrig bleibt ist in jedem Fall ein emotionsloser Zugriff auf das Fremde, der dem Dokument immer grössere Bedeutung beimisst als dem Angerührt-Sein und der Erfahrung des plötzlichen Verstehens. In gewissem Sinn ist dann auch die ethnologische Darstellung in Form der Dokumentationsfotografie, die sich als Vor-Stellung, nicht aber als Ent-Stellung begreifen will[95], trügerisch. Auch hier ist nicht etwa die Person – zum Glück – vom Gegenstand getrennt. So viel uns die Fotografie über ethnographisches Beobachtungsmaterial berichtet, so sehr erzählt sie vom Fotografen. Das gleiche gilt für jeden Text, wie letztlich für jede Handlung. Für Duerr berichten ethnologische Texte deshalb häufig nur von einem gerodeten Urwald, aus dem ein Garten gemacht wurde[96], Fichte befürchtete sogar eine Entmündigung durch die Fachsprachen, die ein «fades Paukerrokoko» widerspiegeln[97] – Begriffsgeklapper[98]. Keine menschliche Rede mehr, die mit «antediluvianischen Bell-, Grunz-, Quieck- und Rülpstönen» angefüllt wird[99]. Trotzdem, die Herrschaft austrocknender Experten soll das erste und heiligste Tabu bleiben:

Ihr Schamanen der Wabenstädte
die ihr die Schwänzeltänze der Symbole analysiert
in euren Zellenlabors
in eurer Bienenstocksicherheit
und euch nichts besonderes vorstellt
wenn einer sagt
    Sonne
        Blumen
            Fliegen
                Im Freien
Eure Augen sind blind
nur ein paar Schatten von Grau und Braun
die ihr braucht
um die warmen Wabengänge entlangzukriechen[100]

Der Ausweg aus diesem allzu Konkreten steckt im Gegenstand des Interesses selbst: Initiation statt Beschreibung, Ekstasis statt Wurzelschlagen. Ich meine nicht, dass jeder ein fröhlicher Überläufer werden soll, der mit seiner Lebensform abgerechnet hat und nun, wie Carlos Castaneda, über die Wüste von Sonora fliegt, oder wie Jack Wilson zu einem indianischen Messias[101] avanciert. Es soll ja nicht neuerlich ein lautstarkes Herumschreien werden für ein anderes Volk mit dem man sich identifiziert hat – das können die Stämme selber gut, wenn sie wollen[102] – keine sauber gerechtfertigte[103] Neuorientierung, sondern im eigentlichen Sinn Rückzug; Rückzug aus der Welt und uns selbst, wie Initianden, die in die Erde hinabsteigen, um sich und die Welt wie sie war zu vergessen; Rückzug in jene Einsamkeit, von der Aua, der Eskimo-Schamane sprach, als dem Ort, an dem man erkennt; Rückzug letztlich aus dem Lauf der Geschehnisse, Verzicht auf die Haltegriffe; Rückzug an den Spalt zwischen den Welten. Hier beginnt sich jene Ruhe auszubreiten, die für viele die eigentliche Mühsal darstellt. Authentisch zu sein scheint eben nicht ein einfaches Unterfangen, denn es geht dabei nicht mehr um die Ehrlichkeit nur den Dingen gegenüber, die man *beobachtet*, sondern die Authentizität erstreckt sich über «Dinge» hinweg. Die eigene Tätigkeit wird zum Augenöffner; es bleibt nicht bei einer lediglichen Einbeziehung des Erlebten in die Beschreibung der Gesamtsituation – diesen Zugang vertritt die «experiential analysis»[104] – sondern wird zu einer neuen Herausforderung: das Aufgeben selbst der Beschreibung *qua* Be-Schreibung.

Es ist vollkommen in Ordnung, jene Form der Reaktion zu wählen, die man in sich fühlt, um dem Fremden Ausdruck zu verleihen. Damit wird auch sicherlich keine neue Babylonische Sprachverwirrung heraufbeschworen, denn die Schwierigkeiten in der Verständigung, von denen in wissenschaftlichen Texten immer wieder die Rede ist, sind grösstenteils Scheinprobleme – auf die Spitze getriebene Sprachgymnastik. Meist wird es sich hier nicht um ein wirklich sprachliches oder semantisches Problem handeln, sondern eher um Unterschiede in der Ansicht. Ein dogmatisch-analytisches Weltbild wird freilich nicht zulassen, das jene Buddha-Statue tatsächlich Buddha *ist*, oder jener Schamane tatsächlich ein Vogel. Solcher Diskurs wird in die Welt von Vorstellungen, Halluzinationen verbannt, die ihrerseits einer «interessanten Analyse» unterzogen werden können; bis man so viel*analysiert* hat, dass nur noch ein Häufchen Dreck übrig bleibt, das als grossartiges Modell apostrophiert wird. So kam es, dass Castaneda nur zwei Lösungen seines «Problems» sah: entweder bin ich geflogen oder ich habe lediglich halluziniert zu fliegen[105]. Es hat lang gedauert, bis er aufhörte mit akademischem Falschgeld eine höchst fragwürdige Sicherheit zu erkaufen. Dann aber ist er eingetaucht in das, was vom Tonal her gesehen Unklarheiten, Zweifel, Dunst und Verwirrtheit ist. In der künstlerischen Fähigkeit, diese Wirklichkeit im dauernden Wandel zu leben und zu erleben, vereinnahmt er das Verborgene an der Fremde und macht sich ihm ähnlich[106]: ein leidenschaftlicher Entdecker des inneren und äusseren Inkognitos im Dasein; der Hinweis und der Wunsch nach einem poetischen, künstlerischen Umgreifen der Welt. Den Forscher stört der Irrtum im Hinblick auf etwas Abstraktes, den Wissenskünstler stört «das Abgebrauchte, das Widerkäuen von Phrasen, die einmal als grosse Worte die Welt bewegt haben»[107]. Natürlich kann ich diesen Standpunkt nicht rechtfertigen, denn genau gegen ein Rechtfertigungsdenken richtet sich dieser Gedanke der persönlichen Tradition, die sich auftut, wenn man selbst in die Dinge eingegangen ist, indem man sich von ihrer Selbstverständlichkeit losgesagt hat[108]. An diesem Ort hat es keinen Sinn Windmühlenkämpfe gegen akademische Schachpartien auszutauschen, denn *das ist es:* jener unveränderliche Boden, der seiner Bodenlosigkeit wegen überzeugt. Hier kann die Sprache nur noch bedingt auf das verweisen, was gemeint ist. Echte Kunst «ist da, wo niemand an sie denkt noch ihren Namen nennt»[109]. Und indem ich mich hier dieses ungenügenden Mittels bediene, und zudem in Fussnoten fleissig für die Unterstützung meines Standpunktes sorge, klingt das nach den berühmten Haltegriffen im Neuland: ich geh' ja nicht allein, seht nur wie viele in dieselbe Richtung laufen! Das klingt, als würde ich den Verlust einer Verhaltensform preisen und damit gleichzeitig eine Verlustanzeige aufgeben.

Aber die Aufgabe einer Verhaltensform bedeutet nicht, dass ein entstandenes Loch sofort mit einer neuen Norm zu stopfen ist. Wenn ich von der Schwierigkeit spreche, den Bereich persönlicher Erkenntnis in Worten darzustellen, wenn ich dazu auffordere, den Wissenschaftlern zu misstrauen und den Intellektuellen, dann heisst das nicht, dass ich nur noch dem glaube, der eine ursprüngliche Sprache spricht, und dem vertraue, der nicht zu Wissenschaft und Intelligenz zu zählen ist. Das würde dem Verhalten jenes Fisches gleichkommen, der seinem Schicksal in der Bratpfanne entkommen will: sein vermeintlicher Sprung in die Freiheit lässt ihn auf die Kochplatte fallen[110]. Es gibt darum auch kein neues Programm zu entwerfen. Keine neue Strassenkarte für eine weg- und richtungslose Wildnis. Erst Ideologien und Normen haben mit «zielloser Klinge»[111] Schneisen in den Urwald geschlagen, um zu zeigen, «wo es lang geht». Die plötzliche Lichtung verführt, und je mehr sich verführen lassen, desto leichter ist es, jene, die aus dem Rahmen fallen, links und rechts in die Wälder zu verweisen, wo Wahnsinn, Krankheit und Tod lauern soll.

Die Perspektive der Strasse ist der Blick des Eroberers: Bezeichnung und Begrenzung. Ein lieb- und humorloses Vorwärtsdrängen bis es ein Vorne nicht mehr gibt. Wenn sich aber die Perspektive ändert und die sauber abgezirkelten Möglichkeiten schrecklich und unkontrolliert vervielfältigen, dann verändert sich die Ansicht, die Aussicht, aber insbesondere die Einsicht. Mit einem Male wieder im Wald zu stehen, wie Dante zu Beginn seiner Reise, keine Hilfestellung, die bekannt, keine Unterstützung, die vertraut ist.

Wenn sich die Perspektive ändert, dann fallen die Dinge aus ihrer gewohnten Form, den selbstverständlichen Bezügen. Alles wird sein, wie beim ersten Mal; und immer wieder wird es sein, wie beim ersten Mal[112]. Die Gebärde des Marcel Duchamp, die einen Flaschenständer und eine Kloschüssel plötzlich neu werden lässt. Aber wiederum ist damit zu wenig gesagt, oder zu viel. Dadaismus verstand sich als Antikunst, womit sich wieder ein Prinzip eingeschlichen hat. Dada muss ja schliesslich auch Anti-Dada sein, sowie mythisches Denken immer auch antimythisches ist[113]. Aber was sage ich da? Für und anti und überhaupt, es geht um uns selbst, und um das Vergessen von uns selbst. Die Weisheit des prajñā-pārmitā, des «fernen Ufers», offenbart sich im Rück-Haltlosen. Und Dogen-zenji sagt: «Buddhismus studieren, heisst uns selbst studieren. Uns selbst studieren heisst uns selbst vergessen».

In gewisser Weise klingt es höhnisch zu verlangen, die Dinge *sub specie aeternitatis* zu betrachten[114], was eine *Betrachtung* unsinnig werden lässt: die Berufung auf Zen oder gewisse Meister, mögen sie nun Bhagwan oder Krishnamurti heissen, ist ja zugleich die Abwahl derselben. Kein Wunder, wenn die Meister lachen, wie Don Juan über seinen begriffsstutzigen – um ein unangebrachtes Wort zu verwenden – Schüler. Diese vollkommene Loslösung im «objektiven Bewusstsein»[115] lässt den Anblick der Wahrheit entstehen mit den peinlichen Qualitäten von Gleichheit und Ungleichheit, von Pathos und Banalität zugleich. «Die Wahrheit verschwindet, wenn sie bezeichnet wird. Sie kann nur vermittelt, nicht berichtet werden; Ironie ist die Waffe für eine solche Aufgabe.»[116] Schamanisches Gelächter.

Die Lektion des Schamanen beinhaltet den Hinweis darauf, nicht gegen die Natur vorzugehen, sondern mit ihr. Initiation, das Erlebnis der Vision, die Black Elk nicht in Worte fassen kann[117], reisst den Dekor und den Ballast des Gelernten ein; sie befreit und verpflichtet gleichsam zur Unmittelbarkeit.

Hiermit wird die Ausschliesslichkeit, ja schon der geringste Anspruch der Wissenschaft gefährdet. Ihre Herrschaft wird wertlos, wenn der Initiierte erkennt, ohne gelernt zu haben, wenn er dort angekommen ist, ohne losgegangen zu sein, wohin der Wissenschaftler vielleicht erst nach seiner irdischen Existenz oder zumindest nach dem Kolleg[118] hinkommt. Wir müssen keine Fleissarbeit leisten[119], um zu verstehen, wie man uns von den ersten Schulbankjahren an einzuhämmern versucht, und es hat sogar mehr als nur den Anschein, dass diese Ausbildung zu sauberer Mittelmässigkeit dafür ein Hindernis darstellt. Faktisches Wissen macht zwar nicht notwendigerweise blöde, obwohl schon Sebastian Brant in seinem *Narrenschiff* feststellt, dass man Phantast wird, wenn man zu viel studiert[120], es verleitet aber dazu der «alten Hochstaplerin»[121] Wissenschaft so ziemlich alles abzukaufen, was sie mit ihrer krankhaften Schwerfälligkeit in Büchern und Universitäten verkündet. Ich kann mir allerdings nicht vorstellen, dass es sinnvoll ist, diese Hydra erschlagen zu wollen. Indem sie von Feyerabend, Duerr und Co. andauernden Attacken ausgesetzt wird, bestätigt das ihre Bedeutsamkeit. Eigentlich wird hier eine Ehrenrettung der Forschung versucht, die auf «Abwege» gelangt ist. Eine groteske Komponente ist diesem Schlagabtausch nicht abzusprechen. Was könnte denn die Streitbaren bewegen, solche zu sein, wenn nicht eine seltsame Zuneigung zum Gegenstand der Auseinandersetzungen?

Auch die periodischen Todeserklärungen wissenschaftlicher Objektivität[122] haben nicht jenen Geist der Offenheit und Leidenschaft zurückgebracht, den der Forscherehrgeiz methodisch verdrängt hat. Ich glaube auch nicht, dass sich die Intelligenz der Ratio in den Labors von der *intelligenza d'amore* verdrängen lässt, die sich faktischer Erkenntnisse bedienen mag, ohne durch Unmenschlichkeit zu «glänzen». Menschlich wird das Handeln mit und in der Welt, eben durch die Zurücknahme seiner selbst: Laotses *wu-wei* und Don Juans *not doing*[123]: ziel-loses Tun[124], das keine Absicht verfolgt denn die, sich in der Handlung wiederzufinden. «A warrior acts as if nothing had ever happened»[125], als ob alles gleichgültig wäre ausserhalb der Bedeutung und Würde, die du selbst deiner Handlung verleihst; gleichgültig wer wann was wie gesagt und getan und etwas benannt hat. Und der Umstand, sich für etwas und jemanden zu entscheiden, bedeutet nichts weiter, als dass man sich für etwas und jemand entschieden hat. Dies ist die Stärke des schamanischen Wesens und die Schwäche daraus eine *Lehre* zu ziehen: keine Ordnungshüter mehr jenseits des Zaunes.

Wie kann man aber dem Schamanen glauben, der klar machen will, dass man niemandem glauben soll?

Beware my word
it is a ghost trap, woven by priests in Sikkim or Tibet[126]

Ein Mann namens Abarnakat befand sich mit seinen Gefährten auf einer Reise. Um den Hals trug er eine rote Schnur und er hatte eine rote Decke und einen Esel. Wenn er die Decke zum Schlafen ausbreitete, band er den Esel zu seinen Füssen fest.

Eines Tages, als Abarnakat schlief, stand einer der Gefährten auf und band seine Halsschnur los. Die Schnur legte er sich selbst um und hob den Schlafenden sachte hoch, um die Decke unter ihm wegzuziehen. Dann band er den Esel los, legte sich auf die Decke unter einen Baum und band den Esel zu seinen Füssen fest.

Abarnakat erwachte und sah den Mann, der eine rote Schnur um den Hals trug, auf einer roten Decke lag und zu dessen Füssen der Esel angebunden war. Erschrocken rief er aus: «Dieser Mann ist Abarnakat; und ich, wer bin ich?» – Weinend stand er auf[127].

A world of light, she's gonna
open our eyes up
David Byrne

Vergessen lernen

Der angehende Schamane verlässt häufig die Umgrenzung seines Dorfes, um in die Wildnis zu gehen. Dort sind es nicht mehr die Hürden des Gewordenen und Eingeteilten, nicht die Geometrie der Konstruktion, die den Lebensraum bestimmen; es sind jene Hindernisse, denen der Suchende begegnen will, die den gewohnten Blick verwirren. Der Wald ist ein Labyrinth, wohin die Rusalka[1] leichtgläubige Männer entführt. Aus der Ordnung gerissen verlieren sie die Bande zum Alltäglichen, werden verrückt oder sterben[2]. Aber wer gewollt in diese Bereiche vordringt, wird nicht einer Versuchung erliegen, sondern eher einer Erfahrung. Nicht umsonst sucht er die Gebiete, die von seltsamen Wesen, von unbekannten Tieren, Unholden und Räubern bevölkert sind, auf. Hier haben Gesetze keine Gültigkeit mehr, wo der Wald schwitzt, muntere Satyren herumspringen, wo sich plötzlich ungeahnte Wohnstätten auftun, Winkel und Etagen; jener ausserordentlich unzivilisierte Bereich der für die Einsicht seltsame Vorarbeit leistet.

In der Tiefe des Waldes schliesslich tun sich Höhlen auf; jene Öffnungen, die es erlauben, unter die Oberfläche zu dringen, hinter das Offensichtliche. Sie erweisen sich als besondere Reiche, denn wenn einmal das Tageslicht verschwunden ist, dann zeigt die Dunkelheit ihr Gesicht. Vertraute Laute hallen vielfach wider, wie von weitem und dann wieder bedrohlich nahe, das Glucksen eines Tropfens wie ein Felsen, der ins Wasser fällt. Immer neue Höhlen, immer neue Durchgänge, und die Fackeln zeichnen die seltsamsten Schattengebilde an die Wände. Überall scheint die Höhle bemalt zu sein, überall ist sie ein Hinweis auf die Existenz des Betrachters. In dem eigentümlichen Licht ihrer Finsternis setzt sie untrügliche Zeichen[3]. Eine gewissermassen triviale Entsprechung ist offenkundig: draussen ist es das Licht der Sinneswelt, hier das innere Licht.

Natürlich ist es eine Be- und Erleuchtung für den, der in die Höhle steigt zum Zweck der Erkenntnis[4], denn er wagt sich in jene Bereiche, die der Schamane aufsuchen muss, um seine Alltäglichkeit ein für allemal hinter sich zurückzulassen. Die Höhle ist zweifellos ein unentwirrbarer Knoten von Symbolen und Bedeutungen: Tiefe, Nacht, Träume, Totenreich, Unterwelt, Erdmutterleib und damit Geburtsort, Ursprung der Ahnen und von sich selbst. Kein Wunder, dass in diesen Orten «things change their nature»[5] und unerwarteten Erfahrungen, anscheinend paradoxen Erlebnissen Raum gegeben wird. Denn die tiefsten Räume der Grotten sind mehr als der Uterus der Grossen Mutter, aus dem alles Leben geboren wird und wohin alles Leben schliesslich zurückkehrt. Sie sind zugleich männliche Orte – kein Prärogativ einer ursprünglichen Weiblichkeit, sondern die erste Verschmelzung der Geschlechter. Wie gesagt: es scheinen Räume der Paradoxien zu sein; wie könnten hier die Initianden jenen Ursprung finden, der alle Unterschiede der sonnenbeleuchteten Sinneswelt für ungültig erklärt, wenn es nicht selbst Orte der Ununterschiedenheit sind? Und wenn in architektonischen Epochen Bauwerke entstehen, wie die Ggantija Tempel von Malta, das Haus auf der Insel Skara Brae, der altägyptische Medamud und der Bryn Celli Ddu in Wales, denen feminine Qualitäten zugeschrieben werden nach der Formel «the tomb is the womb»[6], dann ist dies nur die Hälfte der Geschichte. Und wenn in den faszinierenden Kulträumen von Çatal Hüyük[7] die Grosse Göttin mit weitgespreizten Beinen dargestellt wird, während Bullenhörner aus ihrem Leib zu kommen scheinen, dann ist nicht der Raum selbst der Mutterleib, sondern jener Ort, an dem das Unsagbare der Lebensgebung stattfindet – ein raumloser Ort sozusagen: die erste Verschmelzung[8].

Seltsamerweise haben dennoch die Frauen an der Wesenhaftigkeit dieser ursprünglichen Verschmelzung und Vermischung besonderen Anteil, wie wir im Eingangskapitel gesehen haben. Das mag auch den Umstand erhellen, warum es in den meisten Fällen die Männer sind, die im Mutterschoss der Erde sterben müssen, um wirklich zu leben: sie müssen erst eins werden mit der Weiblichkeit, die Muttergöttin beschlafen, wie der Sterbende im Tod die Isis[9], um in rätselhafter Selbstzeugung Sohn, Vater und Ahne zugleich zu werden. Damit verfliessen die Grenzen, so wie sie für die Frauen verschwommen, austauschbar, veränderlich sind. Es ist die engere Verwandtschaft zum *origo*, nicht die Identität mit ihm, die Michelet in der Gleichheit der Frau mit dem All sieht[10], welche ihr in den Mythen den Rang einer geflügelten Göttin einbringt, die Leben gibt und Leben zurücknimmt[11]. Sie erweist sich als Herrscherin über den allerinnersten Platz der Erde, wo es keine Schatten gibt[12], kein hier und dort, nur den Lebensbaum, der Unterwelt, Erde und Himmel verbindet und auf dem Schamanen als Vögel grossgezogen werden[13], so wie Odin vom Weltenbaum *yggdrasill* als Zauberer zurückkehrte[14]. Aus der Rinde dieses Baumes schneidet der Schamane seine Trommel[15], erweckt sie rituell zum Leben, wie das Tier einst lebte mit dessen Fell die Trommel bespannt wird[16].

Mit Hilfe dieses magischen Instrumentes reitet[17] der Schamane,

Reittier für unirdische Sphären:
Schellentrommel einer Katschinzen Schamanin.

wann immer er will, in das jenseitige Reich, das im tiefsten Inneren der Welt oder in der äussersten Ferne liegen mag. Wieder sind es Ungereimtheiten: wer in die Höhle steigt oder die Schamanentrommel schlägt, wird von der Welt und ihrer erbarmungslosen Geometrie entrückt. So kommt es, dass die innersten Bereiche immer zugleich auch zu äussersten werden, dass die Verbündeten des Schamanen in ihn hineinfahren, oder dass sich der Meister in die Lüfte erhebt und zu ihnen fliegt, dass er zu jener chamäleonhaften Gestalt wird, die in den Tiefen und Höhen gleichwohl zu Hause ist: nicht umsonst nennen manche sibirische Völker ihre Schamanen Tauchervögel[18]; sprachliche Verdichtung der schamanischen Fähigkeiten.

Himmel und Höhle: Artemis, Göttin der vielgestaltigen Weiblichkeit, war in früheren Zeiten die Eileithyia, in deren Höhle bei Amnisos an der kretischen Nordküste der Nabel der Welt emporragt[19]. Hier vollzog sich der rituelle Tod, das Ableben der Konventionen und die Wiedergeburt einst sicher nicht nur in der Fantasie ekstatischer Initianden, sondern in der charakteristischen Verdichtung jener Ereignisse, die aus dem Lauf der Zeit herauszufallen scheinen: im Vollzug des Geschlechtsverkehrs, der den eigenen Tod und die eigene Wiedergeburt garantieren soll[20]. Die wilden Feste der geflügelten Artemis[21], bei denen man sogar geflogen sein soll, sind direkte Vorgänger der späteren Wald- und Hexenkulte[22]. Hathor, Tochter von Nut und Re, Totengöttin der unteren, dunklen Gefilde der Welt, wird bisweilen geflügelt und mit einer Hörnerkrone dargestellt. Schamanen tragen häufig solchen Kopfputz, um ihre Tiernatur auch für die Augen gewöhnlich Sterblicher einsichtig zu machen; und der Guahibo Schamane hat einen toten Vogel auf dem Rücken befestigt, als ob dessen Flügel seine eigenen sind[23].

Auf einem sumerischen Relief kann man die Erdmuttergottheit Inanna sehen, wie sie im Stufenkleid mit ausgebreiteten Flügeln und einer Geweihkrone auf dem Kopf ihrem Heros – der den gleichen Kopfschmuck trägt – aus der Erdhöhle hilft. Dieser Held, der wie die Koureten, Epimenides und schamanische Initianden im innersten Platz der Welt ins Jenseits reiste, trägt jetzt Himmelsschlüssel in der Hand und hat Sonnenstrahlen auf der Schulter – ein Zeichen der Einweihung, der Eröffnung verborgener Gefilde. Auf der selben Szene[24] sieht man noch einen Lebensbaum, einen Vogel, der eine Schlange in den Krallen hält und Fische.

Was aber geschah in den Tiefen der Höhle, in der vieles auf seltsame Weise zusammenzulaufen scheint?[25] Zunächst ist es Desorientierung, weil Landkarten keine Anhaltspunkte mehr liefern. Schliesslich Selbstauflösung, die den Schamanen häufig in der Einsamkeit der Wildnis ereilt, und in der seine physische Erscheinung zerstört, sein Leib in einem Kessel gekocht wird. Wie wir gesehen haben ist diese vollkommene Auflösung der körperlichen Form ein Schicksal, das den hyperboreischen Apollo ebenso ereilt hat wie den bisweilen geflügelten Dionysos[26]. Auch Freyr der in Form eines Ebers zum Reittier für Freyja geworden ist, wird geschlachtet und verkocht. Einem ähnlichen Eber muss Kazûla vom Stamm der Baluba gefolgt sein, als ihn dieser in eine Erdhöhle führte, wo er staunend seinem längst verstorbenen Bruder begegnete und einer ganzen Reihe von «Schatten»[27]. Er war plötzlich im Land der Toten und der Ahnen und hatte nichts Eiligeres zu tun als sich zu ihnen zu reihen und mit ihnen zu tanzen[28]. Die Welt der Sterblichen war vergessen. Und siehe da, was zeigt sich in diesem schrankenlosen Verschlag unter der Erdoberfläche? Der Eindringling zeigt sich selbst.

Diese Erfahrung ist eine recht erschreckende, war der Unvernünftige doch gewohnt, immer die Dinge von sich getrennt zu betrachten: dort ist die Hütte und hier bin ich – *res extensa*, kein Zweifel. Und plötzlich fährt's ihm schaudernd durch die Glieder, dass jeder schleimige Winkel der feuchten Höhlenwände und jeder Lichtfunke in der bizzarren Schönheit eines Kristalls ein Teil der unzerstörbaren Kontinuität ist, die sich in der geregelten Welt der Strassen erfolgreich in einer «objektiven Realität» verbirgt, in der seine Ahnen, seine Eltern und er selbst stehen. Es fällt ihm keineswegs leicht, sich auf einmal dieser Unmittelbarkeit zu übergeben und deshalb wird die Höhle nicht selten zunächst ein Kampfschauplatz. Das Vergessen erlernter Sicht- und Handlungsweisen will er-rungen werden.

So kommt es, dass in allzu offensichtlichen modernen Vulgärmythologien, die in den letzten Jahren wieder häufiger über die Riesenleinwände der Kinos blitzen, Szenen zu sehen sind, wie etwa jene aus dem Science Fiction-Melodrama *The Empire Strikes* Back: der junge Held Luke Skywalker ist bei seinem forschen skywalking zu einer zunächst unerwünschten Bruchlandung gekommen, die ihn in einen nebeldurchzogenen, sumpfigen Urwald verschlägt. Dort steigt er schliesslich in eine von allerlei unangenehmem Getier bevölkerte Höhle und vernimmt alsbald das Schnauben seines ewigen Widersachers Darth Vader. Man muss nicht erst dicke Bände wälzen, um in diesem Namen nichts anderes als den «dunklen Vater» zu erkennen[29]. Dann steht er seinem interstellaren Todfeind gegenüber, zückt das Laser-Schwert und kreuzt mit seinem Gegner die zischenden Klingen. Einige Hiebe später schlägt ihm der junge Draufgänger den schwarzen Helm ab und sieht endlich dessen Gesicht: es ist sein eigenes.

Beinahe wäre Luke seiner euklidschen Denkweise zum Opfer gefallen, da aber schlägt's wie ein Laserhieb ein: in den Tiefen der unentwirrbaren Fremde wird der metaphorische Kampf gegen den Vater zu einem Ringen mit sich selbst. Der mächtige Vater, der hier das ganze All, die ganze Welt zu ordnen und zu beherrschen droht[30], also selbst zum Inbegriff aller Gefahren wird, muss überwunden werden. Nicht irgendwo da draussen, sondern in sich selbst: ich bin der Ahn, der Vater, die Ordnung, das Gesetz.

In dem genialen Leinwandepos *2001* erreicht der Held nach galaktischen Irrfahrten[31] und Flug durch eine psychedelische Welt das Innere eines seltsam schattenlosen Gebäudes: Wie auf dem Lykaios-Berg[32] ist dies ein Hinweis, dass er den mythischen Mittelpunkt erreicht hat. In dieser neuzeitlichen Höhle, ein Glaspalast mit Rokoko-Möbeln, beobachtet der – im wahrsten Sinn des Wortes – zu Tode erschrockene Reisende sich selbst in einer eigentümlichen Transformation vom Ahnen zu einem Fötus. Im Grunde genommen ist diese so wichtige und erschreckende Einsicht, die man nach langer Reise, nach vielen Qualen vielleicht erlangt, von lächerlichster Einfachheit. Dieser Umstand macht das Schreiben darüber zu einem ebenso tragischen wie grotesken Unternehmen. Trotzdem wird Hans Peter Duerr etwa nicht müde, auf das *tat tvam asi,* «dies bist du», in der Erkenntnis des Fremden wieder und wieder hinzuweisen[33].

Der Kampf und schliesslich die Erkenntnis der Kontinuität, der Einheit von Innen und Aussen, von Fremdem und Eigenem, mag in der tiefsten Innerlichkeit der Höhle stattfinden und stellt einen wesentlichen Schritt für den Schamanen dar, sich von der Banalität der Sinneswelt loszusagen. Wo wir es mit Ursprünglichem zu tun haben, steht neben dieser Offenbarung in der Innerlichkeit die Erkenntnis durch äusserste Entgrenzung: Höhle und Himmel. Als Black Elk hoch über den Wolken schwebte, begegneten ihm in seiner Vision sechs Grossväter. Irgendwie meinte er, den sechsten Grossvater zu kennen, und während er so überlegte, wurde dieser jünger und jünger, bis er erkannte, dass er Black Elk selbst ist[34]. Um das Paradoxe der Situation zu komplettieren sprach der Ahn, nachdem er wieder alt geworden war: «My power shall be yours, and you shall need it, for your nation on the earth will have great troubles». So wie die Novizen in der Höhle die Erdmutter beschlafen, sich damit über die Urgrenze des Inzests[35] hinwegsetzen und *sich selbst* neu erzeugen, muss Black Elk *sich selbst* power verleihen.

Wenn alles zusammenkommt in dieser ungeahnten Einfachkeit, wenn alles verschmolzen ist in einem zeitlosen Augenblick, dann ist jene Welt ausserhalb der Höhle zerfallen, die nach dem männlichen Bild einer immerwährenden Erektion[36] geschaffen zu sein scheint. Durch dieses Auseinanderfallen des scheinbar Klaren und Festgesetzten gerät der Erkennende in den Dunst und Rausch der Erfahrung, der den Ausdruck des Verschwommenen und Unklaren mit sich bringt. Die Erfahrung selbst ist allerdings von erschütternder Klarheit, ein plötzlicher Durchbruch und ein Spiegel zugleich, wie die *nierika,* das Tor zur Erkenntnis der Huichol.

Der alte Mönch schickt seinen Schüler, der in mystischen Lehren weit fortgeschritten war, eines Tages vom Derwischkloster zu

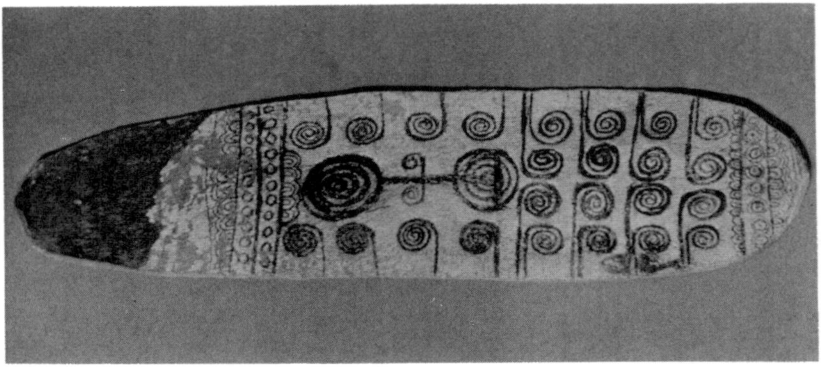

Zeichen der Traumzeit. In den Wasserlöchern auf der Mitte dieser Rindenmalerei eines Njangomada (Australien) war sein Wesen, bevor es menschlich wurde. Umschliessend das Buschland als Spiralen.

einer Moschee-Ruine, um seine letzte Aufgabe zu erfüllen: in das Antlitz Gottes schauen. Nachts soll er sich zu den Trümmern begeben, Riten durchführen und Gebete sprechen. Der junge Asket aber ist vollkommen verwirrt und ängstlich. Er lehnt ab. Beharrlich drängt ihn der alte Meister, seinen heiligen Schrecken zu überwinden. Und schliesslich begibt sich der Schüler zur Moschee.

Am nächsten Morgen ist der Schüler nicht mehr zu finden. Der Meister sucht ihn überall, und als er ihn schliesslich gefunden hat, sieht er, dass dieser aschfahl ist, schrecklich verstört und entstellt. Der Alte fragt ihn, ob er wirklich in die Moschee gegangen sei und das Gesicht Gottes gesehen hätte. Der Schüler nickte. Auf die Frage, wie denn das Antlitz Gottes beschaffen sei, versagt dem jungen Derwisch die Stimme und er fängt fürchterlich an zu zittern. Bebend vor Angst berichtet er schliesslich, dass er das Antlitz Gottes gesehen habe, in jener Nacht, in den Trümmern der Moschee, aber es war sein eigenes Gesicht[37].

Nicht irgend etwas ist das All und das Fremde, ich bin es selbst; jenes Innen und Aussen, der Mutterleib und der Ursprung, Myriaden von Gesichtern und Universen[38], eine skandalöse Grenzenlosigkeit hat um sich gegriffen, die in der nicht alltäglichen Welt einer endgültig gescheiterten Beziehungseindeutigkeit zu jenen Kleinbürgerschrecks-Varianten wird, die sich etwa in der Verschmelzung von Mick Jagger und James Fox in der orientalisch-englischen Höhle von Lust, Rausch und Tod in *Performance* offenbart, wie jener Ritter, der mit einem Kuss auf den Mund des Frauengesichtes, das aus der Höhlenwand kam, sein Herz mit dieser Frau tauschte[39]. Eine ekstatische Metamorphose hat dem Ich einen erleuchteten und in jeder Hinsicht aussergewöhnlichen Platz zugewiesen: Tranceformation, die der transvestitische Alt-Punker Wayne County in der Aufforderung erkennt: «Storm the gates of heaven, look god right in the eye!»[40]

Bei den australischen Ungarinyin hat der angehende Schamane Visionen von Wasser und Rinde, wenn er sich nahe einer Wasserstelle befindet. Es ist ein Zeichen dafür, dass ihn *unggud* erwählt hat, ein *banman,* ein Medizinmann, zu werden. An dieser Wasserstelle tötet *unggud* den Novizen und zeigt sich ihm zum ersten Mal in jener eigenartigen Gestalt, die nur für einen *banman* wahrnehmbar ist. *Unggud* legt den bewusstlosen Neophyten an einen kühlen und trockenen Platz in eine unterirdische Grotte. Dort erhält er ein neues Gehirn und sein Körper wird mit weissen Quarzkristallen angefüllt[41]. Wenn der Schüler schliesslich erwacht hat er das starke Gefühl von innerem Licht und er weiss, dass er nun so ist wie *unggud* selbst[42].

Bei den Eskimo Schamanen spielt die Erfahrung des inneren Lichtes als Schlüssel zur anderen Welt eine wesentliche Rolle. Es ist die Aufgabe des Novizen nach dieser Erleuchtung zu suchen, in der grossen Einsamkeit und in der Askese. Erst wenn der Novize in der Lage ist, seinen Körper vollkommen mit Licht zu füllen, wobei ihm ein erfahrener *angakoq* helfen mag[43], kann er von den Geistern gesehen werden und zieht diese an[44]. Bisweilen aber trifft ihn diese Erleuchtung ungewollt wie ein Blitz, der den erwählten Burjaten oder Sojoten durchfährt[45] oder den zukünftigen *kujur* der Sudanesen[46], so wie er die Eskimesin Uvavnuk getroffen hat[47], als sie aus der Hütte ging, um einem recht menschlichen Bedürfnis nachzugehen. Im selben Augenblick durchstrahlte ihr Körper mit hellem Licht und sie war eine grosse Schamanin.

Diese Illumination befähigt den Schamanen, sein eigenes Skelett zu sehen[48] und jeden einzelnen Knochen in der geheimen Sprache der *angakoq* zu benennen. Wenn er ausser sich ist und dieses Zentrum seiner selbst, von dem immer wieder neues Leben springt[49], durch das Benennen erkennt, hat der Schamane Anteil an jener mythischen Mitte, die mit dem Durchdringen seines Innersten das Verständnis des Fremden mit sich führt. Denn einmal befreit von vergänglichem Fleisch bis zur wahrhaft existentiellen

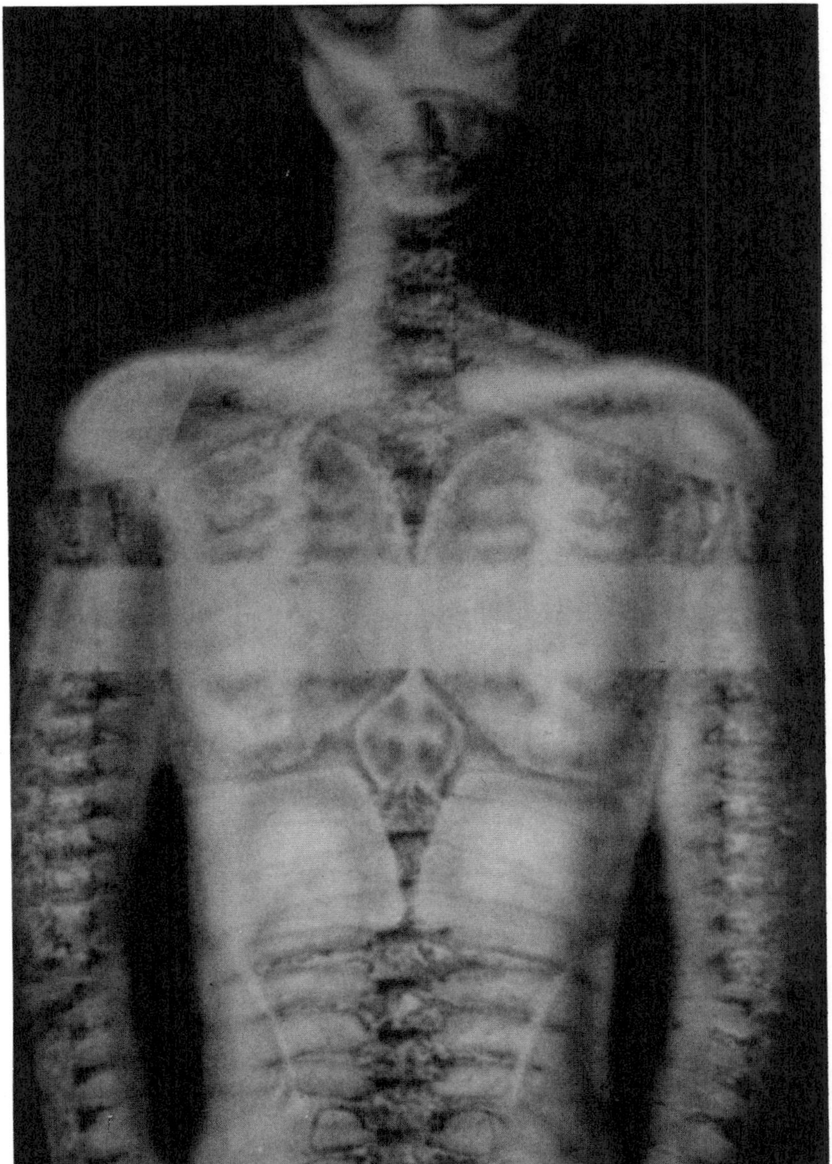

Quamaneq – wenn der Körper des Eskimo Schamanen zu leuchten beginnt und den Blick öffnet zum Sehen einer tranceformierten Wirklichkeit (Airbrush von Elmar Gruber).

Nacktheit, zeigt sich das eigentümlich Individuelle – der spezifische Knochenbau – und zugleich das erschreckend Allgemeine – der Keim des Lebens[50]. In der Höhle war innen und aussen zusammengeflossen und hier bedeutet die Entdeckung und das Durchschauen seiner Selbst zugleich das Durchschauen aller Dinge. Auf einmal öffnet sich die Welt, auf einmal ist alles anders.

Der Iglulik Schamane Aua fühlte nach tiefen Depressionen in der Wildnis plötzlich eine nie geahnte Freude, die ihn in einen gewaltigen Gesang ausbrechen liess. «Und mitten in dieser rätselhaften, überwältigenden Wonne wurde ich Schamane, ohne selbst zu wissen wie. Aber ich war es, ich konnte auf eine ganz neue Weise sehen und hören.» Denn jeder wahre *angakoq* «muss ein Leuchten in seinem Körper fühlen, im Innern seines Kopfes oder in seinem Gehirn, etwas, das wie Feuer leuchtet, das ihm die Kraft gibt, mit geschlossenen Augen in die Dunkelheit, in die verborgenen Dinge oder in die Zukunft zu sehen oder auch in die Geheimnisse anderer Menschen. Ich fühlte, dass ich im Besitz dieser wunderbaren Fähigkeit war.»[51]

Wichtiger Bestandteil der Erfahrung von Erleuchtung ist die visuelle Wahrnehmung. Diese garantiert zugleich das Wahrnehmungsvermögen in einer veränderten Wirklichkeit, die Sichtbarkeit tierischer und anthropomorpher Verbündeter. Aber, und dies ist keineswegs unwichtig, gestattet sie auch dem Schamanen vom *quamaneq*, der mystischen Fähigkeit das Zeitlose zu schauen, zu berichten. Nicht umsonst sind diese Meister des Ungewöhnlichen auch lebhafte Erzähler, die freudig von ihren Reisen hinter den Zaun Kunde geben.

Der Blick durch die Finsternis ist immer Offenbarung.

Der Blick durch die Finsternis des eigenen Körpers ist immer ekstatisch – er fällt nicht zurück, sondern dringt von aussen ein, wenn sich das Selbst gelöst hat.

Der Blick durch die Finsternis ist deshalb Teil und Grundlage der Gnosis und der Fähigkeit, besessen zu sein[52].

Dieser Blick muss wohl für die schizophrene Renée zum alltäglichen geworden sein, in einer Welt, die in der Tradition der Mystiker bei ihr *le pays d'éclairement* genannt wird[53]. Huxley zuckt zusammen, bei dem Gedanken einer «elektrischen Grelle ohne einen Schatten, überall und unbarmherzig», die von Renée beschrieben wird[54]. Aber das ist keine elektrische Beleuchtung, die keine Schatten erzeugt[1]; ein solcher Zustand stellt sich ein, wenn alle Dinge von sich aus zu leuchten beginnen, wenn jene Stille eingetreten ist

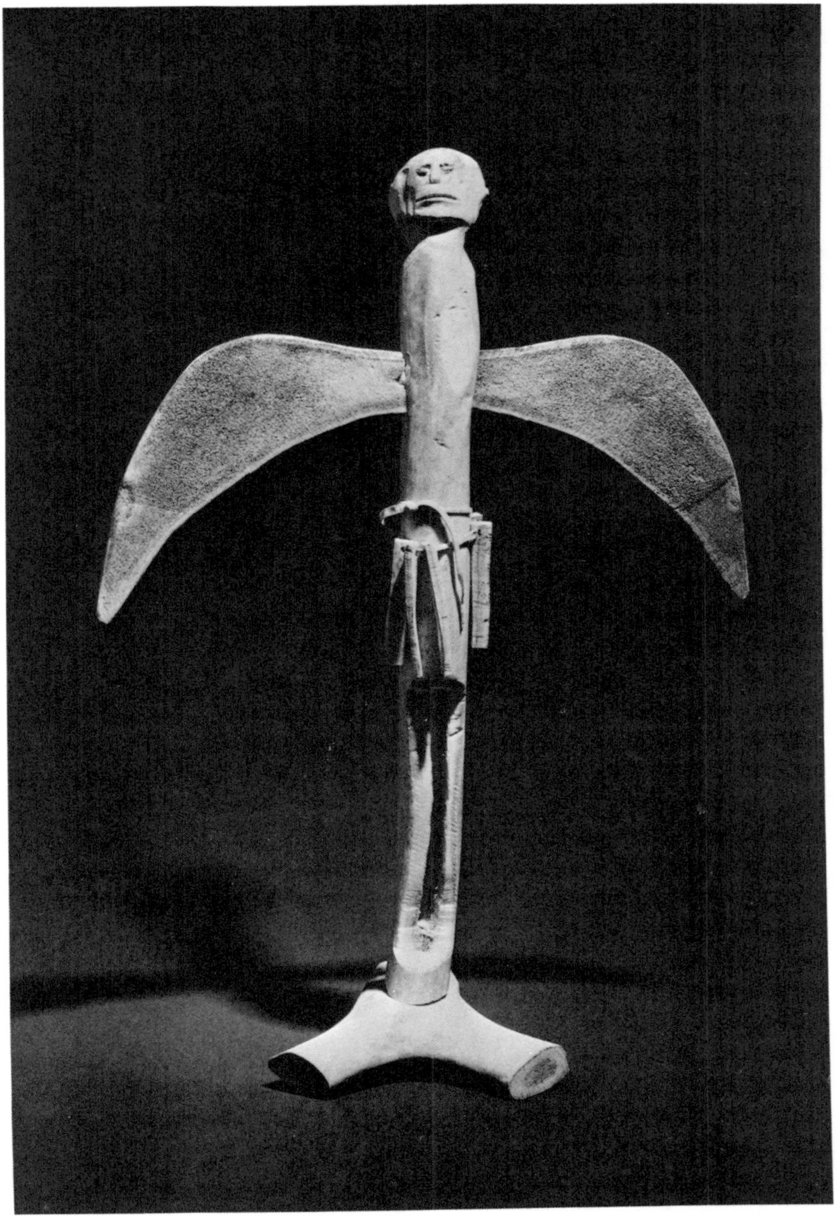

Knochen sind die Essenz seines Lebens. So streckt der Eskimo Schamane seine Knochenflügel aus.

die Meditation heisst, jene endgültige Regungslosigkeit Shivas, wenn Werden zu Sein wird und Geschäftigkeit dem Sehen weicht. Es ist jenes Licht des Universums, in welches Warner Allen zwischen zwei aufeinanderfolgenden Noten der siebten Symphonie Beethovens hineingesogen wird[55]. Das Licht, das aus dem «heart of the self» kommt und immer leuchtender wird, lässt ihn schliesslich einen Ort erreichen, an dem die Zeit und die Bewegung aufhören zu existieren[56].

Der stillste Ort der Welt – das Herz des Selbst.

In dieselbe Richtung sind wohl ursprünglich die Vorstellungen der Azteken gegangen, wenn der Initiand vom Öffnen des Herzens vor dem Licht der Sonne sprach[57]. Offensichtlich gingen die Azteken allerdings mit der Mentalität der Alltagswirklichkeit daran, dieses Ideal zu erreichen und rissen ungezählte Herzen aus Körpern. Für Schamanen allerdings ist jene sonnenhafte Durchstrahlung, in der Boehme-Schüler Gichtel den «neuen Leib» sieht, der unmöglich mit natürlichen Augen anzuschauen ist[58], die Möglichkeit, sich im irdischen Leben aus einer historischen Gebundenheit zu lösen und damit Abstand zu nehmen vom erbarmungslosen Ablauf der Zeit. In dem weissen Licht «of supreme importance»[59] wird Bewegung und örtliche Gebundenheit aufgegeben, und dieser Zustand – wenn man ihn so nennen kann – ist es, der das Bewusstsein des *sub specie aeternitatis*, von dem ich im vorangegangenen Kapitel gesprochen habe, mit sich bringt. Gelegentlich werden selbst Ethnologen von diesem Zustand ereilt, wie es Maya Deren bei ihrer Initiation in den Voodoo Kult erging. Sie erlebt das Licht der Dunkelheit, das uns in der Höhle begegnet ist, wie es ihren Körper füllt und droht, ihn zu zerreissen, zu sprengen, jede Form und jedes Wissen darüber fröhlich in ungezählte Stückchen zu zersplittern, bis wieder und wieder alles zusammenfliesst in einem unausgedehnten Universum[60]: «The white darkness moves up the veins of my leg like a swift tide rising, rising; it is a great force which I cannot sustain or contain, which, surely, will burst my skin.» Zu hell und strahlend erlebt sie diese Dunkelheit und ruft nach Gnade innerlich, wie Renée in ihrer beängstigenden «schizophrenen» Welt; und dann berichtet Deren weiter: «The bright darkness floods up through my body, reaches my head, engulfs me. I am sucked down and exploded upward at once. That is all.»[61] Es folgt das aus jeder Bezüglichkeit gerissene Erleben des Zusammengeflossenen, der ersten und einzigen Entsprechung. Keine Benebelung, sondern klare schamanische Initiation. Und

Deren kann mit lapidarer Ruhe verkünden: «How clear the world looks in this first total light.»[62]

Was müssen wohl David Byrne und Brian Eno im Kopf gehabt haben, als sie in dem Song *The great curve* schrieben: A world of light – she's gonna open our eyes up[63].

Wahrscheinlich hatten sie in ihren Köpfen, wie die Schamanen, nichts weiter als – Licht. Und wenn sich Allen Ginsberg ihre Köpfe angeschaut hätte, wie damals bei seinem *yajé*-trip in Pucallpa, von dem er Bill Burroughs berichtete[64], hätte er wahrscheinlich auch gesagt: «Ich hatte den Eindruck, als würde ich seinen Schädel wie in einer Röntgenaufnahme sehen.»

Die Knochen zu benennen, die Knochen zu sehen in diesem inneren Licht, rückt das Skelett selbst in die Nähe des Leuchtens.[65] Es wird zu einem Buch, in dem der Kundige lesen kann, wie der Kirgisen Schamane im Schulterknochen des Widders[66]; wird zu einem Vehikel, das in die Bereiche jenseits des Zaunes führt; so reist der wasjugan-ostjakische Schamane in einem Boot aus den Knochen des Brustkorbes auf Seelensuche in die andere Wirklichkeit[67]. Die Knochen selbst geben Auskunft, lehren den Schamanen. Und wenn der Meister durch dieses Lernen aus seinem Innersten zu einem grossen Schamanen geworden ist, dann wird er einst, nach seinem Tode, sein Skelett in Bergkristalle verwandeln, damit von diesem leuchtenden Gestein ein neuer Schamane wiedergeboren werden kann[68]. Denn in dieser Form sind seine Knochen zum kosmischen Samen geworden, der mit dem Tod neues Leben garantiert, und so die Balance erhält. Der *payé* der Desana trägt einen weissen Quarzzylinder an einer Halskette – er heisst «Penis der Sonne»[69]. Wenn er in das mythische Reich des ersten Lichts zurückkehren will, dann nimmt er das psychedelische Schnupfmittel zu sich, das «Sperma der Sonne» genannt wird[70]. Dieser Samen wird die Seele erhellen[71]. Und noch heute sagt der französische Gegenwartsschamane Mario Mercier über seine Tätigkeit: «On regarde en transparence. On voit des choses. Parce que l'os, c'est de l'eau solidifiée.»[72] Wieder kann eine schamanische Tradition – die der Sambia von Neuguinea – die Verbindung herstellen: Sperma wird einmal «Wasser» genannt, einmal «Muttermilch»[73]. Die Knochen sind festgewordenes Sperma als Teil einer Neuschöpfung und Muttermilch als Garant der Kontinuität.

Der Initiationsmeister bespritzt die angehenden Medizinmänner der australischen Ureinwohner mit einem sakralen und mächtigen Wasser, das aus flüssigem Quarz bestehen soll[74]. Bei der Initiation australischer Medizinmänner der Forrest River Region wird der alte Schamane zunächst zu einem Skelett, um zu zeigen, dass die Zeit des Gewöhnlichen verschwunden ist und dass er nun über die Fähigkeit verfügt, *schöpferisch* zu werden, einem neuen Schamanen Leben zu geben. In eine kleine Tasche steckt er den Kandidaten, den er zuvor zu einem Säugling macht. Daraufhin setzt er sich rittlings auf die Regenbogenschlange[75] und zieht sich selbst hoch, wie wenn er an einem Seil hochklettern würde[76]. Oben in den Lüften, wo sich das Traumzeitlager des Adlerfalkenmannes befindet[77] und die *yá-yari*-Seele auf «walkabout»[78] geht, schleudert er den Novizen in die Leere und tötet ihn dadurch, wie Castaneda einstmals in den Abgrund sprang. Den Körper seines Schülers öffnet der Schamane in dieser luftigen Position und füllt ihn mit *brimures*, Regenbogenschlangen und mit Quarzkristallen, die denselben Namen tragen. Immer noch auf dem Rücken der Regenbogenschlange wird der Kandidat auf die Erde zurückgebracht.[79]

Wenn der Novize mit Kristallen angefüllt wird, dann steckt darin ebenso ein Zeichen der Verschwörung gegen die Unbedingtheit der fleischlichen Existenz, wie der Weihe zu einem Menschen, der aus dem gewöhnlichen Ablauf der Dinge ausgetreten ist. Jetzt ist er *baiame*, dem höchsten Wesen, ähnlich geworden, und durch ein Loch im Himmel führt ihn der Götterbote zum Thron des Herrschers, der – man vermutet es – aus einem gewaltigen transparenten Kristall besteht[80]. Bisweilen lässt *baiame* Stücke davon auf die Erde fallen[81]. Sie spenden Leben als schamanische Star-seeds[82], werden zu Spiegeln irdischer Geschehnisse bei den Negritos in Malaysia[83] und in der Hand von Kwakiutl Schamanen der amerikanischen Nordwestküste transformieren sie sich zu Power-Objekten[84]. Manchmal muss der australische Initiand alle seine Konzentrationsfähigkeiten aufbringen, um an jenen mythischen Ort zu gelangen, wo es die kostbaren Steine gibt. Mit verbundenen Augen wird der Novize an einen Felsen herangeführt, der sich von Zeit zu Zeit für einen Augenaufschlag lang öffnet. Dieser feine Augenblick muss genutzt werden, um sich hineinzustürzen in den Spalt zwischen den Welten. Schafft es der Schüler, mit dem Schamanen einzudringen, dann findet er sich in einer Höhle wieder, deren Wände über und über mit leuchtenden Kristallen bedeckt sind. Mehrere davon wird er bekommen und gelehrt werden, wie sie zu gebrauchen sind[85], oder aber sein Körper wird mit ihnen gefüllt. Keine mystische Erfahrung des Lichts, sondern Initiationstod in der Kristallhöhle des Ursprungs. Auch Castaneda muss hinter dem

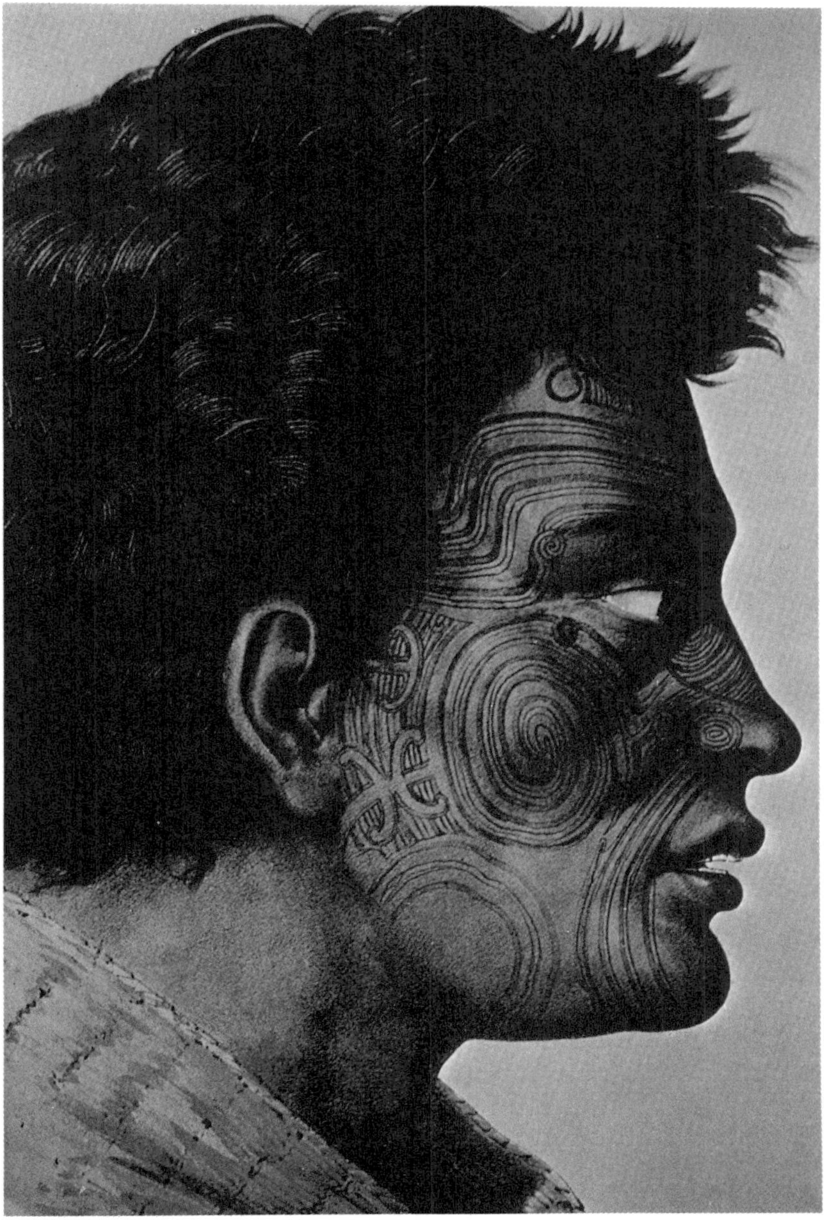

Zeichen auf dem eigenen Körper: Tätowierter Maori.

Spalt zwischen den Welten dem initiatorischen Tod begegnet sein, denn was er vorfand, war eine Fülle die nichts war. Kein Nicht-Vorhandensein, sondern vielmehr eine beängstigende Überschwemmung mit «something that was nothing»[86]. Aber der Zauberlehrling fürchtet das ungeheure Wogen und Fliessen, das da alles zusammenlaufen lässt, seinen Körper zerreissen wird, wie den der Voodoo-Initiandin Maya Deren. So bedrohlich wirkt dieses absolut Fremde, das es einem die Glieder abfallen macht und die Transition markiert, die jene grossartige und immer schon einfache passive Handlung hervorbringt, von der Freiheit von jeglicher Bezüglichkeit ausgeht. «Everything came to me at once», versucht sich der akademische Schamane Carlos im Beschreiben dieses Zustandes, «or rather nothingness came to me to a degree I had never experienced before or after.»[87]

Draussen vor den Höhlen, in den Wäldern und Savannen, sind es in die Haut geschnittene Bilder, dicke Farbe mit der Körper und vor allem Gesichter bedeckt werden, und es sind Masken und theatralische Gewänder, welche zu Zeichen einer veränderten Bedeutung der Persönlichkeit werden. Was bislang als verbindlich galt, wird mit ein paar blutigen Messerschnitten verändert, der gewöhnliche Zustand wird lustvoll und ekstatisch durch einen äusserlich als Kunstgriff anmutenden Trick – Maskierung – überschritten. Durch die Verdeckung der physischen Form und die Verneinung des Gesichts tritt ein bewusster Prozess in Gang, auf sich selbst zurückzublicken, der in der Höhle noch eines Kampfes bedurfte – gegen den fremden Maskierten, der man selbst war.

Es ist darum auch nicht unrichtig, wenn vermutet wird, dass die Maskierung zugleich die Eintrittskarte in den Zirkus des erlaubten Ausgefallenen ist[88]. Sie stellt den Träger frei und macht ihn zum Schauspieler, dessen Handlungen nicht mehr seinem bewussten Ich zuzuschreiben sind. Die Verantwortung dafür geht an die Adresse des Ahnen, dessen Züge nunmehr eindeutig den Ritualschauplatz dominieren. Oder sie wird dem besessenden Wesen zugeschrieben wie in der psychedelischen Trance und der Ekstase des trommelschlagenden Schamanen. Auf alle Fälle herrscht wieder einmal ein heilloses Durcheinander: Pflanzenkostüme und Holzmasken, Tiere sind sie jetzt geworden, Ahnen, mythische Wesen, sich selbst Entfremdete. Die Maske mag sich öffnen und eine weitere zum Vorschein bringen[89], der Träger fliegt oder taucht durch Seinsschichten hindurch, nimmt die Gestalt des Stammestotems[90] an, verwandelt sich wieder und wieder. Und wenn die mas-

Have you seen Jack in the Green?

kierten Tänzer durch das Dickicht und über die Plätze wirbeln dann haben auch die Zuschauer einen Erfahrungsanteil daran. Mit den wild Gewordenen erkennen sie die Repräsentanten der entfesselten Lebensformen. «In den Wäldern sind unsere elementaren, in den Gärten unsere sozialen Vorbilder».[91]

Hat sich ein Meister in sein Blätterkostüm gehüllt, wie die Beschnittenen der Namchi[92], hat er sich Felle umgeworfen, um es der äusseren Erscheinung der Tiere gleichzutun, dann verwandelt er sich zum archetypischen Wilden[93]. Er ist jener gesetzeslose «wylde man», der wie der loup vert von Jumiéges[94] bestrebt ist, eine langweilig zu werden drohende Kultur ihrer wahnwitzig ungeordneten Wurzeln zu erinnern, wobei er allzu gut weiss, dass er selbst einer der wichtigsten Träger dieser Kultur ist. Eben deswegen kennt er nicht nur die Schleichwege, um die Geschichte rückwärts laufen zu lassen, sondern weiss um die Wichtigkeit, auch hier Balance zu suchen. Seinen ausgesprochen ungewöhnlichen Status bestätigt der getarnte Meister nicht nur durch seine rituellen Funktionen[95], seine Fähigkeit, Stammesangehörige in den Tod zu führen[96] und zu neuem Leben zu erwecken[97], sondern insbesondere durch seine unberechenbare Handlungsweise. Dies erzeugt Furcht wie Bewunderung, wie sie die Kwakiutl ihrem wilden Mann der Wälder, *bokwus*[98], gegenüber empfunden haben, den sie in einer Maske darstellen, die aus Schädelknochen, Metall und vermodernden Fleischfetzen zu bestehen scheint. Die Bilder von Marshall Arisman erinnern in erschreckender Weise an dieses schmerzvolle schamanische Urwissen, dass Kultur – das Metall in der *bokwus*-

Maske – und Natur – sein Leben in den Tiefen des Waldes – nur durch das Auslöschen der bekannten Existenz transzendiert, vereint und überwunden werden kann. Arismans Werke sind Schöpfungen aus Fleisch und glänzendem Metall: Menschen und Tiere, eingesperrt in Käfige, Labors und grellfarbene Wände, die, von dem Wunsch nach Verschmelzung beseelt, im Machbaren, Geometrischen, Technologischen gefangen bleiben. Ein schamanischer Fingerzeig.

Mit der Vogelmaske über dem Kopf entschwebt der Schamane in die Lüfte, wird selbst zum Vogel, der auszieht, dem Nicht-Ich zu begegnen. Klein und leicht wird seine Seele bei den Akawaio Karibiern von Britisch-Guyana, und erhebt sich mit Hilfe von «Leiter»-Geistern in die Lüfte. Es ist anzunehmen, dass in diesem Zustand jene Geister sich vom Schamanen selbst kaum unterscheiden. Denn wenn Lame Deer singt, dass es wie das Geschrei von Vogelschwärmen dröhnt[99] und bei der jakutischen Schamanenséance überall im Raum Vogelstimmen ertönen[100], dann haben sich die Grenzen verwischt, die das tierische Nicht-Ich vom menschlichen Ich getrennt haben: die Federn auf dem Gewand des Meisters sind wirklich seine Flügel und die Vogelstimmen in den höchsten Winkeln der Jurte sind in Wahrheit die Gesänge des davonfliegenden Schamanen. Natürlich weiss der Schamane, dass er dadurch eine bodenlose Frechheit begeht, die westliche Ethnologen immer wieder dazu herausfordert zu beteuern, dass sie es eigentlich genau wüssten, dass hier niemand fliegt, ausser der unbändigen Fantasie eines arktischen Hysterikers, dass eigentlich alles seine Ordnung hat und es lediglich darum geht, einfache Schelmenstreiche zu durchschauen. Ich nehme an, dass solche Ansichten dem Schamanen angenehmste Belustigungen verschaffen – was das Auftauchen der Ethnologen für ihn erträglicher gestalten mag – wenn er auf die krampfhaften Rückversicherungen des Wissenschaftlers mit seinem *tschante ischta*[101], dem «Auge des Herzens» blickt und mit seiner kristallklaren *logique du coeur* schliesst: wer seine Sicherheit durch Schulterklopfen durch Fachkollegen nicht vergessen kann, der denunziert auch einen Schamanen wegen Vorspiegelung falscher Tatsachen.

Tief in den Wäldern haust Bokwus, der wilde Mann der Kwakiutl, wo er sich von verfaultem Holz ernährt – Geisterspeise. Wer ihm begegnet erhält ein Stück trockenen Lachs. Dadurch erreicht er das Land der Toten und teilt die düstere Wohnstätte Bokwus' jenseits der Grenzen der Dörfer.

Die ewigen Verstärkermechanismen, die unsere Welt der Objektivität vollkommen durchdrungen haben und die Grundlage dieser Realität selbst geworden sind, zeigen mehr als nur ihre Fragwürdigkeit vor der schamanischen Herzenslogik. Natürlich: die Schamanen stehen in einer Tradition, sind aber keine Prediger abstrakter Heilserwartungen, die sich erfüllen, wenn einem Handlungscodex gefolgt wird. Durch die Bedingungslosigkeit, die in ihrer Berufung und ihrer Lebensweise steckt bewegen sie sich auf dem Boden einer Urverbindung, die wohl von unobjektivem – und deshalb immer unvorhersehbarem – Charakter ist, aber umso mehr den Kern ihres eigenen Lebens darstellt.

Unvorhersehbar, überraschend – wie der Blitz, der den Schamanen ins Reich der Geister abberufen hat. Nicht festgelegt, weil ihn kein Treueeid an Wahrnehmung und Handlung bindet; weil keine Balken irgendwo von aussen her sein Universum stützen: «Ich bin die Frau, die die Welt stützt»[102], singt Maria Sabina. Und wenn der Schamane an seine Zeremonie geht, dann wird sie meist eher einem Happening ähneln, das die Routine durchbricht[103], denn einer vorhersagbaren rituellen Aktion. In seiner radikalen Freiheit von Bindungen an eine Welt*sicht* ähnelt er jenem buddhistischen Suchenden, der ins *ts'hang-khang*, die Meditationszelle, eintritt, um zu «die to the world», daraus wieder auftaucht und nichts von seiner alten Persönlichkeit zurückgeblieben ist und niemand mehr weiss, wer er war[104]. Was Castanedas Don Juan mit dem Auslöschen der persönlichen Geschichte meint, zielt darauf ab, einen gewissen Input abzuschwächen, der uns dazu ermutigt, zum andauernden Aufbau unserer soliden Struktur des Selbst beizutragen. Es geht darum, eine flexible und elastische Struktur zu schaffen, gewissermassen eine traumartig verdichtete, verschobene, überlagerte Persönlichkeit.

Darin bleibt man der Welt und den Menschen um uns nichts schuldig im Sinne einer Verhaltenstreue und eines perzeptuellen und konzeptuellen Gehorsams[105]. Aufmerksamkeit und Bewusstheit für das, was wirklich vor sich geht, und was für jeden Menschen in einer für ihn spezifischen Weise geschieht, soll einem stumpfsinnigen Reaktionsrepertoire weichen, das die erlernte Form einer konstruierten Begegnung zwischen Mensch und Mensch und Mensch und Welt darstellt[106].

Schamanische *awareness* bedeutet nicht Gesinnungs- und Per-

Australische Transformation.

spektivelosigkeit, sondern Freiheit von Gesinnung und Perspektive. Diese Haltung erweist sich als freudige Heterodoxie: tausend Gesinnungen, tausend Götter, tausend Welten[107], keine besser oder schlechter, sondern einfach anders. Bedingungslos und ohne Kompromissbereitschaft bleibt die Treue des Schamanen gegenüber seinem Kern, seinem Leben, seiner Herkunft; all dies ist von jener Wildheit und Verwobenheit, wie das unberechenbar dadaistische Handlungsspektrum des Schamanen, der gelernt hat, Begrenzungen und Regeln zu verlernen. Transformiert zu einem Tier durchmisst der Meister der klaren Verwirrung die weglosen Bereiche: Erdlöcher und Wälder, Meeresgrund und Wolkenfelder.

Das Totemtier[108] ist nicht eigentlich ein Schutztier, wie es häufig in der Literatur dargestellt wird, sondern eine Person oder eine Gruppe selbst. Ein australischer Eingeborener, der ein Foto von sich selbst sieht, meint lächelnd: «Es ist genau so wie ich; so wie ein Känguruh.»[109] Die Bezeichnung jener mittelamerikanischer Indianer, von denen die Azteken und wahrscheinlich auch die Tolteken abstammen[110], die Chichimecas genannt werden, bedeutet «Abstammungslinie des Hundes»[111], denn sie lebten im Zustand unsagbarer Barbarei, trugen langes, wildes Haar und hausten in Höhlen, «so von den Spaniern Teuffels-Löcher benahmet werden»[112]. Wahrlich, es müssen *hijos de los perros* – Hundesöhne[113] – gewesen sein, die den zivilisierten europäischen Reisenden begegnet sind, teuflische Wesen gewissermassen, die ihnen auflauern, sie anfallen «mit einem erschrecklichen Zetter-Geschrey» und «beschiessen sie anfangs jeglicher mit sechs Pfeilen so geschwind/dass ehe sich der Wandersmann umsehen kann/er schon etliche Schüsse hat/nach welchem sie Hand anlegen/die Leute zwar morden/die Rosse und Esel aber schlachten und halb gebraten samt dem Safft und Blut mit grosser Lust verzehren. Wobey nicht wenig zu bewundern ist/dass ein Maulthier einen solchen Tschischimeken auf eine Viertelstund weit riechet/und gleich einem Gemsen über Berg und Thal mit Last und Pack so schnell davon rennt/dass es kein Mensch mehr einholen mag.»[114] Wilde Hundformen – Hyänen, Wölfe – sind es häufig, die bei indianischen Stämmen in dem Prestige stehen, Stammesahnen zu sein, während dieselben im westlichen Mittelalter eine dämonische Transformation erlebten und als Teufelsfratzen auf Frauenleibern auftauchen[115]; hier ist das Wilde und Tierische nicht mehr in Beziehung zu einer befreienden Lehre zu sehen, die der Mensch durch Rückverbindung zu seinen Wurzeln erfährt, sondern als die endgültige katholische Verdammung des Nicht-Heiligen. Als Pan und Ephialtes[116] zum Teufel wurden, sind die Träume zur Nachtmahr geworden[117] und die *incubi*, die ursprünglich nächtliche Ahnenbesucher waren[118], zu lykanthropischen Dämonen[119].

Der Wunsch und die Realisierung von Freiheit und Bedingungslosigkeit und deren rücksichtslose Durchsetzung, die sich im Bild des Wolfes verdichtet, der – wie ein rumänisches Lied verrät – «die Ordnung der Wälder» kennt[120], war im städtischen Verständnis bald zu vollkommener Dekadenz verfallen. Romantische Versuche eines Neuverstehens sind kläglich gescheitert, wie die Zeilen aus der Hymne *Ad Arimane* von Giacomo Leopardi verdeutlichen:

«He, he! Ich bin ein Mensch, ich bin ein Suchender, ich bin ein Rufender!» (Ukwun der Tschukschen Schamane).

«Die Wilden und die primitiven Stämme erkennen, unter verschiedenen Formen, niemanden an als dich... Mit verschiedenen Namen nennt dich das Volk Schicksal, Natur und Gott. Aber du bist Ahriman...»[121] Der Lappe Turi erzählt, dass der Wolf von *bärgalak*, dem Teufel, erschaffen wurde, und dass *ibmel*, Gott, ihm Leben durch die Nasenlöcher gepustet habe[122]; demnach sei der Wolf ein böses Tier. Aber der lappische *noaide*, der Schamane, lässt seinen Schlitten von einem Wolf ziehen – zum Kirchgang (*sic*)[123]. Ich nehme an, dass es der freche Schamane selbst war, der in Wolfsgestalt die demütigen Kirchgänger in Unruhe versetzen wollte, um sie aufzuschrecken vor einer langweiligen Ersatzhandlung, die *re-ligio*, Rückverbindung, verspricht, aber im eigentlichen Sinn ent-bindet: zwischen Kniefall und Kanzelpredigt wird dem persönlichen Risiko, sich zu entblössen vor dem Göttlichen, überhaupt keine Chance gegeben, so wie es jene zwei Afrikaner taten, die Kirkland beobachten konnte[124], wie sie sich in einem frenetischen Trance-Tanz um den ekstatischen Medizinmann in Schakale verwandelten. Sie hüpfen nach Schakalsart umher und nehmen nach und nach die Gestalt der vorgespielten Tiere an, «bis der Augenblick kommt, da ich plötzlich vor mir zwei echte Schakale erblicke, die den in Trance liegenden Medizinmann mit der charakteristischen Neugier dieser Tiere beschnüffeln.»[125] Der Beobachter kann's nicht glauben, er reibt sich die Augen, so wie sie sich Zauberlehrling Castaneda nach seinem Flug über mexikanische Landschaften oft gerieben haben mag[126]. Halluzination oder «Wirklichkeit»? Vielleicht war auch ein aschgrauer Zeitschlitz mit einem kleinen roten Streifen urplötzlich aufgetaucht und hatte Beobachter und Beobachtete in ein anderes Universum katapultiert, wo Menschen eben zu Schakalen werden... Am wahrscheinlichsten wird sicherlich die These sein, dass nicht die beiden Afrikaner die glücklichen Transformierten waren, sondern Herr Kirkland selbst. Ihn selbst hat die Trance erwischt; er ist ekstatisch aus sich hinausgeflutscht und hat da Platz gemacht für das Totem. Dann war es ein Einfaches seine behaarten Artgenossen wiederzuerkennen. Hätte er – anstatt fasziniert das Treiben zu beobachten und es zu analysieren – einen Blick in den Spiegel riskiert, dann hätte er wie jener amerikanische Ethnologe, der sich im Spiegel als riesigen Jaguar sah[127], eine Schakalsschnauze erblickt. Natürlich mag diese recht eindringliche Befreiung vom Herkömmlichen, die einen bevorzugt in der äusseren oder inneren (wo also, frage ich zum letzten Mal, ist der Unterschied?) *Fremde* ereilt, erschreckende Wirkung haben. So ist die Aufforderung, sich auf einem Trip im Spiegel zu betrachten, bisweilen ein zweischneidiges Schwert. Erhellend wird es in jedem Fall sein.

Erhellend muss wohl auch das Wölfische für die Griechen gewesen sein, nicht zuletzt in dem Wortspiel zwischen λύχος Wolf und λύχη Licht[128]. Der Wolf war in Griechenland dem Sonnengott heilig. Damit steht er in Assoziation zum mächtigen schaffenden, energetischen Prinzip der Sonne, deren Licht den Schamanenkörper durchflutet und im kristallgewordenen Zustand hellsichtige

Klarheit – die Navigationskarte für die Fremde – bereitstellt. Osiris hat Typhon in Wolfsgestalt überfallen[129] und in der deutschen Mythologie wird Odin von den Wölfen Geri und Freki begleitet[130] und seine wilden Krieger sind *ulfar*, Wölfe[131], während er selbst den Typus eines des Fliegens kundigen Schamanen darstellt[132]. Seine Männer trugen langes Haar, solange sie ihm als Totengott geweiht waren[133], wie die überfallslustigen Chichimecas. Die Mitglieder der marokkanischen Gemeinschaft der *Isâwîyya* werfen sich Felle von Wölfen, Löwen und Hyänen um[134], erhalten den Namen eines wilden Tieres und müssen bei den wöchentlichen Zusammenkünften ihres *thâifa* (Haufen) das Verhalten des jeweiligen Tieres imitieren, frenetische Tänze vollführen[135], bis sie schliesslich, zu einem Berserker-Pack[136] verwandelt, Kitzlein und Lämmer in dionysischem Rasen mit Händen und Zähnen zerreissen. Wer so dem Tod nahe steht, wie der Wolf, der ist vom Licht der Sonne nicht weit entfernt[137]. Denn der Tod ist die eine grosse Veränderung, von der die «barbarischen Primitiven» wissen und deren Geheimnis auch noch für viele indogermanische Stämme lange Zeit hindurch verstehbar und erlebbar war. Die Namen solcher Volksgruppen allein deuten es an: Luvianer, Lucanier, Dacer, Hyrcanier usw. Die Nez-Percé Indianer führen den Ursprung der Menschen auf einen Wolf zurück[138].

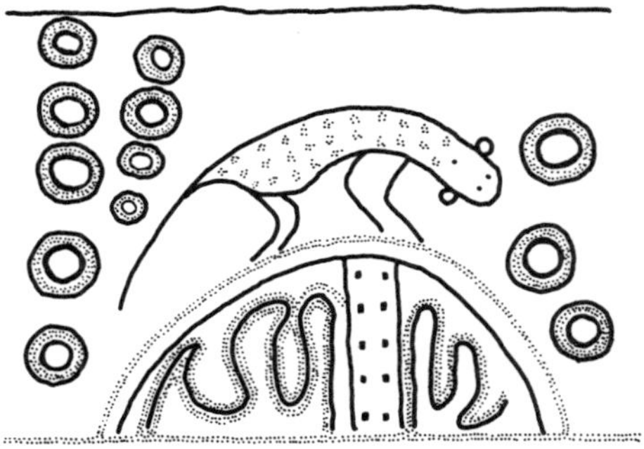

Yajé-Vision eines Schamanen als Jaguar (Barsana).

Wenn sich die Schamanen der Desana im Jaguarskostüm ausstrecken, nachdem sie das psychotrope *vihó* geschnupft haben, bedecken sie sich mit Asche, zum Zeichen dafür, dass sie von der Ordnung der Lebenden Abschied genommen haben und zu wilden Tieren im Reich der Finsternis – Jaguare – geworden sind[139], so wie die Priester des sabinischen Totengottes Soranus *hirpi* (Wölfe) waren. Der Rücken, der sich transformierenden Desana dreht sich dorthin um, wo gewöhnlicherweise der Magen ist. «Dadurch können sie in die andere Welt eindringen», erzählt ein Desana-Informant[140]. Die andere Welt ist das Reich der Toten und des hinausgedrängten Wilden. In diesem Land wird alles verkehrt herum sein, das Gegenteil von dem, was in der alltäglichen Ordnung ist und geschieht: wenn sich das, was unten ist, nach oben kehrt, wenn die Bäume mit den Wurzeln nach oben wachsen[141], wenn es keine sozialen Unterschiede mehr gibt und alles in Überfülle vorhanden ist[142], wenn sich alles, aber auch wirklich alles, radikal umkehrt[143], dann ist man in *ngarungani*,[144] der Traumzeit angekommen, im Ursprung und Ende, im Hades[145]. Es ist, als ob die für die Welt der Lebenden gestorbenen Jaguar-Männer wie die toten Griechen vom Unterweltsfluss Lethe [146] getrunken haben, um den unbarmherzigen Blick des Diesseits zu vergessen. Das Vergessen des Lebens ist durch das Zurücktreten von der Sicht der Unterschiedenheit und depersonalisierter Sinngebung – wie sie auf der Insel des Tonal[147] vorherrscht – gekennzeichnet. In der Höhle haben sich die persönlichen Bedeutungen eröffnet, indem das äusserste und innerste Fremde sich als das offenbarte, was man selber ist – nicht mehr und nicht weniger. Und deshalb wird *huottarie*, der Samojeden Schamane, auf seiner initiatorischen Jenseitsfahrt von seinen tierischen Verbündeten in eine leuchtende Höhle geführt, deren Wände von Spiegeln bedeckt sind[148]. Was er hier sieht, das ist er selbst, auch die beiden nackten, fellbedeckten Frauen mit den Rentiergeweihen, Mütter der Tiere; denn die dramatischen Unterschiede zwischen Mensch und Mensch und zwischen Mensch und allen anderen Dingen[149], diese unüberwindbar scheinende Trennung von Eigenem und Anderem, die eine existentielle Besiegelung der menschlichen Kondition zur Verdammung im Allein-Sein darstellt, haben hier unten aufgehört zu sein. In Hypnos' Höhle bei den Kimmeriern fliesst Lethe – der Fluss des Vergessens[150].

So kommt es, dass der Werwolf ein *versipellis* ist, dessen innere Wolfshaut sich in gewissen Zuständen umkehrt, nach aussen stülpt[151], was ein Ausdruck für die «Verwilderung des Gemüthes»[152] sei, eine Verwirrung mit den «wirklichen» Beziehungen in einer gerodeten Welt. Wenn jemand mit Hilfe von Pflanzen und Giften wölfisch geworden ist, dann wird er nur in der Sichtweise der Alltagstopographie die Geister der Toten aus den Tiefen ihrer

Gräber heraufbeschwören, wie es noch Vergil vermutet hat[153]. Er hat bereits die Orte verlassen, in denen gruselige Totengeister in Schillerscher Manier «mit blutigem Hemde, bleich und mit dem Gesicht eines Sterbenden»[154] aus Kaminen schlüpfen, ist eingedrungen in das *aliter totaliter*, durch eine einmalige, am eigenen Körper vollzogene Revolution. Das ist ganz eindeutig schamanisches Wagnis. Der Meister lässt sich nur vom Gelebten beeindrukken, nicht von den kümmerlichen Überresten berichteter Verwandlungen.

Was wir mit okkulter Science Fiction-Mentalität sehen, das sind ungepfählte Vampire in nebeldurchzogenen Nächten, düstere Werwolfsverwandlungen unter fremden Zaubersprüchen, archaisch-galaktische Monster á la *Alien* aus H. R. Gigers Fantasieküche, die man besser nicht weckt, denn sonst erweisen sie sich, wie der menschliche maskierte Dämon im Film *Halloween* als untötbar: Filmversionen jener Angst[155], dass schleimige Haar- und Knochen-Monster unsere Lebenswelt heimsuchen, die Stadtmauern, diese mächtige Grenze, überklettern könnten, um als *Zombies* unerkannt Frondienste zu leisten und Schrecken und Terror zu verbreiten. Nicht zu Unrecht hat sich dieses Unbehagen ausgebreitet und wird die Welt des Machbaren und Beherrschbaren weiterhin beunruhigen.

Was einst der Zerberus am Eingang zur Unterwelt bewachte, ist in der *polis* zum *Lupanar* geworden, wo man den vertraglich beschlossenen «kleinen Tod» erleben darf[156]. Ob dieser fürwahr jene Erkenntnis mit sich bringt, die den Initianden in der Unterwelt der Höhle ereilt, bleibt fraglich. In der Stadtkultur der klassischen Antike scheint diese Möglichkeit noch bestanden zu haben, indem die Huren zu Wölfinnen gemacht[157], und selbst die Kulturheroen Romulus und Remus von einer Wölfin, die in Wirklichkeit eine Nutte war, gesäugt wurden[158]. Eine wilde Dirne hatte ihr Leben garantiert, denn sie hatte jene Freiheit, die den Verehrerinnen der Artemis *Lykeiê* und des Apollo *Lykeios* anhaftet – tun und lassen können, was sie wollen. Das ist der Reiz des *Lupanars*: ein Ort, der alles möglich macht, was unter dem Zeichen höchster Exaltation steht. Solche Bedeutung erotischer Heiligkeit hat sich in den seelenlosen Bums-Silos der Zivilisationskultur zum Zentrum der Angst, der Selbstentwurzelung und Achtungslosigkeit gewandelt. Als die soziale Ordnung noch offen war, da war Kallistô die schönste unter den Nymphen der Artemis. Sie war die Tochter des Wolfshelden Lykaôn und Mutter von Arkas, dem Bären, und Urahnen der Arkadier. Zur Bärin verwandelt, weil der stolze Macho-Gott Zeus in Gestalt der Artemis ihrer Jungfräulichkeit ein Ende setzte[159], ist sie der Prototyp der wilden Jungfrau (was ursprünglich nichts als ungebundene, unbemannte Frau bedeutete) die sich, wie in vielen archaischen Gesellschaften[160], nicht nur sexueller Freiheiten erfreut.

Eine Woge von Grausendem und Kaltem kommt aus den unbekannten und unbewussten Gefilden jenseits der Ordnungen zurück in einem erschreckenden Wirrwarr von Geistern, wilder Weiblichkeit, furchterregenden Tiermonstern. Wer nicht selber geht, um zu sehen, den scheinen dunkle Mächte holen zu wollen. Selbst bei der afrikanischen Simos-Sekte kommt der Meister und Gesetzgeber, der unter Eingeweihten wie Profanen in hohen Ehren steht, aus dem Wald – seiner permanenten Wohnstätte – um die Kandidaten für die Initiation abzuholen[161]. Er zeigt sich von Kopf bis Fuss in Tierfelle und Zweige gehüllt. Sein Heulen verrät seine Anwesenheit. Die Boké-Stammesmitglieder können ihn nicht sehen, nur die Eingeweihten können es. Wahrscheinlich haben sie dann – zumindest in archaischen Zeiten – keinen Meister, sondern eine Meisterin erblickt.

Wenn der Schamane die Ordnung auf den Kopf stellt und zum Tier wird, dann erfährt er das, was die Melanesier *atai* nennen[162]. *Atai* ist etwas, das den Betrachter schwindelig werden lässt; der Boden unter seinen Füssen beginnt sich zu bewegen, denn plötzlich erfährt er eine intime, eine erschreckend persönliche Beziehung zu diesem Etwas. Verwirrend wird dies plötzliche Sehen, das Heimliches und Heiliges aufdeckt. Völlig unvorhergesehen tritt aus der unbestimmten Welt ein Gegenstand hervor, ein Lebewesen, ein Etwas, in dem sich die gesamte Persönlichkeit widerspiegelt. Psychedelische Erhellung – wie wenn die Seele aufgeht. Denn der Erlebende lebt, leidet, handelt und stirbt zusammen mit dem *atai*. Codrington spricht von der Erfahrung des *atai*, wie von einer Erleuchtung, den berühmten Schuppen, die einem von den Augen fallen, ganz so wie Leiris[163] die Erfahrung des Schauers dem Heiligen gegenüber versteht. Aber das Erkennen des *atai* ist mehr als das Prickeln dessen, der das Gefühl hat, plötzlich ein Eingeweihter zu sein, der verborgene Winkel gesehen und verbotene Zusammenhänge durchschaut hat. Nicht das Gefühl der Verschwörung, das die Dead-Heads kennen, wenn jeder Ton aus Jerry Garcias Gitarre weit mehr ist als eben eine in Schwingung geratene Saite; auch nicht das höchst amüsante Durchschauen zivilisatorischer Riten mit Hilfe wahrnehmungserhellender Kräuter und Chemikalien. Mit der Erfahrung des *atai* geht ein echtes Schütteln in den Fundamenten der eigenen Lebensform, ja des eigenen Lebens vor sich.

Es handelt sich um einen existentiellen Schrecken, der in der magischen Erfahrung stecken kann. Der Erfahrende läuft in das Risiko, instantan zu einem emotional ansprechenden Gegenstand zu werden, vereinnahmt zu werden und den Gegenstand zu vereinnahmen. Keine Distanz, denn hier wirst du selber erkannt. Und mehr noch: er wagt das Risiko der Verletzbarkeit, indem er sich aufreisst, der Welt gegenüber und in seiner Blösse erkennt. Dann sind aber Mauern und Dämme verschwunden und nur eine mehr schlecht als recht regulierte Entsprechung mit dem *atai*, die von Dauer sein wird, hält Gefahren der Auflösung, des letzten Schrittes zurück. In gewissem Sinn handelt es sich um einen tragischen Kompromiss zwischen der Möglichkeit und dem Wunsch jeglichen Horizont zu verlieren und eine lebensfähige bewusste Existenz zu erschaffen, die in der Lage ist, das Paradox von existentialer Einsamkeit und gesellschaftlicher Beziehung zu transzendieren. De Martino glaubt, dass das *atai* eine Möglichkeit bereitstellt, jene Offenheit sich selbst gegenüber zu leben und widergespiegelt zu finden, die uns endlich Herr über uns selbst und unser Leben werden lässt[164]. Wie der Yamana, der durch die Wälder streift, und plötzlich wie verzaubert sich selbst entfremdet fühlt, ausser sich einen nie gekannten Körper mit nie gekannten Handlungen erblickt und langsam in Visionen zu *sehen* beginnt, gewinnt er Bewusstsein über sich selbst[165] und damit jene Freiheit, die ihn zu einem Ungeteilten, einem *Individuum* macht.

Erkenntnis in einer verzauberten Welt erweist sich als das Öffnen eines Tores zu seinem eigenen Inneren. Wenn sich das *atai* zeigt, und die Beziehungen in der Welt auf einmal in Frage gestellt worden sind, dann stellt sich heiliger Schauer ein. Ramón der Huichol sagt: «Auf der Peyote-Jagd ändern wir die Namen der Dinge, denn wenn wir *wirikuta* betreten, sind die Dinge so heilig, dass alles verdreht wird».[166] *Wirikuta* – das ist der mythische Ort für Selbst- und Fremderfahrung.

Wie Djuhadie Kosterkin den Boden unter den Füssen verlor und in ein seltsames Land gelangte

Reise nach Drüben

Djuhadie Kosterkins Vater Ajdaku und sein Grossvater Fajkupte[1] waren beide *aniê-ngá* – grosse Schamanen[2]. Sie gehörten zum Stamm der Nganasan[3], der um die Wende zum 20. Jahrhundert keine tausend Seelen mehr zählte[4] und das riesige Gebiet um den Ozero Tajmyr See, etwa 600 Kilometer nördlich des Polarkreises, in Sibirien bevölkerte. Schon in jungen Jahren wurde Djuhadie schwer krank – eine Krankheit, die sich über drei Jahre hinwegziehen sollte[5]. Aber anstatt gesund zu werden, verlor der junge Samojede schliesslich das Bewusstsein, so dass man sich anschickte, ihn am dritten Tag zu begraben. Da aber kam Djuhadie wieder zu sich und meinte, in einer anderen Welt erwacht zu sein. Seine Sehfähigkeit hatte sehr gelitten, und die Erlebnisse während seiner Abwesenheit vom Leben der Irdischen liessen ihn diese Welt nur noch verwirrt wahrnehmen. Erschrocken und wie unvermittelt verwildert stolperte der wieder zum Leben Gekommene aus dem Zelt, verhedderte sich in den Hundeleinen und fiel mit dem Gesicht in den Kot. In diesem höchst unangenehmen Zustand wurde Djuhadie anderntags gefunden; und siehe da, er begann zu genesen, seine Sprache wiederzugewinnen und von seltsamsten Begebenheiten zu erzählen, die er während seines dreitägigen Todes erfahren hatte. Aufmerksam lauschten Ajdaku und ein Grüppchen von Nganasan seinen Schilderungen, die mit der ungenauen Bemerkung begannen: «Ich erinnere mich, dass ich gewissermassen irgendwo hinunter ging und an Wasser entlang mitten auf das Meer gelangte.»

Der Herr dieses Wassers, so hörte der Schamanen-Novize eine Stimme sprechen, die seiner Krankheit gehörte, würde ihm die Gabe des Schamanisierens schenken: «Dein Schamanenname soll *huottarie*, Taucher[6], sein.» Dann aber trübte die Krankheit das Wasser, und Djuhadie begann, am Ufer entlang eines Berges zu wandern. Dort findet er eine Frau, von der er nicht weiss, ob sie die Herrin des Wassers ist. Aber er legt sich an ihre Brust und beginnt daran zu saugen. Zufrieden darüber, dass «ihr Kind», gedrängt von einem unwiderstehlichen Bedürfnis, gekommen ist, um seine Nahrung zu erhalten, lässt sie ihn gewähren. Alle lässt sie gewähren, denn sie ist es, die den Völkern Fische schenkt[7] und damit Leben sichert.

Ihr Gatte, *sirada ŋuo,* der Herr der Unterwelt, betrachtet den Ankömmling mit trockenem Realismus und rät ihm, sich besser in den nächsten Jahren nicht zu zeigen. Hungerjahre stehen ins Haus, und das ist für den Schamanen – der allezeit für fette Beute Sorge zu tragen hat – in höchstem Masse unangenehm. Aber der grimmige Herrscher weiss sehr wohl, dass Djuhadie ein Erwählter ist, wie es seine Väter waren und wie seine Krankheit bestätigt. Er wird ein *aniê-ngá* werden. «Geh und wandere die Wege aller Krankheiten», empfiehlt ihm der Herr der Unterwelt.

Und der junge Nganasan ging, geleitet von einem Hermelin und einer Maus[8], die er als Führer mitbekam. Die Reise führte in die Unterwelt, wo plötzlich alles anders war, fremd und auf rätselhafte Weise immer schon bekannt[9]. Sieben Zelte sah unser Held nun vor sich – ihre zerrissenen Decken flatterten im Wind. Neugierig schlich Djuhadie in das mittlere Zelt, ohne die Warnung seiner Begleiter zu beachten. Diese hatten ihm gesagt, dass darin die Bewohner einander auffressen würden. Wie gepackt und gezerrt zu allen Seiten hin wurde ihm schwindelig, er verlor das Bewusstsein und erkannte gerade dadurch, was ringsherum vor sich ging: da waren die Leute der Unterwelt und die Leute der grossen Krankheit[10]. Sein Herz schnitten sie heraus und warfen es in einen riesigen Kessel zum Kochen. «In diesem Zelt», erzählt unser ins Jenseits entstiegene Abenteurer, «zeigte sich der Herr meines Wahnsinns.» In einem anderen Zelt musste er dem unangenehmen Herrn der Verwirrung ins Auge sehen und in wieder einem anderen in schmerzhafter Weise *hehirie*, dem Herrn der Dummheit. All dies hätte er sich gern erspart, war es nicht darum, die Wege der menschlichen Krankheiten kennenzulernen, um sie später wiederfinden zu können, wenn ein kranker Samojede seine Hilfe suchen wird.

Schliesslich erreichte Djuhadie das Land der Schamaninnen[11], wo seine «Kehle und seine Stimme gehärtet wurde». Kein Zweifel: die fröhlichen Schamaninnen haben ihm wohl das Singen beigebracht, jene poetische Form, um sich aus der Welt der Schlitten und Tierfelle ins Land der Leuchtenden einzuschleichen und gegebenenfalls deren Hilfe zu erbitten. Erst die Gefühlswärme[12] des schamanischen Gesangs, der sich zu einem tragischen Ruf der Vereinigung steigern mag, wird seine himmlischen Verbündeten, die *djaptu* (Gänse), dazu bewegen, ihn zu den Göttern zu fliegen.[13] Die Schamaninnen aber brachten ihn zu den Ufern der neun Seen. In der Mitte eines der Seen erhob sich eine Insel und in der Mitte der Insel wuchs ein Baum – eine junge Birke. Diese aber reichte bis in den Himmel, denn es handelte sich um *ŋunan'ufe*, den Baum des Herrn der Erde. Neun Pflanzen wuchsen, um ihn herum, die Ahnen aller irdischen Pflanzen. Rund um den Baum konnte man Seen erkennen und auf jedem See schwamm eine Vogelart mit ihren Jungen. Alle diese Seen besuchte Djuhadie und fand, dass einige sehr salzig waren, einige aber so heiss, dass er sich nicht einmal in ihre Nähe wagen konnte. Nachdem er alle Gewässer besucht hatte, sah er, dass die Jungen nun grosse Vögel mit herrlichem Gefieder geworden waren und dass die Oberflächen der Seen überfüllt waren mit den prächtigsten Exemplaren.

Als Djuhadie seinen Kopf hob, sah er im Wipfel des Baumes die verschiedensten Menschen: Samojeden, Russen, Dolganen, Juraken und Tungusen. In der Tat, das war ein Stamm-Baum, der lebt und Leben spendet, in dessen Zweigen die Seelen der Kinder wie Vögel nisten[14]. Aus den Zweigen dieses Baumes soll der Jenseitsreisende einst seine Trommel anfertigen. Bevor er noch versteht, sieht er sich plötzlich in die Luft gehoben und fliegt mit den Vögeln der Seen. Da rief ihm der Herr des Baumes zu: «Mein Zweig ist abgerissen und fällt, nimm ihn und mach' eine Trommel daraus. Dein ganzes Leben wird sie dir dienen.» Und tatsächlich sah der fliegende Novize einen fallenden Ast, den er ergriff. Drei Verzweigungen wies dieser auf. «Drei Trommeln sollst du dir anfertigen», rief ihm der Herr des Baumes zu, «drei Frauen sollst du haben, die diese Trommeln aufbewahren werden. Jede Trommel ist für eine spezielle Zeremonie gedacht: die erste für die Frau im Kindbett, die zweite für Krankheit, die dritte für Leute, die im Schneegestöber verloren gegangen sind».[15]

Auch alle anderen Leute, die im Baumwipfel sassen, erhielten Zweige vom Herrn, der sich an den Wurzeln des Baumes bis zur Brust zeigte. Einen Zweig aber behielt er zurück. Diesen sollte die Menschheit erhalten, um sich daraus Wohnungen zu bauen. «Ich bin der Baum», konnte man die Donnerstimme vernehmen, «der alle Menschen zum Leben fähig macht.» Schliesslich wandte sich der Herr des Baumes abermals dem Nganasan zu und überreichte ihm sieben[16] Gräser: eins gegen die russische Krankheit, das zweite gegen alle kleinen Krankheiten, das dritte gegen Husten und Schnupfen, eines endlich gegen die verschiedensten Anfälle, das nächste gegen Bisse von toll gewordenen Tieren, das sechste, für den Schamanen besonders wichtige, zur Rettung Sterbender, das siebte aber zur Stärkung der in Krankheit ermatteten Menschen. Mit drohenden Worten wird dem jungen Djuhadie der schamanische Moralkodex eingehämmert: weise nie einen Hilfesuchenden zurück oder du selbst sollst zum Hilfesuchenden werden. Um auch Frauen Beistand leisten zu können, muss unser Held die angekündigte Polygamie der Trommelhüterinnen auf sich nehmen[17].

Aber zuvor erreichte er ein riesiges Meer ohne Horizont und ohne Grenze. Sieben platte Felsen standen an seinem Ufer und öffneten sich vor ihm, so dass Zähne sichtbar wurden und eine Höhlung in Form eines Korbes. «Ich bin der Pressstein der Erde», sagte der erste Fels, und alle anderen sprachen zu ihm und erklärten dem Wanderer in der Fremde wodurch sie nützlich sein können. Danach führten ihn das Hermelin und die Maus über schwankenden, sumpfigen Boden, bis sie einen hohen runden Berg erreichten, der eine Öffnung freigab. Mit weit aufgerissenen Augen trat Djuhadie ein: «Es ist hell im Innern. Als ich hineinging, sah ich auf der linken Seite zwei nackte Frauen sitzen.» Sie hatten Rentiergeweihe und waren fellbedeckt. Eine der Frauen muss wohl bemerkt haben, dass sich der Abenteurer ängstlich an eine Spiegelwand aus Eis gedrückt hat und nicht mehr so recht wusste, was er tun soll, wohin er geführt wurde und was das alles bedeuten soll[18]; sie wandte sich ihm zu und sprach lächelnd zu ihm: «Fürchtest du dich etwa, mein Freund? Komm her. Hör mir zu, mein Lieber, wie du siehst bin ich schwanger und gleich werde ich zwei jungen Rentieren das Leben schenken. Eines davon wird als Opfertier für einen kranken Dolganen freigelassen werden, das andere für einen Tawgy.» Da gebar sie vor dem staunenden Jungen die Tiere, und es wurde warm in der Höhle, so dass sich die Spiegel zu beschlagen begannen.

Dann gebar auch die zweite Frau Rentiere in seiner Gegenwart, die sie aus ihrem Schoss entliess zum Wohle aller Menschen. Sie spendet Nahrung aber mehr noch erneuert sie immer wieder den Kreislauf des Lebens. Djuhadie durfte jeder der beiden Frauen ein Haar ausreissen mit dem er sich ein Schamanengewand erwerben kann.

Sein Kopf war voll der Gedanken um diese seltsamen Begegnungen, so dass Djuhadie erst gar nicht bemerkte, dass er in einer Einöde angekommen war, in der keine Fusspuren gesehen werden können. Ganz gleich in welche Richtung er gehen würde, sein Weg liess sich nicht mehr messen. Die Beziehungen haben lange aufgehört feststellbar zu sein. Nach einem dreitägigen Marsch erreicht der Novize einen Berg und steigt abermals in eine Höhle hinein. Fürchterlicher Lärm schlägt ihm entgegen und heisses Funkengesprühe von einem riesigen Feuer. Ein nackter Mann, dessen Körper schweissbedeckt ist, bedient einen Blasbalg. Dunkle Rauchschwaden. Von Zeit zu Zeit unterbricht der kräftige Mann seine Arbeit und blickt den Eindringling an. Ein seltsames Lächeln, denkt der Samojede und sieht, dass ein mächtiger dunkler Kessel

Ein regelrechtes Metallarsenal zeichnet den abenteuerlichen Schamanenmantel eines jakutischen Meisters aus.

über dem Feuer hängt, der so riesengross ist, dass er den halben Erdball einnimmt. Tausend Gedanken zucken dem verstörten Sibirier durch den Kopf, während sich der nackte Gewaltige nach hinten beugt. Wahnsinnslärm und unerträgliche Hitze. Jetzt der enorme Schatten auf dem rotschimmernden Gestein. Der nackte Mann ergreift den armen Djuhadie mit einer Zange, so gross wie ein Zelt. «Ich bin tot!» ruft der Gefasste in leichenblassem Schrecken aus. Schwapp! Da ward ihm auch schon der Kopf abgerissen, wie ein Floh, den man zwischen zwei Fingernägeln zerdrückt. In Blitzesschnelle wird der junge Körper des Nganasan in Stückchen gesäbelt und samt dem Kopf in den Kessel geschleudert. Jetzt wieder der Blasbalg und der grässliche Höllenlärm. Zufrieden lächelt der Unterweltsschmied[19] und wacht darüber, dass der Körper von Djuhadie Kosterkin, dem Sohn von Ajdaku und Enkel von Fajkupte, drei Jahre lang in der Brühe des Vergessens kocht, bis da kein Vater mehr ist, keine Tundra und keine reizvollen Samojeden-Mädchen. Aber natürlich: sein kurzes Leben hatte bereits die kräftigsten Spuren hinterlassen, eingefressen in Fleisch und Ganglienzellen. Vom ersteren war der Kandidat rasch befreit, aber die Schaltkreise seiner Axone und Dendriten waren schrecklich stabil und unflexibel, sodass sich der dunkle Schmied etwas besonderes einfallen lassen musste, um auch dieses hartnäckige Residuum erworbener Ordnung aufzulösen. Also fischte er den Kopf aus dem kochenden Ozean im Kessel und warf ihn auf den dritten Amboss, auf dem die besten Schamanen geschmiedet werden. Mehrmals hämmerte er auf den Schädel ein, ergriff ihn schliesslich bei den Haaren und schleuderte ihn mit einem in zeitloser Übung perfektionierten Wurf in den dritten von drei Kesseln, indem eisig kaltes Wasser war. Unerträgliche Kälte durchdrang das Samojeden-Haupt, das zwar die eisigen Tundrawinde gewöhnt war, nicht aber ein körperloses Bad in gefrierenden Gewässern. «Ist das Wasser heiss», lehrte der unwirsche Geselle, «dann schamanisiere nicht, der Patient wird sterben. Ist das Wasser warm, dann kannst du eine Heilung versuchen.» Sollte allerdings das Wasser im Ritualkessel einstmals kalt sein, dann brauche er ebenfalls nicht von seinen Fähigkeiten Gebrauch zu machen, denn es handle sich dann um eine gesunde Person. Danach goss der Schmied die kochende Brühe in ein anderes Gefäss und bemerkte zufrieden, dass alle Muskeln sich von den Knochen gelöst hatten.

Bei dieser Gelegenheit musste Djuhadie zu seiner Verwunderung feststellen, dass er zwei Muskeln und einen Knochen zuviel hatte. Drei überzählige Körperteile bedeutet, dass der Nganasan drei Schamanenkostüme haben soll[20]. «Da ich drei überzählige Körperteile habe», berichtete Djuhadie, «lebe ich im Schlaf gleichzeitig in drei Zuständen. Ich pflege auch gleichzeitig an drei Orten zu sein, und während des Schamanisierens habe ich gewissermassen drei Paar Augen, drei Paar Ohren, usw.»[21]

Mittlerweile hatte sich der Schmied weiter am Körper des Jenseitsreisenden zu schaffen gemacht und dessen Knochenmark in einen riesigen Fluss verwandelt. In diesem schwammen nun die losgelösten Knochen umher. Sorgfältig sammelte er mit einer Zange die Knochen ein und legte sie ans Ufer. Dort stellte er sie wieder zusammen und bedeckte sie mit neuem Fleisch, lediglich der Kopf blieb ein nackter Schädel. «Überlies die Briefe in deinem Kopf», forderte der düstere Unterweltsmann Djuhadie auf und wusste sehr wohl, dass diese Reflexion über die im Kopf angesammelte Vergangenheit Verwunderung auslösen würde. Der junge Nganasan staunte nicht wenig, als er im Inneren seines Schädels tatsächlich Briefe vorfand, die offenbar so gelesen werden wie bei den Russen die Bücher[22]. Von nun an muss Djuhadie jedes Jahr diese Bücher lesen, damit die Blattern nicht seine Stammesgenossen anfallen. Übung in Selbsterkenntnis. Als der erschrockene Samojede die Bedeutung dieser Handlung begriffen hatte, bedeckte der Schmied seinen Schädel mit Fleisch und gab ihm dadurch wieder menschliches Aussehen. Man hätte meinen können, dass es sich um denselben Djuhadie handelte, den einst die Krankheit in die Bereiche jenseits der Alltagswirklichkeit entführt hatte. Aber alles war in Wahrheit anders. Djuhadie bekam auch nicht umsonst neue Augen eingesetzt[23] mit denen er die Wirklichkeit der Gegenstände durchdringen kann wie eine Ansammlung von Gläsern und die ihn in die Lage versetzen, auf den Grund der Menschen zu schauen, die unter vorgespielten Gründen zu ihm kommen. Offenheit – ein neuer Weg die Natur anzusprechen. Denn jedes Blatt und jeder Stein haben sich geöffnet vor den neuen Augen und den neuen Ohren des Schamanen; so wie er alles durchschaut indem er sich selbst geöffnet und als Neugeborener durchschaut hat. «Ich wundere mich», erzählt der Eingeweihte, «wie ein kleines Erdhügelchen im Sumpf, auf dessen Oberfläche Gräser wachsen, mir wie ein Mensch alles voraussagt und, während ich mit verbundenen Augen gehe, damit ich nicht vom Weg abkomme, den Weg des verirrten Menschen zeigt, den ich suche.» Der Erdhügel oder der Grashalm, der Fels oder der Wind – sie alle offenbaren nunmehr, sind nicht mehr einfach da draussen, losgetrennt vom Leben und von der Persönlichkeit des einzelnen. Der neue Leib *ist* die neue Welt.

Djuhadie findet sich auf dem Gipfel eines Berges wieder. Er weiss nicht, ob ihn der Wind dorthin getragen hat, aber er fühlt sich angenehm und warm. Und plötzlich sieht er die verschwommenen Figuren seiner Eltern, erkennt allmählich die Gegenstände in der Jurte wieder und kann sich des beängstigenden Gedankens nicht mehr erwehren, dass es sich wohl um jene Umgebung handeln muss, in der er Jahre seines Lebens verbrachte, ohne zu sehen, was sie wirklich war. Für seine Stammesgenossen war Djuhadie verrückt geworden, wenn er in seiner Panik des Durch-Schauens entdeckte, wie anders alles war. Und so taumelte er zwischen Hundeleinen und fetten Festmahlen wie ein aus der Welt Geworfener umher, der immer wieder in ein seltsames Zittern und Schwanken gerät, wenn sich das Altvertraute als rätselhaft verfremdet entpuppt und das Unbekannte sich öffnet vor seinem Herzen wie eine brechende Eisscholle, die das tiefe Meer freigibt.

Tour de Trance – Nächtliche Begegnungen

Die Nacht der Bilder entführt. Eigenartige Landschaften, bekannte und nie gesehene Personen tauchen auf, verformen sich, verändern sich; die Bilder überlagern einander. Das, was bekannt ist, und sei es nur ein Gegenstand, verführt dazu, es zum Unbekannten in Beziehung zu setzen. Was hat sich da so seltsam vermischt, warum überrascht das Traumbild durch seine erschreckend klare Vielschichtigkeit? Alltäglich-Bekanntes gleitet in unerhörtem Wechselspiel mit Nicht-Alltäglichem einher. Gesehenes und Visionäres. Eine Welt der Überraschungen, der ungeahnten Bedeutungsbezüge. Wer die Bedeutung des Traumes leugnet, oder erst gar nicht träumt, reiht sich in die Schar der endgültig ernüchterten Stadtideologen ein, die verkünden,dass Irrationales, wie Träume und Fantasien, bestenfalls in den Köpfen von frustrierten Frauen Platz hätten[1]. Damit disqualifizieren sie nicht nur den Anspruch auf eine subtile und fühlende Persönlichkeit, sondern versuchen sich dem Verlust einer mit Mauern und Bollwerken geschützten Realität zu entziehen, damit sie in der schrecklichen Nacktheit nicht die prüde Haltlosigkeit solcher Weltsicht erkennen müssen. Die Identität muss durch eine Grenze markiert bleiben.

Aber dieselben Zeichen, die aus der Höhlenwand springen und den Schamanen im Knochen lesen lassen wie im Zug der Vögel, durchschwirren die nächtliche Welt des Träumenden. Hier entfaltet sich ein andauerndes Spiel, das dem Erlebenden klar zu machen versucht, wer er ist, und wie seine Beziehung zur Welt aussieht.[2] Vergangenes und Zukünftiges[3] wird in eine leidenschaftlich überströmte Gegenwärtigkeit gepresst, vor deren Dichte unser analytischer Geist Stückwerk zurückbehält. Wie, frage ich, soll das aneinandergereiht werden, was erst in skandalöser Vermischung Sinn erleben lässt? Warum soll es in einem Hürdenlauf erklärt und dingfest gemacht werden, so dass sich zwar unsere Ratio öffnen mag, nicht aber unsere Augen und unser Herz?

«When the dream came I held my breath with my eyes closed, I went insane», singt Neil Young[4] und veranschaulicht seine Verrücktheit, die zu Beginn der Entdeckungsreie des *Anderen* steht, wie die ekstatische Schamanenvision, wie das verwandelte Sehen in der Drogenwelt. Hin und wieder ertappen wir uns gewissermassen bewusstlos ausserhalb unseres Ichs zu stehen, wenn wir etwa geistesabwesend auf ein Blatt Papier kritzeln während eines Telefongesprächs[5] und uns selber dabei erwischen. Nicht selten weisen diese unbewusst ausgeführten Zeichnungen eine weitaus intensivere Attraktivität auf, als die bewusst angefertigten: wenn das Liebkind der Alltagsrealität – die Kontrolle – kurzfristig versagt, drückt sich die Persönlichkeit aus. Urtümliche Expression, die in Staunen versetzen kann, so wie der mediale Maler Eduard Baumann verwundert war vor seinen völlig unkonzipiert und unbewusst ausgeführten Gemälden, über die er sagt: «Ich habe Mund und Nase aufgesperrt vor Verwunderung über das, was da ohne mein geistiges Zutun geschah.»[6] Wenn sich die Kontrolle lockert, zeigt das Andere in uns sein Gesicht.

Der Traum hat jede Kontrolle hinter sich gelassen, selbst Freuds Zensurgedanken sind Elemente, die zum Spiel verarbeitet werden: immer neue Kreationen, immer neue Schranken und Öffnungen, immer andere Verbindungen – ein Komplott von Überraschungen, das bisweilen die Form einer Symphonie anzunehmen scheint, manchmal die eines scherzhaften Potpourris. Die Ägypter wussten um den künstlerischen Wert der nächtlichen Welten und in ihren Lebenshäusern[7] erweckten Künstler, Bildhauer und Zeichner die Statuen des Toten und des Gottes zu neuem Leben[8]. Die wichtigste Lehre der eingeweihten Schaffenden im Lebenshaus war die Traumdeutung. Im Koptischen bedeutet das Wort für «Schreiber im Lebenshaus» soviel wie Traumdeuter[9]. Wo Tote durch Kunst zu neuem Leben geführt werden und die Künstler selbst gestorbene Träumende sind, die sich im pfadlosen Land der Dunkelheit an Zeichen und Zu-Fällen richten gelernt haben, erweisen Träume sich als Schlüssel und als Tore zugleich. Es gilt, sie nicht abzudrängen, auszugrenzen in die Unwesentlichkeit. Vielmehr sollen sie unseren fixierten Blick der Aufmerksamkeit verwirren, Nebelzonen in den Fokus legen[10], bis dass der helle Tag vom Rauschen der Nacht erfüllt ist. Die Mohammedaner halten die Träume des Tages für wahrer als die nächtlichen, und ein ägyptischer Papyrus lässt uns lesen: Guter Traum, der in der Nacht und am Tage gesehen wird[11].

Der Traum stellt, in der ihm eigenen Sprache, das Ursprüngliche einer Person dar; wie wenn die unbewussten Gesten, die eine automatische Telefon-Kritzelei entstehen lassen, hier alle bewussten, säuberlich durchdachten Handlungen verdrängt hätten, und mit einem gigantischen Pinselstrich alles zu Bildern werden lassen, was sich der Midas-Berührung durch das zutiefst Personale stellt. Jeder Teil ist eigentümlich und originär, selbst das Musterhafte, das Wiederholte und bei vielen gleich erscheinende Zeichen ist in der bedingungslosen Gegenwärtigkeit des Geträumten schon jeder Allgemeinheit enthoben. Gerade dadurch weist es über die Person hinaus. Vom Traum lernt man nicht nur über sich selbst etwas, sondern auch über die Welt, weil sich Alltägliches und Nicht-Alltägliches zu ungeahnten Entsprechungen und Bezügen vermengen.

So kommt es, dass in schamanischen Gesellschaften Träume zu den wichtigsten Lehrmeistern zählen. «It is spirit power», erzählt der Mohave Indianer, «it came to me in a dream and happens in daily life.»[12] Wenn der Senoi Schamane, der *halaaq*, zu singen beginnt, um die «Neffen des Gottes», die *cenoi*[13] zu sich zu rufen, damit die leuchtenden Wesen den Gesang fortführen und so ihre Bereitschaft zu helfen kundtun[14], dann hat er diesen power-Gesang wahrscheinlich erträumt[15]. In seinem *jinjang*-Gesang spricht der *halaaq* mit dem Wesen des *tualang*-Baumes, aus dessen Wurzeln er heilende Essenzen herzustellen weiss. Diese Säfte verhelfen auch dazu, Schamane oder Medizinmann zu werden. Während des Gesanges tanzen der Schamane und viele Männer einen wilden Tanz, bis sie nach Stunden in zuckender Trance zu Boden fallen. Der *halaaq* verlangt nach Speise für seinen tranceformierten Körper. Er ergreift ein glühendes Holzstück und knabbert daran, trinkt von siedendem Wasser. Wie die *cenoi* selbst ist er ein Wesen geworden aus der Welt des Traumes. Er stellt nicht eine Brücke her zu den Bereichen des Verborgenen, wie es die Pahang Negritos unweit der Senoi-Siedlungsgebiete durch dünne Fäden aus Palmblättern tun[16], sondern macht sich den Wesen gleich, die ihn in Träumen belehren. Träume werden bei den Senoi deshalb in besonderer Weise ernst genommen. In morgendlichen Traumbesprechungen zwischen Kindern und Erwachsenen werden die Träumenden von Erfahrenen dazu angehalten, «mehr» aus den nächtlichen Begegnungen zu machen[17]. Einmal handelt es sich um den Versuch der bewussten Manipulation von Trauminhalten, sie weiter zu träumen, umzugestalten – die Technik also, luzide Träume[18] so oft wie möglich hervorzurufen. Dann ist es aber der besondere Hinweis darauf, mit den Gestalten der nächtlichen Reise Freundschaft zu schliessen, sie einfach zu akzeptieren wie sie sind und Traumgeschenke – Tänze, Figuren, Gesänge, Muster – zu erbitten, die später mit allen geteilt werden. Teilen von Träumen und Traumgaben bringt immer wieder neuen Halt in das soziale Gefüge[19] und macht den verschlafenen Teil des Lebens keinesfalls zu einem verlorenen[20].

Die Iroquois passen genau auf, was in ihren Träumen geschieht, denn dies sind Mitteilungen des Sonnengottes, Mitteilungen an den einzelnen, die den ganzen Stamm angehen[21]. So haben die

Träume bei diesen Indianern immer höchstes Interesse beansprucht, wurden zur Grundlage für Zeremonialanlässe, ein Orakel, das jenseits jeden Zweifels steht, und brachten die entscheidenden Hinweise in politischen Angelegenheiten[22]. Besondere Wichtigkeit wird dem Ausagieren und der Erfüllung des Traumes beigemessen. Beim «Fest des Traumes» erzählt jeder Iroquois einen für ihn besonders bedeutsamen Traum. Die Zuhörer beantworten die Erzählung mit ihren Einfällen, Gefühlen, Auslegungen. Wenn der Träumer das Gefühl hat, dass eine Interpretation genau trifft, dann beschenkt er den Interpreten[23], und aus dieser Einsicht in das Wesen des anderen entsteht häufig eine intime Freundschaft. Dann aber wird ein grosses Szenario geschaffen und alle helfen mit, den Traum Wirklichkeit werden zu lassen, und wenn dieser zu aggressiv sein sollte oder andere Leute verletzen könnte, entsteht ein spontanes Psychodrama symbolisch-theatralischer Handlungen. Auch Black Elks grosse Vision wurde viele Jahre später als Zeichen der Verbundenheit seines Stammes und der Akzeptierung seiner Berufung von seinen Stammesgenossen nachgespielt[24]. Black Elk kam langsam und gerührt aus dem Zelt: «Four of the most beautiful maidens in the village were ready to take their part, and there were six very old men for the Grandfathers.»[25] In der grossartigen Zeremonie verwandelte sich die ganze Gemeinde in einen Traum-Stamm, die Vision ist zur Erde gekommen, und auf der Erde ist nichts mehr so gewesen, wie es früher war. Als sie vorüber war, hatte Black Elk den Eindruck, dass er über dem Erdboden schweben würde, wenn er geht[26].

Auch im Traum scheint die Seele zu entschweben, sich auf Wanderschaft zu begeben, in einer ausserkörperlichen Fahrt irdische und ausserirdische Orte aufzusuchen[27]. Von solchen Reisen kehrt der Schamane wieder nach einer Nacht oder nach einer Trance, während der er wie tot mit verflachtem Atem und langsamen Herzschlag daliegt[28], zurück. Die nächtliche Reise durchmisst Orte der alltäglichen Wirklichkeit, Besuche aus der Vogelperspektive über zivilisierte und vornehmlich industrialisierte Gegenden, zugleich findet sie aber in der nicht-alltäglichen Welt statt: dort haben die Dinge unserer Wahrnehmungswelt diesen neuen Charakter bekommen, der sich von den Höhlenwänden gelöst hatte und durch übel schmeckende sakrale Getränke aktualisiert wurde – die Dimension des Hyperpersonalisierten und Ekstatischen. So kommt es, dass Mondflüge träumender Schamanen[29] ein anderes Gesicht des Erdtrabanten offenbaren, als es die Funkbilder der

NASA taten. Das heisst nicht, dass wir damit den Beweis haben, dass die Schamanen gar nicht auf dem Mond waren, sondern alles nur Einbildung sei. Die Sanema Indianer berichten, dass ihre Schamanen – wie Black Elk nach dem visionären Theater – einige Handbreit über den Boden einherschweben. Entrüstet erwidert der Ethnologe, er würde doch *sehen*, dass sie so auf der Erde herumlaufen wie er auch, und Herr J. kann sich ganz genau daran erinnern wie die Mondoberfläche *aussah* in jenen denkwürdigen Fernsehbildern. Dem naiven Ethnologen entgegneten die Indianer, er würde nicht verstehen[30]. Der Schamane flattert schliesslich nicht in die Lüfte, wobei er ein paar Flaumfedern verliert, er fantasiert sich auch nicht an einfach an einen Ort, denn nicht selten wird er am Flugort gesehen und erkannt[31], er wechselt gewissermassen seinen Standpunkt von der Ordnung des Alltäglichen in die aufgelöste Ordnung der unvermessenen Bereiche. Die Tranceformation lässt all das zustande kommen, was in der unausreichenden Ausdrucksweise des Herkömmlichen – Sprache und Schrift mit festgesetzten Regeln – zum Fliegen, zur Seelenreise, zur ausserkörperlichen Erfahrung wird. Tatsächlich ist es alles zugleich und keines davon, denn solang sich unsere Sichtweise darum bemüht, etwas klar darzustellen, um es zu erklären, solang ringt sie um Abgrenzung, Vermeidung des schmutzigen Durcheinanders, um eindeutige und unveränderliche Bezüge und redet dabei an der Bedeutung der schamanischen Erlebnisse glatt vorbei. Als Kirkland sah, wie sich die Trance-Tänzer in Tiere verwandelten, war das aller Wahrscheinlichkeit nach ein Ereignis, das sich nicht auf Film hätte bannen lassen[32]. Ich nehme an, dass ein anderer Beobachter nichts weiter als zwei frenetische Tänzer gesehen hätte. Der Unterschied liegt nicht darin, dass einer fantasiert und der andere die Wirklichkeit gesehen hat, sondern darin, dass beide gewissermassen kurzfristig in anderen Universen steckten: Kirkland scheint im rechten Augenblick in den Spalt geschlüpft zu sein, der sich da so selten auftut zwischen den Welten.

Allerdings: wer die Schulbankordnung hinter sich lässt, kommt rasch in Verruf, ein Verrückter zu sein, was nichts weiter als die Angst reflektiert, selbst verrückt zu werden, sollte der naive Ratio-Fanatiker einmal tatsächlich einen schwebenden Schamanen sehen oder eine Schakalsverwandlung[33], und darum sind ihm schon jene recht suspekt, die zu oft von ihren Träumen reden, diesen vielleicht ganz besondere Bedeutung beimessen. Selbst Leute, die ihr Leben lang grosses Interesse an Träumen hatten und deren Wichtigkeit für die bürgerliche Welt wiederentdeckten, wie ein gewisser Dr. Freud, entwickelten ein tunlichst rationales Modell, um den Wahnsinn des Traumes auseinanderzunehmen, bis dieser Makel des Krankhaften verschwunden war. Freud sagt das ganz deutlich: «Der Traum ist also eine Psychose, mit allen Ungereimtheiten, Wahnbildungen, Sinnestäuschungen einer solchen.»[34]

Diese Aussage ist im Grunde genommen nicht unrichtig. Der Traum ist zwar keinem psycho*pathologischen* Zustand verwandt, aber jener Welterfahrung, die in ihrer Erlebnisdichte und der darin steckenden Wahrheit keine analytische Zerstückelung säubern kann. Dionysisches Durcheinander ist Enthüllung der traumähnlichen Welt. In den Mysterien von Eleusis erkennt, so sagt Pindar, der Eingeweihte Anfang und Ende des Lebens, jenen «unsagbaren Gegenstand, den der Mensch bei den Mysterien im eigenen Innern findet»[35]. Dieses Finden geschieht im Zustand der *mania,* dem schamanischen Wahnsinn des thrakischen Dionysos[36], dessen Sänger Orpheus – ebenfalls aus dem nördlichen Schamanenland[37] – die Mysterien nach Griechenland gebracht hatte.[38] Sein Name bezeugt es: losgelöst von allen Familienbeziehungen und Stützen[39], losgelöst von sich selbst, beginnt er zu sehen und seine Erfahrung zu besingen, denn nur die Poesie mag jener überströmenden Innerlichkeit gerecht werden, soll sie in Worte gefasst werden. Apollo ist es, der schenkt «der Lieder süssen Mund»[40], und er ist es auch, der den Wahn-Sinn poetisch werden lässt: wir haben ihn als Adoptivbruder des Dionysos *Dithyrambos* kennengelernt – der als Vorläufer guter Rockgruppen ansteckende Lieder sang – und Apollodorus zufolge[41] soll es nicht Zeus gewesen sein, der die schöne Kallistô vergewaltigte, sondern der wölfische Apollo Lykeios[42]. So zierte ihn das Fell eines wilden Tieres wie das Fuchs-Fell auf dem Rücken des Dionysos *Bassareus*[43]; ein Umhang übrigens, der auch den lyraspielenden Orpheus wärmte[44]. War dieser mysteriöse Sänger ein Schamane? Als Mimir dem Streit zwischen Asen und Vanen zum Opfer fiel holte sich Odin – der einst auf Sleipnir reitend die Kunst der Totenbefragung praktizierte[45] – seinen abgeschlagenen Kopf um aus ihm wahrzusagen[46], so wie Orpheus Kopf, der, von den Mänaden abgerissen, singend nach Lesbos schwamm, später als Orakel dienstbar gemacht wurde[47]. Die Jukagiren verwendeten Schädel toter Schamanen für Divinationszwecke[48].

In Griechenland hatte sich also eine durchaus schamanisch zu nennende Tradition in den Götterhimmel eingeschlichen, die dem Reich des Traumes im ekstatischen Wahnsinn Ausdruck verlieh.

Die *epopteia* von Eleusis, das überströmende Gefühl der *beatitude*, aufgelöst zu sein im All und die göttliche Allumfasstheit zugleich in sich zu haben – *entheos* – war von tiefster Gefühlsregung begleitet[49]. Doch wenn sich der Körper schüttelt, weil er die einströmenden Gefühle nicht mehr kanalisieren, nicht mehr zähmen kann, wenn er sich windet und weint und lacht, oder wenn all dies nur innerlich geschieht, dann ist es ein Zeichen, dass die Welt erfahren wird in Haltlosigkeit. Kein Chaos, sondern Klarsicht, denn die kochenden Gefühle erhitzen den gesamten Menschen, lassen seinen Geist heiss werden, bis er zischend überkocht, und in diese augenblicklich eingetretene Leere das Wissen um die Dinge eindringt. William James erkannte, dass mystische Zustände, obwohl sie Zuständen des Gefühls ähnlich seien, «seem to those who experience them to be also states of knowledge.» Und er fügt hinzu: «They are states of insight into depths of truth unplumbed by the discursive intellect.»[50]

Wenn die wild Gewordenen ausziehen, um der Fährte jener Götter zu folgen, die in Pantheon und Mythologie zu Unrecht scharfe Unterscheidungen erfahren, schreiten sie nicht aus Beschränkungen heraus, sondern sprengen den ganzen Saftladen der mühsam errichteten Ordnungen einer «lebensgefährlich heilen Welt»[51] in den Äther. Dahinter streiten sich Tarot-Spieler mit gezinkten Karten, in welches Bosch-Bild sie am liebsten eintauchen würden um die Faszination der dauernden Erschütterung lebendig zu erhalten. So ist die verrückte Schönheit ins Leben getreten, durchzieht jetzt, abgewetzte Narrenkappen schwenkend, den Keller von Schmutz und Kot und Blut und Tod. Dort wartet zitternd der abgedrängte Eros, bricht schreiend hervor, wie ein Monroe-Siebdruck von Andy Warhol, damit den schamanischen Reisenden Flügeln wachsen und sie, Faridoddin Attârs Motte[52] gleich, geradewegs in die Flamme flattern können, um ihr Geheimnis zu erfahren. Draussen lässt sich das Licht der Kerze beschreiben, drinnen ist es das Mysterium, das die Lippen versiegelt, bis sie orphische Gesänge frei geben. Ja, es ist das Reich der Fische und Masken, eigenartiger Lichtblitze und seltsamer Wesen. Dunkle Heimatstatt des Volks vom schmalen Grat, dort lässt die Herrin der Seetiere ihr wallendes Haar schwimmen, dort reisst in Domina-Manier, wie einst die kretische Rhea, unter dem spitzen Griffel Goyas auf der Kupferplatte eine Schöne ihr Gewand auf und zeigt dem plötzlich erleuchteten Alten ihre prallen Brüste. Der Meister unterschrieb die Szene: «Das ist die Wahrheit». Ha, wie sich alles dreht – klingelnde und ratternde Tinguely-Maschinen, Dada-Puppen und Narrenstöcke, die à la Raoul Hausmann «Unruhe und Unordnung» propagieren. Da hinten kann man auch den intriganten Brighella in weissem Kostüm mit grünen Streifen sehen, wie er den Pantalone ums Ohr haut, und Arlecchino im Blattgewand steht begossen unter einem gotischen Wasserspeier. Als Löwen und Frauen Verkleidete verzehren fette Speisen auf dem Altar, altes Schuhleder dient als heiliges Räucherwerk, während der mit Tequila und Eiern bewaffnete Indio versucht, den Esel dazu zu bewegen, sein Amen zu wiehern[53]. Ein «ballo di Sfessania»[54], der sich wälzt durch Wälder und Wiesen, dampft und brüllt wie Mattia Morenis Riesenvulva[55], die auf Baubos Schwein reitet[56], dort unten wo die geschlechtslosen Patienten Bob Dylans die Endstation des Narrenschiffes ausrufen: The carnival on desolation row[57]. Hier ist auch das fahrende Volk, das Klingen schleudert und Saiten zupft, die Magier, Musiker und Komödianten[58]: voyager – voyer, reisen und hellsehen[59]; unter der Wolfsmütze und der Hörnerkrone, um, «solange der Sauerstoff reicht, hinabzutauchen» wie der Totenmasken- und Gesichtsüberpinsler Arnulf Rainer orphisiert, «in jene Tiefsee, wo der Wahnsinn haust. Unendlicher Reichtum, konvulsivische Schönheit ... alles prächtiger als in Eurer Kultur habe ich dort gesehen.»[60] Hat er etwa den Assassinen-Rauschgarten des «Alten vom Berg» erblickt, in dem der naive Jüngling erwacht, umgeben von verführerischen orientalischen Schönen?[61] Oder war es *wirikuta*, das Peyote-Paradies der Huichol, das ihre Herzen aufreisst vor dem Mysterium und sie selbst verschwinden lässt im Göttlichen?

«Wenn du das Auge öffnest, so bist du *alles* – und *dich* gibt es nicht mehr.»[62]

Der *dehar* der Kalash Kafire von Chitral liegt entspannt da. Nach und nach beginnt sich sein Körper zu versteifen; erst einige Muskelpartien, dann der Rücken, die Arme, die Beine. Diese Versteifung geht kaum merklich vor sich. Bald kann man aber sehen, dass die Hände des Schamanen zu vibrieren beginnen, auch seine Unterarme und seine Knie. Der starre Blick, der andauernd einen Altar im Visier hatte, wird durch flatternde Augenlider unterbrochen. Auch die Gesichtsmuskeln sind jetzt in ein andauerndes Zittern übergegangen. Schweissperlen tropfen von der Stirn. Klare Anzeichen dafür, dass der *dehar* die Einheit seiner Person verliert samt der Kontrolle über seine Handlungen. Das Zittern wird immer heftiger, steigert sich zu einem Rütteln des ganzen Körpers,

Schnupfpulver wird tief in die Nase geblasen, um eine plötzliche und kräftige Bewusstseinsveränderung hervorzurufen.

bis seine Gebissmuskeln plötzlich wilde Zuckungen zeigen, der Ausdruck im Gesicht sich vollständig verändert, Speichel schaumig aus dem Mund tritt und seine Augen von unbekannter Wildheit beseelt zu sein scheinen[63]. Der *dehar* ist in eine Trance geraten, steht ekstatisch ausser sich und mag von Wesen nicht alltäglicher Welten – die sich gern in Träumen ankündigen – besessen worden sein[64].

In der Trance geht der Schamane das Risiko ein, sein Hier-Sein auf Zeit zu beenden. Was sich hinwegbegibt von seinem zitternden Leib, dringt in die Gegenstände seiner Umgebung ein und wird von diesen durchdrungen. Allerdings sind diese Trance-Gegenstände sowohl jene der alltäglichen Realität als auch solche der jenseitigen Wirklichkeit – die ja nicht irgendwo jenseits liegt, sondern immer dann da ist, wenn etwa der Algonkian Indianer «in eine so wilde Ekstase fällt», dass Le Jeune meinte, er würde nach Berserker-Art «alles in Stücke schlagen»[65]. Eine zerbrechliche Gegenwärtigkeit hat den in Emotionen schwingenden Körper aufgesogen. Doch der Unterschied zwischen Gegenwart und der Welt, die sich gegenwärtig macht, verschwindet im selben Augenblick[66]: es ist ein schreckliches Wagnis, das da die Perspektiven einreisst und die gewohnten Wege, die Welt zu betrachten. In gewisser Weise ist der Ekstatiker einem Universum ausgeliefert, das sich nicht täuschen lässt von Ideologien und festgefahrenen Betrachtungsweisen.Wenn der Tunguse im Zustand des *olon* die raschelnden Blätter eines Baumes sieht und hört, dann wird er zu diesen, und anstatt Worte zu vernehmen – auch jene, die ihm unangenehm sind – wird er die Worte selbst[67]. Radikal ist diese Überführung in das Andere, rücksichtslos die Blicköffnung für das Gewöhnliche. Wenn das Ich nicht mehr losgetrennt bleibt von den Dingen, Gedanken, Träumen und Wünschen, wenn es eingedrungen ist in sie und verschmolzen, ist das Echo der Welt in die Glieder und Gehirnwindungen geschossen; ein Zustand, von dem Arbman schreibt, es sei eine Absorption die sich zeigt in «a peculiar, strictly organized and intensively clear, conscious and realistic visionary state of dream.»[68] Dies ist kein pathologischer Zustand, sondern einer, der die Alltagsnormalität als krankhaft erscheinen lassen mag. Gerade deshalb wird der Bewohner der Wälder und Savannen nicht nur überrascht von dieser existentiellen Revolution, die sich am eigenen Körper vollzieht, er sucht sie vielmehr auf. Einsamkeit, Dunkelheit, qualvolle Riten, orgiastische Tänze, monotone Gesänge, unaufhörlicher Trommelschlag, Konzentration, Narkotisierung – Techniken, um sprunghaft aus einer physischen und psychischen Gefangenschaft hinauszuspringen. Obwohl der Erlebende häufig weiss, dass er Unangenehmem und Erfüllendem begegnen kann, sucht er diese Kunstgriffe auf, denn sie allein garantieren Einsicht in sein Leben und wie dieses mit dem Leben aller und den Wurzeln zusammenhängt. Er begibt sich auf gefährliche dünne Eisflächen, wird zum verlachten Spottbild seiner Stammesgenossen, wenn er in einem mimetischen Automatismus all das zu werden scheint, was vor seinem Auge dargeboten wird: zwei Personen im Zustand des *latah*[69] werden von einem plötzlichen Geräusch überrascht, das sie in ihrer zerbrechlichen Kondition sofort veranlasst, gegenseitig die Gesten des anderen zu übernehmen. Einer macht Anstalten sich auszuziehen, der *latah* zieht sich aus; einer scheint seine Hand aufs Feuer zu legen, der *latah* steckt sie ohne weiteres in die Flammen[70]. Feldherr Priklonski ist sicherlich aus seiner Uniform, wenn nicht aus seiner Haut, gefahren, als eine ganze Abteilung Sibirier, die seinem dritten Kosaken-Batallon eingegliedert war, plötzlich in den Zustand des *olon* verfiel. Anstatt seinen Befehlen zu gehorchen, begannen sie ihren russischen Führer nachzuäffen und seine Worte zu wiederholen. Da wurde der Feldherr furchtbar wütend und beschimpfte seine Männer, was zur Folge hatte, dass diese auch die Beschimpfungen prompt zurückgaben[71]. Man kann recht gut verstehen, dass den wilden Horden vor russischen Strammsteh-Vorstellungen der Geist ausfuhr und lange nicht mehr zurückkehrte.

Gewöhnlicherweise löste sich die Ich-Gegenwärtigkeit bei den Kuma und Kaimbi von Neu-Guinea zu Zeiten auf, in denen sie von unerwarteten Emotionen überrascht wurden. Dann belassen sie es nicht dabei mit den Gesten ansichtig Gewordener zu verschmelzen, in manchmal tragischer Weise mit der Welt der Pflanzen und Tiere und jenseitigen Verbündeten eins zu werden, sondern werden heimgesucht von einem überwältigenden Sturm von Bewegungen, schlagen um sich wie wild; was in ihre Nähe kommt wird zur Waffe, wer ihre Wege kreuzt, kann damit rechnen, ohne Unterschied niedergemetzelt zu werden[72]: *amok*. Mit Hilfe von *nonda*, einem Pilz, der diesen Zustand bevorzugt auftreten lässt[73], verbreiten wild Gewordene berechneten Schrecken. Frauen werden verwirrt, kümmern sich um nichts mehr, tanzen und singen und lassen sich von Männern und Söhnen mit den ausgesuchtesten Federn schmücken. Dann erzählen sie von ihren abenteuerlichsten Sex-Eskapaden, während die Kuma Männer sich reich behängen und mit den Waffen in der Hand loslaufen, um jeden zu terrorisieren, der erblickt wird. Sie sind angespannt, ihre Finger zittern, sie sehen doppelt.

Ohne Unterlass können sie Bergpfade hinauf und hinunter laufen, während sie ihre Waffen schütteln und schreien so laut sie können. Bisweilen werden Mitglieder des eigenen Clans attackiert. Doch man hält die Amokläufer für zeitweilig Verrückte, die für ihre Handlungen nicht verantwortlich gemacht werden können. Ethnologen sahen darin die Möglichkeit, gegen den kulturellen *status quo* zu rebellieren[74], in einem kathartischen Sich-Frei-Agieren. Frauen, die sich als Männer verkleiden, sollen ihren traditionellen niederen Status verändern, in einem «Ritual der Rebellion»[75]. In jenen Gebieten, in denen die sozialen Spannungen besondere Ausmasse erreichen, sollen die Pilze Katalysatoren dafür sein, diesen Spannungen (sonst sozial missbilligten) Ausdruck zu verleihen.

Aber das Sich-Erheben gegen engste Verwandte und Freunde, die wahllosen Attacken der auf Zeit Verwilderten, weisen darauf hin, dass es sich hier um einen Angriff auf die ordinäre Lebensweise handelt. Nicht nur offenbart sich darin der Wunsch nach sozialem Ungehorsam, oder gegen eine instutionalisierte Struktur zu rebellieren, sondern vor allem steckt das Aufzeigen von Ärger mit der sinnentleerten Existenz dahinter. Verwobenheit mit dem Ablauf der Dinge garantiert Blindheit. Interessanterweise richten sich die Angriffe der Pilz-Wahnsinnigen niemals gegen die Personen, die diesen einsichtsvollen Zustand teilen, sondern nur gegen die Normalen, mit Blindheit Geschlagenen[76]. Aus der Ordnung getreten läuten sie das Ende der heilen Welt ein wie das «Wilde Heer» der mehr im Jenseits, denn im Diesseits Beheimateten[77]. Die spitzen Lanzen und schrillen Schreie wollen euch sagen, dass ihr aufwachen sollt. Es ist Zeit, dass sich eure Augen nach Innen drehen in Trance, damit ihr seht, was sich in dem weichen grauen Häufchen unter dem Schädel angesammelt hat, was es registriert und bewusst macht von der Welt. Trance-Kulte verweisen wieder und wieder auf die Verarmung durch Bewusstsein[78] und wollen das Narrenschiff samt dem schwankenden, wogenden Meer an Land ziehen, damit alles schwimmt, wie auf einem «Ozean des unendlichen Raumes»[79] und sinkt und untergeht. Das grosse Theater entpuppt sich dann als kosmische Inszenierung, die mit der Gewalt einer Gesellschaft von untergeordneter Alltäglichkeit, die das Warten und das Ausgeliefert-Sein zu Grundpfeilern von Gesetz und Ruhe erklärt, abrechnet. Rasende Kulte sind selbstverständlich in jeder Hinsicht subversiv. Darin entschleiert sich die schamanische Tradition eher als Technik des Anarchen denn des Ekstatischen; denn der Geist des Unangepassten beschränkt sich nicht auf die Momente des Wahnsinns, wenn die grosse Wildkatze in den Waika einfährt[80] oder ein *loa* in die mollige Haitianerin, er wirkt und lebt in der Figur des Schamanen in immerwährender Gegenwärtigkeit: leise und schleichend exhibitioniert sich die Trance als Auflehnung und Anschlag gegen die Vereinnahmung und Vernichtung des individuell Wilden.

Besessen sein von etwas Fremdem hatte von alters her einen starken Reiz ausgeübt. Immer war es ein Zeichen, dass Göttliches sich manifestiert, wenn das Ich ausgefahren ist, um den Wesen von jenseits der Grenze zur Urzeit Platz zu schaffen. Selbstverständlich wird der schändliche Körper mittelalterlicher Ekstatiker dann nicht mehr göttlich, sondern teuflisch belebt: der Körper muss bewacht werden, damit ihn die Dämonen nicht fortreissen[81], so wie der Schamane ein teuflisch Davongerissener ist, weil ihm das «Licht der göttlichen Offenbarung» fehlt[82]. Wenn sich das Gesicht verzerrt und die Glieder steif werden zum Zeichen, dass das Ich aus- und ein anderer eingefahren ist[83], mag man sich schon erschrecken und seinen Teil denken. Im Normalfall ist das Selbstbewusstsein nämlich Begleiter des eigenen Körpers, sein *socius* also. In der Besessenheit tritt das auf, was Dissoziation genannt wurde, also das Ende dieser Begleiterschaft[84]. Zugleich verliert der Besessene den Bezug zur Sozietät – wenn wir die etymologischen Entsprechungen weiterspinnen wollen – und damit zur sozial konstruierten Lebensform: wer in Trance ist, entfremdet sich seinem sozial bestimmten Selbst[85]. Indem sich Geister zeigen, die das darstellen, was der Besessene im Normalfall nicht ist, wird er einer Zerstörung der Wahrnehmung seiner selbst unterworfen wie auch dem Aufbau einer neuen Indentität. Der Marokkaner, der von 'A'isha Quandisha, einer Frau, besessen ist, wird diese Frau. Die Haitianerin, in die der sexfreudige Ezili hineingesaust ist, wird genau so handeln wie die schamlose Gottheit. So wird die Karriere des Festgefahrenen aufgegeben und die Verhaltensform neu bestimmt. Lehrmeister und Kunstgriff dieser Möglichkeit ist die Trance. Sie verändert, zerstört, verbindet und formt eine völlig neue Person und eine völlig neue Welt: Tranceformation[86].

Dramaturgie bildet den Rahmen für die grossen Trancehandlungen. Von Bali bis Marokko, von Dahomey bis Brasilien ist es das eindrucksvolle Theater der personalen Entsagung, das ungezählte einheimische und westliche Voyeure angezogen hat, falsche Besessene, die auf diesem Weg zu ihren *cheap thrills* kommen wollten, Psychoanalytiker und Soziologen. Denn das Schauspiel offeriert denselben Reiz, den die Schamanen an den Tag legen, wenn sie in einer Mischung aus überlieferter Konvention, Theater und *impromptu* in unirdische Sphären entfliegen oder ihre Gehilfen in die Jurte eintrommeln[87]. Das ist der Reiz der magischen Welt: man erahnt den grundlegenden Ablauf, man kennt die Muster, die bedachten Handgriffe, die wie eine feste Regel auszusehen scheinen (wie sonst könnten wir aus der Profession des Schamanen leichtfertig einen «Ismus» machen?), aber immer ist da das Unerwartete, das nicht nur die Zuschauer, sondern den Darsteller selbst überrascht. Es bricht herein, das freie Spiel, belästigt durch augenblickliche Unangepasstheit, zerreisst die Antizipation des Geschehens, so wie der Schrei Don Genaros Castanedas Haare zu Berge stehen liess[88] und jener des Zen-Meisters seine Schüler für die Ewigkeit einer Sekunde durch-blicken lässt.

In Äthiopien fahren die *zâr* in Menschen ein[89], die wie Schamanen abberufen und eingeweiht wurden. Von heftigen Bewegungen durchzuckt stösst der Besessene lautstark den Atem aus – er macht den *gurri*, was ein Zeichen dafür ist, dass ihn ein *zâr* zum Pferd gewählt hat[90]. Bis dieser Geist einigermassen gebändigt ist, bedarf es vieler Übungen und einer Lehrzeit, sonst schont er sein Reittier nicht. Von einem erfahrenen Heilspezialisten wird der angehende *bâlagandâ* («Meister der Tränke») in die Techniken eingeführt, die den *zâr* veranlassen werden, in ihn hineinzufahren. Dann erst erhält er einen wichtigen Stammplatz in der Bruderschaft. Aber die *zâr* sind damit noch lange nicht unterworfen und werden es letztlich nie sein. Besonders einige weisen regelrechte Schelmennaturen auf, wie der freche Exú, die Hauptgottheit des brasilianischen Besessenheitskultes Candomblé[91]. Bei den *zâr* ist es etwa Sifarrâ Negus, der «König der tausend Personen erschreckt», der den Besessenen erzählt, er sei jemand anderer, dann aber wieder und wieder nach Raki verlangt – was der Gesundheit des Pferdes bisweilen nicht gerade förderlich sein kann – und damit seine Identität preisgibt. Schliesslich erweist sich der jenseitige Körperbesetzer als ein ganz und gar frivoler Geist, der die Frauen von der Arbeit abhält und sie «fröhlich macht, als wenn (sie) zum Hochzeitshause gingen»[92]. Wen nimmt es dann noch wunder, dass man bei solchen Besessenheitskulten nicht nach einem Exorzisten ruft, der den willkommenen Gast vertreiben soll, sondern eher bestrebt ist – wie der Schamane es mit seinen Verbündeten hält – einen Pakt mit den *zâr* zu schliessen. So soll sich eine weltüberschreitende Freundschaft bilden, die es den *zâr* ermöglicht, ihre Gelüste hier zu produzieren, auszuagieren, und den Besessenen den Weg eröffnet, von dieser Welt frei zu werden. Wenn der *zâr* einfährt, kündigt er sich mit einem Surren an, das den *gurri* auslöst, dann aber endgültig von dieser Welt entbindet: die Sinne schwinden, die Welt tritt zurück, wie für den sterbenden Initianden in der Höhle. Der Tod stellt sich ein, wenn die Handlung am wildesten ist, wenn das weisse Licht alles erfüllt und einzuhüllen droht, nicht erst, wenn der Körper erschöpft auf dem Boden liegt[93] – dann ist das Ich von seiner raumlosen Wanderschaft bereits zurückgekehrt und lässt alles verschwommen erscheinen. Das «parodistische, das transvestitische, exhibitionistische und hysterische Lust-Spiel»[94] ist vorbei. Für Heinrichs hat damit die theatralische Darstellung von Perversionen und Beziehungsproblemen[95] ein Ende gefunden. Nun muss aber dieses Drama in Zusammenhang mit den Zuständen von *latah* und *olon* gesehen werden, also der Fähigkeit mit der Welt und einer transzendenten Welt zu verschmelzen. Solches Risiko mag wirklich kathartische Wirkung haben, mag auch tatsächlich dazu beitragen, dass Tabuisiertes gestattet wird, ja mehr noch, in den Mittelpunkt des Interesses rücken kann. Aber all dies – und diese Lektion lernen die Besessenen – ist *Ausdruck* für eine Weise die Welt zu sehen. Es ist Ausdruck in den Augen derer, die Alltagswirklichkeiten sehen, und die Bedeutungen, die ihnen häufig beigemessen werden, sind Beziehungssetzungen für diese Expression. Wer *zâr* und *loa* sieht, ist bereits einen Riesenschritt aus der Ordnung des lediglich Ausgedrückten hinausgetreten – wie viele Wissenschaftler meinen, in Richtung der psychiatrischen Kliniken. Bei der sibirischen Schamanensitzung werden zahlreiche Anwesende diesen Schritt unternommen haben, wenn sie von Emotionen geschüttelt mit dem Ekstatiker jene Bereiche besuchen, in denen er die Götter trifft. Aufgeregt erzählen sie noch lange nach den Sitzungen ihre Erlebnisse, dass sie selbst plötzlich zu zittern begannen – Zeichen einer sich ankündigenden Berufung – dass sie die seltsamsten Stimmen gehört und Dinge gesehen, die nicht von dieser Welt sind; und diese existentielle Mit-Erfahrung erfüllt sie mit tiefer Befriedigung, weil sie das Numinose selber erlebt haben in einem vereinigten Akt von Spiel und Teilnahme.

«Der Voodoo ist eine sehr schöne Religion», erzählte mir Ana Branche, die mit sanfter Stimme und breitem Lächeln ihren Worten immer wieder besondere Glaubwürdigkeit geben kann. Vor vielen Jahren war sie nach Haiti gekommen und wurde in ein kleines Dorf verschlagen, wo sie Zeremonien erlebte, die sie mit einem Mal entrückten von der Welt und den Gegenständen die sie ausfüllen. In dem lauten und nervösen Restaurant in Mexico City[96] beginnt sie ihre Geschichte mit den Worten: «There always has to be a dramatic moment in one's life». Sie ereilte dieser Augenblick in der Fremde, auf einer Reise, wie er den Eskimesen in seiner Einsamkeit trifft. Und da kam etwas in sie, nicht nur durch ihren Kopf, nein, vor allem durch ihren gesamten Körper. Das hob sie aus der Zeitlichkeit heraus, als wäre sie nicht mehr in den Prozess eingewoben, der die Abläufe bestimmt. Sie hörte Worte, aber sie kamen nicht von irgendwo her. Sie *war* die Worte und «the power», die sich darin verbarg. «Ich habe versucht, es abzuwehren», berichtete sie, «ich habe alles rationalisiert, ich konnte nicht akzeptieren, dass tatsächlich etwas mit mir geschieht.» Als aber dann eine ältere Frau aus einem Haus kam und sie lachend erblickte, verstand sie überhaupt nichts mehr: «Du bist eine *mambo*», hatte diese gesagt. Ana überliess sich der seltsamen Frau, die sie in Zeremonien einführte, bis sie in der Tat als *mambo* – Priesterin – aus einer Zeit zwischen den Zeiten zurückkehrte. Von diesem Augenblick an war alles anders in der Welt. «Ich habe keine Angst», sagt sie langsam und nach einer Weile schweigenden Lächelns fügt sie hinzu: «Ich kümmere mich nicht um Unsicherheiten, denn ich habe das, was keiner angreifen kann.» Sie hatte die unmittelbare Beziehung zum ursprünglichen, verborgenen Wesen entdeckt, das ihr ungekannte *religio* offenbarte und ihre eigene Seele erhellte. Joan Halifax hatte es einmal prägnant ausgedrückt: «Uncooked, raw stuff of nature; the shaman's way is to move directly into the beyond, the wild.»[97]

Viel Kaffee floss an jenem Abend unter dem Strohdach des offenen Verbaus unter dem sich eine Anzahl von Zuschauern eingefunden hatte. Petro-Trommeln wurden unaufhörlich geschlagen und mehr und mehr Leute strömten herbei. Ein junger Mann sass in seltsam gekünstelter Haltung da, seine Muskeln schienen unnatürlich angespannt zu sein. Eine junge Frau in auffallend schönen Kleidern tanzte langsam im Kreis, dann immer heftiger, aber stets bedacht, einen besonders schönen Eindruck zu machen. Es war Erzulie, Göttin der Schönheit[98], die sich den jungen geschmeidigen Körper ausgesucht hatte, um sich zu zeigen, um ihn zu reiten.

Ein grosser Mörser wurde hereingebracht. Mit Kreide malte der alte Mann, zweifellos der *houngan*[99], ein ausführliches Muster auf den Boden des hüfthohen Mörsers. Auf die beiden riesigen Stössel malte er Kreuze, ebenso auf die Hände der zwei ernsten jungen Männer, die bald begannen Blätter im Mörser zu zerstampfen. Der *houngan* gab Zeichen, dass die Trommler ihr Spiel einstellen sollten, doch während er ein Vaterunser, mehrere Ave Marias und ein hinreissend dramatisches Credo zum besten gab, stolperte ein hagerer Mann mit seltsam verkrampftem Lächeln auf den freien Platz zwischen dem Mörser und den Zuschauern. Schweigend salutierte er die Trommler, dann wankte er mit steifen Bewegungen zum Priester und seinen Assistenten. Als letztere gerade die Antworten zu den Gebeten des alten *houngan* rezitierten, erhob der Besessene abermals den rechten Arm zu einem zackigen Gruss. Sein Blick starrte unverwandt den Mörser an. Keine Bewegung in seinem Gesicht, das einer milden Fratze ähnelte. Simbi-en-deux-eaux, ein wichtiger loa, hatte sich den Mann mit dem weissen T-Shirt zum Pferd ausgesucht. Als die Trommeln wieder einen recht melodischen Rhythmus anstimmten, ergriff Simbi mit einer rätselhaft unkoordinierten Bewegung eine Schnapsflasche, die neben einem Lumpenhaufen in einer Ecke stand, und trank mit auffallend geübter Geste einen beachtlichen Teil des Trunkes. Man sagt, der Mann hätte seinem *loa* nicht richtig gedient. Zur Strafe soll sein Geist alkoholisch verdunkelt, statt erleuchtet werden.

Mehr und mehr Leute füllten die Zeremoniestätte und stärkten sich mit dunklem Kaffee. Einige von ihnen waren vorbereitet darauf, von bestimmten *loa* besessen zu werden, von Damballah[100], Agwé[101], Ogoun[102], Loco[103], andere schienen verschämte Neugierige zu sein, aber alle waren sie gefangen von der Musik, die im kraftvollen Stampfen der Stösselführer und den raschen Trommelschlägen immer mehr dazu trieb, zu tanzen, zu sprechen und zu schreien, damit sie sich vorbereiten auf die Ankunft ihrer *loa.*

Ein kräftiger Mann schoss wie ein Wirbelwind zwischen mehreren Besessenen hindurch. Ogoun war in ihn gefahren, der Herr der Blitze, von Feuer und Macht. Es war der Schutz*loa* dieses *hounfors*[104], und der alte Priester, der sich mittlerweile in die dichtgepackte Zuschauermenge gedrängt hatte, schien sichtlich zufrieden, dass dieser autoritäre, triumphierende, kraftvolle *loa* seine Anwesenheit kundtat. Mit einem kräftigen Ruck versuchte Ogoun eine korpulente Frau daran zu hindern, den Mörser zu ersteigen. Sie zitterte in heftigen Krämpfen und war schweissgebadet in ihrem weissen Kleid. Ein kurzer Streit entbrannte zwischen Maît' Grand Bois[105], der von der erregten Frau Besitz ergriffen hatte, und Ogoun, der eigentlich als diplomatischer Krieger-Held gilt. Staub flog auf, als einige Zuschauer mit lautem Getöse zwischen die Streitenden fuhren. Plötzlich lag eine unerträgliche aggressive Spannung über dem Geschehen und es hatte den Anschein, als würde die Besessenheits-Party in eine böse Schlägerei ausarten.

Rasch hatte sich jedoch alles beruhigt und Maît' Grand Bois hatte sich zunächst darauf beschränkt, sein Pferd in wilden Konvulsionen weiterzureiten.

Ogoun begann mittlerweile mit einem schmalen Säbel zu hantieren, den er während der ganzen Zeit in seinem Gürtel getragen hatte. Verschiedene Tänzer und Besessene drängten sich langsam zur Seite und führten die Pantomime ihrer Trance am anderen Ende des *hounfors* weiter. Ogoun aber fing an ein Loch in den Boden zu bohren, indem er seinen Besessenen die Säbelklinge in beiden Händen halten liess, wobei er den Griff in die Erde drückte. Nur wenigen Zuschauern merkte man Erstaunen an, denn seine Hände zeigten keine Schnitte. Dann aber beugte sich Ogoun mit geschlossenen Augen über die steil nach oben ragende Klinge, riss sich das Hemd vom Leib und legte sich mit dem Bauch auf die Spitze. Nur scheinbar wurde es lauter unter dem Verschlag; nur scheinbar wurde das Trommelschlagen und das Stampfen schneller; nur scheinbar begann der offene Raum zu schwitzen, wie die ungezählten Körper der Tänzer und Zuschauer. Kein Zweifel, Ogoun liess das ganze Gewicht seines Pferdes auf die Klinge drücken. Langsam, ganz langsam, hob der Besessene beide Beine in die Höhe, streckte seine Arme aus. So balancierte er alsbald auf der Spitze des kalten Säbels, einem Fliegenden gleich, während mehr und mehr Besessene, vorwiegend Frauen, nun um den Mörser auf dem Boden rollten, da sie nicht in der Lage schienen, *ihre* Balance auf beiden Beinen halten zu können. Ebenso langsam senkte der Tollkühne wieder seine Füsse auf die Erde und warf mit einem raschen Hieb den Säbel um. Dann streckte er seinen Bauch in Richtung der Zuschauer. Da beim besten Willen keine Wunde zu sehen war, galt dies als zufriedenstellendes Zeichen der Anwesenheit dieses mächtigen *loas.*[106]

Irgendeine flüchtige Gestalt aus dem Auditorium, ein Sandwich in der Linken und eine Flasche Rum in der Rechten, drückte Ogoun anerkennend die Flasche in die Hand und verschwand wieder in dem wilden Getümmel. Ogoun hatte nichts Eiligeres zu tun, als den Rum auf den Boden zu giessen, ihn schliesslich anzuzünden, um allerlei Leute anzulocken, die mit hohlen Handflächen das warme Aroma der Macht einsammelten und ihre Körper damit wuschen.

Mittlerweile füllte der Geruch der zerstampften Blätter den ganzen Raum; zwischen Zuschauern und Akteuren konnte nicht mehr unterschieden werden. Alle schienen von dem angenehm das Bewusstsein verändernden Aroma entrückt zu sein. Irgendwann muss ein Feuer errichtet worden sein. Eine Frau in alten Jeans hatte ihren Kiefer zusammengeschnürt, wie man das bei Verstorbenen macht. Baumwolle quoll aus ihrem Mund und aus den Nasenlöchern. Maît' Cimtiè, der Meister des Friedhofs, hatte sich über sie hergemacht und trieb sie zum Feuer. Sie schien eher durch das Feuer zu tanzen denn zu springen, langsam und ohne Erregung. Einige Dambaballahs gesellten sich dazu, und viele der Besessenen wurden im Lauf der Nacht noch von anderen *loa* in zeitbegrenzten Besitz genommen.

Als die Sonne aufging, waren immer noch viele Menschen in dem *hounfor*. Der alte Priester, der kurzfristig als Besessener erschienen war, verschwand für lange Zeit in einem Raum einer kleinen Hütte mit einem wettergeprüften Wellblechdach. Später tauchte er wieder mit einer bekannten *mambo* auf und gesellte sich zu seinen Assistenten. Das Trommelschlagen hatte eben aufgehört, in vielen Köpfen wird es noch lange weitergegangen sein. Mit besorgten Augen wischte ein junges Mädchen ihrer diese Nacht mehrmals besessenen Mutter die dicken Schweissperlen von der Stirn. Schwerer Atem bleibt zurück, wenn im Morgengrauen die *loa* wieder ihre Heimat hinter den Zäunen der Sterblichen aufsuchen.

Tour de Trance –
Fleisch der Götter

Wenn der Schamanenkörper zerrissen wird in der Initiation, wenn die Mänaden Tiere und Menschen zerreissen, dann handelt es sich um ein Zerreissen nicht nur der Lebens*form*[1], sondern des Selbstveständnisses der Lebendigkeit überhaupt. Und immer bedeutet dies zugleich das Erleben der Seinsidentität. Nicht eine eindeutige Zuordnung, sondern kaleidoskopische Entsprechungen: wie wenn dieselben Elemente, die eine in Raum und Zeit erstreckte Welt ausmachen mit jeder Bewegung verändert werden und immer von neuem auffordern, das «Dies-bist-du» zu erfahren, um zu zeigen, dass im Grunde alles unverändert geblieben ist. Im schamanischen Gedankengut ist die Auflösung zur Einheit keine analytische Entdeckungsreise zum Selbst. Der Meister weiss um die Verzweiflung eines solchen Unternehmens. «Man geht zugrunde, wenn man immer zu den Gründen geht»[2]. Der Rückzug aus dem Sein im Selbstbewusstsein seiner körperlichen Anwesenheit käme einem Ausstieg aus der Existenz gleich, wäre er nicht verbunden mit dem bedingungslosen Eingehen im Andern, im Draussen. Der Novize der Korybanten hat sein altes Leben erst zerrissen, wenn er gelernt hat, sich mit der tanzenden Gruppe Eingeweihter zu vereinen: ein Tänzer und ein Tanz[3]. In der Zeit zwischen dem verlassenen alten Leben und der ekstatischen Neubesinnung liegt schrecklicher Terror: die Angst vor Ich-Verlust, der Standortlosigkeit und der Verrücktheit; letztlich auch die Furcht vor der schweigenden Materie, die Devereux beschwörte und dem lebenden Andern, das mit der magischen Macht ausgestattet zu sein scheint, das Ich erst zu dem zu machen, was es vorgibt zu sein.

Dieser existentielle Schrecken steht den sich auflösenden Figuren der Bilder Kokocinskis[4] ins Gesicht und in alle Glieder geschrieben. Wie in düsterer Ahnung der schamanischen Lebensform steht der finster und angstvoll blickende gepanzerte Mann in eine Ecke gedrängt. Er weiss, dass er nach Schamanenart seinem Leben entsagen muss um leben und erkennen zu können[5], aber gesichtslose Wände halten ihn davor zurück, sich dem Ungeheuren zu übergeben. Dies ist die existentialistische Verzweiflung der Moderne wie auch ihre Ästhetik. Nicht die Belebung der Natur in der Sichtweise der Indianer ist ein *trompe l'oeil,* sondern die kalte existentialistische Öffentlichkeit, der sich das festgesetzte Ich nicht entziehenkann. «Man muss also mit offenen Augen leben», sagt Garcin in Sartres *Huis Clos*[6], und in einem sich auflösenden Selbstbildnis dokumentiert Kokocinski die Angst vor einer solchen Welt. Das Bild trägt denTitel *Fliehen um zu bleiben und zu sehen.* Wieder ist es der Schritt nach Draussen, der unvermeidliche Rückzug, will man der Banalität und Sinnleere entkommen. Aber es ist nur der erste Schritt des Schamanen: das Bewusstsein und der Wunsch nach Tod und Veränderung lassen uns grauenerstarrt zwischen den Welten zurück, wie es Castaneda oft ergangen war, bevor er sich «auflöste» und eine «Myriade von Selbsten»[7] wurde. Der Eintritt in das Andere, in den Tanz der Korybanten, das ist die eigentliche Initiation. Die Ahnung, die davon erhalten blieb, ist in Angst explodiert, die kanalisiert werden muss. Denn selbst wenn der Sartresche Terror eines Lebens mit offenen Augen, umgangen wird durch den ekstatischen Rückzug, so bleibt dieser Akt eben ein Rück-Zug. *Er hat keine Augen und er sieht und weint,* heisst eines der eindrucksvollsten Bilder Kokocinskis. Im Bodenlosen hat der schamanische Abenteurer Wege und Haltegriffe verloren. Einmal ausser sich, hat das alte Leben und der alte Körper in der neuen Perspektive Reiz und Sinn verloren. Dies ist der Abgrund, denn zurückgehen käme der Selbstaufgabe gleich, und die andern, die machen die Hölle aus[8]. Scheinlösungen sind traurige Resultate für den, der nicht an der Zeit, sondern am Leben gestorben ist[9]: was ihm bleibt, ist eine brutale Fusion mit dem unerkannt gebliebenen Fremden, wie es Arismans fleischige Metallwesen ausdrücken, eine Grenzverschiebung tödlich-sexueller Art, die den Makel des Sündhaften neu erfindet und ihn in völliger Unbewusstheit schamanischer Metamorphose abermals zur *conditio humana* erklärt: Francis Bacon ist der geniale künstlerische Repräsentant dieser neuen Verwilderung, die vor dem Bruch zwischen Natur und Kultur ebenso erschauert, wie der Teufel vor der Vulva in einer Illustration von Charles Eisen für La Fontaine[10]. Bei Kokocinski wird es abermals explizit: eine kauernde und seltsam verunstaltete Figur betitelt er *Ich habe eine schreckliche Angst, ein Tier zu sein.* Erst Michel Henricots Kunst weist auf die Vollendung der schamanischen Transformation hin. Ausweg aus dem Abgrund und dem kalten Grauen.

Wie der Korybanten-Novize schliesst sich der Desana, nachdem er *yajé* getrunken hat und in den (weiblichen) Spalt zwischen den Welten eingetaucht ist[11], dem Tanz seiner Stammesbrüder an. In der Ekstase stellt er sich vollkommen zur Verfügung sozusagen. Und dann, wenn alle Bewegungen gleich geworden zu sein scheinen[12], bis die Präzision des gemeinsamen Tanzes perfekt ist, hat sich der Unterschied aufgelöst zwischen Tänzer und Getanztem, zwischen dem Tanz und dem Wesen des Tanzes selbst. Die Trance

Der San Pedro Kaktus, Grundlage eines psychoaktiven Gebräus, in dem sich die schamanische Überlieferung der Inkas auch heute noch in den Andentälern erhält.

wird ein politisches Mittel, die Einheit des Stammes, der Mythen und der Person erfahrbar zu machen. Hilfsmittel für dieses Ziel ist das sakramentale *yajé*. Irgendwo spriesst eine Pflanze aus der Erde, die dem Aussteigen aus der Banalität des Lebens den existentiellen Terror raubt und damit ekstatische Gesellschaftsbeziehungen möglich macht. Politik jenseits der *polis*.

In Peru spriesst der hoch aufschiessende San Pedro Kaktus *(Trichocereus pachanoi)*[13], den der Schamane kocht, um, mit seinem Sud in den Adern, zu heilen und zu *sehen*. Auf einem Flachrelief, das etwa um 1300 v. Chr. entstand, hält ein mythisches Wesen die mächtige Pflanze einem Szepter gleich in der Hand[14]. Meskalin enthält der Kaktus, der an Bedeutung von einer ähnlichen Pflanze bei weitem übertroffen wird: Peyote *(Lophophora williamsii)*[15]. Der Gebrauch der kleinen graugrünen Ballen, die kaum aus der Erde herausragen, lässt sich bis in prähistorische Zeiten nachweisen: Peyote-Funde zusammen mit Meskal-Bohnen *(Sophora secundiflora)* in Gräbern haben zur Vermutung Anlass gegeben, dass diese beiden psychedelischen Pflanzen schon sehr früh kultische Anwendungen gefunden haben[16]. *Sophora* wurde in zahlreichen Aufbewahrungskammern gefunden, die um 7500 v. Chr. datiert werden[17]. Seltsamerweise besteht seit den frühen wissenschaftlichen Berichten über Peyote und *Sophora* eine sich hartnäckig erhaltende Fehlbezeichnung von Peyote als Meskalbutton[18]. Letzterer fand im Süden Mexikos und im nördlichen Texas, den Herkunftsgebieten von Peyote und Meskal-Bohnen, ausgedehnte rituelle Anwendung, obwohl der Gebrauch von *Sophora* höchst gefährlich ist. Die dunkelroten Samen enthalten nämlich eine Reihe von Alkaloiden, unter anderem das kristalline Alkaloid Sophorin, dessen Wirkung in höchstem Masse giftig und nicht selten tödlich ist[19]. La Barre vermutet deshalb in Anlehnung an Howard[20], dass die frühe kultische Verwendung von *Sophora* in Initiationsriten und zum Zweck der Divination durch den vergleichsweise harmloseren Peyote-Kaktus ersetzt wurde. In der Tat ist Peyote keine langweilige Pflanze: neben dem Meskalin wurden mehr als dreissig verschiedene Alkaloide isoliert, was Schultes dazu veranlasste, das «harmlose»Peyote als eine «wahre Fabrik von Alkaloiden» zu bezeichnen[21]. Kein Wunder also, dass Peyote bei verschiedenen mexikanischen Stämmen, wie Huichol, Tarahumara, Cora, und später durch Import, bei nordamerikanischen Indianern weite Verbreitung fand. Mehr als die schönen Farben und die hinreissenden Auras um die Gegenstände vermag diese Pflanze aus der Welt des Festgesetzten hinauszuführen. So sagte der Winnebago Crashing Thunder von seiner Peyote-Ekstase: «Nicht ich, sondern mein Körper, der da stand, hatte gesprochen.»[22] Plötzlich wird er dem Unverstandenen ansichtig, was lediglich sein indigenes Weltverständnis bestätigt, indem sich das Ich im Draussen «verliert»[23]. Für den, der mit den Massstäben der Ratio die Geister der Wüste und des Waldes ruft, verliert sich eher das Draussen. Die frühen LSD-Psychotherapeuten hatten bald erkannt, dass Set und Setting entscheidenden Einfluss auf die psychedelische Erfahrung haben. Aber ihre Kategorisierungen und häufig blutleeren Begriffsrochaden zeigen, dass es sich um ein *technisches* Verständnis handelt, was Huxley erschüttert wissen wollte durch seine Aussage, dass der Meskalinrausch «ein Erlebnis von unschätzbarem Wert für jeden Menschen, und besonders für den Intellektuellen»[24] sei. Wenn das Peyote den Indianer lehrt, sein Innerstes zu erkennen und in der Vision das Äusserste[25], dann geschieht das, indem er die Dinge direkt anspricht. Keine Ausflüchte, keine umständlichen Mystifizierungen und Begriffskorsette:

Ich bin es, der in den Winden wandert,
ich bin es, der in der Binse flüstert,
ich schüttle die Bäume,
ich schüttle die Erde,
ich wühle allenthalben die Wasser auf.[26]

Wo für die Indianer alles Leben hat, das eigene Leben des Erfahrenden, täuscht auch den Intellektuellen die Pflanze nicht und hält ihm einen kalten Spiegel vor: die Lichter waren «leblos und nicht

«Wenn du träumst, so hast du noch keine Vision, denn jeder kann träumen. Und wenn du ein Kraut nimmst, nun gut, auch ein Metzgergeselle hinter seiner Ladenkasse hat eine Vision, wenn er Peyote isst. Die richtige Vision kommt aus den eigenen Säften. Sie ist kein Traum, sie ist völlig real. Sie trifft dich scharf und klar wie ein elektrischer Schock», sagt Lame Deer, der Sioux-Schamane (Zeichnung von Elmar Gruber).

zu beleben», die Jünger erblickte[27]. So musste das Bellen eines Hundes herhalten, um mythische Schwere zu erzeugen: «Das war der Fenriswolf». Allerdings erweist sich das den Odin tötende Schreckenswesen, entgegen seiner mythischen Vorliebe die Sonne zu verschlingen, als wahrer Lichtbringer: «Aus dem Schaum, der aus seinem Rachen geifert, entstand die Milchstrasse.»[28] Ich hoffe, dass sich nicht die Milch der frommen Denkungsart über das Firmament spannte, als Fenrir in Jüngers Meskalinverzückung ein Ragnarök[29] der Intelligenzija vor der Auflösung des denkenden Ichs einheulte.

Für die mexikanischen Stämme des Nordens lag im Peyote die Möglichkeit beschlossen, Zukünftiges vorherzusagen. So bezeugen es die Berichterstatter im letzten Jahrhundert[30]. Während einer Peyote-Party wurde Stille geboten und der Ahn des alten Tamaulipeca verkündete in düsterer Stimme zukünftiges Geschehen[31]. Die warnende Pflanze hatte bei den Tarahumara besondere Macht, böse Zauberer, Räuber und Apachen zu vertreiben[32], wie auch Krankheiten heilen zu können[33]. Alle Pflanzen, die transformatorische Eigenschaften besitzen, können heilen und die Zukunft, das Verborgene, entschlüsseln. Natürlich im Gebrauch des Angewiesenen oder des Schamanen. Wenn die Beziehung des Menschen zum Wesen des Peyote einmal vorhanden ist, dann eröffnet der Kaktus seine schützenden und heilenden Fähigkeiten auch als Amulett: auf der Reise und bei Peyote-Pilgerfahrten, jenen gefahrvollen Überquerungen in die Gefilde des Unbekannten[34]. In dieser Fremde lenkt Peyote nicht nur den Schamanen, sondern ist ein steter Begleiter, bisweilen Grundlage seiner Macht. Der Kiowa Old Man Horse kommentiert lapidar: «Peyote is the only plant from which one can get power.»[35] Mehr als alle anderen Stämme haben die Huichol aus der Mesa del Nayarit die Kraft des Peyote *(hikuri)* zur Kraft ihres Stammes gemacht. Mit *hikuri* fliegt der *mara'akame*, auf der Suche nach der verlorenen Seele eines Kranken über Felsen und Schluchten; mit *hikuri* bringt er seinen Stammesbrüdern neues Leben. Die Identität mit der Welt, eine Absage an das Scheinbare. Gefahr droht von dem Hexer Kiéri Tewíyari, der, nachdem er am Anbeginn der Zeiten in einem atemberaubenden Kampf von Kauyumari zur Strecke gebracht wurde, in verborgenen Plätzen als Pflanze wächst. Er hat sich trichterförmige Blüten zugelegt und runde, dornenbedeckte Samenblätter[36]. Auf seiner Violine weiss er teuflisch gut zu spielen, wie Paganini, und betört die Unwissenden, bietet seine Blätter, seine Blumen, seine Wurzeln

Kiéri Téwiyári kommt geflogen, um die indianische Schöne mit dem langen Haar zu verführen, eine Stechapfel-Hexe zu werden (Huichol-Garn-Bild).

und seine Samen an. Isst der Unglückliche von dem verbotenen Baum, so wird er mit Wahnsinn und Tod geschlagen. Er glaubt, ein Vogel zu sein und springt vom Felsen. Meist kommt auch der *mara'akame* mit der Kraft des Peyote zu spät, um den Verführten zu retten. Gelingt es ihm doch, so gehört es zu seinen schwersten Aufgaben, ihn in die Gemeinschaft zurückzubringen.

Für den *mara'akame* gilt es, ein sanftes Gleichgewicht aufrecht zu erhalten in einer sich ständig verändernden Welt. Wenn die Natur ihre Zyklen kennt, dann kann sie von Regeln nicht abgehalten werden, dieselben wirken zu lassen. Peyote ist der Schlüssel zu den Muskeln und Adern der Natur. Die Fährte des Hirschen Kauyumari ist der Pulsschlag der Wildnis. Wer seinen Spuren folgen kann, der wird sein Leben sehen. Schamane ist, wer die für gewöhnliche Augen unsichtbaren Spuren lesen kann. Er hat ein besonderes «Gespür», nicht weil er weiss, wie die Zeichen *aussehen,* denen er folgen muss, sondern weil er die Wege kennt, sich dem Kauyumari gleich zu machen. So schliesst er sich jenem Tanz an, der leben macht und immer wieder zu den Wurzeln des Seins führt.

In den 80er Jahren des letzten Jahrhunderts begann ein reger Handel mit der kleinen mächtigen Pflanze mit den Indianerstämmen Nordamerikas. Die Mescalero Apachen hatten Peyote um 1870[37] in ihre Kultur integriert. In der Hand des Schamanen offenbarte sich durch den Kaktus eine Kraft, ein jenseitiger Verbündeter, der jedem persönlich begegnen kann, sobald er Peyote isst. Für den Schamanen war dies die Möglichkeit, die Wirklichkeit seiner Lebens- und Weltauffassung für jeden einsichtig zu machen. Für ihn sind die Begegnungen mit nicht alltäglichen Wesen und Kräften Teil und Grundlage seiner Existenz. Er weiss in jedem Augenblick des bewussten Durchschauens seine Persönlichkeit des erlernten Umgangs zu vergessen, um Teil jener Kraft und Natur zu bleiben, die der weisse Mann zum Pflastern und Einzäunen bestimmt hat. In der rituellen Einnahme des Peyote wird das von Schamanen und alten Wissenden weitergegebene Lebensgefühl indianischer Welterfahrung zu personaler Vergegenwärtigung. Als ein neues Gefühl der Einheit, war diese individuelle Überzeugtheit von der indigenen Tradition gerade dann von grosser Wichtigkeit, als die weissen Siedler die letzten Grenzen der kontinentalen Vereinigen Staaten überschritten und die Indianer nicht mehr einfach hinauswerfen konnten[38]. Die weisse Gesellschaft vereinnahmte die grossen Ebenen, zersplitterte und isolierte die Indianergruppen in staatlich kontrollierte ländliche Ghettos der Reservate[39]. Abgedrängt von Land und Lebensweise sollten die Jäger zur Pflugschar greifen, während die Weissen in wahnsinnigem Verlangen nach der Grösse und dem Reichtum des Landes zerstörerische physische Grenzerfahrungen suchten. Hier hatte sich die Ungeheuerlichkeit einer vorgespielten Befreiung etabliert, die keine ruhigen Worte und empfundene Ehrfurcht kannte. Masslosigkeit gepaart mit hartnäckigem Unverständnis. «Du forderst mich auf, den Boden zu pflügen. Soll ich ein Messer nehmen und die Brust meiner Mutter zerfleischen? Wenn ich sterbe, wird sie sich weigern, mich an ihrer Brust ausruhen zu lassen.»[40] Als Häuptling Smohalla diese Worte an den grimmigen weissen Major richtete, wird er wohl gewusst haben, dass die Leute mit den blanken Feuerwaffen und den Wagenkolonnen nicht sehen so wie er. Und als die Indianer sich entschieden hatten nach einem reinigenden Schwitzbad[41] ein *tipi* aufzusuchen, um Peyote zu essen, dann war dies eine Antwort auf das ausgrenzende Unverständnis ihrer Besetzer; eine Antwort im übrigen, die die indianische Existenzform spiegelt: stilles Ruhen vor dem Unabwendbaren und Hinwendung zu schamanischem Eifer. In gewisser Form ist gerade dies die Grösse der Peyote-Religion und der Grund ihrer weiten Verbreitung als synkretistisch-schamanischer Kult[42].

Stilistisch stellt die Peyote-Zusammenkunft der Kiowa und Comanchen die ritualisierte Vertrauenssache in die Macht der ersten Zeiten dar. Mit grosser Sorgfalt errichten Frauen ein *tipi*, bereiten Speisen und bringen diese und Wasser am nächsten Morgen. Der Boden wird gereinigt und mit Salbeizweigen ausgelegt, wie die *sweat-lodge* – jener Unterweltsraum in dem sich die Indianer erhitzen, bevor sie ein schwieriges Unternehmen oder eine Heilung in Angriff nehmen. Der Leiter der Zusammenkunft bringt seinen Trommler mit und einen Feuer-Mann. Bisweilen bemalt er seine Haare und sein Gesicht, oder wie die Comanchen, den ganzen Körper gelb mit blauen Zick-Zack-Streifen auf den Armen und Beinen[43]. Nach Sonnenuntergang versammeln sich etwa dreissig Leute im Zelt und setzen sich im Kreis an der Zeltwand nieder. An der Westseite des Zeltraumes erhebt sich ein halbmondförmiger Altar auf dessen Mitte «Vater Peyote» später ruhen wird. Der Halbmond-Altar[44] erhebt sich von den beiden flachen Enden in die Höhe – Symbol des Lebenswegs von Geburt, über die Höhe der Reife und des Wissens (wo das Peyote liegt), und hinunter auf der anderen Seite zu Alter und Tod. Letzteres Mondhorn weist nach Norden, jener geheimnisvollen Region, aus der die Schamanen kamen. Der Halbmond-Altar, den jener Mann aus teigiger Erde geformt hat, der das Feuer bedient (und damit in die Nähe schamanischer Fähigkeiten gelangt), ist zugleich der Berg auf dem *semayi*, die Peyote Frau, die Pflanze entdeckte. Das Feuer, das der mythische Feuer-Mann die ganze Zeit über am Lodern erhält, wird in einer Mulde entfacht, so nahe wie möglich am Peyote-Hügel. Bedächtig öffnet der Zeremonialmeister seine Tasche, beugt sich nach vorne und stellt «Vater Peyote», auf Salbeizweiglein ruhend, auf die ihm bestimmte Stelle. Seine Halskette von Meskal-Bohnen[45] macht ein leises Geräusch in dieser Stille. Die Zeremonie hat begonnen. Die Neophyten, aber auch die Eingeweihten, starren unverwandt auf die kleine grünliche Pflanze, bis alles verschwunden ist ringsherum, nur das Knistern des Feuers die Gegenwart von *semayi* andeutet[46]. Der Leiter reicht eine Zigarette in getrockneter Maishülse herum, während der Feuer-Mann seine Isolation und gleichzeitige gemeinschaftliche Bedeutung dadurch erkennbar macht, dass er selbst eine Zigarette fertig macht. Diese gibt er dem Leiter und sie geht abermals reihum. «Rauch, Peyote power», beginnt der Meister mit tiefer Stimme, «sei mit uns heut' Nacht. Sag deinem Vater, dass er auf uns schauen soll und unsere Gebete anhört.»

Geriebenes und getrocknetes Zedernholz wird auf das Feuer gestreut. Viermal dreht der Meister im Uhrzeigersinn das Peyote-Täschchen zum Feuer hin, entnimmt vier Buttons und reicht den Sack dem nächsten. Jetzt kniet er, nimmt einige Blätter von dem Salbeistrauch, der als Sitz dient, reibt sie in der Hand und atmet das ausströmende Aroma in tiefen Zügen ein. Dann reibt er mit den Salbei-Händen über seinen ganzen Körper[47]. Alle folgen seinem Beispiel und essen daraufhin die kleinen zerdrückten Peyote-Knollen. Mit stilisierten Bewegungen streckt der Meister seinen Stab und die Peyote-Rassel wiederholt gegen den aufsteigenden Rauch des Zedern-Räucherwerks. Der Trommler versucht, den Rauch auf sein Instrument zu ziehen, um es nach schamanischer Sitte zu reinigen. Mittlerweile scheint der Raum von grösstmöglicher Stille erfüllt zu sein, und obwohl jeder auf «Vater Peyote» oder ins Feuer starrt, sehen sie, wie der Leiter seinen Arm ausgestreckt hat und Stab und Rassel zum Feuer hält. In kurzen rhythmischen Stössen bewegt er seine Rassel, der Trommler schlägt auf die gespannte Haut für *hayätinayo,* den Eröffnungsgesang. Drei weitere Gesänge folgen und enden alle mit einem heftigen, unkontrollierten Schütteln der Rassel.[48] Die ganze Nacht hindurch wird die Trommel weitergereicht und der Stab mit der Rassel. Jeder singt tragische Gebete zum Trommelschlag seines Nachbarn. Tränen fliessen in der tranceformierten Anrufung von Peyote: der grosse Schmerz der äusseren Erdrückung hat die Indianer entwurzelt. In jene Ecke gedrängt, die den ekstatisch Fliehenden einfängt und ihm seine Misere zeigt, aber keine Lösung offenlässt, wie der gepanzerte Erschrockene in Kokocinskis Bildern, soll das Drama ein Ende haben dort, wo es noch keinen Anfang hatte. Die äussere Einheit des Stammes wird im Innern vervollständigt: Communitas – Zauberwort für den Zusammenhalt der echten und offenen kleinen Gruppen. In den *tipis* im kalifornischen Ojai geht heute in gleicher Weise der Stab und die Rassel um. Die Gebete gelten denselben Wesen, die die Mächte der Zerstörung zur Ruhe bringen wollen. Schamanische Ontologie soll die Wunden heilen, die der Welt zugefügt wurden in ideologischer Blindheit[49]. Aber die grossartige Invokation neo-schamanischer Praktiken versteckt beispielsweise hinter der Fassade des Allumfassenden die Wunden des eigenen Selbst. Wie die Huichol, die durch Peyote ihr Leben sehen und ihre Herzen finden, ist es ein schamanischer Fingerzeig, nicht auszuweichen vor der unvermeidlichen Selbstkonfrontation; nicht hinüberzugleiten in eine kosmische Hilfsaktion für einen sterbenen Planeten, den nur noch Kiowa-Rituale aus einer ebenso fernen wie nahen Zeit erretten können. Das offene Auge nach innen bleibt immer ein offenes Auge nach aussen. Und was ist ein Schamane wert, der nur mit Federbusch, Trommel und mächtigen Pflanzen Schamane ist?

Eine andere Pflanze, die ebenfalls nur ein wenig aus dem Boden herausreicht, hat in vielen schamanischen Kulturen dazu beigetragen, ein Verstehen der schamanischen Existenz und ihrer Bedeutung hervorzurufen[50]. Es war ein Pilz. Wollte die Ostjaken-Schamanin dem leuchtenden hohen Wesen *sänke*[51] ins Auge sehen, dann ass sie von den roten Pilzen mit den weissen Flecken – bevorzugt solche, die sieben weisse Flecken aufzuweisen hatten[52]. Der Pilz, der die «Tür zur Ewigkeit» aufschliessen sollte[53], hatte unter einer Reihe von schamanischen Stämmen Sibiriens Verbreitung gefunden. Der unglücklich Philip Johann von Strahlenberg, der als Kriegsgefangener ein Dutzend in Sibirien verbringen musste, berichtet schon 1730[54] vom Gebrauch des Fliegenpilzes (*amanita muscaria)* bei den Korjaken[55]. Diese würden nicht nur gern und häufig den magischen Pilz zu sich nehmen[56], sondern handeln mit dem psychedelischen Kleinod eifrig mit russischen Stämmen. Im äussersten Nordosten Sibiriens – dem korjakischen Siedlungsgebiet – war der Pilz zur Unterbrechung der kalten Eintönigkeit ebenso willkommen, wie zur Kommunikation mit den jenseitigen Wesen. Die schlauen Sibirier hatten bald herausgefunden, dass der Urin eines Pilzberauschten die gleiche, wenn nicht noch stärkere Wirkung zeige, als die Einnahme des Pilzes selbst[57]. Frühe Berichterstatter taten sich schwer, das unanständige Urintrinken zum Zweck der Rauschverlängerung darzustellen, ohne es auszusprechen. Nicht nur deshalb, und aller Wahrscheinlichkeit nach ohne ihn eingenommen zu haben, hat dieser Pilz vielen Wissenschaftlern nachhaltig den Kopf verdreht.

Mag er wirklich schon in der jüngeren Steinzeit unter kultischer Verwendung gestanden haben, und zwar im skandinavischen Raum?[58] Dort also, wo die pilzberauschten Berserker[59] alle in Angst und Schrecken versetzt haben wie die *amok* laufenden Kuma und Kaimbi[60] und der Schamane, der nach dem Fliegenpilzgenuss alles riesengross oder schrecklich klein sieht und in einem Tobsuchtsanfall zerstört, was ihm unter die Hände kommt[61]. Gerade die Behauptung, *amanita muscaria* würde ungeheure Kräfte verleihen, ist mit Recht zu einem Gegenstand fortdauernder Kontroversen geworden[62]. Selbst die rasenden Mänaden des Pilzgottes Dionysos[63] sollen mit Nektar den ungekochten Fliegenpilz hinuntergespült[64] und danach Kinder und Tiere zerrissen haben. Freilich wurde diese letzte Berserkerinnen-Bluttat von Allegro[65] als glatte Übertreibung für das Zerreissen und Essen des Pilzes selbst entlarvt, denn *amanita muscaria* wurde in Wahrheit «Kitz» oder «kleine Kinder» genannt. Und um die Pilzverwirrung weiterzutreiben, erkennt man rasch, dass auch die mazatekische Pilzzauberin Maria Sabina die Pilze als «niños», Kinder, anspricht[66]. Damit nicht genug soll sich hinter der Unsterblichkeit verleihenden Götterspeise Ambrosia[67] das rätselhafte Soma verbergen, das wiederum als Fliegenpilz erkannt worden sein will[68]. Auch die Nahuatl Bezeichnung für Maria Sabinas Pilz, *teonanácatl,* ist eine wahre Götterspeise: *Nanacatl* ist die Pluralform des Wortes für «Fleisch» und *teo* bedeutet «Gott»[69]. Zu allem Überdruss klingt das mazatekische *teo* dem lateinischen und griechischen Wort für Gott verdammt ähnlich. Dion Cassius und Petrus Patricius zufolge[70] hiessen die Pilze in Griechenland *theon broma,* Nahrung der Götter. Sie wiederholen dabei dieselbe Idee, die Porphyrius mit dem Wort *theotróphos* ausdrückte, das als *deorum filii* latinisiert wurde[71], was uns wieder zu den zerrissenen Kindern Allegros zurückbringt. Es scheint, dass allein das Studium der Pilze, die den Geist verwirren, keine rechte Ordnung mehr aufkommen lässt.

Schon vor dem zweiten Jahrtausend vor Christus sollen die Arier aus ihrer nordwestlichen Heimat ins Indus-Tal vorgedrungen sein[72]. Sie brachten einen uralten Kult mit, der sich um ihr geheimnisumwittertes *haoma* rankte, welches sich besonders für die Tiertransformation zu eignen schien[73]. Vor diesem Hintergrund entstanden die vedischen Riten um das Unsterblichkeitselexir *soma,* das seine aussergewöhnliche Position durch die Einleitung einer schamanischen Ekstase erhielt. Das *soma* der vedischen Priester soll der Fliegenpilz gewesen sein, der am Indus nicht wuchs und wie die meisten Pilzspezies nicht kultiviert werden kann. Also wurde er getrocknet importiert, als eine blattlose, wurzellose, blütenlose Pflanze, der Wasser zugegeben wurde, um sie wieder anschwellen zu lassen, wie es in der *Rigveda* heisst[74]. Wie die Rentiere der Korjaken, die anscheinend eine Vorliebe für *amanita* entwickelt haben, und deren berauschende Pisse die Sibirier trinken[75], heisst es in einem berühmten *Rigveda*-Vers:

Wie ein durstiger Hirsch, komm her zu trinken.
Trink so viel *soma*, wie du willst.
Indem du es pisst tagtäglich, oh Grosszügiger,
hast du deine stärkste Kraft erreicht.[76]

Hatte sich in den vedischen Riten eine Verehrung für die Wesenheiten einer nichtalltäglichen Wirklichkeit durch die manieristische Ausformung eines Pilzkultes etabliert? Ein Mysterienkult[77], der die Geheimnisse von Tod und Leben entschlüsselt, wie er von paläolithischen Schamanen vorgezeichnet wurde? Als neugieriger Naturerkunder und fröhlicher medizinischer Experimentator mit der lebendigen Pflanzenwelt, war der Schamane sowohl im paläo-eurasiatischen wie auch im paläo-amerikanischen Raum dazu prädestiniert, die Bekanntschaft mit den verwildernden Pilzen zu machen. Vielleicht hatte aber auch ein besonders aufmerksamer Schamane in den mexikanischen Sierras die unsichtbare Spur Quetzalcoatls verfolgt und gesehen, dass Pilze sprossen, an den Stellen, wo Gefiederte Schlange Blutstropfen – Essenz des Lebens – auf die Erde fallen liess[78].

Ehrfürchtig sammeln noch heute zahlreiche *curanderos* in Mexiko die kleinen Pilze, um sie zur Entschlüsselung der Zukunft, zur Diagnose und zum Heilen selbst zu benutzen. Vor Sonnenaufgang, wenn ein leichter Wind den Nebel allmählich aus der Sierra Mazateca bläst, machen sich die Pilzverehrer schweigend auf. An Berghängen pflückt eine Jungfrau die *honguillos,* die rasch in einem Bananenblatt versteckt werden. Schutz vor ehrfurchtslosen Augen. Es sind zerbrechliche kleine Wesen, die im Körper einer andächtigen Person zu mächtigen Verbündeten werden. Bevor sie dorthin gelangen, muss ihr Weg gesichert werden, damit sie nicht – entheiligt – Rache nehmen. Manchmal werden sie auf den Altar der Dorfkirche gelegt, einem Bett synkretistischer Gottesverehrung. Niemals wird man sie auf Märkten finden wie den San Pedro in Peru und das Peyote im Norden des Landes. Das Fleisch der Götter geht von Hand zu Hand, wird in sich aufgenommen und verschwindet so rätselhaft wie es entstanden ist.

El honguillo viene por si mismo, no se sabe de dónde, como el viento que viene sin saber de dónde ni porqué[79].

Schon die ersten europäischen Berichterstatter kamen mit dem kultischen Gebrauch der Pilze in Berührung. Diese wussten natürlich genau, woher die Pflanze kam: vom Teufel selbst. In einem Manuskript von André Thévet von 1574[80] heisst es:

«. . . Ce díct seigneur de Tezcuq. . . Il ordona aussi que les jeunes hommes et filles dancessent aux temples pour donner plaisir aux dieux leur sement le temple de roses et de fleurs et dançant tousiours devant eux tant ceux de la ville que les prochains voisins, les quels le diable abeusoyt leur faisant manger quelque herbe quils noment *nanacatl* la quelle les faisoyt hors de sens et voyr beaucoup de visions»[81].

Der Gebrauch der heiligen Pilze war leicht festzustellen, da es keine Hinweise auf geheime Riten hinter verschlossenen Türen aus präkolumbianischer Zeit gibt[82]. Nach und nach zogen sich die *curanderos* in ihre Hütten zurück, wenn es galt, einen Kranken zu heilen oder Gestohlenes wiederzufinden. Sie bestellten ihre Klienten des Nachts in die Lehm-und-Holz-Behausung. Kerzen und Räucherharz *copal* soll mitgebracht werden. Das war die Antwort auf die siegreich verkündete Heilsbotschaft des Christentums, dessen Vertreter gar nicht gern sahen, daß die Indianer durch die Plize «ihren grausamen Gott»[83] der kirchlichen Hostie bevorzugten. Grausam mag den Missionaren durchaus auch Mictlantecuhtli, Herr des Schattenreichs der Unterwelt, erschienen sein, der auf einer Miniatur aus dem 16. Jahrhundert[84] zu sehen ist, wie er mit einer Krallenhand nach einem Pilzesser fasst. Kein Zweifel, dass der abgebildete Indio aus der Welt der Lebenden entführt werden soll, zu jenem unterirdischen See um den die Verstorbenen als Schmetterlinge flattern und dessen Ufer von Pilzen gesäumt ist. Solches ist auf einem Fresco von Tepantitla[85] zu sehen: der nackte Jenseitsreisende, dessen riesige Tränen andeuten, dass er sich in einem stark emotionalen Zustand befindet[86], hält einen Ast des Lebensbaumes in der rechten, wie ihn der Nganasan vom Herrn des Baumes erhalten hatte, um daraus seine Trommel zu zimmern[87]. Der Zweig mag von einem Baum stammen, der bei den westchinesischen Lolo den Eingang zur Unterwelt säumt[88] und der Baum der Sprache heisst. Denn aus dem Mund des Mannes auf dem mexikanischen Fresco entspringt eine ornamentale Spirale. In der mesoamerikanischen Kunst wurde Sprache und Gesang durch eine Wortspirale angedeutet. Je länger und ornamentreicher sie war, desto wichtiger oder erhebender der Gesang. Die Mazateken sagen, dass die Pilze sprechen. Der lange Gesang des Schamanen, seine tragischen Anrufungen und gefühlsgeschüttelten Visionen, das ist die Sprache des Pilzes, der die Pforten für die Sprache eines kaum Sagbaren öffnet. So scheint der Indio auf dem Bild von Tepantitla mit Hilfe von Pilzen auf Zeit ins Reich der Schatten und des Ur-

Pilz-Curanderas im Fernseh-Studio: Maria Sabina, Tochter und ein etwas ratloser Moderator.

sprungs vorgedrungen zu sein. Am Urquell, den Zweig des Lebens in der Hand, entfaltet er einen Gesang, der in diesem Land der ersten Verdichtung nicht mehr in Worte ausgedrückt wird.

Nachdem Wasson und Heim, und nach ihnen viele andere, die Botschaft von einem lebendigen Pilzkult in den mexikanischen Bergen im Westen verbreiteten, mussten die wissenden[89] Mazateken und die Zapoteken[90] der Sierra Costera sich abermals zurückziehen. Waren es vor wenigen hundert Jahren die Missionare, die solcherlei Teufelsriten verdrängen wollten, so mussten sich die Indianer nun vor der Entweihung der «heiligen Kinder» durch westliche Pilz- und Mysterienfreaks schützen. Vor allem während der Regenzeit teilen sich die Suchenden aus der westlichen Zivilisation die Sitzplätze der klapprigen Busse, die in sechsstündiger Holperfahrt die vierzig Kilometer von Teotitlán nach Huautla de Jimenez entlangrumpeln. Bei der Ankuft werden sie von Kindern bestürmt. Besonders die mit den Haarbinden und den abenteuerlichen bunten Gewändern zupft man am Rucksack und bietet für ein paar Münzen Geleit zu Maria Sabina. Nicht umsonst hat sich der Ruhm der alten *curandera* so nachhaltig herumgesprochen, dass Busladungen von Ethnologen, Psychologen[91], Parapsychologen[92] und Gegenkultur-Fans ihr alljährlich an die Hüttentür klopfen – zur Regenzeit, wohlgemerkt, wenn die Pilze spriessen. Gordon Wasson hat Maria Sabinas Gesänge in Vinyl pressen lassen und das mexikanische Fernsehen brachte sie samt ebenso heilender Tochter barfuss ins Studio, um mit einigen wichtigen Herren mit sauberen Seitenscheiteln und Krawatten zu plaudern. Zweifellos war diese Aktion nicht nur zur Information gedacht, sondern ein nationales Tarnungsunternehmen, das auf die Lebendigkeit indianischer schamanischer Praktiken im Lande verweist und kurzfristig vom eigentlichen Kurs in der «Indianerfrage» ablenkt. Die Schuld für die Unterentwicklung des Landes wird nämlich den Indianern in die Schuhe geschoben. Diese sollen mit Hilfe des staatlichen Indianerinstituts *Instituto Nacional Indigenista*, das in jeder Indianerregion Ableger hat, zu anständigen Mexikanern gemacht werden: eine Nation, die eine Sprache spricht und nach einem einheitlichen Schulsystem geordnet sein soll[93]. Zwar liess Präsident Lopez Portillo[94] ein weissglänzendes Fertigbauhäuschen für Maria Sabina aufstellen (was sie nicht davon abhält, ihre Hütte mit den Bastmatten auf dem Boden zu bevorzugen); ich bezweifle allerdings sehr, ob das ein sinnvoller Weg ist die militante *Indigenismo*-Philosophie aufzuhalten. Aguirre Beltrán, führender Theoretiker dieser Denkform, sieht nur ein Ziel im Hinblick auf die Indianerfrage, nämlich «die Zerstörung der Struktur der indianischen Gemeinschaft und des reaktionären Konservativismus, der eine regionale, ausschliesslich indianische Struktur mit der Formierung eines ethnischen Bewusstseins schaffen will»[95]. Mich hat die Gleichgültigkeit und Bedenkenlosigkeit von Funktionären des *Instituto Nacional Indigenista* in Huautla der Pilz-Tradition gegenüber sehr überrascht. Über Bedeutung und Häufigkeit von Pilzzeremonien wusste man mir nichts Konkretes zu berichten. Wohl, dass es eine Maria Sabina gäbe, die am anderen Ende des Dorfes von seltsamen Leuten aufgesucht würde, sonst aber wurde mir eine Dissertation in die Hand gedrückt, die ein umfassendes Bild der Region um Huautla vermitteln soll[96]. Auf nicht einmal einer halben Seite werden die zahlreichen *curanderos* erwähnt, die in den Tälern und Bergen von Barranca Seca bis San Simón und Cerro Central eins werden mit der Welt und den Göttern in ihren nächtlichen Séancen. Wenn der Kranke die Pilze genommen hat und so auch die *chotá-a tchi-née*[97], dann haben sich seine Wunden in nicht alltägliche verwandelt. Mit ihrem Gesang führt ihn die Heilerin in die Sphären, in denen alles wieder seine ungeteilte Form findet. Hier tritt nur jener ein, der die Unzulänglichkeiten der getrennten Welt vergessen hat. Einmal an diesem Ort bleibt auch kein Raum für Verletzungen der Seele und des Körpers. Die *curandera* bestätigt mit ihrem Gesang, dass sie den Patienten auf eine schamanische Reise mitgenommen hat; sie hat die Unterschiede aufgelöst, ist göttlich geworden und kann wirken wie Götter. Maria Sabina singt:

Soy Jesucristo
soy San Pedro
soy un Santo
soy una Santa[98]

Ein neuer Bereich ist abgesteckt, der im Grunde genommen auch zwischen Patient und Heiler nicht mehr trennt. In diesem ungeheuren Zusammenfliessen sind alle, wie sie weiter singt, «la mujer creadora», die es fertigbringt zu verändern, Neues zu schaffen in einem Zustand tiefer emotionaler Berührtheit. Denn wie der Pilzberauschte auf dem Fresco hatte sie ihren Gesang mit den Worten begonnen: «Ich bin eine Frau, die weint». Das ganze Leben scheint sich in diesen Augenblick des Er-lebens zusammengedrängt zu haben. Erhellt ist die Psyche plötzlich. Und diesen Augenblick würde in der Tat nichts ändern, denn eigentlich ist es der Tod. Abschied von der Bruchstückhaftigkeit unechten Verlangens. Das ist es, was die Situation so aussergewöhnlich macht: einmal das Festhalten an Formen und Bezügen aufgegeben, tun sich alle Formen und Bezüge auf, das ganze Leben. Was macht es aus zu sterben, wenn man das ganze Leben gelebt hat? So haben die Huichol ihr Leben gefunden.

Natürlich ist es eine vereinfachende Anmassung, einen freudigen Pilz- oder Peyotetrip in jedem Fall für eine endgültige Tranceformation verantwortlich zu machen, der mit einem Mal Zukunft und Vergangenheit wie eine eilige Karikatur ausradiert. Die kleinen Pflanzen helfen mitunter erst einmal, ein bestimmtes Bewusstsein hervorzurufen, das für den Vollzug der Veränderung notwendig ist. Bringt man es von vornherein mit, dürfte es von Vorteil sein. Kein Wunsch aber suspendiert vor der tiefen Empfindung. Das Land ohne Leid bleibt verschlossen für den, der es ermessen will mit seinem Intellekt. Deshalb ist auch der umgekehrte Standpunkt ein verruchter Abweg, wenn man verkündet, dass die heiligen Pflanzen nur Hilfsmittel sind, die erst in der Hand dessen, der verstanden hat, zu mächtigen werden. Paranoia unseres Rationalitätsvertrags. Wo kämen wir denn hin, wenn ein paar lächerliche Dinge, die man rasch hinunterschluckt, Einblicke vermitteln können, die man doch erst nach mühevoller Gehirnarbeit erlangen kann? Solche Ehrenrettung für eine phallische Ideologie verhindert gerade den Durchblick, den zu haben die Ratio vorgibt. Doch Vorsicht, leicht werden die Dinge wieder umgedreht und verschwinden gerade in den Fussstapfen, aus denen sie herausgesprungen zu sein glaubten. «Auch ein Metzgergeselle hinter seiner Ladenkasse hat eine Vision, wenn er Peyote isst», sagt Lame Deer, der Sioux aus South Dakota[99], die richtige Vision «trifft dich scharf und klar wie ein elektrischer Schock.» Die Besonderheit dieser Klarheit ist es, dass sie nichts besonderes macht, doch alles verändert. «Du hast mich gebrochen und betrunken gesehen. Du hast mich fluchen und einen frivolen Witz erzählen hören. Du weisst, ich bin nicht besser und weiser als andere Menschen», sagte Lame Deer auch. Sein ganzes Leben lang sei er über die Grenzlinie des Geistes hin und her gesprungen, um *Es* herauszufinden[100].

Wenn Maria Sabina eine «bewusstseinslose Begegnung»[101] mit den Wesen der Pilze hat, dann ist die Sprache der Bewusstheit kein angemessenes Ausdrucksmittel mehr – nicht einmal der Gesang, die Poesie. So spricht sie, wie der Unterweltsreisende auf dem Bild von Tepantitla, die Sprache verzierter Spiralen: *Nahualtocaitl*, die Sprache der Gottheiten[102]. In der Trance versteht und spricht der Schamane die Sprache der Natur. Dies ist das Zeichen, dass ihm nichts mehr verborgen ist. Die Vision, das Schauen auf geheimnisvolle Weise, bleibt eine Erfahrung, die jeder selbst nachvollziehen muss. Indem der Schamane aber eine Sprache spricht in der sich alles äussert, was keine Zunge hat wie Menschen, bestätigt er verbindlich seine und der Welt Tranceformation. Maria Sabina sagt, sie hätte die Sprache von den *niños santos* bekommen[103], als sie in ihren Körper eintraten. Ihre Anwesenheit als Repräsentanten des Hintergründigen verbinden sie mit dem Lehren einer geheimen

Ausdrucksweise. «Wer nicht als Weiser geboren wird, kann die *Sprache* nicht erwerben», sagt Maria Sabina und macht damit klar, dass nicht jeder zu verstehen beginnt, wenn er Pilze kaut und hinter seiner «Ladenkasse» eine Vision bekommt. Auch der Eskimo-Schamane lernt diese Sprache von Wesen, die in der Zivilisation der Städte ausgetrieben wurden, wie schlechter Mundgeruch und Schuppen in den Haaren[104]. Die Eskimo-Stämme im kalten Norden haben Schamanen hervorgebracht, die wahre Meister dieser Sprache geworden sind, in der sie sich mit ihren Verbündeten unterhalten. Für manche Ethnographen sind das lediglich fiktive Fremdsprachen, fiktives Dänisch und Französisch bei Eskimos[105], fiktives Tibetisch bei den Magar[106]. Spricht man die Schamanen in jener Sprache an, die sie vorgeben zu sprechen, dann beginnen sie eine surreale «Kommunikation» mit dem Ethnologen. Für letzteren stellt dies den Beweis dar, dass die Schamanen ihre Stammesmitglieder zum Narren halten, ebenso wenn er zwischen den Worten der Schamanen gurrende, glucksende und heulende Tierstimmen als Bauchrednerei entlarvt[107]. Nur wenige Ethnographen haben bemerkt, dass sie es selbst waren, die so zum Narren gehalten wurden, denn kein Initiationsmeister hat ihnen mit einem Bambusrohr in die Ohren geblasen, um die Stimmen der Geister hörbar zu machen[108]. So mancher äusserte den Wunsch, diese Sprache zu lernen, aber der Schamane winkt ab: ohne Trance kennt er selbst die Sprache nicht[109] und in der Trance hat er wichtigeres vor als Übersetzer zu spielen. Durch die «Pilze der Sprache»[110] erweisen sich die poetischen Schöpfungen der Jenseitskommunikationen als Produkte der Ekstase. So schön sind diese Lieder, dass die Geister nicht widerstehen können und mit wallenden Gewändern, Federbüschen, Schnäbeln und Flossen gewaltig zum Sänger gezogen werden. Ein ganzes Universum ungeahnter Schöpfungen breitet sich aus durch das Lied, eine *poiesis,* die erstaunen macht. Urbewegungen im *mantra* und im manischen Gesang. Wahnsinn, der erschüttert vor dieser unhaltbaren Spontaneität. Der Schamane ist kein lahmer Schwätzer, der einfach etwas erfahren will. Er riskiert, dass sich seine Eingeweide umdrehen, dass ihm die Augen aus dem Schädel fallen und seine Haut zu Alabaster wird. Hier ist kein dichterischer Marktschreier am Werk, sondern ein Poet von roher Blasphemik[111], der sich um nichts und niemanden kümmert, wenn es ihm darum geht, sich zu kümmern. Diese unordentliche Schamlosigkeit hat ihm und seinen Schöpfungen Furchterregendes eingebracht. Die anständigen Leute wollen nicht von grausigen Dämonen heimgesucht werden, wie jene, die den heiligen Antonius so eifrig malträtierten, dass sie immer noch die Fantasie der Künstler – die am liebsten die Märchen der Ratio zerstören – eifrigst in Bewegung versetzen.

Nein, er hat keine *niños santos* erzählen hören durch Pilze und er hat keine *nixi pae* Leute gesehen mit Pfeil und Bogen durch *ayahuasca*[112]; der Haschisch Esser Ludlow war in unschamanischer Weise schockiert von dem blasphemischen Gesang, den ihm die Dämonen in die Ohren bliessen. Schreckliche Ungeheuerlichkeiten müssen das gewesen sein, denn «kein menschlicher Gedanke» scheint je dergleichen hervorgebracht zu haben[113]. Jedoch die bösen Sänger haben dem Abenteurer einen guten Hinweis gegeben. Sie haben ihr Lied verständlich gemacht für seine ekstatisch geöffneten Ohren, aber für die verschlossenen verdunkelt. «Ich erinnere mich wohl, welchen Inhalts das Lied war, das sie sangen», gesteht Fitz Ludlow, «doch noch ist die Sprache nicht erfunden, die ihn auszudrücken vermöchte»[114]. Der kalte Schauer über den Rücken soll auch Ludlow eine Warnung gewesen sein: die Wald- und Höhlengeister lassen sich nicht gern zum Zeitvertreib rufen.

Wenn die Pilze spriessen und zur Verfügung stehen für das, was richtig ist (*rite* ist lateinisch für das Richtige und ist im Wort «Ritual» enthalten) dann kann man die «Sprache des Zwielichts»[115] nachts aus zahlreichen mazatekischen Hütten vernehmen. Doch auch in der trockenen Zeit wollen die Meister die Trance nicht missen. Dann greifen sie zu den Samen, die *Ololiuqui* (von *Rivea corymbosa* und *Ipomoea violacea* L.) genannt wurden[116] oder *tlitliltzin*[117]. 1958 gab Kinross-Wright bekannt, dass seine acht männlichen Versuchspersonen, die bis zu 125 *Ololiuqui*-Samen zu sich nahmen (!) nicht die geringsten Effekte berichten konnten[118]. Keine «mille phantasmata et daemonu»[119] sahen sie, wie die Azteken, die der Gottheit dieser Pflanze ein barockes Wandgemälde gewidmet hatten. Das Bild, das ebenfalls zu den Fresken von Tepantitla gehört, hat Wasson zunächst nur im unteren Abschnitt interessiert. Für ihn besteht kein Zweifel daran, dass es sich um den Regengott Tlaloc handelt, der über das Paradies herrscht[120] und seinen Blitz auf Mutter Erde, Tlal, schickt, um heilige Pilze hervorzurufen. In der Tat werden diese noch heute von den direkten Nachfolgern der Azteken in San Pedro Mexapa *apipiltzin*, die «kleinen Kinder des Wassers» genannt[121]. Furst, der das ornamentale Gewächs auf dem oberen Teil des Freskos unter die Lupe nahm, erkennt darin die künstlerische Darstellung von *Ololiuqui*, das aus dem Kopf der

Grossen Erdmutter spriesst[122]. Wahrscheinlich haben sie beide nicht unrecht, denn wenn die Pilze und die Samen ins Reich der Schatten entführen, dann gehören sie zu jenen Gefilden, über die Gottheiten der ersten Verschmelzung herrschen; jene Gottheiten also, die im Lauf der Zeit künstlich getrennt wurden und in historischer Hinsicht und ihrer Funktion entscheidende Ähnlichkeiten besitzen: die Grosse Erdmutter, die Mutter der Tiere, Artemis, Apollo, Dionysos. Auf dem Fresco lassen die Priester der maskierten Gottheit von Pilzen und Samen Flüsse aus ihren Händen entstehen, so wie sich die Zweige der krönenden Pflanze als fliessend erweisen. Vielleicht verfliesst dieses grosse Wesen der Pflanzen aber auch mit dem Stechapfel (*Datura*), der bei den Azteken ebenso eine wichtige Rolle spielte und bei den Cahuilla aus Südkalifornien, die eine uto-aztekische Sprache sprechen[123], bei den wichtigsten Zeremonien Verwendung findet. Interessanterweise werden die *manet*-Gesänge der Cahuilla-*Datura*-Rituale in der geheimen «Ozean-Sprache» der Schamenen gesungen[124]. Sie richten sich an den Schamanen, der allein von den Lebenden sie versteht, und an die Wesen, die bezeichnenderweise auf dem Boden des Meeres leben, jenem unbekannten Bereich des Weiblichen, in dem die Mutter der Seetiere die Fische in ihren Haaren festhält und daraus entlässt.

Warum aber haben bloss die Versuchspesonen von Kinross-Wright überhaupt keine «Effekte» verspürt, wenn *Ololiuqui* eine so entscheidende mythologische und praktische Bedeutung hatte und ganz zweifellos psychoaktiv wirkte? Die Antwort ist einfach: der Experimentator hatte den mexikanischen Indios nicht auf die Finger geschaut, als diese die Samen zum sakralen Verzehr bereiteten. Die Indianer zermahlen die Samen auf der *metate*, dem Mahlstein, der sich in jeder Hütte befindet, bis ein mehlartiges Pulver entstanden ist. Für kurze Zeit legen sie das Mehl in kaltes Wasser, das sie anschliessend durch ein Tuch rinnen lassen und schliesslich trinken. In der frühen Zeit der Missionierung wurden Besitzer von *Ololiuqui* grausam verfolgt und bestraft. Deshalb kann Ruiz de Alarcón in seinem *Tratado* von 1629 überhaupt nicht verstehen, warum die «barbarischen Stämme» angesichts der bösen Strafen von dem Genuss des Samen-Wassers nicht ablassen wollten[125]. Die kirchliche Sauberkeitsmaschinerie hatte eine regelrechte Dope-Bekämpfung ins Leben gerufen, die sich von der gegenwärtigen nur dem Ausmass nach unterscheidet. Also zog sich auch dieser Kult zurück und wurde esoterisch. Dennoch, das ganze Teufelszeug von

Peyote, Pilzen und dämonischen Samen hat sich nicht verdrängen lassen und bildet heute, in synkretistischer Form, immer noch die Grundlage religiöser Überzeugungen und Heilungsmöglichkeiten. Warum allerdings das *Ololiuqui*, dessen chemische Struktur grosse Ähnlichkeiten mit LSD aufzuweisen hat[126], und überdies leicht zugänglich ist, über die Grenzen Mexikos hinaus kaum bekannt geworden ist und in der Drogen-Subkultur nie so recht integriert wurde, bleibt rätselhaft. Es gibt auch keine Hinweise darauf, dass diese Samen in der alten Welt und in Südamerika, trotz ihres Vorkommens, in Riten Verwendung gefunden haben.

Eines Tages, als der grosse Schöpfergott Zame ye Mebege über seine Welt blickte, sah er, dass die Fang[127] ein schweres Leben haben, seit sie von den nördlichen Savannen in den tropischen Regenwald gezogen sind. Also wollte er ihnen helfen. Er beobachtete wie der Pygmäe Bitumu hoch auf einen Atanga-Baum geklettert war, um Früchte zu sammeln. Da liess er ihn hinunterfallen. Bitumu starb und Zame ye Mebege liess ihn zu sich bringen. Rasch schnitt er die kleinen Finger und die winzigen Zehen des Pygmäen ab und pflanzte sie an den verschiedensten Stellen tief im dunklen Urwald. Aus ihnen wuchs der *eboka*-Strauch[128], der wie der wilde Regenwald selbst das Geheimnis des Todes hütet. Bitumus Frau aber machte sich auf, nach ihrem Mann zu suchen. Als sie lange Zeit im Wald herumgelaufen war, hörte sie eine Stimme, die ihr sagte, dass sie von den Wurzeln der *eboka* essen sollte, die neben einer Höhle und einem Pilz aus der Erde spross. Sie tat wie ihr geheissen, und plötzlich kamen die Knochen des toten Mannes, mit denen die Höhle gefüllt war, wieder zum Leben. Aber nicht nur seine Knochen wurden wieder lebendig, sondern auch die einer ganzen Reihe von verstorbenen Verwandten. Sie alle sagten ihr, sie habe die Pflanze gefunden, die von nun an den Bwiti-Kult, um die Toten zu sehen, möglich machen wird[129].

Wie die Peyote-Frau, die den ersten Kaktus findet, die Jungfrau, die den *teonanacatl* pflückt, ist es eine Frau, die jene Pflanze entdeckt, die das Mysterium von Leben und Tod einsichtig machen kann: sie findet *eboka* im Urwald, dessen Undurchdringlichkeit und die immer überraschende Überfülle Verwandtschaft mit dem Traum nicht leugnen kann. Gewissermassen ist es der Ort des Traumes in der alltäglichen Wirklichkeit, so wie die Erscheinung des schwitzenden und schreienden Tropenwaldes im Nicht-Alltäglichen gewöhnlicherweise der Traum ist. Hat sie einmal von der

Frucht Zames gegessen, sieht sie plötzlich ungeahnte Dinge und erkennt sie. Ihr Mann war das Opfer dafür, dass Zame den Fang die Möglichkeit bereitstellte, ihr trauriges Wissen um das Leben in ein Verstehen des Todes umzumünzen[130].

Gahpi mahsó, die *yajé*-Frau hatte durch ihre Anwesenheit dasselbe für die Tukano getan, die heute noch, wie viele südamerikanische Stämme, sich auf der «Liane der Seelen»[131] in den Anfang der Zeiten versetzen. Trinkt der Jívaro von dem *natamä*-Gebräu[132], dann kann er wie Tsungi, der erste Schamane, die Ungeheuerlichkeit vollbringen, die Verbindlichkeiten zu beenden. Dies ist eine absolut radikale Absage an das Herkömmliche, die ihn in die Unmittelbarkeit des Lebens stellt, in einer Form, die wir gelernt haben «Tod» zu nennen: keine Zeit mehr, die ein Heute von einem Gestern und einem Morgen unterscheidet, kein Ort mehr, der zwischen dem Hier und dem Dort *eine* Verbindung sieht oder einen Unterschied. Nicht irgendwann ist die *yajé*-Frau auf die Erde gekommen und nicht irgendwohin trommelt der Schamane seine «Seele» in Trance. *Gahpi mahsó* erschien am Anfang der Zeiten, also auch am Ende, denn da war nichts, das der Zeit bedurfte. Und der ekstatische Schamane? Fast will ich ihn einem Exorzisten vergleichen, der in wilden Konvulsionen, in seinem spontanen Tanztheater weniger seine «Seele» auf Wanderschaft schickt, denn die Ordnung der Welt. Er vertreibt das verrucht festgehaltene und immer bestimmende Pathos menschlicher Verbindlichkeiten ein für allemal durch diese kleine Bruchstelle, die er in den Lauf der Dinge schlägt. Ob es wohl einen Sinn hat, danach zu fragen, wie vieler Bruchstellen es bedarf, wie vieler Schamanen, bis dass der Äther auseinanderfällt und zerbröckelt und sich das Skelett unserer Welt zeigt, damit wir diesem einen neuen Kopf und einen neuen Körper zimmern können?

Vor einigen Jahren berichtete ein Missionar aus dem brasilianischen Urwald von seiner Begegnung mit *ayahuasca*, das er von Indios erhalten hatte[133]. Er erzählte, dass man den Absud von stundenlang gekochten Fasern einer Lianenrinde, der «abscheulich scheusslich» schmeckt, nachts, nur in einer Gruppe von mehreren Personen, zu Musik trinkt. Ein paar schlechte Gitarrenklänge für eine meditative Stimmung. Und weg war die Welt. Irgendjemand unterbricht die dämonische Wanderschaft des westlichen *ayahuasca*-Trinkers mit der profanen und höchst unangebrachten Frage nach der Zeit. Eine Taschenlampe wird angeknipst. Der Lichtschein veranlasst den Pater zu reflektieren. Aber alles läuft mit einer ungeheuren Geschwindigkeit ab, so dass nur noch verkürzte Eindrücke jener aussergewöhnlichen Verdichtung übermittelt werden können. Sein Zustand, das weiss er, ist identisch mit dem der Verrücktheit und die «normale Welt» nur Schein, die eigentlich unreale, während der Strahl der Taschenlampe zum Licht des Bewusstseins wird, in dessen Kegel die Kollegen zu mythischen Gestalten formiert werden. Da aber füllt sich der ganze Dschungelpfad mit geisterhaften Gestalten, die ihn verfolgen, ihm etwas bedeuten wollen. Immer die Angst, in eine ungekannte Welt entrissen zu werden, wenn das Licht der Taschenlampe ausgehen sollte: noch einmal muss die Ausleuchtung der Welt durch das Bewusstsein des Bezeichnens gerettet werden; auch angesichts der drängenden, heulenden, ziehenden und zerrenden Geister, die sich wieder einmal verraten und umsonst gerufen fühlen, ja selbst angesichts der plötzlichen Gegenwart der verstorbenen Grossmutter an der Hängematte, die ihn mit den Worten «Morgen bist du tot» auffordert, beichten zu gehen. Unmittelbare Todesnähe. Mitten in der Nacht weckt er einen Pater auf, damit ihm dieser die Beichte abnimmt. Dann kommen noch einige andere hinzu und der *ayahuasca*-Trinker beginnt, ununterbrochen stundenlang zu erzählen, denn er sieht, dass sich das Geheimnis der Welt vor ihm enträtselt.

Der Erfahrenshungrige konnte kaum weitere *ayahuasca*-Sitzungen abwarten, denn was sich hier angedeutet hatte, klang vielversprechend. Und nur wenige Zeit später hatte er abermals die Ordnung dieser Welt verlassen, um in Tranceformation alles neu werden zu lassen. «Vergangenheit und Zukunft scheinen sich in der Gegenwart aufzuheben», schreibt er, nachdem der Bleistift in seiner Hand wieder zu dem Ding geworden war, für das er ihn gewöhnlich ansah, «Tod und Leben, Gott und Teufel wohnen gleichzeitig im selben Zimmer.» Dann erlebt er eine kurze Phase «in der man die absolute persönliche Gewissheit hat, an die Gedanken aller angeknüpft zu sein, die zusammen mit einem selbst dasselbe erleben. Es ist eine Art Stunde der Wahrheit, wo man sich inne wird mit einem nie gekannten Gefühl, dass das Leben im Zustand, den wir als den normalen ansehen, eine grosse Illusion ist.» Und schliesslich lässt ihn eine Einsicht erschauern: «Man erkennt, dass der Tod der Schlüssel aller Geheimnisse ist». *Ayahuasca* wurde die

Ayahuasca, zubereitet von der Rinde der «Liane des Todes», wird die Ahnen der Regenwälder um den Amazonas aus ihren Schlupfwinkeln locken.

«Liane des Todes» genannt[134]. Ein Krieger, der ins Unbekannte reist, hat einmal Don Juan gesagt, ähnelt einem der stirbt[135]. «Es ist», fährt der Pater in seinem Bericht fort, «als ob man mit dem Tod alles vergesse und wieder neu lernen müsste. Es ist einfach unheimlich, nie erlebt und vorgestellt. Ich sah etwas von teuflischen Gestalten und dem, was ich für den Himmel hielt, besser, eine Richtung zu Gott hin, wo man viele Gefahren bestehen muss, eine schreckliche Reise.» An dieser Stelle macht er eine lange Pause in seinem Brief, die sich bei mir rasch mit Batailleschen Bildern füllt: abgründiges Grauen und Rausch gehören zusammen, wie «die Wirklichkeit des Todes, des plötzlich eintretenden Todes, der gewaltiger ist als das Leben, gewaltiger und entsetzlicher.»[136] Diese unmittelbare Einsicht ist die der Identität vollkommenster Gegensätze, nämlich der göttlichen Ekstase und des äussersten Grauens[137]. Zeichnungen von Hans Bellmer: erstarrtes Grauen einer tödlich-sexuellen Exaltation. Schliesslich der Gedanke an die im Fels erstarrte Venus von Laussel, die mit dem Halbmond als Füllhorn in ihrer Rechten das uralte Geheimnis der wissenden Frau hütet. «Wie ein Blitz tauchte das 12. Kapitel der Apokalypse auf», schreibt der Pater weiter, «das Rätsel der grossen Frau.» Diese Einsicht muss ihn getroffen haben, wie der Blitz, der alles niederreisst, was Grenzen absteckt. Denn nach Vorbild der Berserkerwut hat der *ayahuasca*-Reisende seinem emotionalen Zustand physischen Ausdruck verliehen: er hatte Fenster eingeschlagen, Vorhänge heruntergerissen und mit Büchern umhergeworfen, so dass sich die gesamte *Prelazia* erstaunt und angsterfüllt vor seiner Zimmertür versammelte.

«Ja, die Unordnung, die solche Stoffe, wie z. B. der Stechapfel, im Gehirn erregen...», sinnierte einmal Lewin[138]. Nur im Gehirn? *Datura* mit ihren Alkaloiden Hyoscyamin, Skopolamin und Atropin[139], hat anscheinend die Fähigkeit ganz besondere Unordnung zu stiften. So warnen selbst die Schamanen, die sie regelmässig verwenden[140], vor ihr, da sie unvorhersehbar sei. Man müsse sich allein vor dem intensiven und betäubenden Geruch der Blüten hüten, und schon knappe 4 Gramm des *strychnon manikon*, so versichert Theophrast[141], reichen aus, um sich so zu gebärden, wie jemand, der den Teufel im Leib hat. Da kann sich schon bisweilen das Gefühl einstellen, aus dem Körper gefahren zu sein, ohne dass man den Stechapfel aufgrund *eines* Alkaloids zu einem Flugkraut machen muss[142]. In der Eingeborenenmedizin[143] und zum Zweck der Initiation[144] hat sich der Stechapfel in der neuen Welt seit älte-

Datura-Blüten von jenem verführerischen Strauch, der aus dem Kräutergarten des Schamanen nicht wegzudenken ist.

sten Zeiten etabliert[145]. Unter kultischer Verwendung stand *Datura* schon bei den grausamen *thugs*, die mit Hilfe der Pflanze Leute betäubten, um sie hinterher ihrer Göttin Kali zu opfern[146]. Da die hinduistische Kali mit der Nymphengöttin Io in Verbindung gebracht wurde, will man darin eine direkte Beziehung zwischen dem Dionysoskult und den *thugs* entdeckt haben. Denn von den Mänaden wird Io als Mutter des Dionysos verehrt[147]. Ob diese Ansicht reicht, zu behaupten, dass die Mänaden durch Stechapfelsaft in Ekstase gerieten[148], bleibt dahingestellt. Eines allerdings mag man bedenken: die Shakti-Kali, eine der ältesten der grossen Göttinnen überhaupt, ist Urfigur des sexuellen ekstatisch-religiösen Todes, wie auch die Bewusstseins-losigkeit der Mänaden eine ekstatisch-mysterienhafte war, die sich um einen grundsätzlich sexuellen Kult rankte. Der *Datura* wird immer wieder nachgesagt, dass sie ein hervorragendes Aphrodisiakum[149] sei, was Schröder 1685 veranlasste zu schreiben: «Hierher gehöret auch die Datura Nacazcul/oder Toloatzin... Sie hat eine schlafmachende Kraft/und verursacht unterschiedene Einbildungen. Dieses Samens bedienen sich die indianischen Weiber/zum Betrug ihrer Männer/damit sie ihre Geilheit mit denen frembden sicherer erfüllen und sättigen können.»[150] Natürlich wurde das zu einer Zeit geschrieben, als sich bereits mehrere Generationen hindurch die Ängste und versteckten Begierden herrschender, vornehmlich klerikaler *Männer* in verdrehteste Projektionen gegenüber den Hexen und dem Hexenwesen verformt und verfestigt hatten. Die Ängste waren nicht unberechtigt, denn irgendwie schien die zivilisatorische Maschine vollkommen den Weg der Vernichtung des Weiblich-Fremden zu gehen. Sollte etwa eine ganze Reihe von Frauen an die freizügigen Tänze der Artemis Alpheiaia und der Artemis Korythalia[151] samt ihrer schrecklichen Wildheit anknüpfen? Waren sie denn nicht auch von jenem Hasen begleitet[152], der mit den unzüchtigen Dianen zog?[153] Sie wussten den «Liebes-Zwinger»[154], aber auch das Aphrodisiakum Mandragora[155] zu benutzen und natürlich das Bilsenkraut, das «verderbet die Vernunft»[156]. Mit Hilfe der Hexenbeere wollten diese verwilderten Weiber die hilflos ausgelieferten Männer hypnotisieren[157], die sich mächtig vor Hexen und Hexenkräutern zur Wehr zu setzen hatten.

In eifriger «law and order» Manier musste diese Unordnung, die von bestimmten Frauen ausging und sich vor allem in der Lokkerung der Sitten zeigte, bekämpft werden. Der Standpunkt der Herrschenden war unverrückbar wie der Wunschzustand ihrer Phalli. Und gerade die Ungeheuerlichkeiten, der ganze Schmutz und Dreck, die Geilheit und das «Perverse», die aus den dunklen Kammern ihrer Gehirne sprossen, wie der Stechapfel am Wegesrand, ergossen sich in einem enormen Potpourri von Okkultem, Weiblichkeit, Wildheit, Satanischem, Genitalem, Analem[158]. Natürlich wussten sie, dass sie sich dadurch einschleichen wollten in das, worum sie sich selbst zu betrügen anschickten. Aber sie hatten nichts dazugelernt: in einer Pentheus-John Wayne-Einstellung sollte dem Chaos abermals Einhalt geboten werden. Die Herrschaft ist ja schliesslich nur dann eine solche, wenn sie Ordnungen verkündet, die befolgt werden. Also fanden sie es durchaus gerechtfertigt, *ad majorem Dei gloriam* das neurotische[159] und pervertierte Weltverständnis in Form von Strafen auszuleben, die ihnen jene Einblicke gewähren sollten, die sie in einer direkten Konfrontation nicht ertragen würden. Pentheus fällt allerdings in seinem richterlichen Voyeurismus den Mänaden zum Opfer und wird zerrissen. In gewisser Form ist dies ein Pluspunkt für ihn, denn er hat

Zu einem anständigen Campa Indianer gehören seine Coca-Blätter.

in seiner starren Verdrehtheit wenigstens noch Mut zum Risiko gezeigt – ein Stück Ordnungslosigkeit. Aber die aktiven und die weit zahlreicheren (und nach neuen demoskopischen Untergrundstudien immer noch erschreckend zahlreichen) passiven Hexenkiller hatten im Gegensatz zu Pentheus ihre Schwänze – die sie, wie in der Salviati-Zeichnung[160] aus dem 16. Jahrhundert, in einem Triumphzug in die ganze Welt projiziert hatten – eingezogen.[161] Ihre Angst ist der Schrecken des Bellerophon, der Xanthion wegen der Undankbarkeit ihrer Bürger mit einer riesigen Flutwelle vernichten wollte. Als aber die Frauen der Stadt mit hochgehobenen Röcken auf ihn zukamen, ist ihm sein phallischer Zorn ausgefahren, und er zog sich angsterfüllt zurück[162].

Ob den mächtigen Kräutern aphrodisische Wirkung *per se* zukommt, will ich bezweifeln. Aber durch ihre Eigenschaft eine Krise in der Normalität hervorzurufen und die Fassaden zum Zerbröckeln zu bringen, verschaffen sie nicht selten so eine letzte Lokkerung[163]. Sie beleben sozusagen das Unmittelbare im Menschen. Dieses findet seinen Ausdruck nicht selten im Sexuellen. So kommt es, dass von vielen psychoaktiv wirkenden Kräutern einmal aphrodisische, ein andermal anaphrodisische Wirkungen berichtet werden. Exemplarisch dafür das Peyote. Lumholtz[164] meint, der Genuss von Peyote würde «temporarily take away all sexual desire» und glaubt, dass die Indianer in einer seltsamen Logik deshalb die sexuelle Abstinenz als einen notwendigen Bestandteil des *hikuli*-Kults eingeführt hätten. Überrascht gab sich Fernberger[165] über den «strongly antiaphrodisiac effect of the drug. This would again explain ... the purely and totally unerotic character of the ceremonies of the Peyote Cults ...», und das obwohl die frühen missionarischen Reisenden die stark sexualisierende Wirkung des Peyote verdammten und La Barre[166] von einem Berichterstatter, der an einer Peyote-Sitzung teilgenommen hatte, erfuhr, dass dieselbe für ihn in einem Orgasmus endete. La Barre kann sich die Polarität der Meinungen nicht erklären, schliesslich kann die Pflanze doch nicht aphrodisisch und auch nicht aphrodisisch sein![167] Sie kann.[168]

Bisweilen bilden sich rasch Legenden um die sagenhaften Mittel, vermittels derer mancheiner «mit den Weibsbildern kann gleichfalls ... seinen Gefallen pflegen und viel, ja gleichsam Alles von ihnen zu Wege bringen»[169]. Heute hört sich das so an: «In New York kann man nahezu jede Frau ins Bett kriegen. Man spricht sie auf der Strasse an und offeriert ihr eine *line*.»[170] Verständlicherweise reagiert Voigt[171] heftig gegen diesen männlichen Kokain-Chauvinisten. Aber, in ein wenig milderer Weise, unterstreicht er die aphrodisische Wirkung der Droge mit maskulinem, ähnlich genitalzentriertem, Hedonismus: «Die Einnahme von Kokain kann beim Manne die Erektion des Gliedes noch nach ein oder zwei Orgasmen erhalten ...»[172] Schwanz steht, Männlichkeit gerettet, alles ist wieder in *Ordnung*[173]. Die Paradiesesphantasien verweisen in den (patriarchal gewordenen) Orient. Dort hatten verschiedene mächtige Kräuter die mythischen erotischen Paradiese auf die Erde geholt. Auf den Rat Vishnus hin hatten die Dämonen und Götter den Berg Mandara mit Hilfe der Schlange Vasuky aus dem Milchmeer gequirlt, dem Lakshmi wie die schaumgeborene

Aphrodite entstiegen war. Amrita, der Trank der Unsterblichkeit, sollte gewonnen werden. Vishnu trug dabei als Schildkröte den Mandara auf seinem Rücken und den schaumig gedrehten Milchozean. Die heftige Bewegung riss der Schildkröte Haare aus, die mit der Strömung ans Ufer trieben. Aus den Haaren entstanden Pflanzen, darunter der Hanf, der als «Quelle des Glücks» bezeichnet wurde[174].

Aphrodite aber war mit Hephaistos, dem schamanischen Gott der Schmiede, des Feuers und der unterirdischen Regionen, verheiratet, was die schöne Göttin nicht sonderlich ernst nahm. Denn neben dem reizvollen Adonis und einer stattlichen Anzahl von Göttern und Menschen, hatte sie auch mit dem Trickster Hermes und dem ekstatischen Dionysos heftige Affären. Am Anfang der Zeiten war sie wie Lakshmi aus dem schäumenden Meer aufgetaucht und auf einer Muschel nach Zypern gefahren. Selbstverständlich hat es nichts zu bedeuten, dass bei den kolumbianischen Tukano das Paradies *ahpikondiá*, der «Milchfluss», heisst[175] und dass dieses Land vollständig von einer Muschel eingeschlossen wird, *ahpikon-vii*, das «Haus der Milch». Der Sonnen-Vater hatte seine Stab-Rassel in die Mitte der Erde hineingebohrt, tief hinunter, bis nach *ahpikondiá*. Seitdem spriesst von diesem unterirdischen Milchozean alles Leben und *ahpikondiá* leuchtet ewig im gelbgrünen Licht zarter *coca*-Blätter[176], so wie das Ufer des indischen Milchmeeres vom Hanf gesäumt wird. Vor mehr als 2500 Jahren hatte Hanf das Abendland erreicht[177]. Herodot berichtet von seinem Gebrauch bei den Skythen, die eine spezielle Technik von Hanfsamen-Saunas entwickelt hatten[178]. Es ist anzunehmen, dass in diesem Schamanenland der Hanf auch unter spezifisch schamanischer Verwendung stand. Kein Zweifel besteht, dass Hanf zu medizinischen Zwecken seit ältesten Zeiten gebraucht wurde. Dioskurides, dem wir auch die erste realistische Darstellung einer weiblichen Cannabis-Pflanze verdanken, hat auch zu berichten gewusst, dass Hanf antiaphrodisische Wirkung besitzt, während ein persischer Wanderderwisch dichtete: «Vom Haschisch wird der Peniskopf gleich dem Amboss; wie er auch sei – er wird zweimal so gross.»[179]

Letztere Ansicht muss dazu beigetragen haben, dass Hanf vom 11. – 13. Jahrhundert in der Hand einer Schiiten-Sekte grausame Berühmtheit erlangte. Denn Hasan I Sabbâh, der 1090 die als uneinnehmbar geltende Bergfeste Alamut, das Adlernest, eroberte, lehrte seinen *fedâ'is* ismaelitische Doktrinen und betäubte sie schliesslich mit in Wein aufgelöstem Haschisch[180]. Die schlafenden Männer wurden in einen wunderschönen Garten gebracht, in dem kleine Quellen sprudelten, harmonisch Sträucher und Blumen wuchsen und raffiniert gekleidete Sklavinnen und Sklaven dem Erwachten alle nur erdenklichen Paradiesesfreuden zuteil werden liessen. In der grossen Feste südlich des kaspischen Meeres liess der Herr von Alamut schliesslich die jungen Männer wieder nach gleicher Weise betäuben und in sein Zimmer bringen[181]. Er erzählte den Wiedererwachten, dass sie ein Wunder erlebt hätten, das Paradies auf Erden. Wenn sie künftig blind allen Weisungen gehorchen, dann wird dieses Paradies einstmals ihr ewiger Aufenthaltsort werden. Natürlich war dies ein politischer Kunstgriff, dessen sich alle Herrscher von Alamut bedienten, um sich eine vollkommen ergebene Anhängerschar zu schaffen, die Meuchelmorde gegen ein Paradiesesversprechen tauschen sollten. Hasan, der «Alte vom Berg»[182], war eine ausgesprochen aussergewöhnliche Persönlichkeit: ein Alchimist, der über Drogen anscheinend bestens Bescheid wusste, der hypnotisch wirkende Mann aus dem zentralpersischen Qom, der das Geheimnis seiner Macht bis in den Tod bewahrte. Da soll er noch gesagt haben: «Nichts ist wahr.»[183] Wir brauchen nicht erst Crowley zu bemühen, um zu erfahren, dass der konsequente Schiite mit diesem Satz nicht einen Bannspruch ausgesprochen hatte, um Uneingeweihte vom sakralen Kraut fernzuhalten. Vielmehr ist es die komprimierte Paradoxie endgültiger Wahrheit, die im Orient in den «Geheimnissen des Rausches und der Liebe»[184] offenbar wurde. Die Nachfolger Hasan I Sabbâhs aber behielten das Geheimnis nicht mehr für die Eingeweihten allein. Immer noch waren sie tapfere Männer. Aber der Adlerhorst, der sich stolz so nahe von Bagdad und Basra erhob, war nicht mehr überschattet vom Frieden Allahs. Denn die Macht der Herrn von Alamut war gesunken mit ihrer Inkonsequenz. Als die mongolischen Horden kräutergestärkt[185] in der Mitte des 13. Jahrhunderts unter Djingis Khans Nachfolger Hulago vor Alamut standen, gab es keine uneinnehmbare Festung zu erobern. Dennoch scheinen die wissenden *fedâ'is* nicht endgültig verschwunden zu sein. Immer wieder sind sie aufgetaucht und man munkelt, dass sie auch heute noch ihr Unwesen treiben würden.

Die fernöstlichen Truppen, die Alamut einnahmen, waren sehr vertraut mit den Pflanzen und Säften, die Verbündete von Schlaf und Tod sind. In der heimatlichen Ferne, jenseits der kahlen Wüste, in der vielleicht der Tamarisk wächst, gedeihen Pilze und göttliche Kräuter[186], die persönliche Bande zum Zeitlosen knüpfen. Die Schamanen im Südosten des riesigen Kontinents hatten es leid, sich durch wahnsinnige physische Anfälle den jenseitigen Reichen zu nähern. Sie griffen deshalb zum Saft der Mohnkapseln (*Papaver somniferum*)[187], der sie in Stille und Poesie aufsaugt, vergessen lässt und auflöst[188]. Wenn der Rauch langsam aus der Nase strömt[189] dann tritt das Leben als solches zurück. Kein Schmerz wird mehr verspürt, ja der Körper selbst wird aufgesaugt in Körperlosigkeit. Schweben ist die Lebensform und ein zufällig verspritzter Tintenfleck greift in barbarischer Unbarmherzigkeit nach jedem Stückchen Bewusstsein, das der Berauschte anbietet. Dieser offeriert es freudig, bis er verblasst zur Unkenntlichkeit und keine Handlung mehr entsteht aus ihm. Auch Coleridges Opiumgedicht ***Kubla Khan*** hat sich selbst geschrieben. Nicht die leiseste Klarheit der Welt bleibt bestehen, wenn die süsse Zärtlichkeit des Opiums den Geniesser in ein Stundenglas verwandelt, dessen Sand allmählich durch einen kleinen Spalt rieselt. Und dahinter ist alles anders. Ein lauer Wind weht und bläst die Sandkörner irgendwohin. Nein, da hält ihn kein Fädchen mehr verbunden mit der Zeit des Alltags. Was *ist* bleibt keinem Gewissen etwas schuldig und fordert gleichsam endgültige Beziehungslösung; so dass keine Schatten fallen auf die verlogenen Gesten und den berechnenden Schritt. Dieses ruhige Wissen um die Dinge und um sich selbst ist das Wesen der schamanischen Suche, auch wenn der Weg dahin häufig von Konvulsionen zerrüttelt ist. Im Opium jedoch verfestigen sich die wesenhaft zarten und scharfen Eröffnungen des Schamanen. Irgendwann vor langer Zeit gelangte das Opium in den griechischen Kulturraum[190] und es ist wahrscheinlich, dass der Saft skarifizierter Kapseln von *Papaver somniferum* in den Mysterienkulten Verwendung fand[191], deren Sinn es gerade war, die Person und ihr So-Sein aufzulösen in einer tiefen Fahrt des Vergessens. Es sollte eine Hilfe sein, eine emotionale und historische Desintegration zu vollziehen, bis dass sich der Mythos zum Leben verdichtet, bis dass der Traum zur Alltagswelt und das Alltagsbewusstsein zum Traum geworden ist. Skandalös verschobene Erkenntnisprioritäten, obwohl die Opium-Trance nur Auflösung, nur Vergessen zu sein vorgibt. Scheinbar verwehrt sie die Neubildung, doch eben nur scheinbar. Denn im zurückgetretenen Zustand stülpt sich alles um, wird durcheinandergeworfen, nimmt fremde Plätze ein, nimmt sie alle ein und gibt sie bisweilen nicht mehr ab.

In der asiatischen Wiege des Schamanismus war dies vielen

Meistern bekannt. Obwohl der Schamanismus selbst nicht ein Resultat südasiatischer Denkweisen ist, war er in ganz Asien Einflüssen aus den südlichen Ländern ausgesetzt. Indo-iranische und mesopotamische Verbindungen lassen sich bis zu den Ugriern, Tataren und selbst den Mongolen nachweisen[192], und chinesische Einflüsse reichen bis an den Ob und den Jenisei[193]. So wird auch in der Ausarbeitung religiöser Systeme mit geordneten Priesterschaften, die dem eigentlichen Schamanismus ein Greuel sind, wie im Buddhismus und Lamaismus[194], die schamanische Existenzform einen beachtenswerten Untergrund geliefert haben, während diese selbst die Essenz der So-Seins-Verneinung nicht unwesentlich hilfreichen Kräutern zu verdanken hat, die im Süden in höchster Achtung standen. Dass die Meister dadurch die Echtheit ihrer Lebensweise übertölpeln wollten, um die der Dekadenz gewidmete «Zunft» der grossen Schamanen zumindest dem Schein nach zu retten, reflektiert den puritanischen Rettungsanker moderner Gelehrter. Was sie begriffen und zu nutzen gewusst haben, bedurfte nur einer simplen Einsicht. Warum sollten wir dieser nicht auch fähig sein? Wenn auch viel Zeit, historischer und sozialer Ballast dazwischen liegt, was bedeutet das schon? Letztlich geht es doch lediglich darum, eine Entscheidung zu fällen. Après tout le monde n'a pas tellement changé[195].

Der Traum, die Trance und der Tod

Der Traum.

Aufgeben der Anstrengungen. Die Mythen kommen zurück bevor man sie losgeschickt hat. Vielfaches entfaltet der Traum, wie die Türen, Tore, Fenster, Höhlen, Löcher, Läden der psychedelischen Tunnelfahrt. Geschlossene Augen klären mehr als offene.

Früher glaubte ich immer, dass der Traum, wie der Rausch, wie der Wahnsinn in den Dunst der Erkenntnis führt. Rebellion gegen die Konstruktion der zergliedernden Klarheit. Doch mag der vermittelbare Ausdruck den Dunst und den Rauch der Erkenntnis zeigen, so bleibt die Erfahrung davon von gleichsam fremder Klarheit. Sie entwindet sich dem Zugriff des Direkten, entzieht sich der Darstellungsform der Ratio. Hatte Castaneda es nicht gelernt die alltägliche Wirklichkeit traumartig werden zu lassen und den Traum alltäglich?

Der Traum.

Eine präkolumbianische Tonfigur zeigt ein gespaltenes Gesicht aus dem ein anderes hervortritt. Das zweite ist ebenso gespalten und gibt ein drittes frei. (Das erinnert mich an eine Haida-Maske, die zum gegebenen Zeitpunkt geöffnet werden kann, um einen anderen Aspekt der Maske freizulegen). Das erste Gesicht der Tonskulptur allerdings weist geschlossene Augen auf. Es gehört einem Schlafenden, vielleicht auch einem in erstarrter Ruhe liegenden Trancefahrenden. Vielleicht auch einem Toten. In jedem Fall ist es die Darstellung eines Zustands der eröffnet – eine wörtliche Darstellung davon.

Arnulf Rainers Totenmasken zeigen dem Betrachter denselben Gedanken: das Auftauchen der klaren, kaleidoskopischen Vielbedeutung. Rainer hat die Totenmasken mit Schamanenaugen gesehen und die Hinweise und Spuren der Person entdeckt und mit ein paar kräftigen Stiftstrichen aus dem Bild gelöst.

Die durch Kunst verwandelte Totenmaske vermittelt den Eindruck des ganzen Menschen in einer dramatischen Vielfalt des vollständig auf Körperliches reduzierten Bildes. Der eben Gestorbene ist aus den trivialen Prozessen des Lebens hinausgestellt: der von alltäglicher Hetze und Mimik befreite Mensch. Allein der Ausdruck der «Seelenlosigkeit» lässt eine unerhörte Bewegtheit zurück: keine Reduktion auf den unveränderlichen und «wahren» Kern der Persönlichkeit – hierin sich der Mythos der in Zeit und Ort bestimmbaren Persönlichkeit widerspiegelt - sondern die Verführung des menschlichen Spiels. Tausend Masken, tausend Gesichter, tausend Wahrheiten, die allesamt, wie in einem riesigen Delta münden, das aus derselben Substanz besteht.

Schopenhauers «Traumorgan» kennt dieses Delta.

Und Rainer vollzieht ein zutiefst schamanisches Ritual: vom reglosen Gesicht neues Leben.

Erweckungsritual.

Der Traum, der die Ordnung des Alltagsablaufs auf regelmässige Weise durchbricht, bedient sich des Schlafzustands. Jedoch hält er sich nicht an die Regeln des Sinnlich-Anschaulichen.

Bei den Griechen war die Traumseele wie die Seelentiere: ruhelos beweglich, vollkommen leicht, bald von sanftem Schweben, bald von unstetem Herumschwirren, ziellos, unbestimmt, lautlos, erscheint plötzlich und verschwindet unerwartet. Vögel, Fische, Schlangen. Im Giftzahn trägt die Schlange das Zeichen des Todes mit sich.

Überall hin und von überall her. Skandalös verdichtet der Traum die Ereignisse in bezug auf die Person. Wie im psychedelischen Rausch, wie in der Kunst vereinheitlicht sich das Sinnliche und steigt so über sich selbst hinaus. Gerüche werden zu Farben, Farben zu Gefühlen, Gefühle zu Bedeutungen, Bedeutungen zu einer Geometrie des Magischen, das Magische zum Absurden und so fort. Wer immer in den Grenzen bleibt, wird es schwer haben mit dem Taumel der Träume und der Kunst.

Nietzsche sagt, dass man jetzt mit Kunstwerken die armen Erschöpften beiseite locken will für ein lüsternes Augenblickchen; «man bietet ihnen einen kleinen Rausch und Wahnsinn an».

Doch wer immer im Traum verbleibt, wird nichts als Höhen sehen, die seine Ebenen sind, seine Sicherheiten. Auch davon spricht Nietzsche.

Dory Previn: hinaufgeflogen auf der Suche nach mythischen Königen

cry for the soul
that will not face
the body as an equal place.

Immer wieder hat man sich vorgestellt, dass man sich im Traum und im Tod an einen unterirdischen Ort begibt. Afu-Ra reist durch *tuat*, die andere Welt und das Haus des Todes, in der Nacht. Die

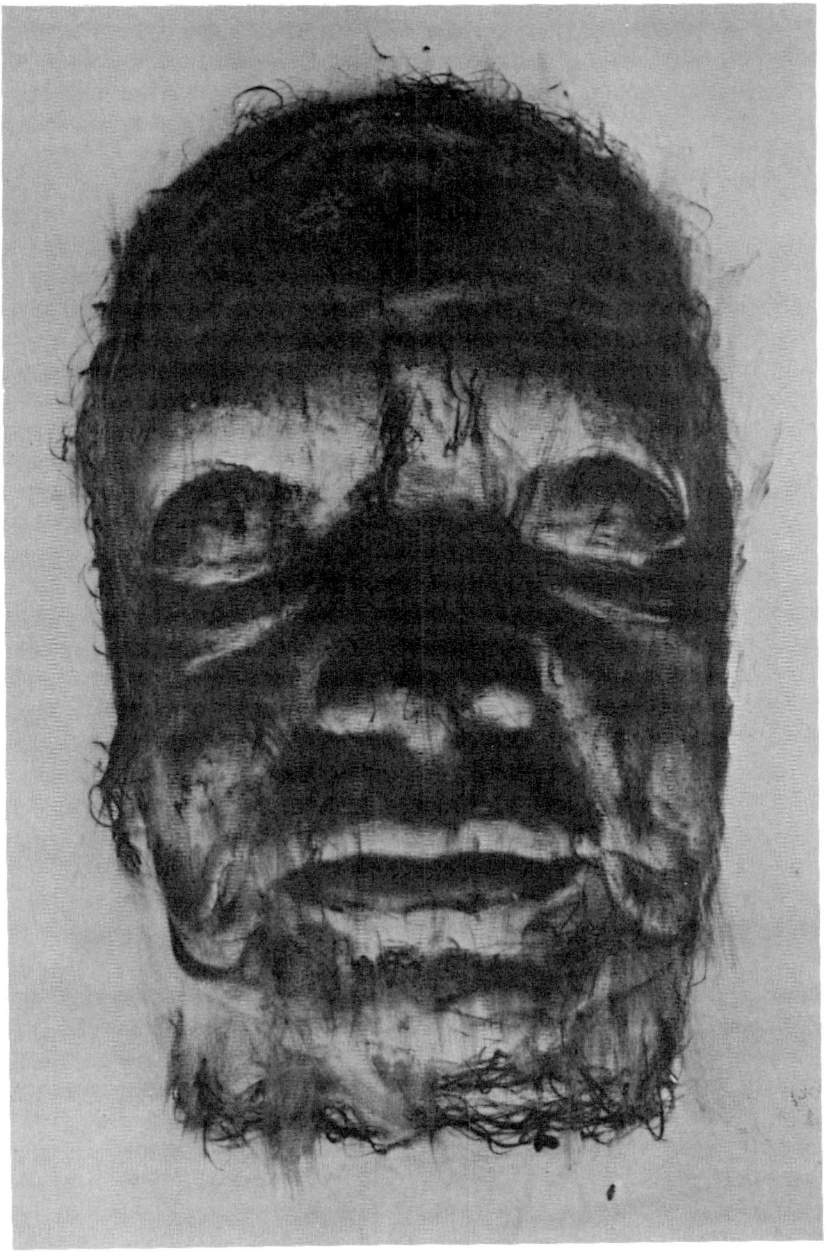

Arnulf Rainer: Totenmaske.

Schlafenden begleiten ihn. Die Jenseitsgeographie ist das Land der Dunkelheit, der Einsamkeit, des Alleinseins und des All-Eins-Seins.

Vergessen: in der Höhle des Schlafgotts lädt Lethe mit sanftem Plätschern ein zum Schlaf. Am Eingang der Grotte blüht der Mohn. Homers Volk der Träume verschliesst die Sinne vor der Welt. Denn nur in der Dunkelheit kann Licht geboren werden. So ist der Weg der Initiation immer der Weg in die Finsternis – des Lichts wegen.

Auf der ausserordentlichen Szene in Lascaux ist es der träumende, trancende Tote mit dem Vogelkopf, der hingestreckt Verwandlung erfährt. Aber soll er erfasst werden, mit der Klarheit des Tages, wie die bemalten Totenmasken, dann entzieht er sich im Augenblick der Enthüllung. Dies hat sein Zustand mit der Erotik gemeinsam (Bataille). Ein oft unangenehmer und unberechenbarer Widerspruch, der viel psychologische Tinte fliessen liess und von Freud bis zum Feminismus eine rätselhafte phallische Blutspur hinterlassen hat.

Das dunkle Reich birgt seine Gefahren. Keine bekannten Gesichter mehr und Gesten, weil man sich selbst nicht mehr bekannt ist.

People are strange when you're a stranger (The Doors).

Wer eindringt in die unterirdischen Gefilde, begibt sich in die Kapelle der Gefahren. Dort muss er den fallenden Blättern folgen, den Weisungen der Schatten und sich nach dem Schrei der Vögel richten. Was auf ihn zukommt ist für ihn da. Annehmen wird Sich-Abgeben heissen.

Es wird nicht mit dem ideologischen Pathos und dem Fanatismus des okkulten Tiefseetauchers abgehen: Austin Osman Spare, der schwarze Bruder Crowleys, sagt lachend:

I love the greeting smile of Gods and strangers – I never know what it means.

Aufregung im Totenland.

Maria Sabina kennt ein Reich des Todes, wo es keinen Lärm gibt. Stille spiegelt.

Initiation.

Sterben zu neuem Leben. Die Novizen sind tot und verhalten sich wie Geister. Schamanische Initiation ist eine Form der Meisterschaft, sich in den Bereichen des Verschmolzenen zu bewegen, ohne verloren zu gehen.

Hier werden Erfahrungen gemacht, die nur bedingt mitteilbar sind. Die Sprache ist ein Korsett. Also bedient sich der Schamane Andeutungen, um zu bedeuten: Poesie, Gesang, Paradoxie, Performance. Die Trance, wie der Traum, ist frei von Sprache in Syntax und Grammatik, frei von der Arithmetik des Städtischen. Wenn der Meister zur Sprache greift, beschreibt er nicht. Er berichtet mythische Reisewege. Er zerstückelt das Lautliche, um ihm eine neue Form zu verleihen, die an den nicht festgelegten Ecken und Spalten den Lichtschein seiner Verbündeten ahnen lässt. In seinem Trancetanz produziert er an seinem Körper Erinnerungen für seine Zuseher. Art brut als bodyart. Dadurch gewinnt seine Darstellung eine eigentümliche und im eigentlichen Sinn dramatische transhumane Komponente und wird zur Vor-Stellung.

Freilich ist die Selbstverleugnung äusserlich Stilisierung; auch die Sprache wenn sie in künstlerischem Spiel an Grenzen stösst wie Nagarjunas Madhyamika-Lehre oder die Wortcollagen der Dadaisten. Wo fröhliche Schamanenzungen den Sprachacker durchpflügt haben, sieht Isou die anarchistische Errungenschaft des Lettrismus:

«Wir haben das Alphabet aufgeschlitzt, das seit Jahrhunderten in seinen verkalkten vierundzwanzig Buchstaben hockte, haben in seinen Bauch neunzehn neue Buchstaben hineingesteckt (Einatmen, Ausatmen, Lispeln, Röcheln, Pfeifen, Grunzen, Seufzen, Schnarchen, Rülpsen, Husten, Niesen, Küssen usw.)».

Ebenso chiffriert der wiederholte, der unablässig wiederholte, gestossene, gerufene, geschriene Rhythmus schamanischer Gesänge das Auszudrückende zu emotionalen Zeichen. Er versucht sich in einer elementaren Überwältigung der Zuhörer. Die Musik muss zum Zwang werden wie die Besessenheit. So folgt der ganze Mensch, mit seinen Beinen und seinem Herzen, der mythischen Fährte. Helmut Salzinger hat es eindrücklich gesagt:

«Loslassen. Den Halt, den einem die Konventionen bieten, fahren lassen. Die Konventionen des Denkens und Fühlens, des Schreibens und Lebens. Treiben, Schweben, Kunst. Selbst der Absturz, für einen Augenblick / ist selbst er / immer ein Tanz.»

Künstlerische Psychoarchäologie, nicht um die Vernunft auszuschalten, sondern um sie zu durchstossen in einer schmerzhaften Wendung gegen sich selbst – wie der Eskimo-Schamane, der sich die Harpune durch den Leib stösst.

(In der Initiation als Absage an die herkömmlichen Formen des Lernens liegt eine gewisse Komik des Eigentümlichen. Denn das Durchbrechen der Formen schliesst zwangsläufig die eigene mit ein. So ist denn Kritik an diesem oder jenem immer schon Kritik an der eigenen Kritik. Die Polemik kann zur freudigen Dialektik aufsteigen, ohne gehässig zu sein. Kein Übelwollen, sondern Demonstration der Freude an der Vielfalt und der Ehrlichkeit des Gefühls, das sich ändern mag, wie alles in der Welt.)

Vielfach hat es den Anschein, als seien es Taten und Gedanken – aufgesplittert in Zeit und Raum und immer nur begrenzt verfügbar – die die Welt ausmachen. Trance enthebt davon und gestattet in ekstatischem Schaffen dionysische Kreativität. Rauschhaft wollüstige Erfahrung des komprimierten Lebendigen.

Nachts in den Bergen zum Flackerschein der Fackeln versammelten sich die Trancebereiten, um dem Dionysos Sabazios über die Felder und Körper zu folgen, wie die Phrygier der Kybele. Psychedelische Musik durchströmte die orgiastische Bühne mit dem zum Wahnsinn lockenden Klang der Flöten. In den Taumel tanzte man sich, ein wütender, wirbelnder Rundtanz, so dass die Fuchspelze flogen, die Rehfelle, das aufgelöste Haar der Mänaden. In ihren Armen schwangen sie die Thyrsosstäbe, Dolche bisweilen. Hörner auf den Köpfen wie der Hexengott Dianus und der keltische Cernunnus. Die äusserste Erregung ist das einzige Ziel, die Raserei zum Wahnsinn, bis die Schranken fallen zwischen Anstand und Impuls, die Vermischung von Gefühlen, Gefasstem, Toben, Ruhen, Blicken, Schweigen, Sex, Manie, Vision eine ungeheure Woge entstehen lässt, die bedrohlich ewig zu rollen scheint und in dem feinen Bruchteil des Kippens die letzte Barriere sprengt, die unser Ich an Fleisch und Knochen zu binden meint. Da sind sie selbst Sabazios, ihr Gott und der andere. Die Ordnung des normalen Lebens ist zu Ende gekommen, wenn die Bakchen in ihrer Besessenheit Milch und Honig aus den Flüssen schöpfen und psychedelische Getränke mischen. Die Hieromanie befreit von Zeitlichkeit, von Begrenztheit überhaupt. Daraus entsteht die thrakische Begeisterungsmantik. So wirbelt der enthusiastische Schamane, so wirbelt der wilde Derwisch sein Ich in die Welt.

Unter diese Exaltation gerät freilich auch das Sexuelle. Exzentrische indische Sektierer brechen mit allen religiösen Tabus und sozialen Normen, beim Zatra Fest durchstossen nackte Frauen mit

Pfeilen ihre Brüste, den Bauch und den Hintern um im Schmerz Ekstase zu erfahren. Eros der Todesnähe. Auch hier haben wir es mit nächtlichen, mit dunklen Reichen zu tun: Orte der geheimen Zusammenkunft für shaktische und tantrische Sexualorgiastiker. Wo das Licht ausging, dachte man die ketzerische Stätte wahlloser Sexualhandlungen.

Die sogenannte dekadente Kunst im ausgehenden letzten Jahrhundert hat die teilweise fantastisch veränderten Ziele solcher orgiastischen Feiern in einer lüsternen und häufig lustvollen Darstellung ins Exotische enthoben. Die erschrockene Salome auf Gustave Moreaus Bild *Die Erscheinung* erweist sich von erlesen leidenschaftlichem Temperament, gepaart mit der Grausamkeit der Sphinx. In seinem Werk *Hélène* ist es, als wolle er den Mythos von der grausamen Göttin des Eros neu schreiben. Seltsame Opfer säumen den edelsteinüberströmten Vamp, die den tröstlichen Tod der ersehnten Umarmung gestorben zu sein scheinen. Erst der erotisch-mörderische Wahn erhebt Moreaus mittelmässige Pinselführung ins Künstlerische.

Auf rätselhafte Weise hatte ich einmal zu Moreaus Bildern die Frauen von De Kooning assoziiert. Zwischen den beiden liegt nicht nur eine entscheidende Distanz, sondern auch eine grosse Differenz der Absichten. War es bei Moreau noch die «unterdrückte Krise des Fleisches» (Huysmans), die das Tödlich-Orgiastische vollständig in die Sphäre der Vorstellungen gedrängt sah, betrat De Kooning die schöpferischen Ausläufer einer zitternden Zeit, die in sich die Ahnung nach der Bedeutung des Dionysischen wieder spürte.

Die saftigen Gestalten von Franz Ringel samt ihrer monströsen Perversität des bewusst «Psychotischen» bilden ein Bindeglied.

Noch ein Blick auf die Décadents.

Joséphin Péladen läutete die okkulte Travestie des Mythischen ein. Anatole France sagt, dass er ständig das Zauberbuch mit dem Evangelium verwechseln würde. Die Rückerinnerung produziert das Ideal des Hermaphroditen als Monstrum reizender Ungeheuerlichkeiten. Damit gewinnt die Décadence zwar das erotische Moment an diesem Repräsentanten der ersten Verschmelzung wieder, das Boehme und seine Nachfolger in ihrer Wiederherstellung des androgynen Urbildes weggefegt hatten, verliert sich aber zugleich in dem charakteristischen Ästhetizismus der Epoche.

Die Kunst war so weit von der ursprünglichen Linie entfernt, dass sie mit Felicien Rops ins Plakative abrutschte und zur reinen Illustration verblasste. Nichts löste sich vom Blatt, was nicht hineingetragen wurde.

Aber die Köpfe waren unendlich erhitzt in den ausserordentlichen Schöpfungen des Grotesken und Absurden. Deshalb kann man den manischen Vertretern dieser Kunst die Rebellion gegen das Alltägliche nicht vollends absprechen. Wenn Rollinat sagt, dass sein Schädel ein Kerker voll schrecklicher Anfälle ist, dann ist er in seiner Haltung Dylan näher («and if my thought-dreams could be seen they'd probably put my head in a guillotine») als seine Intention verraten würde. Flaubert und die Einheit von Tod und Wollust.

Aber zu dieser Zeit war bereits der Schamanismus eine Existenzform ferner Vergangenheit oder exotischer Fantastereien. Der ekstatische Tod des Erkennens war zurückgefallen auf den erstarrten Tod des Schreckens.

Das Absurde an der geheimnisvollen Dialektik zwischen Tod und Leben unter dem Zeichen der Lust hat in maskuliner Pervertierung die Begegnung der Geschlechter nicht selten in eine Schlacht verwandelt. Die erotische Frau ist ein Kriegsschauplatz, sagt Theweleit, der beeindruckendes Zeugnis davon ablegt. Sie muss erobert werden in strammem Gefecht, in makellosem Paradeschritt ausgelöscht werden, zumal die forschen Recken wissen, dass die Niederlage gegen diese Gemäuer immer auf Seiten angriffslustiger Männer bleibt. Die Fronten sind verhärtet. Mythische Hypothek hat die tödliche und die sexuelle Selbstaufgabe religiös und heilig gemacht. Deshalb ist die Erotik als trunken machendes Kriegsgefecht keineswegs eine Erfindung des wahnwitzigen Soldaten des neuzeitlichen Faschismus (sicherlich ist ihm eine besondere Verachtung und Verkehrung des weiblichen Eros zuzuschreiben). In seinem erotischen Roman der ausgehenden Ming-Zeit *Jou Pu Tuan* schreibt Li Yü, dass sich der Verkehr der Geschlechter in mancher Beziehung um kein Haar von der Kriegsführung unterscheidet und betont dies nachdrücklich. (Sicherlich ist der chinesischen Erotik eine besondere Beachtung der Frau zuzuschreiben, allerdings in unreflektierter Überschätzung phallischer Aktivität.)

Das Tragische an diesem Gedankenzug bleibt, dass erst die blutige Vernichtung erotische Ekstase von ihrer ungeheuren Ungebundenheit «lösen» soll. Befreiung vom beängstigenden Schwanken und Zittern.

Auch Anna Kingsford begann dann frivole Erzählungen zu schreiben, als ihr die Welt bitter erschien und sie das Gefühl hatte, als ob alles tot sei.

Freud hatte die Frau in Todesnähe gerückt und sie zur Schuldigen gestempelt: die Söhne erschlagen den Vater, verspeisen ihn im totemistischen Mahl, um an seine Frauen zu gelangen. Der Schwarze Peter wurde dem «Objekt» der Lust zugespielt, durch welches der frevelhafte Urmord überhaupt möglich wurde.

Weniger interessant ist die faktische Unrichtigkeit der Vorstellung Freuds als der Umstand, dass sich sein bedrückend-blutiges Urmärchen nachhaltig durchgesetzt hat und in einer geheimnisvollen Mischung von Mythos, Fantasie und Fakten die Gemüter erregt. Ein moderner Mythos, der sich gefährlich mit der Umkehrung von «Tod an der Lust» zur «Lust am Tod» paart. Das Absurde daran mag sich nicht unwesentlich in der Überschätzung dieses «heroisierten» Mythos' durch Feministinnen spiegeln; deutlich zumal bei Phyllis Chesler, die durch literarische Feinfühligkeit ihre mythische Zugehörigkeit nicht verleugnen kann.

Hier muss ich den Pfad wieder verlassen. Ja, das Paradoxe am Eros des Todes und seiner ekstatischen Annäherung liegt in seiner Sinn-Losigkeit.

Im eigentlichen Sinn erschafft er Leben, macht sich zum Establishment des Unverbindlichen.

Eine Ahnung davon hinterlassen die meisten Mythen über das Auftreten des Todes. (Das Übertreten eines göttlichen Gebots ist ein untypischer Mythos, der nicht mehr nach der archaischen Heiligkeit des Tragisch-Komischen riecht).

Im Anfang der Zeiten waren der Himmel und die Erde sehr nah, so erzählt ein indonesischer Mythos. An einem Seil liess der Schöpfer Gaben zu den Menschen hinab, die sie freudig in Empfang nahmen. Eines Tages liess er einen Stein hinab. Verwundert betrachteten die Ahnen das nutzlose Geschenk. Sie wollten es nicht haben und verlangten nach etwas anderem. Ohne viel Aufhebens zu machen band der Schöpfer eine Banane am Seilende fest und liess diese zur Erde hinab. Da lachten die Menschen und nahmen das Geschenk erfreut vom Seil. Aber für einen Augenblick verstummten die Stimmen der Natur und der Wind hielt inne, denn eine Stimme drang aus dem Himmel: «Ihr habt die Banane gewählt; also soll euer Leben sein wir ihr Leben. Trägt die Banane Früchte, dann stirbt der elterliche Schaft ab. So sollt ihr sterben und eure Kinder sollen an eure Stelle treten. Hättet ihr den Stein gewählt, dann wäre euer Leben wie das des Steins geworden, unwandelbar und unsterblich.»

Absurde Wahl. Aber keine dumme. Freiheit, schöpferische Bewegtheit gegen Starre, Trägheit und Stumpfheit.

Der Tod ist darum Bestandteil des Lebens und umgekehrt.

Die Sehnsucht nach ihm im Leben bleibt allerdings oft der Wunsch nach Ur-Offenbarung in den Kategorien der herkömmlichen Welterfahrung. Mathematische Begrifflichkeit. Wie absurd ist doch der Gedanke, dass alles getrennt und zerteilt ist; und wie absurd ist der Gedanke, dass alles eins ist.

Nandor Fodor wollte seine erste Meskalin-Trance nicht wiederholen. Er hatte Angst, Selbstmord zu begehen, um für immer in den wahnsinnigen Zustand des *aliter totaliter* einzudringen.

Der düstere Edvard Munch macht Rauschhaftes aus Heideggers (Der Tod ist «die eigentümlichste, ausschliesslichste und höchste Möglichkeit des Daseins») Hirnprodukten:

«Es war wie ein Rausch, in diese Erde zu vergehen, eins zu werden mit ihr, zu werden wie sie, die immer, immer gärte, immer beschienen von der Sonne, immer am Leben, am Leben – und aus meinem zerfallenen Körper würden Pflanzen wachsen – und Bäume und Blumen, und die Sonne würde sie wärmen und ich würde in ihnen sein und nichts würde aufhören – das ist Ewigkeit.» Kein Zweifel, Munch spricht wie ein Indianer.

Zum Traum.

Freilich ist alles, was ich hier gesagt habe, nur ein Traum. Nietzsche: «Hat alle Ruhe und Schweigsamkeit der Welt sich hier eingeschifft?»

«Nicht tot sein und doch auch nicht mehr lebend? Als ein geisterhaftes, stilles, schauendes, gleitendes, schwebendes Mittelwesen? Dem Schiffe gleichend, welches mit seinen weissen Segeln wie ein ungeheurer Schmetterling über das dunkle Meer hinläuft!

Ja! Über das Dasein hinlaufen! Das ist es!»

Universitätsprofessor: «Mr. Deere, do you have supernatural powers?»
Philipp Deere, Medizinmann der Muskogee-Creek: «No, I only have natural powers – but they are super.»[1]

Der Heiler und der Seher

Fragmente zur schamanischen Magie

«Seltsame Sachen wird sich meine Feder unterfangen müssen mit Beschreibung der Gebräuche und Gewohnheiten jener Völker, so in diesen drei Königreichen wohnen . . . Das brennende Feuer mit blossen Händen und Füssen, ohne deren Verletzung auszulöschen bringt Verwunderung und gibt Anzeigung, dass ihre Haut sehr müsse verhartet sein. Mit ungewöhnlicher Unerschrockenheit die allertiefste Wunden von sich selbsten zu heilen macht, dass man glaube, dass sie entweders unempfindlich oder höchst starkmütig sind, welches auch geschieht in ihren Krankheiten, in welchen sie ohne Arznei die Natur mit eigener Kraft selbst wirken lassen, und werden dadurch auch leichtlich von schweren Krankheiten befreit und entledigt.»[2]

Seltsame Sachen, die Montecuccoli Mitte des 17. Jahrhunderts in Kongo, Matamba und Angola erlebt. Höchst eigentümlich. Da sollen Leute es vermögen, «die Natur mit eigener Kraft selbst» wirken zu lassen, was sie sogar von schweren Krankheiten «leichtlich» befreit. In der Sicht des italienischen Kapuzinerpaters erscheint das Einfachste von der Welt höchst schwierig, nämlich die Natur wirken zu lassen. Aber nicht von alleine scheint die Natur ein Interesse daran zu haben «zu wirken», sondern man muss sie «wirken *lassen*». In rätselhafter Art sind gewisse Leute imstande, weniger die Natur zu einer Wirkung zu *veranlassen*, sondern vielmehr eine bestimmte erwünschte Wirkung *zuzulassen*. Ein unorthodoxer Gedankengang, der vor und nach Montecuccoli viel Kopfzerbrechen bereitet hat. Schliesslich konnte man nicht einfach übersehen, dass die sogenannten «Primitiven» immerzu vom Magischen umgeben sind. Nicht nur zu ganz bestimmten unangenehmen Anlässen werden die Heiler aufgesucht und die Divinatoren[3] befragt, auch scheinbar alltägliche Handlungen stehen in einer wichtigen Verbindung mit dem Magischen. Selbst das, was endgültig fest geworden zu sein scheint – Hütten, ein Dorf – zeichnet sich in Wahrheit durch eigentümliche Wesensverwandtschaft mit dem ewig Unfixierten aus.

Das Bororo-Dorf ist ein Spiegel des Kosmos und zugleich die Grundlage einer sozialen Tradition, der Garant, sich selbst zurechtzufinden[4]. Als die salesianischen Missionare am Rio das Garcas die Indios dazu veranlassten, in parallelen Reihen zu bauen und die gewohnte Rundanordnung zu verlassen, zerstörten sie die soziale Grundlage des Stammes. Die Bororo konnten sich buchstäblich nicht mehr orientieren[5]. Mehr noch, sie waren zutiefst verwirrt, so dass sie ihre Tradition willenlos, möchte ich sagen, gegenüber der Religion der Missionare zurückdrängten. Was nämlich geschehen war, ist weit mehr als die oberflächliche Änderung eines Baustiles. Es war die Zersetzung einer Bezüglichkeit, die hinter der Erscheinung liegt. Denn das Dorf ist zugleich wie ein Mantel, die Hütte der glänzende Schmuck der Personen und immer schon ein Teil der Natur, aus der sie gewachsen ist. Die grossen Palmblätter, die zu Wänden geworden sind, findet man im Wald gleich nebenan. Sie stammen von einem Baum, der nicht nur aus der Erde wächst, sondern auch irgendwo anders. Es ist wie eine feine Oszillation, ein zarter Übergang und eine starke Verbindung, zwischen der Wohnung, die da Natur heisst, und jener, durch die flinke Hände die Natur bereichert haben. Eine neue Beziehung ist entstanden zwischen Mensch und Material und entsteht immer wieder neu. In einer archaischen Siedlungsgemeinschaft verbinden und verflechten sich solche Beziehungsereignisse und heben ein unsichtbares, wechselndes, wogendes und farbenprächtiges Fadengewirr über die Alltagshandlung und das Materielle hinaus. Will man ein Verständnis von den Bauten, dem Leben, den Gewohnheiten, Riten eines Stammes entwickeln, dann wird man nicht darum herumkommen, sich in dieses Wirrwarr zu stürzen als Ahnungsloser. Aber selbst dann wird kein Raum bleiben, sich auf das eine oder andere «Phänomen» zu konzentrieren und darüber die Welt zu vergessen. Selbst dann wird man nicht verschont von der unbarmherzigen Wechselhaftigkeit dieses Beziehungskonglomerates, wird die von allen Umständen befreite Notwendigkeit nicht umgehen können, dass sich durch unsere Anwesenheit dieses amöbenhafte und chamäleonartige Etwas verändert, abermals und immer wieder. Sogar wenn sich der Arm ausgestreckt hat, um etwas festzuhalten, zu bezeichnen, ist die Verwandlung dieses Gefüges nicht erstarrt[6]. Ewiges Fliessen gegenüber dem Wunsch, Ruhe und Mass zu schaffen. Der Behelf ist einfach und in allen Traditionen bekannt: gleichbleibende Verbindungen, eindeutige Beziehungen, Abgrenzungen, Begrenzungen, Ausgrenzungen, definieren und klassifizieren. Handlungen, die, wenn sie bis zur letzten Starre vorgedrungen sind, vermeintliche Wege aus der Verzweiflung bleiben.

Freilich spricht man von Glaubenssystemen, die man verstehen lernen kann, wie man einen Mythos versteht. Lévi-Strauss sagt, dass wir den Mythos «als ein Ganzes begreifen und gewahr werden» müssen, und «dass die eigentliche Bedeutung des Mythos nicht durch die Abfolge der Ereignisse, sondern ... durch Ereignisbündel vermittelt wird»[7]. Diese Sichtweise ist ansprechend und einfühlsam, aber irgendwie versteckt sich darin eine Aufforderung zum Unmöglichen: als ein Ganzes begreifen. Man müsse Mythen lesen wie eine Partitur, nicht Note für Note, sondern mit dem Bewusstsein, die ganze Seite erfasst und verstanden zu haben. Damit wird diese Vorgehensweise ein Appell an die Risikobereitschaft des einzelnen. Denn schliesslich kann man sich beim «Erfassen des Ganzen» auf niemanden anderen verlassen denn auf sich selbst. So schliesst sich der Lauf der Dinge dort, wo er begonnen hat – beim Subjekt. In weit entscheidenderem Masse muss eine solche ungeheuerliche, aber in ihrer Bedingungslosigkeit einzig mögliche Vorgangsweise erst auf die Lebensumstände eines Volkes angewandt werden. Hier gilt es nicht mehr *eine,* sondern eine Vielzahl von Partituren zu lesen, die ineinander verflochten sind, sich überlagern, Mythologisches ansprechen wie auch Banales, die immer neue Instrumente in die Symphonie einbringen, die alten verändern, verformen, wiedererstehen lassen. Auch der Eindringling ist ein Instrument, eine Partitur, ein beschriebenes Blatt. Und so sehr sich Einsichten eröffnen für ihn, die tausend Wege zugleich zu bezeichnen scheinen, so sehr wird sein Festhalten, Notieren und Definieren die magische Beziehungsvielfalt allmählich zum Verschwinden bringen. In das vibrierende Konglomerat der unsichtbaren farbigen Fäden werden ein paar dicke Seile gespannt, verknotet und als museale Versatzstücke einer intellektuellen Errungenschaft zwischen zwei Buchdeckel gepresst.

Die ersten Zeichen des Magischen – was aus dem Erklärten herausfällt, aber sichtbare Wirkungen hinterlässt – sind aus der Welt, die nur Erklärbares enthalten darf, hinaus*gedrängt* worden. Keine Natur, die man «mit eigener Kraft selbst wirken» lassen kann, so dass sie in jedem Augenblick die süssen Lieder fliessender Verbundenheit erzählt und damit entbindet vom verzweifelten Werk der Gehirnmaschine: Pflastersteine in den Treibsand.

Dennoch bleibt das ungehemmte und nicht durch Systeme exorzierte Magische der Begleiter des Ethnologen. Ich meine das keineswegs in Form einer Glaubensbegleitung, sondern als Konfrontation mit dem völlig Unerwarteten, jenem Verwirrenden, das die Indios cool lässt, während sie die Umstellung ihrer Hüttenanordnung aus der Bahn wirft, was dem westlichen Beobachter keine besonderen Anpassungsprobleme bereiten dürfte[8].

Als plötzlich aus heiterem Himmel in einer menschenleeren offenen Landschaft der Medizinmann auf dem Pferd samt seiner «drolligen Mütze» vor Åke Hultkrantz erschien, war dieser sehr verwirrt und es ist ihm bis auf den heutigen Tag «unverständlich geblieben, wie und von wo der alte Mann aufgetaucht ist»[9]. Es hat sich etwas ereignet, das irgendwie aus Raum und Zeit hinausgerutscht zu sein scheint[10], und zwar nicht lediglich eine unverstandene Bezüglichkeit wie zwischen den Bororo und ihren Dorfanordnungen, sondern «etwas so Handgreifliches wie ein Mann auf einem Pferd»! Was die Verwirrung auslöst, ist die offensichtliche Irrealität des Magischen. Irreal, weil es nicht eindeutig beschreibbar[11], wiederholbar[12], fest-stellbar ist und damit nicht ein einfaches Problem des Faktischen bleibt[13]. Es wird verbannt in den Bereich der Vorstellungen, des Illusionären und damit aus der «Natur» wissenschaftlicher Topographien hinausgeworfen und im pseudoehrwürdigen Jargon der Folkloristen dem Bereich der «supernatural experiences» beigeordnet[14]. Dass dieser Abstellraum des Überraschenden und Unerklärten als «übernatürlich» und nicht als «unnatürlich» tituliert wurde, ist eine Frage des Taktes und szientistischer Diplomatie. In Wahrheit besteht zwischen beiden Bezeichnungen kein qualitativer Unterschied, solange sich nicht das Bewusstsein um die Realität dieses «Übernatürlichen» eingestellt hat. Freilich handelt es sich dann nicht mehr um «Übernatürliches».

Der wissenschaftlich Geschulte misstraut seinen eigenen Beobachtungen, wenn sich diese nicht an bekannten messen lassen. Er lässt es nicht zu, dass sich seine Perspektive radikal ändert, wenn ein merkwürdiges Geschehnis dazu Anlass geben sollte[15]. Denn in sauberer Trennung verbleibt, was «draussen» vor sich geht, eben «draussen» und kann manipuliert werden, ohne den Intellekt, geschweige denn das Herz, zu berühren. Darin steckt der Urbetrug gegen die feinen magischen Fäden, die den Handelnden mit seinen Handlungen und den Gegenständen der Handlungen verbinden – untrennbar und vielfältig. Erkenntnis der Welt draussen ist immer auch Erkenntnis der Welt im Innersten seiner selbst und umgekehrt. Wir erinnern uns an das Erlebnis des *quamaneq* des Eskimo-Schamanen, wenn er seinen Körper durchsichtig sieht und damit draussen und drinnen mit neuen Augen erblickt. Es ist ein feiner Sprung und ein gewaltiger, der auf ein Mal in die Gemeinschaft des Ungesehenen einführt. Verändertes Bewusstsein am Ende des Herkömmlichen, keine metaphorische Zusammenführung der Dinge, sondern eine wirkliche, so wie der norwegische Dichter Jonas Lie, der mit Trollen zusammensteckte, «in den Menschen und ausserhalb von ihnen».[16]

In gewissem Sinn war es genau die Meisterschaft dieses intimen Verstehens, die den schamanischen Seher im Bild der klassischen Antike ausmachte. Der *mantis,* der uns in der Gestalt des Kalchas in der *Ilias* begegnet, weiss nicht nur die Zukunft, die Vergangenheit und das in der Gegenwart Verborgene zu entschlüsseln, sondern vor allem das *Hintergründige* zu erkennen[17], das sich hinter der Erscheinung der Dinge verbirgt. Er spricht die Wahrheit aus, die magischen Bezüglichkeiten, die den Menschen und die Dinge der Welt ausmachen, nicht das einsehbare Banale unseres Wahrnehmungsspektrums. Kalchas *weiss,* warum Apollo zürnt und er führt die achäischen Schiffe nach Troja. Er vernimmt, wie Helenus[18] auf seiten der Trojaner, die «Stimme der unsterblichen Götter». Für viele ethnologische Beobachter müssen die Götter kräftig brüllen, damit sie kurzfristig in unschamanisches Zittern geraten, was sie davon enthebt, über sich selbst etwas zu erfahren. Der Schamane der südwestafrikanischen Hei//om[19] erfährt in der Initiation diese Fähigkeit des sanften Verstehens von Äusserem und Innerem. Sein Innerstes, wie die Hei//om sagen, wird von Keindaus, einer der Frauen des obersten Gottes//Gamab, nach Zerstückelung des Schamanenkörpers über den Weltenbaum entführt in die Wohnstatt//Gamabs. Dort oben gebärt Keindaus dem Initianden in vier Tagen vier Kinder. Wenn der reglos liegende Schamanenkörper sein Innerstes zurückerhält, dann sind Keindaus und ihre Kinder Verbündete des wiedererwachten Hei//om, mit deren Hilfe er die schwierigen Reisen in die unirdischen Reiche antritt. Das Innerste des Schamanen hat den Schlüssel dafür geliefert, dass die äusserste Entfernung, von den Menschen zu den Göttern, überwunden wird. Von nun an kann er die Welt in sich erfahren und die Wahrheit des Sichtbaren in seinem Innersten überprüfen.

Wenn der Hei//om Schamane zu einer Heilung schreitet, dann versammeln sich Verwandte und Freunde des Kranken. Sie klatschen rhythmisch in die Hände, stossen hin und wieder schrille Töne aus. Auf einer Bahre liegt, geschwächt und apathisch, ein Mann, der über schwere Schmerzen an der Leber oder am Magen klagt. Der Schamane erscheint[20], umtanzt zum Gesang der Versammelten das Feuer. Im Wind rasselt sein Federschmuck, die Ketten klirren, ein flackerndes Schattenspiel zeichnet sich auf den Körpern der Umstehenden ab. Dann springt der waghalsige Hei//om Schamane auf die glühenden Kohlen, um das Aussergewöhnliche seiner Existenz zu demonstrieren. Eine Demonstration, die unwichtig sein könnte. Wer weiss, wie oft der Meister bei seinen Heilzeremonien sich auf die glühenden Kohlen gelegt hat, wie oft der *halaaq* der Senoi mit seinen Assistenten an den brennenden Holzstücken geknabbert und das Feuer im Darüberrollen seines Körpers ausgelöscht hat[21]. Ist es nur noch eine Geste, ein Spiel? Die grosse Performance eines periodisch verrückt werdenden Eingeborenen? Das Theater hat etwas für sich und entwickelt sich sozusagen immer in der Dialektik, nein vielmehr der Eristik[22], zwischen dem Schamanen und seinem Publikum. Der Nutzen allerdings ist ein vielfacher, der über die einfache Lust am Spiel hinaus direkt in der Ekstase mündet. Der tanzende Schamane ist nämlich nicht nur ein sich bewegender Körper, sondern in seinem Tanz und dem der Anwesenden – ein Publikum auf der Bühne sozusagen – muss sich das ausdrücken, was unsichtbar ist[23], muss das werden, was für den Schamanen *ist*. Der spöttische Lukian hat das Schamanisch-Magische des Tanzes in der Kunst gesehen, das Geistige zu verleiblichen und das Unsichtbare schaubar zu machen:

> «Kunst des Nachahmens und Andeutens,
> Ausdeuterin des im Geist Verborgenen,
> fassbar machend das Unsichtbare.»[24]

Die ungezählten tanzenden Schamanen, die Hintergründiges mit Mimik und Geste aus der Anonymität hervorlocken[25] und einsichtig werden lassen, tun dies auch in ihrer äussersten Raserei, wenn sie vom Stürzen und Umsinken durch die Anwesenden bewahrt werden müssen. Auch dann sind sie, wie es Lesbonax von Mytilene ausdrückte, «mit den Händen weise».[26] Also springt der Hei//-om Schamane, abermals zu Kräften gekommen, wieder wild ums Feuer, zertrennt plötzlich den Kreis der Klatschenden und verschwindet im dunklen Buschfeld. Erst geraume Zeit später kommt er, aus vielen Wunden blutend, zurück. Er kniet neben dem weiterhin reglosen Kranken nieder und beginnt, in der Höhe der Leber, an dessen Körper kräftig zu saugen[27]. Er zittert vor Anstrengung. Mehrere Minuten lang setzt er sein Saugen fort, dann springt er von seinem Patienten weg, wälzt sich mit schmerzverzerrtem Gesicht auf der Erde und spuckt schliesslich ein kleines Tier in seine Hand, das er daraufhin ins Feuer wirft.

Im Buschfeld hatte eine grosse Antilope auf den Schamanen gewartet, auf der er zum Weltenbaum geritten ist. Diesen erklimmt er und erreicht die Behausung //Gamabs, während seine schützenden jenseitigen Freunde für die Sicherheit der gefahrvollen Unternehmung sorgen. Mit //Gamab beginnt nun das grosse Feilschen

Lieblingsart schamanischer Krankheitsentfernung: Aussaugen.

um das Leben des Erkrankten, das jeden Kassbah-Handel in Tanger zu einem blassen Geplänkel degradiert. //Gamab gibt nach, denn der Hei//om ist wahrlich ein grosser Schamane, und zieht den Pfeil, der die Krankheit verursacht hat, wieder aus dem Körper des Patienten. Jetzt beeilt sich der Schamane, an den irdischen Zeremonialort zurückzukehren. Die Dornen im Gebüsch, durch das die Antilope rast, reissen seine Haut blutig. Das Saugen am Körper des Kranken ist nur noch Formsache, um von der Genesung zu überzeugen, denn die Reise zu //Gamab versteht der Kranke nicht und soll eigentlich auch nicht davon wissen. Am Ende der stundenlangen Krankenheilung stand der Patient auf und ging ohne fremde Hilfe zurück zur Siedlung. Auch nach mehreren Tagen gab es keinen Rückfall der Krankheit. Der Geheilte nahm seine Arbeit als Farmgehilfe wieder auf, und auch später berichtete die weisse Farmersfamilie, dass er sich bester Gesundheit erfreue[28].

Seit Schamanen von Reisenden und Ethnographen beobachtet werden, legen diese Zeugenschaft über solche «unerklärliche» Heilungen ab[29]. Umso überraschender ist es, dass solche magischen Wirkungen, obwohl mit dem Schamanismus uralt, in den verschiedensten Facetten ausgeformt und in allen Teilen der Welt beheimatet, immer noch höchste Überraschung und Unglauben hervorrufen. Wie das Mysteriöse gehandhabt wird, scheint das grösste Mysterium zu sein[30]. Rasch lässt man sich von Manipulationen – hervorgezauberte kleine Tiere etwa – überzeugen, dass man es hier mit Bühnenzauberei in der Wildnis zu tun hat[31]. Von diesen Tricks als Zeichen wissen wahrscheinlich viele Stammesmitglieder genau so viel wie die aufmerksamen Feldforscher. Doch sie wissen auch, dass sie einen notwendigen Bestandteil jener unsichtbaren Beziehungen zum Reich der magischen Bewirkungen darstellen. Deshalb zögert ein erkrankter Schamane nicht, sich von einem Kollegen, der die nämlichen Tricks verwendet, behandeln zu lassen. Dennoch, das gros der Ethnologen bleibt dabei, sich auf Heilséancen als solche zu beschränken, um der Frage der Effizienz der Methode aus dem Weg zu gehen[32].

Parapsychologen haben es sich zur Aufgabe gemacht, magische Heilerfolge nachzuweisen. Anekdotische und ethnographische Berichte von Heilungen werden neu interpretiert[33], Feldforschungsuntersuchungen an spiritistisch aufgemöbelten indigenen Heilverfahren werden von ihnen unter die Lupe genommen[34], unorthodoxe Heilmethoden im Westen untersucht[35]. Schliesslich sollen aber vor allem Laborexperimente das eigentliche Ausgangsmaterial der Parapsychologen rehabilitieren: in der Tat sind Menschen in der Lage, auf «lebende Systeme», wie man Tiere, Pflanzen und Menschen zu bezeichnen pflegt, Wirkungen zu erzielen, die einfach nicht möglich sein sollen. Nur indem sie daran denken, dass narkotisierte Mäuse früher wieder erwachen sollen als eine «Kontrollgruppe» von Mäusen, verhalten sich Versuchstiere danach[36]; lediglich indem ein Heiler seine Hand über künstlich verletzte Experimentaltiere hält, verheilen die Wunden rascher als die der traurigerweise nicht in gleicher Weise behandelten[37]. Damit nicht genug, haben aufregende Versuche gezeigt, dass eine Person in der Lage sein kann, physiologische Prozesse einer anderen zu beeinflussen, ohne dass letztere Versuchsperson davon Kenntnis hat[38]. Schliesslich ist es gelungen, zu zeigen, dass Tiere und Menschen auf rätselhafte Weise ihr Verhalten der Intention einer Versuchsperson anpassen[39]. Freilich haben diese Labornachweise von der Tatsächlichkeit einer ungeklärten Beeinflussung von Lebensprozessen mit Schwierigkeiten zu ringen. Vor allem wissen die Parapsychologen selbst nicht, worauf die Wirkungen letztlich zurückzuführen sind, was methodische und epistemologische Gründe und Konsequenzen hat, aber zum grössten Teil in der untersuchten Sache selbst beschlossen zu sein scheint. Zahlreiche Versuche haben gezeigt, dass psychokinetische Wirkungen zielgerichtet zu sein scheinen; d.h. ganz gleich wie einfach oder kompliziert die gestellte Experimentalaufgabe auch ist, ein paranormal Begabter mag das gewünschte Resultat erzielen[40]. Man hat daher von der Psychokinese als einem «zielgerichteten Prozess» gesprochen. Der Terminus «Prozess» ist in diesem Zusammenhang eigentlich unangebracht, denn gerade die Einsicht, dass es genügt, eine bestimmte Einstellung zu haben, eine Intention und über paranormale Fähigkeiten zu verfügen, um ein unerklärbares Resultat zu erhalten, bezeugt ja, dass kein Prozess abläuft, kein irgendwie sich in Zeit erstreckender Mechanismus in Gang gesetzt wird, der das Paranormale vollbringt. Vielmehr erinnert das Paranormale auch in den verkürzten Laborsituationen an das Magische, das, wenn es auftritt, einfach da ist, das sich zeigt – wenn die uneinsehbaren Beziehungen «stimmen» – das immer überrascht und seine Wesensverwandtschaft mit dem Zu-fallenden und Unerwarteten gerade dadurch offenbart, dass es sich hartnäckig einer Eingliederung und Reduktion entzieht[41] und sich keinen theoretischen Mantel anlegen lässt. William Braud, einer der eifrigsten und erfolgreichsten Para-Experimentatoren, erkennt pessimistisch, dass es in der wissenschaftlich gängigen Weise nicht gelingen wird, das Magische in ein Begriffskorsett zu zwingen, um seine Verfügbarkeit in technologischem Machbarkeitsdenken zu erreichen[42]. Er schliesst sich der Ansicht William James' an, die dieser schon 1909 folgendermassen zu Papier brachte: «I confess that at times I have been tempted to believe, that the Creator has eternally intended this department of nature to remain baffling, to prompt our curiosities and hopes and suspicions all in equal measure, so that, although ghosts and clairvoyances, and raps and messages from spirits are always seeming to exist and can never be fully explained away, they also can never be susceptible of full corroboration.»[43]

Die andauernden Schwierigkeiten der Parapsychologen mit ihrem Gegenstandsbereich[44] haben vieles mit den Problemen der Wissenschaften mit der Welt des Magischen im allgemeinen gemeinsam. Ein «neurotisches» Verhältnis gegenüber der Alltagsrealität verbietet die Existenz des Magischen ausserhalb der vom alltäglichen Bewusstsein festgesetzten Erscheinungsformen. Nun könnten die Wissenschaftler es für völlig belanglos erachten, ob es da Phänomene gibt, die sich nicht in vorgeformte Bezirke einweisen lassen. Jedoch was die sturen und ängstlichen[45] Haltungen so unverrückbar macht, ist der Umstand, dass die Forscher durchaus, wenn auch nicht immer bewusst, darum wissen, dass Magisches mit der Frage der Zuweisung und Erklärung allein nicht abgetan ist. Was verunsichert, ist die uneingestandene Gewissheit, dass alle Dinge der Welt mit dem Menschen *etwas zu tun haben;* dass sie nicht einfach vor sich hin existieren, sondern durch ihre Beziehung zum Menschlichen mit diesem eine nicht eindeutig einschätzbare Liaison eingehen; dass die Erkenntnis der Dinge der Welt deshalb immer mit ihrer Sicherstellung im Bekannten und Fassbaren erfolgen muss. So wird vermieden, dass sich das Innerste, wie beim Hei//om Schamanen, nach draussen verliert, ja dass der Blick nach innen schon im Ansatz abgelenkt wird in eine vom Menschen und seinem Bewusstsein unabhängig existierende «Aussenwelt». Das Magische lässt diese Blickabwendung nicht zu, zwingt jenen, der in es eindringen will, die skandalöse Verschmelzung von Aussen und Innen, ohne Bedingungen anzunehmen. Die Welt betrifft uns selbst.

Währenddessen wird das Paranormale in abstrakter Begrifflichkeit aufgelöst. Was aber die Melanesier *mana* nennen, die Dakota *wakanda* und in Australien *churinga* genannt wird, ist kein Begriff für konkrete Wirkweisen oder eine Vorstellung, wie Jung psychologisiert[46], sondern steht für das, was Gegensätzliches vereint, was die Ordnung untergräbt und bezeichnet die von ihr emanzipierte Macht des Schöpferischen[47]. Mauss spricht von *mana* als einer «spirituellen Kraft», die nicht mechanisch arbeitet, aber «auf Distanz Effekte produziert»[48]. *Mana* ist nicht nur dies[49], auch nicht das *wakan* der Oglala Sioux und das, was Castaneda mit *nagual* bezeichnet[50]. *Wakan* ist überall und hat eigentlich keinen Ort. Es ist die Mitte, die sich eröffnet, wenn in einer zeit- und raumlosen Reise der Mittelpunkt «erreicht» wird: Traumzeit. «When people say *ton*», erzählt der Dakota dem Ethnologen, «they mean something that comes from a living thing.»[51] *Wakan* ist die Einheit der Dinge[52], an die der Mensch Anschluss gewinnen, ein unverkrampftes Verhältnis zum Wesen des für die physischen Augen Unerwarteten erlangen muss. Kein «Effekt auf Distanz», sondern ein Geschehen durch Geschehen-lassen. Was sich für uns als vereinzelte Wirkung zeigt in Form von Wachstum, Leben, Gedanken, Macht, Heilung, Verwandlung, ist der *Ausdruck* in Form von einem Etwas, nicht sein Wesen. Das *sicun,* so berichtet ein Dakota, ist in Beziehung zum Menschen «many, but apart from mankind it is one.»[53]

Warum wohl hat der unverkrampfte Umgang mit den Bereichen des Magischen, der tief religiösen Bororo, bei denen sich das Nicht-Alltägliche mit dem Alltäglichen so untrennbar verbunden hat, Lévi-Strauss so sehr überrascht?[54] Es lag daran, dass diese Bereiche kein besonderes Prestige genossen und damit nicht in westlicher Manier zu den Vorstellungen, Glaubenssystemen und Konzepten abgedrängt wurden, über die man die Psychologie befragen kann, nicht aber die Wissenschaften von den «tatsächlich gegebenen Dingen» bemühen braucht. So kommt es, dass das Magische bei den Bororo hautnah bleibt, zu ihnen zählt wie ihre Finger und ihr Ohrschmuck und im westlichen Beobachter die beunruhigende Erinnerung wachruft, dass das Paradies nicht irgendwann von Adam und Eva verspielt wurde, sondern dass es jeder in seinem eigenen Leben verloren hat. Für Lévi-Strauss mündet diese Erinnerung in der melancholischen existentiellen Krise, die uns am Ende der *Traurigen Tropen* begegnet[55]. Mit Wittgenstein lässt sie sich zusammenfassen: «Wir fühlen, dass selbst, wenn alle *möglichen* wissenschaftlichen Fragen beantwortet sind, unsere Lebensprobleme noch gar nicht berührt sind. Freilich bleibt dann eben keine Frage mehr; und eben dies ist die Antwort.»[56] Neue wissenschaftstheoretische Überlegungen haben dazu geführt, dass die elementare Befreiung von der angesprochenen Erinnerung durch das Magische samt dem existentiellen Risiko, das Lévi-Strauss erfahren hatte, umgangen werden kann. Das «paradise lost» wird – frei nach Thomas Kuhn[57] – in ein «paradigm lost» umgemünzt und schon durchstrahlt die bedrohlich in die Krise geschlitterten Wissenschaftler frischer Optimismus.

Der *bari* hingegen, der Zauberer der Bororo[58], hat mit den Bewohnern des magischen Universums einen Vertrag geschlossen, der ihm eben dieses Universum eröffnet.

Sein Wagnis bezahlt er mit gesellschaftlicher Missachtung, er wird ins Asoziale abgedrängt, gehört «weder dem physischen Universum, noch der gesellschaftlichen Welt eindeutig» zu. Dafür erlangt er jenseitige Verbündete, die ihm auf der Jagd behilflich sind, kann sich in ein Tier verwandeln, erkennt Krankheiten und sieht Zukünftiges voraus. Solche Privilegien werfen den Schamanen keineswegs in allen Kulturen radikal aus der jeweiligen Gesellschaftsstruktur hinaus. Immer aber ist sein Status ein besonderer, der ihn von der Norm befreit, doch zugleich von der traditionellen Sicherheit entbindet. Der *bari* stellt einen Extremfall des paranormal begabten Schamanen dar, der, zum Vorteil seines Volkes, in einer höchst unangenehmen Funktion steht. Von Geistern besessen, sieht er die Krankheiten und den Tod voraus, aber er heilt nicht. Als Heiler wirkt die Priesterfigur des *aroettowaraare*, der «Herr des Seelenweges», der sich zum Wohl der Menschen opfert. Diese Zweiteilung fällt auf, denn häufig ist die Fähigkeit, besessen zu werden, nicht nur die Berufsqualifikation für den Schamanen, sondern auch ein Garant für Heilerfolg.

Der *malopo* Tanz der Bapedi im nördlichen Transvaal ist Besessenheitskrankheit und zugleich die Therapie dafür[59]. Die *malopo* Krankheit stellt sich ein, wenn Uneinigkeit zwischen *badimo*, den Verstorbenen, und ihren Kindern, nämlich den «Patienten» herrscht. Die Ahnen machen sich über die Bapedi her und weichen nicht von ihnen, bis sich der Einklang mit dem Ursprung – denn diesen stellen die Ahnen dar – wiederhergestellt hat. Der Einklang mit dem Ursprung wird durch die Initiation in den *malopo* Kult erreicht. Damit aber tatsächlich eine Heilung eintreten kann, erwirbt der *malopo* Initiand die Gabe der Divination im Traum und in der Trance. Seine Träume sind «Ahnen-Träume», in denen der Bapedi nicht nur Zukünftiges erfährt, sondern vor allem eine intime Kenntnis von anderen Menschen und vom Wesen der Dinge gewinnt. Seine Sicht der Welt ist die Perspektive der zu Ende gekommenen Zeit, die Perspektive der Toten. Die *malopo* Erkrankten sind geheilt, weil sie die Dinge nunmehr als das erkennen, was sie *wirklich* sind[60].

Krankheit hat in allen indigenen Gruppen mit dem Verlust der Harmonie zu tun, der seinen Ausdruck in einem physisch oder psychisch unangenehmen Zustand findet, aber immer zugleich einen Harmonieverlust zwischen der Welt der Lebenden und den Bereichen des nicht Alltäglichen reflektiert. Deshalb sind die Gründe für Krankheiten oft von magischer Beabsichtigung, mit dem Bruch eines Tabus verbunden, der Verlust von Lebenskraft oder der sogenannte «Seelenverlust», mit tranceartiger oder luzider Besessenheit verknüpft, durch Eindringen eines Geistes oder eines Objekts, Fluch, böser Blick, Angst verursacht. Kurz, die Krankheiten selbst stehen in engster Verbindung mit unerklärten Wirkungen, in die der Schamane, dank seiner Fähigkeiten, eingreifen kann. Seine Handlung ist aber keineswegs nur eine aktive psychokinetische Vernichtung des «natürlichen» Krankheitserregers, oder die Wiederherstellung physischer Balance auf gleiche Weise. Er behandelt vielmehr, indem er die verschiedensten Ebenen verschmilzt, in einem grossartigen Akt therapeutischer Schöpferkraft:

das Normale und das Paranormale, das Metaphorische, Symbolische, Alltägliche, das Bekannte und das Unbekannte. Die Heilung muss rasch erfolgen. Also versetzt sich der Schamane sofort in einen nicht alltäglichen Bewusstseinszustand. Er mag dazu die Methode des monotonen Trommelschlagens benutzen bis hin zur instantanen Berauschung mit einem durch ein langes Rohr in die Nase geblasenen psychoaktiven Schnupfpulver[61] – wie es bei einer Reihe südamerikanischer Stämme üblich ist. Bisweilen wird der Patient, mit Peyote oder Pilzen[62] in Mexiko etwa, seinem Alltagsbewusstsein enthoben, damit der Tanz des Medizinmanns nicht allein Körperbewegung bleibt, damit man eindringt in die Zeit zwischen den Zeiten, die vieles möglich macht, was man sonst kaum für möglich halten würde. Was im Zustand der Alltagsbewusstheit den Götterhimmel ausmacht, der von den verschiedensten Gottheiten, Dämonen und Geistern bevölkert ist, die in stummer Bewegtheit ein verwirrendes Durcheinander von mythischen und weniger mythischen Entsprechungen heraufbeschwören, wird durch den radikalen Akt, sich ausserhalb solcher Sicht- und Erfahrungsweise zu stellen, Wirkort einer echten Katharsis – für den Patienten, aber auch für den Heiler. Beide sind sie dann *chnawaway*, «Entdecker der tiefen Mysterien»[63]. Mit der klassischen Art getrennter und kategorisierbarer Erfahrungen haben sie die gesamte klassische Ontologie hinter sich gelassen, sind eingetaucht in den Nebel und den Rauch, der gern Chaos genannt wird. In-dividuen, zurückgetreten von den säuberlich gezimmerten Strukturen; offen, weil ungetrennt, dort wo alles möglich wird, ohne bestimmte Wahrscheinlichkeitswerte anzunehmen.

Die Tänze, Tricks, Gesänge, die der Schamane in solchem Zustand vollzieht, sind von zahlreichen Forschern als psychologische Hilfsmittel erkannt, bzw. in ihrer symbolischen Bedeutung analysiert worden. Diese Ansichten können interessante Aufschlüsse bringen, reflektieren aber zugleich eine ganz bestimmte Grundhaltung westlicher Forscher, nämlich die, dass solche «Methoden» nicht wirklich, oder zumindest nicht unmittelbar, heilende Effekte haben können. Für Gusinde ist der Aurakaner-Schamane deshalb ein Seelsorger, der «die seelische Verfassung seiner Bittsteller» erkennt und in einem «halluzinatorischen Erregungszustand» jenem «ganz eigenartigen Übel» begegnet[64]. Levy-Bruhl sah bereits mehr, wenn er von der Wirksamkeit mystischer Kräfte spricht, die nur dann effektiv werden, wenn sie «gänzlich aus Verbindungen und Partizipationen spiritueller oder magischer Natur hervorgehen»[65].

Hier klingt die besondere Stellung des magischen Vorgangs an, der nie zerteilt werden kann, nie auseinandergenommen in die einzelnen Bestandteile, noch sinnvoll bleibt. Denn eben durch die eindimensionale Betrachtung, das univariate Denken, wird das Magische hinwegdividiert. Verständlicherweise bedeutet dies eine Lehre, die gerade die Parapsychologie begreifen muss[66], will sie sich nicht weiterhin im Kreis drehen, während sie mit dem Bandmass[67] das Magische zu fangen sich anschickt.

Colazo hat versucht, am Beispiel des argentinischen Chaco-Stammes der Pilaga Krankheit als Struktur zu erfassen, als ein Gefüge von wirtschaftlichen, gesellschaftlichen und religiösen Grundelementen. Sie will damit über die einfache Beschreibung hinaus zu einem allgemeinen Verständnis von Beziehungen vordringen. Indem sie die Krankheit nicht als isolierten Faktor betrachtet und sie zu anderen Aspekten der Kultur in Verbindung setzt[68], hebt sie die existentielle Struktur der Krankheit aus dem Gefüge des Lebens heraus. Die strukturale Analyse aber krankt, solang sie sich auf wirtschaftliche, gesellschaftliche und religiöse Elemente beschränkt, die in einer Zusammenschau symbolischer Bedeutungen münden mag, nicht aber den Grundgedanken der unerklärlichen Effektivität dieser Handlungen berücksichtigt. Das gilt auch für die Analyse des schamanischen Heilers, wie Lévi-Strauss sie durchführt[69], die sich an die Bedeutung der Handlung und der Rezitation des magischen Gesangs orientiert. Das Eigentümliche und Besondere der schamanischen Persönlichkeit samt den dazugehörenden paranormalen Fähigkeiten geht zugunsten der Funktion und der Symbolik des vom Schamanen wiedergegebenen Textes unter[70].

Durch das Entsagen der selbstverständlichen Welt und ihrer Ordnung ist die Persönlichkeit des Schamanen bereits mit der Macht des aus der Ordnung Fallenden, des Paranormalen, ausgestattet. Die Verschiedenartigkeit und dennoch vertraute Grundhaltung schamanischer Heilweisen weist auf die Ordnungsverweigerung hin: im Unvorhergesehenen, jener existentiellen schamanischen Impulsivität, stoppt er den banalen Lauf der Dinge. Das Unerwartete oder das als unmöglich Gedachte geschieht. Viele Mittel sind ihm recht. Wer weiss, welches Mittel Carlos Castaneda anwandte, als er das Baby der Ethnologin Barbara Myerhoff

Stundenlang sitzt der Ojibwa Schamane neben einem Kranken und rasselt die heilenden Lieder.

nach Schamanenart von Koliken befreite[71]. Jedenfalls veranstaltete er keine grosse Zeremonie, sondern ergriff die Gunst des Augenblicks.

Eine grosse ritualisierte Zeremonie, die auch die Parapsychologen interessiert hat, heisst «shaking tent» oder «spirit lodge» Zeremonie, die vor allem bei den Nord-Algonkin-Indianern, den Mistassini, Cree, Ojibway[72] verbreitet ist. Grund für die Zeremonie mag darin liegen, die Genesungschance eines Patienten zu befragen, die Heilung selbst durchzuführen oder zum Zweck der Divination. Der Medizinmann wird in ein kleines, eigens für den Ritualanlass aufgestelltes Zelt eingeschlossen. Besonders dramatisch wird die Demonstration, wenn der Schamane in eine Decke gehüllt, mit dickem Seil festgebunden wird. Die Oglala-Sioux bevorzugen diese Art der «shaking tent» Zeremonie, die *yuwipi*[73]genannt wird und sich durch weitgehende Ritualisierung und den eifrigen Gebrauch zeremonialer Paraphernalia auszeichnet. Auf geheimnisvolle Weise wird der Schamane während der Séance von seinen Fesseln befreit, in wildem Durcheinander dringen Tierstimmen ins Zelt ein, das durch den unirdischen Besuch in heftiges Schwanken gerät. Bei den Saulteaux wird ein fassförmiges Zelt errichtet, mit tief in die Erde getriebenen Zeltstangen. Die Konstruktion ist von grosser Stabilität. Dennoch bewegt sich das Zelt während des Schamanisierens heftig, und das nicht etwa von Zeit zu Zeit, sondern häufig während der gesamten Dauer der Zeremonie, die nicht selten mehrere Stunden in Anspruch nimmt. Man kennt Berichte, die ein dermassen starkes Schwanken des Zeltes beschreiben, so dass die Spitze beinahe mit dem Boden in Berührung kommt[74]. Schon zu Beginn des 17. Jahrhunderts teilen Samuel de Champlain und der Jesuitenpater Le Jeune «shaking tent» Zeremonien mit[75]. Le Jeune droht zwar damit, den «Trick» zu verraten, mit dem der Medizinmann das Zelt in Bewegung versetzt, jedoch an keiner Stelle geht hervor, ob der Jesuit tatsächlich wusste, was sich im Zelt während der Séance tat. Wahrscheinlich hat niemand jemals eine Manipulation des Medizinmanns beobachtet, aber viele haben sie als selbstverständlich angesehen. Dies ist natürlich jene Ungläubigkeitsreaktion, die viele Beobachter des Paranormalen als unmittelbare Antwort auf das Aussergewöhnliche an den Tag legen[76]. Wenn das Magische im Kontext einer indigenen Volksgruppe stattfindet, dann scheinen die psychoanalytischen Bemerkungen zur Ungläubigkeitsreaktion westlich-wissenschaftlicher Beobachter einleuchtend: als Ethnologe begegnet der Wissenschaftler im Feld seinen eigenen Wurzeln. Denn auf den «Trümmern des magischen und animistischen Denkens» ist die Ratio siegreich emporgestiegen[77]. Die Anthropoarchäologie im Ethnographisch-Magischen offenbart die heimliche Sympathie für die «primitiven Kräfte» und die lang verlorenen Fähigkeiten, die sich allerdings anschicken, als «Verdrängtes» wieder aufzutauchen. Immer noch regt sich die Furcht, dass die «monströsen Idole»[78] einer paradiesischen und damit «infantilen»[79] Epoche die Ratio überwuchern könnten, wie der unbändige Urwald und zu Gegenständen blinder Verehrung werden. Die Gefahr, die damit verbunden ist, dass sich das «shaking tent» in der Tat auf unerklärbare Weise bewegt, ist die, dass der rohe Urmensch mit dem Akzeptieren dieser Tatsache hervorbricht und das unkontrollierte Kindliche samt der für längst überwunden gehaltenen Richtungslosigkeit «unsachlicher» Weltsichten. Ja, die abgegrenzte Persönlichkeit selbst, die eine scharfe Trennungslinie zwischen Ich und Nicht-Ich gezogen hat in einem historischen Prozess der im persönlichen Lebensablauf wiedergeformt wird, spürt die Bedrohung, die von den ordnungsverweigernden Phänomenen ausgehen: wenn das Zelt wackelt, ohne dass der Schamane an den Stangen rüttelt, dann wackelt die eigene Psyche. Plötzlich wird eine schamlose Wildheit möglich, die gerade dadurch einer entrüsteten Abwehr bedarf, weil die Beobachtung der herausfordernden Phänomene bei den «Primitiven» gemacht wurde. Eine wahrhafte Kopfschmerzbegegnung für die Vernunft, denn hier wird das Unvorhersehbare und animalisch Wilde in uns selbst mit der «Urstufe der Primitivität» kodiert.

1879 besuchte Cecil Dennis von der kanadischen North-West Mounted Police einen Blackfoot Schamanen in Alberta zum Zweck einer Séance[80]. Dennis und sein Assistent sassen mit ihrem schweigend vor sich hin rauchenden Gastgeber in einem *tipi*, als selbiges zu schaukeln begann, nachdem sie über ihren Köpfen Glockenklänge vernehmen konnten. Damit nicht genug, hob sich das Zelt einen Fuss hoch vom Fussboden ab. Dennis konnte sich dieses Emporheben nicht erklären, zumal die Zeltkonstruktion aus zahlreichen massiven Stangen bestand, die mit schwerer Büffelhaut überzogen waren. Er liess es sich nicht nehmen, mit seinem Assistenten nach draussen zu gehen, um nachzusehen, aber sie konnten keinen Menschen entdecken. Also kehrte Dennis an seinen Platz zurück und da der Schamane immer noch reglos da sass, wollte er sich schon damit abfinden, dass ihm seine Sinne einen Streich gespielt haben müssen. Da aber begann das *tipi* abermals zu wackeln und hob sich diesmal an einer Stelle um mehrere Fuss hoch, so dass er ins Freie sehen konnte. Der Schamane hatte sich nicht von der Stelle bewegt.

Haben ein paar pfiffige Indianer dem weissen Polizei-Mann einen Streich gespielt, handelte es sich um einen Fall beeindruckender Suggestion oder war Paranormales im Spiel? Die Trickhypothese muss im Hinblick auf die zahlreichen gut beobachteten Fälle hintangestellt werden[81]. Die Suggestionstheorie kann man natürlich nicht einfach zurückweisen, obwohl sie durchaus in Zweifel gezogen werden kann: schliesslich dauern, wie angedeutet, «shaking tent» Zeremonien häufig stundenlang, wobei das Zelt kaum zur Ruhe kommt, zudem singt und redet der Medizinmann fast ohne Unterbrechung in den verschiedensten Sprachen, mit lauten Stimmen dringen die Tierverbündeten ins Zelt ein und liefern dem Schamanen mitunter heisse Kämpfe. Zugleich darf dieser nicht sein wichtiges Geschäft der Vorhersage von Ereignissen vergessen, muss Fragen beantworten, bis zu einem gewissen Grad die rituelle Etikette befolgen und in schlagfertigen Wortwechseln mit den Zusehern darf er sich nicht lumpen lassen. Und das alles, während er die unerklärlichen, jedoch so hartnäckig lang beobachtbaren Ereignisse seinem Publikum suggeriert. Angesichts dieser Leistung, schliesst Lambert, müssen seine *Fähigkeiten* «supernormal» sein, selbst wenn es seine *powers* nicht sein sollten[82].

Verständlicherweise muss man die Situation als ganze betrachten, wenn man darüber ein Urteil fällen will. Das gilt ebenso für die mitunter recht ähnlichen Phänomene spiritistischer Séancen westlicher Prägung, deren Protagonisten direkt von den Indianern gelernt haben dürften[83], wie auch für das Skandalon Spuk. Von Séancen und vom Spuk her kennen wir die Schmerzunempfindlichkeit gegenüber glühenden Kohlen, das Levitieren von Hausrat und Menschen bis hin zum Erschüttern eines ganzen Hauses[84]; dann ist es jener unerklärliche und aus allen Zeiten und von vielen Völkern berichtete «Steinregen»[85], der uns samt spukhaft sich bewegenden Gegenständen bei einer Schamanensitzung der Tschuktschen[86] wiederbegegnet; schliesslich sprechen auch Medien nicht selten in fremden oder unbekannten Sprachen und die jenseitigen Entitäten melden sich auf klassische Art durch den Mund des Mediums[87] – was die Verwandtschaft mit dem *éntheos* der Besessenheit zeigt – oder erscheinen als sogenannte «direkte Stimmen» im Raum, was auf den schamanischen Geisterbesuch verweist. Wenn diese aus der Ordnung fallenden Dinge geschehen, dann hat der gewöhnliche Ablauf der Ereignisse aufgehört zu sein und es wird sinnlos, die Kategorien unseres Alltagsdenkens an die Erfahrungen zu legen. Es geht hier nicht darum, zu unterscheiden, ob ein bestimmtes Phänomen paranormal ist oder ob es sich auf «natürliche» Ursachen, nämlich gekonnte Täuschungen, zurückführen lässt. Akzeptiert man die Tatsache, dass man der selbstverständlichen Welt entsagen muss, um das *nagual* zu erfahren, dann muss man auch die Hilfsvorrichtungen dieser Welt[88] hinter sich lassen. Denn wie soll man zurückkehren in die gewohnte Lebensform mit der Erfahrung des anderen, wenn man erstere überhaupt nicht verlassen hat? So ist denn auch der empirische Nachweis des Paranormalen eine Fleissarbeit im *tonal*, in der Welt der Ecken und des Abgasgestanks. Die Erforschung dieses Phänomenbereichs wird aber immer nur jenen Teil der vom eigenen Sein abgetrennten Wirklichkeit beschreiben, der Strukturen und Erscheinungsformen bezeichnen lässt, und wenn dieser sich nicht mit der aufgelösten Ordnung selbst befasst, Mechanismen und Funktionsweisen offenbaren mag. Aber die Parapsychologie, die sich eine wissenschaftliche Beschreibung des aus der Ordnung Fallenden vorgenommen hat, gleitet in ein lamentables Dilemma: für Castaneda war es die Entscheidung zwischen dem «Bin ich wie ein Vogel geflogen oder nur in meinen Gedanken», die sich schliesslich als vollkommen unangepasst herausstellte; für die Parapsychologen ist es die Entscheidung zwischen «Ist das Likörglas tatsächlich vom Tischrand davongesegelt oder haben es die Beobachter lediglich ‹halluziniert› bzw. mit einem kräftigen Handschlag selbst auf den Teppich befördert». Auch hier ist die Fragestellung unangepasst, wenn einem am Verständnis des aus der Ordnung Fallenden gelegen ist. Es geht nicht nur um ein fliegendes Likörglas (das mag den Eigentümer interessieren, der um das Heil des zerbrechlichen Erbstücks besorgt ist, obwohl auch da der Kobold Poltergeist nicht selten Vorsorge trifft und eine sanfte Landung gewährt), es geht um eine jäh veränderte Welt, die in ihrem Wandel kaum etwas und jemanden verschont. Ungeheure Vermischungen von Fakten und Bedeutungen, «Tatsächlichem» und Vorgestelltem, Erwartetem und Überraschendem machen klar, dass Magisches in den Vernunftsalltag eingedrungen ist. Dabei bedient sich eben dieses Magische subtilster Frechheiten, indem es die im Selbstverständlichen verbliebenen Erlebenden immer im Ungewissen über das lässt, was da anscheinend ohne ihr Zutun vor sich geht.

Manche Forscher haben bemerkt, dass im Paranormalen mehr

mitschwingt, als die Demonstration sinnleerer und banaler Anomalien. Die Telepathie hat ihre Zugehörigkeit zu den Bereichen der unbekannten Verbindungen und Bezüge in ihrer Traumähnlichkeit gezeigt[89], einige Spukbetroffene haben bemerkt, dass die Phänomene nicht einfach geschehen, sondern dass sie selbst in einer ganz bestimmten Beziehung zu den seltsamen und nicht selten unangenehmen Vorgängen stehen. Von «aussen» betrachtet bleibt der Spuk immer ein hereinbrechendes tricksterhaftes Geschehen, das sich gewisser Muster zu bedienen scheint, die, wenn man sie genauer ansieht, immer schon gar keine sind. Dann aber sind da auch die Orte nicht alltäglicher Phänomene, die mit religionshistorisch bedeutsamen Ereignissen zu tun haben mögen, mehr noch in einer nicht unmittelbar einsichtigen Beziehung zu existenziellen Grunderfahrungen stehen mögen: von Spukschlössern samt eingemauerten Gräfinnen oder wenig zölibatären Nonnen bis hin zu den «power places» der Indianer[90]. Selbst Gegenstände können plötzlich, aber nicht unbedingt verbindlich, jene beunruhigende Qualität annehmen, die man gegenüber einem Fremden empfinden mag, der unerwartet sehr viel über einen zu erzählen weiss: psychometrische Objekte[91] in der Hand eines Mediums und die durch Malerei und Behau transformierten Felsen. Auf einmal ist sie da, die Erfahrung des «Das bist du» und verabschiedet damit die Alltäglichkeit. Eindrucksvoll zeigt sich dies in einigen Szenen von Peter Weirs *The Last Wave*; etwa wenn der junge *aborigine* dem erfolgreichen weissen Anwalt einen Stein mit einer Gravur entgegenhält. Der Anwalt erlebt die Szene in einer wachtraumartigen Vision. Aber sie ist mehr, steht in rätselhafter Verbindung zu dem alten *clever man*, der eine Eule ist, und zu sagenhaften mythischen Gestalten der Ahnenwelt, die das Los eines Stammes zu bestimmen scheinen, wie das ganz persönliche Sein des Anwalts und letztlich auch das Schicksal der Menschheit. Verständlicherweise erschauert der Anwalt, wenn sich die Zeit zwischen den Zeiten auftut und im Leben und in der Welt alles möglich und vieles offengelegt wird. In *alcheringa*, der Traumzeit australischer Stämme, ist nichts vergangen oder zukünftig, aussen oder innen, weder Endpunkt noch Anfang; es *ist*.

Ähnliches müssen die Gäste des Tschuktschen Schamanen Ukwun erlebt haben, als ein unruhiger, aber besonders artikulierter Verbündeter durch den Polog sauste: «Die Töne dieser Stimme erfüllten den Polog, ergossen sich über seine Wände und Ecken, drängten hinaus und fluteten, da sie keinen Ausgang fanden, vorwärts und rückwärts. Sie bebten wie eine gefangene Schwalbe, bis es den Anwesenden schliesslich vorkam, als ob diese Stimme schon nicht mehr der äusseren Welt angehörte, sondern irgendwo in ihrem eigenen Innern ertönte.»[92]

In Zusammenhang mit solchen Erscheinungen ist immer wieder nach der kontrollierten Einsatzbereitschaft psychokinetischer Kräfte gefragt worden, weniger nach der schöpferischen Macht der magischen Erfahrung. Was den ethnographisch interessierten Parapsychologen ins Auge gesprungen war, war die Verfügbarkeit einer «magischen Substanz», wie sie etwa die Schamanen der Apapocuva-Guarani vom Rio Igatemi während ihrer Initiation erhalten. Diese kann übertragen werden, um grössere Resistenz vor Krankheiten zu gewährleisten, oder aber sie wird als tödliche Waffe gegen Feinde verwendet[93]. So wird der «magische Pfeil» abgeschossen[94] oder mit dem Knochen auf ein Opfer gezeigt. Letztere Handlung soll den magischen Tod eines Feindes bei den australischen Ureinwohnern garantieren. Am unteren Murray River singt der Schamane für eine Stunde oder länger einen Gesang des Hasses gegen das Opfer[95]. Daraufhin erwärmt er einen Teil des *ngathungi*, seines «magischen Knochens», konzentriert sich auf das Bild seines Feindes, und dann, «mit all der Emotion und Energie, die er aufzubringen vermag, flüstert er: ‹Stirb!›». Für eine Stunde legt er sich ruhig hin, um neue Energien zu sammeln und wiederholt dieselbe Handlung mehrere Male. Die ganze Nacht hindurch behält er das Bild des Opfers vor Augen und führt dieselbe Handlung noch einmal am folgenden Morgen aus, dann aber so nahe wie möglich bei seinem Opfer, sofern dieses noch schläft.

Das gewünschte Endergebnis tritt nicht sofort ein[96], er muss sich mehrmals bemühen und seine psychischen Kräfte in die Vorstellung und den Wunsch legen. Das Verhalten des Schamanen ist psychisch sehr ähnlich jenem intensiven Affekt, den Anna Kingsford Claude Bernard gegenüber aufbrachte, als sie ihn verfluchte. «Sie erlebte es so, als schleudere sie ihr eignes ‹geistiges Wesen› mit aller Wucht gegen ihn ‹wie einen geistigen Blitz›, um ihn zu zerschmettern.»[97] Ist es ein Zufall, dass der magische Tod den Behexten bei südafrikanischen Stämmen bevorzugt als Blitzschlag ereilt?[98] Der Umstand, dass ein äusseres Geschehen zum Vollstrekker des magischen Wunsches wird, wirft zugleich Licht auf die verschiedenen Theorien, die zur Erklärung magischer Tötungen ins Feld geführt wurden. Die Theorien orientierten sich zum grossen Teil an der Annahme, dass das verfluchte und verwunschene Individuum von der traurigen Tatsache der Verhexung weiss[99]. Dies trifft in der Tat häufig zu. Für solche Fälle scheint die Vorstellung Cannons[100], dass das Opfer von intensiver Angst heimgesucht wird, was sich physiologisch in einer Aktivierung des autonomen Nervensystems zeigt, einleuchtend. Die Aktivierung des Systems bringt Änderungen in den Organen und Blutgefässen mit sich, die den Körper auf eine notwendige Reaktion vorbereiten. Folgt allerdings keine Reaktion, dann kann die nachhaltige Aktivierung des sympathischen Systems stark destruktive Konsequenzen für den Organismus haben. Die Folge ist eine komplizierte Kette physiologischer Abläufe, die zu einer Reduzierung des zirkulierenden Blutvolumens und einer kritischen Blutdrucksenkung führen kann, was schliesslich im Tod mündet. Auch die entgegengesetzte Erklärung des psychogenen Todes ist ins Feld geführt worden. Demnach soll eine Stimulation des parasympathischen Systems – Hoffnungslosigkeit gegenüber Angst – die Letztursache sein[101]. Wie aber können Verwünschungstode erklärt werden, wenn die Opfer, erst nachdem ihre Krankheit begonnen hat, von der Tatsache der Behexung Kenntnis erhalten?[102] Und um wievieles unerklärlicher sind die «geistigen Blitze», die dann tatsächlich als Blitze die Opfer treffen? Schamanen scheinen durchaus in der Lage zu sein, eine behexte *Konstellation* hervorzurufen, die das Ziel ihrer Intentionen auf verschiedenste Arten treffen kann. Das mag an die Bestrafung durch nicht personalisierte Mächte erinnern, die mit Tabubrüchen oder der Entweihung sakraler Plätze einhergeht. Das berühmteste Beispiel ist selbstverständlich der Pharaonen-Fluch, der die Tutenchamun-Grab-Entdecker heimgesucht haben soll. Ähnliche Serien-Tode werden aber auch aus dem Bereich der magischen Verhexung berichtet: aufgrund einer Verfluchung stirbt eine Burmeserin während eines Bades in der Ortsquelle ohne irgendwelche alarmierende Anzeichen. Nur wenige Tage später stirbt ihre ältere Tochter an einem Skorpion-Biss und ihre jüngere Tochter wird von einem seltsamen Anschwellen des Körpers heimgesucht, was kurz darauf ebenfalls mit ihrem Tod endet[103].

Nicht selten wird der sogenannte böse Blick mit der todbringenden Behexung in Zusammenhang gebracht. Das Auge hat nicht nur bei nicht zivilisierten Ethnien einen ganz besonderen Stellenwert als Mitteiler des Lebendigen. Der Blick offenbart das Spezifische am menschlichen Ausdruck und eigentlich seine Beseelung. Schliesslich ist das Auge mit der Macht ausgestattet, einem die Welt ansichtig zu machen. Und wenn Schamanen in die nicht-all-

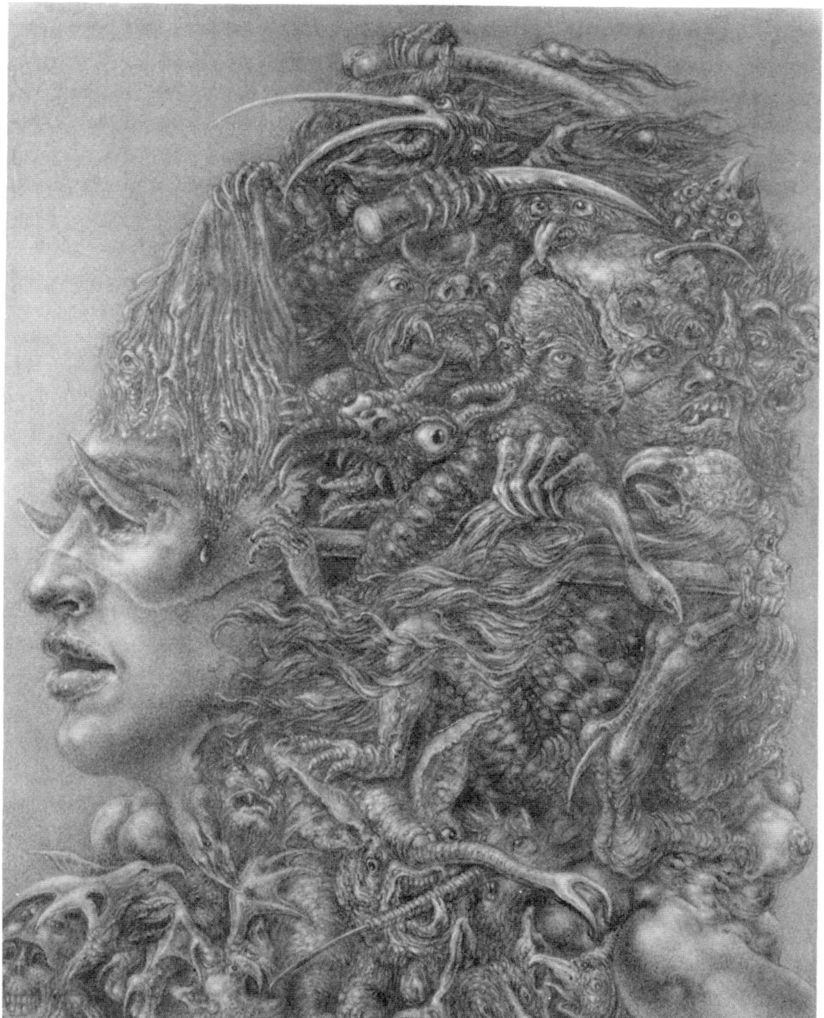

La tête du sorcier (Zeichnung von Sibylle Ruppert).

täglichen Wirklichkeiten eindringen, dann benutzen sie die neuen, bei der Initiation erhaltenen Augen, die irgendwo im Kopf hinter den physischen sitzen. Das sind okkulte, verborgene Augen[104], die man darum umso mehr zu fürchten hat und die deshalb besondere Macht besitzen. Aber jeder Blick kann zu einem bösen werden, eigentlich zu einem schlechten, weil er plötzlich die Umwelt mit einem Ausdruck der affektiven Verachtung misst. Wer von ihm getroffen wird, mag in den jäh entstandenen Sog eines bedrohlichen Zustands geraten. Die Zeit steht still. Peruvianische Terrakottapfeifen füllen das Hörbare aus. Wenn der brechende Blick des sterbenden Tieres geschaut wird, kann ähnliches geschehen.

Seltsamerweise scheint gerade der Mythos des Augenopfers, den wir bei verschiedenen schamanischen Stämmen kennengelernt haben, in rätselhaftem Zusammenhang mit der Sehergabe zu stehen. So soll erst der gewollte Verzicht auf das Mittel menschlich zu scheinen und so die Welt der Ordnungen wahrzunehmen, den der Ordnung enthobenen Standpunkt des blinden *mantis* für alle einsichtig machen[105]. Wenn der alte Mann langsam sein Glasauge herausnimmt – in Jodorowskis Film *Montana Sacra* – um es dem kleinen Mädchen in Nutten-Tracht in die Hand zu drücken, dann opfert er sichtbar die ahnungslose irdische Geometrie einer «schuldigen Unschuld». Wie kann ein solches Risiko anders beglichen werden denn durch manische Entsagung? Eine Besessenheit die im übrigen auch auf mysteriöse Weise in Victor Brauner angelegt war, der ein Selbstportrait mit ausgeschälten Augen malte und 1933 eine männliche Figur deren Auge von einem Speer durchbohrt ist, der den Buchstaben D trägt[106]. 1938 verlor Victor Brauner bei einem Unfall sein linkes Auge. Der Name der für den Unfall verantwortlichen Person begann mit D. Visionäre Besessenheit, die gerade die surrealistischen Traumkünstler heimgesucht hat, wie den schamanischen Vogel-Maler Max Ernst, der selbst zum Vogel-Menschen wurde. Und einige tausend Jahre davor haben sich die hettitischen Seher auf karstige Hügel gestellt, um den Flug wilder Vögel zu deuten[107]. Vielleicht waren es dereinst die Seelen der verstorbenen Schamanen, die jetzt die Freiheit der Lüfte durchmessen und nicht aufgehört haben, Zeichen zu geben. In Mesopotamien war man aber bald zu städtischen Formen der Divination vom ungehemmten Flug der Vögel übergegangen und hielt die Orakeltiere in Käfigen, die nur zu Zeiten der Wahrsagerei geöffnet wurden[108].

Der Schamane muss ursprünglich wohl die wilde Form der Wahrsagerei praktiziert haben. Als Beobachter der Wege der Natur, der zufälligen Zeichen und Risse, der unerwarteten Geräusche, und nicht zuletzt der Träume, ist er in einen intellektuellen Handel mit dem Unbändigen getreten. Seine Erkenntnis war die, dass das nicht Gezähmte von einem Puls bewegt wird, der auch in seinen Adern floss. Es besteht kein Zeifel, dass der Schamane bald erkannte, dass er sich jener stillen und doch so deutlichen Form, in der sich die Natur divinatorisch mitteilt, ähnlich machen kann, um deutlicher zu *sehen.* In der Trance fand er den Lehrmeister einer schamanischen *ars vivendi.* Die Mitteilungsform ist Poesie, die grösstmögliche Dichte der Sprache. Man hat oft gedacht, dass dies ein Kunstgriff sei, um die Mehrdeutigkeit des Orakelspruchs zu garantieren und damit seine Erfüllbarkeit. Dies ist die Ansicht einer bereits fortgeschrittenen Dekadenz, ein echter Ab-Fall vom Anschaulichen und Gelebten, hin zu einer ein-deutigen Beschreibung von Geschehnissen. Die festsetzende Schrift ist ihr Ausdruck. Aber die Schamanen malen, ziehen Zeichen in den Sand und behauen Felsen. Sie demonstrieren Urverwandtschaft, wo die Schrift Unterwerfung will. Und der Schamane singt von seinen Träumen und Trancefahrten, um das Leben nicht zu verraten, sondern um es auszudrücken mit den Mitteln des Menschlichen. Ich glaube, dass der Schamane im Grunde nur ein Ziel verfolgt: er will davor bewahren, dass wir das Menschliche ausliefern, während wir es zu fassen suchen. Man könnte sagen, dass er in seiner Kunst versucht, die Natur zu kopieren um Furchterregendes zu «bannen». Es scheint vielmehr, dass Generationen von Künstlern nach ihm von diesem Bannenden der Kunst besessen waren und sind, weil die fortschreitende Ausgrenzung des Fremden erst die wirklichen Ängste mobilisieren konnte. Fotorealistische Kunst hat die Travestie eines neo-magischen Ästhetizismus auf die Spitze getrieben, aber auch durchsichtiger gemacht. Denn scheinbar vergisst diese Kunst ihren ureigensten Charakter, nämlich die mechanische Welterfahrung zu demaskieren, indem sie die emotionslose Momentaufnahme durch die Demonstration perfekter Technik zum Abziehbild der Alltagswirklichkeit erklärt. Auch der Schamane hat die Natur kopiert: die Wanderungen von Wind und Wasser im Stein, das wahre Gesicht eines Baumes, die Träume der Bäume der Ahnen. Diese unmittelbare Tätigkeit ist der schamanischen Poesie und Divination aufs Engste verwandt. Sie will zeigen, was *ist.* So waren auch die Musen des Wahrsagegottes Apollo poetisch inspiriert. Sie sprachen die Wahrheit über Gegenwärtiges, Zukünftiges und Vergangenes mit «rasch verfügbarer Stimme»; *artiepes*[109], wie

Kassandra, Tochter des Priamos. Jedoch, Kassandras Los war es, nicht angehört zu werden, was Aischylus in jener mitreissenden Passage der mantischen Besessenheit der Seherin in seinem *Agamemnon* zu einer erschreckenden Allgemeingültigkeit erhebt. Wird es den Sehern je gelingen, die tauben Ohren ihrer Zuhörer zu öffnen? Bisweilen ja. Doch zum Missionar sind nur wenige Seher geboren und abnehmen können sie es ohnehin keinem, in den Spalt zwischen die Welten zu schlüpfen.

Ursprünglich war die schamanische Divination von einer schöpferischen Begeisterung gekennzeichnet, unter der sich ohne Unterschied nach der Entscheidung des Sehers die Dinge zu mantisch eröffnenden verwandelten. In der Deutung des Traumes zeigt sich zuerst der Umgang mit dem Rohen. Hier muss der Schamane seine Fähigkeit unter Beweis stellen, das immer variable und selbst in der Gleichheit des Traumbilds zwischenmenschlich verschiedene Traumgeschehen einsichtig zu machen. Nicht selten wird der Meister für eine Auslegung erst seine eigenen Träume befragt haben, vielleicht hat er auch seinen Kopf an jenen des Fragestellers gelegt[110], um dessen Traum zu träumen und so seine Erfahrung zu vervollständigen. Auf alle Fälle zeigt die Wahl der Traumdeutung zum Zweck der Divination die Absicht, sich gerade jener menschlichen Erlebensweise zu bedienen, die sich der willentlichen Beeinflussung gewöhnlicherweise[111] entzieht. Keine sauber durchdachten Sätze: der Text des Traumes ist der beste Interpret der wachen Person. Deshalb will der Schamane nicht mit den Mitteln seines Intellekts die Träume *ausdeuten*, sondern vielmehr möchte er die Träume sprechen lassen, so dass sie der Träumende versteht. Seine Aufgabe orientiert sich mehr an den verschlossenen Aufnahmeorganen der Menschen denn an der Übersetzung der Traumhandlung. Was er möchte, ist gerade die rohe Form des offenbarenden Traumes zu erhalten. In dieser, der wilden Natur ähnlichen Erscheinung, sind die Zeichen des Magischen überall und in jedem Fall präsent: *Vocatus atque non vocatus deus aderit*[112]. Diese Einsicht gestattet dem Divinator neben den nicht provozierten divinatorischen Einsichten, *omina oblativa,* durchaus auch *omina impetrativa*[113] hervorzurufen. Bei den Römern hiess die erste Form *divinatio naturalis*, die sozusagen auf den Seher zukam als Traum oder Vision, aber auch in Form von unerwarteten Zeichen.

Der Schamane wird bald den Versuch gemacht haben, die Willkürlichkeit der Omen unter eine gewisse Kontrolle zu bringen. Obwohl er selbst die Entscheidung traf, was als Zeichen zu gelten ha-

Die Zeichen stehen schlecht, meint der Divinationsmeister der Kaffiren.

be, und somit einen direkten Einfluss auf die Verfügbarkeit oder Unverfügbarkeit des Göttlichen, das ja, *vocatus atque non vocatus,* da ist, wird er Vorlieben entwickelt haben. Eine Form der Spezialisierung, die mit der Ausbildung einer institutionalisierten – wenn man so will – Profession des Schamanen einherging. Wenn der sumerische Seher seinen Kopf an den Fragenden legt um dessen Traum zu träumen, dann vollzieht er bereits die Unterwerfung der *divinatio naturalis*[114]. Die Inkubation, der Tempelschlaf[115], wird diese Form des Zugriffs auf das Magische schliesslich noch mehr ritualisieren und dem Schamanen das Privileg zur Divination entreissen: wie der Gott Ningirsu, der am Kopf des schlafenden sumerischen Herrschers Lagash stand[116], sollen sich die Götter an die Köpfe der Fragenden stellen. Heute «überschläft» man zwar eine Angelegenheit, die eine Entscheidung verlangt, sieht aber nur noch den tröstenden Aufschub, nicht aber die Möglichkeit einer geträumten Entscheidungshilfe.

Ist dem Schamanen die alleinige Aussagefähigkeit über Träume entglitten, und wohl schon früh an Spezialisten und an den profanen Interessierten übergegangen, so markierte er seinen ausserordentlichen Status durch die Vereinnahmung mantischer Techniken. Er bezeichnet sein Instrument und gibt ihm einen verbindlichen Stellenwert, wie den Bestandteilen seiner Kleidung, die für unschamanische Augen zu sichtbaren Repräsentaten jenseitiger Welten werden. An seinem Körper bezeichnet der Schamane sein Selbstbild: Tätowierung, Bemalung, Transformationstracht. Über seine Schulter hängt er die Schamanentasche, die auch die zur Divination nötigen Utensilien enthält. Es fragt sich, ob die frühen, vor allem divinatorisch tätigen Schamanen Frauen[117] waren. Sie brauchten sich wohl nicht in die Einsamkeit des Waldes und der Höhlen vorzubereiten auf Ekstase, sich die Welt ab-erziehen. Das unterirdische Versteck der Initianden ist ihr eigener Körper, der deshalb immer mit dem Nimbus des Mystischen umgeben bleibt. Spricht sie in ihrer Eigenschaft als Sibylle, übergibt die Frau die Willkür über sich selbst einem in sie eindringenden Gott. Durchaus sexuelle Besessenheit. Ihre wahrsagenden Worte sind Resultate der Hierogamie, die ihr *sanctum aliquid et providum*[118] verleiht. «Weibmächtigkeit» nannte man diesen Umstand mit dem unschönen Wort, das an übermannshohe Amazonen mit ausladenden Kinnpartien erinnert. Keine Walküren im Frazetta-Stil, sondern Dichterinnen, Sängerinnen, Rasende, düstere Dienerinnen der Hekate. Die Nacht der Höhle ist in ihnen und so das Wissen um die Träume. Gilgamesch brachte seiner Mutter Ninsun seine Träume, weil sie «weise in allen Dingen» war[120]. Dumuzi wandte sich in derselben Angelegenheit an seine Schwester Geshtinanna[121]. Die nordische Seherin, die *vǫlva*[122], sitzt auf ihrem erhöhten Stuhl, während des *seiðr*-Ritus[123], um die Welt zu überschauen, so wie Odin auf seinem göttlichen Sessel die Welten sehen konnte. In der Sage von Erich dem Roten begegnet uns die *vǫlva* im Schamanenkostüm: ein blauer Umhang an dem Steine baumeln und Fransen herunterhängen, eine Kapuze, Handschuhe aus Katzenfell, Kalbslederstiefel mit der Fellseite nach aussen, Glasperlen, das schamanische Ledertäschchen für magisches Werkzeug, ein mit Kupfer überzogener Stab mit einem Knauf[124]. Ihre Anwesenheit ist Überzeugung genug. Kein Trommelschlag, kein ekstatischer Tanz.

So wurde die Frau die erste Zauberlehrerin. Sie gehorcht dem ihr zugesprochenen Wort von Natur aus, während der Mann üblicherweise nur auf die Worte hört, die aus seinem eigenen Munde kommen. Das kommt daher, weil er auf die chamäleonhafte Rolle des Schamanen erst eingespielt werden muss. Es ist ihm nicht natürlich, jung, reif und alter Weiser zugleich zu sein und den Kreislauf des Lebendigen mit jedem Kreislauf der Natur zu vollenden, mit jedem Atemzug. Kassandra ist ein «scharfwitternder Jagdhund» und scheu wir gefangenes Wild[125]. Die tausend Ohren und Augen, die sie für die Welt hat, spiegeln sich in den tausend Arten, in denen sie sich zur Welt stellt. Ihre unfassbare und stets aufs Neue faszinierende, entgleitende Persönlichkeit übergibt sie als *initiatrix* ihrem Schüler-Heros. In der initiatorischen Wiedergeburt verschafft sie ihm mütterlich neues Leben, entlässt ihn aber nicht, bevor er nicht in der Hierogamie auch ihre Seinsweise aufgenommen und durch den sakralen Inzest transformiert hat. Ein tragisches Zusammenlaufen: die erste Befreiung wird möglich durch die alles ergreifende Bindung an das Weibliche. Doch keine Tragik für den, der schamanische Wege einzuschlagen bereit ist. Von Freyja hatte Odin das Zaubern gelernt, aber den berauschenden Dichermet reichte ihm die Riesin Gunnlöd. Freilich nicht ohne sich mit Odin zuvor ausführlich einige Nächte lang im Bett vergnügt zu haben. Schliesslich spült Odin den Rauschtrank hinunter und fliegt davon[126].

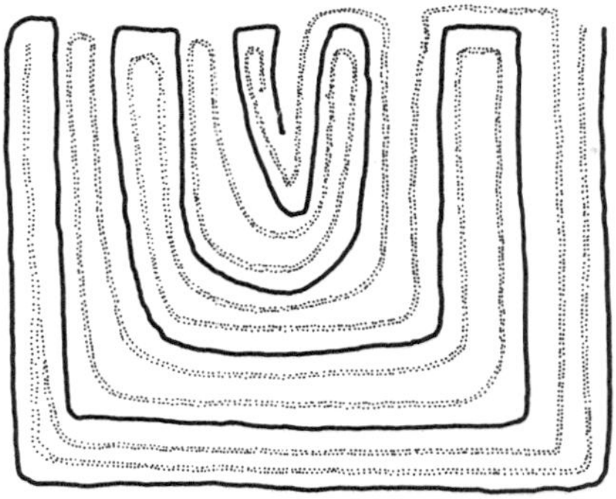

Eingang in die «Andere Welt» (Barsana).

Symbolisch gesehen deutet der schamanische Akt des Flugs auf ein sichtbares Zeichen hin, sich in die Sphären des Göttlichen begeben zu können[127]. Für den Techniker Dädalus wurde das Fliegen zur Möglichkeit, dem Verderben zu entgehen, das mit der *Versuchung* des Göttlichen einhergeht. Denn Dädalus hatte das Labyrinth erbaut und damit das göttliche Rätsel, das den Sehern kund wird, in den Bereich des Sichtbaren gedrängt. In diesem Bauwerk paarte sich künstlerischer Übermut mit perversem Verstandesspiel[128]. Wer es wagt, dem Minotaurus, in dessen Bild sich Dionysos selbst verbirgt, in der Tiefe dieser Behausung entgegenzutreten, geht eine tödliche Gefahr ein. Die Vernunft wird vollständig in den Dienst des Animalischen gestellt. Die Geometrie des Verstandes lässt diese Erkennis zu, nicht jedoch ihre Meisterung: der Gang ins Labyrinth des Tiergottes verwirrt, man verläuft sich wie Dante im Wald[129]. Gleichen nicht gerade deshalb Schamanen, Mystiker und Eingeweihte den Verwirrten und Wahnsinnigen? Ist es nicht deshalb ein einfacher und rascher Entschluss gewesen, den Schamanen dem Schizophrenen gleichzustellen? Und ist letztlich nicht derselbe Umstand dafür zuständig, dass die wissenschaftliche Angst vor dem Numinosen, die Angst vor dem verwirrt machenden Rätsel ist? So ist Theseus der Vorläufer der Kanalisierung dieser Angst. Er besiegt den Tiergott, indem er das Labyrinth meistert. Letzteres freilich nicht ohne Hilfe einer Frau, der Ariadne, die ihm den Faden mitgibt. Diesen hatte sie von Dädalus erhalten, der mit der Geometrisierung des Rätsels auch die logische Durchdringung desselben lieferte. Die Analyse des Rätsels muss das Ende der rohen schamanischen Mantik eingeläutet haben. Die Suche nach einer Sehergabe durch Überlegung begann. Durch Systeme und Techniken sollte die eigenwillig ordnungswidrige Sphäre des Göttlichen nutzbar gemacht werden[130]. Die Kunstgriffe, dies zu erreichen, zeichnen sich durch scheinbare Verfügbarkeit aus, bedienen sich allerdings immer der nicht bewusst steuerbaren Seite der Natur.

Mesopotamische Experten hatten eine klassifikatorische Wissenschaft der Wahrsagekunst von tierischen inneren Organen entwickelt. So fand man zahlreiche Lebermodelle mit hettitischen und akkadischen Inschriften aus dem frühen zweiten Jahrtausend v. Chr.[131] Sie stellen Prototypen dar, die, wie ein Handbuch, Instruktionen für die Weissagung von den inneren Organen bieten. Diese Systematisierung wurde durch den Umstand begünstigt, dass mesopotamische Völker zu den ersten unermüdlichen «Listenmachern» zählen. Ganz gleich, ob es sich um Rechtsformeln, die Klassifikation von Gegenständen oder um richterliche Entscheidungen handelte, alles wurde in antiken Gesetzeskodizes festgehalten. Ebenso erging es dem Omen: die beobachteten Zeichen sowie ihre Interpretation wurden aufgezeichnet. Die Niederschriften wurden zu den Handbüchern der *barû*, der Spezialisten, und von diesen im Lauf der Zeit erweitert, mit Anhängen versehen und vervollständigt. So entwickelte sich bereits im alten Babylonien eine Wissenschaft der Weltinterpretation in bezug auf das Schicksal der Menschen. Die Ausdeutung der Zeichen umfasste sowohl den äussersten Kosmos in Form astronomischer Zeichen als auch die nächste Nähe des Menschlichen, etwa in Form der «Physiognomik», die zum grossen Teil eine archaische Charakterkunde darstellt, nach dem Motto: «Wenn ein Mensch beim Sprechen auf den Boden schaut, dann lügt er.»[132]

Auch in Griechenland splitterte sich die klassifizierte Divinationskunst bald in ein Spezialistentum auf: der *hiereus* bringt Opfer dar und deutet daraus entstandene Omen, der *oneiropolos*[133] ist der eigentliche Trauminterpret, die *prophetes*[134] sind die Ausleger der Delphischen Rätselsprüche, indem sie die dunklen Tranceberichte der besessenen Pythia in verständliche Hexameter übersetzen[135]; später gesellt sich der Orakelexperte, der *chresmologos*, der uns in einer komischen Szene von Aristophanes' *Vögel* begegnet[136], hinzu, wie auch der *exegetes*, Erklärer von Riten und Wahrsagesprüchen[137]. Sie alle waren in irgendeiner Weise dazu prädestiniert, das nicht unmittelbar Einsichtige verständlich zu machen oder die verborgene Bedeutung von Zufälligem zu deuten. Was die Deutung zu einer divinatorischen macht, ist ihre unmittelbare Beziehung zum Individuum, aber auch der Umstand, die Dinge mit grösster Direktheit anzusprechen: Entschleierung dessen, was ist.

Ursprünglich hatte man sich der schamanischen Grundtechnik bedient, in unbeachteten Geräuschen und Zeichen immer göttliche Hinweise zu erkennen. Im besonderen eigneten sich dazu Bäume, deren mythische Bedeutung im Schamanismus bereits mehrfach angesprochen wurde. In der ältesten Orakelstätte der Pelasger in Dodona[138] gab es noch redende Eichen und in Delos[139] und Delphi[140] soll es weissagende Lorbeerbäume[141] gegeben haben. Die Etrusker unterschieden günstige und ungünstige Bäume[142]. Zu den letzteren zählt auch der Feigenbaum, wohl wegen seiner mannigfaltigen Beziehungen zu den Reichen der Unterwelt und des Orgiastischen. Der unterirdische Dionysos auf der Insel Naxos trägt eine Maske, die aus dem Stamm der Feige geschnitzt wurde[143]. In ihrem Schatten ruhen sich Faune[144] aus, was die Stätte unter dem Baum auch in jüngster Zeit noch in Sizilien – allerdings vornehmlich für Männer – zu einer gefahrvollen werden lässt[145]. Vom Rauschen der Maulbeerbäume prophezeite schon David[146], und Deborahs divinatorische Intuitionen überkamen sie unter einer Palme[147]. Die Araber bevorzugten *gharqad*, die verschiedensten dornigen Sträucher, um prophetischen Lauten zu lauschen. Aber im allgemeinen konnte jedes zufällige Geräusch, auch das im Grunde genommen erwartete, mantische Bedeutung erlangen. Ein chaldäisches Fragment zählt eine Reihe von hölzernen Möbeln und Wohnbauteilen auf, durch deren Knacken und Knistern sich prophetische Stimmen *(assaput)* offenbaren[148]. In Mesopotamien war die Wahrsagerei aus zufälligen Gegebenheiten bekannt[149]. So bezog auch der beduinische Divinator des neunten Jahrhunderts seine Kenntnisse um das Verborgene in der Welt, indem er den ersten Gegenstand, auf den sein Blick fällt, mit der Fragestellung in mantische Beziehung setzt[150]. Von den Ägyptern des letzten Jahrhunderts wird noch berichtet, dass sie den Tag, nach dem ersten Objekt, der ihnen am Morgen ins Auge fällt, beurteilten[151].

Der griechische Wissende war eigentlich ein Mensch, der über alle Bereiche des Lebens besondere Kenntnis hatte und die bewusste Erbschaft einer inspirierten Tradition antrat, die ihren kongenialen Ausdruck im Poetischen fand[152]. Seher, Poet und Urphilisoph war der Schamane bevor Dädalus das Labyrinth baute und Theseus den Tiergott bezwang. Nach und nach differenzieren sich diese Figuren mehr und mehr, und das bereits in der archaischen Periode. Der Seher wird zu einem städtischen Spezialisten, der nicht mehr wie Teiresias mit einem goldenen Stab in der Hand aus dem Reich der Toten auftaucht, weil ihn Odysseus am Okeanos – am Ende der Welt – in einem nekromantischen Ritual ruft[153]. Seine Auszeichnung wird die Berufswahl, nicht mehr das Wagnis, dass der Kreter Epimenides auf sich nahm, als er den langen Schlaf in der Zeushöhle des Berges Ida antrat, aus dem er als ekstatischer Seher, gefüllt von enthusiastischer Weisheit hervorging[154]. Exzentrischer Individualismus gleichsam. Ein Individualismus, der durch das ausserordentliche Wagnis der Person selbst transzendiert wird. Teiresias bleibt kein namenloser Seher. Er wird zu einer Orakelgottheit wie Amphiaraos, den man im Tempelschlaf befragte. Vielmehr war Teiresias eine göttliche Gestalt, bevor man ihn vermenschlichte, wie den Höhlengott Amphiaraos und der dem Leben und dem Hades entrückte Trophonios[155]. Ob die heroisierten Vorbilder aber tatsächlich zunächst dem Götterhimmel, nicht aber von schamanischen Persönlichkeiten selbst entnommen wurden, ist schwer zu entscheiden. Tatsache bleibt, dass die Eigenschaften der vorstädtischen Ekstatiker schamanischen Ursprungs sind. Seher, Poet und Urphilosoph, sagte ich, sei der Schamane gewesen, bevor er seine *alienatio mentis*[156], seinen apollinischen Wahnsinn, den der Gott selbst als Lyraspieler am Tische des Zeus demonstriert[157], gegen Verfügbarkeit einer Technik eintauschte. Aber auch der Poet und der Philosoph waren sich einstmals ihrer eigentlichen Wurzeln bewusst, die in der schamanischen Existenz zusammenlaufen: apollinisch-dionysische Inspiration, unmittelbare, erotische, wahnsinnige, tranceformatorische Erkenntnis.

Der wahre Schamane mag im Lauf der Zeit seine divinatorischen Vorbilder verfolgen, Vorlieben entwickeln, neue Techniken erfinden. Er mag sich spiegelnder Flächen, Wasseroberflächen, anderer Menschen, Pfeile, Bögen, Trommeln, Bäume, Träume bedienen, ja er mag sogar Tafeln und Listen zur Orakeldeutung anlegen. Aber er unterwirft sich nicht der Methode. Im Gegenteil, er macht, dass die Methode für ihn und seine Ziele verfügbar ist. Wann immer es ihm gefällt, verwirft er sie. Seine professionelle Identität wird nicht durch den Einsatz festgefahrener Mittel bestimmt, sondern durch seine Freiheit. Er bedient sich gewisser Mittel aus wechselnden Überlegungen oder der Laune des Augenblicks. Seine Treue gilt der wirklichen Welt und ihrer ekstatischen Durchdringung.

Chronique Scandaleuse

Matsúwa, der schelmische Trickster-Schamane vom Stamme der Huichol.

Trickster

Viele Mythen kennen die Figur des Tricksters, ein frivoler und tölpelhafter Anarch, dessen primäres Charakteristikum das des Störenfrieds darstellt. Trickster ist auf keine Ebene festgelegt. Er betätigt sich als frecher Narr und besonders kluger und grausamer Irreführer[1]. Da ihm als Kulturbegründer und Kulturzerstörer eine eminent wichtige Rolle zukommt, schwankt dieser Feind von Begrenzungen und abgrenzenden Ordnungen[2] zwischen der beängstigenden[3] Erscheinungsform des Grotesken und der tragischen Gewichtigkeit des Göttlichen. Letzterer liefert er sich nie aus, weil er im Grunde sich selbst ausgeliefert ist. Bei den Indianern des nördlichen Nordamerika taucht er zumeist in der Form des Coyote auf[4], im Nordwesten als Rabe[5], im Südosten häufig als Hase[6]. Aber eigentlich stehen diese Tierbezeichnungen eher als Zeichen dafür, dass Trickster von den Menschen und von den Göttern verschieden ist. Denn auch in seiner Form erweist er sich nie als festgelegt. Der *Master Hare* wandelt sich zur menschlichen Tricksterfigur des

Old Man, und die Algonquian sprechenden Stämme des Nordostens nennen ihren Trickster *Nanabush*[7]. *Nanabush* jedoch ist weder tierisch noch menschlich, einfach die Darstellungsform des Unberechenbaren. Überall taucht er auf, im Himmel, auf der Erde, in der Unterwelt, stiftet Unruhe und Unordnung, verbindet und trennt, ist höchst geschäftig pausenlos unterwegs, schlüpft von einer Daseinsform in die andere, wechselt seine Identität je nach Laune in einem ungeheuer verwirrenden Spiel, so dass selbst sein eigener Körper zum Schauplatz seiner wilden Wirrniss wird, bis sich seine beiden Hände miteinander streiten, sein Anus oder sein besonders prominenter Penis mit Sonderaufgaben betraut vom Körper abgesetzt werden. Aber ebenso wie er das Geordnete pausenlos unterwandert, unterwandert er auch das Ungeordnete und restauriert verlorene Balance. Trickster ist Heilbringer und Seelenführer[8]. In der alchimistischen Figur des Mercurius, des «servus fugitivus»[9], der als kosmische Schlange das Weltenei umgürtet[10], verdichten sich die Tricksteraspekte des mythischen Hermes-Mercurius: seine Tendenz zu listigen, lustigen und bösartigen Streichen, seine gefährliche Verwandlungsfähigkeit, nicht zuletzt seine tierisch-göttliche Doppelnatur und sein Ausgeliefertsein an Torturen, seine heilbringenden Fähigkeiten.

Die Widersprüchlichkeit der fehlerhaften Überlegenheit und der raffinierten Unterlegenheit haben den Trickster ausserhalb jeden Rahmens gestellt. Campbell nennt ihn deshalb kurzerhand einen «Superschamanen»[11]. Betrachtet man das hinter seinen Handlungen zutagetretende Wesen des Tricksters, dann tut man einen tiefen Blick in die Existenz des Schamanen.

Freilich hat die schillernde und aufreizende Figur des Tricksters nicht nur Ethnologen veranlasst, sich mit ihm auseinanderzusetzen. Seine Bedeutung für die personale Mythologie der Psyche ist von Jung – der im Trickster die kollektive Schattenfigur sah[12] – und seinen Schülern[13] entdeckt worden. Der Schamane lebt diese Aspekte und löst damit das Selbstverständliche, Bekannte und Bewusste des Lebens wieder in Frag-Würdiges auf.

Trickster verfolgt seine Impulse. Er scheint nicht zu reflektieren, nicht zu verdrängen, wenn man so will. Deutlichster Ausdruck davon ist sein unstillbarer Hunger und sein unkontrollierbarer Wunsch nach sexuellen Abenteuern[14]. Darin gefällt sich der kluge Tölpel in Eigensinn und Narzissmus. Wenn er aber die Welt von schrecklichen Monstern befreit um sie für die Menschen zu einer kulturellen werden zu lassen, dann wird sein Charakter angsteinflössend. Denn gerade dieses Wesen, das in unsozialer Wildheit seine Triebe auslebt, macht es möglich, dass sich eine Zivilisation bildet, die das Triebhafte verdrängt, das Wilde und Animalische aussperrt. In diesem Augenblick gewinnt der Trickster teuflische Züge – der Lichtbringer hat sich mit den Göttern und Menschen überworfen[15]. Der Teufel ist der Narr, so wie der germanische Loki – eine Tricksterfigur par excellence – schliesslich verteufelt wurde.

Loki taucht im Götterhimmel auf, ohne eindeutig genealogisch eingeordnet werden zu können. Er beherrscht die Unterwelt des Todes, des Feuers und der Magie. Er ist ein künstereicher Gott, wie der keltische Lug, dessen beste Waffe bezeichnenderweise ein überdimensionaler Speer ist, der im «Kelch» der Erin zu seiner Schwäche wird[16]. In Ägypten trägt der Osiris-Töter Seth die Züge des Loki. In einer spätrömischen Spottdarstellung erscheint der Trickster Seth als Narr: ein Dreschflegel als Zepter, eine Scheibe in der Linken, was an seine alte Eigenschaft als Sonnengottheit erinnert, halbnackt, wie der Narr des 13. Jahrhunderts, und vor allem mit einem Eselskopf als besonderem Kennzeichen seines Narrenstatus'[17]. Lokis Abstammung vom chaotischen Sturmriesen Farbauti und der Vegetationsmutter Laufey verrät seine Neigung zum ungestümen Verwandlungswesen. Er macht sich selbst zur Fliege, Robbe, Stute, zum Lachs und verändert natürlich mit Vorliebe sein Geschlecht – eine der hervorragenden Trickstereigenschaften. Seine genialen Einfälle – impulsive Intelligenz[18] – weisen ihn, wie den Schamanen, als einen Gelehrten ohne Wissen aus. Die Überraschung geht nach allen Seiten los: Loki erfindet das Netz, in dem er später selbst gefangen wird. Und im übrigen wird Odin auf dem achtbeinigen Wunderpferd Sleipnir später durch die Welten fegen, ein Pferd, das der listenreiche göttliche Handlanger Loki in Gestalt einer Stute selbst zur Welt gebracht hat. Keine Frage, dass Odins schamanische Fähigkeiten somit aufs Engste mit der Unberechenbarkeit Lokis verknüpft sind[19]. Das Auftauchen Lokis hat dem Götterhimmel ein schreckliches Durcheinander beschert. Da wird die patriarchale Ordnung durch den Verwandlungskünstler in skandalöser Weise untergraben. Denn Loki beschränkt sich nicht darauf als mann-weiblicher Grenzüberschreiter einfach da zu sein, sondern er ist eine besonders aktive Figur, die eine banal gewordene göttliche Ordnung aus ihrer Selbstverständlichkeit reissen kann. Tragisch wird sein Handeln durch die immer offensichtliche Destruktion. Diese steckt ja bereits in seinen Metamorphosen: immer stirbt eine Form, um einer anderen Platz zu machen. Loki bricht mit stagnierenden Zuständen im Stil des überlegenen Schelms. Nach klassischer Art der Baubo manipuliert Loki an seinen Geschlechtsteilen herum – genaugenommen bindet er seinen Pimmel am Bart eines Ziegenbocks fest – und bringt dadurch Skathi, die ihren Vater verloren hat, zum Lachen[20].

Die gewichtige Bedeutung eines Penis teilt Loki mit Hermes, dem Götterboten, der klassischen Tricksterfigur. Hermes taucht immer dort auf, wo ein Durchgang, ein Übergang, eine Kreuzung ist. Ausdruck seiner ekstatischen Durchdringung der Ebenen des Bekannten und Unbekannten ist sein steifes Glied. Durch seine Sexualität erst – vor allem durch deren unkontrollierte und stets überraschende «Eigengesetzlichkeit» – gelingt es ihm, sämtliche Schranken einzureissen. Im alten Ägypten war Seth ein kastrierter Gott, sein eregierter Penis war, von seinem Körper getrennt, eine eigene «Identität», eine eigene Gottheit[21]. Wie Loki wurde der Narr Seth eine wichtige Figur für die entstehende Kultur – eine Figur allerdings, die ihre Wurzeln im alten Matriarchat hatte[22] (und damit im eigentlichen Sinn gar keine männliche Gestalt ist[23]) und wie Loki durch Zerstörung der Ordnung und Störung der Selbstverständlichkeiten glänzt[24].

In den verschiedenen aus Afrika importierten Trance-Kulten in Süd- und Mittelamerika spielt eine Gottheit eine entscheidende Rolle, die alle anderen – mögen sie auch in der offiziellen Hierarchie über ihr stehen – in den Schatten stellt. Es handelt sich natürlich um den weisen und grausamen Störenfried, der vom matriarchalen und schamanischen Stratum der Menschheitsentwicklung kommend, immer noch die ihm gebührende Anziehung ausübt. Seine Persönlichkeit ist von grosser Komplexität und verrät seine einstige allumfassende Funktion, die erst in patriarchaler Zersplitterung in ein unüberschaubares Götterwirrwarr aufgespalten wurde. Dann wandelten sich die archaischen Züge, indem die unsteten, die der Unsicherheit und der Störung, mächtig überhand nahmen, was den Tricksterwesen schliesslich die unrühmliche christliche Gleichsetzung mit dem Teufel einbrachte. In Nigeria machten die frühen Missionare aus dem Eshu Elegba einen Teufel[25], wobei sie seine amüsanten und sympathischen Züge seiner beunruhigenden Unvorhersehbarkeit wegen dämonisierten. Wie Hermes ist Eshu die Gottheit der Kreuzungen, der Eingänge und der Ausgänge, auch der Märkte und der Tempel.

In Griechenland stellte man Hermen an Kreuzungsstellen und an Hauseingängen auf; an letzteren zumal häufig als riesige, hoch-

Als Stute gebar der trickreiche Loki das achtbeinige graue Wunderpferd Sleipnir, auf dem der schamanische Odin durch die Welten fegt.

gereckte Phallen[26]. Im Orient trug man aus Bernstein geschliffene Phalli als Amulette. Noch heute wird der Penis in bestimmten patriarchalen Gruppen in Serbien geradezu «Bernstein» genannt[27]. Hinweise auf eine Tradition wilden Wechsels von Ebenen. Der phallische *loa* Ghede hat im haitianischen Voodoo die Position eines *loas* von Leben und Tod inne. «Sein Tanz ist der Tanz der Kopulation»[28]. Sein Symbol ist das Kreuz; dort ist auch sein «Platz». Ghedes Position im Voodoo ist von besonderem Interesse, denn er erfüllt viele Funktionen, für die auch andere *loas* als Spezialisten zuständig sind. Jedoch sein besonderes Wissen um den Tod – Ghede ist der Meister des Todes – macht ihn weiser als alle anderen. Terror und erotische Gesten zeichnen ihn aus. Seine Schnelligkeit ist nicht von dieser Welt. Wenn er läuft und springt und fliegt, dann fliegt er, wie es die Schamanen tun, wie es Mercurius tut mit seinem geflügelten Schlangenstab. Wer erinnert sich da nicht an den ekstatischen Meister des Todes, dem wir in den Tiefen der Grotte von Lascaux begegnet sind? Ist dies nicht die bisweilen groteske, bisweilen erschreckende, bisweilen amüsante Figur des Tricksterschamanen, der gewissermassen in jedem Augenblick seines ausserordentlichen Seins sich tranceformiert, wieder und wieder tranceformiert?

Im Nordosten Brasiliens, im Staate Bahia, praktiziert man eine Religion, die als Candomblé bekannt ist und einen Besessenheitskult darstellt, dessen Gottheiten (*orixás*) alle afrikanischen Ursprungs sind. Die Gottheiten des Candomblé de caboclo, eine Religionsform, die ebenso in Bahia beheimatet ist, schliessen auch «Gastgötter» der einheimischen Tupi Indianer (*caboclos*) mit ein[29]. Unter den *orixás* und *caboclos* ist Exú der gefürchtetste und am meisten respektierte, dessen sagenhaften Kräfte und Fähigkeiten auch Olorun, der höchsten Gottheit, einen schwachen Stand verleihen. Ehrwürdig wird er von seinen Anhängern *o chefe* oder *chefâo* genannt. Er ist der Trickster-Gott von Ordnung und Unordnung – denn das eine kann ohne das andere nicht sein – er ist der «mais importante», der wichtigste aller *orixás*[30]. Schon in diesem typischen Statement eines Gläubigen zeigt sich der Widerspruchsgeist, der von den Trickstergottheiten an den Tag gelegt wird. Zwar ist Exú, der wichtigste Gott, «quem governa tudo», trotzdem sind seine Riten sehr beschränkt, weitaus seltener durchgeführt als die für andere *orixás,* und wenn er in jemanden zum Zweck der Besessenheit einfährt, dann produziert er kein grossartiges Schauspiel, sondern hält sich meist im Hintergrund auf, bleibt sozusagen der beunruhigende Beobachter, dessen grosser Auftritt zur «rechten» (besser zur «unrechten») Zeit eher gefürchtet wird, denn tatsächlich stattfindet. Das erinnert zweifach wiederum an Ghede; denn Ghede ist deshalb ein ernster *loa*, der den bestmöglichen Rat erteilt[31], *weil* er ein Clown ist, und er ist gerade deshalb ein Meister des Lebens, *weil* er der Tod ist[32].

Ein Mythos erzählt, wie Exú den Streit in die Welt brachte, indem er sich nach Harlekinsart[33] in Dada-Manier kleidete mit einer Mütze die, je nach Perspektive, aus einer anderen Farbe zu bestehen schien, mit einer Pfeife, die er auf seinem Rücken in den Hals steckte und mit einem Stock, den er in vollkommen unangepasster Weise hielt. Die beiden Freunde, die den seltsamen Mann in der Ferne sahen, gerieten darüber in Streit, in welche Richtung er gelaufen sei, welche Farbe seine Mütze habe usw., bis sie sich gegenseitig Lügner nannten, und die Freundschaft zerbrach. Hier erweist Exú seine Verwandtschaft mit jenem «prince des illusions», dem Dämon des *Hexenhammers*[34]. In einem andern Mythos aber gebärdet sich Exú als Regler des Kosmos, der darauf achtet, dass alles so läuft wie es laufen soll. Ohne ihn ist die Schaffung der Welt undenkbar. Erst die prahlerischen Taten-Götter späterer Zeiten haben ihn seiner besonderen Position enthoben. Das muss ihnen keine grossen Schwierigkeiten bereitet haben, denn in seiner Vielgestalt und tölpelhaften Weisheit lässt sich Exú rasch von einem Starken unterdrücken. Auch seine Unterwürfigkeit ist ein Teil von ihm. Exú ist *o chefe*, der Chef, aber auch *escravo*, der Sklave, der durch Priester und Candomblé-Anhänger ausgesandt wird, um die Verbindung zwischen den Menschen und den Göttern herzustellen[35]. Exú ist sozusagen verfügbar, aber nicht in einem technischen Sinn, sondern in einem magischen; wir hatten dies kennengelernt als «die Natur durch sich selbst wirken zu *lassen*». Und zur Magie hat Exú, wie sein Kollege Ghede, eine auffallend innige Beziehung. Exú ist ein Gott der Hitzigkeit und der Erhitzung. Wie das Wort für den Schamanen, auf dessen Fähigkeit, sich selbst zu erhitzen zurückgeht, so repräsentiert Exú das emotionale Feuer, die Leidenschaft, die Erotik der Erkenntnis. Sein eigentliches Reich ist das der Finsternis, der Unterwelt. Und darum steht er in engster Beziehung zu dem Feuer und dem Licht dieses Reiches; ein Licht, das nicht mit unseren körperlichen Augen geschaut wird, ein nächtliches Licht: Hermes bringt den Traum[36]. Hermes ist der grosse Zauberer und Heiler, sein Zauberstab, der *caduceus*, deutet es an[37]. Auch Ghede ist ein feuriger Zauber*loa*, weil er die

Zusammenhänge zwischen Tod und Leben kennt[38]. Er lässt die von ihm besessenen «Pferde» im wahrsten Sinn des Wortes Feuerwasser schlucken, ganz ähnlich, wie Exú es handhabt[39].

Was wohl der Anlass war, dass Trickstergottheiten wie Ghede und Exú zu Teufeln gemacht wurden, kann nicht einfach beantwortet werden. Wie schon angedeutet, liegt der Grund dafür nicht in einem bestimmten Charakterzug, nicht in einer gewissen Handlungsweise, sondern eher in der skandalösen Verschmelzung von Dunklem und Hellem, von Höllischem und Himmlischem: der Teufel ist ein Herausforderer und in gewisser Weise Verbündeter Gottes, nicht sein Gegenspieler in Schwarzweiss-Manier eines Hollywoodwesterns[40]. Am besten mag die Eigentümlichkeit des göttlichen Tricksters eine Episode illustrieren, die Maya Deren beobachtet hat[41] und die jenes Zusammenfliessen zeigt, das eng mit dem chaotischen Wahn höllischer Drecksvorstellungen des Christentums verwandt ist:

Das Patenkind der *mambo* war todkrank. Ärzte, Herbalisten und Voodoo-Priester hatten ihre Künste versucht, doch das kleine Mädchen wurde schwächer und schwächer. Als man es zur *mambo* brachte, war es «on the point of death»[42]. Die traurige Priesterin entschied, als letzten Versuch eine starke Zeremonie für Ghede durchzuführen. Viele *hounsins* und *mambos* kamen, um ihre eigenen Kräfte zur Verfügung zu stellen. An diesem Abend waren die Gesänge für den mächtigen *loa* von besonderer Eindringlichkeit. Mehrere schwarze Hühner opferte man ihm und einen grossen schwarzen Ziegenbock – ein aussergewöhnlich starkes Opfer.

Ghede willigte ein, die Opfer und die Anteilnahme der Priester und Priesterinnen hatte ihn überzeugt. Er besass eine *mambo* und verlangte, dass man das Kind auf das Grab in den *hounfor* legen solle. Er nahm das Blut des Bockes, entkleidete das Kind und salbte es damit. Dann, während er sein «Pferd» wild singen liess, griff er zwischen seine Beine und brachte eine Handvoll einer weissen Flüssigkeit hervor, mit der er das Kind wusch. Das war kein Urin. Und obwohl es unglaublich klingt, denn Ghede hatte einen weiblichen Körper besessen, handelte es sich um ejakuliertes Sperma[43]. Immer wieder langte er zwischen die Beine und gab dem Kind von dem lebend machenden Saft, während die *hounsins* und *mambos* weinten und sangen in tiefster Bewegtheit vor dieser ausserordentlichen Geste des *loa*. Das Leben, das er verbraucht hatte, gab er zurück, denn obwohl kein «reasonable way to account for this»[44] vorhanden war, blieb das Kind am Leben.

Die Verbindung von Tod, geschlachteten Tieren, hitzige Besessenheit, Sexualität, Magie, und nicht zuletzt die Frechheit, durch eine solche Handlung mit der Kraft Gottes, Leben zu nehmen und zu geben, konkurrieren zu wollen, wird im Mittelalter ohne Unterschied dämonisiert: die Hölle, das ist die vollkommene Unordnung fliessender, nackter, wilder, unmenschlicher und menschlicher Leiber im riesigen Rachen Leviathans. Es gilt, die Ungeheuerlichkeit zu bekämpfen, dass Menschen im Zusammenführen des scheinbar Gegensätzlichen Gott so ähnlich werden, dass sie seine dogmatisch festgelegte personale Autorität untergraben; und damit die Autorität der Kirche in einem schamanischen Schachzug von ihrer Unantastbarkeit suspendieren. Freilich lag in dem aktiven Ausschliessen (oder Einschliessen) der Ketzer, Hexer und unbekehrbaren Sünder für die Akteure in pervertierter Art dieselbe erotisch-magische und manische Erschütterung, die sie zu bekämpfen vorgaben. Eine Illustration von etwa 1161 zeigt es:[45] Im höllischen Maul Leviathans herrscht ein fürchterliches Leiberdurcheinander. Ein Engel mit verklärt nach oben gerichteten Augen verschliesst den Eingang in dies finstere Reich. Doch auch sein braves Gesicht täuscht nicht darüber hinweg, dass er den Schlüssel, den er in das Schloss des Tores zu diesem wogenden und abscheulich gedachten Fremden steckt, in einer Weise hält, als wäre es – sein Pimmel.[46]

Exú wurde im synkretistischen Prozess, gerade weil er auf die ungeahnten menschlichen Fähigkeiten aufmerksam macht und sie herausfordert, mit dem christlichen Teufel assimiliert; das, trotz seiner mannigfachen Beziehungen zu christlichen Heiligen, wie Petrus – ein Torhüter des Himmels – oder Gabriel – der Sendbote. Er ist das Viele in Einem, die zusammengelaufene Gegensätzlichkeit. In Afrika soll er zweihundert Namen tragen, weil sein Wesen sich eindeutig überhaupt nicht fassen lässt[47], in Brasilien kennt man immer noch über zwanzig Exús[48], aber eigentlich ist jeder *orixá* und jeder *caboclo* von einem Exú unterstützt[49]. In Brasilien ist man müde geworden, sich gegen den Vorwurf des Teufelskults ständig zur Wehr setzen zu müssen[50]. Die verschiedenen archaischen Darstellungen Exús sind heute vorwiegend durch männliche und weibliche Teufelsgestalten ersetzt worden; zumeist aus Metall, mit Schwanz, Dreizack, Hörner und – bei männlichen Figuren – einem immensen Phallus[51].

In der Weise, wie der heilige Schelm im Lauf der Zeit eine dämonisierende Verwandlung erfahren hat, erging es seinen nächsten irdischen Repräsentanten, den Schamanen. Auch die Frauen, die den Ordnungen entwichen und nicht zu dem gemacht werden konnten, was die Ordnungshüter wollten, verfielen derselben Dämonisierung. Das hängt wohl damit zusammen – wie bereits angedeutet – dass die Figur des Tricksters, der damit verbundenen Gottheiten und des Schamanen aus einer matriarchalen Zeit stammen. Die widersprüchliche Vielfalt dieser Charaktere spiegelt geradezu das kaleidoskopische Bild der einen Göttin, die das fruchtbare junge Mädchen ist, die kluge, konservierende und gefährliche Frau und die finstere, dämonische, «lüsterne» Alte[52]. Am Ende der matriarchalen Zeiten übernahmen männliche Gottheiten diese heilige Vielfalt, die wohlgemerkt erst sehr viel später im urbanen Denken differenziert und festgelegt wurde, was mit einer strikten Vermännlichung dieser wahrhaft transsexuellen Wesen einherging[53].

Kann man ein Verständnis für den Trickster aufbringen, dann wird man eine Verbindung schlagen zum Geist des Ursprungs. Nicht ein zeitlicher Ursprung, sondern das, was Laotse den «Geist des Tales» nannte. «Der Geist des Tales stirbt nie»[54].

Verkehrte Welten

Im Auftrag von Christoph Columbus berichtete Bruder Román Pane[55] vom Gebrauch der Schnupfdroge *cogioba* bei mittelamerikanischen Indianern. In diesem Trancezustand würden die Schamanen mit «dem Teufel sprechen»[56] und ihre «Häuser scheinen ihnen auf dem Kopf zu stehen und dass die Menschen auf ihren Köpfen gehen, die Füsse in der Luft».

Wenn sich alles umkehrt, dann *zeigt sich* in der alltäglichen Welt das *aliter totaliter* des anderen; jener Bereich also, der den Toten als Wohnstatt dient, das Paradies ausmacht, die göttlichen Gefilde, kurzum all das, was aus der Ordnung unserer sinnlichen Welt herausfällt und im fortschreitenden Zivilisationsprozess weniger und weniger zum Menschlichen gezählt wird. Wenn sich das völlig andere des Nagual zeigt, dann mag das die verrücktesten Formen annehmen, ohne eigene Intention auf einen zukommen, oder mit Überlegung inszeniert sein, oder sogar sich jener Mittel bedienen, die aus dem Rahmen der «Naturgesetzlichkeit» zu fallen scheinen: der Spuk dreht die Verhältnisse um; Gegenstände, die gewöhnlicherweise von sich aus keine Bewegung machen, fliegen durch die Luft, Töne werden hörbar, ohne von «jemandem» oder «etwas» erzeugt worden zu sein, eine Unruhe hat sich in die Materie eingeschlichen, die auffordert, hinweist darauf, dass man sich der fröhlichen Auflösung der Ordnung hingeben soll, damit man sich selber *sieht.* Der Spuk, wie die verkehrte Welt, ist grotesk. Kayser[57] nannte das Groteske dementsprechend «die verfremdete Welt», eine plötzlich fremd gewordene Wahrnehmungswelt, die sich ins Bekannte hineindrängelt. Ursprünglich bedeutete «grotesk» höhlenähnlich[58] und wurde im Italien der Renaissance dazu verwendet, gewisse übertriebene Dekorationen in antiken Ausgrabungsstätten zu bezeichnen. Schon früh vermengte sich die Bedeutung des Wortes als «kapriziös» und «bizarr» mit dem Gefühl des «Schrecklichen» und «Monströsen». Selbst Flögels *Geschichte des Groteskekomischen* aus dem 18. Jahrhundert[59] kann als harmlose Geschichte der possenreissenden Harlekins nicht die Verwandtschaft mit den viel späteren schaurigen Maskenzügen auf den Bildern James Ensors verleugnen, weniger noch die Nähe zur beängstigenden Komik der Callotschen Illustrationen zur *commedia dell'arte.*

Die Verbindung von extravaganten Zügen mit lachhaften und furchtbaren, ja monströsen Charakterelementen in weitgehend nach menschlichem Vorbild geformten Wesen hat seine überlieferten Anfänge gerade in der ursprünglichen Bedeutung des Wortes «grotesk»: Herodots Berichte östlicher Völker von fellbedeckten Menschen, von hundeköpfigen und einbeinigen Wesen und von Menschen, deren Gesicht auf der Brust erscheint[60], barbarische Charles Fortsche Monster, nach deren Vorbild die mittelalterlichen Teufel geformt wurden. Letztere bewohnen ja ein Reich, das, Mechthilde von Magdeburg zufolge[61], eine verkehrte Welt darstellt, in der die höchste Stelle die ehrloseste und niedrigste sei. Die Ikonographie des Spätmittelalters und der Renaissance gibt davon ein, man möchte sagen, «beredtes» Zeugnis ab[62]. Selbst der aussergewöhnlichste Dämon ist eine menschliche Figur, wie sehr auch seine Attribute und Eigenschaft als inhuman bezeichnet werden können. Dieser Umstand deutet darauf hin, dass die Repräsentanten der verkehrten, der anderen, der jenseitigen Welt durchaus die selben sind, die im «Diesseits» leben. Der dämonisierte wilde Mensch behält deshalb genau die Eigenschaften, die wir beim Trickster und beim Schamanen kennengelernt haben: Zwischenglied zwischen den Menschen und dem Tod – das fundamentale Thema der Gravuren des fünfzehnten Jahrhunderts, am besten illustriert durch das berühmte Werk Dürers *Ritter, Tod und Teufel* von 1513.

Aus Mythologien und schamanischem Gedankengut wissen wir, dass der *mundus inversus* keineswegs die Darstellungsform höllischer Gefilde, sondern all dessen war, was ausserhalb jener fein von unseren Sinnen balancierten Welt existiert, sofern das Equilibrium des «Normalen» keiner Störung unterlag. Die andere Welt aber war immer da, ein stetes verführerisches Säuseln, dem man sich schon durch die geringste Bewegung, hinaus aus den Schranken, hingeben konnte. Freilich wurde dies verführerische Reich – nicht zu Unrecht – zu einem Exerzierfeld sozialen Gerechtigkeitsdenkens umfunktioniert: irgendwo «da draussen», ganz nah, eigentlich jäh gegenwärtig durch einen kühnen Entschluss, liegt der Ort, wo alle gleich sind, keine Gläubiger und keine Schuldner, kein Frieren im Winter, keine Krankheiten, die Armen lachen, die Reichen klagen, sämtliche Dinge sind in ihr Gegenteil verkehrt. So lässt Lukian den Schuster Mikyllos den Hades schildern[63]. Ganz ähnlich sieht das «Land ohne Übel» der südamerikaischen Tupi-Guarani aus[64]: der Mais wächst von selbst, die Pfeile begeben sich allein auf die Jagd, keine Arbeit mehr, nur Tänze und Feste, keine Heiratsregeln, kein Inzestverbot[65]. Das Übel ist die Gesellschaft mit ihren starren Regeln, das «Land ohne Übel», das die Indios irgendwo auf dieser Erde vermuten, ist das Gegenteil dieser Ordnung, «c'est le contre-ordre»[66]. Schon der altägyptische Priester Nefer Rehu aus dem zweiten Jahrtausend v. Chr. verkündete: «Ich zeige dir, wie das untere nach oben gekehrt ist. Man lebt wie im Totenreich.»[67]

Für die Bella Coola im nordwestlichen Nordamerika dehnt sich das «Geisterland» entlang des Sandufers eines grossen Flusses aus. «Wenn auf der Erde Sommer ist, ist es im Geisterland Winter, und wenn wir Nacht haben, haben die Geister Tag. Die Geister laufen nicht aufrecht auf ihren Füssen, sondern auf ihren Köpfen; sie haben eine eigene Sprache, die verschieden von jeder irdischen ist. . . Die Geister haben auch Tanzhäuser, in denen sie ihr Kusiut feiern, die direkt unter den Begräbnisplätzen jedes irdischen Dorfes liegen.»[68]

Sehr wahrscheinlich tanzten bei solchen Festen nicht nur Menschen miteinander, sondern Menschen und Tiere gemeinsam[69], da sich die Unterschiede zwischen ihnen aufgelöst hatten. Hier schlägt die dionysische Tendenz durch, die fast jeder als grotesk erscheinenden Konstellation in irgendeiner Form zu eigen ist: Form und Identität verschwinden. «Alles wird seinen Ort wechseln», sagt Ramón, der Schamane[70], wenn die Welt endet, wenn die Huichol nach *wirikuta*, zum Ursprung gehen. «Es wird keinen Unterschied mehr geben. Weder Mann noch Frau. Weder Kind noch Erwachsene.» Bei den römischen Saturnalien[71] sitzen Herren und Sklaven gemeinsam bei Tisch, bei den persischen Sakäen regiert ein zum Tode verurteilter Verbrecher[72]. Bei den nordamerikanischen indianischen Clown-Gesellschaften treten mehr die grotesken denn die sozial veränderten Züge der umgekehrten Verhältnisse zutage: die Clowns der Crow bemalen sich mit Dreck und beschmieren ihre Masken mit Kohle, die schrecklichsten Pferde bereiten sie verkehrt herum[73], wenn sie tanzen stürzen sie und tun so, als ob sie lachend stürben, ein als schwangere Frau verkleideter Mann simuliert den Beischlaf mit einem männlichen Clown[74]. Ähnliches geschieht beim *windigokan* der Ojibwa und der *heyoka* Zeremonie der Dakota[75]. Die Handlung ist sozusagen bestellt. Jenseitige Verbündete fordern die Indianer auf durch solche Verhaltensweisen eine Vision zu erlangen, ja sich selbst zu schützen[76].

Wenn der Schamane, wann immer es ihm gefällt, das verkehrte Totenreich aufsucht auf seinen ekstatischen Reisen, dann ist sein einmaliger Tod – wie ich bereits oben gezeigt habe – im eigentlichen Sinn sein Leben. Er befreit sich von jeglicher Starre; ein Akt, der erst das Leben als den eigentlichen Zustand des Todes erscheinen lässt. Freilich handelt es sich in beiden Fällen um «erscheinen»: die verkehrte Welt *zeigt* sich in unserer alltäglichen, darüber lässt sich sprechen, lässt sich schreiben. Das Leben als «Tod» *zeigt* sich wiederum als eine Reflexion der alltäglichen Welt über die Ekstase. Man muss wohl durch die *nierika* schlüpfen, um jenes an solchen Erfahrungen zu verstehen, das sich nicht durch Worte mitteilen lässt[77].

Von der wilden Vulva und dem wichtigen Phallus

Zu bestimmten Zeiten durchbrachen orgiastische Feste bei vielen Völkern das Alltagsleben. Die Feste sind Markierungspunkte. Eine Ordnung, eine gewisse Form des Lebens und des Zusammenlebens geht zu Ende, ein Zyklus schliesst sich, das Eingefahrene wird für einen gewissen Zeitraum suspendiert. Häufig deutet die rituelle Orgie nach aussen auf das Ende einer geregelten und geordneten Seinsform hin.

Das Ende eines Jahres bedeutete für die Ngadju Dyak, das Ende einer Welt. Man war wieder an den kreativen Anfang gestellt, der aus dem Ungeordneten und Ungelenkten eine neue Ordnung entstehen lassen wird, neues Wachstum, eine neue Welt. In dieser «Zeit zwischen den Zeiten» gibt es keine Verbote und Gesetze mehr, keinen Unterschied zwischen Mensch und Tier und Göttern. In der sexuellen Orgie wird diese ursprüngliche Verschmelzung gefeiert[78]. Beim *oyne*-Fest der Cubeo wird ausgiebig *yajé* getrunken, dann werden die Hauswände entfernt und eine allgemeine rituelle Vergewaltigung der Frauen beginnt[79]. Selbst während einer bestimmten theravada-buddhistischen Zeremonie ist es den Teilnehmern gestattet, besonders «unbuddhistische» Verhaltensweisen an den Tag zu legen: Rausch, Aggression und zumindest angedeutete sexuelle Freizügigkeit[80]. Auch hier handelt es sich um eine Zeremonie, die zwischen dem alten und dem neuen Jahr stattfindet.

Das Ende sexueller Normen, oder die rituelle Verkehrung und Verdrehung derselben, tritt nicht nur zu bestimmten, zyklisch wiederkehrenden Zeiten auf. Dieser Zustand der aufgelösten Ordnung schleicht sich vielmehr immer dann ein, wenn irgendwelche Regeln durchbrochen werden sollen, wenn selbstverständliche Lebensformen auf Zeit aufgegeben werden. Die Grenzen verschwinden. Zuerst und andauernd verschwinden sie für den Schamanen zwischen der Welt der Lebenden und der Welt der Ahnen, der Toten, der Gottheiten. Zugleich ist die Besitzergreifung durch einen jenseitigen Verbündeten in der schamanischen Initiation eigentlich ein sexueller Akt. Die Tungusen-Schamanin wird durch diese wilde Verbindung geschwängert – Scheinschwangerschaft[81]; Javanische Schamaninnen gebären ihrem jenseitigen Liebhaber sogar Kinder, die allerdings nach der Geburt verschwinden[82]. In Burma, wo der offizielle Theravada-Buddhismus strikt gegen alles Dionysische eingestellt ist, haben sich besonders geile Geister, die *nat*, von denen es nur so wimmelt, über Schamaninnen und Trance-Tänzerinnen hergemacht. Gewaltsam verlangen sie nach einem Beischlaf, der weniger an *Hierogamie* erinnert denn an «göttliche» Vergewaltigung, wenn sie in die wild tanzenden Frauen einfahren und sie zum Orgasmus bringen[83]. Geschieht dies, dann ist alles für die eigentliche schamanische Hochzeit vorbereitet; denn eine Schamanin muss schon regelrecht mit ihrem *nat* verheiratet werden, was vielen Burmesinnen gar nicht angenehm ist, zumal sie sich häufig von ihrem irdischen Gemahl trennen müssen (die *nats* sind schrecklich eifersüchtig) und die Hochzeitszeremonien alles andere als eine billige Angelegenheit sind. Ezili, Patronin der Liebenden im haitianischen Voodoo, möchte von einem Kultverehrer

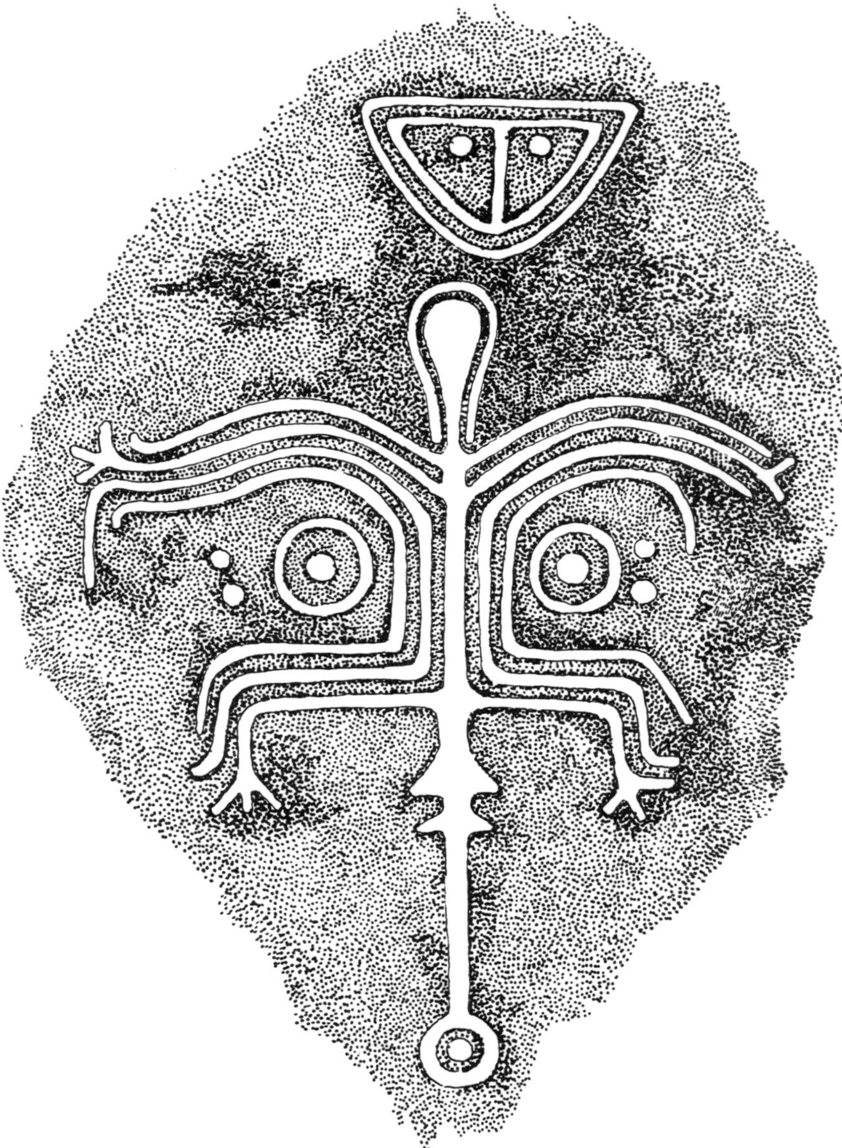

Der geflügelte Penis und die dreieckige Vagina. Felsgravur am kolumbianischen Äquator, wo der mythische Sonnenvater, der Tukano, mit der weiblichen Erde kopulierte, um die Menschheit zu schaffen.

nicht selten ebenso offiziell geheiratet werden, besonders wenn er sich anschickt, eine irdische Gattin zu nehmen[84].

Immer wenn das Ungewöhnliche stattfindet, dann werden die Sterblichen selbst ungewöhnlich. Aus der Ordnung gestellt demonstrieren sie rituell ihre Verwandlung, indem sich etwa Männer wie Frauen verhalten und sich anal bumsen lassen[85], indem sie zu Tieren und in ihrer Wildheit blind werden für die kulturell vorgeschriebene Art des Sexualverkehrs und für die die ebenso «selbstverständliche» Partnerwahl. Man darf allerdings nicht übersehen, dass es sich hierbei zumeist um institutionalisierte Riten handelt. Der aus der Norm fallende Sexualakt fällt deshalb zumeist gar nicht aus der Norm heraus. Er gehört vielmehr einer anderen Norm an. Nur im ursprünglich schamanischen Vorgehen, der orgiastischen *Trance*-Anarchie bleibt das Moment des Überraschenden und vollkommen Unvorherbestimmten im Sexuellen erhalten. Diese Wahllosigkeit wurde schon recht früh durch geregelte Aufhebungen der «Normalität» ersetzt, was wohl parallel mit der Entwicklung der Kontrolle über Lebensvorgänge im allgemeinen einhergegangen ist. Der schamanische Zug, der alles individualisiert, verlebendigt und sexualisiert, entwich in den mythischen Bereich. Aus Griechenland etwa sind die zahlreichen Mythen überliefert, bei denen Götter in Tiergestalt miteinander koitierten, oder als Tiere mit menschlichen Wesen und mit Tieren. Dazu gehören die Geschichten vom Geschlechtsverkehr zwischen Menschen und Tieren (Pasiphaë und der Stier, Aristonymos und die Eselin[86]) und – *horribile dictu* – zwischen Menschen und «unbelebten» Objekten (Zeus und Danae als Goldregen, Tyro trieb es mit dem Fluss[87]).

Wirft man einen Blick auf die geregelten Sexualriten aus den nicht alltäglichen Zeiten und Zuständen, dann sieht man, dass die Vorstellung vom freien Sexualleben der Wilden zum grossen Teil romantische Phantasieproduktionen westlicher Gehirne sind. Trotzdem sind viele Geschichten dazu prädestiniert, weiterhin insbesondere die männliche Zivilisationsfantasie anzuregen. Denn in vielen indigenen Gemeinschaften haben sich rituelle Geschlechtsakte etabliert, die vor allem einer phallokratischen Grundhaltung Vorschub leisten.

Ich denke etwa an den afrikanischen Bili-Kult: wilde Tänzer stellen Löwen, Tiger, Leoparden, Elefanten dar. Auf dem Boden vor der Hütte des Priesters liegt eine Reihe von angeblichen Jungfrauen. Wenn der Tanz und die Gesänge den Höhepunkt des Animalischen erreichen, wird das Leopardenfell vor der Hütte beiseite geschoben. Der Priester tritt hervor, maskiert, sein Körper mit weissen Streifen gezeichnet. Auch er ist nicht mehr einer der Sterblichen und kommt nicht aus einer gewöhnlichen Hütte, sondern aus einer Höhle, irgendwo in den Wäldern[88]. Eine mächtige Pflanze hat ihn bei dieser Transformation unterstützt. Dann stürzt er sich auf die Mädchen, die von jeweils vier Männern reglos festgehalten werden und defloriert sie, eine nach der andern[89]. Das erinnert an die sprichwörtliche Herakles-Tat, bei der er in einer Nacht die fünfzig Töchter des Thespios entjungferte[90]. Freilich bleibt neben diesem phallischen Gewaltakt Herakles ein immer Verwandelter, der, wie Dionysos und Kybele, zu den klassischen zweigeschlechtlichen Wesen zählt. Auch wenn sich hier die phallische Komponente eindeutig mit der aggressiven paart, bleibt die Bedeutung des Sexualakts in der Transformation als Mittel das «Normale» zu er-leben erhalten.

Bei anderen Völkern hat sich der Penis, wie beim Trickster, anscheinend selbständig gemacht und muss sich in den Gehirnen der Männer festgesetzt haben.

So etwa bei den Sambia im östlichen Hochland von Neu-Gui nea[91]. Die Sambia-Männer haben ein ausserordentliches Maskulinitätsbewusstsein entwickelt, das ihre gesamte kriegerische Existenzform durchzieht. Allerdings müssen sie sich ihre Männlichkeit in langen, strikten und geheimen Initiationen erarbeiten. Den Frauen ist die Weiblichkeit angeboren. Da auch den Sambia-Männern nicht verborgen blieb, dass die Frauen mit der rätselhaften und höchst erstaunlichen Fähigkeit dotiert sind, Kinder zu gebären, führte diese die Frauen erhöhende Tatsache zu einem ideologischen Dilemma. Denn was allein zählt, ist der Mann. Deshalb besagt der zentrale Mythos der Sambia, dass Männer die Menschheit durch homosexuelle Fellatio begründet hätten. Eine Variante des Mythos berichtet, dass Numboolyu und Chenchi im legendären Ursprungsland *kokona* am Anfang der Zeiten aus dem Stamm des *dowutu*-Baumes[92] herauskamen. Numboolyu war der erste Mann. Er hatte einen sehr kleinen Penis und wusste nicht, was dieser war. Aber er schlief schlecht in der Nacht, da er immer intensive Erektionen hatte. Einmal masturbierte Numboolyu und hatte seine erste Ejakulation. Kurze Zeit später urinierte er daneben und verglich die Substanzen. Er sah, dass sein Sperma wie der Saft der Pandanus-Nuss aussah und wusste, dass es gut war. Er entschied, dass er mit seinem Altersgenossen Chenchi kopulieren wollte. Zu diesem Zeitpunkt der Erzählung wird Chenchi verbal in eine

«Frau» verwandelt. Also begann Numboolyu mit Chenchi zu kopulieren, wohlgemerkt via Fellatio. Doch seine «Partnerin» war darüber nicht besonders erfreut, weil der Penis so klein sei. Da griff sie zu einem Bambusmesser und schnitt die Vorhaut auf, worauf die Eichel zum Vorschein kam und der Pimmel grösser und schöner wurde. «Jetzt ist er gut», sagte die «Frau», «ich werde ihn essen». Was soviel bedeutet, dass sie Fellatio treiben und den Samen schlucken wird.

Die «Frau» hatte einen mikroskopischen Penis als einzige Genitalien, der sich allerdings unter die Haut zurückzog als die Fellatio anfing[93]. Der Bauch der «Frau» begann anzuschwellen, sie bekam Schmerzen, weinte und schrie. Das Paar wusste nicht, was dies zu bedeuten habe. Also errichteten sie eine schäbige Hütte, die *pulungatnyi-angu* – die Menstruationshütte[94]. Dort zog sich die «Frau» zurück, und Numboolyu, um ihre Schmerzen zu lindern, schnitt mit dem Bambusmesser zwischen ihre Beine eine vertikale Wunde. Ein Kind fiel heraus. Als Numboolyu die Haut aufschlitzte, schnitt er auch die Überreste des Penis entzwei, so dass dessen «Nase» (die Eichel) nach oben hin wanderte und die Klitoris (*lakandiku)* bildete. Die Vorhaut teilte sich zu den Schamlippen, die Hoden wurden ins Vaginalgewebe absorbiert. Jetzt hatte Numboolyu zwei Kopulationswege, den Mund und die Vagina. Seitdem werden Kinder durch vaginale Insemination gezeugt, denn der grosse Held Numboolyu schuf den Weg in die Vagina.

Eines Tages kam Numboolyus ältester Sohn zu seinem Vater und fragte ihn um Rat: «Vater, mein Penis ist steif, was soll ich damit tun?» Der Vater wollte ihn nicht zu seiner Frau schicken, denn die sollte ihm allein «gehören»[95]. Also forderte er ihn auf, zu seinem jüngeren Bruder zu gehen, um mit ihm «zu kopulieren» (homosexuelle Fellatio zu treiben). Er hatte bei diesem Rat wohl ein seltsames Gefühl, zumal er nicht wusste, ob der jüngere Sohn von dem Sexualakt schwanger werden würde. Jedenfalls hielt er es für ratsam, davon nichts seiner Frau zu erzählen. Der Junge wurde nicht schwanger, dafür aber wuchs er besser und rascher als andere. Daher kommt es, dass Knaben Sperma schlucken müssen, damit es ihnen hilft zu wachsen.

Soweit die Erzählung. Tatsächlich besteht der Hauptbestandteil der Knabeninitiation im strikten Befolgen von homosexueller Fellatio und dies so oft wie möglich, damit die Macht des männlichen

Der stumme Hund der Magar – ein erotischer Komiker mit Pferdepimmel.

Samens, die zuerst Numboolyu entdeckt hatte, das aus den heranwachsenden Männern macht, was die Schöpfung mit ihnen gemeint hatte. Von Frauen wurden sie lediglich in die Welt gesetzt, zu Männern müssen sie sich selbst machen – durch Fellatio. Trotz der zentralen Wichtigkeit dieser Praxis in der Kultur der Sambia, findet während der rituellen Unterweisungen an den für Frauen verbotenen geheimen Plätzen, niemals Fellatio tatsächlich statt, bestenfalls Flirts und verschämte erotische Avancen. Die homosexuelle Betätigung selbst geschieht im Privaten, in Dunkelheit. Interessant in diesem Zusammenhang sind einige mythische Konzepte und alltägliche Bezeichnungen: die Initianden nennen ihr Sperma *neimi aamoonaalyi*, «unsere Brustmilch»[96]. Tatsächlich soll das durch heterosexuelle Fellatio von jungen Mädchen aufgenommene Sperma ihren Körper stärken und zur Muttermilch werden, die vor der späteren homosexuellen Fellatio die Kinder nähren wird[97]. Was die Frau eigentlich ausmacht ist ihr *tingu*, das Blut-Organ[98], das ein unendliches Residuum an Blut bereitstellt und durch den Menstruationszyklus periodisch erneuert wird. Nun ist das Menstrualblut von den Männern sehr gefürchtet, denn es ist schmutzig, giftig[99], und die Frauen müssen sich, gerade wenn sich die Essenz ihrer Weiblichkeit äusserlich zeigt, in die Menstruationshütte zurückziehen; an jenen Ort also, wo Numboolyu das geschlechtlich nicht festgelegte Wesen[100] Chenchi brachte, um es durch eine Urverwundung äusserlich zu einer Frau zu machen. Chenchi ist bei den Sambia aber die Bezeichnung eines weiblichen Hundes und der Name für das Menstrualblut der Hindin[101]. Im geheimen nennen die Männer mit Abscheu und immer von ausgiebigem Spukken begleitet, das Blut der Menses ihrer Frauen ebenso *chenchi*. Niemals würden sie wagen, dieses Wort in Gegenwart der Frauen auszusprechen, denn es würde sie so tief beschämen, dass sie Selbstmord begehen würden. Dies lässt einen ebenso tiefen Blick in die Psychologie der Sambia-Männer ihren Frauen gegenüber zu, wie auch in ihr eigenes Selbstbild. Schliesslich war «die Partnerin» von Numboolyu am Anfang von ihm gar nicht unterschieden, aber *chenchi*. Erst durch die Fellatio wurde der Held maskulinisiert und der Fellator feminisiert. Durch den Verwundungsakt wird der Prozess beendet und erhebt den Mann zum «Schöpfer» der Frau.

Die Frauwerdung und das Verspritzen des ersten Blutes finden bereits in der Menstruationshütte statt. Dort wird die Vagina geschaffen, die eine rätselhafte Wunde darstellt; eine Wunde nämlich, die periodisch blutet, aber wieder verheilt. Hinweis auf die magische Kraft der Frau[102]. Auch die Vaginalsäfte, *muguchelu*, halten die Sambia für höchst giftig[103], denn sie stammen von *tingu*. Andere Sambia-Männer glauben allerdings, dass *muguchelu* von der Muttermilch kommt, also letztlich durch den männlichen Samen produziert wird[104]. Die Männer beschränken sich deshalb beim vaginalen Geschlechtsverkehr[105] auf die Penetration und ihre eigene Befriedigung, ohne sich im geringsten Gedanken zu machen über den Orgasmus der Partnerin (der zwar manchmal von ihnen bemerkt wird, aber «nichts gutes» sei[106]) und mit möglichster Vorsicht *muguchelu* nicht zu riechen, da dies ganz abscheulich sei.

Nun zeigt sich aber gerade im Mythos und in der verbalen Verknüpfung die enge Assoziation, ja Austauschbarkeit[107] des Positiven, Männlichen, Heroisierten und des Negativen, Weiblichen, Befleckten: ihr Vaginalsekret *ist* sein Samen so wie ihre Geschlechtsorgane ja vor der Zufügung der Urwunde die seinen waren. Die Vagina ist ein verwandelter Penis, die Frau ein verwandelter Mann. Diese Position wird freilich ideologisch kräftig verwischt, zumal die Verwandlung allein das spezifisch Weibliche, materialisiert im *tingu*, nicht erklären kann.

Die meisten Mythen von der Schaffung der weiblichen Genitalien berichten von einer Wunde oder einer Amputation. Die Dschagga Frauen besassen ursprünglich einen Penis, der ihnen von gehörnten Ungeheuern geraubt wurde[108]. Mythische Erzählungen dieser Art entstammen in den allermeisten Fällen einer verhältnismässig jungen Vergangenheit. Sie sind gewachsen und verformt – auch wenn von Frauen mitgeteilt – in weitgehend phallizisierten gesellschaftlichen Strukturen, die gerade in der masslosen Überschätzung oder Gewichtung des Männlichen und der männlichen Mythologie selbst die immer vorhandene Einsicht der ursprünglichen Ununterschiedenheit, der ersten Verschmelzung, in eine ideologische Position verwandelt haben. Die Sambia etwa sind kriegerisch. In einer wichtigen und schmerzhaften Einweihungszeremonie bringen sie ihre Nase zum Bluten. Das Blut ist «bad talk» der Frauen, es ist auch das schlechte Blut der Mutter, das der Knabe bei der Geburt mitbekommen hat und es ist zugleich ein Lernmittel, das Blut der Feinde, das bei den Kämpfen vergossen werden wird, nicht zu fürchten[109]. Natürlich handelt es sich auch um eine rituelle Selbstbestrafung und Widerspiegelung der durch Numboolyu zugefügten Urwunde, die in blutigem Schnitt die «Nase» des Pimmels von Chenchi in die Klitoris verwandelte. Aber auffallend ist die aggressive Assoziation mit diesem Ritus des Naseblutens: das verabscheuenswürdig schlechte Weibliche und die zu tötenden Feinde. Ein Sambia erzählte dem Ethnologen Herdt: «If you see your age-mates' blood you mustn't run away, you must fight ... (You) must be strong toward enemy men: you now have a woman. You must fight enemies.»[110]

Gerade das Bewusstsein, dass die Rollenverteilung aktiv aufrecht erhalten werden muss, da sie ein leicht störbares Disequilibrium von der ursprünglichen androgynen oder geschlechtsunspezifischen Form darstellt, veranlasst die Sambia in homosexueller Aktivität an ihrer Vermännlichung zu «arbeiten»[111]; eine aggressive Vermännlichung, die in die Nähe des Tötens gerückt wird.

Exkurs: Die Demonstration des steifen Gliedes bei Pavianen, Meerkatzen und anderen Tierarten[112] kann rein aggressiven, abschreckenden, drohenden Charakter haben; ebenso die «phallische» Vulva[113]. Felszeichnungen der Buschleute zeigen die Männer mit steifen Schwänzen. Bei vielen von ihnen befindet sich der Penis in der Tat während des ganzen Tages im Zustand teilweiser Erektion, worauf sie besonders stolz sind[14]. Bronzezeitliche Felszeichnungen[115] aus Schweden stellen Männer mit erigierten Gliedern bei der Ausübung der verschiedensten alltäglichen Arbeiten dar[116]. Der Penis hat eine von der Erotik getrennte Funktion übernommen. Zelebrierung der Kraft und Tüchtigkeit der Männer.

Wenn sich der *payé*, der Schamane, der Tukano in einen Jaguar verwandelt, dann nimmt er dazu das Schnupfpulver *vihó* zu sich. *Vihó* kam auf die Erde, indem die Tochter der Sonne den Penis ihres Vaters masturbierte[117]. *Vihó* sucht sich die *payés* aus, die zu Jaguaren werden; sie liegen da, bedeckt mit Asche. Ein schwacher Herzschlag macht sie den Toten ähnlicher als den Lebenden, während sie als Jaguare umherstreifen und Menschen reissen. Mächtiges, aggressives Sonnensperma.

Orgiastische Sehnsucht nach dem alles Zerreissenden und Sprengenden in der Veränderung durch die kultische Erhöhung des Phallus. Auch darin steckt der Wunsch nach Erneuerung der ersten Verschmelzung, die Trauer über den Akt der Trennung und der Zersetzung. Mehr noch steckt er in den mann-männlichen kultischen und rituellen Sexualbräuchen der Wildnis denn in der Verleugnung der Zivilisation. Mehr auch steckt er in den orgiastischen Festen, die mit den Ordnungen aufräumen.

Noch ein Exkurs: «An den Festtagen ist die Überschreitung das unerhörte Ereignis, das dem Fest seinen wunderbaren, seinen göttlichen Charakter verleiht»[118]. Der Exzess, das Opfer, die Qual zur Ekstase ist die subversive Wurzel des wahrhaft Religiösen. Techniken, die auf Zeit schamanische Grundhaltungen in einer Gemeinschaft möglich machen: die Individualität überschreiten, um die Welt zu individualisieren[119].

Das Christentum verteufelte die Erotik und fing selbst Feuer. So kam es zum Satanskult[120]. Die Formel war einfach: die Götter wurden zu Teufeln gemacht. Pan, der mit einigen Kollegen Modell stand für das spätere Teufelsbild, wurde schliesslich mit dem höchsten babylonischen Gott Mitra[121], mit dem ägyptischen Männlichkeitsgott Min und mit Zeus selbst identifiziert[122]. Im Mittelalter – und nicht nur dann – stand das *membrum virile* des Teufels im Mittelpunkt der Aufmerksamkeit. Es war zugespitzt, krumm, schlangenförmig, eiskalt, aus Eisen, halb aus Fleisch, halb aus Horn, gespalten, in mehreren Exemplaren vorhanden und vieles mehr. So konnte diese vollkommen sexualisierte Gestalt einen Vaginal- und Analkoitus zugleich ausführen und ausserdem eine «dritte Gabelung», wie Jones[123] es ausdrückt, zur Fellatio in den Mund des ausgewählten weiblichen Opfers stecken. Pervertierte phallische Vorstellungskomplexe: ich stopfe mit meinem harten Ding jedes Loch der Frau, die vollkommen – der Fantasie entsprechend – zu einem Aufnahme- und Erfüllungsvehikel mann-männlicher Sexualwünsche erniedrigt wird.

Sexuelle Kulthandlungen, die in Griechenland zum Teil noch öffentlich durchgeführt wurden, wie Päderastie am Dorischen Apollotempel, in Sparta und auf Thera[124] und die auch heute noch etwa in Melanesien[125] nach dem Sambia-Schema (Sperma gleich Lebensessenz) praktiziert werden, versanken im Mittelalter vollkommen in die Sphäre des Dunklen, Höllischen und Düsteren: der unterschiedlose Geschlechtsverkehr fand *in loco subterraneo* statt und selbstverständlich bei *lucerna extincta.* So geriet die sexuelle Handlung samt den tatsächlich oder potentiell eingesetzten Organen in eine nur noch Negatives konnotierende unterirdische Dunkelheit. In den Akten der Synode von Orléans aus dem Jahre 1022 findet sich ein Abschnitt über die Kultbräuche der Neumanichäer. Sie sollen sich in gewissen Nächten mit Laternen in den Händen in einem Haus versammeln, Dämonenlitaneien singen, bis der Dämon in Tiergestalt unter sie tritt und nachdem «extinctis luminaribus» waren, reisst jeder irgendeine Frau zum «Missbrauch» an sich; und zwar «sine peccati respectu, et utrum mater, aut soror, aut Monacha haberetur, pro sanctitate et religione ejus concubitus ab illis aestimabatur»[126]. Die Neumanichäer von Orléans waren die ersten abendländischen Ketzer, die zum Scheiterhaufen verurteilt wurden und lachend, wie in der Artaudschen Vision[127], in den Tod gingen[128].

Die Erinnerung an die mit Schmutz, Dreck, Chaos, tierischer Wildheit und Sex assoziierte gemeinschaftliche Kulthandlung zum Zweck der Sichtbarmachung des *hic et nunc* der Erfahrung des Ursprungs kehrt wieder in den Performances von Mühl, Nitsch, auch Brus, Schwarzkogler. Sie tragen schamanische Zeichen: das theatralische Spiel – Esoterik aufbereitet für ein Publikum intellektueller Voyeure. Sie tragen auch die ganze abendländische Verdammungsmetaphysik im Bauch und die Überheblichkeit der Gegenwart. Das Wagnis des Schamanen, der seinem Wissen und seiner intimen Verwandtschaft mit dem Andern Ausdruck verleiht, wird im Happening und seinem esoterischen und zugleich exoterischen Anspruch erneuert. (Auch Dalí hatte es schon früh gewagt, die fellbelegte Badewanne aus dem geschlossenen New Yorker Fenster zu schleudern, wobei ihn die zerbrechende Glasscheibe beinahe geköpft hätte). Doch die Blut-, Dreck-, Scheiss- und Sexaktionen der Happening-Body art-Performance-Kunst der 60er Jahre hat nicht wirklich die ekstatische Einsicht wiedergewonnen. Zu sehr bleibt sie Vorstellung, zu schwer wiegt die historische Hypothek[128a]. Wie jede Kunst war sie Vorzeichen; ein Hinweis auf die vollständig zur Körperlichkeit, zu Zeit und Raum der Alltäglichkeit, deformierten fiebrigen Ekstase. Doch seit der Morgenröte des Schamanismus zeigt sich, dass die künstlerische Leidenschaft des Lebens, des Todes Abgründe kennt, die mehr und weniger sind als eine dem Privaten oder der Gesellschaft entrissene Körperlichkeit. Um wievieles mehr hatte da André Masson das Erbe der zerreissenden religiösen Bedeutung[129] des erotischen Festes angetreten und mit aller Eindrücklichkeit dargestellt; ein Erbe, das von Leonor Fini in ihren guten Werken erschreckend mystifiziert wurde und durch Francis Bacon und Sibylle Ruppert (vor allem in ihren Illustrationen zu den 120 Tagen von Sodom) in Beziehung zur «religiösen» Paradoxie gebracht wurde. Hierin spannt sich eine moderne Verzweiflung auf, die nicht mehr fähig scheint, die Besonderheit der Dinge zu erkennen. Solches erinnert an grauenvolle Vergewaltigungsszenen aus Selbys *Last Exit to Brooklyn,* doch ebenso an die mystischen Schriften eines Nikolaj Berdjajew.

Ich habe den Text mit Exkursen verlassen beim Hinweis auf die unschamanische aktive Vermännlichung in verschiedenen indigenen Volksgruppen, die in der Idee einer ersten Ununterschiedenheit wurzelt. In diesem Zusammenhang kann auch die rituelle Mutilation von Geschlechtsorganen gesehen werden. Auch diese kann in Verbindung mit der physischen Rollendifferenzierung gebracht werden, die im Vordergrund sozialer Vorteile oder Herrschaftsansprüche einer Geschlechtsklasse stehen mag. Beschneidung: Wie bei den Sambia steht die Klitoris in vielen Gesellschaften für eine Art Penis. Wird ein Mädchen zur Frau, wird sie ihr deshalb abgeschnitten. Die Entfernung der Vorhaut wird entsprechend bisweilen damit begründet, dass sie eine Art Schamlippe sei[130]. Durch die Klitoridektomie wird der Frau ihre angeblich natürliche wilde

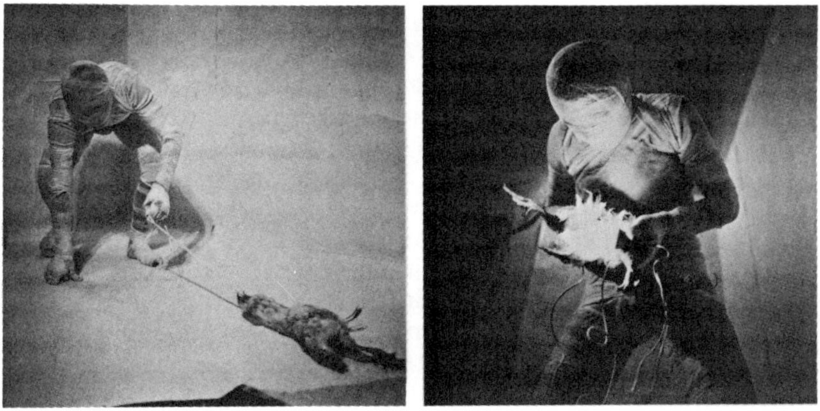

Schwarzkogler-Aktion 1966.

Geilheit genommen[131] und im Sexualverhalten vom Mann abhängiger. Das Umgekehrte gilt auch für die Beschneidung der Männer, die eine Art männlicher Vagina zum Verschwinden bringt und vom weiblichen Sexualpartner abhängiger macht[132]. Von den Beschnittenen selbst wird diese «Vermännlichung» allerdings häufig als Kastration, also eigentlich als «Entmännlichung» erlebt[133]. Ein Marokkaner berichtet über seine Beschneidung: «Ich dachte zuerst, sie hätten ihn abgeschnitten»[134]. Entsprechend sind Eingriffe an Geschlechtsteilen bekannt, die nicht zu einer sichtbaren Geschlechter*differenzierung* beitragen, sondern eher zum Gegenteil, zum Wiederherstellen der ursprünglichen Ungetrenntheit. In Teilen von Australien ist die Subinzision verbreitet, wobei die Harnröhre entlang des Penis aufgeschnitten wird[135]. Das so veränderte Glied wird im Pubertätsritus *ngallunga* «Vagina» genannt[136], bei bestimmten Riten als Imitation der weiblichen Menstruation zum Bluten gebracht, und manchmal wird ein Heranwachsender gebeten mit seinem nicht subinzisierten Penis an der gespaltenen Harnröhre zu reiben, wie man an einer Vulva reibt[137]. Zu bestimmten Anlässen verwandeln sich Frauen auf Zeit in Männer, verwenden hölzerne Phallen und simulieren den Beischlaf mit anderen Frauen[138]. In anderen Gruppen phallizisieren Frauen ihre Sexualorgane nachhaltig durch Manipulieren und Ziehen an Klitoris und Schamlippen[139] oder rühmen sich eine «phallische» Vulva zu haben, wenn sie üppig zutage tritt[140].

In diesen Handlungen scheint sich der Wunsch nach Wiederherstellung, statt künstlich verstärker Trennung, des ursprünglichen Zustands zu offenbaren. Gerade die Subinzision gibt einen weiteren Anhaltspunkt. Anscheinend handelt es sich dabei nicht nur um eine «Androgynisierung», sondern vielmehr um eine Auflösung der Gegensätze gegenüber allem Lebendigen, denn auch Opossums, Känguruhs, Koalas, Wombats etc. haben einen «geschlitzten» Penis[141].

Nicht in allen indigenen Gruppen findet die Aufhebung der Verschiedenheit durch eine Manipulation oder Mutilation der Sexualorgane statt[142], sondern ergreift verschiedenste Teile des Körpers. Dass sich dennoch die aktiven und schmerzvollen physischen Eingriffe häufig auf die Geschlechtsteile konzentrieren, hat verschiedene Gründe. Zuerst sind Penis und Vulva die sichtbarsten Anzeichen der frühen Differenzierung in Mann und Frau. Sie haben eine besondere Macht, weil sie in einem bestimmten Zusammenhang zum Leben[143] und damit zum Tod stehen. Durch sie kann Lust empfunden werden und sie stehen in enger Verbindung – wie wir gesehen haben – mit der Möglichkeit, ekstatisch mit dem *aliter totaliter* in Beziehung zu kommen.

So ist es auch nicht abwegig, eine archaische Sexualisierung des Körpers anzunehmen. Ich meine dies nicht in symbolischem Sinn, sondern durchaus in funktionalem und psychologischem. Zu Beginn sprach ich einmal von den Aurignacien-Statuetten, die Phallus und Vulva zugleich darstellen; vergleichbar dazu sind die in Kalkstein geritzten Schamdreiecke aus derselben Zeit[144], die ebenfalls auch phallische Bedeutung haben[145]. In manchen Gegenden

binden die Männer ihre Pimmel hoch, so dass die Hoden an die Schamlippen erinnern. Ein Mohave Transvestit bezeichnete seinen Hodensack[146] entsprechend als «Schamlippe», seinen Penis als «Klitoris» und seinen After als «Vagina»[147]. Der Anus als Vaginaersatz, im homoerotischen Bereich bisweilen als erniedrigende Vaginalisierung[148], ist weit verbreitet und hinlänglich bekannt. Freilich mag der rituelle Analverkehr mit Frauen nicht auf eine Gleichstellung mit der Vagina, sondern auf eine gewünschte Unterschiedenheit verweisen[149]. Konkaves und Konvexes am Körper wird sexualisiert, nicht nur nach dem kosmologischen Entsprechungsschema «Wie oben, so auch unten», denn der gesamte Körper war davon ursprünglich ergriffen. Die Deterritorialisierung des Sexuellen[150], oder besser die Resexualisierung des ganzen Menschen, das ist archaisch-schamanisches Gedankengut. Wir haben Tod, Eros, Ursprung als ein untrennbares, verwobenes, verworrenes, vermischtes Gebilde kennengelernt. Jener, der darauf verweist, der davon Kenntnis hat, das ist der Schamane. Er deutet auf die archaische Exaltation des Sinnlichen, auf die Auflösung festgesetzter Formen, Ordnungen, Regeln, darauf, dass die Ausnahme die einzige Regel der ekstatischen Welterfahrung ist.

Der Schamane als Transvestit

In allen Gesellschaften werden die Frauen der Natur zugerechnet, die Männer der Kultur[151]. Diese Einteilung ist freilich bereits eine kulturelle; und indem gerade die Frau die Verwandlung von Rohem in Gekochtes produziert, erweist sie eigentlich ihre Mittelstellung im Grenzbereich zwischen Natur und Kultur[152]. Die Macht dieser Position unterstreicht ihre Geschlechtlichkeit, ihr Einklang mit naturgegebenen Zyklen. Es scheint, als würde äusseres Geschehen auf rätselhafte Weise viel inständiger mit innerem verbunden sein, als es bei Männern der Fall ist. Letztere *erzeugen* diesen Bezug durch kultische Aktivität[153].

Der Schamane mag die Brücke zur Natur und zum Weiblichen durch Transvestitismus und Transsexualität aufrecht erhalten. Schamanischer Transvestitismus und schamanische Transsexualität war vor allem im sibirischen Bereich, bei den Kamtschadalen, Korjaken, Tschukschen und den arktischen Eskimos[154] verbreitet, findet sich jedoch auch in Indonesien, bei den See Dayak, in Südamerika, bei den Patagoniern und Auracaniern, und in Nordamerika, bei Arapaho, Cheyenne, Ute, Navaho, etc. wieder[155]. Bei den Tschukschen etwa verlangt der jenseitige Verbündete, der *ke'let*, dass der angehende Schamane ein «soft man»[156] werde. Ein Nichtbeachten dieses jenseitigen Wunsches zieht Wahnsinn oder Tod nach sich. Bestimmte Schamanen sagten sich vollständig von ihrer männlichen Rolle los, nahmen die Gebärden und Verhaltensweisen von Frauen an, heirateten einen Mann und lebten fortan als Schamaninnen. Die Geister lehren sie den Weg der Frau[157]. Dann sind es besonders mächtige und gefürchtete Schamanen, mit allen Fähigkeiten der Metamorphosen ausgestattet, ja sie sollen sogar Tieren und Menschen das Leben geschenkt haben[158].

Häufig aber kommt es gar nicht zum Extremfall transsexueller Lebensweisen. Der Schamane überschreitet seinen Rollenbereich durch die Freiheit, sich weibliche Kleider anzulegen, ohne seine Freude am sexuellen Zusammensein mit Frauen zu verlieren. Eine typische Schamanenantwort gab Tašmat, der Usbeke, der seit früher Jugend[135] Frauenkleider trägt, auf die Ethnologen-Frage, warum er die Kleidung des anderen Geschlechts bevorzuge: «I like it.»[160] Tašmat lebte mit seiner Frau und zeugte vier Kinder, was ihn nicht davon abhielt, sein gesamtes Verhaltensrepertoire dem weiblichen anzupassen. Viele verweiblichte Schamanen ähneln Tašmat, und es kann deshalb nicht von einem allgemeinen Wunsch gesprochen werden, eine Frau zu werden, um den verlorenen Anteil der Natur zu erfahren, den Urzustand des Androgynen wiederherzustellen oder die andere Seite der erfahrbaren menschlichen Wirklichkeit kennenzulernen. Vielmehr muss der männliche Transvestitismus der Schamanen mit jener Unruhe im Festgesetzten in Zusammenhang gesehen werden, die der Meister in Emanzipation von dem «wie es sein soll» immer wieder von neuem ansteuert. Als Zeichen deutet die Verwandlung wohl auf die Fähigkeit hin, sich durch Aufgabe der eigenen persönlichen und physiologischen Geschichte Kenntnis vom Verschlossenen zu verschaffen. Ein Weg ist der transvestitische und der transsexuelle.

Teresias wechselte dreimal sein Geschlecht und blieb letztlich ein Mann. Es ist fraglich, ob er sein Frau-Sein als Mann noch vermitteln und verstehen kann, und umgekehrt. Aber er kann sich verwandeln. Kaineus[161] war ursprünglich ein Mädchen, Kainis, das von Poseidon vergewaltigt wurde. Im Tausch für die ihr zugefügte Schmach durfte Kainis zu einem Mann verwandelt und unverwundbar werden. Die Kentauren häufen Steine über ihn, so dass er darunter umkomme. Doch in der so entstandenen Felsenhöhle erkennt Kaineus seine magischen Kräfte wieder, verwandelt sich in einen Vogel und fliegt davon. Auch Odin, der in Weiberkleidung herumgelaufen sei[162] und der von dem ihm zutiefst verwandten Loki «unmännlich» genannt wird, fliegt als Falke davon, um einem Schwerthieb zu entgehen[163]. Die verweiblichten Schamanen sind Darsteller ihrer grossartigen tranceformatorischen Fähigkeiten. Sie tauchen und wirbeln durch die Welt, als wäre es selbstverständlich, heut' eine Blume und morgen ein Puma zu sein. Sie sind darauf aus, die Verschiedenartigkeit des Seienden zu demaskieren, das Äussere zu verinnerlichen; diesmal nicht in einem tödlichen Eins-Werden, sondern vielmehr in einer fröhlichen Multiplizierung ihrer Existenz.

Mit grossartigen Worten – Androgynisierung, *coincidentia oppositorum* – wurde die sexuelle Metamorphose der Schamanen beschrieben[164]. Solche Bezeichnung übersieht, dass es sich zumeist überhaupt nicht um eine mythische *Zwei*geschlechtlichkeit handelt, sondern einmal um den tatsächlichen Wandel des Geschlechts, dann wieder um die Verkleidung, die Performance, die sexuelle Rollen unberührt lassen mag. Keineswegs geht es hierbei immer um eine inbrünstig angestrebte, erleuchtende Verwandlung, sondern auch um eine furchterregende, eine bisweilen als Horrortrip erlebte Metamorphose[165]. Was bestimmte Schamanen bewegt, Transvestiten zu werden, hat wenig mit der abendländischen androgynen Spekulation zu tun, die mit Leone Ebreo und seinen *Dialoghi d'Amore*[166] ihren Ausgang nimmt, und die Wiederherstellung des androgynen Urzustands (der androgyne Adam) im Auge hatte. Im eigentlichen Sinn suchte diese Bewegung die Abschaffung der sichtbaren Geschlechtlichkeit, denn der «jungfräuliche» Androgyne sei das Gegenteil seiner Karikatur, des Hermaphroditen[167]. Die schamanische Verwandlung verweist jedoch auf die Austauschbarkeit von Existenzweisen, auf eine Wahl, die der Meister in jedem Augenblick seines Lebens treffen kann und will.

Bei gewissen nordamerikanischen Indianerstämmen müssen die Knaben in einer Initiationsnacht eine solche Wahl treffen. Das Mondwesen erscheint und hält in einer Hand Pfeil und Bogen, in der anderen einen Riemen, wie ihn die Frauen tragen. Greift der Junge nach dem Riemen, dann wird er fortan die Rolle der Frau übernehmen. Eine solche Entscheidung wird bei den Navaho etwa[168] nicht nur sozial gebilligt, sondern als sehr erwünscht angesehen. Der Verwandelte geniesst besondere Hochachtung, und seiner Familie ist durch seine Metamorphose grosses Glück beschieden[169]. Das Mondwesen, das die Nacht regiert, und die Toten geleitet[170], kennt beide Geschlechter und stellt den Initianden ihre Geschlechtswahl frei. Der Aphroditos – ein bärtiges Standbild in Frauenkleidern, das sich auf Zypern befunden haben soll – war dem Mond gleichgestellt. Männer in Frauenkleidern und Frauen in Männerkleidung opferten vor ihm[171]. Wie in der Santaria-Religion oder der Regla de Ocha kennen viele religiöse Systeme hermaphroditische Schöpfergottheiten[172]. Am Anfang war skandalöse Vermischung, ein chamäleonhaftes Verwandlungsdurcheinander, das jeden Aspekt der Welt erlebbar machte. Gottfried von Strassburgs *Tristan* kennt das noch: «ein senedaer und eine senedaerin,/ein man ein wip, ein wip ein man,/Tristan Isolt, Isolt Tristan.»[173] Hier ist es die ungeheure Verwandlung der Liebenden in den andern. Für den Schamanen ist es die Verwandlung in seiner Liebe zur Welt.

Eros ist sein Leben. Das erinnert mich an einen der genialsten Dadaisten, an Marcel Duchamp, der sich bisweilen Rrose Sélavy nannte, was man als «Rose, c'est la vie» lesen kann, aber auch als «Eros, c'est la vie». Selbst in der Darstellung der Ambiguität seiner selbst – im weiblichen Pseudonym – kann sich Duchamp eine weitere Ambiguität nicht verkneifen. Es ist, als wolle er zeigen, dass, wenn man einmal die Bereiche des Tranceformatorischen, die Abgründe des immer Verwandelbaren erreicht hat, überhaupt keine Eindeutigkeit mehr Platz hat, keine Benennung, keine Richtung. Einzige Verbindlichkeit bleibt die eigene Individualität – nach aussen der eigene Körper. Body art, wie die nackten Performances eines Vito Acconci[174], lassen in der Unverbindlichkeit gegenüber der körperlichen Selbstverständlichkeit den Boden der künstlerischen Aktivität erkennen: der Körper selbst wird zur künstlerischen Produktion wiedergewonnen, ja als einziges artistisches Risiko akzeptiert. Die Magie der Aussage lässt sich von der Travestie nicht mehr trennen. So bleibt dem immer Verwandelten die Anziehungskraft, die ein Schamane auszuüben vermag, erhalten, ebenso wie die mythische schöpferische Fähigkeit, die ihn mit dem Wesen des Ursprungs verbindet.

Frank N Furter ist der ebenso schöne wie ungeheuerliche[175] Transvestit einer fernen Galaxis in der *Rocky Horror Picture Show*[176]. Er ist auf die Erde gekommen, um unter seinen Jüngern wie unter überraschten kleinkarierten Erdenbewohnern eine nachhaltige Unruhe zu stiften. Nicht nur regiert er mit künstlerischer Vehemenz über eine Schar von Gefolgsleuten in einem alten englischen Schloss, auf dessen Dach Bucky Fuller anscheinend einen Glasaufsatz errichten liess, sondern er verfügt über atemberaubende technische Einrichtungen und predigt die instantane Erfüllung aller nur erdenklichen erotischen Wünsche und Träume. Als fröhlicher Inkubus und Succubus sucht er, in der Gestalt des jeweiligen Partners verwandelt, Janet und Brad, seine spiessbürgerlichen Besucher, in ihren Himmelbetten heim. Sein Transvestitismus hat nichts mehr mit dem Spiegelbild der Abwesenheit der Frau zu tun. Frankie evoziert eine Kette von Ereignissen, die alle in besonderer Weise von Ritual und mythischer Eindringlichkeit getragen sind[177].

Sein Handeln bleibt konsequent, doch wie er selbst chamäleonhaft, immer überraschend, immer neu. Die schamanische Fähigkeit der andauernden Verwandlung haben ihn in die Nähe der Gottheiten, der Trickster-Gottheiten gerückt: Frank N Furter wird zum Schöpfer, der sich «in just seven days» einen schönen Muskeljüngling erschafft. Am selben Tag seiner Schöpfung jedoch rammt er einen Eispickel in den Kopf des schrecklichen Rockers Eddie. Seinem Status gemäss erweist sich Frankie mächtig über Leben und Tod. Der Mythos einer ekstatischen, erotischen, geschlechtlich nicht festgelegten Gottheit von Kreation und Zerstörung. In jedem Fall aktualisiert der Zaubermeister aus «Transsexual Transylvania» die Impulse seiner Freude und seines Schreckens sofort. «Be here, don't dream it», fordert er eindringlich auf.

Freilich gehört zum Gesamtbild der grotesken Erträglichkeit dieses Zwischenwesens auch ein Gastmahl auf einem Tisch, unter dem, wie sich herausstellen wird, die Leiche des erschlagenen Eddie aufgebahrt ist. Der lächelnde Meister trägt dabei eine kleine Faschings-Narrenkappe.

Nun wäre die unfehlbare Mächtigkeit des transgalaktischen Transvestiten eher romantische Schwärmerei denn mythische Stärke. So wie der Schamane nach Belieben zu seinen magischen Kräften greift verzichtet er auch auf sie; so wie Trickster die tollsten Dinge erfindet, lässt er es zu, tölpelhaft ins Unglück zu fallen. Dies macht den Trickster menschlich wie den Schamanen anarchisch.

Auch Frank N Furters grossartige Macht des Schöpferischen und der erotischen Begeisterung ist vor einer lächerlichen Meuterei seines buckeligen Dieners plötzlich wie weggewischt. Der Sturz des Meisters wird zum Fingerzeig für jeden Beobachter. Nicht umsonst fällt Frank N Furter mit seiner Schöpfung Rocky am Ende in den Swimmingpool, auf dessen Grund das riesige Fresko von Michelangelo «Die Erschaffung Adams» leuchtet.

Fragt man sich, warum dieser Film ohne nennenswerte Reklame zu einem so ausserordentlichen Underground-Bestseller geworden ist, so muss man ganz klar sehen, dass neben der aufregenden Musik und dem subtilen Witz der Inszenierung ein ganz starkes mythisches Potential in ihm steckt. Dies zeigt sich etwa darin, dass die Zuschauer strenge Rituale entwickelt haben, um diesem mythischen Stoff angemessen zu begegnen: Handlungen nach Art des Imitationszaubers und das genaue Auswendiglernen des magischen Textes, der andächtig mitgesungen wird. Viele sind ungezählte Male durch diese Zeremonie gegangen ohne von ihr gelangweilt zu werden. Denn selbst wenn man weiss, was äusserlich auf einen zukommt, vermag die mythische Dimension immer wieder die Bereiche aufzustossen, in denen das gleiche immer anders ist. Im Grunde genommen ist das bei der Einnahme von Psychedelika ähnlich. Ob sich darüber mit unseren Zungen sprechen lässt, ist mehr als fraglich, denn es geht, wie für Goethe in der Natur selbst, um ein «heilig öffentlich Geheimnis».

Als solches ist auch die transvestitische und transsexuelle Mutation des Schamanen zu verstehen. Aber wir müssen uns hüten, diesen Zeichen zuviel Gewicht beizumessen, wie allen Äusserlichkeiten des Meisters der Wildnis. Wird die sexuelle Verwandlung zum unverkennbaren Zeichen der Auflösung der Gegensätze – Leben und Tod, Licht und Dunkel, Mann und Frau – und zur Wiedervereinigung der zerbrochenen Formen des Lebendigen, im eigentlichen Sinn zum kongenialen Ausdruck der «Rückkehr zum Urzustand»[178], dann gibt der Schamanismus davon nur ein schwaches Zeugnis ab. Denn obwohl die geschlechtsverwandelten Schamanen in vielen Volksstämmen auftauchen sind sie, trotz gelegentlicher Übertreibungen[179], gegenüber den unverwandelten entscheidend in der Minderzahl. Die Geschlechtsmetamorphose ist *eine* Spielart schamanischer Ordnungsverweigerung.

Auch die Verwandlung von Schamaninnen in Männer wird, wenn auch selten, berichtet[180]- Die alte Eskimo Zauberin Manelaq verwandelte sich in einen jungen Mann und heiratete ihre Adoptivtochter[181]. Aus einem Weidenzweig machte sie sich einen Penis. Ihre Vulva aber nahm sie aus sich heraus, sprach magische Worte über sie und verwandelte sie in Holz, woraus sie einen Schlitten fertigte[182]. Immer wenn das Paar hungern sollte, und es an der Zeit war, auf die Jagd zu gehen, zog Manelaq auf magische Weise ganze Herden von Tieren herbei. Denn sie war eine grosse Schamanin.

Weibliche Heroisierung und männliche «Verweichlichung».

Diese Grundtendenz steckt in den theatralischen Aspekten des Kleidertausches, von der Orgiastik der Astartekulte[183] bis zur Bühnentravestie der klassischen Oper, als ein Re-Agieren der archaischen Verwandelbarkeit. In alten Zeiten und in archaischen Gesellschaften war und ist es die im Verlassen eines vorgezeichneten Weges gefundene *Erkenntnis* der unmittelbaren Erfahrbarkeit des Andern. Die Magier wollen die Zugänge zu den Mysterien erhalten. «We do not know the object of perception, but by becoming it», verkündet Austin Osman Spare, während die Bühne den Verwandlungstanz des Lebens mehr und mehr in sichere Entfernung vom Menschen selbst gerückt hat. Des Menschen Platz wurde die Loge. Die Eintrittskarte verschafft einen Blick auf den Pagen in Verdis *Maskenball* und auf den Mezzosopran Octavian in Richard Strauss' *Rosenkavalier*; natürlich auch auf die zahlreichen geschlechtlich unfestgelegten Wesen der Shakespearschen Gedankenwelt, jene Viola, Rosalinde, und «some squeakin Cleopatra boy», mit denen man selbstverständlich überhaupt nichts zu tun hat und die so weit weg sind vom eigenen Selbst wie der chevalier d'Eon[184] in der Zeit.

Mittlerweile haben sich die bösartigen, grotesken und burlesken Sardanapals und Kybele-Priester[185] der Moderne in die Gehirnwindungen des Zeitgeistes eingeschlichen und verkünden, wie Frank N Furter, dass die orgiastische Botschaft der Verwandlung die erotische Durchtanzung des Lebens ist[186] und nicht die Karikatur des Transvestiten-Kabaretts für brave Spiesser à la Danny La Rue: die frechen *Cockettes* aus San Francisco, die exhibitionistischen *New York Dolls*, die Lou Reeds, David Bowies und Brian Enos, aus deren Alchimistenküchen die zu Tönen gewordene Beschreibung der Welt fliesst, die Beine, Herz und Kopf zusammenlaufen lässt in einer Zelebrierung des Lebens, in der Wiedergewinnung dionysischer Ekstase. Vielleicht sind es kriminelle Verführer, die Ahnungslose nur «into the mystic»[187] locken wollen, wo Herodes als riesige schwarze Königin thront[188] und Joe Dallesandro mit dem Transvestiten Holly Woodlawn seine Schwierigkeiten hat[189], wo Miss Divine – «Notre Dame de la Pourriture»[190] – die Zivilisationsängste vor der monströsen Verwandlung und dreckigen Vermischung (die uns nicht erst durch Jakob Boehme, dessen Adam «keine Därmer» hatte[191], als Nachtmahr verfolgt) zum heiligen Akt werden lässt, Verführer also, die ins Dunkle locken, von wo aus «no one here get's out alive»[192]. Prophetisch verkünden sie, wie die *enarees*, die transvestitischen Seher aus dem Schamanenlande Skythien[193], dass die soziale Gewalt eines Gesellschaftssystems, das sich auf die falsche Normalität des Selbstverständlichen begründet sieht, zu Ende kommen muss und geben zu bedenken, dass auch Jesus ein «androgyner Freak»[194] war.

Noch vor einigen Jahren, erinnere ich mich, hat der transvestitische Alt-Punker Wayne County im New Yorker *Max's Kansas City* zwischen einigen rauhen Riffs die freche Frage gestellt: «Are you man enough to be a woman?»[195]

Aus den Zeiten des Ursprungs, die keiner besser kennt denn der Schamane, brach Phanes-Dionysos aus dem silbernen Weltenei hervor[196]. Er ist der Strahlende, der Lichtbringende[197], Mann und Frau, trägt den Samen aller Götter in sich und schafft den Göttern ihr Haus. Goldene Flügel hat er und den Kopf eines Stieres. Seine Umrisse sind unklar, seine Grenzen unbekannt. Aristophanes macht Phanes zum Eros[198], der die ewige Zeit in sich trägt. Zuerst erschafft dieses Lichtwesen als Vater und Mutter zugleich, die Nacht, seine Tochter. Mit ihr zeugt Phanes Gaia, Uranos und Kronos. Er ist der grosse Herrscher der ersten Verschmelzung, des ersten orphischen Zeitalters[199]. Später haben die orphischen Mysterien ein Loch in den gewöhnlichen Zeitablauf geschlagen und plötzlich das Wesen des ersten Dionysos wiedererstehen lassen.

Man munkelt, dass mehr und mehr Eingeweihte auch des Serapis-Kultes herumlaufen und von sich das verkünden, was der Gott einstmals von sich selbst behauptete: «Mein Kopf ist der Himmelsraum, mein Bauch das Meer, meine Füsse die Erde, meine Ohren reichen in den Äther, mein Auge ist der weithin sichtbare Sonnenschein.»[200]

Und wie niemand das «Wo» seines Tumulus kennt, noch weiss, welchen Prozessen wir dabei entgegengeführt werden, ob wir nach Tophet oder Edenville kommen, genau so ist uns alles verborgen, wenn wir hinter uns schauen möchten, um zu erfahren, woher das Wassein unseres Werseins sein Vonwosein erhielt.[201]

Die Wanderung

Kauyumari, der Erzgauner, der sich selber nicht kennt, springt als sakrale Rotwildperson durch die Schluchten der Sierra Madre. Bisweilen streift er das Laubwerk ab, dass sich in seinem Geweih verfangen hat, mit dem er nicht immer gut zurechtzukommen scheint; hatte es ihm doch auch Unser Grossvater Feuer verpasst, als er seine heiligen Federn auf den Kopf des schelmischen Geschichtenerzählers hielt. Ich bin sicher ihn gesehen zu haben in einer unscheinbaren Staubwolke, als ich aus dem Fenster des mexikanischen Zuges in die Wüstenebene blickte. Der kleine Hirsch musste sich wohl in den niedrigen Sträuchern verfangen haben. Vielleicht hatte er sich aber nur ausgeruht und verfolgt jetzt grossäugig den vorbeiratternden Zug. Dort hinten irgendwo, wo die Sandwolke verschwindet und struppige und stachelige Kakteen spriessen, liess sich nichts Auffälliges mehr beobachten. Wahrscheinlich war ein Regenbogen in den Himmel geschossen mit Tatewaris Pfeilen, auf dem der kleine Hirsch zu den Göttern springt, während er fast schamhaft versteckt eine kleine Gruppe von Peyote-Kakteen zurücklässt.

In der glanzlosen Minenstadt Real de Catorce hatte die schrecklich lange Fahrt ein Ende. Wenn man die Häuser wieder hinter sich gelassen hat und – hoffentlich mit einem Hut auf dem Kopf – in den eigenartigen Singsang der sprühenden Wüstenluft eingetreten ist, dann hat man jene Schritte verfolgt, die einstmals die ersten Huichol in den alten Sand getreten hatten. Kauyumari hatte eben erst den bösen Zauberer Kieri mit sechs Pfeilen niedergestreckt, der sich in den Baum des Windes verwandelte, von dem immer noch stachelige Verführer hängen, die Unbedachte verwirren sollen. In diesem üppigen und glanzvollen Land lebten die Huichol als Jäger und schufen neues Leben, so wie ihnen die Götter das Leben geschenkt hatten. Wenn die Kleinen die ersten Zähne bekommen, dann essen sie von den zerdrückten, unauffälligen Peyote-Knollen, die der Hirsch und der Mais sind, um ihr Leben zu sehen, das ihnen Nakawé gab. Denn Nakawé lebte am Anfang der Welt und später, nach der grossen Flut, fuhr sie mit der schwarzen Hündin und dem einzigen geretteten Mann in ihrem Kanu über die Erde. Ihre Höhle liegt bei Santa Catarina. Daraus hat sie das Leben entlassen, dorthin geht es zurück. Über ihr brennt das Feuer von Tatewari, so wie es in den Herzen der Huichol lodert, wenn sie in ihrem Paradies sie selbst sind, vereint mit den Vorvätern und Schöpfern, die der Hirsch mit dem Peyote für immer in erreichbare Nähe rückte. Das Land ihrer Herkunft haben sie *wirikuta* genannt.

Jedes Jahr machen sich kleine Gruppen von Huichol auf, um von ihren fernen Siedlungen in das Land ihres Ursprungs zurückzukehren. «Wir werden alle eins sein, wir werden alle wir selbst sein», verspricht der Schamane, bevor noch die Sonne die Sierra überstrahlt und das Feuer entfacht wird, das die Pilger auf ihrer gefährlichen Fahrt vom heimischen Rancho aus begleiten wird. In der Tat ist es eine schwierige Reise, dieser Weg nach *wirikuta.* Denn es ist nicht einfach der Besuch eines anderen Ortes, nicht nur eine Fahrt für einige Wochen. Es ist vielmehr die Reise in eine Welt jenseits der selbstverständlichen Beziehungen von Zeit und Raum, an jene Orte, wo die Götter wohnen, diese seltsamen, rätselhaften Wesen, die alles gemacht haben und alles sind, die keine Kompromisse dulden und kein Versteckspiel, keine Gleichheit und keine Verschiedenheit. Alles wird anders sein in *wirikuta.*

Viele tausend Kilometer südlich von *wirikuta,* im brasilianischen oder paraguayanischen Urwald, mag sich eben eine riesige Gruppe von Tupi-Guarani versammelt haben, die ihrem göttlichen Schamanen, dem *karai* lauschen. Er erzählt von jener Erde ohne Leid, in der es kein Sterben gibt und keine Qualen. Dort ist alles reichlich vorhanden und es gibt keine Reichen mehr und keine Armen, keine Herrscher und keine Beherrschten. Man hört hin und wieder Gekicher, einige lächeln auch, aber die meisten hören schweigend zu; ein alter Mann, der seinen Blick auf den Boden gesenkt hat und in ein meditatives Spiel mit einem Stecken versunken zu sein scheint, nickt von Zeit zu Zeit bedächtig. Der *karai* sagt, dass er wüsse, wo sich das Land befindet, und dass es Aufgabe und Lebensinhalt der Tupi-Guarani sei, dorthin zu gehen. Denn einstmals seien sie von dort gekommen, in jener Zeit, als Menschen und Götter noch nicht wirklich unterschieden waren und die Indianer die Tiere verstanden, die Pflanzen und den Gesang des Windes. Wird dieses Land wieder erreicht, dann werden alle Menschen verwandelt sein, verschmolzen, aufgelöst und befreit.

Bevor sich die Huichol auf den Weg zu ihren Göttern machen, müssen sie selbst zu Göttern werden. Das erste Zeichen wird sein, dass sie allesamt Götternamen erhalten. Der *mara'akame* ist natürlich Tatewari, Unser Grossvater Feuer; er spricht leise und mit grosser Vorsicht zu den Flammen, während die Pilger andächtig ihre Plätze um das Feuer einnehmen. Einige von ihnen sind nervös, denn sie wissen, was auf sie zukommt: um wirklich Götter zu werden, müssen alle irdischen Verheimlichungen zurückgelassen werden. Das grosse Werk gelingt nur in radikaler Offenheit, die nicht ein Ziel und ein Werkzeug, dieses zu erreichen, kennt, sondern lediglich die Echtheit des Augenblicks. Indem die Vergangenheit offengelegt wird, verschwindet sie in ihrer unberechenbaren Allgemeinheit, macht frei für die tiefe, gefühlte Verbindung, die die Pilger einen muss – so wie die Götter alle verschieden und alle ohne Unterschied eins waren. Stellvertretend für das unvermittelte Aufreissen aller Masken und gespielten Persönlichkeiten nimmt der *mara'akame* seinen Begleitern eine bisweilen qualvolle, manchmal sehr heitere Beichte ab. Die *hikuritámete*, die Peyote-Gefährten, müssen die Sterblichkeit und die Unverrückbarkeit des Geschehenen transzendieren, indem sie alle nicht-ehelichen sexuellen Abenteuer berichten, eigentlich nur die Namen der Partner nennen. Eine solche Feuerrunde wird oft bis lange in die Nacht gedauert haben, denn die sexuelle Unbekümmertheit dieser stolzen Indianer könnte sprichwörtlich sein. Für jeden Sexualpartner macht der Schamane einen Knoten in eine Schnur, die am Ende im Feuer landet; ausgelöscht sind jene Augenblicke des kleinen Todes, jener Hinweis auf die Vergänglichkeit, auf ein Ende. Die Vernichtung alles Erfahrenen öffnet die Wege für das, was dem Menschen der Alltagswelt nicht erfahrbar zu sein scheint. Wie die Tupi-Guarani, die auf ihrer Pilgerfahrt zum Land der Ahnen kaum noch Speisen zu sich nehmen, ergeht es den Huichol *hikuritámete,* nachdem sie ihr letztes Mahl aus Tortillas und Wasser verzehrt haben. Die profane Zeit hat ganz eindeutig aufgehört zu sein; die Nahrung dieser Erde ist nicht mehr die Nahrung der Pilger.

Auf den Spuren der ersten Menschen erreichen die Huichol unter der Führung ihres Schamanen bald einen der ersten *kakauyari* – einen heiligen Ort. Dieser befindet sich in der Nähe von Zacatecas und heisst die «Vagina». Ein Zeichen dafür, dass man sich an jenem Durchgang befindet, hinter dem sich die geheimnisvolle Urverschmelzung – jener lustvolle Tod, der Leben heisst – auftut, welche die *nierika* markiert, das Gesicht der Gottheit. Aber jene, die zum ersten Mal das wunderbare Land der Anfänge sehen werden, könnten geblendet werden vom Glanz dieses Reiches, verrückt vor der Schönheit der Erfahrung. Also werden gleich hinter La Puerta, dem Ort der «Vagina», diesen *primeros* die Augen verbunden. Sie weinen unter den ruhigen Worten von Tatewari, der Unverstandenes über jeden einzelnen murmelt. Jetzt sind sie mit ihren Sinnen ins Reich der Dunkelheit eingetreten. Die Mbya der paraguayanischen Guarani wissen auch, dass es möglich ist im Leben jene todähnliche Unsterblichkeit zu erlangen, die gewöhnlicherweise den Verstorbenen vorbehalten ist, um nach *yvy marä ey*, das Land ohne Schmerz, vorzudringen. Sie müssen nicht erst ihre Knochen «frischhalten» – wie sie das Sterben nennen *(oñemokandire)* – um in den Spalt zwischen den Welten hineinzugleiten, sondern der Weg ihres Lebens selbst stellt die Möglichkeit dar zu sterben, um unsterblich zu werden, gleich dem inzestuösen Helden Ñande Ru Papari, der singend und tanzend aus diesem Paradies zurückgekehrt ist. Dies machte ihn zu einem Unsterblichen, der im Licht der Sonne wie in der Dunkelheit von Traum und Tod gleichwohl zu Hause ist. Er hat den Weg zum Ursprung wiedergefunden, indem er sich ausserhalb aller Gesetze und Sozialordnungen stellte, selbst die furchterregende Grenze des Inzests überschritt, wie das die Senoi fröhlich in ihren Träumen tun und viele Stämme in der «Zeit wischen den Zeiten». Eine Frechheit, die göttlich macht. Ñande Ru Papari hatte die Perfektion, die Erfüllung – *aguyje* – erreicht; jene Klarheit, die aztekische Verstorbene in *Tlapallan*, dem Land der Fleischlosen, wie der im Kessel gekochte Schamane, erahnen und die sie in *Tonatiuhichan*, dem Land der Erleuchteten, wie in der hellsichtigen Illumination des Schamanenkörpers, erlangen.

Diese Vollkommenheit muss das Herz aller Huichol *peyoteros* erfüllen, wenn sie La Puerta verlassen, durch die zusammenprallenden Wolken geschlüpft, und damit zweifach aus der Ordnung hinausgetreten sind. Sie alle wissen, dass die Reise nach *wirikuta* gefahrvoll ist, man kann seine Lebenskraft, sein *kupuri*, verlieren, denn man geht wie auf einem dünnen Steg, eine schwankende Regenbogenbrücke: jeder Schritt hat seine Bedeutung, jede Geste ist ein Ritus. Keine Fehler, denn alles Geheiligte hat seinen Ort. Einen Ort allerdings von rätselhafter Unbestimmtheit, als gelte es auch dafür einen feinen Augenblick und die fast unsichtbare Schwelle zu erhaschen, die das Profane plötzlich zu Sakralem macht. Die Pilger haben ihren *mara'akate* ihre Herzen übergeben, vertrauen auf deren heimatlichen Umgang mit der Fremde. Eigentlich sind sie schon eins geworden mit den Schamanen in dem bedingungslosen Vertrauen, ihrer Offenheit, noch bevor sie vom Wasser *tatei matinieris* getrunken haben und das Land ihrer Vorväter und Ursprünge erblicken durften. Wenn die Augenbinde des *primeros* fällt und sich seine Augen langsam erheben, um den Glanz des Landes der Uralten zu sehen, laufen Tränen über ihre Wangen. «Ich habe den Schmerz der Freude gespürt», berichtet mit sichtlicher Erregung ein junger Huichol nach seiner ersten Pil-

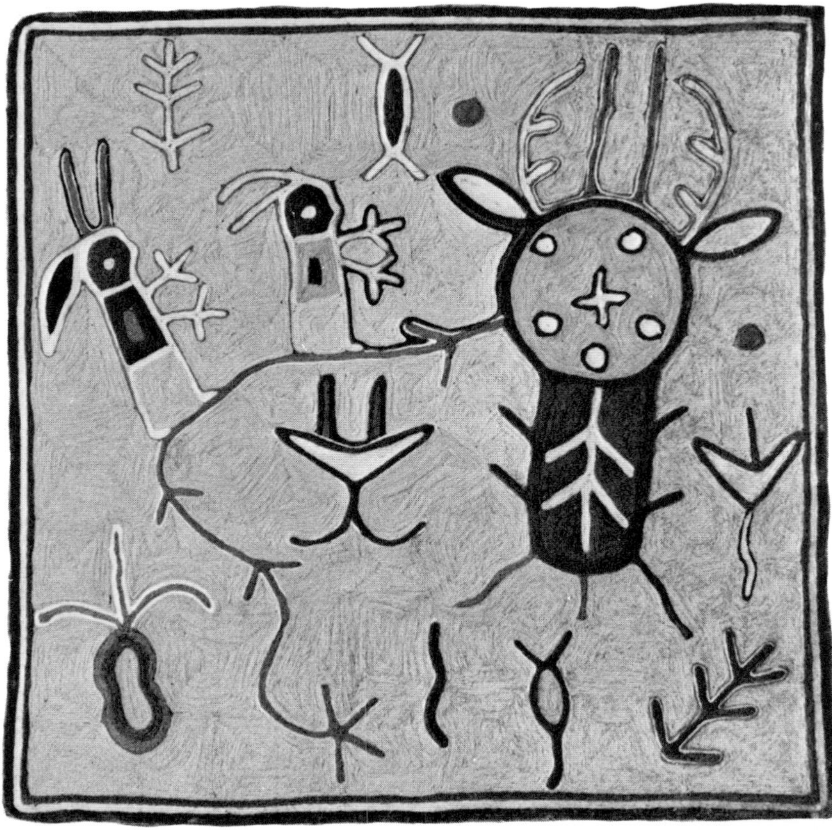

Der Weg nach *wirikuta*, dem Land des Ursprungs, ist gefahrvoll. Sorgsam folgen die Huichol-Peyoteros den Spuren Kauyumaris, denn nur diese führen sie sicher zum heiligen Hirschen, der als Peyoteknollen sein Leben opfert, damit die Huichol ihr Leben *sehen* können (Huichol-Garn-Bild).

gerfahrt, «mein Leben war wie neu und alles war anders von diesem Augenblick an».

Alles ist anders am Ende der selbstverständlichen Alltäglichkeit – *aliter totaliter*. Das sind keine Wälder von Nopal-Kakteen mehr und keine trostlose Wüsteneinsamkeit, keine Tümpel und stacheliges Gestrüpp. Kauyumari springt umher und Tayaupá taucht das Land in zitternde Hitze. Aber selbst Vater Sonne ist nicht irgendwo dort draussen und schickt seine sengenden Strahlen auf die federgeschmückten Pilgerhüte. Alles hat sich verwandelt, wurde hineingerissen in einen Strom zeitloser Verschmelzung, unten und oben geben keine Sinn mehr, draussen und drinnen verkehren sich. Das Haarbüschel einer interessierten Ethnologin ist zur Kaktusfaser geworden, der alte Francisco ist ein *nunutsi*, ein Baby; wer etwas haben will, bekommt es mit einem Dankeschön ausgehändigt und wenn einer niest, dann muss das wohl eine Ejakulation gewesen sein, denn in *wirikuta* ist die Nase ein Penis. Wir sind im Land des völlig anderen, was sich hier für unsere Alltagswahrnehmung zeigt, das sind die witzigen Verdrehungen. Natürlich ist dies lediglich der Ausdruck, der unserer Fixiermentalität entspricht. Später, wenn das Peyote durch die Adern der Gottgewordenen pulst, wird alles aufhören, die Ununterschiedenheit und die lächerliche Selbstverständlichkeit des So-Seins zu *demonstrieren:* was bleibt ist das *tremendum.*

Das Land «Nirgendwo», in dem die Esel geschoren werden und die Sonne sich von Westen nach Osten bewegt, ist die Wohnstatt der Toten. Von dort holt der Schamane die Seelen der Ungeborenen und geleitet sie wieder hin, damit sie mit den Füssen in der Höhe Treppen besteigen, während die Männer sich in Frauenkleidern wohlfühlen wie jener Transvestit, der auf der Brücke nach Eleusis sass. Die *karai* versprechen ihren Tupi-Guarani Stammesgenossen, dass in *yvy marä ey* keiner reich und keiner arm sein wird. Denn in jenem Land, in das die Persephone eingetaucht ist und in Eleusis wiedergefunden wurde, kennt auch Proteus alle Winkel und Enden. Er wird dem Pilger Wege weisen und seine Heimkehr ermöglichen, denn er ist ein Verwandelter aus sich selbst – einer, der sich nicht beherrschen lässt, unangreifbar und makellos. Seine Heimat ist zwischen den Welten, zwischen Wasser und Land, nirgendwo eigentlich – der Unfassbare.

Wenn die Huichol das erste Peyote finden, dann muss es mit sorgfältigen Vorbereitungen und sakralen Pfeilen gefangen werden um den *hierosgamos* zu sichern, der die letzten Tore öffnen wird. Die Pilger versammeln sich hinter dem Schamanen, der vor der runden, abgeflachten Pflanze seine Pfeile zieht und den Bogen spannt. Mit leisem Murmeln und weit aufgerissenen Augen beobachten sie, wie sich der *mara'akame* heranpirscht an das sich ängstlich duckende Pflänzchen. Keine Spuren scheint der Huichol auf dem steinigen Boden zu hinterlassen, so wie *kauyumari* für gewöhnliche Augen keine Fährte in den Boden gedrückt hatte, als er diesen Ort verliess, seine Tranceformation aber zurückliess. Wenige Schritte vor dem *hikuri* hält der Schamane inne. Er hebt seinen

Bogen an als Zeichen, dass er das Opfer des Peyote-Wildes für seine Freunde akzeptiert. Ein Pfeil trifft die Pflanze im unteren Teil, der andere durchbohrt sie in der Mitte. Jetzt ist der Peyote-Hirsch gefangen. Das Geweih *kauyumaris*, das der Schamane mit sich führte, stellt er neben der Pflanze ab, reinigt sorgsam den heiligen Boden um sie und öffnet dann behutsam das *takwatsi,* seine Schamanentasche: neben den Schwänzen verschiedener Schlangen und Reptilien und den Nadeln des *haiktsi*-Kaktus', die ihm Mut geben in der Begegnung mit den Göttern, liegen die *muvieris* – Schamanenfedern, paarweise an einen Stab gebunden. Sorgsam entnimmt er sie der Tasche und ruft die *peyoteros,* die ihn aufmerksam verfolgen, wenn er mit den Federn die Pflanze reinigt und in langwieriger Arbeit den Strahlenbogen, der aus dem *hikuri* schoss, als der erste Pfeil ihn traf, wieder in die Pflanze zurückdrängt. Dieser blendende Lichtstrahl ist *kupuri*, die Lebenskraft des Rotwildes, die unter allen Umständen erhalten bleiben muss. Sie weinen, die Pilger, wenn sie ihre Opfergaben abstellen, Zeremonialpfeile, winzige Schalen, verzierte Münzen, Wildschlingen, Garnbilder, denn sie haben ihren Bruder getötet. Ein langer Gesang wird ihn beschwichtigen, lässt ihn verstehen, dass er ein Opfer für Götter war – sie alle sind Götter in *wirikuta* – und dass seine Hingebung das Leben aller rettet. «Wir kommen um unsere Herzen zu finden, um unser Leben zu sehen, damit wir wissen, was es bedeutet ein Huichol zu sein.»

Das stumme Weinen hatte immer noch nicht aufgehört, als der *mara'akame* in sichtlicher Regung, mit zitternden Händen seine Pfeile in das Peyote-Blut tauchte, um damit seine Freunde und Brüder zu salben. Mit einer kleinen Sichel schnitt er den vorsichtig ausgegrabenen *hikuri* so ab, dass einige Wurzeln im Boden verblieben. Aus diesen Knochen wird der kleine Hirsch wiedergeboren werden, wie die Schamanen und alles, was lebt auf der Erde. Es wird eine Geburt eines göttlichen Lebewesens sein, so wie die Geburt des Tupi-Guarani aus den Tiefen der «Welt ohne Schmerz» kommt. Erst die Zeit und das gesellschaftliche Leben mit seinen Einschränkungen, Eingrenzungen und Ausgrenzungen, Verboten und Geboten macht aus ihm einen Menschen, der in seiner Haut und seinem Haus ein Gefängnis auf Zeit errichtet. «L'enfant abdique son ecstase», sagt Mallarmé. Beschränkung als Heilmittel gegen das Beben und Schweben. Erst der Aufbruch ins Paradies, jene tödliche Erfahrung, vermag Änderung und Linderung zu bringen – die Anthropodizee der Indigenen.

Wenig Zeit verblieb den Pilgern, um Peyote zu sammeln, denn die Sonne hatte die Fahrt über den Himmel schon fast beendet. In allen Richtungen verteilten sich die Suchenden, *hikuri* schneidend und *hikuri* essend. Einmal glaubte ich die wiehernden, tragischen Töne einer selbstgezimmerten Violine zu vernehmen, wie sie die Schamanen häufig spielen, als ich vor *uri mana katura* stand, dem höchsten Berg in *wirikuta.* Aus diesem Vulkan entstieg einst *tayaupá,* um seitdem das Land des Ursprungs zu erleuchten. Der Berg steht im Zentrum der Welt, und wenn unser Vater Sonne über ihm ist, dann kann man an seinen Hängen bisweilen den alten Proteus sehen, der den Tiefen entstiegen ist, um die Pilger zu begrüssen. Aber das Licht blendet am Mittag, die Schattenlosigkeit lässt alles flimmernd und glänzend erscheinen. Bis man es geschafft hat den Fuss des Berges zu erreichen – alles scheint näher zu sein im Mittagslicht und in der Wüste – fallen die ersten Schatten und Proteus hat seinen kühlen Ort wieder aufgesucht.

Sehr lang waren die Schatten, als die *hikuritamete* ihre grossen Tragkörbe angefüllt hatten mit der sakramentalen Pflanze und aus den verschiedensten Richtungen wieder zusammenkamen, als wüsste jeder, wo sich der Treffpunkt befinden würde. Ein gutes Zeichen ihrer Einheit. Es war Nacht als alle um *tatewarí* sassen. Die aufgeregte Spannung, die die Huichol den ganzen Tag über nicht losgelassen hatte, löste sich. Alle assen Peyote. Manche starrten schweigend in das leise knisternde Feuer, andere in die Dunkelheit. Viele hatten Tränen in den Augen in jener Nacht in der man «viel sieht», wie ein *mara'akame* erzählt, «viel erinnert. Aber man darf darüber nicht sprechen. Du behälst es in deinem Herzen. Nur dein Selbst weiss davon. Es ist eine perfekte Sache. Eine persönliche Sache, eine sehr private Angelegenheit». Der Schamane sieht *tatewarí* und die Sonne. *Er* sieht den *mara'akame,* wie er das Feuer verehrt und hört seine Gebete wie Musik. «All das ist nötig, um zu verstehen», sagt der alte Schamane, der unzählige Male ins Land der Ahnen gereist sein mag, «um sein Leben zu haben.» Keine Moral, keine Ethik und kein Dogma. Keine Regeln, die das ursprüngliche *Mysterium tremenden et fascinans* in Lehrsätze ummünzen, die gelernt werden sollen. Die Lehre ist im Herzen selbst und in jener Offenheit, mit der die Pilger eingezogen sind in das Land ohne Schmerz. Und wer die Klarheit dieser Einsicht mit sich nimmt in jedem Augenblick und an alle Orte begibt sich selbst in die gefährliche wie tranceformatorische Nähe des Schamanen.

I am an artist. My clarity helps me to heal.
My drum helps me to fly. My fluidity helps me to see.
I have no choice but to be what I am.
Schamane der Sioux

From Stone Age to Stoned Age

Seit die Steinzeitschamanen von ihren Trommelritten in Tundren und Regenwäldern zurückgekehrt sind wurden viele Steine umgedreht und Gräser glattgetrampelt. Damals war ihnen das Fell der Tiere nicht fremd, das sie sich um den Körper warfen. Auch vom Wissen der Pflanzen lernten sie, wie aus ihren eigenen Ideen und Dummheiten.

Inzwischen ist oft geteilt, getrennt, verbaut, bezeichnet worden. Die Welt ist aufgegliedert worden wie die Psyche, in eine Architektur von Klötzchen, die nur dann miteinander zu tun haben, wenn sie einander anstossen. Diese zersetzende Devolution setzte mit der kindischen Freude über die Entdeckung des Machbaren ein. Man erzeugte und trennte und spezialisierte, bis das Gehirn erzeugt und getrennt und spezialisiert wurde, bis selbst das Denken erzeugt und getrennt und spezialisiert wurde, bis auch die Gefühle erzeugt und getrennt und spezialisiert wurden. Alles bekam seinen Ort, und wenn das Gefühl einmal auf einen Verstandesplatz zu springen drohte, dann musste rasch vorgebeugt werden – es wurde ein neuer Ort für den Ausreisser geschaffen.

Mit ihrem frechen Entdeckergeist haben die Schamanen an dieser Entwicklung sicherlich einen wichtigen Anteil gehabt. Aber sie blieben einsam zurück, als sie die grossartigen Rochaden erwarteten, die Verselbständigung des Eingeteilten, ein fröhliches Platztauschen, Zusammenrücken, Auflösen, Verschmelzen, Aussteigen, Sich-Vervielfältigen der langweiligen Klötzchen. Nur hin und wieder brachten sie ihre Stammesfreunde zum Zittern und Beben. Zu bestimmten Zeiten liessen sie es in deren Gehirnen knistern und liessen an ihren Häuten wieder Pelze wachsen. Dann knackten sie die Köpfe, so dass alle Klötzchen darin verschwinden konnten und mit den Menschen zu tanzen begannen. Und als sie wussten, dass sie selbst die Klötzchen waren, da schauerte es sie und sie weinten vor Freude sich wiedergefunden zu haben.

Der Schamane aber wischte sich den Schweiss von der Stirn, stiess einen verhaltenen Fluch aus in der Hoffnung, dass es nicht immer so schwierig sein möge, seinen Schwestern und Brüdern die Augen aufzureissen und die Herzen.

Wenn er durchs Dasein läuft und sich in den Blättern und Wildspuren wiederfindet, dann weiss er immer auch von den Klötzchen, von dem Unverrückbaren und Geordneten. Schliesslich ist sein Zustand grösster Klarheit, die Trance, nicht seine Un-Bewusstheit, sein Abschied von der Welt der Sinne, sondern eine *andere Art* von Bewusstsein; eine die das Magische zulässt, wie das Alltägliche erkennt. In der Trance ist der Meister wahrhaft in einer vollkommen anderen Welt. Ja sie ist so sehr anders, dass sie zugleich überhaupt nicht verändert ist. Er weiss sehr wohl, dass er die Trommel schlägt und singt vor dem Feuer, aber das hindert ihn nicht daran, im selben Augenblick auch zu wissen, dass er mit seinen Verbündeten die dunkle Unterwelt durchfliegt. (Dass solches die Nicht-Schamanen nicht *sehen* können, heisst einfach, dass sie es nicht sehen können. Basta.)

Als die Machbarkeit den Westen zu überrollen drohte, brach die Psyche auf und die sozialen Zusammenhänge. So bescherte die psychedelische Revolution die schmerzhafte Erkenntnis unserer zerbröckelten Einheit. Es war, als ob es das Natürlichste von der Welt sei, dass jeder das Rad neu erfinden muss samt jener archaischen Wirklichkeit, die das Leben überall in der Natur in einer rührenden Offenheit zu zelebrieren weiss. Mächtige Kräuter und synthetisch nachgebildete wurden zu starken Verbündeten in einer Wiedergewinnung eines poetischen Verstandes, dessen Sinnesorgane plötzlich eine skandalöse Vermehrung durchzumachen schienen und Rezeptoren für Ungeahntes in jeden Winkel der Körperlandschaft entsandten, wo dieselben ausflippten und den Gehirnen von einer tranceformierten Welt Bericht erstatteten. Da war der Leib zum künstlerischen Seismographen geworden vor dessen sensiblem Zeiger die städtisch devolvierte Banalität keine Sekunde bestehen konnte. Endlich Durchblick?

My senses have been stripped (Bob Dylan).

Die abstrakt und geometrisch gewordene Welt kann die manische Gefühlsarithmetik und die Grammatik des Magischen unter Falltüren und in Schubladen verstecken, aber nicht zum Verschwinden bringen. Da werden Zäune plötzlich übersprungen, als seien sie gar nicht da. Der Intellekt wird vom Herzen eingeholt, die Intuition ist der Logik innigst verwandt, die Vernunft blickt in den Spiegel und erkennt sich als Phantasie wieder. Es ist aufregend, wie das Land sich plötzlich weitet, wie eins zum andern wird, als hätten sie nie getrennt voneinander existiert. Ha, ein erotisches Durcheinandersausen ist es, das die sauberen Ordnungsbewahrer aufschreien lässt. Aber damals, als die Felder und Wälder die Asphaltschluchten überwucherten und ein dionysischer Schwarm von wilden Leuten durch eine bunte Welt wirbelte, war ihr Schrei der lauterere.

But for the sky there are no fences facing (Bob Dylan).

Die Kunst und Poesie hatte dies alles vorausgeahnt. Die Maler haben bewusst die Form des Abstrakten gewählt, um sich in die Alltagswirklichkeit einzuschleichen. (Jene, die in ihr lebten, aber nichts mehr verstanden, fanden dies freilich überhaupt nicht erhellend und konnten mit dem «Farbengeschmiere» nichts anfangen. Damit war das erste Ziel erreicht).

Doch die abstrakte Formulierung löste sich nicht nur vom Gegenstand, sondern von jeglicher Darstellung. Hierin zeigt sich der anarche, subversive, schamanische Zug, der sich einem Ausdruck der Wirklichkeit unterwirft, um ihn zu demaskieren. Abstrakte Malereien auf riesigen und kleinen Leinwänden von Mark Rothko bis Antonio Calderara stehen in Resonanz zu fernen mythischen Ahnungen und hautnahen Gefühlen. Die grossen Farbflächen, die wie nackt dazustehen scheinen, wollen nackt betrachtet sein. Vor Rothkos Bildern sind Leute in Tränen ausgebrochen. Dies, weil die Kunst die ästhetische Provinz verlassen hatte und plötzlich ohne Verschleierungstaktik an den Bauch der Betrachter ging. In den 50er und 60er Jahren malt der stille Calderara rechteckige und quadratische Formen in feinsten Pastelltönen. Es ist, als ob sein Gefühl eine neue Mathematik entwickelt hätte, deren Perfektion so vollkommen ist, dass sie den Betrachter des Bildes abbildet wie eine Gleichung, die man bestenfalls als Initiand rätselhafter Mysterien ins Ohr geflüstert bekommt. Calderara über Calderara-Bilder: «Farbe, nein Materie, Überwindung der Materie. Beziehung, Ton, Valeur. Kalkül des Verstandes, Beteiligung der Empfindung, Beschränkung auf das Wenige. Monochromie, Harmonie, Zahl, Variation, Identifikation, Musik, Ordnung, Gleichgewicht, Reinigung, das Gedachte sichtbar.» Ordnungen für das Unmessbare.

Nach aussen hin radikaler schien die Ankündigung der Wiederbelebung des Archaischen in der Dichtkunst und Prosa der Beat-Generation. Ginsberg hörte «Blake's ancient voice» und sah «the universe unfold» in seinem Gehirn bevor er *Howl*, das Gründungsdokument der *counter culture,* schrieb. Alles was Ginsberg tat, an jenem denkwürdigen Nachmittag, an dem er den langen ersten Teil von *Howl* verfasste, war «to just write ... let my imagination go, open secrecy, and scribble magic lines from my real mind.»

Allen Ginsberg nahm sich bewusst zurück, um seiner Poesie die Möglichkeit zu gewähren jenen Grad an Dichte zu erreichen, die viele Möglichkeiten der Aufnahme und des Verstehens in Resonanz bringt. (Jack Kerouac tat es nicht anders, bei seinem Non-Stop-Tippen auf Papierrollen, ohne je eine Korrektur anzubringen). So wird das Gedicht wieder zum mächtigen Gesang, und man muss ihn schon vortragen lassen, den Ginsberg, mit oder ohne Vollbart, um seine Poesie als vibrierenden Atem, als *mantra* zu erkennen. Er gestattet seiner Stimme sich selbständig zu machen um die Zauberformeln in den Äther zu schicken, wie das *om* des indischen Tantrismus, dessen verschmelzende Vibration die erste Bewegung in die Welt brachte. *Poiesis* – schöpferisches Hervorbringen – durch das Wort aus den verrauchten Matratzenlagern der *poetry-freaks*. Irgendwo tönt die verkratzte Aufnahme von Dylan Thomas. Also erwachte die Prophetengabe zwischen Wahnsinn und Vision in Allen Ginsberg, dessen Wortzüge die verunsichernde Kraft des unbedachten Impulses verraten, samt der Besessenheit des Hinzufügens, für die Jackson Pollock in der Malerei als einsamer Zeremonienmeister gelten muss.

Pollock beschwor keine Apokalypse und keine Mythen. Pollock war Schamanenkünstler. (Watts würde sagen «Zen-Künstler»). Wenn er über die Riesenmalflächen spazierte und Farben aus den grossen Plastiktuben drückte, dann hatte seine bewusst gesuchte Unbewusstheit etwas vom Zen-Kalligraphen, der seine Schriftzeichen setzt in einem Spiel mit dem Zufall. Seine Kunst hat auch etwas von jenen «automatisch» malenden Künstlern, die die Faszination der Surrealisten auszulösen vermochten. Mehr noch steht sein Werk im Zeichen der graphomanen Besessenheit, die den eingeschlagenen Weg vorwärts schreitet, den Spuren einer Vision folgend.

Als Hans Arp noch sein Zufallsbild schuf, war seine Schöpfung jener klassischen japanischen Geschichte, bei der die wertvolle zerbrochene Teedose mit Gold wieder zusammengefügt wird und erst dieses goldene Netzwerk ihre wahre Schönheit zum Vorschein bringt, näher, als der Pollock-Ginsbergschen Manie. Freilich, die Grundform bleibt die alt bekannte: die Natur wirken *lassen*, um dem Magischen Raum zu geben. Aber dazu kommt ein Ärger mit den Umständen, ein fast zwanghafter Realisierungswunsch.

Der Wille zum Gewollten wandelt sich in den Willen zum Ungewollten. Kein Radiergummi, keine Retouche. Kein Traumbericht, nur Traum. Die Besessenheit des stoned age war zunächst eine Besessenheit von Echtheit.

Als John Cage seine Partituren aus lauter Pausen – auch auf offener Strasse – vor seinem Piano «spielte», dann tat er dies, um unsere eingeschlafene Aufmerksamkeit auf all das, was uns ständig umgibt, hervorzulocken. Wie sich unsere Sinne an ständige Reize adaptieren, so adaptiert sich unser Geist an die Selbstverständlichkeiten der Lebensform. Solang, bis man nicht mehr realisiert, dass man in einem dunklen, schalldichten Raum hockt. Cage hatte auf die einschmeichelnde, poetische Schamanenart, die alles sagt, wenn man es sich selbst sagen lernt, diesen Raum bewusst gemacht. Jimi Hendrix muss auf dem Ego-Trip in einen ähnlichen Raum geraten sein, von dem er sich mit virtuosen Klanggebilden lossagte, um sich auf ein Lebens-Abenteuer einlassen zu können: «I used to live in a room full of mirrors, all I could see was me. I take my spirit and I smash the mirrors, so the whole world is here for me to see.»

Die Musik hatte endgültig die Trägerfunktion für eine Philosophie der Jugend übernommen. Eine Philosophie für Beine und Hirn, versteht sich. So wie der Schamane durch Gesang lehrt, so wie die archaischen Menschen im Tanz und in der künstlerischen Auseinandersetzung mit Visionen ihre Stammesphilosophie erfahren, schrien es die Rock-Philosophen von der Bühne: «We want the world and we want it now», verkünden die *Doors*, Schreckgespenst der braven Bürger, von deren dionysischen Ekstase-Auftritten trippende Underground-Schreiber von «musikalischen Blutbädern» und von «Fleischfressern in einem Land von Vegetariern» schrieben. Da verwechseln die lechzenden Revolutions-Fanatiker das Bewusstmachen unserer Lebendigkeit mit der mörderischen Verwilderung alles «Anständigen», verwechseln eine im Grunde ebenso ernste wie humorvolle Frechheit mit einem wahnwitzigen Nihilismus, der das eigene Leben wohl erst in einem Amok-Gemetzel erkennt. Über die Doors heisst es 1967 im Underground-Blatt *Helix*: «Their style is early cunnilingual with overtones of the Massacre of the Innocents.»

Die einzige Chance war es, so dachten viele, sich um nichts mehr zu kümmern, denn um die eigenen Impulse. Und mit dem Wissen, dass vieles machbar ist, wuchs der Hunger nach der unmittelbaren Erfahrung. Dies eröffnete die grossartige Möglichkeit der totalen Lebensauskostung in jedem Augenblick. Entscheidend wird die Form existentialistischer Philosophie, jeden Atemzug des Lebens mit der Bedeutung zu füllen, als wäre er das ganze Leben, als läge in ihm die letzte Möglichkeit sich selbst zu offenbaren. Die unvergleichliche Gasflamme der späten 60er, Janis Joplin, die verkündete, dass Freiheit das sei, nichts mehr verlieren zu können, hat solche Verstandesbotschaft über das Gefühl mehr als deutlich artikuliert. So zu ihrem Lied *Ball and Chain* bei einem Konzert in Calgary, 1970: «If you gotta get it for one day, man, I tell you, man, that one day better be your life ... You gotta call that love. If you got it today, man, you don't want it tomorrow. Cause as a matter of fact ... tomorrow never happens. It's all the same fuckin' day.»

Die Zelebrierung des Augenblicks wollte die wissenschaftliche Weltsicht, auf die sich eine Technokratie der Zerteilung und Zersetzung bewusstlos aufgebaut hatte, im hellen Flackerlicht der befreienden nicht-intellektuellen Erfahrung ersticken. Doch die Zeiten für ein Lebensgefühl wie jenes, das in *Hair* besungen wurde, waren bald gezählt, zumal sich eine Ideologie etablierte, die den utopischen Anspruch auf den Ersatz der Welt des begrenzten technokratischen Machbarkeitsdenkens gerade durch einfache Kunstgriffe *machbar* glaubte.

Aber da gab es noch das, was psychedelische Musik genannt wurde. Jene Mitteilung der Sinnesverschmelzung einer orchestralen Poesie auf Leinwand, die jedem Selbstfindung in der «äusseren Welt» gewährte und sie denen erleichterte und zur Zeremonie machte, die LSD schluckten, wie zahlreiche Musiker beim Spielen. Freilich ist vieles unter die Rubrik «psychedelische Musik» gerutscht, was nicht eigentlich zu den Klanggebäuden aus Drogenerfahrungen zu zählen ist, sondern Teil jener ausserordentlichen Tonspektakel war, die sich vom gängigen Schema der gemessenen Bürgermusik unterschieden. Die *Mothers of Invention* samt ihrem frivolen Hofnarren Frank Zappa waren nie eine ausgesprochene Drogen-Band, gelten aber ebenso als Psychedelik-Musiker wie die *Pink Floyd* oder die *acid kings Grateful Dead.* Freilich psychedelich heisst seelenerhellend. Somit scheint die Frage sinnlos ob sie nun, oder doch nicht, oder vielleicht, aber manchmal, bisweilen auch ohne, vielleicht immer, na ja, und wenn schon, aber was solls. Schliesslich gings um die trancige Zusammenrüttelung, wenn Pete Townshend zur *Acid Queen* die Gitarre zupft und schliesslich schüttelt und rüttelt, wie der Schamane seine Trommel, um ihr die seltsamsten und zutiefst unirdischen Töne zu entlocken, wenn die *Velvet Underground* in eine ebenso paranoische wie erhellende Düsternis entführen und die *Led Zeppelin* ihr lautstarkes Wahnsinnsgehämmer kurzfristig unterbrechen, um zu verkünden, dass «everybody needs the light»; trancige Zusammenrüttelung also, ganz gleich ob vollgepumpt mit LSD oder einfach mit aufgerissenen Augen und Ohren, es war eine Möglichkeit, archaische Verständigung zu mobilisieren. Synästhetische Zusammenschau zwischen orgiastischer Erotik und spirituellem Höhenflug. Was die vier eisernen Schmetterlinge als *In-A-Gadda-Da-Vida* Ende der 60er Jahre in schwarze Scheiben pressen liessen, mag vielen ihre Stammeszugehörigkeit besser durchsichtig gemacht haben als die gekotzten Hirn-Boleros der neuen Gesellschaftsphilosophen, die in den 70er Jahren der abgekühlten Revolutionsgarde der flower-power, die noch an die Hauswände *it is forbidden to forbid* gekritzelt hatten, den Primat der Vernunft abermals näher bringen wollten. Spätestens dann hätte eine andere Maueraufschrift aus dem Paris des Jahres 1968 in die Kollegbänke der Universitäten geritzt werden müssen: *Cours, camerade, le vieux temps est derrière toi.*

Irgendwie war in der Malerei und Poesie der Jahrhundertmitte und in der psychedelischen Kommunikationsmusik der 60er die wirklich *alte* Zeit aufgebrochen, das archaische Residuum war in die Städte gekrochen und machte sich anheischig aus Abflussröhren und Kanalgittern zu strömen wie das süsse Gift, das ins Haschischinen-Paradies entführt. Zu allem war die Musik nun fähig, denn sie wurde zum eigentlichen Ausdruck dafür, dass es auch in der *polis* noch Leben gibt. Die *Grateful Dead* überzogen wie üblich ihre Konzerte nicht bloss um Minuten während sie Telephatie-Versuche mit den Zuschauern durchführten (bis heute blieb der typische Humor der *Dead-Heads* erhalten, die zu sagen wissen: «Better *dead* than disco»), und Jimi Hendrix verfolgte seine Vision der heilenden Zusammenführung von Farbe und Musik, die er leider nicht mehr realisieren konnte. «In older civilizations they didn't have diseases as we know them», erzählte er Roy Hollingworth in einem Interview, das einen Tag vor seinem Tod erschien: «It would be incredible if you could produce music so perfect that it would filter through you like rays and ultimately cure.» Ja, Jimi, it would be incredible!

Dann aber die Ernüchterung. Die *counter culture* Revolution war auffallend schnell verschwunden. Zu schnell um wirklich ausgelöscht worden zu sein. Die Kunst der 60er, neo-dadaistische Narrengruppen, die das Kommerzielle entdeckt hatten und mit grösster Freude das Künstlersakrileg begingen romantisches Bohème-Denken mit einem Sturm auf die Galerien-Hitlisten zu ersetzen, konnten sich nicht entscheiden, ob sie das Moderne glorifizieren oder verdammen sollten. Zwischen diesen Fronten wurden ihre Gehirnwindungen glattgebügelt, weil sie im Namen des Pragmatischen orphische Worte begnadeter stoned age Dichter *wörtlich* nahmen, wie jene Zeilen aus Julian Becks *Paradise now:*

We want
to open them
with love vessels
we want
to clothe the wretched
with linen and light
we want
to put music and truth
in our underwear

Dorthin war *music* and *truth* auch plötzlich verschwunden. Andy Warhol, Aushängeschild dieses Kunstdenkens hat sich von seiner plakativen Kunstvorstellung nie gelöst. Auf der Kasseler *Documenta* 1982, hängen seine oxydierten Pinkelbilder. *Truth from the underwear.* Die Ausgeflippten hatten die «wirkliche Wirklichkeit» längst abgeschrieben, was ein Schamane niemals tun würde, dem die Liebe und seine tiefe Verwurzelung mit der Natur gerade jene Fähigkeiten bereitstellt, das Besondere an ihr zu erkennen. Plötzlich hatten viele den Schmerz verspürt, den jene Leere zurückgelassen hatte, die aus der grossartigen Idee vom Sein ohne dem Risiko sich vollständig und unreglementiert dem Abenteuer des Lebens auszuliefern (ideologische Haltegriffe hatte nicht zuletzt Tim Leary zahlreich anbringen lassen) hervorgegangen war. Der existentialistische Jargon wurde durch einen sozialkritischen ersetzt, die Blumenverteiler begannen Gemüse zu pflanzen und sich um grüne Sitze im Parlament zu bemühen, die Psycho-Ekstase aus dem Seelen-Mekka Esalen wurde in eine Workshopmanie verwandelt, die «erhellte» New Ager und die Jünger «auf dem Weg» (viele zurück aus dem Osten und der Ewigkeit) gleichermassen in den sauberen technokratischen Konsumkreislauf eingliedert. Der Zivilisationsprozess darf weiter an der mühevollen Trennung von psychischer Innenwelt und sozialer Aussenwelt arbeiten. Die Kälte verbreitet sich wieder. Und mit ihr ein Stück Resignation. Denn viele waren

far unfit to bear the bitter cold (Klaus Nomi).

Ja, ein neues Bewusstsein hat sich erhalten, das zumindest Festlegungen entgehen will. Doch es will auch jene politische Müdigkeit der Hauptberufskiffer der Gegenkultur wieder wettmachen. Und das gründlich. Vom Aussteigeranarchismus der unbeteiligten 60er gings geradeweg zum aktiven Anarchismus gegen den blinden Moloch Staat, gegen seine Ordnung, seine Bürgerkultur, seine Intoleranz und seine Aufgeblasenheit. All dies hat die tragische Klötzchenproduktion einer fleissigen Devolution von neuem die Fronten verhärten lassen. Der Intellekt ist kein Blumenstrauss mehr, sondern abermals ein Messer, die Frauen wollen ihre soziale und psychische Eigenständigkeit *programmatisch* zementieren; die Schwulen auch.

Darin offenbart sich ein berechtigter Weg nach Neubestimmung, wie auch die paranoische Vorstellung, dass durch Ekstase unsere devolvierte Stadtkultur nicht mehr verändert werden kann. Den grotesken Ausdruck dieser Utopie der Zukunftslosigkeit haben die Punks in die Grossstädte geschleift. Die grosse psychologische und sozialpolitische Revolution der späten 60er war verblasst und liess nichts zurück als eine tiefe Resignation, vor allem unter denen, die in jener Zeit gerade ihre ersten Schuljahre absassen.

«Die Hitze des Gefechts im Sommer Ochtasechzg

wärmt uns auch noch heut aus der Vergangenheit» verkündet die Wiener Punk-Band *Chuzpe.* Als die *Doors* noch nach der Welt schrien, die sie sofort wollten, verbarg sich dahinter die Sehnsucht nach dem grenzenlosen Fest. Heute sind die Forderungen nicht anders (eine DDR-Band singt: «Mein Abenteuer will ich jetzt»), doch gerade weil Grenzen so bedrohlich nahe gerückt sind. Motto: *live fast, die young.* Dann rotten sich die Komiker der aggressiven Verweigerung in Spelunken zusammen, wo ihre Kultbands (deren Namen und Songtitel freilich möglichst diametral dem sogenannten «guten Geschmack» entgegengesetzt sein müssen), wie die *Dead Kennedys* vom «Urlaub in Kambodscha» singen, während die abenteuerlichen Gestalten, die «null Bock auf nichts» haben, unaufhörlich auf der Stelle springend den Massaiartigen Ritualtanz durchführen. Alles wird glorifiziert, was Kleinbürger beängstigt, und das verachtet, was deren höchste Werte ausmacht. Die gesamte Punkbewegung steht in ihrer radikalen und immer nach aussen gekehrten Verdrehung der spiessbürgerlichen Moral und Ideologie gerade dem «Feindbild» ihrer Reaktion näher als sie es wahrhaben will. Ja, sie ist vollkommen von den emotional vertretenen Werten der bürgerlichen Stadtkultur abhängig, wie ein Vampir vom frischen Blut. Das sind keine anarchen Ordnungsverweigerer, die sich über den «nine-to-five» Alltagstrott wie die *Maneaters* lustig machen, die «toilet love» verherrlichen und ein «paranoia paradise» (*Wayne County*) ausrufen. Die Saturnalien haben sich zu einem grotesken Spiegelbild der Banalität verwandelt. Ab durch den Verdauungstrakt Leviathans.

Mitten durch diese mehr und mehr undurchsichtig gewordene Wahnwelt verdichten sich aber die Visionen der *counter culture* wieder zu einer skandalösen Verschwörung. Links und rechts scheint es, dass die «things are falling apart», wie Jerry Harrison von der visionären Wissenskünstler-Band *Talking Heads* zu berichten weiss; Technokratiegläubige basteln an der Verwirklichung von Mythen und Träumen in der Alltagswirklichkeit: Pille fürs ewige Leben, Auswanderung in Allkolonien, Zeitreisen durch den kosmischen Staubsauger der schwarzen Löcher; spirituelle *freaks* setzen sich wie die dickbäuchigen orientalischen Götter vor ihr *I Ging* und heilen mit Falkenfedern und dem sanften Klirren tibetanischer Tempelglöckchen nach Indianerzeremonien Mutter Erde; ein ganzes Arsenal von mehr oder minder romantisch Abgefahrenen muss von den Visionären des zweiten Zeitalters des stoned age durchschifft werden, soll ihre Verkündigung, wie die der Schamanen «directly from my heart to you» (*Talking Heads*) kommen.

Sie arbeiten fleissig, die Verschwörer. Und wieder ist es die Geste der Kunst, die dem Alltagsleben näher steht als die Galerie- und Museumsscheuen zuzugeben bereit sind, die Weichen stellt und in Ohren, Augen und Bäuche dringt. Die Fünfziger hatten Emotionen aus dem Abstrakten gelöst. Jetzt soll die bewusste Monotonisierung das Mystische von seiner Unantastbarkeit erlösen. Eine grandiose Ästhetik des Wiederholten – Land Art Monumente, Spiegelarrangements von Robert Smithson (der seine Vision übrigens schon in den ausgehenden 60er Jahren in Schnee und Geröll verwirklichte), Richard Longs Steinringe, Dennis Oppenheims Jahresringe der Erde und seine geometrischen Anordnungen, die an «Das grosse Glas» von Marcel Duchamp erinnern, utopische Städte von Anne und Patrick Poirier und die «rituellen» Holzkonstruktionen von Michael Singer. Es handelt sich im eigentlichen Sinn um eine Kunst einer neuen und monumentalen Vereinigung. Die Verschmelzung muss allumfassend sein.

Stammestraditionen und Mythen sprechen nicht aus grosser Ferne und dunklen Zeiten zu den Erben der Überlieferungen. Sie sind immer nah und gegenwärtig wie die Maisfelder jenseits der Dorfgrenzen. Im archaischen Denken stehen die Dinge der Welt sowohl in einem zeitlich-räumlichen Zusammenhang zueinander, wie auch in einem magisch-mythischen. Erst die Verbindung dieser Beziehungen zeigt ihre Bedeutung für das Leben des einzelnen.

Iggy at the Rainbow, 1977.

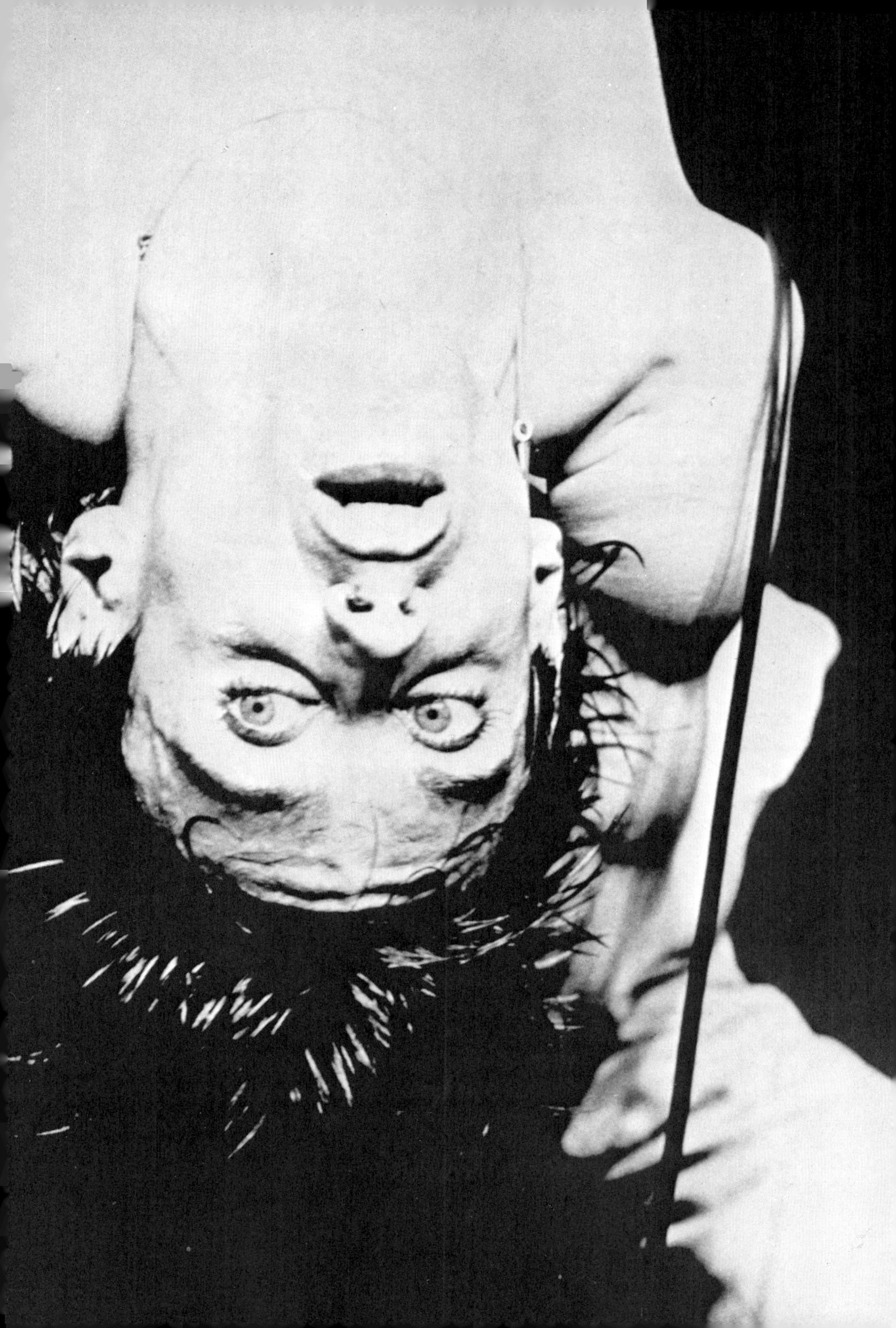

Immer mehr wird die Kunst, auch in der phantasievollen Maskierung von Lebensräumen der Zivilisierten, zur Zeichensetzung. Es sind Zeichen, die sich aus unserer gegenwärtigen Welt lösen, wie Tiere und Menschen und Gerät aus den Felsen der alten Welt. Zeichen von Rune Mields, die Flächen nicht nur ausfüllen, sondern interpretieren, genauso wie sie den Betrachter der Zeichen «interpretieren», wie die geometrischen Körperbemalungen der Nuba oder die «barocke» Tätowierkunst der Maori.

Der Künstler kann freilich nicht jeden einzeln bemalen, um ihn bewusster zu machen in seiner materiellen und nicht-materiellen Verbindung zur Welt. Seine Zugehörigkeit und Eingliederung muss er letztlich selbst vornehmen. Manche Künstler versuchen, diesen Prozess durch eine regelrechte Archaisierung unserer Sehweisen und Fantasiemöglichkeiten zu beschleunigen. Der Blick gibt wieder die Myriaden von Bildern frei, die immer schon vorhanden sind: Nikolaus Lang reibt solche Ritzbilder von eiszeitlichen Findlingen ab, auch von solchen, die Vertreter vergangener Kulturen bearbeitet hatten und er stellt den Betrachter vor Fichtenrinden mit Wurmfrasspuren.

Nicht weit davon entfernt, doch in Beziehung zur Romantisierung vergangener und Utopisierung zukünftiger Hochkulturen, stehen die Modelle verfallener Tempel von Anne und Patrick Poirier, die unsere zerbröckelte Unmittelbarkeit gegenüber dem mythischen Untergrund dokumentieren und gleichzeitig wieder hervorlocken wollen. *Lost Archetypes* nennt sich bezeichnenderweise eines der eindrucksvollsten Werke des Künstlerpaars. Magische Kreise. Charles Simonds baut Pueblo-artige Siedlungen für «little people» an die Häuser Manhattans, Behausungen für eine imaginäre Zwergenkultur, mühevoll errichtet und in einem raschen Handstreich wieder zerstört.

Klaus Rinkes Intentionen sehen ebenfalls eine Archaisierung unseres Weltverständnisses vor, ohne dies direkt anzusprechen, wie es die eben genannten Künstler tun. Sein Werk ist Ablehnung einer primitiv werdenden Technologie durch die Erfindung einer magischen Technologie. Ablehnung jener westlichen Devolution, die bei den «Wilden» durch schamanische Mentalität, die im Ablauf der Zeiten Zeitlosigkeit erhält, kein Äquivalent kennt. Rinke schuf ein «Messinstrument für Zeitlosigkeit».

Als Hansjörg Voths riesige Mumie, stellvertretend nicht nur für die gebundenen und gefesselten und unter der Maske anonymen städtischen Menschen, sondern auch für die dadurch bereits gestorbenen, auf Deutschlands Schicksalsstrom, der Landschaften und Völker zerteilt, ins Meer fuhr, wurde ein grossartiges und eigentlich hoffnungsvolles Zeichen gesetzt: der archaische Begräbnisritus schliesst das Wissen um eine Transformation mit ein, um eine veränderte, bewusstere und andere Daseinsform.

Als Ergebnis technokratischer Blindheit und damit verbundener menschlicher Erkaltung, beschrieben die Künstler eine erschrekkende Metamorphose ohne die Erneuerungshoffnung der Vothschen Mumie, sondern als verbitterte Anklage. Ich denke etwa an die Objekte und Skulpturen aus Leder und Metall von Horstin Uhrig. Besonders eindrucksvoll die gedrückten, eingerissenen, mit Leder und Schnüren ausgelegten und verbundenen Überreste eines erschreckend naturalistischen weiblichen Körpers. Überall Metallteile, die eine geteilte Kappe über dem abgeschnittenen Gesicht befestigen, die Brust mit Haltegriffen versehen, die Vulva freilegen und Beine aufspannen. Dies schmerzvolle Ausgeliefertsein an die Roboterisierung und Technisierung kann für viele nicht mehr mit dem Galgenhumor eines Frank Zappa hingenommen werden: «Be a loyal plastic robot». Denn der Wahnsinn der fortschreitenden Begrenzung und Abgrenzung spielt sich auf der eigenen Haut ab und dringt ins Innere. Dagegen nehmen sich die modernen schamanischen Totemskulpturen mit Schnabel und Federn, die Raymond Waydelich, museal entfremdet, unter Glasstürze stellt, um ihre fast unwirklich gewordene Ferne zu unterstreichen wie Fetische aus, die eine Talfahrt des einseitig zersetzenden und begrenzenden Verstandes bannen sollen.

Doch diese vergleichsweise kleinen Zeichen, die irgendwo in einer Galerie übersehen werden, sind der grossen Maschinerie, der sich die schamanischen Erben der Gegenwart gegenüber sehen, nicht angemessen. Performances mit vielen Zuschauern, Video-Übertragungen und Video-Installationen sollen grosse Gruppen erreichen. Joseph Beuys hat in gewissen Aktionen absichtlich die Figur des Schamanen angenommen, «nicht um zurückzuweisen», wie er selbst sagt, «in dem Sinn, dass wir wieder zurück müssen, wo der Schamane seine Berechtigung hatte... Sondern ich benutze diese alte Figur, um etwas Zukünftiges auszudrücken, indem ich sage, dass der Schamane für etwas gestanden hat, was in der Lage war, sowohl materielle wie spirituelle Zusammenhänge in eine Einheit zu bekommen.»

Genau dieser Verweis auf das Zukünftige, abgehoben von einem einfachen Wiederspielen des Vergangenen, unterscheidet das neue Zeitalter des *stoned age* von seinem enthusiastischen Vorläufer. (Freilich hatte dieser Vorläufer, wie gezeigt, den nicht zu unterschätzenden Wert in einer dionysischen Hochstimmung Grenzen zu sprengen, Krusten aufzuschlagen, Emotionen zu mobilisieren. Jetzt geht es darum, eine tranceformatorische Intelligenz einzusetzen, um dem Menschen wieder seinen skandalös «allgemeinen» Stellenwert zu verschaffen).

Die neue Ästhetik und Kommunikation der Verschmelzung findet wieder in der Musik, dem Träger mit grösster Breitenwirkung, ihr erstes Ausdrucksmittel. Doch die musikalischen Visionäre solcher Entwicklung entstammen selbst dem Lager der Kunst und bisweilen einer künstlerischen Wissenschaft: Brian Eno, der mit Video experimentiert und transvestitisch geschminkt aufzutauchen pflegte, hat ein Kunststudium hinter sich, aber auch eins der Kybernetik. Laurie Andersons Musik kommt direkt von ihren akustischen Performances. David Byrne, Kopf der *Talking Heads*, entsprang samt den restlichen Bandmitgliedern der Kunstakademie. Zuletzt produzierte Byrne die fantastische Musik für *The Catherine Wheel,* eine Tanz-Performance der «Twyla Tharp Dance Foundation» vor dem Hintergrund eines archaisch-futuristisch anmutenden Bühnenbildes. Byrnes Vision ist die einer Zusammenführung zu neuem Gemeinschaftsgefühl, einer Verschmelzung der Traditionen, ohne sie dadurch auszulöschen. Zusammen mit Eno produzierte er ein Gemisch von Radioaufnahmen von Politikern, Exorzistenflüchen und libanesischer Musik mit einer grossen Anzahl von Trommeln, Perkussionsinstrumenten und dem Klang gefundener Objekte samt Gitarren und Synthesizern zu einer neuen planetaren Musikform, die gleichwohl die mythische Wirklichkeit bewusst machen (nicht umsonst heisst das Werk *My Life in the Bush of Ghosts* nach dem Roman von Amos Tutola, der die Reise eines Sterblichen ins Totenreich zum Inhalt hat) wie auch Intellekt und Emotion, Beine und Kopf zugleich ansprechen soll. Wiederfindung in einer Neuschöpfung aus einem Konglomerat von Abgespaltenem. Mit den *Talking Heads* verfolgt Byrne, der als *freak* von archaischen und indigenen Instrumenten gilt, denselben Weg, denn was sie suchen, ist etwas «to change your mind». Es ist eine neue und bisweilen höchst subtile Form des «they'll stone you when you're climbing in your brain» (Bob Dylan), die von der Paradeband des futuristischen Fatalismus *Devo* gepredigt wird.

In ihrer postmodernen Perversion des Rockigen besingen die vier aus Akron, der «Gummihauptstadt der Welt», roboterhaft ihr

Der wilde Tanz der Schamanenhelfer eines Yanonámi Stammes (Nordwest-brasilien) bei strömendem Regen, Schnupfpulver in den Adern – bald zu *Talking Heads* Klängen?

Manifesto: *Are we not Men? We are Devo!* So der Titel ihrer ersten Platte, die übrigens von Eno produziert wurde. Sie sagen es selbst: wir sind keine Menschen mehr, wir haben uns nicht nur eingeschlichen in das postindustrielle Herz der Zivilisationsmaschine, sondern sind ohnehin mitten drin. Wir sind *Devo*, de-evolviert. Sie zeigen, was passiert mit der bewusstseinslos abwärts fahrenden Welt. Ihre Musik sei «the important sound of things falling apart». Ganz so wie die L.A.-New Waver *Wall of Voodoo* («All this mess around and I gotta clean it up») fühlen sich die *Devo*-Mannen als «Smart Patrol» (Songtitel aus dem Album *Duty now for the Future*), Saubermänner der Subversion, fröhliche Anarchen, die mit Spiegelbildern vertechnisierter Perspektiven arbeiten, um Augen zu öffnen.

The smart patrol, nowhere to go
suburban robots who monitor reality.

Devos Orakelpriester Mark Mothersbaugh und Gerry Casale, dionysisch-apollinische Wissenskünstler, sprechen Klartext: «Unsere Vision der Zukunft befindet sich in einer Linie mit William Burroughs und Thomas Pynchon.» Sie haben es verstanden, durch Einschleichen in die grossen Plattenkonzerne ihre subversive Botschaft gegen den Wahnsinn dieser Institutionen gerade durch sie zu verbreiten. Ein anarches Husarenstück, das die Blindheit der Betroffenen unterstreicht, und die chamäleonesken Fähigkeiten der musikalischen Wissenskünstler hervorhebt.

Ende der 70er Jahre hatten sie die Köpfe vieler verdreht, als sie den *Stones*-Klassiker *Satisfaction* automatistisch zusammenfallen liessen. Der musikalische Ausdruck – der Gesang als rechtshemisphärischer Empfindungssender – wird monotonisiert, in eine analytische Sphäre zerhackt, während die Botschaft, die Worte, das Fressen für den Intellekt zutiefst emotional werden. Sie vermischen wieder, entheben die Dinge ihrem geheiligten Ort und beleuchten sie in der neuen Perspektive, bis sie ihre selbstverständlichen Beziehungen verlieren. Aber wie für *Devo*, die *Talking Heads* oder *XTC* (wer's noch nicht weiss, der Bandname der frechen Engländer liest sich wie «ecstasy»), *Ultravox*, *Wire*, *Human League* oder *Heaven 17* verändert sich die Revolution (die *Clash* verlangten noch nach einem «weissen Aufstand») zu einer intelligenten *Konspiration*. Das Bewusstsein bleibt klar, dass man Teil jener Maschinerie ist, die es zu verändern gilt. Warum stampften wohl Casale und Co. bei der letzten Tournee der *Devo* beim Spielen auf Tretmühlen?

Casale in einem Interview: «You've got to be subtle and subversive. Be a chameleon, be a termite, and get into the corporate superstructure and eat away at it from inside.» *Devo* halten sich für Punk-Wissenschaftler, wenn unter Punk ein Bewusstseinszustand gemeint ist. Das sind die Alchimisten der Zukunft, die das transformatorische Material bereitstellen, um uns das Magische in seiner ursprünglichen Form entdecken zu lassen; nicht als eine Vorstellung vom Machbaren, wie es eine engstirnig technizistische Anschauung lehren will, sondern als eine Form der Existenz. Magie als Kommunikation mit der Natur. Die Zen-Philosphie kennt das Ordnungsprinzip *li*, das mit keinen Regeln ausgedrückt werden kann und auf die kaleidoskopisch vieldimensional verbundene Beziehungsvielfalt verweist, die durch keine statischen Bilder, keine Worte erklärt werden kann. *Li* wird mit dem gesamten Körper, mit den gesamten Sinnen und Gefühlen, Wünschen, Hoffnungen und Phantasien erfahren. Wenn Beuys in seiner bekannten Performance mit dem Koyoten kommuniziert, dann aktualisiert er jenes Element des Wunderbaren, das plötzlich dem Menschen ein Reich erschliesst, von dem er sich in einem qualvollen Prozess losgetrampelt hatte, und das ureigentlich zu seiner Ganzheit dazugehört.

Freilich muss für solche Einsicht der Preis gezahlt werden, aus der sanften Wiege der Selbstverständlichkeiten hinausgeworfen zu sein. «I never know which version I'm going to be. I seem to have so many choices open to me», singen *Wire* in ihren *40 Versions.* Zwischen den Welten herrscht eine besondere Art von Einsamkeit, die ein Opfer für ein schamanisch zu nennendes Abenteuer wird, wie die Duerrsche Philosophie gezeigt hat. Ein Opfer, das die Devolutionsmaschine verlangt. Noch in den 60er Jahren wussten das die Musiker von *Colosseum* den Enthusiasten ans Herz zu legen: *The Machine demands a Sacrifice*. In Zukunft kann man hoffen, dass solches ernst genommen wird.

Stellen wir uns eine von der Notwendigkeit entblösste Welt vor, eine Nicht-Welt, wo die *mania* regiert, wo das geronnene Individuum aufbricht und seine Grundkomponenten mit Macht sich befreien, wo die Empfindung noch das Zittern, die Erschütterung eines Reagierenden ist und nicht die «Synthesis der Apprehension».

Giorgio Colli

Protokoll über den Zerfall der Selbstverständlichkeit

1

Im Westen hat sich die Meinung hartnäckig durchgesetzt, dass der letzte Sinn ausserhalb des Menschen selbst liegt. Und obwohl die religiösen, spirituellen, philosophischen, oder wie man sie auch immer nennen möchte, Impulse nach diesem Sinn zu suchen von innen her kommen, verhärtete sich die charakteristische Orientierung nach aussen[1]. Der Zuspitzung dieser einseitigen Suche folgt die Umkehrung auf dem Fuss: östliche Lehre und in ihrem Sog eine «neue Psychologie» verkünden den Gott in uns. Aus alten Zeiten lehrt der Schamane: die Dinge draussen sind immer auch drinnen und drüben ist immer auch hier. Es ist diese übergeordnete Identität der Wege, die sie alle gleich entscheidend macht, wenn sie mit dem Bewusstsein der Offenheit für die verbindende Erfahrung begangen werden.

Einen Mittelweg gibt es nicht. Genau dies ist der Mittelweg.

2

Schamanismus ist nicht *eine* Lehre. Schamanismus ist im eigentlichen Sinn überhaupt keine Lehre. Es ist eine Existenzweise, eine Art der Bewusstheit. Deshalb wird der Schamane kaum zögern, jedes Mittel einzusetzen, um die unerträglichen Trennungen zwischen Körper und Seele, Materie und Geist in künstlerische Unmittelbarkeit umzumünzen[2]. Zuerst rüttelt der Schamane sich selbst wach, erschrickt in seinen Visionen, staunt in der Initiation und gewinnt schliesslich einsame Freiheit.

Jedes Ding vergessen, jede Erfahrung neu. Der Narr, der ohne Wissen, Perspektive, Vorurteil und Vorstellungen in eine vollkommen unbekannte Welt spaziert, findet «Freiheit der Einsamkeit und die Sicherheit vor dem Verstandenwerden»[3].

Er eröffnet sich die Möglichkeit, immer *da* zu sein und dafür Verantwortung zu übernehmen ohne kleinliche Rechtfertigung. Die Einsamkeit und das Anderssein ist jene Form der Freiheit, die der Schamane wählt. Urwahl[4]. Castanedas Wunsch ein *pájaro solitario* zu sein[5] hat viele in den Bannkreis des Schamanischen gezogen.

Im *nagual* sagt dir keiner vor und niemand klopft dir auf die Schulter, wenn du etwas «richtig» gemacht hast.

3

Im «wilden Denken», im Mythos, im Ritual begreift der archaische Mensch auf ein Mal die gesamte Welt. Nicht nur Beobachtung und Interpretation fallen ineinander zusammen[6], sondern alles. Es geht um die vollständige Erfahrung, Zielpunkt der Mysterien. Leben und Tod sind nicht mehr getrennt. Schamanische Bewusstheit, die den ungewöhnlichen Lauf der Dinge andauernd unterbricht. Die Trance ist ein Helfer. Sie formt dieses Bewusstsein.

Darüber kann man nicht zu viel sagen. Denn je mehr man ausspricht, desto mehr verflüchtigt sich der Gegenstand der Aussage. Das Wort ist nicht die beste Möglichkeit ihn zu fassen. Wie sollten Worte dann die beste Möglichkeit nennen?

4

Es ist viel geschwätzt worden in all den Jahren, von der Einfachheit, die grosse Veränderung in uns selbst und schliesslich in der Welt hervorzurufen. Freilich war es der Optimismus der Macher. Technokraten des New Age wussten das goldene Zeitalter der Trance zu besingen[7]: ist einmal die Trance so allgemein und jedem zugänglich wie die Elektrizität, dann sollen ganz andere Glühbirnen in dieser Welt vergeudeter Energien zum Leuchten gebracht werden! Da verwechseln die Technologiegläubigen die Magie der Trancemeister mit jenem amüsanten Merlin aus der Monty Pythons *Holy Grail*, der unablässig seine Finger in die Luft reckte, aus denen Blitzbündel zuckten, die im umliegenden Erdreich ständig mittlere Explosionen verursachten.

Dann sind da noch diejenigen, die *instant illumination* für Hausfrauen hinter dem Herd und Busschaffner in der Kaffeepause predigen: ein paar Pillen «and your mind goes ping!»[8] Nein ganz gewiss muss der absolute Durchblick nicht erarbeitet werden, wie ein akademischer Grad, flüstert Kleps unüberhörbar[9]. Castanedas Antwort: der Weg eines Kriegers ist lang und seine Lehrjahre sind anstrengend.

Über sechzig Jahre folge er schon dem Weg des Schamanen, sei

Ihr Gesicht nach Norden gekehrt, der Heimat des ersten Schamanen, erwartet die Initiandin – ein zappelndes Widderherz im Mund – auf dem Lebensbaum ihre Geburt als Schamanin (Magar).

aber immer noch ein kleines Kind, sagt Matsúwa, der Huichol mit seinen angeblichen 103 Jahren auf dem Rücken. Also doch schwierig. Das Gesicht des alten Meisters lächelt, er kratzt sich am Kopf und rückt seine Zigarre im Mundwinkel zurecht. Nein, schwierig scheint es für ihn nicht zu sein. Was also. . .

5

Der Schamane beginnt nicht erst dann seine Bewusstheit einzusetzen, wenn er zum schamanisieren aufgefordert wird. Er bewahrt seine ständige Unmittelbarkeit, auch in der Wahl nicht davon *Gebrauch* zu machen. Deutlich wird es im Umgang mit den anderen. (Für den Anderen vor allem, wenn er sich auf die schamanische Offenheit einlässt). Fremderkenntnis wird ihm zur Selbsterkenntnis und umgekehrt. Er misst sich nicht am andern. Seine Freude gilt dem Erkennen.

Denn immer trägt er Anteil an der Welt. Das ist nicht anders in jedem Text. Der Leser trägt mindestens genausoviel dazu bei, wie der Autor. Deshalb ist es entscheidend, seine *Impulse* wirken zu lassen, nicht bloss die Analyse einer Information. Magier, wie Crowley, die von der Bedeutung der Verschmelzung von aussen und innen wussten und den wichtigen Anteil des Selbst an jeder Lehre eines «andern», haben Hinweise gegeben mit dem schlechten Medium Wort zurechtzukommen. Crowley schrieb in der Einleitung zu seinem *Buch des Gesetzes*, man solle das Buch nicht studieren und es sei weise, das Buch nach dem ersten Durchlesen zu vernichten. Vertraue deiner Unmittelbarkeit. Erinnern sie sich wie der sanfte Meister seinen Schüler Luke in *Star Wars* eindringlich auffordert, seinen Gefühlen, der «Kraft» zu vertrauen? Ob man dadurch mit futuristischen Säbeln Laserstrahlen abwehren kann, will ich dahingestellt lassen, aber viel handgreiflichere Dinge, solche die einem alltäglich an die Haut gehen, verändern ihr Wesen durch dies bewusste Vertrauen. Schamanismus ist auch keine grandiose Zeremonialmaschinerie, deren Wiederauferstehen im Westen den Planeten spiritualisieren und die Erde heilen wird. Schamanismus als Geisteshaltung kann eine Aufforderung an unseren täglichen Umgang mit uns und der Welt sein; eine Sache die uns persönlich angeht; eine Psychologie der aufmerksamen Vernunft sozusagen.

Manchmal muss man sich Wege freischlagen.

6

Der Weg selbst ist nicht entscheidend, sondern die Einstellung. Die Welt liegt immer ausgebreitet da, wie wir selbst. «For the soul walks upon all paths.»[10] Verständlicherweise lauert überall die Versuchung, die unmittelbare Erfahrung dieser Wanderung zu übersetzen, seine Sinne zu befragen, seine Massstäbe auszufahren. Wenn man über diese Dinge schreibt, liegt eine besondere Versuchung im Wege. Und *einer* obliegt man dadurch auf jeden Fall. Was solls. Gewisse Dinge führen den angenehmen Effekt mit sich, Spass zu machen. Wie jemand dies in sich aufsaugt ist seine Sache. Osman Spare pflegte jenen vorzuschlagen, die seine «primal scripts of magic» nicht verstehen würden, to «swallow the whole damn book: then you will obtain astonishing results»[11].

Anmerkungen

1 Die folgende Schamanen-Séance beobachtete und berichtete Jochelson (1926, S. 171–172) von den Tundra Jukagiren in Sibirien, nahe einer Siedlung der Jakuten. In der Tat zeigen sich in diesem Bericht jakutische Einflüsse (vgl. auch Stepanova *et al.* 1964, S. 796; Siikala, 1978, S. 113–119).
2 Über die Bedeutung der Trommel wird noch einiges zu sagen sein. Einem Korjaken-Bericht zufolge darf die Trommel des Schamanen niemals ohne Bedeckung aus dem Zelt getragen werden. Jochelson (1905–1908, S. 54) schreibt diesen Brauch dem Umstand zu, das die Trommel, wie die menschliche Stimme und der Gesang etwas Lebendiges darstellt.
3 Von den drei Seelen *(a'ibi)* in den jukagirischen Seelenvorstellungen verlässt die Kopfseele einen Menschen, wenn dieser krank ist und begibt sich in die Unterwelt, dem Reich der Schatten. Aufgabe des Schamanen ist es, in einer Heil-Séance diese Seele aus der Unterwelt zurückzuholen (Jochelson, 1926, S. 156–157).
4 Jochelson (1926, S. 171).
5 Das Herausnehmen der menschlichen Innereien und ihr Ersatz durch andere oder durch Metalle und Kristalle etc. spielt eine entscheidende Rolle bei unzähligen initiatorischen Transformationen vieler asiatischer, australischer und amerikanischer Stämme (siehe vor allem Kapitel 3 und 4).
6 Siikala (1978, S. 117).
7 Das Skelett, die Knochen, in der schamanischen Welt Repräsentanten eines Keims des Lebenden (Joan Halifax, 1979, spricht von dem «boneseed»), aus dem Tiere und Menschen in einer Metamorphose des Vergänglichen wiedergeboren werden (vgl. auch Lommel, 1965; 1971).
8 Meist werden die «Geister», die der Schamane auf seiner ersten Jenseitsfahrt zu überwinden hat (vgl. Rasmussen, 1926) oder die ihn in der Unterwelt führen (vgl. Popov, 1968) später seine «Hilfsgeister»; im englischen Sprachgebrauch auch «familiars», Vertraute, genannt. Ich werde je nach Textstelle verschiedene Bezeichnungen verwenden. Den Ausdruck «Verbündeter» *(ally)* habe ich von Castaneda (1968). Dieser Terminus weist wohl noch am ehesten darauf hin, dass es sich hierbei um einen Pakt, ein Bündnis handelt, das die schamanische Geschäftsbeziehung mit dem Jenseits garantiert.
9 Auf der gefahrvollen Seelensuche wappnen sich die Schamanen der nördlichen Magar aus dem westlichen Zentralhimalaya mit der Schutzrüstung ihres Schamanenmantels. Ihr Weglied heisst «in metallener Rüstung gehen» (Oppitz, 1981a, S. 160).
10 Vgl. Findeisen (1956b, S. 160).
11 Findeisen (1956b, S. 142, 160–163).
12 Die acht Winde beziehen sich auf die acht Himmelsrichtungen, die im übrigen den acht Seiten der jakutischen Jurte entsprechen, während das Jukagiren-Zelt rund ist (Jochelson, 1926, S. 207).
13 In der Mythologie der Jukagiren ist der Herr der Gräser und Bäume dem Herrn der Erde untergeordnet; letzterer befindet sich mit der Herrin (Mutter) des Meeres auf gleicher Ebene. Der Herr des Feuers, der Feuerstelle, ist der Beschützer des jeweiligen Zeltes (Jochelson, 1926, S. 150–151). Der Lichtschöpfer ist als jakutischer Schöpfergott eine der obersten Gottheiten, *urun-aij-tojon* (Troschchanski, 1902, S. 33–35; Sero-

schewski, 1900, S. 388–389; Czaplicka, 1914, S. 277). Der «Unsichtbare» bezieht sich auf den Dämon der Krankheit (Siikala, 1978, S. 119).

14 *Velada* heisst eigentlich Nachtwache. Es ist die Bezeichnung der mazatekischen Pilzzeremonie (Wasson, 1974; Munn, 1973; Estrada, 1980).

15 Es handelt sich um *copal*. Zu einer *velada* gehören neben dem Räucherharz und den Kerzen auch Blumen: Lilien und Gladiolen. Wie in vielen spiritualistisch gefärbten «Reinigungszeremonien» in Mittel- und Südamerika, verwendet Maria Sabina auch heute noch Lilien und Gladiolen zu ähnlichen Reinigungszwecken.

16 Die Mazateken leben im Nordwesten des Staates Oaxaca und den angrenzenden Staaten.

17 Estrada (1980, S. 58).

18 Die Grundwesen oder Grundexistenzen werden in Huautla *seres principales* genannt (mazatekisch *chotaa-tji-tjon*), d. h. es handelt sich um «wichtige Persönlichkeiten», die sich im Fall der Maria Sabina als Personifikationen der Pilze zeigen.

19 In allen Teilen der Erde kennen die Schamanen eine heilige Sprache, die nur sie verstehen, und die sie häufig – für divinatorische Zwecke etwa – für die Zuhörer übersetzen müssen.

20 Estrada (1980, S. 60).

21 Mescalito, das grüne Vegetationswesen aus Castanedas Peyotetrips (Castaneda, 1968) ist ein schelmenhaft mythisches Männchen, das in ungezählten Formen von dem von Jethro Tull besungenen Jack-in-the-Green bis zu Wilsons (1979, S. 50) – Friede seinen Verschwörungen – UFO-Männchen reicht. Dazwischen werden uns menschliche Transformationen dieser Blattwesen immer wieder begegnen.

22 Estrada (1980, S. 63).

23 Der Terminus «alltägliche Wirklichkeit» oder «alltägliche Ordnung» stammt wieder von Castaneda. Er steht für den Zustand, den Herrn F. vor einigen Tagen – wir mir aus zuverlässiger Quelle berichtet wurde – erlebte, als er saumüde aus dem Bett stieg, vor dem Spiegel feststellte, dass er dringend eine Rasur nötig und eigentlich gar nicht Lust hat, zur Arbeit zu fahren, aber gleichzeitig genau weiss, dass er pünktlich sein wird wie immer. Psychologen (vgl. Tart, 1975a, 1975b) nennen diesen Zustand einen «discrete state of consciousness» und wissen eine ganze Menge physiologischer und psychischer Begleiterscheinungen zu berichten, die, wie ich eben erfahren habe, Herrn F. überhaupt nicht interessieren.

24 Es handelt sich um den Zaun, der für H. P. Duerr (1978) zwischen Wildnis und Zivilisation steht. Sein Buch war sicherlich mehr als nur ein Anstoss, diese Arbeit zu schreiben.

25 Jener Eingriff, der schliesslich *Kultur* erschafft.

26 Ekstasis bedeutet «ausser sich sein». Plato versteht diesen Zustand als Austritt aus den Grenzen der Individualität. Dieses Ver-rückt-Sein verändert die Perspektive auf die Welt und sich selbst. Vgl. dazu auch Loeb (1929), Meuli (1935) und Dodds (1970, S. 76 ff).

27 Eliade (1972, S. 4). Viele Autoren haben diese grundsätzliche Definition als zu eng angesehen, zumal es auch durchaus als schamanistisch zu bezeichnende Praktiken gibt, die nicht einer (rituellen) Ekstase/Trance bedürfen. (Vgl. dazu Knoll-Greiling, 1952/53; Madson, 1955; Nioradze, 1925; Vajda, 1964; Schröder, 1964).

28 Titiev (1956, S. 54). Auch diese Austauschidee geht auf den Wunsch nach Ausgleich, Balance zurück.

29 *Ngathungi* ist eine besonders mächtige Form eines Tötungsknochens für das «pointing of the bone». Man findet diese Art bei den australischen Stämmen am unteren Murray Fluss (Elkin, 1977, S. 43).

30 «On sait en effet que les *karai* vivaient retirés, à l'écart des villages et ne demeuraient point avec les autres (chefs y compris) dans les grandes maisons collectives, différents en cela des chamanes». (Clastres, 1975, S. 48).

31 Clastres (1975, S. 48f).

32 Vajda schrieb schon 1959: «Eine als allgemein anerkannt zu bezeichnende Auffassung über die wesensbestimmenden Merkmale des Schamanismus lässt sich in der kaum mehr übersehbaren Literatur nicht erkennen». (Vajda, 1964, S. 265).

33 Rasmussen (1926, S. 238).

34 Aus der Fülle seien wieder nur einige genannt: Ohlmarks (1939), Nioradze (1925, S. 50ff), Czaplicka (1914, S. 179ff), Bogoras (1910), Jochelson (1905-8, S. 416f), Silverman (1967), das auf höchsten akademischen Stelzen laufende Buch von Enderwitz (1977, S. 28, 240-243), Handelman (1968, S. 354), der allerdings verkündet, dass «data do not yet exist for properly evaluating the personality developments and personality dynamics of shamans». Nicht zu vergessen die gute Diskussion dieses Problembereichs bei Haas (1976).

35 Ohlmarks (1939, S. 20ff), vgl. auch Eliade (1972, S. 23ff).

36 Die Geschichte des Oglala Sioux Black Elk findet sich bei Neihardt (1972, die grosse Vision auf S. 18ff).

37 Peters und Price-Williams (1980), Peters (1981), Reinhard (1973), Oppitz (1981a, 1981b).

38 Sandschejew (1928, S. 977f).

39 Devereux, (1975, S. 20ff).

40 Devereux (1956, S. 20).

41 Auch der erwähnte Eskimo Schamane Aua war schon im Mutterleib ein «wildes Kind» und kündigte dadurch seine Bestimmung an (Rasmussen, 1926, S. 238).

42 Blackburn (1975, S. 233f), vgl. auch Halifax (1981, S. 10-12). Die Idee des Durchgangs und der Verbindung zur anderen Welt kann auch im Zusammenhang mit den Mythen über den Ursprung der *swaihwé*-Masken der Indianer an der nordwestamerikanischen Küste verfolgt werden. In einer Version des Mythos stürzt sich der lebensmüde kranke Knabe in einen See und landet auf dem Haus der Tauchervögel. Wie Axiwalic im Chumash Mythos kommt er aus dieser unterirdischen Fremde geheilt zurück (Lévi-Strauss, 1977, S. 25f). Der Name für die Schamanentrommel bei den Jukagiren ist *ya'lgil'*, was soviel wie See bedeutet. Auf diesen See legt sich der Schamane bei einer Séance, um in ekstatischer Jenseitsfahrt in die Unterwelt hinabzutauchen (Jochelson, 1926, S. 195). Interessanterweise wird die Position der Trommel als Tor zum Jenseits durch das Wort *yalgi'n.e* noch unterstützt, was gleichzeitig «eine Trommel besitzen» und «als Schamane agieren» bedeutet (vgl. Siikala, 1978, S. 99). Michael Harner will neuerdings in bewährter amerikanischer How-To-Verfahrensweise jedem Willigen zu dieser Jenseitsfahrt durch ein Erdloch, wie dem *sipapu* der Hopi (Bunzel, 1932, S. 528-534), verhelfen (Harner, 1980, S. 20ff).

43 Oppitz (1981a, S. 164). Als ein Tavgi Samojeden Schamane in die Unterwelt eindrang, fand er sich vor einem Fluss wieder, in dem zwei Strömungen in entgegengesetzte Richtungen flossen (Popov, 1968, S. 138).
44 Sie ist Maske, Statue, Gemälde, Darstellung und Konterfei der Gottheit, Durchgang und Spiegel (vgl. Furst, 1978, S. 32, Halifax, 1979, S. 1).
45 Vgl. Bartels (1893, S. 95), Nadel (1946, S. 27), Evans (1923, S. 159, 264), Loeb (1935, S. 81, 125, 155), Métraux (1944, S. 200f), Boutellier (1950, S. 121).
46 Es ist richtig, dass manche Schamanen, die bei ihren Stämmen in hohem Ansehen stehen, reich sind, und ihre Position zur Bereicherung ausnutzen (Clastres, 1975, S. 54).
47 Dies ist allerdings eher die Ausnahme denn die Regel. Findeisen (1956d) zeigt, dass es für den nordasiatischen Schamanismus etwa typisch ist, dass «niemand Schamane werden möchte, sondern man zunächst immer wieder versucht, der Berufung zu entgehen!» (S. 48). Das hängt damit zusammen, dass das Schamanenamt alles andere als ein einfacher Klassenaufstieg ist, sondern neben der gewöhnlichen Tätigkeit des Bauern oder Jägers, auch als eine Bürde erlebt wird.
48 Webster (1948, S. 157ff), Oesterreich (1930, S. 132ff, 236ff). Dabei ist die Bezeichnung als Epileptiker gar nicht so einfach von der Hand zu weisen, denn ursprünglich bedeutete das Wort von einem Geist oder einer Gottheit besessen zu sein.
49 Natürlich kann man die Bedeutung der Desorientierung und die Rückkehr als Geheilter und Heiler auch bis zum äussersten wissenschaftlich-geschraubt verdunkeln. Als abschreckendes Beispiel zitiere ich hierzu aus Enderwitz' Buch *Schamanismus und Psychoanalyse* (1977): «Was demnach den Schamanen zum nicht zwar klarsichtig realistischen, wohl aber zweitgesichtig erleuchteten Blindenführer befördert und ihn zugleich vom Verdacht eines bloss manipulativen Scharlatismus reinigt, ist dies, dass unter allen, von der unheimlich allgemeinen Krankheit, die da Affekt heisst, Bedrohten er allein, dank seiner nur das Pathologische ins Psychopathologische übersteigenden Disposition, imstande ist, jene als Formulierung von Unformuliertem und als hierin ‹gelebte Erfahrung› einer Ordnung im Chaos ökonomisch relevante Umsetzung des als liquider Affekt oder als sprachlose Emotion zerstörerisch quantitativen Traumas in ein als ‹effektive Kristallisierung› oder als sprachlich-symbolischer Mythos heilsam qualifiziertes Gegentrauma zu erzwingen.» (S. 28). Uff!
50 Radin (1937, S. 131-132).
51 Warner (1937, S. 210), Elkin (1977, S. 12-15).
52 Eine der häufigsten Beschreibungen der schamanischen Jenseitsreise ist der Flug des Schamanen.
53 Nordenskjöld (1947, S. 88), Dobkin de Rios (1972), Frank (1980), Aberle (1952), Boutellier (1950), Bartels (1893), Van de Castle (1977), Russell (1904-5), Lowie (1935), Boas (1888), Balikci (1963, 1970).
54 Cawte (1963-64, S. 187-188, 1974), Faber (1977a, 1977b), de Mille (1980, S. 298ff), Katz (1977), Beck (1966), Kiev (1964).
55 Enderwitz (1977, 17ff und 39ff). De Martino (1946, S. 170ff) gibt dem sibirischen Schamanismus in Anlehnung an Shirokogoroff (1935) in bezug auf eine «psichiatria magica» (S. 171) einen historisch-kulturellen Rahmen.

56 Vgl. etwa Harner (1980) und Gengle (1980). Letzterer fragt ungeniert, wer denn die Schamanen von heute seien (S. 27), und weiss Namen zu nennen: Crowley, Leary, Dalí und andere... sie alle seien ja «Teil einer Projektstrategie der Evolution» (S. 28).

57 Condrau (1979, S. 887).

58 Dahinter steckt natürlich eine gewisse Angst vor Brotlosigkeit, sollte sich in der Tat die schamanische Grundtechnik der Ekstase für Selbstheilung als effizient erweisen. Die Wahl also zwischen mehrjähriger Psychoanalyse und kurzfristigem Ausflippen... Ähnliche Angst hatten im übrigen auch die ersten LSD-Psychotherapeuten, nämlich die, dass in der Tat die Droge samt Selbstanalyse den Therapeuten ersetzen könnte. So etwa Abramson (1960, S. 51); und Katzenelbogen (1960, S. 50) spricht es aus: «...I don't believe that *self-analysis is helpful*; it becomes rumination about one's problems.» (Hervorhebung vom Autor).

59 Richter, (1965, S. 110ff).

60 de Mille (1980, S. 298ff).

61 Die Ethnologin war übrigens Joan Halifax (vgl. Halifax, 1979, S. 249). *Brujo* ist die spanische Bezeichnung eines Zauberers, der sich dadurch vom Schamanen unterscheidet, dass er – ohne oder mit Auftrag – Magie treibt; zumeist schwarze.

62 Aus unerfindlichen «crazy wisdom»-Gründen hat Free John seinen ersten Namen Buba in Da verwandelt.

63 Vgl. Larsen (1976, S. 13); Campbell (1958, S. 446, 475), Opler (1938, S. 1-18) berichtet von einem Mythos der Jicarilla Apachen von New Mexico, in dem Schamanen in ihrer individualistischen magischen Tätigkeit in Misskredit geraten und schliesslich von einer Priesterschaft ersetzt werden. Hierin steckt schon das Tragisch-Absurde in der geschichtlichen Funktion des Schamanentums, die dementsprechend bei de Martino (1948) zu einem Drama wird. «The priest is no such solitary initiate (wie der Schamane): he is the voice of the collective, a social functionary. The shaman... is chosen by God; the priest is chosen by society. One can go to a seminary to learn how to become a priest, but the training of the shaman ist far more dangerous». (Thompson, 1981, S. 124).

64 So heisst der Wahrsagepriester *babalawo* der afrikanischen Yoruba (Maclean, 1971, S. 32).

65 Geweihkronen finden sich in zahlreichen schamanischen Gesellschaften wieder und stehen zumeist immer noch in einem engen Zusammenhang zu einem geweihtragenden Tier, oft einem Hirsch, das besondere mythische Bedeutung hat. (Halifax, 1980; vgl. auch Hernegger, 1978, S. 211 ff; Myerhoff, 1980, bes. 130ff).

66 Vgl. Lommel (1965; 1971); Petri (1971).

67 Castaneda (1974); de Mille (1980, S. 338ff); vgl. auch Duerr (1978, S. 100f).

68 Mikhailovski (1895, S. 128, 135); Dodds (1970, S. 77).

69 Dumézil (1959, S.121ff); Burkert (1977, S. 251ff); Grimal (1977, S. 188ff).

70 Leiris (1979, S. 234).

71 Roszak (1971, S. 239ff): «Besides our eyes of flesh, there are eyes of fire that burn through the ordinariness of the world and perceive the wonders and terrors beyond». (S. 248).

72 Rasmussen (1926, S. 240). Auch der sibirische Schamane erfährt seinen

Körper in Trance als aussergewöhnlich leuchtend (de Martino, 1946, S. 170).

73 «I have known white persons almost fear the eyes of a *karadji*, so all-seeing, deep and quiet did they seem.» (Elkin, 1977, S. 10); vgl. dazu auch Gruber (1980); Watts (1981, S. 78).

74 Reichel-Dolmatoff (1975, S. 107).

75 *Banisteriopsis caapi.*

76 Furst (1967); einem Dokumentarfilm über die Huichol gab Furst den Namen «To find our life: The peyote hunt of the Huichols of Mexico» (Furst, 1969); vgl. auch Myerhoff (1970, 1972, 1980).

77 Andere Bezeichnungen für Schamane aus dem zentralen nordasiatischen Raum sind: *ojuna* (Jakuten), *bügä* und *bögä* (Mongolen), (die Schamanin heisst bei den Burjaten *udajan* oder *utigan*); *kam* (Turko-Tataren und Altaier), *jomai* (Tschuwaschen), *tadyb* (Samojeden). (Vgl. Eliade, 1972, S. 4; Nioradze, 125, S. 2).

78 Blacker (1975, S. 317-318), Eliade (1972, S. 495ff).

79 Halifax (1979, S. 3); Eliade (1972, S. 495ff); bei Golowin (1981) wird ein Ort der alltäglichen Wirklichkeit, der Himalaya, zugleich mythischer Ursprung des Schamanentums aus dem Herzen Asiens.

80 Bensarow (1846); vgl. auch Nioradze (1925, S. 1).

81 Németh (1914) und Laufer (1917) versuchten nachzuweisen, dass der tungusische Ausdruck den turko-mongolischen Sprachen zuzurechnen sei. Diószegi (1947, S. 211) hat besonders auf die Verbindung des ewenkischen *šaman* mit dem tungusisch-mandschurischen *ša* (wissen) hingewiesen. Ramstedt (1922-23, S. 20f) hat allerdings die Argumentation von Németh als unrichtig bezeichnet und wieder die Verbindung zu Indien hergestellt: im Tokharischen heisst *samāne* ein «Buddhistischer Mönch» und in der Sogdian-Sprache setzt Lévi *šmn* mit *šaman* gleich. (Lévi, 1911, S. 445f; vgl. auch Pelliot, 1913, S. 466-69).

82 Shirokogoroff (1935, S. 279ff); Mirnov und Shirokogoroff (1924, S. 119ff); vgl auch Harva (1938, S. 381); Schröder (1952, S. 203ff).

83 Solecki (1975, S. 880f).

84 Furst (1976, S. 4f) meint, dass es «at least possible» sei, dass die Schamanen vom Anbeginn ihrer Tradition das «psychedelic potential of the natural environment» genutzt hätten. In dieselbe Richtung gehen die Argumente von La Barre (1970), und Andrew Weil (1972, S. 17) sieht den Wunsch von Zeit zu Zeit den Bewusstseinszustand zu verändern, als einen angeborenen Trieb an, ähnlich dem Hunger und dem Sexualtrieb. (Vgl. auch Allegro, 1971, S. 49ff).

85 Eliade (1972, S. 466ff, 505) sieht die schamanische Ekstase als eine Erneuerung der mythischen Urzeit, in der die Menschen ohne weiteres mit den Bereichen des Himmels kommunizieren konnten.

86 Bataille (1981, S. 37ff).

87 Kirchner (1952). Honegger (1978) vermutet, dass es sich um einen träumenden Schamanen handelt, weil sie anscheinend auch nur bereit ist, dem Traum den eregierten Penis zuzuschreiben (vgl. Karacan *et al.*, 1975), nicht aber der Trance. Die Darstellung wird zum kompletten Traumsymbolismus verwandelt: keine wirkliche Tötung hat stattgefunden, sondern der Speer des Schamanen wird zu seinem Penis, und die Eingeweide des Bisons sind lediglich eine vergrösserte Darstellung der Vulva. Der Traumakt

der Verwundung wird zur Kopulation (S. 9) und damit zur magischen Vermehrung der Tiere. Was wieder zur Batailleschen Sühne-These und dem Ausgleich in der Natur zurückführt.

88 Ich nehme an, dass dieser in archaischen Zeiten, eine Herrin war (s. unten). Vgl. Reichel-Dolmatoff, (1967, S. 107ff).

89 Rudi Schneider, Medium des Münchner Parapsychologen Schrenck-Notzing, hatte nicht selten während einer erfolgreichen Séance eine Spontanejakulation (Devereux, 1974, S. 50). Sexuelle Stimulation als eine Voraussetzug einer erfolgreichen mediumistischen Séance oder magischen Handlung ist nicht erst seit Crowley bekannt und auch keineswegs in Vergessenheit geraten.

90 Vgl. etwa Fischer (1978, 106ff); Bataille (1981, S. 74); Harding (1949, S. 90); Peuckert (1951, S. 238); Duerr (1978, S. 231ff).

91 Leary (1966) meint, dass die «sexuelle Ekstase einer der Hauptgründe für den. . . LSD-Boom» sei.

92 «O du ruwender got an minen brusten» ruft Mechthild aus (vgl. Grundmann, 1961, S. 414; Aries, 1976, S. 44, 100; de Beauvoir, 1968, S. 632f).

93 Bégouën und Breuil (1958).

94 Bégouën und Breuil (1958); Elkin (1977, S. 9f).

95 Lommel (1965; 1971, S. 12ff).

96 Lommel (1971, S. 20).

97 Miyakawa und Kollauz (1966, S. 161ff); vgl. auch Hernegger (1978, S. 333f).

98 Die Zeiten der Migrationen von Sibirien nach Alaska werden immer noch eifrig diskutiert (vgl. Furst, 1976, S.3). Campbells (1958, S. 450) Annahme, dass die sibirischen Völker spätestens um 15000 v. Chr. nach Amerika kamen und, dass die meisten, «if not all» (S. 450), der nordamerikanischen Indianerstämme aus einer späteren Migration stammen, die noch ins erste nachchristliche Jahrtausend gereicht habe, scheint ein wenig die Entsprechung zu den extravaganten Anschauungen zu sein, nach denen diese Wanderung bis in die Jahrhunderttausende zurückgehen soll. Sicherlich waren nicht alle migrierenden Stämme paläolithisch.

99 Pfiffige Psychologen mögen darin lediglich die Fähigkeit zu gesteigerter «Projektion» sehen, und solche Leute, wie es de Mille für Castaneda getan hat, als «Rorschachmen» bezeichnen. «Castaneda is a whole Rorschach man, writing Rorschach books. In him and in them people find what they are looking for» (de Mille, 1976, S. 111).

100 Vgl. Ginzburg (1979, S. 67), der den Jäger zum eigentlich ersten Geschichtenerzähler macht.

101 Agapitov und Khangalow (1883, S. 41f); Stieda (1887); Harva (1938, S. 465f). Ein ähnlicher Mythos wird bei den südafrikanischen Pondo erzählt (Perry, 1935, S. 143f).

102 Dieser ist toyon kötör, der Herr der Vögel, der nach Sternberg (1930, S. 130) zur Personifikation von ai toyon selbst wird. Bei den Jakuten steht der Adler auch mit dem Beruf der Schmiede in Zusammenhang (Sternberg, 1930, S. 141). Diese haben bei den verschiedensten Völkern den Rang derer, die von Geheimem umgeben sind. Sie haben die Macht zu heilen und die Zukunft vorherzusagen (vgl. Sieroszewski, 1902, S. 319). Diese Kräfte werden ihnen zugesprochen, weil sie Macht über das Feuer besitzen (vgl. Eliade, 1962, S. 53ff). Als solche werden sie gleichsam ge-

achtet und gefürchtet, was sich besonders in Afrika zeigt (vgl. Cline, 1937; Andree, 1884, S. 42f). Schmiede formieren Geheimgesellschaften mit speziellen Initiationsritualen, und die «Geheimnisse der Metallurgie» erinnern an die Berufsgeheimnisse des Schamanen, die er während seiner Initiation erfährt. Magische Hitze, die bindet und transformiert. Assoziationen zur Alchimie als persönliche Transformation (vgl. Metzner, 1981).

103 Blodgett (1978, S. 28).

104 Bei den Huichol heissen die Schamanen *mara'akame*. Tatewarí hat allerdings einen anderen Stellenwert im Huichol-Pantheon als Tayaupá, unser Vater Sonne, dem vor allem verschiedene Schlangen beigeordnet sind (Myerhoff, 1980, S. 53ff).

105 Métraux (1944, S. 210).

106 Morgan (1973). Ihre erfrischende These wird allerdings von Wilson (1975, S. 28f) rasch als unwissenschaftlich bezeichnet und taucht in der Diskussion der Menschheitsentwicklung kaum als wichtiger Beitrag in «wissenschaftlich relevanter» Literatur auf; durchaus aber in so wichtigen Werken, wie Thompson (1981, S. 74) und ausführlich in der mitreissenden, ebenso ehrlichen wie kritikbedürftigen Arbeit von Theweleit (1977, S. 363ff).

107 Rasmussen (1926, S. 69).

108 Deleuze und Guattari (1977, S. 188f); vgl. auch Pierre Clastres (1966, S. 20).

109 Für Bornemann begann das Vaterrecht erst in der Jungsteinzeit (Bornemann, 1979, S. 35), also nach dem kulturellen Niedergang im Mesolithikum – dem finsteren Mittelalter der Steinzeit (vgl. Thompson, 1981, S. 120; Clark, 1967, S. 94). Der Schamane und die Schamanin haben die Aufgabe, die «unheilvolle Logik von These und Antithese» (Göttner-Abendroth, 1980, S. 6f), die von den patriarchalen Gesellschaftsformen ins Leben gerufen wird, zu reintegrieren, sie wieder ins «weibliche Universum» (S. 6) einzubetten. Wie wir gesehen haben ist diese patriarchale Entwicklung unmittelbar mit der Ausbildung einer gesetzessuchenden Rationalität verbunden, die schliesslich in die städtische und endlich die technisierte Gesellschaft mündet.

110 Seattle (1982, S. 24).

111 Weinberg (1976); Absolon (1949); Feustel (1970a; 1970b); Duerr (1978, S. 195f).

112 Weinberg (1976, S. 55f); Theweleit (1977, S. 364ff); Morgan, (1973).

113 Ferenczi (1971, S. 363ff).

114 Ferenczi (1971, S. 366).

115 Die gesichtslosen Figuren hat Duerr mit dem Prototyp der Verhüllerin, der Totengöttin, in Verbindung gebracht (Duerr, 1978, S. 32). Der Initiatinstod des Herakles bei den eleusinischen Mysterien erfolgt, indem Herakles' Kopf verhüllt wird (vgl. Wehrli, 1934, S. 79).

116 Was nicht nur Bornemann (1979, S. 52) vermutet.

117 vgl. Leiris (1978, S 261); Bruckner und Finkielkraut (1979, S 270ff).

118 Leiris (1978, S. 262): «Schön wie die Kuh Hathor richtet sich die maskierte Frau auf» und fordert heraus zum Vergessen aller gelernten Spielregeln, eröffnet ein Universum an perversen Möglichkeiten und Unmöglichkeiten, verlangt gewissermassen nach dem Äussersten, das sich in der verhüllenden und enthüllten Kunst von Sibylle Ruppert niederschlägt. Hier

wird nicht mehr die tödlich-ekstatische Verschmelzung von Penis und Vagina bis zur Identität und wechselseitigen Ersetzbarkeit der beiden Genitalregionen, wie bei Hans Bellmer, exerziert, sondern die Abgründigkeit entpuppt ich als äusserste Exhibition durch Verhüllung: den Blick getötet geben diese Gestalten alles frei an ihren Körpern, das zu erotischer Exploration reizen mag. Und mehr noch: die Verhüllung selbst wird ein neuer Sexualkörper. In der Kunst Francis Bacons erfolgt die Auflösung in diesem riskierten Wagnis, die Auslöschung in Ekstase.

119 Devereux (1973, S. 230).

120 *Banisteriopsis caapi* mit den Alkaloiden Banisterin, Telepathin und Yajein (vgl. Chen und Chen, 1939; Naranjo, 1975, S. 119).

121 Eine unidentifizierte Pflanze, die häufig zu rituellen Anlässen benutzt wird (Reichel-Dolmatoff, 1975, S. 244).

122 Das Motiv des Zerreissens (*sparagmos*) des göttlichen Kindes ist ein bekanntes Mythenmotiv auch in der Alten Welt.

123 Reichel-Dolmatoff (1975, S. 134f).

124 Reichel-Dolmatoff (1975, S. 244).

125 Reichel-Dolmatoff (1975, S. 137); vgl. auch Reichel-Dolmatoff (1971).

126 Devereux (1981, S 24); Murray (1934).

127 Devereux (1981, S. 33): «Dieses Kind ist der Beweis dafür, dass die Frau nicht kastriert ist, denn dadurch, dass es aus Baubos Vulva herausragt, ähnelt es vorübergehend einem weiblichen Phallus».

128 Göttner-Abendroth (1980, S. 76) versteht den Tod des Gottes-Heros im matriarchalen Göttin-Zyklus bisweilen als eine tatsächliche Kastration des Heros. Sein darauffolgender Tod käme dann einer – allerdings vorübergehenden – Kastration der Göttin (i. S. von Devereux, 1981, S. 33ff) gleich. Natürlich: da es sich um eine vorübergehende Kastration handelt, lässt sich die alte Erdgöttin gern (von Baubo) beschwichtigen.

129 In gewisser Form erweist sich *gahpí mahsó* als eine wissende Göttin, die des Trostes nicht mehr bedarf. Sie erlaubt sich ihr göttliches Kind stellvertretend für den Sonnenvater den irdischen Vätern zu überlassen.

130 Auch die *maloca* selbst erweist sich als vollständig feminisiert: die Tür ist die Vagina, das Innere der Uterus. Dazwischen liegt ein gefährlicher Bereich in dem Transformationen stattfinden können (Reichel-Dolmatoff, 1975, S. 148).

131 Reichel-Dolmatoff (1975, S. 143). In einem Mythos der Kwakiutl der Nimkish-Gruppe verwandeln sich Frauen viermal hintereinander in grosse rote Fische, während *xwéxwé*-Masken tragende Männer vor ihnen tanzen (Lévi-Strauss, 1977, S. 48).

132 Reichel-Dolmatoff (1975, S. 144).

133 Vgl. Sharkey (1979, S. 30), Göttner-Abendroth (1980, S. 24ff). Devereux (1981, S. 93) bemerkt, nachdem er gezeigt hat, dass Frauen priapische Statuetten mit riesigem aufgestellten Pimmel abstossend finden, während sie Baubo- oder Sheela-na-gig Figurinen sexuell erregen (vgl. auch Yates und Murray, 1934), dass es sich dabei wohl um Frauen gehandelt haben muss, für die Sexuelles etwas Ekelhaftes und Unsauberes war. Eine «normale, reife und ausserdem analysierte Frau» (S. 93) wisse sicher mit demselben Widerwillen zu reagieren wie Männer, denen der Ethnopsychiater Fotos von letzteren Statuetten vorgelegt hatte. Das kommt dem gleich zu sagen, dass die normalen und «ausserdem analysierten» Frauen nun die priapi-

schen Schwänze erregend finden dürfen, was der psychoanalytischen Phallokratie kurzfristige Rettung schafft.

134 Vgl. Duerr (1978, S. 31f).

135 Furst (1976, S. 47).

136 Reichel-Dolmatoff (1975, S. 245). «For the Indian the hallucinatory experience is essentially a sexual one» (Reichel-Dolmatoff, 1972, S. 102). Nur für den Indianer? «Aber wenn man dann noch behauptet, dass die psychedelische Erfahrung hauptsächlich auch eine sexuelle Erfahrung ist, fordert man geradezu heraus, dass sich die gesamte etablierte Mittelklasse auf einen stürzt» (Leary, 1966). Aber für die Indianer ist es mehr noch: «To make it sublime, to pass from the erotic, the sensual, to a mystical union with the mythic era, the intra-uterine stage, is the ultimate goal, attained by a mere handful, but coveted by all.» (Reichel-Dolmatoff, 1972, S. 102) Dazu Walter Stace: «Es ist keine Frage, ob das LSD-Erlebnis einer mystischen Erfahrung ähnlich ist, es *ist* eine mystische Erfahrung.» (zit. nach Steckel, 1969, S. 55).

137 Das Wort *goró* bezeichnet zudem das Grab.

138 Es ist von besonderer Bedeutung darauf hinzuweisen, dass es sich bei Mythen, wie dem hier besprochenen Desana-Mythos, bei Zeremonien, die in den Ursprung zurückversetzen sollen u. ä. (auch bei einer gewissen Art von Initiationsriten) um ein Geschäft handelt, bei dem zumeist nur Männer zugelassen oder beteiligt sind. Das hat seinen tieferen Grund nicht in einem Ausschluss von Frauen, sondern im Bewusstsein, dass Frauen ihrer Wesenhaftigkeit nach den Bereichen des Ursprungs (die durchgehend in enger Kodierung zu einer Vorstellung der Frau an sich gebracht werden) ohnehin nahe stehen. Sind sie sozusagen schon dort, wo die Männer erst mühsam hin müssen?

139 Im übrigen stammt dieser Begriff von dem Vollblutromantiker und Allroundkünstler C. G. Carus (1846).

140 Myerhoff (1980, S. 29).

141 Vgl. Dodds (1970, S. 76ff). Meuli (1935) vertritt die These, dass der griechische Kontakt mit den schamanischen Völkern im Norden und Nordwesten des Schwarzen Meeres gegen Ende der archaischen Zeit, Seher, magische Ärzte und religiöse Lehrer auftauchen liess, die durchwegs «schamanische Züge» aufweisen. Vgl. auch Rohde (o. J.).

142 Dodds (1970, S. 77).

143 Vgl. Krappe (1942, S. 353ff); Colli (1981, S. 19); Colli (1981, S. 19); Cook (1925, S. 459ff).

144 Duerr (1978, S. 218).

145 Cook (1925, S. 225). Vgl. dazu auch Foucart (1914, S. 452f) der von der Zerstückelung und dem Kochen des jungen Dionysos durch die Titanen berichtet.

146 Allegro (1971, S. 104) zeigt, dass Dionysos und Apollo die Musen anführen, wobei die Musik – eine der Künste der griechischen Musen – einen Hinweis auf «sexuelle Erregung» darstellt.

147 Vgl. Farnell (1896-1909, IV, S. 378). Vgl. auch Macrobius, (1964, Lib. I, XVII, S. 191). Der Päan, der kultische Schrei der Mänaden lautete *«eleleu, eleleu»*. Als Beinamen trägt ihn der Bacchus Eleleus (vgl. Ovid, *Metarmorphoses*, IV, 15). Interessanterweise taucht dieser Beiname auch wieder für Apollo auf (Macrobius, 1694; Lib. I, XVII, S. 195).

148 Wolters (1903, S. 268).

149 Allegro (1971, S. 106) steht mit dieser Annahme nicht allein; vgl. Davis (1914, S. 134ff); Puharich (1959); Wasson (1968); Ranke-Graves (1958; 1960). Duerr (1978, S. 212f) bezweifelt die These, dass die Mänaden *amanita muscaria*, Tollkirschen oder Bilsenkraut zu sich genommen hätten. Hansen (1980) vermutet, dass die Mänaden sich in einem Tollkirschenrausch befanden, als sie sich «mit *weitaufgerissenen* Augen den männlichen Verehrern des Gottes in die Arme» warfen (S. 57), doch über eine Spekulation kommt er nicht hinaus. Das Bilsenkraut wurde allerdings tatsächlich *herba apollinaris* genannt (der Name stammt von Plinius), aber die Vorstellung, dass die Pythia ihre Weissagungen unter dem Einfluss von Räucherduft aus Bilsenkrautsamen (Hansen, 1980, S. 46), oder sogar durch das Essen von Bilsenkraut- und Stechapfelblätter (Opler, 1970, S. 41) gemacht habe, ist eine Annahme, die auf ebenso schwachen Füssen steht (vgl. Duerr, 1978, S. 219f).

150 Dodds (1970, S. 222f).

151 Die Agathyrser waren ein Sarmatenvolk, das sich ebenso wie die Daker und Illyrer zu tätowieren pflegte. Vergil (*Aeneis* IV, 146) erwähnt die bemalten Agathyrser an einer Stelle in Zusammenhang mit den Kretern und den pelasgischen Drypoern. Nicht nur den Balkan- und Donauländern war damals die Tätowierung bekannt, und noch im dritten nachchristlichen Jahrhundert wird von den Bewohnern der Britischen Inseln berichtet, dass sie sich Tierbilder einpunktierten (Fuchs, 1971, S. 71). Die Tätowierung war häufig ein sakrales Zeichen einer neuen Identität, die man nach den Einweiheriten für eine Geheimgesellschaft oder dem initiatorischen Tod und der darauffolgenden Wiedergeburt erhielt (vgl. Lévi-Strauss, 1974, S. 118ff).

152 Colli (1981, S. 20).

153 Als solcher Ordnungszerstörer erweist sich Dionysos nicht nur, weil in seinem Gefolge ein wilder Zug von Thyrsos-schwingenden Mänaden zieht, mit offenem Haar und obszönem Gehabe, sondern er selbst ist nicht eindeutig in seinem Geschlecht fixierbar (Larsen, 1976, S. 217) und verwirrt damit durch diese klassische Geste des Trickstergottes, wie Loki (Davidson, 1979, S. 9), und wird bisweilen seinem ägyptischen Vorläufer Osiris (Göttner-Abendroth, 1980, S. 59ff) untreu, indem er eher dem Osiris-Mörder Seth gleicht (Velde, 1967, S. 111; Gifford, 1979, S. 32), der wie Loki, der Baldur tötet, ein Trickster-Gott ist (Goidicke, 1961), aber auch der Herr der Toten. Dionysos fällt eben aus dem Rahmen.

154 Levy (1948, S. 291).

155 Dodds (1970, S. 78).

156 «. . . vielleicht ist sogar nichts furchtbarer und unheimlicher an der ganzen Vorgeschichte des Menschen, als seine Mnemotechnik», die nur mit Blut, Marter und Opfern abging, um «sich ein Gedächtnis zu machen» (Nietzsche 1980).

157 Dodds (1970, S. 222).

158 Czaplicka (1914, S. 176) berichtet von Beobachtungen, bei denen noch lebendige Schamanen gesehen wurden, wie sie sich in die Lüfte erhoben. Im Jahre 1556 sah der englische Reisende Richard Johnson einen samojedischen Schamanen sterben und dann wieder lebendig erscheinen (zit. nach Dodds, 1970, S. 222).

159 Vgl. Wilson und White (1980, S. 12ff); Everone und Everone (1980); Leary (1979; 1980). Tim Leary verkündet als Motto und seriöses Programm, der Sinn des Lebens sei S.M.I².L.E., wobei das L. E. für life extension steht (Leary, 1981, S. 6). A serious smile? Und Heathcote Williams' Person 278 (die Altersangabe ersetzt den Namen) verkündet triumphierend, nachdem eine orphische Stimme zu Anfang des Stückes prophezeihte, dass der Tod möglicherweise dazu verurteilt ist, ein Opfer der Zeit zu werden: «Was ist revolutionärer als der Sieg über den Tod?» (S. 43); zum Glück gibt Williams in einem sarkastischen Anti-Kriegs Gedicht seinem Stück eine ebensolche Wendung, die ihn zu einem humorvollen Sozialkritiker machen. Der Tod ist eben nicht nur eine biologische Notwendigkeit.
160 Scrobogna, (1980, S. 147ff).
161 Dodds (1970, S. 81).
162 Sieroszewski (1902, S. 228f).
163 Vgl. Aristophanes (*Ranae*, 1331 ff) und Vergil (*Aeneis*, VI, 237ff).
164 *Odyssee, 24*, 11-14.
165 Ovid (*Metarmorphoses*, XI, 592ff) beginnt die besagte Stelle mit den verheissungsvollen Worten: «Est prope Cimmerios longo spelunca recessu, mons cavus; ignavi domus et penetralia Somni. . . ». Irgendwo, weit weg bei dem sagenhaften Volk der Cimmerii im äussersten Westen befinden sich in entfernter Abgeschiedenheit die Gemächer des Schlafgottes.
166 Jons (1968); Göttner-Abendroth (1980, S. 50ff).
166 Volten (1942, S. 45f).
168 de Buck (1939, S. 17ff), 30).
169 Ja, ja, natürlich weiss ich, in welche bescheuerte Situation ich mich hineinmanövriert habe! Manövriert? Dass ich nicht lache, das ganze ist doch ein riesiger Sumpf!
170 Jünger (1977, S. 146) – ein geniales Werk.
171 Steffel (1791, S. 324) meint von den Tarahumaras, einem nord-mexikanischen Indianerstamm, dass sie von «einem gebietenden Herrn keinen Begriff haben». Zum Glück. Vgl. Kramer und Sigrist (1978); Middleton und Tait (1958).
172 Carchia und Klein (1981, S. 126). Vgl. Colli (1977; 1980, S. 88f).
173 Oppitz (1981a, S. 200).

Der Intellekt in der Wildnis

1 Vgl., Evans-Pritchard (1973, S. 4). Die doppelte Entfremdung als Preis für Erkenntnis auch bei Duerr (1978, S. 346).
2 Ein Paradigma ist ein schwierig zu definierendes Etwas (wie z. B. Mastermann, 1974, festgestellt hat). Kuhn (1962) hat diesen Begriff eingeführt, um eine Art Weltbild zu beschreiben, in dem Wissenschaftler einer bestimmten «Tradition» oder an einem bestimmten Forschungsprogramm arbeiten. Es mag Theorien beinhalten, aber auch gehörig mehr wissenschaftliche Paraphernalia, die zu Verwirrung Anlass gegeben haben (vgl. Lakatos und Musgrave, 1974; Gruber, 1982 b, S. 375ff).
3 Fletcher (1904, S. 34).
4 Vgl. Koepping (1973, S. 258); Lévi-Strauss (1974, S. 349ff).
5 Als solcher politischer Kämpfer sah sich Lévi-Strauss (1974, S. 350ff). Die

Quintessenz seiner Suche in fremden Kulturen wird allerdings zu einer Utopie und romantischen Vergegenwärtigung, dass die Welt ohne Menschen begann und als solche enden wird: auch in dieser mythischen Schlussfolgerung seiner *Tristes Tropiques* erweist er sich als klassischer strukturalistischer Denker: die endgültige Enthebung des Subjekts als Endpunkt des Seins (vgl. auch Foucault, 1966, S. 15).

6 Böhme *et al.* (1974) zeigen wie sehr wissenschaftspolitische und ökonomische Interessen in einer «Finalisierung» die theoretischen Zielsetzungen der Forscher beeinflussen. Das «Bindemittel» stellt sozusagen der finanzielle Forschungszuschuss dar.

7 «Die Weissen fangen überhaupt nichts ein, wenn sie Aufnahmen machen, und deshalb ist es sinnlos zu photographieren», sagte ein Arapho bei der *yuwipi*-Séance zu Åke Hultkrantz (1981, S. 86).

8 Koepping (1973, S. 264).

9 Vgl. Gruber (1981 b); Stagl (1981); Koepping (1981).

10 Vgl. Wittgenstein (1977, S. 16).

11 Gargani (1979 a, S. 13) schreibt in der hervorragenden Einleitung zu dem von ihm herausgebenen Buch über die Krise der Vernunft: «Ciò che è diverso e diseguale appare come un complotto. Le realtà viventi differenti o nuove risultano figure minacciose che bisogna sopprimere.» Der Alptraum der Vernunft, so wie ihn Goya verewigt hat.

12 In Goethes Faust I heisst es: «Und was sie (die Natur) deinem Geist nicht offenbaren mag, das zwingst du ihr nicht ab mit Hebeln und mit Schrauben.» Zweifellos hat sich diese Einsicht in Wissenschaftskreisen nicht durchgesetzt.

13 Freud (1913); vgl. auch Boyer (1980); Whiting (1960). Freilich hat eine neue psychoanalytische Orientierung sich von den einseitig reduktionistischen Standpunkten, die sich in Klinismus, Biologismus und Familialismus niedergschlagen haben, losgesagt. Die grundlegenden Arbeiten stammen aus der Feder von Marie Bonaparte und Geza Róheim (vgl. dazu die Beiträge in Róheim, 1947ff). In vorbildlicher Weise hat sich die psychoanalytische Ethnologie als selbstkritische und methodenkritische Instanz, die auch die Weiterentwicklung einer umfassenden theoretischen Konzeption betreibt, in den Arbeiten von Parin *et al.* (1966, 1971) niedergeschlagen.

14 Lévi-Strauss (1965) sieht in den psychoanalytischen Überlegungen zu Totemismus und Religion, wie sie Freud in seiner enttäuschenden Studie (Freud, 1913) vorgetragen hat, sentimentales Wunschdenken. Für ihn rückt das intellektuelle Moment in den Vordergrund und die Möglichkeit, den mythischen Bereich rational zu rekonstruieren (Lévi-Strauss, 1968).

15 Lévi-Strauss (1974, S. 366).

16 Albert (1969, S. 11ff) hat gezeigt, dass deduktiv aufgefasste Begründung in ein auswegloses Trilemma führt (vgl. auch Popper, 1971, S. 60).

17 Wolman (1977), Gruber (1979 a; 1981 b); Bender und Gruber (1982).

18 Für R. D. Laing (1976, S. 96), der schmerzvoll mit der Wissenschaft ins Gehege geraten ist, stellt sich der Wissenschaftler als das Feindbild dar: «However if they (the scientists) look at the scientific information they get, forgetting to look at it in the light of the fact that the net of the scientific method does not actually catch the ocean upon which it is cast, they reduce themselves to intellectual idiocy.»

19 Hierzu gehört die Erfindung sogenannter *ad hoc*-Hypothesen die das Wunder vollbringen, aus der Ordnung fallende Beobachtungsdaten in den theoretischen Rahmen aufzunehmen. Je besser ein Wissenschaftler solcherlei gefährliches Material in siegreiche Gegenbeispiele umwandelt, die seine Theorie stützen, desto mehr verdient er nach Lakatos (1974; 1968), ein Wissenschaftler genannt zu werden.

20 Feyerabend zufolge (1975, S. 252) ist die wissenschaftliche Methode so gebaut, dass ihr Dämonen, sollten sie existieren, mit Sicherheit entwischen. Ganz abgesehen davon, dass es sich bei dieser Aussage um Erfahrungsgut aus dem Bereich der Parapsychologie handelt (Fassberg und Bender, 1981; Müller, 1981; Gruber, 1979 a; 1981 c), muss man den Wissenschaftlern ohnehin nicht blind vertrauen, auch nicht (oder insbesondere), wenn sie methodisch-stumpfsinnig vorgehen: «Scientists operate under the indeterminacy system by various myths – primarily of rationalitiy, of causation, and of power of choice – but in fact do not know what they are seeking, what is available, and what are solutions» (Grazia, 1963, S. 56; zit. in Mogar, 1969, S. 392). Kein Wunder, dass Bob Dylan, während eines Lichtblicks in seiner langweiligen neuen Missionarsmusik, verkündet: «Don't put my faith in nobody, not even a scientist.» (Dylan, *Do right to me baby,* 1979).

21 Ward (1977, S. 216); de Martino (1946, S. 165) bezeichnet solches Vorgehen als ethnozentrisch.

22 Die Theorien der Intellektualisten sehen in den magischen Handlungen nichts als das Bedürfnis eines ausgelieferten Menschen, das Universum zu kontrollieren und zu erklären (vgl. Skorupski, 1976). Noch extremer äussert sich Malinowski (1972, S. 69): «Standardized traditional magic is nothing else but an institution which fixes, organizes and imposes upon the members of a society the positive solutions in those inevitable conflicts which arise out of human impotence in dealing with all hazardous issues by mere knowledge and technical activity.» (Vgl. auch Felson und Gmelch, 1979; Long, 1977; Mauss, 1972; Middleton, 1967; de Martino, 1948).

23 Vgl. Gruber (1981 c, S. 374). Die Fremde, die gar keine ist; diesen Zielbereich steuern jene Normalwissenschaftler an, die Kuhn (1962) im Visier hatte. Aus diesen setzt sich, trotz verschiedenster Proteste (Feyerabend, 1974; Watkins, 1974; Toulmin, 1974; Popper, 1974) der überwältigende Grossteil des Wissenschaftsbetriebes zusammen.

24 Fichte (1976/77, S. 177).

25 Die französischen Strukturalisten sind zweifellos zu den einfallsreichsten Philosophen der letzten Jahre zu zählen, die sich nicht nur über das gesprochene und geschriebene Wort Gedanken gemacht haben. Seitdem kommt den Texten als Bedeutungsträger nicht bloss als Übermittler von Inhalten eine besondere Position zu; so etwa in der Unterscheidung in *phéno-texte* (die ausgedrückte Mitteilung) und *géno-texte* (das Gesamt der immer neuen Bedeutungen), die auf Kristeva (1969) zurückgeht. Die Freude an den Bedeutungsfluktuationen der Textstrukturen, der sich die Pariser *Tel-Quel*-Gruppe nachhaltig verschrieben hat, hat ihre (hermeneutischen) Stützpfeiler (so etwa Goldmann, 1952; und Ricoeur, 1969). In der Tat erweist sich der Text als Ganzes als eine besondere Form der Mitteilung: er informiert nicht ausschliesslich durch Inhalt, sondern durch

Form, Struktur. Es versteht sich, dass dieses Buch, das sich mit der Auflösung der Ordnung befasst, einen dazu in Beziehung stehenden Text aufweist.

26 Die Wissenschaft meint den einzigen gültigen Weg für Erkenntnis gepachtet zu haben (Feyerabend, 1976, S. 12ff; 1978, S. 13ff; 1976 a; Gruber, 1978b).

27 Dieser zeigt sich in den elitären Ansprüchen der Wissenschaftler, was dann auch den Hofnarren der Wissenschaftstheoretiker zur Feststellung gereizt haben mag: «The fact that intellectuals have mental blind-spots certainly does not mean that everybody has.» (Feyerabend, 1980, S. 12). Vgl. auch Duerr (1977).

28 Wo Objektivität herrscht scheint das Leben zu Ende gekommen zu sein (vgl. Gauger, 1980, S. 10).

29. Tietzel (1980, S. 255).

30 Brecht (1964, S. 108).

31 Reichel-Dolmatoff (1975, S. 202) erlaubt sich diesen Einblick in seine Forscherperspektive. Sonst gehört dieses Buch sicherlich zu den besten ethnographischen Arbeiten der letzten Jahre. Lommel (1971, S. 16) weiss ebenso felsenfest über den Schamanismus zu sagen: «Die Geister sind *natürlich* nicht Geisterwesen, die ausserhalb des Menschen existieren und ihn beeinflussen, sondern eigene Vorstellungen der Menschen, Bilder seiner Psyche ... »; und dieses innere Bilderbuch ist, wie Lommel selbstverständlich auch weiss, «in einem primitiven Menschen . . . von überwältigender Kraft» (S. 16/17), so dass es ihn zerstören und zum Wahnsinn treiben kann. Ethnologen, die etwas riskiert haben, wie etwa Findeisen, haben z. B. versucht, die «klassische» sibirische Schamanenséance mit spiritistischen Sitzungen zu vergleichen, da es sich bei beiden um eine Kommunikation mit Geistern handeln soll (Findeisen, 1957; 1958; Haas, 1979). In eine ähnliche Richtung gingen die Bemühungen von Bozzano (1941) und von de Martino (1948).

32 Sargant (1973, S. 177).

33 Lommel (1971, S. 21).

34 Andreski (1974, S. 90, 141, 144) ist aufgebracht über Lévi-Strauss' «stylistic prototechnics», seinem «neo-scholastic mumbo-jumbo» und hält dessen Gesamtwerk für Poesie, die sich als Wissenschaft verkleidet. Immer wieder wird dem französischen Ethnographen zugute gehalten, dass er das Denken der Naturvölker als unserem nicht wesenhaft verschieden ansah – wie das etwa bei Lévy-Bruhl (1947) der Fall war (vgl. Schmidt, 1969, S. 249). Kürzlich hat sich über solche Intellektualisierung der Wilden Hallpike (1979) geäussert. Ihm zufolge sei Lévi-Strauss' «basic contribution to the study of primitive thought . . . to take an extremely difficult subject and make it impossible.» Womit der gute Hallpike sagen will, dass er dieses «extremely difficult subject» endlich «possible» gemacht habe. Aber mit Piagets genetischer Epistemologie und einem gehörigen Schuss Entwicklungspsychologie ist durch Hallpike das wilde Denken auch nicht durchsichtiger geworden.

35 Lévi-Strauss (1980, S. 23); auch Devereux äussert sich ähnlich über einen veränderten Bewusstseinszustand: er habe immer einen irrationalen Ekel gegenüber Betrunkenen verspürt (Devereux, 1973).

36 Jünger (1922, S. 7).

37 Diese Bezeichnung stammt von Heinrichs (1978, S. 289).
38 Bataille (1957, S. 17).
39 Vgl. Schmied-Kowarzik (1981, S. 133ff). Wenn das Ich ausser sich gerät, dann verschwindet es nicht von der Bildfläche, wie das in der strukturalistischen Dezentralisierung der Fall ist (vgl. Auzias, 1967; Parain-Vial, 1969; Fages, 1967), sondern rückt, im Gegenteil, ins Zentrum, wird gesehen, erlebt, bleibt kein Automat der Geschichte und sozialer Selbstverständlichkeiten.
40 Larsen (1976, S. 81). Joan Halifax erzählte mir im Sommer 1981, dass ihrer Meinung nach für unsere Generation die wahrscheinlich letzte Chance besteht, diese Anziehungskraft in Begegnungen mit Schamanen umzumünzen. Wir müssten versuchen, das lebendige Vermächtnis, das uns «die paläolithischen Proto-Heiler-Priester vermitteln können» anzunehmen und in einer noch nicht bekannten Form zu transformieren. Die Rettung der schamanischen Lebensweise für eine bessere Zukunft.
41 Laing (1965, S. 9).
42 Eliade (1960, S. 98). Vgl. auch das über weite Strecken langweilige Buch von Faber (1981, S. 97ff).
43 Castaneda (1976, S. 252). Deshalb empfiehlt auch Don Juan den Schrekken, ein Mensch zu sein mit dem Wunder, ein Mensch zu sein zu verbinden. Um dies zu erreichen, was Olson (1980, S. 54) mit dem Ziel der *unio mystica* in Verbindung bringt, entwirft Don Juan Techniken, die wir in ähnlicher Form aus den verschiedensten Traditionen, einschliesslich der mittelalterlichen Mystik, kennen. Vgl. dazu auch das anonyme Werk *The Cloud of Unknowing,* Progoff (1961).
44 Bob Dylan, *Ballad of a Thin Man.*
45 Rozak (1971, S. 82f). So kommt es, dass auch das menschliche Unbewusste erst durch die Sprache, als seine angebliche Ausdrucksweise, Sinn erhält: die Lacansche These, das Unbewusste sei wie eine Sprache strukturiert, macht dieses übersetzbar und nimmt ihm den Nimbus des Verborgenen, Fremden und Unbekannten (Lacan, 1966; vgl. auch Forstholm, 1978, S. 64, 127f).
46 Die vielen Randbemerkungen, dass es der Schamane selbstverständlich nicht mit „Geistern" zu tun hat, natürlich nicht wirklich durch die Luft fliegt und sich auch zweifellos nicht in einen Jaguar verwandelt, bezeugen diesen Standpunkt, der selbstredend über jeden Zweifel erhaben ist.
47 Devereux (1973, S. 40).
48 Devereux (1967). Die Leidenschaftslosigkeit der toten Materie, die nichts, aber auch rein gar nichts anderes, denn passiv und tot, und einfach da ist, schweigend vor unserem umherschwirrenden Bewusstsein, ist gerade ein Produkt der Sichtweise unserer alltäglichen Wirklichkeit. Das muss wohl Godley und Creme dazu gereizt haben, ihren Unmut über dieses ausgetrocknete Realitätsmodell zu besingen. Bezeichnenderweise tun sie das dann in einer Mischung von katholischem Rezitativ und elektronisch «verfremdeten» (dummer Ausdruck!) Bauchtanzmelodien. Ergebnis: das verunsichernde Gefühl, dass mit der Vorstellung von der schweigenden Materie wohl etwas nicht stimmen muss:

«And what are they (inanimate objects) thinking
when they arrive at a place
do they sigh with disappointment

and when they leave
do they have regrets?
Is a sofa as happy in one corner
as it is in another
and how does the room feel about it?»
(Godley and Creme, *I pity inanimate Objects*, 1979).

49 Duerr (1981 b, S. 632); vgl. auch Kulenkampff (1963).

50 Diese Bezüglichkeiten werden im Psychiatrie-Jargon zum «Beziehungswahn», wenn etwa August Walla behauptet mit Geistern in Verbindung zu stehen und das dadurch weiss, weil er «manchmal» etwas «hört in der Nacht . . . wenn sich jemand verabschieden tut . . . So ein Geräusch hört man am Fussboden.» Plötzlich weisen Veränderungen in der toten Materie auf ihre Lebendigkeit hin, auf die Bedeutung für den Erlebenden. Für Walla ist es klar, dass die Fanta-Flasche, die er ans Bett gestellt hatte und die plötzlich umfiel, von einem Geist umgeworfen wurde (Navratil, 1978, S. 68). Bald stellt sich heraus, dass der «psychisch kranke» Patient in Wahrheit mehr einem Schamanen gleicht, denn einem psychiatrischen Modellfall. Navratil fragt ihn: «Du bist also ein Zauberer, ein Gelehrter, ein Schönschreiber, ein Maler, was bist Du noch, August?» Walla: «Musikant», (Navratil, 1978, S. 70) der sich zudem stark für politische Ideen und religiöse Vorstellungen interessiert, während ihn der Gedanke einer Geschlechtsumwandlung häufig beschäftigt (S. 66); die Interessenbereiche des Schamanen.
Die plötzlichen Beziehungen der «Geisteskranken» sind eben häufig Augenöffner, nicht unähnlich den mystischen Erfahrungen, die den Erlebenden ausserhalb von sich selbst stellen, um neugeboren sein altes Selbst zurückzulassen – Ekstasis: «A larger and more comprehensive self emerged and I could abandon the previous personality with its entire entourage. I saw this earlier personality could never enter transcendental realms.» (Aus einem Bericht eines «Schizophrenen», berichtet in Jaspers, 1962, S. 417f). Vgl. dazu auch die Einblicke gewährende Sammlung von Berichten «Geisteskranker» in Kaplan (1964) und Whiteman (1979/80).

51 Vgl. Cassierer (1953, S. 187); Gruber (1981 c).

52 Duerr (1981 b; S. 632) bezieht sich an dieser Stelle auf Nietzsche.

53 Jung (1952, S. 105): «Synchronizität ist nicht rätselhafter oder geheimnisvoller als die Diskontinuitäten der Physik. Es ist nur die eingefleischte Überzeugung von der Allmacht der Kausalität, welche dem Verständnis Schwierigkeiten bereitet und es als undenkbar erscheinen lässt, dass ursachelose Ereignisse vorkommen oder vorhanden sein könnten.» Weil es sich um ein rätselhaftes Vorhandensein von anscheinend Unzusammenhängendem handelt, eröffnen sich, ich möchte sagen, mantische Bedeutungen: draussen und drinnen verschwimmen, polarisieren sich, es wird unsinnig, hier Unterschiede angeben zu wollen (vgl. Gauger, 1980, S. 154ff; Koestler, 1973; von Scholz, 1924; aber auch Kleps, 1975, S. 54: «There is something about synchronizity that resists . . . retrospective examination.» Natürlich, diese Ereignisse fallen aus jeglicher Ordnung heraus). Vor einigen Jahren hat für mich die Rosenkäfer-Episode noch ein Nachspiel erfahren. Ich fuhr mit dem Zug von Wien nach Paris. Auf dieser scheusslich langen Fahrt sass noch ein älteres Ehepaar mit mir im Abteil. Bis München las ich einen Artikel von John Beloff, der sich mit der

Frage des sinnvollen Zufalls auseinandersetzte. Dabei besprach er auch den Skarabäus-Fall Jungs. Er berichtete diesen nicht vollständig, was mich ein wenig ärgerte. In München stieg dann eine junge Frau zu, und wir unterhielten uns über alles mögliche, nicht aber über Synchronizitäten und all diese seltsam verrückten Dinge der Welt. Plötzlich fragte sie mich, ob ich wüsste, was sie ihrem Freund zum Geburtstag schenken würde. Über diese Frage aus heiterem Himmel war ich überrascht. Einen goldenen Skarabäus, meinte sie, der an einer Halskette baumeln soll! Jetzt war ich allerdings noch mehr überrascht. Also fragte ich, was denn ihr Freund mache und warum sie mir das alles erzähle. Es stellt sich heraus, dass sich ihr Freund bereits seit geraumer Zeit in psychotherapeutischer Behandlung befindet und nicht an seine Gefühle «herankommt», wie das die Psychologen auszudrücken pflegen. Die Therapie ist deshalb ins Stocken geraten, und er überlegt sich, damit Schluss zu machen. Die Parallele zum Jung-Fall brauche ich wohl nicht herauszustreichen. Rasch berichtete ich von dem Fall und dass ich gerade darüber wieder gelesen hätte, und dass zur Vollendung dieser Seltsamkeiten wohl nur noch die Therapie wieder anlaufen müsste, nachdem er das Geschenk bekommt. Da klopfte mir der ältere Herr, dem ich bis dahin keine Beachtung geschenkt hatte, auf die Schulter und hielt mir seinen Ring unter die Nase: es war ein Skarabäus.

54 Presler (1981, S. 71); Gruber (1891 c); Bader und Navratil (1976).

55 Cardinal (1972, S. 138).

56 Gargani (1979, S. 15). Vgl. auch Lewis (1934).

57 «The animals were once like the Indians and could talk like we do», sagte ein Mistassini-Schamane zu dem Ethnologen Speck (1935, S. 55). Vgl. auch Biegert (1981, S. 333). Die Menschen und Tiere hatten früher *eine* Sprache, und wenn der mythische Held Gluskap der Abenaki davonfährt, befällt Menschen und Tiere Schweigen und sie können einander nicht mehr verstehen (Müller, 1976, S. 12). Alles aber auch wirklich alles, sprach im Ursprung und sprach eine Sprache, die für alle verständlich war (Röhrich, 1973, S. 229).

58 «Unser Ich wird – *ausser* sich, d. h. ausser seiner Stelle, gesetzt . . . Also muss es den Ort verlassen, es muss ausser sich gesetzt werden, als ein gar nicht mehr Daseiendes. Nur in dieser Selbstaufgegebenheit kann ihm das absolute Subjekt aufgehen.» (Schelling, 1856, Bd. IX, S. 229).

59 Barthes (1970); Sollers (1965; 1968).

60 Lacan (1966); auch Laplanche und Leclaire (1961), Waldenfels (1976).

61 Breton (1969, S. 248) bezieht sich an dieser Stelle nur auf Künstler, aber ich glaube, dass sein Satz ruhig darüber hinaus Gültigkeit haben darf. Allerdings wird das Anknüpfen an diese «primitive Vision» nicht leicht gemacht, denn das wissenschaftliche Weltbild hat eine grundlegende Dissonanz hervorgerufen, die bei Szasz zu folgendem Aphorismus zusammenläuft: «Primitives treat objects as agents; we call these people ‹savages› and their outlook an life ‹animism›. Psychiatrists treat agents as objects; we call these people ‹scientists› and their outlook on life ‹humanism›.» (Szasz, 1976, S. 175). Für «psychiatrists» kann in unserem Zusammenhang durchaus auch «anthropologists» stehen.

62 Jean Dubuffet, genialer «Erfinder» und Gönner der Art Brut, nennt den Zustand, in den die Gesellschaft gerät, wenn sie Arbeit und Spiel künstlich in Gegensatz stellt, «asphyxiante Kultur» (Dubuffet, 1962).

63 So verhält sich Piccoli in dem amüsanten Streifen *Themroc* von Claude Feraldo (1973). Zwei Jahre später versuchte Feraldo das Thema anarcher Zerstörung städtischer und kleinbürgerlicher Selbstverständlichkeiten erneut zu lösen. War es in *Themroc* eine heftige und schrankenlose Rückbesinnung auf das Wilde im Menschen, so ist es in *Bof* (1975) die ruhige, schleichende anarche Situation, die langsam in das Alltagsleben einer Arbeiter-«Familie» mit fröhlicher Polygamie einfällt. In gewissem Sinn wirkt diese Enthüllung noch weitaus infamer, weil sie sich bewusst kleinbürgerlicher Fantasien bedient, um die Normen zu untergraben. Feraldos Thema scheint den Darstellungsmitteln des Films völlig unangepasst zu sein und erzielt gerade dadurch eine besondere Wirkung.

64 Vgl. Ferguson (1982).

65 Campbell und Staniford (1978, S. 28).

66 Staniford (1977); Levinson (1979); Dobkin de Rios (1975); Singer und Ankenbrandt (1980).

67 Koepping (1973, S. 264).

68 Feyerabend meint, dass «eine Wissenschaft, die behauptet, über die einzig richtige Methode und die einzig brauchbaren Ergebnisse zu verfügen» Ideologie ist und deshalb «vom Staat und insbesondere vom Bildungswesen getrennt werden» muss (Feyerabend, 1976; S. 410). Vgl. dazu auch Galtung (1879, S. 50): «Die Anwendung einer Methodologie ist . . . eine politische Handlung, sie bestätigt oder negiert die Struktur, in der die allgemeine Bevölkerung und die Wissenschaftler im besonderen leben.»

69 «It ist clear, . . . that every social science diagnosis is closely connected with the evaluations and unconscious orientations of the observer . . .» (Mannheim, 1971, S. 45 Zit. in Koepping, 1973); vgl. Naess (1976); Galtung (1978).

70 Halifax (1979).

71 Thompson (1981): «What I am talking about is the resacralization of culture and, in particular, the resacralization of scholarship.» (S. 248).

72 Thompson (1981, S. 248ff) schlägt die radikale Aufgabe vor, Wissenschaft und Kunst zusammenzuführen und nennt dieses neue Gebiet in amerikanisiertem Deutsch «Wissenkunst».

73 Nietzsche (1887, *381*) fährt fort: «Der Tanz nämlich ist sein Ideal, auch seine Kunst, zuletzt auch seine einzige Frömmigkeit, sein ‹Gottesdienst› . . .» Für Nietzsche geht es also um ein philosophisches Sich-Frei-Tanzen von einer auf rigiden Konventionen beruhenden Handelsvereinbarung der Rationalisten, die einen «intellettuale» zu einem «schiavo anziché un uomo libero» macht, «che lo vincola agli stili percettivi e ai modi convenzionali di un codice che è praticato anche dai sarti e dai gioiellieri di Via Montenapoleone.» (Gargani, 1979, S. 47). Und Gauger (1980, S. 9) fragt sich angesichts des erlernten Wissens von der Wirklichkeit, «ob man nicht schwebend, tauchend, tanzend, spielerisch denken muss, jede Hoffnung auf absolute Sicherheit aufgeben, als Grenzgänger leben sollte, dem Gelingen und Versagen gleich viel wert sind.»

74 Der Ausdruck «visionäre Anthropologie» wird bei Grof und Halifax (1977, S. 203) verwendet.

75 Eine solche Attitüde findet sich mitunter in den höchst sakralen ethnologischen Entdeckungsreisen von Staniford (1977) wieder. Auch Halifax (1981, S. 12) möchte «embrace the entire sacred history of our planet be-

fore it dissolves in the powerful presence of the bio-mechanical, trans-industrial age that is now upon us.» How!

76 Vgl. etwa Harner (1981); Halifax (1979).

77 Van de Castle (1974; 1977); Winkelmann (1979); Rose (1955; 1956); Rose und Rose (1951); McElroy (1955). Experimentelle Verfahrensweisen werden aus westlichen Uni-Labors einfach in den Busch übertragen und dann wundern sich die Untersucher, wenn die sagenhaften clever men etwa keine paranoramlen Fähigkeiten demonstrieren können, die sich statistisch erfassen lassen (Rose und Rose, 1951); vgl. dazu den unnötigen Kommentar von Reichbart (1980, S. 221).

78 Diese Geschichte ist nicht erfunden, man kann sie in der ernsten und von allen *tatsächlichen* Absichten gesäuberten Sprache der Wissenschaft in mehreren unter Anmerkung 77 genannten Arbeiten nachlesen. Ein Experte wird niemals seine Grundsätze aufgeben, auch nicht in der Wildnis. «Er – der Experte – hat sich entschlossen, sich bestimmten Massstäben zu unterwerfen, die ihn vielfach einschränken – sein Stil und seine besondere Eigenart zu reden eingeschlossen –, und er ist bereit, den grössten Teil seines bewussten Lebens in Einklang mit diesen Massstäben zu führen.» (Feyerabend, 1976 a, S. 13).

79 Duerr spricht von einer Wissenschaft, die in ihrer Masslosigkeit und Aufdringlichkeit alles totschlägt, was eine etwas sanftere Stimme hat, und was sich vor Laboratoriumsbeleuchtung und verkrampften Fragestellungen zurückzieht.» (Krauch, 1979, S. 145). Als Hans Peter Duerr einmal in einem Gespräch den bekannten Satz zitierte, der in Haiti zum Schlagwort geworden ist, dass nämlich die Geister die Insel verlassen würden, wenn die Ethnologen kommen (Campbell, 1970, S. XIII), reagierte sein Gesprächspartner, der Wissenschaftstheoretiker Hans Albert, bezeichnend: «Aha – eine Immunisierungsstrategie gegenüber wissenschaftlicher Überprüfung!» Dazu Duerr: «Viele Leute denken immer wieder, dass man nur von dem wissen kann, was *sie* mit *ihren* Methoden, mit *ihrer* Forschungsmentalität sehen und greifen können. Aber was bedeutet das, dass Hans Albert keine Elfen sieht? Es bedeutet nur, dass er halt keine sieht… (Krauch, 1979, S. 145). Die Parapsychologen haben sich eben die Erforschung dieser Elfen- und Gespensterphänomene zur löblichen Aufgabe gemacht, wollen aber ebenfalls nicht einsehen, dass sie dazu den rigiden Methodenweg der wissenschaftlichen Autobahn verlassen müssen, wenn sie die Waldgeister unter den Pilzen abseits der Trampelpfade finden wollen (vgl. Feyerabend, 1979). In einem Brief schrieb mir Feyerabend im selben Jahr: «Ich stimme völlig mit Ihnen überein – mit der Zunge heraus laufen die meisten Parapsychologen heute hinter den Wissenschaftlern her und rufen mit kläglicher Stimme: ‹Seid doch gut zu uns, denn wir halten uns genau an die wissenschaftliche Methode…›». Dass sich die Parapsychologie tatsächlich an den sanktionierten Methodenkanon hält, und deshalb sehr zu Recht eine Wissenschaft genannt wird, darüber kann kein Zweifel bestehen (vgl. Collins und Pinch, 1979; Edge, 1981; Gruber, 1978 b; 1980 a; Wallis, 1979; Hasted, 1981; Allison, 1973). Deshalb kann der Feststellung von Price, in seiner Kritik der Parapsychologie, eine surreale Komponente nicht abgesprochen werden: «In short parapsychology, although well camouflaged with some of the paraphernalia of science, still bears in abundance the markings of magic.» (Price,

1955). Leider kann von «abundance» hier wirklich nicht die Rede sein. Die Zeichen des Magischen sind längst aus den Labors verschwunden. Die ritualisierte Vorgangsweise einer orthodoxen «Untersuchung» ist an deren Stelle getreten. Aber was bleibt dann von der Parapsychologie, wenn das Magische mit dem bedrohlichen «Okkultsumpf» ausgeschüttet wird? Nichts.

80 Adorno spricht von der «Verwechslung des methodisch Veranstalteten mit der Sache selbst.» (Adorno, 1971, S. 211).

81 Lévi-Strauss (1971, S. 24). Vgl. auch Yalman (1969, S. 72).

82 «He (Daniel Noel) likes to make reality misty and uncertain; I like to make it clear und certain. He likes to sit on the fence between the worlds; I jump off at the first opportunity.» (de Mille, 1980, S. 162). Sarkasmuskönig RdM fügt hinzu: «The difference is probably hereditary.» Das wollen wir doch nicht hoffen!

83 Leclaire (1976); Pontalis (1974).

84 Broekman (1971, S. 20).

85 Oeser (1974, S. 19ff.).

86 In Unterdrückung dieser Ordnungslosigkeit erreicht der Wissenschaftler am Ende «die Ebene der verdummenden Realität» (Müller, 1968, S. 91). Eine «zwanghafte Forderung nach Ordnung» (Enderwitz, 1977, S. 234; vgl. auch Lévi-Strauss, 1968, S. 27) wird bei Leary (1981, S. 62) zu einem Wesenszug in der Neurologie der Primaten, die das Fremde hassen, weil sich der «Bienenstock» nicht mit anderen Realitäten abfinden kann.

87 Fichte (1976/77, S. 173).

88 Laing (1976, S. 126).

89 Müller (1977, S. 175).

90 Gehlen und Wolf (1981, S. 106).

91 Eine solche Vorgangsweise schlägt der Psychedelik-Apostel Art Kleps (1975, S. 106) vor.

92 Müller (1963, S. 518).

93 Wittgenstein, *Tractatus,* 6.522. Diese Gemeinsamkeit will Broekman (1971, S. 21) erkennen.

94 «Foucault, Althusser, Lacan – alle denken von einem ‹decentrement› des Subjekts aus: Jedes Zentrum ist Funktionselement des Systems, dieses System *hat* kein Zentrum, es *schafft sich* Zentren nach Belieben und wechselnden Notwendigkeiten.» (Broekman, 1971, S. 22). Scheinbar hat dieses Denken in den letzten Jahren die verschiedensten Wissensgebiete in den verschiedensten Weisen fruchtbar befallen: die Biologie wird plötzlich wieder autonom und durch «Autopoiesis» konstituiert (Maturana und Varela, 1979; Varela, 1979), das Universum schafft sich ebenfalls selbst immer neue Zentren (Jantsch, 1979; Capra, 1982).

95 Oppitz (1981 a, S. 257f).

96 Duerr (1978, S. 140).

97 Fichte (1976/77, S. 173).

98 Müller (1963); Gehlen und Wolf (1981).

99 Feyerabend (1976 a, S. 17). Vgl. auch Pörksen (1974): «Man hört in solchen Sätzen keine Stimme, sieht keinen Leser, nichts lässt auf den doch menschlichen Gegenstand der Rede schliessen. Der Autor rasselt mit Begriffen, dass einem das Hören und insbesondere das Sehen vergeht.»

100 Linser (1980, S. 11).

101 Jack Wilson alias Wovoka ist kein Aussteiger, sondern Messias des nordamerikanischen Ghost Dance, einer indianischen religiösen Bewegung des letzten Jahrhunderts (vgl. Bailey, 1957; Steward, 1977).
102 Bezeichnenderweise heisst ein Buch von Vine Deloria, dem Stammesmitglied der Standing Rock Sioux und Professor für Politische Wissenschaft an der University of Arizona in Tucson, *We talk, you listen* (1970).
103 Albert (1969, S. 11ff); Mittelstrass (1974, S. 57ff); Gruber (1978 b).
104 Gold (1958); Junker (1960). Die direkte Beteiligung in der Feldforschung als ein entscheidendes *Informations*mittel ist häufig als wichtig erkannt worden (vgl. Pelto und Pelto, 1978, S. 69). Das gilt auch für den Bereich des Studiums von Religionssystemen und nicht alltäglichen Bewusstseinszuständen (vgl. Maquet, 1975; Staal, 1975). In säuberlichen Konstruktionen wünschen sich Ethnomethodologen eine «Permeabilität der Realitäten» zu erreichen (Mehan und Wood, 1975, S. 27f). Vgl. dazu auch Peters (1981); Peters und Price-Williams (1980).
105 Vgl. die Diskussion des Castaneda-Dilemmas durch Duerr (1978, S. 104ff).
106 Keats (Enright und Chicera, 1962, S. 257) schreibt über eine wohl rätselhafte wie anstrebenswürdige Fähigkeit: «That is, when is capable of being in uncertainties, mysteries, doubts, without any irritable reaching after fact and reason». Vgl. auch Gauger (1981 a, S. 388f).
107 Jünger (1977, S. 77). Wen der Irrtum stört, der liebt die Sicherheit.
108 Deshalb kennen auch «echte Traditionen keinen Fortschritt, weil sie den äussersten Punkt aller Wahrheit darstellen» (Artaud, 1976). Das bedeutet nicht, dass Veränderungen, Mutationen, Metarmorphosen, Tranceformationen, die *Bedeutung* eines Fort-Schrittes mit sich führen können.
109 Dubuffet (1949).
110 Der Vergleich stammt von Jünger (1977).
111 Neil Young singt von der «aimless blade of science» in dem song *Thrasher* (1978).
112 «We shall not cease from exploration, and the end of all our exploring will be to arrive where we started and know the place for the first time.» (T. S. Eliot)
113 Vgl. Gauger (1980, S. 181).
114 Das versucht etwa Duerr (1981 c, S. 32).
115 Dies ist die Bezeichnung, die G. I. Gurdjieff jenem Bereich von Erfahrung gibt, der von William James eine «mystische Erfahrung» genannt wird, von William Blake «göttliche Intuition», von Ramón dem Huichol «unser Leben» und im Hinduismus «das da». Vgl. auch Mandell (1978, S. 73f).
116 Lawrence Durrell, *Clea* (1961, S. 135).
117 «As I lay there thinking of my vision, I could see it all again and feel the meaning with a part of me like a strange power glowing in my body; but when the part of me that talks would try to make words for the meaning, it would be like fog and get away from me.» (Neihardt, 1972, S. 40f). Larsen (1976, S. 108) spricht in diesem Zusammenhang von «primary meaning», jenem Bedeutungsgefühl, das völlig anders ist, als etwas, das man in Worte fassen kann.
118 Einmal unterhielt ich mich mit einem Physiker, der aktiv an Parapsychologie interessiert ist. Ich meinte, dass die Parapsychologie Feyerabend-

sche Verwünschungen wider die Methodengläubigkeit dringend nötig hätte. Die Antwort des Physikers lautete dahingehend, dass man sich Feyerabend-Argumente unter «Pfarrerstöchtern» (sic!) leisten könne, aber eigentlich darf man die Leute (gemeint sind die Wissenschaftler) doch nicht vergrätzen, wenn man deren Suche nach Sicherheit und deren Jagd nach Gesetzmässigkeiten in diesem Wissenszweig unangepasst findet. Dann hiesse es, dass die Parapsychologen, bevor sie sich die Mühe machen, «sauber» (d. h. methodisch korrekt) zu arbeiten, ausgeflippt sind. Ich konnte nicht begreifen, warum «saubere» Arbeit wichtiger sein sollte als unmittelbares *Verstehen* der koboldhaften Spuk- und Geisterphänomene. Feyerabend-Argumente, hiess es in einem Zusatz, könne man sich sozusagen nach wissenschaftlichem Feierabend leisten, und auch dann nur, wenn man – wie der Meister selbst – mit akademischen Ehren bedeckt ist (also bewiesen hat, dass man irgendwann ja wohl «etwas Anständiges» geleistet haben muss) und vielleicht über das Bollwerk der Rationalität, die Physik, loszieht, wo doch schon so viel Gutes geleistet wurde. . . (nach einem Tonbandprotokoll, 1979).

119 Strauss (1981, S. 180): «Die Wissenschaft ist in der antirationalistischen Philosophie nicht viel mehr als Fleissarbeit und Mittelmässigkeit, wenn nicht gar Impotenz oder Fehlleistung des Geistes.»

120 Sebastian Brandt (1494, Kap. I); da heisst es auch: «Den Vordantz hat man mir gelan/Dan ich on nutz vil bücher han.» Deftiger formuliert es Art Kleps: «Vast libraries are revealed to be full of shit. Tish, tosh». (Kleps, 1975,, S. 352).

121 Leiris (1978, S. 255).

122 Polanyi (1959); dazu das enttäuschende Buch von Capra (1975) und der recht interessante Text von Pietschmann (1980).

123 *Wu-wei* wird oft mit «Inaktivität» und «Nicht-Handeln» übersetzt. Eigentlich bedeutet es aber, wie Needham (1956, S. 68) gezeigt hat, «refraining from activity contrary to nature». *Not-doing* hängt mit dem Stoppen des inneren Dialogs zusammen und so mit einer plötzlichen Entrücktheit von der alltäglichen Wirklichkeit (vgl. Olson, 1980, S. 57; Shu-Fang Dien, 1979/80, S. 164ff).

124 Shunryu Suzuki (1970) zeigt meisterhaft, wie Zen-Praxis ein Handeln bedeutet, das sich nicht auf Wünsche, Ziele, Erwartungen hin ausrichtet.

125 Castaneda (1974, S. 52).

126 Allen Ginsberg, *Lysergic Acid* (in Ginsberg, 1980, S. 48f).

127 Es handelt sich um eine Erzählung der Songhai, die von Delafosse (1922) unter dem Titel «Simplicité» berichtet wird.

Vergessen lernen

1 Die Rusalka sitzt auf dem Baum und verwirrt und tötet vorübergehende Männer. Die mexikanischen Chamula wissen von besonders mächtigen tierischen Entsprechungen der Menschen zu berichten *(chulel)*, die, *pakinté* genannt, als Frauen von ihren gebirgigen Wohnstätten jenseits der Zivilisation zurückkehren, um durch ihre betörende Schönheit Männer in den Wald zu locken. Dort verschwinden sie und die Männer haben sich in der Mitte des Waldes verlaufen (Arciniega, 1977).

2 Auf der Insel der Kirke, über der die Sonne im Zenit steht, (Schwartz, 1924, S. 52) und die Himmelsrichtungen nicht mehr erkannt werden können, war man aus der Ordnung hinausgetreten: Odysseus wird zum Initianden, der hier zweimal sterben wird (Duerr, 1978, S. 145f).

3 Die Zeichen der Höhle sind Risse und Sprünge, Naturreliefs, die wohl von sich aus begabte Urkünstler dazu veranlasst haben mögen, die natürlichen Gegebenheiten lediglich zu «verstärken». An den Höhlenwänden wurden keine Kunstwerke *geschaffen*, sondern vielmehr in Zusammenarbeit mit der Natur vollendet: der Künstler, wahrscheinlich ein altsteinzeitlicher Schamane, mag die Tiere lediglich aus dem Felsen gelöst haben, da die Konturen der dargestellten Figuren im Felsen häufig vorgegeben waren (Duerr, 1978, S. 203; Vézian, 1956, S. 87). Salvador Dalí verführt in einem hinreissend gemachten Film ins Land wo der «champignon hallucinogène» wächst, und wo eine sagenumwobene, fast gänzlich unbekannte Kultur rätselhafte Felsmalereien zurückgelassen hatte. Der bizarre Meister erklärt die wundervollen Jagd- und Schlachtszenen, bis am Ende das Geheimnis gelüftet wird: es handelte sich um Makroaufnahmen der Oberfläche eines auf natürliche Weise abgenutzten Kugelschreibers. Aber keine Frage: da waren Schlachtszenen drauf. Es wird allerdings gemunkelt, dass eine militante Splittergruppe der Illuminaten, den rätselhaften Kugelschreiber – der wahrscheinlich von einer Zivilisation von fernen Galaxien einstmals auf der Erde vergessen wurde, als noch in Felle gehüllte Tiermenschen von diesen die grosse Kunst lernten, in tiefen Höhlen Gepinseltes zu Leben zu erwecken – aus der Dalí-Villa in Cadaquès gestohlen haben. «Du hast gut daran getan, in eine Höhle zu ziehen», sprach der Troubadour zum Ritter, während er ihm Speisen kredenzte, «die Vollkommenen haben hier Zeichen in die Wand geritzt». (Serrano, 1982, S. 44). Und bald löst sich das Gesicht einer Frau mit aufgelöstem Haar – ein Zeichen ihrer Wildheit und Zauberkraft (Luck, 1962, S. 19f; Delatte, 1938, S. 57f) – aus dem Felsen und wird lebendig. In einem einfachen Bauernhaus im südspanischen Belmez tauchen seit mehreren Jahren immer wieder Gesichter auf den Wänden auf, die sich formen und verformen und schliesslich wieder verschwinden. Wahrscheinlich, weil niemand zugegen ist, der die Zauberformel für die Belebung kennt.

4 Die Idee der Erkenntnissuche in der Höhle taucht bei Duerr (1978, vor allem S. 35ff) immer wieder auf.

5 Harbison (1980, S. 6).

6 Thompson (1981, S. 264); siehe auch Renfrew (1973, S. 146ff); und Critchlow (1979).

7 Mellaart (1967).

8 Den Vergleich zwischen jungpaläolitischen Kulthöhlen und Çatal Hüyük bringt Mellaart (1967, 100ff); siehe auch Hernegger (1978, S. 408f). In einem der Kulträume wurde eine der ältesten Darstellungen der «heiligen Hochzeit» zwischen der Göttin und ihrem Heros gefunden. Vgl. die Abbildung dieses *hierosgamos* bei Mellaart (1967, Tafel 83). Die Räume selbst scheinen weder männlich noch weiblich zu sein, oder beides zugleich. In den Steinzeithöhlen findet man in den Ritzen oft rote Farbe (Leroi-Gourhan, 1965, S. 120): Vulven; aber auch Kopulationsszenen, wie die wunderbare Darstellung in der Felsennische von Laussel (Lalanne, 1911, S. 257ff) aus der Aurignacien-Zeit; und dann, aus der selben Epo-

che, die zahlreichen «Vexier-Plastiken», die zugleich weibliche Statuetten und Phallen darstellen, oder gleichzeitig Vulven und Phallen (Graziosi, 1939, S. 159; Saccasyn-Della Santa, 1947; Piette, 1895; vgl. auch die Abbildungen in Bataille, 1981, S. 26ff). Die Urverschmelzung findet an jenem Ort statt, der keine eindeutigen Bezeichnungen mehr zulässt, und der deshalb immer wieder – und nicht zu unrecht – mit dem Mutterleib der Grossen Mutter verglichen wurde, weil er zumeist seine bildliche Darstellung in Höhlen fand. Aber erstens ist der Leib der Grossen Mutter nicht gleich dem Leib der Frau, sondern vielmehr von jener Weder-noch/Sowohl-als auch-Qualität des Uranfänglichen, und zweitens – wie wir noch sehen werden – beschränkt sich die Erfahrung des Ursprungs als eines räumlichen Ortes keineswegs auf Höhlen.

9 Duerr (1978, S. 197).

10 Michelet (1975, S. 78): «Überall ist die Frau rein und befleckt, und man kann von ihr sagen, was Raimundus Lullus von Gott sagt: ‹Welcher Teil der Welt ist er? – Das All.›»

11 Göttner-Abendroth (1980, S. 17ff).

12 Orte, wo immer die Sonne scheint, wo sie immer im Zenit zu stehen scheint, sind erleuchtete Plätze. Sie tauchen dort auf, wo das Profane aufhört und der Weltenbaum die himmlischen Sphären durchdringt.

13 Eine Jakuten-Legende beschreibt die Seelen der Schamanen, die in einer Tanne auf dem Dzokuo-Berg geboren werden (Ksenofontov, 1930, S. 63). Die grössten Schamanen wachsen in den höchsten Zweigen heran, die weniger mächtigen in den niederen Zweigen (Ksenofonotov, 1930, S. 44ff). Auf seiner ekstatischen Himmelsreise steigt der Altai-Schamane eine Birke hoch, die im Zentrum der Jurte steht, um durch sieben, neun, oder zwölf Himmel zum obersten Herrscher *bai ülgän* zu gelangen (Eliade, 1972, S. 194). Die Burjaten nennen diesen Schamanen-Baum *udeši-burkhan,* «der Wächter des Tores» (Eliade, 1972, S. 117), denn er eröffnet den Weg in den Himmel, so wie ein Ceiba-Baum bei den Mayas durch die Löcher der sieben Himmelsschichten ragte (Tozzer, 1907, S. 154). Den «grünen Baum des Überflusses» (Roys, 1933, S. 100) trifft man bei den Chorti-Maya auch heute noch als blattverkleidetes Kreuz wieder, das, bezeichnenderweise, in der Mitte eines Quadrates steht, das die Pyramide symbolisiert und die, ähnlich dem Dzokuo-Berg der Jakuten oder dem eisernen Berg *temir taixa* der Altaier, dessen Spitze in den Himmel reicht (Mikhailowski, 1894, S. 72f), wiederum als *axis mundi* zu sehen ist (Girard, o. J., S. 224, 231ff). Die Befruchtung der Erde erreichen die Chorti im Ritual durch Übergiessen des Blattkreuzes mit Chilate.

14 Wünsche (1905). *Ai toyon,* der Lichtschöpfer, lebt mit seinen Kindern als *toyon kötör,* der Herr der Vögel, in den Zweigen des jakutischen Weltenbaumes (vgl. Anm. 102, Kap. I unten; weiters Shimkin, 1939, S. 160ff). Als Schöpfer des ersten Schamanen repräsentiert er gleichzeitig die schamanische Existenzform par excellence.

15 Eliade (1972, S. 169) drückt diesen Umstand in der mythologisch-kosmologischen Schönschreibebotschaft aus: «By the fact that the shell of his drum ist derived from the actual wood of the Cosmic Tree, the shaman, trough his drumming, is magically projected into the vicinity of the Tree; he is projected into the ‹Center of the World›, and thus can ascend to the sky.» Vgl. auch Oppitz (1981, S. 124ff).

16 Während des Lebenserweckungsritus' für die Trommel erzählt der Schamane das Leben des Trommel-Tieres. Er singt von jenem Tier-Prototyp, das den Ursprung seines Stammes darstellt (vgl. Friedrich und Buddruss, 1955, S. 74ff). In vielen Traditionen lebt der tierische Ahne in der Unterwelt in unmittelbarer Nähe zu den Wurzeln des kosmischen Baumes (Friedrich, 1955,S. 52); vgl. auch Emsheimer (1946).

17 Bei den Jakuten und Burjaten heisst demnach die Schamanentrommel auch das «Pferd des Schamanen» und die altaische Trommel zeigt das Bild eines Pferdes (Radlov, 1884, II. S.18, 28, 30). Auf einer bei Halifax (1979, S. 93) abgebildeten Felszeichnung sieht man einen Samojeden-Schamanen, wie er mit Geweihkrone, Trommel und Feder auf einem Tier (Pferd oder Bär) ins Jenseits reitet. Die Sojoten nennen die Schamanentrommel *khamu-at*, «Schaman-Pferd» (Mänchen-Helfen, 1951, S. 117).

18 Harva (1938, S. 518 und 551).

19 Duerr (1978, S. 36f).

20 Es ist anzunehmen, dass auch heute noch vor gewissen Höhlen Nereiden umherlaufen, um einsame Wanderer ins Innere der Erde zu locken und sie im Beischlaf töten. Bei bestimmten afrikanischen Einweihungsriten werden die Knaben von einem nicht eindeutig geschlechtlich festlegbaren Wesen verschlungen, getötet und wiedergeboren. Die Novizen müssen dabei durch einen unterirdischen Hindernisgang kriechen oder werden eingegraben. Es handelt sich um ein erschreckend allgemeines Wesen, das der gewöhnlichen Zeit und dem Gelernten ein Ende bereitet und damit eine neue Weltsicht und Lebensform ermöglicht (vgl. Jensen, 1933, S. 144ff). Wenn der Initiand in der Höhle die Grosse Mutter beschläft, dann setzt er sich über den skandalösen Urinzest hinweg (Deleuze und Guattari, 1977, S. 206ff), indem er sich nicht nur in die Rolle des Vaters versetzt, sondern vielmehr zu seinem eigenen Vater wird. In der Perspektive des Ursprungs ist solcherlei eher die Regel, denn die Ausnahme; bei diesem Sexualakt geht es ja auch nicht um einen konkreten Körper sondern vielmehr um die Neuschaffung des *Wesens* (vgl. Rentoul, 1931, S. 153; Worms, 1957, S. 755; Hermanns, 1959, S. 209; Schneider, 1968); und die Höhle ist jener Ort, wo dem Suchenden schlagartig klar wird, dass der Ahn, der eben ausserhalb von Zeit und Raum steht, nicht irgendwo ist und irgendwann lebte, sondern im mythischen Zustand der Anwesenheit, nämlich in ihm selbst (s. unten, und Anm. 26-33).

21 Thompson (1909, S. 305); Studniczka (1890, S.157ff).

22 Der Wald, der die Höhle umschliesst war ursprünglich auch deren unmittelbarster «Verwandter». Und wenn Dante dichtet
«Nel mezzo del camin di nostra vita
mi ritrovai per una selva oscura,
chè la diritta via era smarrita»,
(Dante, *Divina Commedia,* I, 1-3) dann meint dieser Orientierungsverlust das plötzliche Versagen der Sicherheiten in der alltäglichen Wirklichkeit, das dem initiatorischen Tod vorausgeht und für diesen eigentliche Bedin-

Auf einem Bär reitet der Samojeden-Schamane ins Land der Toten. Astwerk und Geweih erweisen ihn als Tranceformierten. Den Klang seiner Schritte schlägt die Trommel.

gung ist. Dante gesteht das ein mit dem Hinweis darauf, dass dieser Wald so schrecklich wild sei, «che poco è più morte» (1,7); eine Einsicht, die später in den manieristischen Gärten des Boboli, der Villa d'Este und vor allem in Orsinis Surrealanlage Bomarzo in der Zusammenführung von Höhle und Wildnis in einer Art exhibitionistischem Monolog Gestalt annahm (vgl. Harbison, 1980, S. 6ff). Die paradoxen Erfahrungen aus den Tiefen der Erde haben sich in die Wälder verschlagen und tauchen dann in der Neuzeit als eine verrückte Welt von Umgedrehtem und Unordentlichem, als eigentliche *corruptio ordine vivendi*, wieder auf (s. unten, Kap. und G. von Kaiserberg, 1517; Brandt, 1497), samt dem Zug des «Wütenden Heeres» während der aufregenden Quatembernächte (Ginzburg,1980, S. 67ff).

23 Reichel-Dolmatoff (1975, S. 43, Abb. 7).

24 Göttner-Abendroth (1980, S. 68, Abb. 17).

25 Zusammenzulaufen scheint vieles, auch wenn sich dieser innerste Ort der Welt auf andere Weise auftut, etwa bei einer LSD-Erfahrung, in der sich das konstelliert, was Stan Grof die perinatale Matrix genannt hat. Das Erleben dieser Matrix schliesst mit ein die Urerfahrung von der Einheit mit der Mutter (Grof, 978, S. 126ff), aber durchaus auch Ahnenerfahrungen (S. 184ff), bis hinein in das Bewusstsein anorganischer Materie und von Zellen (S. 206, 23ff) und hinaus in eine planetarische und extraplanetarische Erfahrung (S. 207f), die in einer «suprakosmischen Leere» münden mag (S. 227).

26 Auf alten Kultbildern wird der «weibische» Gott Dionysos bisweilen geflügelt dargestellt. Auch Hathor, Tochter von Nut und Re, Totengöttin der Unterwelt, zeigt des öfteren Flügel und trägt eine Hörnerkrone, wie die sumerische Erdmuttergottheit Inanna und die zahllosen fliegenden Schamanen aus allen Erdteilen.

27 Durch einen Tunnel müssen auch jene Menschen gleiten, die am Ende dieser Passage in einem lichtdurchfluteten Land ankommen (das dadurch seine Bedeutung verrät), wo sie von Verstorbenen empfangen werden, bei den sogenannten Erfahrungen in Todesnähe (Kübler-Ross, 1969; Moody, 1975; Ring, 1980; Osis und Haraldsson, 1977; Drab, 1981).

28 Colle (1913, II, S. 542ff).

29 In einer späteren Szene des Films gibt sich der Bösewicht selber zu erkennen: mit einem «Ich bin dein Vater» unterbricht er den futuristischen Schwerterkampf und reicht Söhnchen Luke die Hand, die der ganz und gar nicht ergreifen will.

30 Selbstverständlich muss dabei den Psychoanalytikern das Wasser im Mund zusammenlaufen. Auch der Parade-Anarch der US-60er Jahre Jerry Rubin, der sich mit seinem *Steal this book*-Buch auch in der kleinbürgerlichen Zone unangenehm bemerkbar machte (Krebs, 1970; Mehnert, 1976), fiel auf diesen einfachen, aber hartnäckigen kosmischen Scherz herein, den unser alltägliches Bewusstsein immer wieder hervorzubringen droht: man hätte ihm raten sollen, anstatt an seine Henkersmahlzeit mit Hamburger und *french fries* zu denken, in eine Höhle zu steigen, bevor er sich mit seinem Ausspruch «Go home and kill your parents» in die Legion der Schattenboxer einreihte, die von der düsteren Hekate und ihren magischen Kräften bestenfalls aus schlechten Schulbüchern gehört hatten.

31 Gelpke (1962, S. 394f) sprach im Zusammenhang mit Drogenerfahrungen

von einem «Weltraumflug nicht des äusseren, sondern des inneren Menschen».

32 Butterworth (1970, S. 28f).

33 Es geht um die Erkenntnis, dass in allem Äusseren immer wieder du selbst drinsteckst, wie auch die Holzstatue Buddha selbst nicht darstellt, sondern *ist* (Duerr, 1981, S. 635), und kein Zweifel: auch alle dickbäuchigen Steingötter Burmas sind diese Götter selbst.

34 Neihardt (1972, S. 25). Die alten und geduldigen Felsen spielen auch ausserhalb der Höhle und ausserhalb von visionären Zuständen gern «physiognomische» Streiche, in denen man sich selber erkennen kann (wie ich es im Sommer 1975 in den bizzarren Lavastädten Nordislands wiederholt erlebt habe) oder die andere Personen offenbaren: die ungezählten freundlichen Köpfe am sogenannten Teufelsmünster am Vierwaldstädtersee und das Profil des Lakota Führers Crazy Horse etwa, das an der rechten Schulter von George Washington am US-Polit-Monument von Mount Rushmore sichtbar wird (Bauer *et al.*, 1980, S. 111).

35 Das Credo von Deleuze und Guattari (1977, S. 206) fassen sie selbst bündig zusammen: «Der Inzest ist reine Grenze».

36 Chesler (1979, S. 60) führt in ihrem (leider nur) streckenweise sich selbst übertreffenden Buch messerscharf vor Augen: «Hört zu, Kinder, Tatsache ist: Eure wirkliche Mutter bin ich – Euer Vater»! (S. 61). Sein Zeichen ist ein schwangerer Phallus. Dies ist aber der Hinweis auf einen brutalen Stolz, nicht auf die ekstatische Erektion des Hermes, die eher darauf deutet, dass Grenzen überschritten, nicht dass sie errichtet werden (Henderson, 1977, S. 155).

37 Leiris (1978, S. 258).

38 Das multiple-universe Modell der Quantenphysik nach Everett, Wheeler und Graham hört sich abenteuerlicher an als die meisten Science Fiction-Spekulationen: Ungezählte Universen entfalten sich bei jedem Quantensprung, was Bryce DeWitt erstmal einen kalten Schauer über den Rücken jagte, als er erfahren musste, dass es wohl 10^{100}+leicht unvollkommene Kopien seiner selbst gibt, die sich laufend in weitere Abbilder aufspalten.

39 Serrano (1982, S. 54); Gomez (1977).

40 Der Song befindet sich auf der Platte *Storm the Gates of Heaven* von Wayne County and the Electric Chairs, 1978.

41 Elkin (1977, S. 142). Die Kristalle geben ihm «powers» und offenbaren ihm seine zukünftigen Aufgaben.

42 Elkin (1977, S. 142f).

43 Rasmussen (1926, S. 236);.

44 Rasmussen (1926, S. 235ff). Im nördlichen Alaska steckt der Schamane seine Schüler durch ein Loch zu den Würmern im *agdlupâq* (das grösste Atemloch), wo ihr Fleisch von diesen gefressen wird und sie hell und scheinend werden, was die Hilfsgeister anzieht (Rasmussen, 1952, S. 130; Blodgett, 1979, S. 37). Je mehr der Schamane unter den initiatorischen Torturen zu leiden hat, desto mächtiger wird er später als *angakoq* sein (Rink, 1875, S. 59ff). Die angehende Schamanin Kinâlik·hing fünf Tage lang in Winterschnee und Kälte von den Zeltstangen, dann wurde sie mit einem kleinen Stein in Anwesenheit aller erschossen. Ihr Meister Igjujârjuk – der selbst die Qual von Hunger und Kälte auf sich nahm um ein grosser Schamane zu werden (Halifax, 1979, S. 66) – wollte sie am näch-

sten Tag zum Leben erwecken, aber die «Erleuchtete» erwachte selbst (Blodgett, 1979, S. 37). Die Erfahrung des leuchtenden Körpers ist immer auch die Erfahrung einer personalen Auflösung: das Fleisch wird abgefressen oder verschwindet, so dass das Skelett sichtbar wird, und rückt den Erfahrenden in Todesnähe. Ein Alaska-Schamane sagt zu seinem Schüler: «I am going to take your life and give you the life of the anatquq.» (Spencer, 1976, S. 318).

45 Eliade (1972, S. 19); Potanin (1881-83, IV, S. 289).

46 Nadel (1946, S. 28f).

47 Rasmussen (1930, S. 122); de Martino (1948, S. 73).

48 Rasmussen (1930, S. 114). De Martino (1948, S. 72) bringt diese Fähigkeit mit der Autoskopie in Verbindung, wobei «hysterische Patienten» das Innere ihres Körpers beschreiben (Osty, 1932, S. 22). Aus der Parapsychologie sind solche Phänomene in den grossen Bereich der medialen Diagnose eingereiht worden, wobei zunächst eine hellsichtige Inspektion des Körpers stattfindet. Die sympathische alte italienische Heilerin Pasqualina Pezzuolo erzählte mir einmal, wie sie auf Schamanenart eine Reise durch den Körper des Patienten durchführt und auf diesem Flug Krankheitsherde entdeckt. Mehr noch als eine körperliche Untersuchung ist es schamanisches Prärogativ, Meister der *Seelen*-Inspektion zu sein. Bevor der Dogrib Medizinmann Adamie seinen potentiellen westlichen Schüler in die Geheimnisse seines Handelns und Denkens einweihen will, verkündet er, dass er zunächst «would look at your soul» (Larsen, 1976, S. 191).

49 Aus dem Zentrum, das die Knochen sind, werden Tiere und Menschen neu geboren (vgl. unter der zahlreichen Literatur Frazer, 1955, II, S. 247f, 256; Zerries, 1954, S. 174ff, 303f; Edsman, 1949, S. 151ff; Frobenius, 1933, S. 183ff). In einer Mande-Jägerlegende sammelt die Mutter des Jägers die Knochen der den Büffeln vorgeworfenen Hunde, reibt sie aneinander und daraufhin laufen viele kräftige junge Hunde davon (Friedrich, 1939, S. 184). Die Tschuktschen werfen die gesammelten Knochen erlegter grosser Seetiere ins Meer zurück, um die Tiere zurückzuschicken (Bogoras, 1904, S. 404ff) und die Giljaken legen die Knochen des getöteten Bären in einem Ehrengebäude nieder, von wo aus der Bär zum Herrn des höchsten Berges läuft, der den Giljaken daraufhin neues Wild schickt (Sternberg, 1905, S. 209, S. 252); vgl. auch Findeisen, (1956 d, S. 18ff).

50 Die Knochen sind auch bei den Huichol die «Lebensquelle» (Myerhoff, 1980, S. 40), und wenn der Schamane sein eigenes Skelett sieht, dann sind diese Knochen schon transformiert wie bei den Kiwai Papua, bei denen in einer Nacht- und Nebel-Aktion irgendein Stammesmitglied von einem *óboro* (dem Geist eines Verstorbenen) getötet wird. Dieser nimmt dann sämtliche Knochen seines Opfers heraus und gibt ihm dafür *óboro*-Knochen. Wenn das Opfer wieder erwacht, dann ist er wie die Geister, d. h. er oder sie ist zum Schamanen geworden (Landtman, 1927, S. 325).

51 Rasmussen (1926, S. 240).

52 Lewis (1971, S. 57) sagt: «This gift of illumination, in return for a surrendering of the self or part of the self, described in the classical language of mysticism as gnosis – a fusing of man and divinity – is part of controlled spirit possession everywhere.»

53 Sèchehaye (1950).

54 Huxley (1970, S. 91).

55 Allen (1946, S. 30ff).
56 Vgl. Bucke (1901, S. 267ff); Payne und Bendit (1943, S. 183f); Eliade (1958, S. 235ff); Whiteman (1954, S. 152ff).
57 Sejourné (1956).
58 Benz (1955, S. 118).
59 Von einer LSD-Erfahrung lautet ein Bericht: «The most impressive and intense part of this experience was the *white light* of absolute purity and cleanness. . . The white light experience was of *supreme importance.*» (Pahnke und Richards, 1969, S. 414).
60 Die Erfahrung dieses Universums schlägt sich in dem nieder, was in der Mystik als *coincidentia oppositorum* bekannt ist: das Erleben scheint in der Zeit stattzufinden und ist gleichzeitig von ihr getrennt, es bezieht sich weder auf Vergangenes, noch auf Zukünftiges oder Gegenwärtiges, sondern einfach auf etwas das *ist.* Ob es allerdings ein *Etwas* ist, wird eine schwer zu beantwortende Frage bleiben. . .
61 Deren (1972, S. 260).
62 Deren (1972, S. 261).
63 Der Song befindet sich auf jenem musikalischen Produkt, das die 70er Jahre aufs beste abgeschlossen und die 80er vielversprechend eingeleutet hat: *Remain in Light* von den Talking Heads, 1980.
64 Burroughs und Ginsberg (1978, S. 273). Abenteuerlich-mythisch war wohl Ginsbergs denkwürdiger Trip vom 10. Juni 1960 als er das Mysterium erblickte wie durch eine «grosse nasse Vagina» (S. 267), was ihn auf mysteriöse Weise jenen Desana Männern ähnlicher macht, die durch die Vagina auf dem Grund ihrer *yajé*-Schale ins (weibliche) Mysterium eintauchen (s. oben, Kap. 1) denn seinen amerikanischen Beat-Kollegen.
65 Jene Tierdarstellungen im sogenannten «Röntgenstil», die vor etwa 15 000 Jahren auftauchten (Lommel, 1967; 1971) und sich auf Schamanentrommeln wiederfinden (Nioradze, 1925; S. 60ff) zeigen das Skelett, weil es sich wohl um Tiere aus nichtalltäglichen Zonen handelt. Ebenso nicht alltäglich sind Eskimo-Zeichnungen, wie die von William Noah (Blodgett, 1979, S. 45), die einen «durchsichtigen» Schamanen mit Pfeil und Bogen zeigen. Das erleuchtete Körperinnere und die erleuchteten Knochen finden sich auch – und das nicht selten – in Bildnereien von sogenannten Geisteskranken wieder (Bader und Navratil, 1976). Übrigens können die durchsichtigen Tiere selbst auf chinesischen Keramiken und als Tätowierungsmuster auf den Marquesas wiedergefunden werden.
66 Diese Divinationstechnik hat im alten China Verbreitung gefunden (Creel, 1936, S. 21ff, 185ff) und man kann sie auch bei den Lolo finden (Vannicelli, 1944, S. 151). Das Zentrum dieser Wahrsagetechnik dürfte allerdings in Zentralasien zu suchen sein (Laufer, 1931, S. 99). Vgl. dazu auch Friedrich (1943); Eisenberger (1938); Altheim (1959-62, I. S. 268ff).
67 Den Schulterknochen benutzt er als Ruder (Karjalainen, 1921-27, II, S. 335).
68 Der Huichol-*mara' akame* reinkarniert sich aus den zu Bergkristall gewordenen Knochen eines Vorgängers (Furst, 1967).
69 Reichel-Dolmatoff (1975, S. 101). Neben diesem Sonnenpenis, *abé yeeru,* hält der Schamane eine Rassel in der Hand, die jene mythische phallische Rassel symbolisiert, mit deren Hilfe der Sonnenvater sein Sperma auf die Erde verspritzte.

70 Reichel-Dolmatoff (1975, S. 102).

71 Psychedelisch bedeutet «das, was die Seele erhellt» (Hamel, 1979, S. 1110).

72 Deneuil (1981, S. 165f).

73 Herdt (1981, S. 235).

74 Eliade (1958, S. 195); Elkin (1977, S. 96).

75 Über den Regenbogen, der eine Brücke von der Erde zu den himmlischen Reichen darstellt (Eliade, 1958a, S. 49; Frobenius, 1898, S. 131ff; Christiansen, 1955, S. 42ff; Renel, 1902, S. 58ff) erreicht der mythische Held den Himmel (Ehrenreich, 1910, S. 133ff). Der Hawaiianische Heros Aukelenuiaiku besucht die luftigen Bereiche, indem er sich auf den Regenbogen schwingt, um – oben angekommen – als Psychopomp die Seelen toter Stammesangehöriger abzuliefern, oder als Liebhaber seine Geist-Frauen zu umarmen (Fischer, 1932, S. 208, 238ff). Wenn der Desana *payé* zu singen beginnt, dann steigt er den Regenbogen empor (Reichel-Dolmatoff, 1975, S. 94).

76 Elkin (1930, S. 349ff); Lanternari (1952, S. 120ff). Bisweilen spritzt ein dünner Faden aus dem steifen Penis des australischen *banman,* während er sich in Ekstase befindet, und er begibt sich auf diesem Weg in die dünneren Luftschichten (Petri, 1952, S. 172f).

77 Berndt (1947, S. 340ff). Vgl. auch Sternberg (1930).

78 Petri (1952, S. 173). Schon 1858 berichtete der Geograph Villavicencio, dass man mit Hilfe von *ayahuasca (banisteriopsis caapi*) ausserkörperliche Reisen unternehmen kann. Ob *ayahuasca* tatsächlich, wie Duerr (1978, S. 216) und Wassén (1965, S. 29) vermuten, eine ausgesprochene Flugdroge darstellt, muss bezweifelt werden (Furst, 1976, S. 50ff; Kensinger, 1973,S. 9ff; Harner, 1973, S. 15ff; Weiss, 1973, S. 40ff; Dobkin de Rios, 1976, S. 59, 68ff; 1970; 1972; Córdova-Rios und Lamb, 1975, S. 157f; Leginger, 1981, S. 345f).

79 Elkin (1930, S. 350f).

80 Howitt (1904, S. 501).

81 Parker (1905, S. 7).

82 Der Sprung von diesem kosmischen Sperma zum patriarchalen Mythos, demzufolge die Mutter Erde wartend da lag, bis technologische Wundermenschen ferner Galaxien in phallischen Fluggeräten auf sie zusausten um sie zu schwängern, ist gering. Francis Crick (1981) hat zuletzt diese These akademisch ansprechend präsentiert und wohlweisslich von jeglichem irrationalen Unrat gesäubert, wie von den schrecklichen Vorstellungen der Parapsychologen, und verliert sich schliesslich in überhebliche Wissenschaftsgläubigkeit («glaubt mir doch, bitte, seht, ich bin ein waschmittelsauberer Wissenschaftler!»), wobei dann auch jemand, der an Levitation glaubt zu einem «simple-minded» wird, im Gegensatz zu den ungläubigen «scientifically minded» (1981a, S. 65). Und mit donnernder Prophetenstimme verkündet er, dass die alten Mythen zusammengebrochen sind und die Wissenschaft ein völlig neues Glaubenssystem über Welt und Menschen hervorbringen wird (1981a, S. 66), wobei die Befürchtung, wie ich meine, gross ist, dass solche Leute recht behalten könnten. Was wieder einmal zeigt, dass selbst Nobelpreise nicht vor Torheit – ein Euphemismus, ich gebe es zu – schützen, die in der phallokratisch-technologischen Allmachtsidee kuliminiert durch «Directed Panspermia»

irgendeinen anderen Mutterplaneten – der vielleicht seit langer Zeit eine ganz andere Form des Lebens kultiviert – zu besamen (vgl. Rorvik, 1982).

83 Pettazzoni (1955, S. 469); Eliade (1972, S. 337ff).

84 Müller (1955, S. 29). In der Tat bringen Kristalle auch die Fähigkeit zu fliegen, denn es sind himmlische Steine (Boas, 1895, S. 152).

85 Howitt (1887, S. 51f; 1904, S. 400ff); Hubert und Mauss (1929, S. 159). Häufig haben sich in unseren Breitengraden diese Felsenspalten, die ins andere Reich führen, von Eingängen lediglich zu Ausgängen gewandelt, aus denen etwa der *Skarbnik*, der Berggeist herausspringt (Wahner, 1902/3; vgl. auch Heilfurth, 1967, S. 357).

86 Castaneda (1981, S. 244).

87 Castaneda (1981, S. 244).

88 Das glaubt anscheinend Oettinger immer noch in ihrem entsetzlich phantasielosen *Freak Orlando*-Film (1982). Freak City wird zur langweiligen Schaubude.

89 Viele wunderbare Masken dieser Art finden sich bei den Stämmen der amerikanischen Nordwestküste, etwa bei den Haida, den Tsimshian, den Bella Coola und den Kwakiutl (Vgl. Bancroft-Hunt und Forman, 1979; Bruce, 1973).

90 Das Wort Totem stammt aus der Sprache der Ojibwa, die bei den grossen nordamerikanischen Seen lebten. Long hat es 1791 zum ersten Mal verwendet, und zwar in der Form «totam». Er verband damit den individuellen tierischen Verbündeten aus der nicht alltäglichen Wirklichkeit. Frazer gab 1881 dann die «klassische» Definition für Totem: es handle sich um eine Klasse von materiellen Objekten, die von den Wilden mit abergläubischem Respekt betrachtet werden, wobei sie glauben, dass zwischen den Klassen und ihnen selbst ein enger und bedeutungsvoller Zusammenhang besteht (vgl. auch Findeisen, 1956d, S. 42ff).

91 Jünger (1977, S. 72) lässt den Gelehrten Vigo diesen Satz sprechen.

92 Leiris (1978, S. 178f).

93 Eisler (1978, S. 163) sieht in dieser Verwandlung die Hervorkehrung des blutdürstigen archetypischen Jägers. Aber eigentlich begibt sich der wild Gewordene in eine gefährliche Position, denn durch die Metamorphose beweist er zwar seinen Status in einer Jägerkultur, wird aber zugleich zum Gejagten. Selbstverständlich haben diese Wilden etwas bedrohlich Furchterregendes an sich für die Zivilisierten. Sie sind es, die wie der Herr vom Walde ihren Opfern, wie Jean Grenier, Salben und Wolfshäute übergeben, damit diese zu Werwölfen werden können (Leubuscher, 1850, S. 25).

94 In Jumièges in der Normandie tanzte der grüne Wolf als Führer der Confrérie du Loup Vert um das Johannesfeuer (Mannhardt, 1877, S. 323ff; Cortet, 1807, S. 221). Interessanterweise zeigt sich die Verbindung zwischen «Wolf» und Maske/Verhüllung gerade in der französischen Sprache deutlich: Loup bedeutet sowohl Wolf wie auch das schwarze Samtvisier, das bei Maskeraden den oberen Teil des Gesichts verbirgt.

95 Gehüllt in ein Graskleid, mit einer Maske vor dem Gesicht erscheint der autoritäre Lehrmeister der Bakongo zur *mambela*-Zeremonie (Schebesta, 1932, S. 152f).

96 Der Zeremonienmeister führt die Initianden der Sotho in die Berge, wo sie beschnitten werden sollen. Indem sie den Kreis des Dorfes verlassen,

lösen sie sich vom Leben und werden *vadimo* (Geister von Verstorbenen; Beyer, 1926, S. 250ff).

97 Die Beschneidungszeremonie der Bantu heisst dementsprechend «neu geboren werden» (Grof und Halifax, 1977, S. 194).

98 Bancroft-Hunt und Forman (1979, S. 97).

99 Erdoes (1972).

100 Sieroszewski (1902, S. 218f).

101 Der Ausdruck stammt von den Sioux (Duerr, 1981c, S. 29).

102 Die Übersetzung dieser Aussage aus dem Mazatekischen hat einige Schwierigkeiten bereitet. Ursprünglich lautete die Textstelle «Ich bin die Frau, die die Welt anhält» (Halifax, 1979, S. 206). Mazateken-Linguistin Eunice Pike hielt dies für eine falsche Übersetzung des Wortes *se ¹nqui³*, was «stützen», «darunter stehen» bedeutet (de Mille, 1980, S. 328f). De Mille nimmt an, dass Castaneda seinen Ausdruck «die Welt anhalten» der falschen Übersetzung des Maria Sabina Gesanges verdankt.

103 Vgl. Gouldner (1970, S. 392). Das Durchbrechen der täglichen Routine, um Aha-Erlebnisse hervorzurufen, ist eine beliebte Spiritual-Teacher-Technik von Krishnamurti bis Baghwan. Natürlich taucht sie auch bei Carlos Castaneda auf: «In order to be a hunter you must disrupt the routines of your life.» (Castaneda, 1972, S. 100).

104 Govinda (1966, S. 85).

105 Diese Auslegung von Castanedas Auslöschen der persönlichen Geschichte verdanke ich Susan Fassberg.

106 Der Grundgedanke der Ethnomethodologen, die ritualisierten Prozesse des Alltäglichen aufzuzeigen, um in einer künstlerischen Weise – als Performance gleichsam – soziologisch relevant zu werden, hat zweifellos seine Meriten (vgl. Cicourel, 1970; 1973; Garfinkel, 1952; 1972; Sacks, 1973; Weingarten *et al.*, 1976). Nur wenige haben es allerdings mit soviel Witz und Selbstironie zuwege gebracht wie Milner (1974) mit seinem «Body-ritual of the Nacirema».

107 Vgl. Gruber (1981b, S. 376).

108 Bei den Pygmäen haben nur die Männer ein persönliches Totemtier (Trilles, 1932, S. 153). Haben die Frauen etwa keinen Schutz aus der Welt der Wildnis nötig? Trilles hat danach gefragt. Die Antwort, die er bekam, lautete immer: «Die religiösen Dinge gehen die Frauen nichts an.» Also um Schutz scheint es sich nicht zu handeln, eher schon um Religion – Rückverbindung mit der eigenen Urnatur. Und diese scheint in den Frauen einfach bewusster zu stecken, als in den Männern.

109 Petersen (1979, S. 154); Spencer und Gillen (1927, I, S. 80); (1899, S. 202).

110 Deimel (1980, S. 7).

111 Myerhoff (1980, S. 38).

112 Ratkay (1681).

113 Die Chichimecas werden sowohl Hundesöhne als auch *chupadores* und *mamadores* (Sauger) genannt (Torquemada, 1723; Katz, 1969; DiPeso, 1974).

114 Ratkay (1681).

115 «Dans un manuscrit bohémien (?) de 1350/60 la ‹gula› est représentée par une tête de loup sur le ventre de la femme: la voracité est exprimée par la geule grande ouverte de laquelle sort une immense langue-phallus.» (Obrist, 1976, S. 25; vgl. auch Baltrusaitis, 1960, Abb. 310). Der Teu-

fel mit der Wolfsfratze wurde zu einem beliebten Darstellungsthema (Helg, 1976). Cardanus berichtet von Kindern, die durch den Beischlaf einer Frau mit einem Hund geboren werden und die «forma humana in superiori parte» aufweisen (Decker, 1690, S. 131). Frei nach schamanischer Satyriasis zeige sich der Dämon, Calmet (1756, S. 43) zufolge, einmal als «caprone, ora in figura d'un cane nero, ed ora di un corvo di smisurata grandezza.» Im Juli 1716 erschien der Berggeist mit dem Hundekopf (Paul, 1939, S. 13) und eine Füchsin mag die Werfüchsinnen des dionysischen Haufens anführen (Eisler, 1978, S. 87) so wie die Artemis *Lykeia* oder die alte phrygische *matar Kubile* der teuflisch erscheinenden archaischen weiblichen Jagdgesellschaft vorgestanden hat.

116 Ephialtes war jener Dämon, der den wissenschaftlichen Namen für die Nachtmahr lieferte (Roscher, 1900, S. 57ff).

117 Jones (1912, S. 95ff).

118 Die Berichte von nächtlichen Toten- und Ahnenbesuchen zum Zweck des Sexualverkehrs (Hollemann, 1974, S. 96; Gagé, 1963, S. 138) finden sich in allen Kulturen wieder. Die Faune betätigten sich als *incubi* (Roskoff, 1869, S. 146), wie auch die babylonischen *alu* (Pinches, 1906, S. 108) und die indischen *maruts* (Cox, 1904, S. 222, 253). Auch aus dem Bereich spiritistischer Vorstellungen werden die höchst erfreulichen (meist) andersgeschlechtlichen nächtlichen Geisterbesuche beschrieben, und Austin Osman Spare, begnadeter Maler eindringlicher Sexualbeschwörungen, versuchte mit Hilfe Crowleyscher Magie und einer «old bitch» *succubi* gefügig zu machen.

119 Lykanthropie heisst die menschliche Wolfsverwandlung. Dämonisiert wurde dieser Bereich schon bald, vor allem nachdem kein Zweifel bestehen konnte, dass jene Wölfe auffällige Beziehungen zu den Toten hatten, ja wie die *Luperci* selbst Tote waren (Duerr, 1978, S. 271). In Knuts Gesetzen wird der Teufel als «vôdfreca verewulf» angesprochen (Jones, 1912, S. 101) und im Mittelalter wurde er als Erzwolf oder Archilupus bezeichnet (Ennemoser, 1844, S. 791; Hertz, 1862, S. 17). Grimm (1876, S. 32) führt den slawischen Namen für Teufel (Polnisch *wrog*, Serbisch *vrag*) auf das althochdeutsche *warg* (Wolf) zurück. Angela de Sabarethe, die als erste Frau genannt wird, die 1275 eine düstere Geschichte einleitete, indem sie wegen sexueller Beziehungen zum Teufel verbrannt wurde, brachte aus dieser Verbindung ein Monster zur Welt, das den Kopf eines Wolfes hatte und einen Schlangenschweif (Lamothe u. Langon, 1829, II, S. 614).

120 Chevalier und Gheerbrant (1969, S. 143).

121 Zacharias (1979, S. 131). Der designierte Nachfolger von Crowley, Stenbock, der allerdings jung verstarb, hat in lykanthropischer Verwirrung jene Freiheit gesucht, die den wirklichen Magier auszeichnet (King, 1978, S. 13f).

122 Demant (1912, S. 126).

123 Demant (1912, S. 166).

124 Kirkland (1935, S. 70).

125 Kirkland (1935, S. 70); vgl. auch Bozzano (1941, S. 227).

126 Castaneda (1968). Duerr (1978, S. 104ff) und andere Fluginterpreten (de Mille, 1976; 1980; Gritsch, 1981; Endres, 1981; Coerper, 1981; Wick, 1975, S. 79; Harris, 1975, S. 247f; Timm, 1981; Larsen, 1976, S. 103ff; Halifax, 1979, S. 16ff; Stillwell, 1979; etc.) haben kräftig mitgerieben.

127 Zit. nach Masters und Houston (1966, S. 76ff). Der Tukano Schamane kann willentlich zu einem Jaguar werden und in dieser Form als Helfer, Beschützer oder Aggressor auftreten. Nach seinem Tod mag der Schamane für immer die Form dieses wilden Tieres annehmen (Reichel-Dolmatoff, 1975, S. 43). Ein Desana berichtet: «Our ancestors were already *payés.* They owned the *vihó (virola calophylloidea* Markgraf) of the devouring jaguar. They had *vihó* to turn into jaguars and into people. They had *vihó* to turn into doubles. All this can be done with *vihó.*» (Reichel-Dolmatoff, 1975, S. 110). Mit Hilfe dieser Verwandlungsdroge begibt sich der Schamane als wild Gewordener in die Wildnis. Die Schamanen wissen von alters her, dass es nötig ist, sich selbst in gewisse Bereiche zu begeben, um von diesen etwas zu erfahren. Tart (1972; 1975a) hat daran gedacht, als er sein Konzept von den «zustandsspezifischen Wissenschaften» entwarf. Kann man von einer Wissenschaft, die sich auf eine ganz bestimmte Weise die Welt anzusehen spezialisiert, erwarten, dass sie jene Dinge versteht, die jenseits ihrer selbst auferlegten Grenzen liegen? Selbst muss man wild werden, um die Wildnis zu erfahren und zu verstehen (vgl. auch Naranjo, 1973, S. 185; Dobkin de Rios, 1972; 1975). Auch Córdova-Rios und Lamb (1975, S. 157) mag man zu Rate ziehen. Der Bericht der Gefangennahme eines Weissen und Aufstieg zum Schamanen bei den südamerikanischen Amahuaca soll nach Carneiro (1981) nichts als ein Urwald-Roman sein, was Bruce Lamb gar nicht gefällt (Lamb, 1981a; 1981b; 1982). Aber de Mille (1982) glaubt, dass «Lamb is a clever faker. His arguments are very smooth but I think entirely false.»

128 Cox (1870, I, S. 458f). Das Licht und die Sonne stehen immer mit dem schöpferischen Potential in Verbindung. Ihre zeugende Kraft und die Vorstellung ihrer ununterbrochenen Bewegung haben sie in der indischen, griechischen und germanischen Mythologie mit dem Pferd in Verbindung gebracht. Auch Wind und Fruchtbarkeit stehen in Zusammenhang. Bei Castaneda (1977) macht sich eine Don Juan-Schülerin den Westwind zum Verbündeten, und in Rom glaubte man, dass dieser Wind Frauen und Pferde schwängern kann. Der deutsche Brauch zu säen, während der Westwind bläst (Meyer, 1891, S. 256) mag damit in Zusammenhang gesehen werden; ebenso warum über der westlichen Tür von Gladheim, der germanischen Welt der Freude, ein Wolf hing (Mogk, 1906, S. 48).

129 Hertz (1862, S. 29).

130 Wuttke (1900, S. 279). Mit der Riesin Angraboda zeugt der Trickster-Gott Loki nicht nur die Midgardschlange und die Göttin des Totenreiches Hel, sondern auch den Wolf Fenrir (Dumézil, 1959; Davidson, 1979, S. 9). Die Wölsungensage berichtet uns das Leben als Werwolf von Sigmund und Sinfjötli.

131 Duerr (1978, S. 79f).

132 «Odin wandelte die Gestalt, sein Leib lag entschlafen oder tot, und er fuhr als Tier, Vogel, Fisch oder Schlange urplötzlich in ferne Länder.» Zit. nach Duerr (1978, S. 83).

133 Haareschneiden kommt der Sozialkontrolle gleich (Hallpike, 1969, S. 260f). In der Antike löste die Zauberin ihr Haar, um mit den Jenseitigen zu kommunizieren; später haben dies die Hexen getan (Ross, 1973, S. 161). Noch später war es die counter-culture, die sich durch das äussere Zeichen von ungeschnittenem, wildem, wallendem Haar ausserhalb der

geltenden Normen etablieren wollte und damit zum Teil beängstigend auf die «normalen Bürger» wirken mochte. Haareschneiden mag als Traumsymbol sexuellen Charakter haben, wie die Psychoanalyse vermutet, und Leach sieht in den kurzen Haaren von Jungfrauen der Bergvölker Assams und Burmas einen Hinweis auf deren eingeschränkte Sexualität (Leach, 1958, S. 154). Als Symbol und als Mittel des Anstosses hat das lange Haar heute ausgedient. Die Ordnungsverweigerer begeben sich nicht in klassischer Weise in Assoziation mit archaischen Ausdrucksformen der Wildheit, sondern rebellieren anscheinend selbst gegen die mythische Geschichtsschreibung: das Haar wird zu abenteuerlichen Mähnen geschnitte, mit leuchtenden Farben durchsetzt und künstlich in die seltsamsten Formen gebracht. Punk-Haare stehen am liebsten zu Berge, so wie es mit dem massgescheitelten Kopfputz der Biedermänner beim Betrachten derselben sein sollte. Dies zeigt nicht die Umkehr der Werte und eine Besinnung auf das kulturell Ausgegrenzte, was in den späten 50er und in den 60er Jahren der Fall war, sondern erweist sich als die Ratlosigkeit mit den Errungenschaften der alltäglichen Welt. Darin offenbart sich der Wunsch Plastik, Gummi und Sicherheitsnadeln bis zum äussersten und unmöglichsten zu gebrauchen, damit die Auswürfe der Zivilisation in einer vollkommen grotesken Weise endlich jenen Sinn erhalten, von dem sie befreit zu sein scheinen. Die surreale Verwirrung wird komplettiert durch die Skinheads, deren kahlgeschorene Häupter weniger an Krishna-Jünger erinnern, denn an die von jeglicher Natur blankpolierte städtisch-technologische Geometrie.

134 Eisler (1978, S. 11); Brunel (1926).

135 Brunel (1926, S. 97) spricht von einer «dance grisante» und ferner «avec une pointe de lascivité».

136 Kuhn (1968); Kluge (1967, S. 68); Höfler (1973, S. 248f). Bei den Fundj in Sennaar soll sich der *sahahir*, der Zauberer, in eine Hyäne verwandeln. So Verwandelte ziehen dann unter schauerlichem Geheul umher (Findeisen, 1956d, S. 75), wie es auch von den Berserkern berichtet wird.

137 Das initiatorische Zerreissen, wie es zahlreiche Schamanen auf ihrer ersten Jenseitsfahrt am eigenen Körper erleben, garantiert die Wiedergeburt in neuem Körper und neuem Geist. Die ägyptische Kosmographie hatte die Toten und die Träume im Nun-Ozean bei den «Toren der Sonne» angesiedelt (Volten 1942, S. 48).

138 Conway (1879, I, S. 141).

139 Reichel-Dolmatoff (1975, S. 111f).

140 Reichel-Dolmatoff (1975, S. 112).

141 Buchholz (1968, S. 55f) zeigt, wie der germanische Weltenbaum, den in der *Voluspá* eine Zauberin ersteigt, verkehrtherum gewachsen ist. Auch Schamanen kennen den umgekehrten Baum (Kagarow, 1929, S. 183f), der dann zumeist nicht den Weltenbaum darstellt, sondern einen persönlichen Schamanen-Baum (Karsten, 1955, S. 48; Coomaraswamy, 1938). Dieser soll Schutz bieten und findet sich auch in der christlichen und islamischen Tradition wieder (Jacoby, 1928; Edsman, 1944).

142 Vgl. Clastres (1975); Kenner (1970).

143 Wie das für die *hohnuhk'e* der Cheyenne der Fall ist (Grinell, 1923, S. 79ff, S. 204ff) und die *peyoteros* der Huichol (Myerhoff, 1975; Furst, 1972). Vgl. auch Graves und Patai (1966, S. 73); Mother Shipton verkün-

dete das Ende der Welt mit den Worten: «The world upside down shall be» und darauf wurde eine Jahreszahl gereimt, die man – natürlich – auch verkehrtherum lesen konnte. Ihren Jüngern mussten immer neue verkehrt gleichbleibende Jahreszahlen einfallen und so reimte man zuletzt: «The world to an end shall come in nineteenhundred sixty-one.» Der Reim klappte, aber...

144 Kaberry (1938).

145 Rhode (o. J., S. 138).

146 Griech. ληϑω heisst vergessen.

147 Castaneda (1968).

148 Popow (1936, S. 84ff); Lehtisalo (1937, S. 3ff); Eliade (1972, S. 41); Kihm (1974, S. 88ff).

149 Unterscheidungen und Trennungen haben im Wahnsinn unserer Zeit bereits den eigenen Körper erreicht. Alles wird fremd und muss mit exorzistischem Aufwand an psychologischen und technologischen Manipulationen geordnet und katalogisiert werden, damit es ein für allemal klar ist: hier gibt es nichts, aber schon rein gar nichts, was uns unbekannt und verborgen bleiben kann.

150 Ovid (*Metamorphoses*, 11, 603).

151 Bodin (1603, S. 238); Nynauld (1591). Im Mittelalter musste deshalb ein Werwolfverdächtiger die fürchterlichsten Marterungen erleiden, da man ihn zerstückelte, um die behaarte Haut zu finden. Im Russischen heisst der Werwolf *volkvdlak*, von Wolf, *volk*, und Haar, *dlak* (Jones, 1912, S. 59).

152 Leubuscher (1850, S. 56) beschrieb die Lykanthropie und die Kynanthropie (Wolfs- und Hundesverwandlung) in psychiatrischen Termini als *insania zoanthropica.*

153 «... his ego saepe lupum fieri et se condere silvis Moerim, saepe animas imis exire sepulchris atque satas alio vidi traducere messis.» (Vergil, *Ecl.*, 8,95).

154 Schillers *Der Geisterseher* blieb ein Romanfragment. (Vgl. die Ausgabe o. J., Salzburg, S. 966).

155 Bodin (1603), auf den sich in Okkultdingen und allerlei Hexenfragen – nicht ganz zu recht, wie Meurger (1981, S. 61) meint – viele Autoren berufen, sieht die Bedeutung des Wortes Werwolf im Französischen – *loup garou* – aus der angsterzeugenden Komponente dieses Wesens entstanden, vor dem man sich eben zu hüten hätte – *gardez vous* (Bodin, 1603, S. 238). In acht nehmen muss man sich, da sich ja hinter dem Werwolf der Leibhaftige verbirgt, über den Mayer (1686, S. 495) zu sagen weiss: «Es mag sich dieser reissende Löwe so schön und lieblich ankleiden als er will/er mag die Gestalt des verstorbenen Freundes/Ehegattens/Vatern/Brudern etc. an sich nehmen/so ist er doch und bleibet unter einer solchen Larven der verfluchte hässliche Teuffel.»

156 Die Höhle des Todes war, wie wir gesehen haben, auch die Höhle der Lust.

157 In Longus' heiterem Roman *Daphnis und Chloë* nennt der Schäfer seine erfahrene Liebeslehrerin *lykanion*, kleine Wölfin. Kratinos nennt die kultivierte und bekannte Mätresse des Perikles, die Aspasia, eine «wolfsgesichtige Hure». Ein Anarch par excellence wie Manuel Venator (Jünger, 1977) weiss das Lupanar für Erkenntnis zu nutzen.

158 Lactantius *(Div. inst,* I, 20,1) und Livius (I, 4, 7) wissen das zu berichten (vgl. MacCartney, 1925; Krappe, 1942, S. 490). Der babylonische Sonnengott hat dem Heros Engidu im *Gilgamesch* Epos eine Hure geschickt, damit er mit ihr ein Kind zeugt. Ob er sie deshalb in Felle eines Löwen oder Hundes gehüllt hat, um Engidu zu begeilen, bleibt dahingestellt. Die Feen waren ebensolche «mütterlichen Jungfrauen» wie die Wölfin von Romulus und Remus und die Diana (Lesourd, 1972). Sie nahmen Säuglinge an ihre Brust, pflegten sie und fuhren am liebsten, wie die Hexen, durch den Kamin in die Wohnstätten (Schreiber, 1842, S. 5f, S. 11f, 34f). Gebären sie aber, wie die wölfische Hure im *Gilgamesch,* dann mag das Kind von besonderer Wildheit sein – ein Schamane vielleicht. In umgekehrter Weise ist dies für die Eltern des ungarischen Schamanen, des *táltos,* der Fall: sein Vater ist bisweilen ein Wolf, der seine Mutter im Walde ansprang (Gunda, 1963, S. 50, 54).

159 Hesiod (*ap. Eratosthenes, Catast.,*1). Damit spielt der vor nichts zurückschreckende patriarchale Herrscher des Olymp den weiblichen Gefühlen, wenn sie sich auf Homosexuelles beziehen, den äussersten Streich.

160 Malinowski (1922, S. 53); Thurnwald, zit. nach Eisler (1978, S. 135).

161 Noirot (1881, S. 35).

162 Codrington (1871, S. 250).

163 Codrington (1871, S. 251); de Martino (1948, S. 100); Leiris (1977, S. 231ff).

164 de Martino (1948, S. 101). Der existentielle Schrecken einer solchen Selbsterfahrung in Form der tierischen Transformation steht William Blakes Nebukadnezar, der mit langem Bart und Krallen in einer Höhle herumkriecht, ins Gesicht geschrieben. Blakes Nebukadnezar ist kein Depressiver (Schrader, 1881), sondern ein Transformierter, der gescheitert ist.

165 Gusinde (1937, II, S. 1936).

166 Myerhoff (1980, S. 108).

Reise nach Drüben

1 Vgl. Dolgikh (1951).

2 Dolgikh (1978, S. 341). Die grossen Schamanen heissen bei den Nganasan *anile-ngá,* im Gegensatz zu den kleinen, *hurbakuču-ngá.*

3 Die Nganasan gehören zur Gruppe der Avam oder Tavgi Samojeden (Diószegi, 1978a, S. 141).

4 1897 zählte man 876 Nganasan, 1926 waren es 867 (Siikala, 1978, S. 173).

5 Djuhadie hatte Pocken. Der folgende Bericht über seine spontane Initiation stammt von Popov (1936, S. 84ff). Siehe auch Lehtisalo (1937, S. 2ff); Emsheimer (1946, S. 173ff); Eliade (1972, S. 38ff); Kihm (1974, S. 88ff).

6 Für Simčenko ist *huottarie* der eigentliche Name des mythischen Tauchervogels, der von den Wassern zur Erde kam an jener Stelle, wo später die Menschen siedeln sollten (vgl. Gračeva, 1978, S. 316). Der Name des «gewöhnlichen» Tauchervogels bei den Nganasan lautet *ŋuona.* Auf vielen Masken der verschiedensten schamanischen Stämme finden sich Abbildungen von Fischen und Vögeln zugleich.

7 Die Nganasan lebten vor allem vom Fischfang und von der Rentierjagd

(Siikala, 1978, S. 173). Djuhadies Sohn Djumnime Kosterkin lebte noch 1969 als Fischer und Jäger im Volochansky Staatsbauernhof (Gračeva, 1978, S. 315).

8 Ein anderer Nganasan, Serpetie Djaruoskin, von dem ebenso eine detaillierte Beschreibung seiner initiatorischen Jenseitsfahrt von Popov (1968; vgl. auch Siikala, 1978, S. 172ff; Halifax, 1979, S. 37ff) vorliegt, wird von einem Mann in die Unterwelt geleitet, der aus einem Baum hervorspringt.

9 Dass diese Fremde dem angehenden Schamanen durchaus verstehbar ist, mag wiederum die Jenseitsfahrt Serpeties beleuchten, der die Bedeutung all dessen «erraten» muss, das ihm auf seiner Reise begegnet. Wirklich «errät» der Samojede sehr viel.

10 Kihm (1974, S. 90) meint, die «grosse Krankheit» seien die Blattern, während Eliade (1972, S. 39) dahinter die Syphilis vermutet. In der Tat löst sich der Körper des Novizen auf seiner Unterweltsfahrt auf, so wie sich nach Theweleit (1978, II, S. 22f) der männliche Mann auflöst, den das Gespenst der Syphilis verfolgt und der in Wahrheit «mit der nach aussen gesetzten Verkörperung seines gestorbenen verschlingenden Unbewussten in Verbindung kommt.»

11 *Ni-ngá* nennen die Nganasan ihre Schamaninnen (Dolgikh, 1978, S. 341).

12 Der Achomawi-Schamane weckt seine jenseitigen Verbündeten, die *damagomi* durch einen beseelten Gang. «It is not merely the physical sound that wakens it (den *damagomi*). Quite as much and even more, it is the emotional warmth». (De Angulo, 1928, S. 568).

13 Auf dem Schamanengewand des Nganasan finden sich gebogene Metallstücke wieder. Es sind die Köpfe der sechs *djamadi djaptu*, der himmlischen Gänse. (Vgl. Dolgikh, 1978, S. 343);.

14 Die Jakuten glauben, dass am «goldenen Nabel der Erde» ein Baum steht, der seine acht Äste ins paradiesische Ursprungsland reckt, denn darauf wurde der erste Mann geboren, der sich von der Milch einer Frau ernährt, die zur Hälfte aus dem Stamm des Baumes hervorragt (Harva, 1938, S. 75ff). Die Golden, Dolganen und Tungusen sagen, dass die Seelen der Kinder vor ihrer Geburt wie kleine Vögel in den Zweigen des Weltenbaumes nisten; dort sucht sie der Schamane (Harva, 1938, S. 84, S. 166ff). Und die Nganasan legen ein totes Neugeborenes oder ein gestorbenes Baby in eine Kiste und bringen diese zum Baum des Lebensursprungs zurück, wo sie aufgehängt wird (Popov, 1936, S. 61).

15 In ähnlicher Weise erscheint der Baum in Serpeties Jenseitsfahrt.

16 Die Zahl Sieben spielt insbesondere im sibirischen Raum im Zusammenhang mit schamanischen Vorstellungen (der Weltenbaum mit sieben Zweigen, die sieben Himmel, die sieben Stufen der himmlischen Leiter etc.) eine besondere Rolle; ebenso die Neun (vgl. Eliade, 1972, S. 274ff; Schmidt, 1912-55, IX, S. 91ff; Harva, 1938, S. 51f; Röck, 1930).

17 Djuhadie sagt, und ich bin sicher, dass er dabei ein schelmisches Lächeln nicht unterdrücken konnte: «Alle sind sie durch mich von den Blattern gerettet worden. Und ich selbst war gezwungen, sie zu heiraten, um am Leben zu bleiben, auf den Wunsch des Geistes. Gewiss lachen viele Leute über meine Vielweiberei.»

18 Auch Serpetie kommt bei dem ewigen Beantworten von Fragen über die Bedeutung des Erlebten gelegentlich ins Schwitzen.

19 Ein Jakutensprichwort sagt, dass Schmiede und Schamanen aus demsel-

Mantel der Katschinzen-Schamanin Sölerbeck.

ben Nest stammen. Wie die Mittler zwischen den Welten haben sie die Fähigkeit zu heilen und die Zukunft vorherzusagen (Sieroszewski, 1902, S. 319; Jochelson, 1933, S. 172ff). Die Fertigkeiten, Eisen zu verarbeiten erhielt der Schmied, einer Jakutenlegende zufolge, von der dunklen Unterweltsgottheit *k'daai maqsin.* Er ist der berühmte Meister, der die gebrochenen Glieder der Heroen wieder zusammenschweisst – heilt. Wenn er die Seele des Schamanen härtet wie das Eisen auf seinem Amboss, dann verwandelt sich sein Haus aus Knochen und Eisen und Feuer in eine unterweltliche Initiationshöhle (Popov, 1933, S. 258ff). Vor vielen Jahren, als ich von Schamanismus noch kaum etwas gehört hatte, malte ich einmal ein kleines Bild, das eine hüttenartige Konstruktion aus Metall und Knochen zeigt, die aus einem seltsam blutroten organischen Grund zu wachsen scheint. In ihr hockt ein nackter Mann vor einem Feuer, das seine Behausung in gelbes Licht taucht. Eine rote Strahlenkrone sitzt auf sei-

nem Kopf. Ich hatte dieses mehr oder minder unbewusst produzierte Bild «Der Palast des Fürsten auf dem Grund des Meeres» genannt.
Die Macht über das Feuer verleiht ja den Schmieden die Reputation düstere Zauberer zu sein (Eliade, 1962, S. 53ff). In Afrika werden sie deshalb nicht nur in die untersten Sozialränge verbannt, sondern können bisweilen auch straflos getötet werden (so etwa bei den Wanderobo und Masai, vgl. Cline, 1937, S. 114). Wie die Schamanen sind sie Meister des Feuers – eine Meisterschaft, die in zahllosen magischen Traditionen einen wichtigen Rang einnimmt. Zu gewissen Anlässen nehmen Schamanen glühende Kohlen in die Hände, wie es im letzten Jahrhundert noch das schottische Parade-Medium der Spiritualisten Daniel D. Home gemacht hat, nehmen sie sogar in den Mund und spucken sie wieder aus (Eliade, 1972, S. 476f), andere laufen darüber (Elkin, 1977, S. 62ff). Der Magyaren-Name für den Schamanen scheint von einem Stammwort zu kommen, das soviel wie «Hitze» bedeutet (Balázs, 1954, S. 438ff; vgl. auch Kap. I, S. 16f).

20 Die drei Schamanen-Kostüme Djuhadies hiessen *huottarie* (das schwerste und wichtigste, das für Unterweltsvisiten reserviert war), η*uodedi*η*uo* (für Flüge in himmlische Gefielde) und *mindiljaj*η*uo* (um zu erfahren was zu tun ist, wie geheilt werden soll, kurz – das Gewand der Entscheidungen). Um Pocken zu bekämpfen legte der samojedische Tauchervogel sein *sjudim*η*uo*-Kostüm an. Die Notwendigkeit, ein Kostüm oder zusätzliche anzufertigen, bekam der Schamane durch jenseitige Bestellungen seiner Verbündeten mitgeteilt (Gračeva, 1978, S. 316).

21 Djuhadie kann dies selbst nicht fassen und liegt mit den Geistern in einem Streit, dass es einfach nicht wahr sein kann, dass er in drei Zuständen zugleich existiert. Aber er muss dann doch zugeben, dass die Jenseitskumpanen recht haben müssen.

22 Auch Maria Sabina las, wie wir zu Beginn gesehen haben, in einem «kosmischen» Buch. Mario Mercier, französischer Gegenwartsschamane, sagt: «Les esprits de l'eau et du feu laissent sur l'os des messages que vous pouvez lire. Dans l'univers tout se lit. Etre sorcier, c'est une façon de regarder le monde.» (Denieuil, 1981, S. 166).

23 Die Augen spielen bei den Nganasan und den Enet, aber auch bei vielen anderen sibirischen Stämmen, eine besondere mythologische Rolle, die mit Fortpflanzungsvorstellungen zu tun hat. Der Nganasan musste die Augen eines getöteten Tieres vorsichtig herausschneiden, ohne sie zu verletzen, und sie auf *mou-njami*, die Mutter Erde, legen, damit sie neue Tiere hervorbringen kann (Simčenko, 1978, S. 507). Alles Lebendige nannte er *sejmidja* (herausgekommen von denen, die Augen haben) und der Embryo hiess einfach *sejme* (Augen). Viele wichtige Tabus ranken sich um die Augen wilder Tiere bei den Samojeden (Simčenko, 1978, S. 506ff).

Tour de Trance – Nächtliche Begegnungen

1 Ich bin nicht immer ein Freund von Extremen, obwohl sie durchaus dazu beitragen können, dass sich etwas zu bewegen beginnt, bevor es einzuschlafen droht. Wer alles und jedes am Traum als grossartig symbolbeladen ansieht, ist selber schuld. Die frechen Wesen aus den nächtlichen Be-

reichen machen sich sicher gern hin und wieder einen Scherz, betten den grössten Unsinn auf unser Kopfkissen.

2 Wie mag die Beziehung zur Welt aussehen für den, der nicht träumt?

3 Dass Träume die Zukunft vorwegnehmen können, ist in der Parapsychologie nicht erst gestern entdeckt worden; Murray und Wheeler, 1937; Strauch, 1970; Bender, 1966; Haraldsson, 1975; Krippner *et al.* 1971, ebenso der Umstand, dass es sich beim Traum um einen veränderten Bewusstseinszustand handelt, der Phänomene sogenannter aussersinnlicher Wahrnehmung besonders häufig auftreten lässt (Van de Castle, 1971; 1977a; Ullman und Krippner, 1973). Aber die Vorwegnahme der Zukunft muss nicht ein paranormales Geschehen sein. Jung hat verschiedentlich darauf verwiesen (Jung, 1967, VIII S. 3/9 ff), dass psychische Entwicklungen, bevor sie sich in einer Veränderung der Persönlichkeit zeigen, ihre Schatten in Träumen vorauswerfen.

4 Neil Young, *On the Way Home,* 1968.

5 Es handelt sich hier um eine Vorstufe zum automatischen Schreiben, wenn sich ein dazu begabtes Medium an den Tisch setzt mit der Intention keine weitere Intention zu haben, als den Bleistift einfach aufs Papier zu halten. Kurze Zeit später beginnt die Hand den Stift zu bewegen und sie sieht erstaunt zu, wie dieser in Windeseile und mit fremder Schrift Sätze unbekannten Inhaltes niederschreibt. Blatt um Blatt, unermüdlich wie der schamanische Tänzer, der von dem stundenlangen Drehen und Springen und Schütteln nichts mehr weiss, wenn sein Geist in ihn zurückgekehrt ist (Mc Kellar, 1979). Wenn die Seele auf Wanderschaft geht in der Nacht, dann kommen auch automatisch die tollsten Geschichten und Geschehnisse auf einen zu, der dafür offen ist, wie es Anna Kingsford war, die mit dreizehn Jahren ihr erstes Buch schrieb (Jaffé, 1980, S. 14).

6 Vgl. Gruber (1981 d, S. 69). So wie das automatische Schreiben ist das automatische Zeichnen ein Prozess, bei dem sich eine Handlung von der Kontrolle des Zentralnervensystems emanzipiert und gerade durch diese Befreiung urtümliche Bilder schaffen kann von roher und häufig bannender Eindringlichkeit (Gruber 1980 b; 1981 c; 1981 d). Im Kontext des Spiritismus sind es Medien, die solcherlei ekstatische Produktionen hervorbringen. Aus psychiatrischen Krankenhäusern wurde berichtet, dass echt Ver-rückte erstaunliche Kunstwerke auf ähnlich unkontrollierte Art produzieren (Bader und Navratil, 1976; Prinzhorn, 1922; Müller-Suur, 1948; Réja, 1907; Benedetti, 1975; Jakab, 1956).

7 Ob das ägyptische Lebenshaus eine Art Universität war oder eher eine Schreibstube für religiöse Texte (Volten, 1942, S. 17), kann nicht entschieden werden. Auf alle Fälle hatte diese Institution etwas mit Toten zu tun, mit Magie, dem Schutz des Gottkönigs und vor allem mit der Traumdeutung.

8 Chassinat (1932); Couyat-Montet (1912); Blackman (1924).

9 Volten (1942, S. 40).

10 «Haven't you noticed, Charlock, that most things in life happen just outside one's range of vision? One has to see them out of the corner of one's eye», lässt Lawrence Durrell einen Protagonisten in seinem nicht gerade überzeugenden Roma *Tunc* (1979, S. 118) sagen. Castaneda lernt zu *sehen,* indem er verlernt wie er die Dinge gewöhnlich betrachtet (Castaneda, 1976, S. 152; 1975, S. 23; Coerper, 1981, S. 173 ff).

11 Volten (1942, S. 41). Da Artemidoros schon zwischen nächtlichen Träumen und Tagträumen unterscheidet, nimmt Volten an, dass diese Trennung auf ägyptische Wurzeln zurückzuführen ist.

12 Devereux (1956, S. 18). Auf den Gräbern schlafend kommen die Toten und jenseitigen Gestalten, aber auch die «powers» in den australischen angehenden *banman* (Elkin, 1977, S. 58f). Der künftige *h'ilol* der Maya träumt dreimal von den Ahnen und erhält von diesen den Auftrag, sich als solcher zu betätigen (Hinderling, 1981, S. 119). Auch die Durchführung von Zeremonien wird dem *h'ilol* im Traum mitgeteilt. Im Traum erscheint ein wildes Tier, um dem Nguni – meist den Frauen – anzukünden, dass er oder sie ein Diagnostiker, *ixhwele* oder *isangoma* werden soll. Das Tier ist ein Ahn (Hunter, 1961). Vgl. auch Devereux (1951).

13 Schebesta (1914, S. 152f) beschreibt die *cenoi* als «kleine himmlische Wesen, liebenswürdig und leuchtend». Sie dienen als Mittler zwischen den Sterblichen und *ta pedn,* dem höchsten Wesen der Semang. Gemäss ihrer Herkunft nimmt es nicht wunder, dass sie auch als Ahnen der Negritos angesehen werden (Evans, 1930, S. 118; vgl. auch Schebesta, 1928).

14 Dies künden sie an, indem sie die Hütte in Zittern versetzen (Evans, 1930, S. 115ff) und bedienen sich damit jener Technik, die sibirische (Lowie, 1934, S. 187f) vor allem aber nordamerikanische Schamanenverbündete bevorzugen um ihre Anwesenheit im Séance-Raum kundzutun (vgl. Flannery, 1944; Lambert, 1956; Hallowell, 1942; Hultkrantz, 1967; 1981; Benedict, 1923; Cooper, 1944; Ray, 1941; S. 204ff; Hurt und Howard, 1952, S. 286ff; Feraca, 1961).

15 Oesch (1963). Auch der *hala* der Sakai und der *poyang* der Jakun haben Gesänge im Traum von früheren Schamanen oder Ahnen ererbt, mit deren Hilfe sie ihre jenseitigen Helfer nach Malaysia rufen (Cole, 1945, S. 92ff; Evans, 1923, S. 208ff, 264ff). Die Shona von Zimbabwe erträumen ihre Musik ebenso und spielen sie später im Wachzustand immer wieder, um gleichsam damit das Reich der Nacht in den Tag zu holen (Garfias, 1979/80, S. 231ff). Vgl. auch Donahoe (1980, S. 46ff). Bei einer Pilgerschaft auf den *tsikomo,* einen heiligen Berg der Indianer New Mexicos, waren die Priester des Sommers und des Winters dabei, die Medizinmänner, die Clowns, die Jagdpriester, die Kriegspriester und eine Gruppe Priesterinnen. Später auf dem Weg stimmten sie einen tranceartigen Gesang an, der sich wie Schreie von Neugeborenen anhörte, und der einem erschöpft zusammengebrochenen alten Clown zu neuer Frische verhalf. Es war ein Gesang von grosser Macht, der wohl direkt von den Ahnen geschickt wurde (Ortiz, 1981, S. 63). Auch die legendären *Kachina* der Hopi, die heute von den Regentänzern dargestellt werden und die einstmals auf dieser Erde lebten, zeigen sich bisweilen in Träumen, offenbaren ihr Aussehen, so dass der Träumer eine Maske anfertigen kann, die beim nächsten Tanz eine weitere *Kachina* repräsentieren wird (Dockstader, 1956, S. 60f).

16 Evans (1927, S. 20).

17 Stewart (1969); Donahoe (1980, S. 57f); Cramer 1982); Christiansen (1981).

18 Colligan (1982); Donahoe (1980, S. 60ff); Tart (1969, S. 116f); Broad (1959); Ouspensky (1960); Whiteman (1961); Van Eden (1913); Garfield (1980).

19 Bei Gruppen von Personen, die regelmässig ihre Träume besprechen, stellt sich nach und nach eine grosse Nähe ein und oft überraschende Einsichten in das Wesen des Anderen. Diese Verbundenheit mag sich auch in gelegentlichen oder häufigen ähnlichen, beziehungsweise gleichen Träumen der Gruppenmitglieder äussern (Garfield, 1980). Ronald Laing erzählte mir vor einem Jahr, dass er engen Kontakt zu einer solchen Gruppe von «dream-sharers» hat, die immer wieder von exakten telepathischen Träumen berichten, wobei ein Gruppenmitglied unerwartete und unvorhersehbare Handlungen eines anderen Mitglieds nachts darauf detailliert träumt. Solches widerfuhr mir, als ich mit Hella Nagel ein ähnliches Langzeit-Traumexperiment begann, wie es mit Christine Mylius (Mylius, 1976; Bender, 1966) seit ungezählten Jahren durchgeführt wird. Die Träume sollten eingeschickt werden, um eventuell präkognitive vor ihrer Erfüllung katalogisiert zu haben. Tatsächlich aber kam es eine ganze Zeit lang gar nicht zu der Ablage von Traumberichten, die möglicherweise Zukünftiges vorwegnehmen könnten, denn Hellas paranormale Träume waren meist telepathisch-realistische Darstellungen von dem, was ihr bekannte Leute Tags zuvor gemacht hatten. Nicht selten fand ich in den Traumberichten genau das wieder, was ich selbst gemacht hatte.

20 Natürlich würden die Zeitsparer, Momos graue Herren in Michael Endes Roman *Momo,* diesen Teil des Lebens als einen ein für allemal verlorenen ansehen. Aber die Senoi, wie auch Patricia Garfield (1980), berichten von den wunderbaren sexuellen Abenteuern im Traum, die durch den luziden Eingriff in das Geschehen tunlichst zu einem höchst wünschenswerten Orgasmus gebracht werden. Im übrigen halten sich die Senoi auch keineswegs zurück, wenn ihr Traumpartner eine Schwester oder ein Bruder ist, oder eine Person des gleichen Geschlechts (Cramer, 1982, S. 66). Rolf Trexler, der im Schlaf seine jenseitige Gefährtin Brunhild nicht nur in die Arme schliesst – so erzählte er mir kürzlich sehr angeregt – sondern sie sogar in seinen Körper aufnimmt, kann von der Intensität einer solchen sexuellen Begegnung nicht nachhaltig genug berichten. Übrigens sind im haitianischen Voodoo Eheschliessungen mit regelrechten Heiratsurkunden, wie berichtet, zwischen einem *loa* und der von ihm besessenen Person an der Tagesordnung (Métraux, 1959, S. 215; Rigaud, 1972; 1970, S.263f).

21 Hewitt (1895, S. 110f).

22 Hewitt (1895, S. 111).

23 In der modernen psychotherapeutischen Praxis wird ein Handel beschlossen: ein ausgemachtes Geldgeschenk zu jeder Sitzung, ganz gleich wie zufrieden der Klient mit der Auslegung seiner Träume ist (vgl. auch Szasz, 1979).

24 Neihardt (1972, S. 136ff).

25 Neihardt (1972, S. 137).

26 Dazu sagt der Oglala Sioux: «I felt very happy, for I could see that my people were all happier.» (Neihardt, 1972, S. 147). Dieses theatralische Nachspielen der grossen Vision muss in dem Gefühl erneuerter Einheit heilende Wirkung gehabt haben, denn viele Kranke waren gesund geworden und «selbst die Pferde schienen glücklicher und gesünder zu sein als zuvor». (Neihardt, 1982, S. 147).

27 Die seltsamen Landschaften und unbekannten Personen, denen man häu-

fig im Traum begegnet, haben dazu Anlass gegeben, anzunehmen, dass sich die Seele im Traum auf Wanderschaft begibt (Dodds, 1971, S. 12,20; Hillman, 1975, S. 288f). In einer englischen Umfrage von 1966 berichten 12 % der Berichterstatter von ausserkörperlichen Erfahrungen während des Traumzustandes (Green, 1968). Vgl. auch Gauld (1977, S. 607ff; Tart, 1968; Palmer und Vassar, 1974; Durville, 1909). William Blakes Einleitungsgedicht zu den *Songs of Experience* (1794) beschreibt die nächtliche Seelenreise in den Gefilden der in alltäglicher und mythischer Weise verschmolzenen Welt:

O Earth O Earth return!
Arise from out of dewy grass:
Nigth is worn,
And the morn
Rises from the slumberous mass
Turn away no more:
Why wilt thou turn away
The starry floor
The watry shore
Is giv'n thee till the break of day.

28 Nordland (1967); Schröder (1953, S. 856).

29 Als die Apollo-Raumfähre zum ersten Mal auf dem Mond landete, wollten die jungen Eskimesen ihren Alten davon erzählen. Aber die Alten blieben ungerührt und lächelten milde. «Das ist doch überhaupt nichts Neues», meinte einer von ihnen, «mein Onkel ist oft dorthin geflogen.» (Broszky *et al.*, 1977, S. 122).

30 Wilbert (1972, S. 71). Mich würde interessieren zu wissen, was Wissenschaftler wohl in Don Juans Hand gesehn hätten, als er sie seinem Schüler hinhielt, und dieser ein Eichhörnchen mit Stachelschweinschwanz erkennen konnte. Da streichelte Carlos das Tierchen und besah es sich genauer: es trug eine Brille und hatte grosse, breite Zähne! (Castaneda, 1976, S. 158). Coerper (1981, S. 224) sieht darin den bewussten Akt in «die andere Seite seiner bewussten Realität» einzudringen, ähnlich den Schizophrenen, die allerdings von einer «quasi fremden Macht» auf diese andere Seite verführt werden. Castaneda aber ist auch nicht einfach willentlich «hinübergesprungen»: «Ich kämpfte, bis mir der Schweiss in die Augen rann. Schliesslich hörte oder spürte ich einen Knall, und meine Augen und mein Kopf waren frei.» (Castaneda, 1976, S. 158). Das klingt mehr nach einer ungewollten Entführung, die erst später zu einer bewussten umfunktioniert wird, so wie der Schamane es lernt mit seinen Verbündeten gemeinsame Sache zu machen. Nur wenige Krieger überstehen die Begegnung mit dem Unbekannten (Castaneda, 1978, S. 309).

31 Eine amerikanische Studentin, Ojibway-Halbblut, deren Name Hultkrantz aus uneinsichtigen Gründen nicht preisgeben will (Hultkrantz, 1981, S. 78), berichtet in einer Seminararbeit von eigenen «Flugerfahrungen». Bevor sie zum ersten Mal den Ojibway Schamanen John-Paul aufsuchte, hatte sei einen Flug unternommen und einen alten Mann gesehen, «der sich halb in seinem Bett aufrichtete». Als sie den Schamanen vor sich sah, erkannte sie erstaunt sein Gesicht von ihrer Flugbegegnung wieder. Der alte Ojibway sah ihr Erstaunen und sagte, dass er sie am Morgen dieses Tages gesehen hätte. Deshalb war John-Paul auch auf ihr Kommen

Begleitet von seinen tierischen Verbündeten fliegt der Eskimo-Schamane
(Zeichnung von Jessie Oonark).

vorbereitet und erwartete sie (vgl. auch Gruber, 1980e; Hart und Hart, 1933).

32 In der tranceformierten Wirklichkeit haben Dokumentationsgeräte dieser Art keinen Sinn und niemand würde im Ernst daran denken sie einzusetzen. Wenn sich die alltägliche mit der nicht alltäglichen Realität vermischt und aus der Ordnung fallende Para-Phänomene hervorbringt, dann lassen sich letztere wohl hin und wieder aufzeichnen, beobachten, dann aber entziehen sie sich scheinbar und werden erst für die von dieser Welt Zurückgetretenen erfahrbar (vgl. Gruber, 1979a; Gauger, 1980).

33 Die Parapsychologen geraten deshalb leicht in einen Teufelskreis, wenn sie mit den Mitteln positivistisch-materialistischer Wissenschaften (Gruber, 1979b, S. 490ff; Winkelman, 1980) versuchen, den Bereich des Magischen zu ordnen, zu beschreiben, kurz von seiner Unordnung zu säubern. Gerade dadurch begeben sie sich gefährlich in die Nähe dessen, der das Kind mit dem Badewasser ausschüttet (Gruber, 1981b).

34 Freud (1942f; XVII, S. 97).

35 Zit. nach Colli (1981, S. 30f). Unter dionysischem und orphischem Einfluss entwickelten sich die eleusinischen Mysterien wohl erst nach dem 7. vorchristlichen Jahrhundert. In der Stadt an einer Bucht des Saron am Golf von Attika schwiegen die Eingeweihten über das, was sie erschauten und erlebten auf den Fährten der geraubten Kore, so wie die Huichol ihre Peyotevisionen aus dem Land ihrer Ahnen keinem weitererzählen (Farnell, 1921; Speiser, 1928; Mylonas, 1961). In Eleusis wurde wohl eine regelrechte Fahrt in die Unterwelt angetreten, wobei der *moriturus* jene endgültige Veränderung durchmacht, wie sie die erleuchteten *karai* der Tupi-Guarani erleben (vgl. Clastreas, 1976), wenn sie – ohne durch die «Prüfung des Todes zu gehen» – die wahre Welt der letzten Verdichtungen kennenlernen. Herakles erfährt seine eleusinische Einweihung auf einem fellbedeckten Thron, den Kopf in ein Tuch gehüllt (Wehrli, 1937, S. 79). So in sich selbst versunken scheint das Bild des Herakles jenes Colli-Wort zu bestätigen, nachdem der Eingeweihte in den Eleusinien das Mysterium in seinem eigenen Innern findet. Die Diskussion um den Gebrauch psychoaktiver Drogen in Eleusis (vgl. Schmiedbauer, 1972; Smith, 1964) weist in die Richtung, dass zum Abstieg in die Welt des Todes Opium als Hilfsmittel in Benützung stand (Hayter, 1968; Kerény, 1965; 1962; 1976, S. 56f). Duerr (1978, S. 221f) hält dem entgegen, dass Opium keine «Verwandlungsdroge» sei, jedoch ist es genau jenes Mittel, das nach innen kehrt, das Mysterium in sich selbst offenbart (Gelpke, o. J., S. 40). Kore – als Persephone Vegetationstochter und Gattin des Hades – wurde in dessen Totenreich entführt, und der nach innen gekehrte Initiand, der mit verhülltem Haupt und wahrscheinlich im feinen Rauch des Opiums die Präsenz seiner selbst verliert, wird eins mit der in der Dunkelheit verschwundenen Natur: «Mein ganzes Sein fühlte sich der still dahintreibenden Welt der Pflanzen zugehörig», schreibt Hedâyat (1960, S. 59ff) über die Wirkung des Opiums. Weiter unten im Text macht Hedâyat klar, dass diese Vereinigung mit der Pflanzenwelt dort stattfindet, wo Lethe – der Fluss des Vergessens – plätschert: «Ganz und gar wollte ich mich diesem Schlaf des Vergessens hingeben.» Gerade deshalb wurde die Droge schon recht früh im nahen Osten in religiösen Kulten – manchmal importiert (Merrillees, 1962) – verwendet (Kritikos, 1960).

36 Fox (1916, S. 215f); Kretschmer (1896, S. 240f). In der thrakischen Heimat des Dionysos Sabazios wurde ein Ritual berichtet, bei dem eine goldene Schlange durch das Gewand des Initianden geschoben wurde (Eisler, 1978, S. 93), was an Riten erinnert, wie die Isâwîyya (Brunel, 1926, S. 150), die ihre Wurzeln in schamanischen Weltsichten haben, wie sie sich gerade in Thrakien niedergeschlagen haben (Eliade, 1972, S. 390f; Dodds, 1970; vgl. auch Hultkrantz, 1957).

37 Jayne (1962, S. 340).

38 Orpheus soll nach Ägypten gefahren sein und von dort die Mysterien von Eleusis nach Griechenland gebracht haben (Jayne, 1962, S. 340). Justin zufolge (vgl. Eisler, 1978, S. 94) soll Orpheus auch der Initiator der phrygischen Mysterien gewesen sein. Damit wurde er zum Kybele Priester und verehrte so die ursprünglich androgyne Höhlenmutter (die phrygische matar Kubile), die auf ihrem Thron hinter dem Löwengespann zur Grossen Muttergöttin wird (vgl. Göttner-Abendroth, 1980, S. 75f), deren Diener Orpheus, Strabo zufolge, gewesen sein soll. Das Zerreissen des Orpheus kann im Lichte von Göttner-Abendroths (1980, S. 76ff) Gedankengängen als Kastration angesehen werden: es soll als Euphemismus für Kastration stehen, jener «Todesart», die dem Gott-Heros der Kybele und später ihren Priestern vorbehalten war, um ihrem androgynen Wesen ähnlich zu werden. Orpheus' enge Verwandschaft zu Dionysos – der ebenfalls zerrissen wurde – möge diese mythologische Nähe zu Kybele und den phrygischen Mysterien widerspiegeln. Allerdings scheint Orpheus nicht unbedingt einer Kastration bedurft zu haben, denn der sanfte Sänger gehörte ohnehin schon zu einem geschlechtlich nicht festgelegten Teil der Menschen, was ebenso auf den weibischen und androgynen Gott Dionysos zutrifft (Larsen, 1976, S. 217). Das Zerreisen scheint also eher auf die oben besprochenen schamanischen Züge – Lostrennung von der Welt als eine selbstverständliche – hinzuweisen. Übrigens sitzt auch auf der Brücke nach Eleusis, dem Übergang in das Geheimnisvolle, ein Mann in Frauenkleidern (vgl. Kenner, 1970, S. 105, 111).

39 Orpheus bedeutet soviel wie «waise machen» (Eisler, 1925, S. 349).

40 So sagt es Friedrich Schiller in seinen *Kranichen des Ibykus.*

41 Vgl. Eisler (1978, S. 135).

42 Jener Apfelgott also, der von einer Wölfin gezeugt wurde, und sich gemäss seiner Abstammung als Wilder gebärdet.

43 Eisler (1921, S. 28) weist nach, dass das Wort *bassarae,* Füchsinnen, ursprünglich ein Berberwort war (vgl. auch Eisler, 1925, S. 110). Dionysos *Bassareus* war in Fuchsfell gewickelt und seine Stiefel waren damit ausgelegt. In Japan kann man die Werfüchse noch bis ins 11. Jahrhundert zurückverfolgen: der *nogitsone,* der wilde Fuchs, kann allerlei Formen annehmen, doch wenn sein Spiegelbild erscheint, ist es immer das eines Fuchses (Mitford, 1871; Hearn, 1894, I, S. 312ff).

44 Eisler (1978, S. 93).

45 Auf seinem Pferd Sleipnir gallopiert der rabenbegleitete Gott nach Hel und befiehlt einer längst verstorbenen Prophetin aus ihrem Grab zu kommen und seine Fragen zu beantworten (vgl. Ellis, 1943, S. 152).

46 Die Divinationsszene mit dem Kopf Mimirs findet sich in der *Völuspa* (V. 46) und der *Ynglinga Saga* (IV). Vgl. auch Ellis (1943, S. 156ff).

47 Guthrie (1935, S. 35ff).

48 Der *i'rkeye,* «jener, der zittert», der Jukagiren hob sorgfältig die Schädel verstorbener Schamanen in einem Holzkästchen auf, um sie später zu Divinationszwecken in der Hand zu wiegen (Jochelson, 1924–26, S. 162ff): war der Kopf leicht, lautete die Antwort «ja», war er schwer «nein». Im allgemeinen praktizierten die Jukagiren einen ausgesprochenen Ahnenkult. Nicht nur der Schamanenschädel wurde aufgehoben, sondern sein ganzes Skelett und die getrockneten Eingeweide (Vdovin, 1978, S. 409). Zur Erinnerung an die grossen Meister wurden Holzfiguren auf die Bäume gehängt. Ebenfalls gewogen wurde zum Zweck der Wahrsagung ein Bogen, dessen Sehne zwischen Zeigefinger und Daumen gehalten wird, bei den altai-türkischen Tubas (Glukhov, 1926). Bleibt der Bogen ruhig während der Schamane still seine Fragen stellt, bedeutet das – je nach dem persönlichen System – ein «Ja» und wenn er in Schwingung gerät ein «Nein», oder umgekehrt. (Vgl. auch Diószegi, 1978, S. 144f).

49 Vgl. dazu Larcher (1975; 1957, S. 238ff); Janet (1901, S. 229f).

50 James (1929).

51 Von dieser weiss der österreichische Liedermacher André Heller – der sich besser verkauft als er ist – im wahrsten Sinn des Wortes ein Lied zu singen *(Cirkuslied).*

52 Die Übersetzung und Nacherzählung von 'Attârs Geschichte unter dem Titel *Das Geheimnis der Kerze* besorgte Rudolf Gelpke in einfühlsamster Weise (Gelpke, 1982, S. 110ff).

53 *Qumiujarmiut* ist das Volk vom schmalen Grat. Dorthin gehen die toten Eskimesen, wenn sie nicht *uvdlormiut,* Tagvolk, werden (Rasmussen, 1926, S. 65). Der herrliche Kupferstich von Francisco Goya *(Esto es lo verdadero)* befindet sich in der Hamburger Kunsthalle. Partei für die von der Gesellschaft in Blindheit ihrer eigenen Wege und Ordnungen verurteilten und verfemten Menschen ergreift Goya besonders in der Radierfolge *Caprichos.* Das *Capricho 24* trägt den Titel *Es gab keine Hilfe* und zeigt eine wehrlos gefesselte Prostituierte mit Narrenkappe auf einem Esel reitend, wie sie als Beispiel einer schändlichen Hexe zur Hinrichtung geführt wird. Hier wird die gefesselte Entblössung zum Auslöser für das Lachen mann-männlicher Sadisten, während es im ersten Fall – in der artemishaften Freiheit der Natur – zur ebenso schockierenden, wie aufrüttelnden Erkenntnis wurde. Davon wussten die Frauen, die in den späten 60er Jahren in einer Vorlesung Adornos ihre Brüste entblössten und den hohen Herrn damit in die Flucht schlugen (vgl. Rutschky, 1980, S. 75). Ob der Philosoph die Erstarrung nicht ertragen konnte, die von dem Gedanken ausging, dass Tod und Sexualität Reglosigkeit des Geistes hervorruft und damit die Verwandlung des Menschen zu reinem Körper vollzieht? Diese Erstarrung aber lässt den Initianden erst in die Wirklichkeit des ekstatischen Seins eindringen, und die Dadaisten haben gerade die grotesken, marionettenhaften Wesen zu Ausdruckselementen ihres Lebens-Spiels gemacht: Hannah Höch und ihre Dada-Puppen (Ohff, 1968), Sophie Taeuber-Arp und ihre Marionetten (Scheideegger, 1960, S. 18ff), die Clownereien, Francis Picabia, der auf seinem Dada-Holzpferdchen reitet (Bergius, 1981, S. 209, 215): Erstarrtes, das nicht wirklich erstarrt ist, sondern von einer ganz besonderen Lebendigkeit. Dada-Fotograf Hausmann sagt: «Wenn wir mit der alten (Welt) gebrochen haben und die neue noch nicht formen können, tritt die Satire, die Groteske, die Karikatur, der Clown,

die Puppe auf, und es ist der tiefe Sinn dieser Ausdrucksformen, durch das Aufzeigen der Marionettenhaftigkeit, durch die scheinbare und wirkliche Erstarrung uns ein anderes Leben erraten und fühlen zu lassen.» (Hausmann, 1921, S. 9). Mit der alten Welt gebrochen und die neue noch nicht geformt: kein Zweifel, dass Dada zwischen den Welten angesiedelt war. Hannah Höch tauchte deshalb des öfteren in der Verkleidung als Arlecchina auf (vgl. Adriani, 1980), was sie assoziativ in die Nähe der *Commedia dell'arte* stellt, deren Figur des Arlecchino einstmals der «wilde Mann», war, dessen Fell von Blättern bedeckt wurde. Später wurde aus dieser Person eine groteske Figur und brachte ins Groteske selbst das schrecklich Ungewisse und Furchterregende des «wilden Mannes» ein: die Unordnung hat eine Tendenz zum Dionysischen (Jennings, 1963, S. 20) im Sinne einer grotesken Situation, die eine in Regeln erstickende Welt jäh unterbricht, indem sie den *carrus navalis* als die verkehrte Welt des Karnevals an Land zieht. (Die Abstammung des Wortes Karneval von *carne vale*, «Fleisch, leb' wohl», wie sie auch im Brockhaus nachzulesen ist, scheint mir nicht sehr überzeugend zu sein. Als das Schiff der Vogelfreien das Ufer erreichte, wurde es zu einem Schiffskarren – *carrus navalis* – wie er noch 1133 von Aachen nach Looz fuhr. Wo immer das Schiff halt machte, erfasste die Frauen wilde Ver-Rücktheit und sie umtanzten halbnackt das Schiff und trieben hinterher Dinge, die in den zeitgenössischen Berichten schamhaft weggelassen werden. Vgl. Simrock, 1864 S. 388; Clemen, 1914, S. 152; Spamer, 1936, S. 52; Lesky, 1925; Duerr, 1978, S. 39f). Wenige Jahre nach der Fahrt des mittelalterlichen Narrenschiffes wird aus der Kirche Notre-Dame in Paris ein Narrenfest kolportiert, bei dem so viele «Masslosigkeiten und schändliche Taten vollbracht wurden», dass sie den heiligen Ort mit einem Male entweihten (Du Cange, 1733-36). Neben diesem *festum stultorium,* bei dem sich einige der Ausgelassenen sogar vollständig entkleideten und sich «auf einem Karren mit Koth beladen» durch die Strassen fahren liessen, wobei sie «mit ihrem Körper die geilsten Geberden» zur Schau stellten (Flögel, 1788), wurden regelrechte Eselsfeste *(festum asinorum)* durchgeführt. Auf einen Esel wurde ein Mädchen gesetzt, in Angedenken der jungfräulichen Flucht Marias nach Ägypten, und unter grossem Gejohle der begleitenden Menge ging es in die Kathedrale. Wenn dann der Esel zum Kyrie gerade schrie, war alles höchst zufrieden (Nick, 1861).

«Amen, dicas, Asine (hic genuflectebatur)
jam satur de gramine,
amen, amen itera
aspernare vetera» heisst die letzte Strophe eines Hymnus' dieser Feste, wobei also der Esel aufgefordert wird, sein Amen zu sagen, während sich die närrischen Gläubigen hinknien (vgl. Du Cange, 1733-36; Jung, 1976 IV/1, S. 275ff). Wahrscheinlich hatten jene Leute, die Goyas Hure auf den Esel gesetzt hatten, ähnlichen Spass an diesem makabren Ritus, dieser Spass allerdings ist von höchst einseitiger Art und eine Travestie des Grotesk-Närrischen, das das Ende der Ordnung einläutet, nicht aber das Anbeten derselben in verhüllter Form sein soll.

54 Jacques Callot schuf einen Zyklus von Radierungen über Figuren der *Commedia dell'arte,* der häufig als *Tänze von Spessania* bezeichnet wurde (Poley, 1981, S. 77). In Wahrheit waren es die Tänze von Sfessania, von

der etruskischen Stadt Fescennia, die ihrer frivolen Lieder wegen Berühmtheit erlangt hatte. Horaz spricht deshalb auch von der «Fescennia licentia», wobei Fescennius mit phallisch gleichgesetzt wurde (vgl. Jung, 1967, IX/1, S. 278).

55 Morenis Bild, auf einer Leinwand von 2,42 mal 2,42 Meter nicht zu übersehen, konnte 1981 auf der Basler *Art* bestaunt werden. *Come urla l'atrofica* nennt sich das fleischige Monumentalwerk.

56 In Cooks *Zeus* (1925, II, S. 132) findet sich eine dementsprechende Abbildung. Ferner auch bei Devereux (1981, S. 75).

57 *Desolation Row* ist einer der poetisch und inhaltlich besonders beeindrukkenden, wenn auch desillusionierenden Texte von Dylan, wobei er kulturelle und religiöse «Errungenschaften», grosse Namen, wichtige Momente und phantastische Ordnungen aus der historischen und gesellschaftlichen Situation herausstellt, sie von der zeitlich-räumlichen Welt entrückt: «And the good Samaritan he's dressing, he's getting ready for the show he's going to the carnival tonight on desolation row.»

58 Im fahrenden Volk (Golowin, 1980; Aichele, 1926; v. Wlislocki, 1891) sahen vor allem die Dadaisten eine Entsprechung ihrer Beweglichkeit und Rastlosigkeit, wie es das farbenprächtige Komödiantenstück auf die Bühne bringt. George Grosz, der einen der unerbittlichsten gesellschaftskritischen Zeichenstifte führte, schrieb in einem Brief (Knust, 1979, S. 62): «Farbig allein bleibt dein Weltbild nur im Variété . . .». Heute verfolgt dieses Ziel nicht ein Künstler des Variétés sondern ein Komödiant der Lebenskunst, Lindsay Kemp, der mit seiner rauschhaft flimmernden Genet-Adaptation *Flowers* die Grenzen zum Verrückten längst überschritten hat und mit seinem *Duende* ein Beschwörungsritual für die Rettung des Schöpferischen im Menschen auf die Bühne bringt. «Komm, lass uns die Komödianten ansehen, die Musiker, die Magier . . .» singt der französische Alt-Barde Charles Aznavour und will in eine Welt, in der alles möglich ist, lokken.

59 Eine Zigeunerzauberin, der Golowin einmal begegnete, gebrauchte ein Wortspiel, um die Verbindung zwischen ihrer Lebensform und ihren wahrsagerischen Fähigkeiten zu demonstrieren: sie verband «voyager» (reisen) mit der Fähigkeit «voyant», Seher, Wahrsager zu sein (Golowin, 1975, S. 87). Castaneda-Entlarver Richard deMille erzählte mir im Sommer 1980 beim Verzehr eines köstlichen «chicken teriyaki» in einem japanischen Restaurant in Santa Barbara, dass er des öfteren von paranormalen Ereignissen heimgesucht würde. Diese bevorzugen insbesondere in Zeiten vorübergehender Heimatlosigkeit in Erscheinung zu treten, auf Reisen etwa. Wenn man keine Wurzeln geschlagen hat, oder seine Wurzeln ausreisst, wenn man also veränderlich und unvorhersehbar geblieben ist, wie das fahrende Volk, die Dadaisten, die nomadisierenden Stämme, dann begegnet man auch häufiger und intensiver diesen ebenso unvorhersehbaren und seltsamen paranormalen Phänomenen. Initiationsriten, die in Zeiten der Transition durchgeführt werden – das Kindesalter ist vorüber, das Erwachsenenalter hat noch nicht begonnen – lassen ebenso alles überraschend und anders werden, als es die verwurzelte Ordnung vorsieht. Hier und während des Interregnums als Einschnitt in die physische und psychische Gesundheit (was man also gemeinhin als den «Normalzustand» anzusehen gewohnt ist) bricht das Paranormale anscheinend ge-

bündelt auf der Insel des Tonal durch: wenn der Schamanenkörper wie tot daliegt in schwerer Krankheit und er währenddessen langjährige bizzarre Abenteuer erlebt. Vgl. Gruber (1979a).

60 Rainer (1967); das Buch nennt sich dementsprechend *Schön und Wahn.*

61 Vgl. Gelpke (o. J., S. 97ff); de Sacy (1809); von Hammer (1813, III, S. 201ff).

62 Das sagt Fachrôdin 'Erâqi im *Buch der Blitze* (Zit. bei Gelpke, o. J., S. 194).

63 Siiger (1967, S. 74f); vgl. auch Schomberg (1938).

64 In der Trance erweisen sich Handlungsabläufe für die handelnde Person zumeist als unbewusste. Dies wurde in der christlichen Tradition (unter anderen) häufig mit Besessenheit der Person erklärt, dass also ein Dämon in Abwesenheit der persönlichen Seele den Körper in Besitz genommen hat (vgl. Lewis, 1971, S. 38ff). Da sich die Seele allnächtlich auf Wanderschaft begibt, war es durchaus möglich, dass sich ein herumirrender Dämon vorübergehend in den Körper eingenistet hat, um Alpträume zu verursachen. Manche Zauberer, die zu häufig ausserkörperliche Reisen unternehmen, begeben sich, Octave Béliard zufolge, in nicht zu übersehende Gefahr: «Ce serait la punition du magicien voyageur, s'il trouvait sa place prise et n'y pouvait rentrer.» Und weiter berichtet er in seinem Büchlein von 1920: «C'est ainsi que l'occultisme explique la folie: ce corps dément, qui se contorsionne et profère des mots sans suite est un corps perdu par son légitime propriétaire, qui est habité par une larve.» (Béliard, 1981, S. 45f). Seelenverlust ist eine wichtige Voraussetzung, um besessen zu werden – das ist die Vorstellung vieler nordamerikanischer Indianergesellschaften, während in anderen Traditionen bisweilen das Konzept einer aktiven Inbesitznahme des Menschen durch die besetzende Gottheit oder den besitzenden Geist vorherrscht (vgl. Lewis, 1971 S. 44ff; Bourguignon, 1973, 1976). Im Schamanismus sind beide Möglichkeiten – der ekstatische Flug zu den Göttern und das Einfahren der jenseitigen Verbündeten in den Schamanenkörper – bekannt. Die Trennung dieser beiden Arten nichtalltäglicher Erfahrungen scheint mir grösstenteils eine künstliche zu sein (wie sie etwa von Lewis, 1971, vorgetragen wird). Wie wir gesehen haben, besteht das Hauptelement solcher Erfahrungen im Ausser-Sich-Sein, im Verändern von Standpunkt und Präsenz des Ichs. Diese Veränderung ist immer eine bedingungslose und kompromisslos umfassende: ist die Tranceformation einmal eingetreten, macht es keinen Sinn mehr, von Seelen*reise* oder Geister*besuch* im alltäglichen Sprachgebrauch zu reden. Dann ist die *Welt totaliter aliter,* nicht nur die verwilderte Wahrnehmungsfähigkeit des Erlebenden.

65 Der Bericht von Le Jeune von 1634 findet sich in Thwaites (1897f).

66 Vgl. de Martino (1948, S. 93).

67 Shirokogoroff (1935, S. 248ff).

68 Arbman (1963, I. S. XV).

69 Die Auflösung der Einheit der Person und der Autonomie des Ichs wird in Malaysien *latah* genannt, *irkunii* von den Jukagiren, *amurak* von den Jakuten, *menkeiti* von den Korjaken, *imu* von den Ainu und, wie wir gesehen haben, im *locus classicus* des Schamanismus – bei den Tungusen – *olon* (vgl. Clifford, 1898, S. 189).

70 Clifford (1898, S. 191, 193f, 200).

71 Shirokogoroff (1935, S. 251).
72 Van Loon (1931); Mühlmann (1936, S. 401ff); Reay (1960).
73 Heim (1965); Heim und Wasson (1958).
74 Dobkin de Rios (1976, S. 25).
75 Dobkin de Rios (1976, S. 25); vgl. auch Bourguignon (1976, S. 31); Lewis (1971, S. 127ff).
76 Reay (1959, S. 188ff). Der Trancezustand lässt ihnen immer noch soviel Bewusstsein, dass sie die Richtung ihrer unkontrollierten Aktion feststellen und festlegen können. Das scheint durchaus auch in echter Trance möglich. Dann handelt es sich wohl um die sprichwörtliche schlafwandlerische Sicherheit. Man darf allerdings nicht dem romantischen Wunschdenken verfallen, dass alle Schamanen auch heute noch, bei allen ihren Séancen tatsächlich in Trance fallen. Erstens sind die Schamanen zumeist auch ausgezeichnete Schauspieler, was ihre Darbietungen ja gerade deshalb reizvoll macht, zum zweiten scheinen sie mancherorts gar nicht mehr in der Lage zu sein, Trancen willentlich und immer hervorzurufen. (vgl. Reinhard, 1976).
77 Wenn die wilden totschlagenden Burschen durch die Dörfer liefen (Liungman, 1938, II, S. 801), dann standen sie ausserhalb der Ordnung, und man musste sich vorsehen, nicht wirklich von ihnen niedergemetzelt zu werden. Wurde ein solcher vermummter *Kukeri* aus Rumänien etwa (Duerr, 1978, S. 53) erschlagen, passierte seinem Mörder ebenfalls nichts. Auch er stand ausserhalb der Ordnung der Lebendigen, und einen Toten konnte man ohnehin nicht «töten».
78 «Wir müssen uns vor Augen halten, was wir durch das Bewusstsein verlieren . . . Wir ermessen die unvermeidliche Verarmung, die mit dem Bewusstsein verbunden ist», schreibt Bataille (1981, S. 196). Er setzt hinzu: «Wer nicht bewusst ist, ist auch nicht menschlich.» Darin klingt jene Verschmelzung mit der Natur an, die sich in der Tiertransformation und im psychedelischen Erleben der Einheit mit Pflanzen, Steinen, Galaxien zeigt: das So-Sein des Menschen wird abgelegt zugunsten des Seins.
79 Anna Kingsford rief während einer Vision ihrem Freund und Begleiter Maitland zu: «Halte mich fest! Sonst versinke ich – sonst versinke ich in den Abgründen. Ich bin krank und schwindlig, wie auf einem wogenden Meer. Ja, ich bin auf einem Meer, einem Ozean des unendlichen Raumes. Oh, was für Tiefen! Was für Tiefen!» (Jaffé, 1980, S. 88).
80 Mehrmals wurde der Waika-Indianer Horokoiwa besessen. Einmal, als er beim Fischen war, verlor er die Sinne, ein fremdes Wesen bekam Macht über ihn. «Es war *hayakowardiyoma*, ein weiblicher Geist in Gestalt einer grossen Wildkatze . . . » (Zerries, 1972).
81 Peucer sagt: «Incantator, postquam usitatis ceremoniis evocatos deos suos compellavit, subito collabitur et exanimantur, quasi extincto illo, revera abscedat ex corpore anima. . . Sed ut adsint semper aliqui, oportet, qui projectum et exanime corpus custodiant, quod cum non fit, daemones id abripiunt.» (Peucer, 1691, S. 171f).
82 Vgl. Béliard (1981).
83 Bourguignon (1976, S. 6); Oesterreich (1921).
84 Partridge (1958).
85 «The trancer is lost from his socially constructed self», sagt Carpanzano (1977, S. 9).

86 Wie weit diese Tranceformation gehen kann zeigt etwa ein Bericht, den Leiris zitiert hat (Leiris, 1977, S. 164), der von einem Mann erzählt, der von einem weiblichen *zâr* besessen war und nicht nur Frauenarbeit übernahm, sondern sogar zu menstruieren begann!
87 In Anlehnung an Filliozat (1944, S. 79f) legt Leiris (1977, S. 140ff) dem äthiopischen *zâr*-Kult die Erscheinungsformen des Schamanismus zugrunde.
88 Castaneda (1976, S. 1984).
89 Leiris (1977, S. 135ff); Carpanzano (1973; 1977a); Saunders (1977); Fakhouri (1968); Kennedy (1967); Messing (1958).
90 Der *zâr* ist jener, «der sich aufhält» *(addara)*, der «sich einrichtet» *(saffara)*, mehr aber noch jener, «der in den Sattel steigt» *(tačâna)*. Sein Pferd, das ist der Besessene (Leiris, 1977, S. 204). Die sexuelle Konnotation des «Bereitens» und «Eindringens» *(warrara)* des *zâr* ist nicht unbeabsichtigt. Analoges lässt von Panskulten und Hekatekulten berichten (Jeanmaire, 1951, S. 284ff). Im haitianischen Voodoo wird dieselbe Unterscheidung zwischen Pferd (Besessener) und Reiter *(loa)* genannt, was Maya Deren dazu veranlasste, ihr ausgezeichnetes, bekanntes Buch *Divine horsemen* (1972) zu nennen.
91 Williams (1979a).
92 Leiris (1977, S. 161). Hin und wieder taucht die Äusserung auf, dass besonders Frauen von *zâr* besessen werden, weil sie dann ihren Wunsch nach «Putz», Verkleidung, Schmuck (gern äussert der *zâr* durch sein Pferd, dass er täglich einen goldenen Ring oder einen kostbaren Armreifen tragen will) zum Ausdruck bringen können. Wenn die Besessenheit schon in Termini von Bedürfnisbefriedigung beschrieben werden soll, dann glaube ich nicht, dass es sich bei den fröhlichen «Pferden» nur um das Verlangen nach Verkleidung handeln wird. . . .
93 Sargant (1975, S. 13).
94 Heinrichs (1977, S. 33).
95 Heinrichs (1977, S. 34).
96 Das Gespräch mit der sympathischen Ana, die in den abenteuerlichsten Augenblicken mit einer oder zweien ihrer Assistentinnen, umgeben von einer süssen Duftwolke (gute Gerüche halten böse Geister ab), in das Hotelzimmer eines Kranken schoss, um ihn in einem *ad hoc* Voodoo-Ritual mit viel Gesang, wildem Getanze und Spucke von seiner Krankheit zu befreien, habe ich im Sommer 1979 in Mexico City aufgezeichnet. Wir hatten uns anlässlich eines sogenannten Kongresses über Zauberei und Parapsychologie dort kennengelernt. Während mir die Veranstalter bis eine halbe Stunde vor meinem Vortrag nicht sagen konnten, worüber ich eigentlich sprechen sollte, liess sich Ana Branche von dem Durcheinander wenig beeindrucken: sie führte munter Voodoo-Zeremonien auf.
97 So drückte es die rasante New Age-Anthropologin anlässlich ihrer Workshops beim Sommerkongress des Forums für humanistische Psychologie im August 1981 aus.
98 Deren (1972, S. 137ff). In den magisch-düsteren haitianischen Petro Riten findet sich Erzulie Ge-Rouge an wichtigem Platz wieder. In Dahomey war sie noch die gute Gottheit der Fruchtbarkeit und Protektion, die Gran Erzulie (vgl. Deren, 1972, S. 83f; vgl. auch Métraux, 1946; Parsons, 1928; Courlander, 1939).

99 *Houngan* ist der Name des Voodoo-Priesters und bedeutet eigentlich Chef *(gan)* der Geister *(houn)* in der Sprache der Fon (Deren, 1972, S. 330).

100 Damballah Wedo ist der uralte verehrte Vater, ein Ahne aus der Zeit, als die Erde noch keine Mühen kannte. Er ist die göttliche Schlange des Himmels (Marcelin, 1949, S. 55), die einst mit der schönen Erzulie eine flüchtige Affäre eingegangen war (Rigaud, 1933, S. 37).

101 Grossartige Tieropfer finden zu Ehren des Herrn des Meeres, Agwé, statt, dem sehr komplexe Zeremonien bereitet werden. Als *loa* des Wassers gibt es immer Kampfstimmung zwischen ihm und Ogoun, Herr des Feuers. Vgl. Deren (1972, S. 119ff).

102 Ogoun ist als kriegerischer Held von martialischen Attributen heute häufig eine politische Figur. Vom eigentlichen Feuergeist hat er sich zum Diplomaten gewandelt, obwohl er immer noch eine Vorliebe hat, sich mit extremen Vorstellungen den *hounfors* zu zeigen. Hin und wieder schreit er: «Foutre tonerre!» (Beim Donner!) und wenn er den angebotenen Rum nicht auf den Boden ausschüttet und anzündet (siehe unten) dann sprüht er ihn zwischen den Zähnen auf die Herumstehenden. Vgl. Courlander (1939, S. 11ff, 40f); Herskovits (1937, S. 317).

103 Loco ist der Anführer der Eskorte für den grossen *loa* Legba (Marcelin, 1949, S. 42). Vgl. auch Courlander (1939).

104 Der Tempel oder nur der Altarraum eines Voodoo-Priesters (Deren, 1972, S. 330).

105 Dies ist der Herr der Natur, Meister der Bäume und der Blätter, ein chtonischer *loa*, der manchmal Trickstereigenschaften aufweist (Bourguignon, 1976, S. 20).

106 Solche Zeichen werden von den Voodoo-Gläubigen häufig verlangt, vor allem wenn es sich um die Besessenheit durch einen *loa* handelt, der gern frivole Spielchen treibt bis hin zu offenen sexuellen Avancen und entsprechender Betätigung (vgl. Bourguignon, 1976, S. 20; Deren, 1972, S. 104ff).

Tour de Trance – Fleisch der Götter

1 Wie Mühlmann (1981, S. 42) meint.

2 Nietzsche (um 1882–1889).

3 Vgl. Sokrates *(Enthydemos,* 277 E).

4 Belonzi (1979).

5 Kokocinski nennt dieses Bild *Sterben ohne den Tod,* was an die Schamanen erinnert, die sterben, ohne jenen Tod zu erleiden, der die *morituri* einmal heimsuchen wird.

6 Sartre (1965, S. 11).

7 Castaneda (1976, S. 293). Von welch schrecklicher Angst ist solcher Standortverlust des Selbst heute oft gekennzeichnet. Ganze Heere von Psychotherapeuten müssen neue Strukturen schaffen, um die Gebundenheit des Ichs nicht aus dem Rahmen und dem Blickwinkel zu verlieren.

8 «Also dies ist die Hölle. Niemals hätte ich geglaubt . . . Ihr entsinnt euch: Schwefel, Scheiterhaufen, Bratrost . . . Ach, ein Witz! Kein Rost erforderlich, die Hölle, das sind die andern.» So spricht Garcin am Ende von *Huis Clos* (Sartre, 1965, S. 42).

9 Hinter einer grossen, weissen Tafel erscheint die sich auflösende Gestalt

eines Menschen. Tierartige Beine, nicht definierbares Gewand, ein Auge ekstatisch offen und doch geschlossen, verzerrter Mund. Kokocinski gibt diesem Bild den Titel *Ich starb am Leben und nicht an der Zeit.*

10 Vgl. Andersen (1977, S. 138).

11 Siehe oben, Kapitel I.

12 Wenn sich alle Bewegungen angleichen, dann ist die Trance eingetreten. Das haben wir schon im sibirischen *olon* kennengelernt. Der ekstatische Initiand der Arioi-Gesellschaft in Tahiti musste in diesem Zustand des *nevaneva* in den Kreis der wilden Tänzer springen und sich bewegen, so wie diese, um seine Besessenheit durch *Orlo* kundzutun (Mühlmann, 1955, S. 28).

13 Es ist der älteste abgebildete psychoaktive Kaktus alter amerikanischer Kunst. Er gehört zur *Cereus*-Familie und erfreut sich unter Heilern und Wahrsagern peruvianischer Küsten auch heute noch regen Gebrauchs (Sharon, 1972). Bollinger (1980, S. 120ff) berichtet in seiner Erzählung *El Curandero,* dass der San-Pedro-Kaktus «im ganzen Bergland der Anden» seit «undenklichen Zeiten sehr geschätzt» ist. In wenig ehrfürchtiger Weise kann der Kaktus dort – vor allem jener mit sieben Zacken (!) – auf Märkten als Küstenimport gekauft werden.

14 Sharon und Donnan (1977).

15 Trotz des relativ begrenzten Vorkommensgebietes von *Lophophara williamsii* vom texanischen Rio Grande-Becken südlich bis ins zentrale Hochplateau Nordmexikos, hatte und hat diese Pflanze eine grosse rituelle Bedeutung in Mesoamerika. Die Literatur über Peyote ist mittlerweile völlig unüberschaubar geworden.

16 Advoasio und Fry (1976); Campbell (1958); Howard (1957). Dagegen sieht Stewart (1979/80) keinen Grund für die Annahme eines etwa 10 000 Jahre alten Meskal-Bohnen-Kultes und möchte *Sophora* nicht als Vorläufer des Peyote in der rituellen Verwendung gelten lassen.

17 Adovasio und Fry (1976).

18 Die «roten Bohnen» sind die eigentlichen Meskal-Bohnen oder Meskal-Buttons *(Sophora secundiflora).* Sie werden auch *colorîn* (Coahuila, Nuevo León, Texas), *frijolillo* (Nuevo León, Texas), *frijolito* (Texas) und *evergreen coral-bean, coral-bean* und *mountain laurel* im südlichen New Mexiko genannt (La Barre, 1975, S. 126). Diese Pflanze wächst von Coahuilla bis San Luis Potosí und wurde wohl auch mit gewissen Arten von *Erythrina* verwechselt, die bisweilen in mexikanischen Märkten anstelle der Meskal-Bohnen für diese ausgegeben wurden (vgl. Safford, 1917, S. 398). Die Indianer, Spanier und Mexikaner haben Meskal-Bohnen und Peyote allerdings nie verwechselt (Stewart, 1979/80, S. 283) und niemals wurde das Wort *mescal* in Mexiko mit Peyote in Verbindung gebracht. White (1888) und Briggs (1887) gehören zu den ersten Autoren, die die Meskal-Peyote-Konfusion ins Leben gerufen haben. Meskal stammt vom mexikanischen Spanisch *mezcal,* was ursprünglich das Nahual-Wort *mexcalli* war und eine Agave bezeichnete, aus der *pulque* hergestellt wird. Letzteres ergibt destilliert *mezcal,* was nichts mit Meskal-Buttons oder Meskalin zu tun hat (vgl. Wasson, 1964, S. 278). Trotzdem bezeichnet Hanscarl Leuner in seinem enttäuschenden Buch (1981, S. 74) Peyote immer noch als «Mescalbutton».

19 *Sophora secundiflora* erweist sich reich an Alkaloiden. *Sophorin* (identisch

mit Cytisin), $C_{11}H_{14}ON_2$, ist dem Nikotin sehr ähnlich und mag Erbrechen, Konvulsionen und Tod durch Erstickung hervorrufen (Henry, 1924, S. 395; Dayton, 1931, S. 89; Schultes, 1963, S. 154f; La Barre, 1975, S. 126f). Havard (1886) berichtet von Indianern bei San Antonio, die zu rituellen Zwecken eine halbe Meskal-Bohne zu sich nehmen. Eine ganze würde bereits tödlich wirken.

20 Howard (1957); La Barre (1957, S. 710). Stewart (1979/80, S. 279, 283 f) hat heftige Einwände gegen die Annahme von Howard (1957, S. 75), dass «die Meskal-Bohnen Zeremonie ein direkter Vorläufer des Peyote-Kults gewesen sein könnte.» Schultes (1963, S. 155) meint, im Gebrauch von *Sophora* zum Zweck der Zier (Halsketten, Mokkasinschmuck) bei den Comanchen und Kiowa einen Hinweis auf die frühe kultische Verwendung und magische Bedeutung der Pflanze zu sehen. Vgl. dazu auch Guerra (1967).

21 Schultes (1972). Die meisten Konstituenten von Peyote gehören zu den Phenyläthylaminen und fast alle sind in der einen oder anderen Form «biodynamisch aktiv», wobei die psychedelische Wirkung vor allem auf das Meskalin – nach Spaeth (1919) ein α-(3,4,5-Trimethoxyphenyl) – β-Aminoäthan – beruht. Der chemischen Komplexität wegen scheint das Peyote auf dem sensorischen Erlebnissektor ein reichhaltiges Spektrum zu offerieren: mit visuellen, geschmacklichen, olfaktorischen und taktilen Sensationen nicht alltäglicher Art gehen Gefühle der Schwerelosigkeit und der Makroskopie einher. Dass sich das verändert, was wir mit Raum und Zeit bezeichnen, braucht nicht speziell herausgestellt zu werden. Man sollte sich davor hüten, Peyote-Erlebnisse mit denen des synthetischen Meskalins in allzu enge Verbindung zu bringen. Die biologischen und physiologischen Interaktionen der Peyote-Bestandteile sind so variantenreich, dass sie auf alle Fälle auch den Huxleyschen Meskalin-Essay (Huxley, 1970) nicht für die Standarderfahrung der Peyotisten zulassen. Nicht umsonst sind die Peyote-Visionen der Huichol Privatsache, die nicht weitererzählt wird – es sei denn, ein Ethnologe bohrt so nachhaltig, dass ein Indianer seine Eindrücke in der Dürftigkeit der Sprache weitergibt. Der riesige Saguaro Kaktus *(Carnegiea gigantea),* dem man in Castandedas Wüste von Sonora findet, soll drei, den Alkaloiden von Peyote ähnlichen Alkaloide enthalten: Carnegin, Salsoidin und Gigantin. Letzterem werden psychotrope Wirkungen zugesprochen (Bruhn, 1971, S. 320ff). Der Saguaro, dessen Stamm auch Dopamin enthält (Furst, 1976, S. 111), wurde bei den Pima und Papago als Nahrungsmittel verwendet. Wahrscheinlich wurden seine psychedelischen Eigenschaften in dieser Region nicht rituell eingesetzt, obwohl mexikanische Indianer auch heute noch die heilenden Eigenschaften enger Verwandter des Saguaro rühmen.

22 Radin (1926, S. 198f).Vgl. dazu auch Becketts *Watt* (1972). (Den Hinweis darauf verdanke ich Wilhelm Gauger). «Aber Watts Vorstellungskraft war nie sehr lebhaft gewesen. So dass er sich weiterhin selbst für einen Menschen hielt, wie seine Mutter es ihn gelehrt hatte, als sie sagte, Das ist aber ein liebes Menschenkind, oder, Das ist aber ein hübsches Menschenkind, oder, Das ist aber ein kluges Menschenkind. Doch so gross die Erleichterung, die es ihm verschaffte, auch war, er hätte sich ebensogut für eine Schachtel oder eine Urne gehalten.» (S. 85).

23 Müller (1981, S. 62): «Das Meskalin reisst die Schranken der Persönlich-

keit ein, das Ich verliert sich in das Draussen, zwischen Person und Welt entsteht ein Gefühl der Einheit.»

24 Huxley (1970). Vgl. dagegen Knecht (1967).

25 Soltkin (1956, S. 68f) sieht eine übliche Art, wie das Peyote lehrt, darin, dass es eine Vision hervorruft. Durch diese macht der Indianer die direkte Bekanntschaft mit jenseitigen Wesen; in der synkretistischen Peyote-Religion der Native American Church (Bee, 1965) mag die Bekanntschaft von Jesus, dem Peyote-Wesen, dem Wasservogel (als schamanisches Relikt) oder Gott direkt gemacht werden. Psychedelik-Apostel Kleps wollte durch die «Neo-American-Church» die in der Morning Glory Lodge in Upstate New York ihren Anfang nahm, Peyote auch in die Drogenkultur der 60er Jahre als Sakrament einer direkten Gottesbegegnung etablieren (Kleps, 1975).

26 Copway (1851, S. 40). Psychiater sehen in solchen Aussagen gern einen paranoiden Beziehungswahn, in dem der Erlebende ungerechtfertigterweise im Mittelpunkt allen Geschehens der Welt steht. Sie verkennen dabei oft vollkommen den ekstatischen Erkenntniswert solcher Erfahrung (vgl. Laing) und die existentielle Tragik dieses schamanischen Risikos (vgl. de Martino, 1948).

27 Jünger (1980, S. 338).

28 Jünger (1980, S. 338).

29 Ragnarök, die Götterdammerung, in der Loki-Nachkomme Fenrir Odin zerreisst und das göttliche Schlachten und Morden in Gang setzt.

30 Arlegui (1851, S. 154f) berichtet, dass die Zacatecan Peyote als therapeutisches Mittel benutzen würden, es aber auch zum Zweck der Wahrsagerei und des Vorherwissens über den Ausgang von Kämpfen missbrauchen würden. Sie sollen es in Wasser aufgelöst trinken (was eher an den Gebrauch von *Ololiuqui* erinnert; siehe unten), was sie mit Paroxysmen des Wahnsinns schlägt, wobei sie die «phantastischen Halluzinationen», die über sie kommen, als «Omen der Zukunft» auslegen. Hernandez (1900, 3, S. 70) hält die präkognitiven Leistungen der Peyote essenden Chichimecas für beachtlich. Vgl. auch Urbina (1900). Ruiz de Alarcón spricht in seinem bekannten *Tratado* von 1629 von «falscher Prophetie», die in einem «Teufelspakt» durch Trance, der Einnahme von Peyote oder *Ololiuqui* oder Tabak praktiziert wird. In diesem Zustand würde die Pflanze in einer verstehbaren Form zu ihnen sprechen.

31 Prieto (1873, S. 123f).

32 Das berichtet Lumholtz (1894, S. 452; 1902, I, S. 372ff). Räuber waren vor *Anhalonium fissuratum* machtlos, während die *Rosapara* Art besonders vor unliebsamen Apachen schützt. Tatsächlich wird *Anhalonium* (oder *Ariocarpus) fissuratus* von den Tarahumara unter dem Namen *sunami* oder *peyote cimarrón* auch heute noch als Psychedelikum besonders geschätzt. Sie halten es für stärker als Peyote selbst (Schultes, 1970, S. 591f). Die Huichol, die eine ausgesprochene Peyote-Kultur entwickelt haben, kennen auch andere psychoaktiv wirkende Pflanzen, sie stehen aber zumeist in Unehren neben dem uneingeschränkt sakralisierten Peyote. Isst jemand *tsuwiri (Ariocarpus retusus),* «falsches Peyote» (Furst, 1971), wenn er ohne die vorgeschriebenen Vorbereitungen mit einem unreinen Herzen *wirikuta,* das Land der Ursprünge, betritt, dann wird er verrückt. Denn *tsuwiri* kann hexen und verstellt sich vor einem solchen unechten Ein-

dringling als *hikuri,* Peyote. Das erinnert an *kieri,* den bösen Zauberer des *Datura*-Strauches, der seine Opfer zum wahnsinnig machenden Stechapfel-trip verführt (Myerhoff, 1980; Furst, 1967; Furst und Myerhoff, 1966).

33 Die Tarahumara sind wie die Huichol und Cora Peyote-Sammler. Sie verwenden das *jikuri* für Heilzwecke (Bennett und Zingg, 1935, S. 366f; Deimel, 1980, S. 81f). *Jikuri mulato* gilt bei ihnen als Lebensverlängerer und Verleiher von Schnelligkeit, bei dem für die Tarahumara so wichtigen Laufen, *jikuri rosapara* ist der Apachenvertreiber und «guter Christ». Nur selten erreicht der mächtige *jikuri warura seriame* das Land der Tarahumara (Lumholtz, 1902, I, S. 373f). Peyote ist allerdings im Norden Mexikos bereits recht säkularisiert in Gebrauch und kann an Märkten gekauft werden (vgl. Deimel, 1980, S. 82). Dies macht für viele Gruppen die alte mythische Wanderschaft zum Land des Peyote in der Wüste um San Luis Potosí unnötig. Und wirklich werden es immer weniger Gruppen, die unter Führung ihrer Schamanen die wunderbare und gefahrvolle Reise auf sich nehmen. Sahagún (1830, 3, S. 241) berichtet, dass neben dem Peyote als Beschützer von zauberischen Krankheiten auch Marihuana in Mexiko im selben Gebrauch stand.

34 La Barre (1975, S. 26). Bennet und Zingg (1935, S. 138, 294) berichten, dass die Tarahumara, wie die Huichol, es nicht wagen, *dekúba (Datura)* anzurühren. Peyote ist das einzige Gegenmittel gegen die sonst tödliche Krankheit *dekúba* berührt zu haben, der in den Überwinterungshöhlen der Tarahumara häufig wächst. Deimel (1980, S. 82) meint hingegegen, dass neben Peyote auch *Datura* eine rituelle und medizinische Bedeutung bei den Tarahumara gehabt hätte.

35 Beals (1932, S. 131).

36 Furst (1978, S. 24). Kiéri ist als Stechapfelhexer bekannt geworden und in den Berichten von Furst (1968, S. 24) und Myerhoff (1980) trägt der Stechapfel bei den Huichol seinen Namen. Wie mir Brant Secunda, der über acht Jahre hinweg bei dem Huichol Matsúwa in die Schamanenschule geht, versicherte, identifizieren die Huichol Kiéri durchaus nicht mit dem Stechapfel. Kiéri sei eine ähnliche Planze, der auch psychotrope Eigenschaften zugeschrieben würden, nicht jedoch *Datura*. Jean Paul Ribes, ein französischer Journalist, bestätigte mir diese Aussage des sympathischen Zauberlehrlings Brant. Garnbilder der Huichol scheinen allerdings für die Kiéri-*Datura* These zu sprechen (ein solches habe ich vor einigen Jahren selbst erworben). Allem Anschein nach legen verschiedene Schamanen ihre Stammesmythen unterschiedlich aus. Gerade deshalb ist es immer besonders schwer, die Aussagen eines «Informanten», sei es auch ein Schamane, zu verallgemeinern.

37 La Barre (1975, S. 40). Weder Shonle (1925) noch Newberne und Burke (1922) berichten vom Gebrauch der Pflanze bei den Mescalero Apachen, der eine Übergangsform zum Peyoteritus der Plains Indianer darstellt.

38 Slotkin (1956a, S. 9f).

39 «. . . the Indian Territory and reservations were institutions developed of Whites for segregating, i. e., socially isolating, Indian enclaves.» (Slotkin, 1956 a, S. 10). Das erste Reservat wurde im Staat New York für sechs Nationen geschaffen. Das war 1789 (Cohen, 1940). Delano verkündete 1972 stolz: «The reservation system withdraws the great body of the Indians from the direct path of our industrial progress, and allows the work of

settlement and the extension of our railways to go forward.» (Delano, 1872, S. 4). An dieser phallischen Erobererhaltung, nach dem Motto «Alles muss auf die Seite geräumt werden, was dem zielgerichteten Fortschreiten mann-männlicher Fantasien im Weg steht», hat sich auch heute kaum etwas geändert. Das gilt in bezug auf die Stämme von Australien bis in den tiefsten brasilianischen Urwald. Hinweise auf die Trostlosigkeit der indigenen Reaktion und der indianischen Prosteste lassen sich gut in den *Akwesasne Notes,* einer pan-indianischen Zeitung, verfolgen. Vgl. auch Deloria (1970, 1973, 1974). Wenn C. G. Jung sagt, dass «die jungfräuliche Erde» es überall an sich hat, «dass wenigstens das Unbewusste des Eroberers zur Stufe des autochtonen Bewohners heruntersinkt» (Jung, 1976, 10, S. 64) und dass es ihn überrascht hat zu sehen, wie «schon in der zweiten Generation» der europäischen Siedler in Amerika sich «ihre Schädel- und Beckenmasse» indianisierten (Jung, 1976, 10, S. 25), dann täuscht das nicht darüber hinweg, dass solcherlei magische Neuformung nicht unbedingt Verständnis für die eroberten Fremden und deren Lebensweise spriesen lässt.

40 Mooney (1896, S. 271).

41 «A sweatbath was always undergone by warriors preparing for war... and perhps generally, before any serious or hazardous undertaking... Sometimes the friends and relatives of the sick person . . . assembled in the sweathouse, sang and prayed for the patient's recovery.» (Handbook, 1907/10, II, S. 661b).

42 Religiöse Bewegungen, die einen neuen Zusammenhalt zwischen den leidgeprüften Indianern in ihren Stämmen garantieren sollten, entstanden zwischen 1870 und 1885 in Nordamerika. Dazu gehören der Grass Dance, der wahrscheinlich in den nördlichen Ebenen entwickelt wurde (Wissler, 1912–16; Flannery, 1947; Welsh, 1893, S. 43), das Hand Game (Culin, 1902/3; Parsons, 1929, S. 121), die Peyote Religion, die aus den alten Peyote-Kulten des Südwestens entstand (Slotkin, 1955) und der Ghost Dance (Mooney, 1892/3; Herzog, 1935; Jones, 1901; Smith, 1890/1). Der Ghost Dance, der von dem Paviotso Wovoka (Jack Wilson) 1889 ins Leben gerufen wurde, ist die bekannteste dieser religiösen Bewegungen, weil er während der Sioux-Unruhen von 1890 – 91 einen grossen Bekanntheitsgrad erreichte. Vor allem die weniger akkulturierten Indianer dürften sich dem Ghost Dance angeschlossen haben (Fletscher, 1892, S. 59), der eine militante Ideologie zur Grundlage hatte: die Welt muss erneuert werden durch eine Zertörung der weissen Gesellschaft und Kultur. Aber die Revolution in der Welt, die erwartet wurde, trat nicht ein. Im Gegenteil, die Ghost Dance Befürworter kamen in grosse Schwierigkeiten, als die Bewegung nach den Schwierigkeiten mit den Sioux anfang der 90er Jahre von der weissen Regierung verboten wurde. Die Sioux–Unruhen wurden bekannterweise brutal niedergeschlagen und die Indianer mussten sich den neu unterstrichenen Herrschaftsverhältnissen beugen (vgl. Slotkin, 1956a, S. 20). Deshalb dürfte die Peyote Religion, die ebenso nativistisch und nationalistisch war, nicht aber militant, in einer Phase der passiven Opposition zahlreiche Anhänger gefunden haben.

43 Die Körperbemalung wird vielen Indianern nach schamanischer Art im Traum mitgeteilt. Die Tonkawa bemalten auch die Spitze des Peyote Buttons, der Vater Peyote repräsentierte, rot (La Barre, 1975, S. 45).

44 Dieser hat bei den Kiowa die Form eines Halbmondes, bei den Comanchen die Form eines Hufeisens. Befanden sich die Comanchen auf dem Kriegspfad, dann benutzten sie einen Schild als Unterlage für Vater Peyote. Vgl. La Barre (1975, S. 46). Der Mond stellt natürlich die klassische kosmische Entsprechung für die zyklische Veränderung der Natur dar. Indianisches Weltgefühl heisst im Einklang mit diesem Lauf der Natur stehen. Peyote, auf dem «Gipfel» des Mondes, ist der Hinweis darauf, dass es in der Lage ist, die durch die Weissen bedrohte indianische Lebensform, wiederzugewinnen. Ist dieser Hinweis heute auch für die Zivilisierten von Wert?

45 La Barre (1975, S. 45); Schultes (1963, S. 155).

46 Mooney (1896, S. 11).

47 Manche Comanchen verzieren die gesamte Westseite des Altars mit Salbei (La Barre, 1975, S. 46). Interessanterweise entdeckte Wasson im September 1962 eine Pflanze in den mazatekischen Bergen, die sich als jenes sakrale Kraut des vorkolumbianischen Mexikos entpuppte, das *pipiltzintzintli* – ein Nahuatl-Zungenbrecher – genannt wurde (Wasson, 1964, S. 282). Die Mazateken nennen die Pflanze, die von Juan de Cárdenas 1591 als *poyomate* bezeichnet wurde, *hojas de la Pastora* oder *Ska Maria Pastora,* was soviel wie «Blätter der Hirtin» heisst (Wasson, 1964, S. 282ff; Hofmann, 1979, S. 151ff). Die botanische Bestimmung ergab, dass es sich um eine bislang noch nicht beschriebene Art der Gattung *Salvia* handelte, die *Salvia divinorum* genannt wurde (Hofmann, 1979, S. 156f). Die Blätter der *Ska Maria Pastora* werden in Mexiko zu rituellen Anlässen wie die heiligen Pilze (siehe unten) verwendet. Sie werden sogar ebenso paarweise an die Zeremonien-Teilnehmer verteilt, auf einem Mahlstein zerdrückt und dann durch ein feines Sieb in einen Becher ausgepresst. Der Siebinhalt wird mit Wasser hinuntergespült. Die Wirkung ist nicht so nachhaltig, wie mit den heiligen Pilzen oder dem Peyote, aber eindeutig das Alltagsbewusstsein verändernd. Was die chemische Natur der Wirkstoffe von *Salvia divinorum* anbelangt, harrt diese immer noch der Aufklärung. Auch in der alten Welt galt der Salbei immer als besonders magische Pflanze und wird von Johann Hill 1778 als «Das heilige Kraut» beschrieben (Hill, 1778). Salbei soll das Gedächtnis verbessern, den Krampf lösen, gegen Taubheit und Blindheit besonders wirksam sein und nicht zuletzt soll diese Wunderpflanze (wer weiss, welche Art das wohl gewesen sein mag) das Leben entscheidend verlängern. Es gibt einen alten Spruch, der Salbei mit Ambrosia und Soma, den göttlichen Unsterblichkeitspflanzen, die wahrscheinlich Psychedelika waren und unter schamanischer Verwendung standen (siehe unten), in Verbindung bringt: «Cur moriatur homo, cui salvia crescit in horto?» *Salvia divinorum* kann dazu beitragen, schamanische Unsterblichkeit zu erlangen.

48 *Hayätinayo* heisst die erste von vier Gruppen von Gesängen, die zu bestimmten Abschnitten während des Rituals gesungen werden. Die anderen heissen *yáhiyano* (Mitternachts-Wasser-Gesang), *wakahó* (Tageslicht-Gesang für das Morgen-Wasser) und *gayatina* (Schlussgesang). Das sind alles Mescalero Gesänge, die mit dem charakteristischen unrhythmischen Rasselschlagen enden (La Barre, 1975, S. 49).

49 Diese *tipis* sind allerdings von Weissen errichtet worden, nämlich den Mitgliedern der Ojai Foundation, einer Gruppe von Leuten um die An-

thropologin Joan Halifax, die es sich zur Aufgabe gemacht hat, den Herausforderungen der Gegenwart mit alten indianischen und schamanischen Mitteln zu begegnen. Ein Weg aus der Krise? Zumindest ein grosser Optimismus in der naiven Übernahme von indigenem Kulturgut. Schön, kann man sagen, schliesslich haben auch die nordamerikanischen Stämme die Peyote-Rituale erst sehr spät in ihre Kultur integriert und von anderen ethnischen Gruppen abgeschaut. Richtig.

50 Die Bedeutung des Schamanen in seiner Gemeinschaft ist nicht einfach da oder unumstritten. Deshalb muss es den Meistern des Wilden sehr willkommen gewesen sein, als sie die Entdeckung von psychoaktiven Pflanzen machten. Im sozialen Umgang mit den Stammesbrüdern und in seiner Funktion als politischer «Harmonisierer», konnte der Schamane damit die Wirklichkeit und die personale Bedeutungsschwere der nicht alltäglichen Weltsicht jedem erlebbar machen. Warum psychedelische Pflanzen und Chemikalien in der westlichen Welt nicht denselben Effekt, zumindest nicht in dem Umfang wie in schamanischen Kulturen, hervorrufen, hängt mit dem Umstand zusammen, dass der Schamane in seinem ethnischen Bereich mit einer Lebensform und einer Bewusstseinsart zu tun hat, die für die Erfahrungen mit den mächtigen Pflanzen das allerbeste «Ausgangspotential» liefern. Es handelt sich um das, was Werner Müller mit grosser Einfühlungskraft als «indianische Weltererfahrung» beschrieben hat (Müller, 1981). Eliade (1972, S. 401), der wissenschaftliche Säuberungsaktionen auch im mythologisch-schamanischen Rahmen nicht unbedingt missen will, meint, dass «Narkotika nur ein vulgärer Ersatz für die ‹reine› Trance» seien und auf eine «Dekadenz der schamanischen Technik» verweisen würden. Psychotrope Substanzen sollen den schamanischen Zustand lediglich «imitieren», weil er auf andere Weise nicht mehr hergestellt werden kann. Allerdings scheint der Gebrauch von mächtigen Kräutern, wie archäologische Funde zeigen und wir bereits gesehen haben, an manchen Ecken der Erde schon seit frühester Zeit mit der Entwicklung des Schamanismus einhergegangen zu sein. Zum anderen ist eine spätere Entwicklung, die dazu beitragen kann eine Lebensform und Existenzhaltung einsichtiger zu machen und zu verbreiten, nur in den Augen jener als Dekadenz zu werten, die dem «Echten» als Prestige des Älteren und damit «Originäreren» nachlaufen. Solche Sichtweise qualifiziert Kreativität, Transformation, Neuschöpfung und Neubeginn implizit ab und stellt die eigentliche Triebfeder der «Zurück-zu-Bewegungen» dar.

51 Karjalainen (1921–27, II, S. 260, III, S. 315ff).

52 Karjalainen (1921–27, II, S. 278, III, S. 306). Der Lappen-Schamane bekommt von seinem Meister ebenfalls einen Pilz mit sieben Flecken zum Verzehr (Itkonen, 1946, S. 149, 159).

53 Der Untertitel von Puharichs *The Sacred Mushroom* lautet *Key to the door of Eternity* (1959). Puharich vertritt noch die These, dass neben Muskarin und Atropin das Bufotenin, Hautsekret von Kröten (wie *Bufo-bufotenesis),* Bestandteile dieses Schlüssels zur Ewigkeit seien (Puharisch, 1959, S. 113ff). Diese Auffassung wird vor allem von Wieland und Motzel (1953) gestützt, während neuere Arbeiten Anlass zur Vermutung geben, dass weder Muskarin noch Bufotenin für die aussergewöhnlichen Eigenschaften des Fliegenpilzes zuständig sind (Furst, 1976, S. 93; vgl. dazu auch Alger,

1974). Eugster (1967) und Waser (1967, 1971) haben gezeigt, dass Ibotensäure und Muskimol die eigentlichen psychoaktiven Bestandteile des Pilzes darstellen. Bufotenin und das damit verbundene Alkaloid 5-Methoxy-N, N-Dimethyltryptamin wurde vor nicht allzu langer Zeit in den Hautsekreten der nordamerikanischen Wüstenkröte, *Bufo alvarius,* festgestellt (Erspamer *et al.,* 1967; Daly und Witkop, 1971). Tatsächlich berichtete schon im 17. Jahrhundert der englische Dominikaner Thomas Gage, dass die Pokoman Maya in Guatemala ihrem fermentierten Ritualgetränk sowohl Tabak als auch giftige Kröten beimischen, um es besonders mächtig zu machen (Gage, 1693, S. 307f; Thompson, 1970). Die Herstellung von *Bufo marinus* Gift spielt unter wenigen der zahlreichen *curanderos* von Veracruz immer noch eine wichtige Rolle und guatemaltekische Indianer verwenden Krötenschleim auch heute noch als Salbe (Hellmuth, 1974). Der weise Lehrer und Herbalist Gama Sennin lebte in den chinesischen Bergen in Gemeinschaft mit einer riesigen Kröte. Das Tier lehrte ihn die Kunst der Heilung und der Magie. Es zeigte ihm auch, wie er Pillen herzustellen habe, mit deren Hilfe er sich jederzeit in eine Kröte verwandeln kann (Volker, 1950, S. 168f). Vielleicht wurde tatsächlich im alten China Bufotenin von der Krötenhaut gewonnen (Barnard, 1966, S. 24). Einen besonders wilden rituellen Gebrauch erfährt ein starkes Froschgift bei den peruvianischen Amahuaca: die Indianer bringen sich Brandwunden auf den Armen und der Brust bei. Dann streifen sie den Schleim vom Rücken der Frösche ab und streichen ihn auf die Wunden. Binnen kurzer Zeit wird der Amahuaca von wilden Konvulsionen heimgesucht, er erbricht, verliert sein Bewusstsein. In diesem Zustand trinkt er ausgiebig *ayahuasca* (Sud von der Liane *Banisteriopsis caapi),* was ihm hilft, den Geistern der Wälder zu begegnen (Carneiro, 1970). Ob das Froschgift, das vielleicht von den äusserst giftigen Spezies *Phyllobates bicolor* und *Dendrobates tinctorius* stammt (Daly und Witkop, 1971; Daly und Myers, 1967), oder aber *Banisteriopsis* für die Begegnung mit den Wald-Wesen verantwortlich ist, lässt sich nicht entscheiden. Tatsache ist allerdings, dass der Gebrauch von Frosch- und Krötengift eine brutale Auflösung der Ordnung des Lebendigen mit sich führt; völliges Zerreissen des psychisch und physisch Gewohnten. Immerhin wird das Gift der genannten Frösche (*kokoi* in Kolumbien) von den Choco Indianern als Pfeilgift verwendet. Die Wirkung lässt sich deshalb keineswegs mit der von mächtigen Pilzen und Pflanzen gleichsetzen.

54 Von Strahlenberg (1736).

55 *Wapaq* heisst der Fliegenpilz bei den Korjaken. Ähnliche Wirkung wird auch dem Pantherpilz (*Amanita pantherina*) zugeschrieben. Fliegenpilz und Pantherpilz sind entgegen der weitverbreiteten Meinung eher nicht tödlich *giftig,* sondern zu einer «tödlichen Transformation» geeignet. Man sollte sich allerdings davor in acht nehmen nicht *Amanita phalloides, verna* und *virosa* zu pflücken, deren Genuss aufgrund eines Haemolysins wahrscheinlich nur ein One-Way-Ticket verschafft.

56 Der Hanfrausch war in der iranischen Region weit verbreitet. So wurde in einer Anzahl von ugrischen Sprachen das iranische Wort für Hanf, *bangha,* dazu verwendet, um einen Rauschzustand zu bezeichnen wie auch zur Designation von *Amanita muscaria* (Munkácsi, 1907). Im Proto-Uralischen, das bis etwa 6000 v. Chr. gesprochen wurde, hiess der Fliegenpilz

panx (Wasson, 1968, S. 78ff). Die Vogulen nennen ihn *pânkh*, die Mordvinier *panga* und *pango*. Bei den nördlichen Vogulen steht *pânkh* und bei den Giljaken *pangkh* ebenfalls für Rausch und für Fliegenpilz. (Munkácsi, 1907, S. 344). Neben den Korjaken verwenden die Tschuktschen, Jukagiren, Jakuten, Ostjaken, Samojeden und die Stämme der Kamtschadalen den Fliegenpilz.

57 Nicht alle sibirischen Stämme scheinen diese Erfahrung gemacht zu haben oder nach ihr zu handeln. Aber schon von Strahlenberg berichtet davon. Langsdorf (zitiert bei Wasson, 1968) berichtet 1809 von diesem für zivilisierte Vorstellungen geschmacklosen Brauch ausführlich: «The Koryaks have known since time immemorial that the urine of a person who has consumed fly-agaric has a stronger narcotic and intoxicating power than the fly-agaric itself and that this effect persists for a long time after consumption. For example, a man may become moderately drunk on fly-agarics today and by tomorrow may have completely slept off this moderate intoxication and be completely sober; but if he now drinks a cup of his own urine, he will become far more intoxicated than he was from the mushrooms the day before.» (Langsdorf, 1809, zit. in Wasson, 1968, S. 249). Korjaken und andere Sibirier scheuten sich nicht davor, auch die Pisse von Rentieren zu trinken, die sich bevorzugt über Fliegenpilze hermachen, um den veränderten Bewusstseinszustand aufrecht zu erhalten. Muskimol, so fanden Eugster (1967) und Waser (1967, 1971), sekretiert durch die Nieren ohne grundsätzlich seine Form zu ändern, was für die Möglichkeit der Urinintoxikation spricht. Viele Korjaken Schamanen assen den Fliegenpilz vor ihren Séancen (Jochelson, 1905–08, S. 583). Sein Gebrauch beschränkte sich allerdings nicht auf Schamanen, auch nicht auf Reiche, wie Langsdorf vermutete, denn in manchen Gegenden Sibiriens konnte *Amanita muscaria* in Überfülle gefunden werden (vgl. Furst, 1976, S. 94; Harner, 1973, S. xii ff).

58 Skandinavische Felsbilder der jüngeren Stein- und Bronzezeit sollen Abbildungen von Pilzen zeigen (Kaplan, 1975, S. 76f), die Duerr (1978, S. 269) eher an Tannen erinnern. Die ältesten der berühmten mesoamerikanischen Pilzsteine – kleine Skulpturen von Pilzen, die aus antropomorphen oder zoomorphen Figuren zu wachsen scheinen – sollen aus dem zweiten Jahrtausend vor Christus stammen, aus der alten präklassischen Periode der Maya (Borhegyi, 1959, zit. in Heim und Wasson, 1958, S. 115). Wasson (Wasson und Wasson, 1957, S. 274ff) hatte als erster mit seiner Frau die These vertreten, dass es sich bei den Pilzsteinen (viele stammen aus der frühklassischen und klassischen Periode der Maya) um die Darstellung der mexikanischen heiligen Pilze handelt. Bisweilen kann man eine kniende, nach vorn gebeugte Figur unter dem Pilz erkennen, was an die Haltung der *doncella*, dem Mädchen, erinnert, die auf der *metate* die Pilze zerdrückt (vgl. die Fotos bei Wasson, 1964, S. 195, 197). Hat die kauernde Gestalt zoomorphe Züge, dann kann man darin nicht selten einen Frosch oder eine Kröte erkennen (manchmal auch einen Jaguar). Die meisten dieser Steine stammen von der Zeit von 1000 bis 100 v. Chr. Aus dem Maul einer Kröte mit enormen Giftdrüsen («unmistakably meant to be *Bufo marinus*«, Furst, 1976, S. 163) spriesst ein solcher Pilz. Damit kennt das alte Amerika dieselbe Verbindung zwischen dem mächtigen Pilz und den Kröten, die sich im alten Europa in der ursprünglichen

englischen Bezeichnung «toadstool» für Fliegenpilz (im ländlichen Frankreich «crapaudin», das «Ding der Kröte») verdichtet und auf eine ebensolche uralte Verbindung verweist (Wasson, 1968). Vielleicht stellen einige der guatemaltekischen Pilzsteine *Amanita muscaria* dar und nicht die gebräuchlichen heiligen Pilze vom Typ *Psilocybe* und *Stropharia* (was auch Furst, 1976, S. 81f, annimmt). Das Bindeglied zwischen Kröte und Pilz wäre dann das in beiden enthaltende Bufotenin. Ich nehme an, dass in früherer Zeit auch *Amanita muscaria,* die im Hochland von Guatemala und überall in Nordamerika wächst, neben dem *teonanactl* (siehe unten) als heiliger Pilz verehrt wurde und zu kultischen Zwecken Verwendung fand. Noch heute assoziieren die Quiche-Maya in Guatemala den Fliegenpilz mit Illumination, denn sie nennen ihn *cakuljá ikox,* wobei *ikox* «Pilz» bedeutet und *cakuljá* «Blitz». Der Fliegenpilz steht somit in engem Zusammenhang mit dem Herrn des Lichts der Quiche, *Rajaw cakuljá* (Lowy, 1974, S. 188ff), so wie der Ostjaken-Schamane, der *Amanita* ass, *sänke,* der Gottheit des Lichts, begegnete. Der Dogrib Schamane Adamie gab seinem westlichen Schüler in den 60er Jahren unseres Jahrhunderts Fliegenpilze zu essen, damit er das Reich der Schamanen kennenlerne (Larsen, 1976, S. 188ff; Halifax, 1979, S. 148ff).

59 Ödmann (1784, S. 244ff) vertrat die Ansicht, dass die Berserker für ihren *berserksgangr* Fliegenpilz verwendet hätten. Von vielen Autoren wird dies bestritten. Im Wolfskleid und im Bärenhemd zogen die wilden Horden der Berserker wütend und mit übermenschlichen Kräften ausgestattet durch die Lande. In der *Halfsaga* werden die Aufnahmeriten der Berserker aufgezählt und es wird berichtet, dass dieselben immer in Gruppen von zwei, fünf oder zwölf Männern auftraten (vgl. Fabing, 1956/7). Im 12. Jahrhundert verschwanden die Berserker plötzlich, nachdem sie drei Jahrhunderte hindurch dem Norden Unsicherheit und einen wilden Ruhm eingebracht hatten. In Ketils isländischem christlichen Gesetz von 1123 heisst es, dass jemand, der als Berserker geht, mit drei Jahren Verbannung bestraft würde.

60 Dobkin de Rios (1976, S. 22ff); Reay (1960); Czaplicka (1914, S. 321).

61 Bogoras (1926) berichtet von einem sibirischen Schamanen im Fliegenpilz-Rausch, dass er zunächst froh und in bester Stimmung ist, dann befehlende Stimmen und die Geister des Pilzes hört und sieht und ihm überhaupt alles grösser erscheint. Später aber kann er seine Körperbewegungen nicht mehr kontrollieren, stolpert umher und zerstört alles, was ihm in die Hand fällt. In diesem Zustand soll er das grosse Flugerlebnis haben, andere Welten und Völker besuchen. Schliesslich tritt eine Phase des Kollapses ein, er ist erschöpft, sinkt in einen Schlaf, aus dem er nicht mehr erweckt werden kann. Dieser Bericht erinnert an die Ermattung der Berserker und Werwölfe nach ihrer unbändigen Wildheit, die damit in Verbindung gebracht wurde, dass Atropin zunächst das Zentralnervensystem anregt, daraufhin das Muskarin (als Antidotum zum Atropin, vgl. Schmiedeberg und Koppe, 1869, S. 2, 38f) die Atropin-Wirkung dämpft und die Ermattung hervorruft. Diese Auslegung hat zwar etwas für sich, dürfte aber, im Hinblick auf neuere Studien (siehe Anm. 53), einer Revision bedürfen (siehe auch Anm. 62).

62 Die Wirkung des Fliegenpilzes scheint tatsächlich sehr unterschiedlich zu sein. Das mag von der Art der Einnahme, auch von den Pflanzen der Um-

gebung und dem Boden, auf dem der Pilz wächst, aber ebenso von der Person des Pilzessers selbst abhängig sein. Das Wut/Kollaps-Sterotyp kann keineswegs als durchgehendes Muster der Fliegenpilz-Erfahrung verbucht werden. Vgl. Müller-Bergström, (1934); La Barre (1970, S. 372); dagegen Duerr (1978, S. 269). Ich habe mit zwei eifrigen Fliegenpilz-Essern gesprochen, die beide weder das Berserker-Rasen, noch den physischen Zusammenbruch erlebten, sondern eher eine emotionale Ermattung erlitten, da sie der Pilz in ungeahnte Bereiche ihres Innersten und in fremde Gefilde der äusseren Welt geführt habe. Allerdings geschah diese Entführung mit solcher Vehemenz und Nachhaltigkeit, dass es einer langen Erholung bedurfte. Ich nehme an, dass die meisten mächtigen Pflanzen keine besondere Spezialität in ihrer Art des Augen- und Herzöffnens haben, sondern sich diese durch einen historischen und kulturellen Kontext ergibt und in entscheidender Weise von den biologischen Umständen der Pflanze und der Psychologie der Person beeinflusst wird.

63 Allegro (1971, S. 105f); Davis (1914, S. 134ff).

64 Vgl. Ranke-Graves (1958, 1960, I, S. 7ff).

65 Allegro (1971, S. 106).

66 Estrada (1980, S. 33). Die *niños santos* der Mazateken sind allerdings keine Fliegenpilze, sondern Pilze der Gattungen *Psilocybe* und *Stropharia* (siehe unten).

67 In der *Kalevala,* der grossen finnischen Nationalsage, suchen die Heroen unentwegt nach dem mysteriösen *sampo.* Wie der Gral und Ambrosia ist *sampo* der Urquell der Macht und des Lebens. Lyle Campbell (vgl. Furst, 1976, S. 163) hat festgestellt, dass in einigen balto-finnischen Dialekten *sampo* «Pilz» und – man glaubt es kaum – auch «Kröte» bedeutet. Alle finno-ugrischen Wörter für Ekstase gehen auf ein Nomen zurück, das für Fliegenpilz steht (Balázs, 1963, S. 62, vgl. Anm. 56), was den schamanischen Gebrauch des Pilzes bei diesem Volk sehr wahrscheinlich macht (vgl. auch Duerr, 1978, S. 270).

68 Wasson (1968). Die Rosse der Götter konnten fliegen, nachdem sie von Ambrosia gegessen hatten. *Amrita* (Sanskrit) ist *soma* und wird häufig mit Ambrosia gleichgesetzt. Vgl. Wasson (1967); Ranke-Graves (1958).

69 Wasson (1963, S. 299); Heim und Wasson (1958, S. 25f).

70 Dion Cassius, *Griechische Geschichte,* Buch LXI, Kap. 35, § 4

71 Nach Della Porta (1592, X, S. 764). Die Latinisierung gibt Wasson an (Heim und Wasson, 1958, S. 27).

72 Für Wasson, der die Suche nach *soma* 1963 begann, war von Anfang an klar, dass *soma* eine psychedelische Pflanze sein musste, und dass dieser Name schon im ersten Jahrtausend v. Chr. einer Reihe von Ersatzpflanzen zugeschrieben wurde, die alle nicht dieselben Effekte zeigten, wie das ursprüngliche *soma* (Wasson, 1968, S. 7ff).

73 Arische Männerbünde sollen ebenso wild gewesen sein, wie die späteren nordischen Berserker (Widengren, 1965, S. 25f; Güntert, 1912) und wie diese pflegten sie, häufig in der Nacht, sich in Wölfe zu verwandeln, indem sie vielleicht mächtige Pflanzen zu sich nahmen. Der These Wassons zufolge muss es sich in beiden Fällen um *Amanita muscaria* gehandelt haben. Da vielerorts die mächtigen Pflanzen in ihrer ursprünglichen Veränderungsfähigkeit verschwunden sind und die Zivilisierten auf neue Weise besuchen, wurde die arische Wildheit und die der Berserker in den Alp-

traum verwiesen (Jones, 1912, S. 53ff). Auch Max gerät in seinem Wolfspelz nächtlings in das Land «Wo die wilden Kerle wohnen» (Sendak, 1967). Die rätselhaften Speisen und Gegenstände, durch die Unsterblichkeit erlangt wird, stehen, wie die «Pilze der Ewigkeit» in engem Zusammenhang mit dem Licht, den Gottheiten des Lichts und der eigenen Er-Leuchtung. Die Verbindung zwischen dem Wolf und dem Licht habe ich oben besprochen. Bürüh-Chan, Herrscher über 600 Wölfe verändert immer wieder seine Gestalt: bald ist er Mensch, bald ein goldglänzender Wolf. So erzählt eine Tartaren-Legende (Castrén, 1852-62, IV, S. 233).

74 Der Umstand, dass der Fliegenpilz getrocknet importiert werden musste, erwies sich keineswegs als Nachteil. Wasson (1972b, S. 12): «Im frischen Fliegenpilz befindet sich Ibotensäure in sehr unterschiedlichen Konzentrationen, von etwa 0,03 % bis zu 0,1 %. Wenn der Fliegenpilz trocknet, dann desintegriert die Ibotensäure und verschwindet. So haben wir es hier mit der einzigartigen Situation zu tun, in der ein psychotomimetischer Stoff sich selbst durch einfaches Trocknen in eine andere aktive Substanz verwandelt, die potenter und sehr viel stabiler ist.» Auch die sibirischen Stämme assen den Fliegenpilz bevorzugt in getrocknetem Zustand. Drei getrocknete Fliegenpilze nahm der Vogule zu sich und er verwandelte sich in einen Bären (Munkácsi, 1907, S. 344), der bei den tungusischen Lamuten am Ochotskischen Meer seine nahe Verwandtschaft zum Menschen dadurch demonstriert, dass er zu einem Ahn werden kann (Findeisen, 1956d, S. 20). Bei den Giljaken ist die jenseitige Lebensform des Bären ein Mensch, so wie in indigenen Gemeinschaften die Menschen Tiere als Entsprechungen ihrer selbst in der Wildnis kennen (Findeisen, 1956d, S. 24f). Wasson (1968, S. 80ff) versucht nachzuweisen, dass auch der *Ling Chih*, Pilz der Unsterblichkeit und der Magie, der in der chinesischen Kunst seit Urzeiten immer wieder auftaucht, auf den eurasischen *soma*–Kult zurückzuführen ist. Die künstlerischen Darstellungen scheinen allerdings eher den ungeniessbaren *Ganoderma lucidum* als Vorbild verwendet zu haben.

75 Furst (1967, S. 90ff).

76 Ingalls (1971). Natürlich hat Wassons These *soma* = *Amanita muscaria* einige Kontroversen unter Fachleuten hervorgerufen. Vor allem Brough (1971), der bekannte Sanskrit-Forscher, hat sich gegen diese Interpration gewandt. Wasson (1972c) konterte in eleganter Weise.

77 Das Wort Mystik entstammt einer Wurzel, die das Schliessen von Augen und Ohren bedeutet. Nach Wasson (1963, S. 36) ist der ursprüngliche griechische Ausdruck für Pilz, *sphóngos* oder *sphóngê*, durch das Wort *múkês* ersetzt worden, das auf dieselbe Wurzel wie «Mysterium» zurückgeht. Durch ein religiöses Tabu soll das neue Wort eingeführt und das profane verdrängt worden sein. Übrigens hat Pedersen (zit. bei Wasson, 1964, S. 36f) nachgewiesen, dass alle Grundworte für Pilze in Europa ursprünglich gleich waren (althochdeutsch *swamb*, slavisch *gomba*, lateinisch *fungus*, griechisch *sphóngos*, armenisch *sung*).

78 Munn (1973, S. 90). Meist wird die Entstehung der Pilze dem Blut Christi zugeschrieben. Munn sieht darin aber die Transformation einer ursprünglichen Quetzalcoatl-Legende. Einer griechischen Sage zufolge entstand der zauberische Sturmhut dort, wo dem dreiköpfigen Zerberus der Speichel aus dem Maul tropfte, als ihn Herkules aus der Unterwelt zerrte (vgl. Hansen, 1980, S. 79).

79 Wasson (1963, S. 34).

80 Der Text von Thévenet, der sich in der Bibliothque Nationale in Paris befindet, ist eine Übersetzung einer verlorengegangenen Abhandlung des spanischen Ecclesiastikers Andrés de Olmos, *Antigüedades Méxicanas,* die um 1543 geschrieben wurde. Thévets Übersetzung muss vor 1574 entstanden sein (vgl. De Jonghe, 1905).

81 De Jonghe (1905, Kap. 4, S. 18). Vgl. auch Alvarado Tezozómoc (1598, Folio 125r); Durán (1867); Sahagún (1938, 2. S. 367) schreibt über seine Beobachtungen im 16. Jahrhundert in Mexiko: «La primera cosa, que se comja en el combite: eran unos hungujllos negros que ellos llaman nanacatl, emborrachan: y hazen ver visiones ... y algunos cantauan, y algunos llorauan: porque ya estauan borrachos, con los hungujllos ... Desque auja passado la borrachera de los hungujllos hablauan los unos, con los otros, cerca de las visiones que avian visto.» Die Huichol, allerdings, besprechen ihre Visionen nicht mit den anderen, denn sie offenbaren ihnen etwas, das sich nicht mitteilen lässt.

82 Heim und Wasson (1958, S. 19).

83 Motolinía (1858, I. S. 23). Seine Aufzeichnungen stammen aus der Mitte des 16. Jahrhunderts: «... de la dicha manera con aquel amargo manjar su cruel Dios los comulgaba.»

84 Im *Magliabecchiano Codex* in der Biblioteca Nazionale, Florenz.

85 Diese Fresken werden auf etwa 500 n. Chr. datiert, also der Teotihuacan III Periode zugeschrieben. Siehe die Abbildung bei Heim und Wasson (1958, S. 106).

86 Häufig wird berichtet, dass man während des Pilzrausches feuchte Augen bekommt. Das mag aber in der Tat vom emotionalen Zustand des Erlebenden abhängen.

87 Siehe oben *Reise nach Drüben.*

88 Henry (1903, S. 103); vgl. auch Vannicelli (1944).

89 *Chotá-a tchi-née* wird in Mexiko als «la que sabe», eine «die weiss» übersetzt (Estrada, 1980, S. 32) und stellt die gebräuchlichste Bezeichnung für Heiler und Pilzzauberer dar. Herbalisten und Medizinkenner werden bei den Mazateken *chotáa-xi-bendáa* genannt, Hexer, die in schlechtem Ruf stehen und sich bevorzugt nächtlich in ihr *Tonal* verwandeln, heissen *tjiée.* Wie mir berichtet wurde, bedienen sich auch die Hexer der magischen Pilze, um die Tiertransformation zu erleichtern.

90 Vgl. Heim und Wasson (1957, S. 91). Auch in der Mixeria um San Juan Mazatlán wird der Pilzkult immer noch im geheimen gepflegt. Als Anfang der 50er Jahre die ersten Forscher in das Gebiet vordrangen, um Pilzkultsitzungen zu beobachten, lebten die Mixe wild in tropischer Vegetation über 1500 Meter hoch in einem Land, in dem es keine Strassen gab (Beals, 1945).

91 Ein besonders klarsichtiger mexikanischer Psychiater, Salvador Roquet, der LSD-Therapien in seinem Heimatland einführte, ist ein guter Bekannter von Maria Sabina. Er hatte erkannt, dass einer ganzen Reihe höchst kreativer Persönlichkeiten, die mit psychischen Blockaden in seine Sprechstunde kamen, am besten dadurch geholfen werden konnte, indem sie in der Wildnis von Geist und Körper, bei einer mazatekischen Pilzzeremonie eine persönliche Vision fanden und damit den Zugang zu ihrer ursprünglichen schöpferischen Kraft. Also schickte er häufig Klienten in

die Sierra Mazateca, anstatt sie auf seine Praxiscouch zu betten. Dieses einsichtsvolle Unternehmen hat allerdings einen Haken. Ich kann mir nicht vorstellen, dass die neue Rolle als schamanische Psychotherapeuten den indianischen *curanderas* und *curanderos* besonders behagt hat, beziehungsweise, dass sie diese überhaupt in ihre Weltsicht integrieren konnten (vgl. Houston Clark, 1977).

92 Stanley Krippner, Psychologe und Parapsychologe aus San Francisco, hatte sich mit Roquet und Michael Winkelman, einem Ethnologen und Parapsychologen, 1980, kurz bevor ich mit Susan Fassberg in die Sierra ging, nach Huautla aufgemacht, um eine Pilzzeremonie mit Maria Sabina zu filmen. Ihre Töchter hatten allerdings – nicht unverständlicherweise – kleine Dollarnoten in den Augen, was die Para-Equipe davon abbrachte die Heilwunder der nächtlichen Riten auf Video zu bannen.

93 Beltrán, (1958; 1967); León-Portilla, (1964). Vgl. die Diskussion bei Deimel (1980, S. 22ff).

94 Besonders Frau Carmen Portillo hat seit langem Interesse am Magischen und Paranormalen gezeigt, was für das gute Klima der parapsychologischen Forschungen gegenüber in Mexiko beigetragen haben mag (vgl. *FRNM News*, 1982).

95 Villa Rojas (1973, S. 5f). Barabas und Bartolomé (1973), die ein Projekt des *Instituto National Indigenista* als Ethnozid bezeichnen, werden von Beltrán wieder in die Schranken verwiesen. Sie seien ja doch nur «Apostel der Rückkehr zur Natur» und «typische, wild-glückliche Anthropologen» (Beltrán, 1975). Vgl. dazu wieder Deimel (1980, S. 24).

96 Dorantes (1974).

97 Vgl. Anm. 89. Die counter culture freaks auf Pilzsuche haben bald bemerkt, dass es für die Indianer weder sehr schön, für sie selbst meist nicht gerade umwerfend war, wenn sie die Gegend um Huautla abtrampelten, um an einem düsteren nächtlich-rituellen Pilzverzehr teilzunehmen. Verständlicherweise gibt es überzeugte Suchende, die von einer Begegnung in Huautla grosses Kapital schlagen können. Viele andere haben es bevorzugt, die Indianer nicht mehr zu überfallen und sind weiter in den Süden gefahren. Bei den verspielten Maya-Barock-Ruinen von Palenque kann man jetzt tagtäglich zwei Touristenströme beobachten: der eine wälzt sich auf der Strasse vom Ort zu der Ausgrabungsstätte lang und ist von chromglitzernden Kameras gekennzeichnet; der andere entsteht auf dem Campingplatz Mayabell, wenn allmorgentlich eine vereinte Psychedelik-Prozession in die umliegenden Felder stattfindet, um (vor allem *Stropharia cubensis)* Pilze zu sammeln. Kennzeichen der letzteren sind immer noch die ekstatisch-bunten Gewänder.

98 Benitez (1979, S. 62).

99 Lame Deer und Erdoes (1974, S. 64).

100 Lame Deer und Erdoes (1974); vgl. Halifax (1979, S. 709f).

101 Von einer solchen spricht Müller (1981, S. 53) in Zusammenhang mit Lame Deers Peyote-Erfahrungen.

102 Benitez (1979, S. 58).

103 Estrada (1980, S. 90, 125). Benitez (1979, S. 58) sagt von der geheimen Sprache Maria Sabinas: «Lo que ha creado Maria Sabina no es precisamente un lenguaje esotérico, sino más bien un lenguaje poético donde las incesantes reiteraciones del salmo y de la letania se encadenan a una seria

de metáforas frecuentemente oscuras, a licencias y juegos idiomáticos comunes en los grandes poetas y a menciones de yerbas y animales desconocidos, que multiplican las dificultades ya considerables de la lengua tonal mazateca.»

104 «Die Entwicklung der Wissenschaften lässt sich von Anfang an beschreiben als geschichtlicher Prozess der Verdrängung und Unterdrückung all dessen, was jenseits des rational Verstehbaren und Beweisbaren liegt.» (Hofmann, 1981, S. 87; vgl. auch S. 88ff). Über die geheimen Sprachen der Schamanen vgl. unter anderem Rasmussen (1930, S. 114, 122, 125ff); Thalbitzer (1908, 454ff; 1930, S. 75); Weyer (1932, S. 435f); Lehtisalo (1936/37, S. 12f, 22); Lagercrantz (1928); Schebesta (1940, S. 153); Oppitz (1981, S. 32); Estrada (1980, S. 32f); Lambert (1956, S. 120); Hallowell (1942, S. 44ff); Flannery (1940, S. 16); Hultkrantz (1967, S. 58f); Friedrich (1939, S. 168); Tauxier (1927, S. 273).

105 Hawkes (1916, S. 131); Jenness (1922, S. 208f); Rasmussen (1930, S. 35): «Inernerunashuaq came runnig up to me, uttering a jumble of incoherent sounds that no one could be expected to understand. . . When I, entering into the game, addressed him in Danish, he showed not the slightest confusion, but answered again in his own made-up gibberish, as if he understood every word I said.»

106 Oppitz (1981, S. 32). In Oppitz' Film *Schamanen im blinden Land* kann man eine solche Konversation zwischen Meister und Schüler bei einem Magar Schamanen-Ritual sehen und hören.

107 Rasmussen (1930, S. 39). Vgl. dagegen Bogoras (1956, S. 160): «. . . wir hatten aufgehört Tyljuwijas Stimme mit jenem uns bekannten Platze links im Polog in Verbindung zu bringen, wo die Schamanin sass; meistensteils schien sie von einem unabhängigen Mittelpunkt auszugehen . . . dann durchflog sie den Polog von rechts nach links und umgekehrt, kreiste über unseren Häuptern und stiess an die Wände.» Allerdings darf man Täuschungen durch Bauchrednerei und Sprechen mit verstellten Stimmen nicht unterschätzen, vor allem, wenn man die Vorstellung verfolgt, dass die Stimmen irgendwo direkt im Raum entstehen würden. Das hat ein Fall von Pseudo-Spuk in jüngster Zeit deutlich gemacht, der Anfang 1982 nicht nur die deutschen Gazetten und Illustrierten in Atem hielt. Die Unbekannte Stimme eines sich «Chopper» nennenden Wesens wurde von einer Reihe von Leuten aus allen Ecken und Enden einer bayrischen Zahnarztpraxis, einschliesslich der Kloschüssel gehört. In Wahrheit war die Geisterstimme menschlich und kam aus dem Munde der Zahnarzthelferin und anscheinend auch aus dem des Zahnarztes selbst (vgl. Gruber, 1982; Esotera-Magazin 4, 1982). Während einer Schamanen-Séance des shaking-tent Typus' (Lambert, 1956; Hultkrantz, 1967) sass der Meister in einem von drei kleinen Zelten; in den beiden anderen waren keine Personen. Stimmen kamen plötzlich aus den Zelten, ja bisweilen aus allen dreien gleichzeitig. Im übrigen sprachen diese Stimmen in der nur dem Schamanen verständlichen esoterischen Sprache.

108 Der Initiationsmeister der Mentaweier von Sumatra macht dies (Loeb, 1929, S. 71).

109 Schebesta (1940, S. 153ff); Evans (1923, S. 159, 161f).

110 *The Mushrooms of Language* heisst Munns einfühlsamer Artikel über den mazatekischen Gebrauch der heiligen Pilze (Munn, 1973).

111 Auch wenn sie ehrfürchtig ihre Gesänge rezitiert, ist es doch in den Augen und vor allem den Ohren der katholischen Kirche eine Ungeheuerlichkeit, wenn Maria Sabina singt, sie sei Jesus Christus, sie sei eine Heilige, sie sei ein Heiliger (!), ja sogar, dass sie «la mujer Jesús» sei (Benitez, 1979, S. 62f). In der seltsamen Initiation von Carl Levett wird er zuerst Wasser, dann Sonne, dann Luft und schliesslich die Erde (Levett, 1974; das Buch hat keine numerierten Seiten). Anmassungen?

112 Kensinger (1973, S. 9).

113 Ludlow (1981, S. 59). Ein Pflichtwerk von Stil und Inhalt. Sind die Übertreibungen nicht am schönsten, wenn sie einen in Ungewissheit lassen?

114 Ludlow (1981, S. 59). Auch über hundert Jahre, nachdem *The Hasheesh Eater* zum ersten Mal publiziert wurde, kann man sich beruhigt zurücklehnen: die Sprache, die Ludlow anspricht, ist immer noch nicht erfunden. Aber es gibt durchaus andere Wege, die Erfahrung Ludlows nachzuvollziehen.

115 Die indischen tantrischen Schulen benutzen die «Zwielicht-Sprache», in der jedes Wort drei oder vier verschiedene Bedeutungen haben kann (Eliade, 1958, S. 249ff).

116 Hofmann (1979, S. 138; 1964, S. 302ff); MacDougall (1960); Santesson (1937); Osmond (1955); Taber und Heacock (1962).

117 *Ololiuqui,* was so viel wie «runde Dinge» heisst (Wasson, 1964, S. 287) ist genaugenommen nur das Samenkorn von *Rivea* oder *Turbina corymbosa. Tlitliltzen* kommt von der Nahual-Wurzel für «schwarz» und ist das, was heute bei den Zapoteken *badoh negro* genannt wird (Samen von *Ipomoea violacea*). *Ololiuqui* heisst heute *badoh,* und meist werden *badoh* und *badoh negro* in der Literatur beide als *Ololiuqui* geführt. MacDougall (1960) unterscheidet beide Samenformen, nicht zuletzt auch deshalb, da die dunklen Samen der *Ipomoea* alles andere als «runde Dinge» sind (Siehe auch Hofmann, 1964, S. 306ff).

118 Kinross-Wright (1958). Sowohl die Samen von *Rivea corymbosa* wie auch die von *Ipomoea violacea* enthalten verschiedene Alkaloide, insbesondere d-Lysergsäureamid und d-Isolysergsäureamid (Hoffmann, 1964, S. 311f; Taber und Heacock, 1962). Das d-Lysergsäureamid ist in einer grösseren Konzentration in *Ipomoea*-Samen enthalten. Diese weisen auch einen grösseren Prozentualanteil an Alkaloiden an, was sich darin spiegelt, dass von *badoh negro* kleinere Quantitäten von den Indianern benutzt werden als von *badoh.* Taber *et al.* (1963) wiesen Alkaloide auch in einer Anzahl von kommerziell erhältlichen Pflanzen der Gattung *Ipomoea* und *Concolvulus* spp. nach. Es besteht kein Zweifel, dass Lysergsäureamide und das in den Pflanzen enthaltene Elymoclavin und das Lysergol psychotrope Wirkungen zeigen (vgl. Solms, 1956a, 1956b).

119 Wie es in der ersten Beschreibung von *Ololiuqui* durch den Arzt Francisco Hernandez, der von 1570 bis 1575 in Mexiko Studien betrieb, in seinem Monumentalwerk *Rerum medicarum Novae Hispaniae thesaurus seu plantarum, animalium, mineralium Mexicanorum historia* (1651) heisst.

120 Heim und Wasson (1958, S. 103).

121 Heim und Wasson (1958, S. 105).

122 Furst (1976, S. 70ff).

123 Hooper (1920); Strong (1929); Bean (1972). Die Sprache der Cahuilla gehört zum Shoshonen-Zweig des Uto-Aztekischen. Historisch sind diese

südkalifornischen Indianer mit den Shoshonen, den Hopi, aber auch mit den Huichol und Cora verwandt.

124 Strong (1929, S. 173ff).

125 Ruiz de Alarcón (1 26; Ausgabe 1892, I, 4, S. 123ff).

126 Siehe Anm. 118.

127 Das Siedlungsgebiet der Fang liegt in Gabun (Pope, 1969). Die Fang kennen mehrere psychoaktiv wirkende Pflanzen, von denen allerdings nur *eboka* (siehe unten) rituelle Bedeutung hat. Zu den anderen zählt *Alchornea floribunda,* die sie *alan* nennen. Um «über das Land der Ahnen zu fliegen» nehmen sie eine stattliche Menge der Pflanze zu sich. Den Milchsaft von *Elaeophorbia drupifera* mischen die Fang mit Öl und tropfen ihn in die Augen, um bizzare visuelle Dinge zu erleben (Fernandez, 1972, S 42f).

128 *Eboka* ist *Tabernanthe iboga*. Die aktiven Alkaloide befinden sich in der Wurzel die zerrieben und zerstossen wird. Das Pulver wird mit Wasser vermengt und dann getrunken. *Tabernanthe iboga* wirkt als Monoaminoxidase-Hemmer im Gehirn und fand in der «drogenunterstützten» Psychotherapie Anwendung (Naranjo, 1973, S. 174ff).

129 Fernandez (1972, S. 245f). *Eboka* spielt sowohl im Bwiti als auch im Mbieri Kult eine entscheidende Rolle. In beiden Kulten kommt den Frauen ganz besondere Bedeutung zu, im Mbieri Kult spielen sie sogar eine dominierende Rolle. Während ritueller Anlässe werden kleine Dosen von *eboka* eingenommen. Aber ein- oder zweimal in der Karriere eines Kultmitglieds wird eine sehr starke Dosis konsumiert, die bisweilen, wie die *Datura*- und Meskal-Bohnen-Initiationen in Amerika, tödlichen Ausgang hat. Aber diese starke Dosis ist nötig, um das «break open the head» hervorzurufen, das für die Initiation vonnöten ist (vgl. Fernandez, 1972, S. 243ff).

130 Ich erinnere mich in diesem Zusammenhang an einen Renaissanceholzschnitt, den ich einmal in einem Buch gesehen habe: Adam und Eva unter dem verbotenen Baum. Stamm und Zweige des Baumes bestanden aus einem mächtigen menschlichen Skelett, was zu der offensichtlichen Bedeutung führt, dass die endgültige und schreckliche Erkenntnis die Erfahrung des Todes ist.

131 «Liane der Seelen» ist die Übersetzung aus der Quechua-Sprache der prähispanischen Inkas von Peru, die *Banisteriopsis caapi* als *ayahuasca* bezeichnen (Furst, 1976, S. 44f; Weiss, 1973; Dobkin de Rios, 1973; 1981). *Yagé* (oder *yajé)* heisst die Liane im nordwestlichen Amazonasgebiet. Das Wort stammt aus der Sprache der Tukano und ist auch im Westen, nicht zuletzt durch Burroughs (1963), die gebräuchliche Bezeichnung für die Harmin und Harmalin enthaltende Pflanze geworden (Der Marderosian, *et al.*, 1970). Eine eindrucksvolle Zusammenschau von Mythologie, symbolischer Bedeutungen und sozialer Bezüge im Zusammenhang mit der rituellen Benutzung von *yajé* hat Reichel-Dolmatoff für die Tukano-Desana Kolumbiens geliefert (Reichelt-Dolmatoff, 1971; 1972; 1975).

132 Bei den Jivaro in Ecuador (Harner, 1972; Leginger, 1981) heisst ein Gebräu aus *Banisteriopsis* und anderen alkaloidhaltigen Pflanzen *natemä* (Poisson, 1965).

133 Seine Erlebnisse berichtete er in Briefen an das Institut für Grenzgebiete der Psychologie und Psychohygiene, Freiburg. Die Pflanze würde von den

Einheimischen *cipo* (portugiesisch für Liane) genannt. Das Resultat einer chemischen Untersuchung des Extrakts durch die *Sandoz* in Basel konnte eine Substanz nachweisen, die in Richtung der Clavine geht und der keine psychoaktiven Wirkungen nachgesagt werden. Es kann allerdings sein, dass sich in dem Mischpräparat wenig haltbare Substanzen befanden, die für nämliche Effekte in Frage kommen. Wie bereits erwähnt enthält *Banisteriopsis caapi* Harmin und Harmalin. Die Alkaloide der Liane wurden früher als Telepathin (*yajé*, so berichtete man, sei in der Lage, telepathische Fähigkeiten zu begünstigen), Yajein, Yajeinin und Banisterin bezeichnet (Schultes, 1963, S. 152f). Um die rituellen Getränke zu bereiten, mischen die Indianer in den verschiedenen Regionen verschiedene Arten von *Banisteriopsis* (etwa *B. caapi, B. quitensis, B. inebrians, B. rusbyana*; vgl. Friedberg, 1965, S. 28) und geben auch noch andere Pflanzen hinzu, wie etwa *toé* in der Amazonasregion, was sich als *Datura suaveolens* herausstellte (Dobkin de Rios, 1973, S. 69). Interessant in Zusammenhang mit dem untersuchten *cipo*-Saft mag sein, dass die Alkaloide von *Banisteriopsis* (einschliesslich dem d-Tetrahydroharmin) aus Rinde, Stamm und Blättern der Pflanze äusserst stabil zu sein scheinen. Stücke eines Stammes von *B. caapi*, die Spruce 1851 in Brasilien sammelte und die schliesslich in England aufbewahrt wurden, sind Ende der 60er Jahre unseres Jahrhunderts chemisch analysiert worden. Man stellte fest, dass sie die gleiche Konzentration an aktivem *Harmin* enthielten, wie die frisch gesammelten Vergleichsstücke (Furst, 1976, S. 45). Da der Berichterstatter, der das *cipo* nach Europa sandte, die Zubereitung der Droge genau beschreibt, besteht allerdings kein Zweifel, dass er im brasilianischen Busch eine *ayahuasca*-Mischung zu sich genommen hatte (vgl. auch Rios, 1962; Der Marderosian, 1967; Agurell *et al.*, 1968; Harner, 1972).

134 Vgl. Duerr (1978, S. 42; Morton 1931, S. 487).

135 Castaneda (1974, S. 266).

136 Bataille (1981, S. 239). Sibylle Ruppert macht «La petite mort» zum grossen Entsetzen. Ihr Bild *Mon président curval* wird zur gemalten Metaphorik Burroughs'scher Welterfahrung von Rausch und Tod: nach aussen hin ist es das Grauen der Erfahrung, das hier eindrücklichst dargestellt wird.

137 Bataille (1981, S. 247).

138 Lewin (1980, S. 175).

139 Die Bezeichnung *Datura* für den Stechapfel stammt aus dem Sanskrit. Man bezeichnete mit *dhat* ein Gift, das aus einer Stechapfelart gewonnen wurde. Hyoscyamin scheint in der *Datura* in besonders starker Konzentration enthalten zu sein (Leete, 1959, S. 51). In einem abgelegenen Bergtal in Kolumbien leben die Kamsá und Ingano Indianer. Schultes (1963, S. 154) zufolge sollen diese Indios von Sibundoy vielleicht die besten Pflanzenkenner aller Stämme der neuen Welt sein. Sie haben es fertiggebracht, durch vegetative Reproduktion verschiedene Spezies von Datura und andere psychotrop hochwirksame Pflanzen zu klonen und produzieren somit monströse Pflanzen, deren eigentliche Herkunft überhaupt nicht mehr zu bestimmen ist. Unter den nur dort zu findenden Pflanzen, die allesamt einheimische Namen besitzen und von Schamanen zu ganz bestimmten Zwecken gebraucht werden, entdeckte Schultes in den 40er Jahren eine neue Nachtschatten-Spezies mit 30 cm grossen Blüten und langen dünnen Blättern, aus denen ein Trank zubereitet wird, der weitaus

mächtiger und gefährlicher als *Datura* sein soll. Er nannte die Pflanze *Methysticodendron amesianum.* Für die Fluginteressierten scheint dieses entlegene Bergtal von besonderem Reiz zu sein (vgl. Duerr, 1978a; Mrsich, 1957; Schmëing, 1938). Allerdings habe ich erfahren, dass auf dem Weg zu den Kamsá und Ingano ein alter Strauch zu passieren ist, der wunderschön im Wind säuselt und durch seinen Duft jeden verleitet, von seinen Früchten zu essen. Er stellt dann eine Frage und wenn man sie richtig beantwortet, dann kann man weitergehen. Versteht man sie nicht und kann sie nicht beantworten, dann wird man plötzlich in die Lüfte gerissen und segelt in die *barranca* wie King Arthurs Gefährten in Monty Pythons *The Holy Grail.* Selbstverständlich stellt der alte Strauch die Fragen in der Sprache der Indios.

140 Bean und Saubel (1972, S. 60). Die Jivaro halten *maikoa (Datura arborea)* für weitaus stärker als *natemä* und warnen vor ihrem Gebrauch, es sei denn für Initiation der Krieger (Karsten, 1923, S. 2f). Nimmt man sie doch, dann soll man sich nicht wundern, wenn man erst – wenn überhaupt – nach mehrtägigem Koma erwacht (Harner, 1972, S. 153). Bei den südkalifornischen Stämmen dient *Datura* ebenfalls nur zu den gefährlichen Initiationen. Ihr Gebrauch ist immer mit eindringlichen Warnungen verbunden (vgl. auch Waterman, 1910, S. 296; Curtin, 1947, S. 185f; Bracharz, 1981; Reko, 1949; Ott, 1979, S. 43, 220f).

141 Vgl. Hansen (1980, S. 63). Ob es sich bei dem «verrücktmachenden Strychnos» wirklich um Stechapfel gehandelt hat, ist nicht ganz sicher (Hegi, 1964, S. 2615). Plinius (1938-62, VI, S. 287ff) berichtet, dass vom *manicon* ein Saft gewonnen wird, der als Speergift Verwendung findet. Vgl. auch Marzell (1963, S. 228).

142 Duerr (1978, S. 291). Auch *yajé* ist bekanntlich zu einer ausgesprochenen Flugdroge deklariert worden (vgl. Spruce, 1908, II, S. 424f; Wassén, 1965, S. 29; Duerr, 1978, S. 216).

143 Die Zuñi und Azteken, aber auch die Cahuilla Schamanen (die wie die Schamanen der Luiseno und Gabrieleño mit Hilfe von *Datura* in die Bereiche jenseits des Zaunes reisten) verwendeten den Stechapfel in Salbenform als Schmerzmittel und zur Behandlung von Knochenbrüchen (Bean und Saubel, 1972, S. 60ff; Strong, 1929); so auch die afrikanischen Zulu (Bryant, 1966, S. 73).

144 Hooper (1920); Strong (1929, S. 173ff); Bean (1972); Kroeber (1908, S. 8; 1922, S. 308ff); Driver und Massey (1957, S. 273); Safford (1922, S. 546ff).

145 In Mittelamerika ist der Stechapfel heimisch und schon seit allerlängsten Zeiten in schamanischem Gebrauch. In Südamerika, entlang der Anden von Kolumbien bis Chile, scheint der Gebrauch der Pflanze auch weit zurückzugehen, auf alle Fälle auf präkolumbianische Zeiten. Die Inka und Chibcha haben die südamerikanische Küstendatura, die dort als Baum wächst (Schultes, 1963, S. 153), rituell benutzt. Nach Europa gelangte der Stechapfel wohl auf zwei Wegen: aus Zentralasien mit nomadischen Horden und den Zigeunern (von Perger, 1864; Arnold, 1965, S. 196; Golowin, 1973, S. 105; 1981; Graebner, 1929, S. 133) und als mexikanischer Import (Menzel-Tettenborn und Herrmann, 1974, S. 79; Duerr, 1978, S. 284f). In den Kräuterbüchern des 16. Jahrhunderts erscheint der Stechapfel noch als fremde Pflanze (Fuchs, 1543, zit. nach Holzinger, 1883, S. 20; Bock, 1577). Auch in Japan heisst Datura «Fremdling», *yoshu chosen asago*

(Leuenberger, 1970, S. 178). Schröder (1685) bezeichnet ihn, nicht ganz zu Unrecht, als «eine Art des Bilsen-Krauts» (S. 943).

146 Hansen (1980, S. 66); Safford (1922, S. 548). In Indien wurden *Datura*-Samen dem Hanf beigemischt, um eine potentere Rauchmixtur zu erzeugen und an der Suaheli-Küste von Kenia und Tanganjika wird in selber Weise der Palmwein verstärkt (Leuenberger, 1970, S. 174). Auch die nordamerikanischen Algonquin kennen eine lange Tradition von Tabak und *Datura*-Mischungen (Smiley, 1975; Siegel *et al.*, 1977, S. 22).

147 Io ist zugleich Rhea, die grosse Göttin Kretas, Amaltheia, die Mädchengöttin und Adrasteia, die alte Orakelgöttin. Ebenso ist Demeter, die eigentlich als Mutter des Dionysos gilt, zugleich das Mädchen Kore, die Nymphe Persephone und das alte Weib Hekate (vgl. Göttner-Abendroth, 1980, S. 35, 40). Vgl. auch Hansen (1980, S. 66).

148 Hansen (1980, S. 66). Er meint, dass man demnach auch die Geschichte der Reise von Io und Dionysos nach Indien wörtlich nehmen kann.

149 Lewin (1980, S. 179) zitiert einen Text aus dem ausgehenden 17. Jahrhundert, ohne die Quelle anzugeben, der auf diese Wirkung anspielt. Vgl. auch Bracharz (1980, S. 18f); Halle (1784, S. 51); Duerr (1978, S. 286).

150 Schröder (1685, S. 943).

151 Welcker (1860), II, S. 392) meint in anständigem Gelehrtendeutsch, dass diese Tänze «vermutlich nicht die züchtigsten waren».

152 Ein Hase begleitete die keltischen Dianen, was ihm später den Platz eines Hexentieres par excellence einbrachte (Weitnauer, 1961, S. 76; Goessler, 1932, S. 201). Eines der anderen, mit den Hexen in enger Verbindung stehende Tier, hat auch seine antiken mythischen Vorbilder: die germanische Freyja reitet auf einem Katzenwagen. Auf einer griechischen Schale von Hieron umarmt eine Mänade einen Satyr, der ihr unter den Rock fasst, den Thyrsos in der Hand und eine Wildkatze in der anderen. Das Jagdfell der Mänaden, *thêrô*, war bisweilen das einer Wildkatze (Eisler, 1978, S. 149), so eines wurde auch von den «Fanggen» und «Wildfanggen» in den tiroler Wäldern getragen (vgl. Mannhardt, 1905).

153 Die italische Diana, die mit Artemis gleichgesetzt wurde, war die bindungslose Herrin der wilden Tiere, *potnia theron*, wie es in der *Ilias* (XXI) von Artemis heisst. Sie ist in ihrer Freiheit und Freizügigkeit, ihrer Ungebundenheit an die Kultur, eine wahrhaft schamanische Göttin (vgl. Mühlmann, 1981, S. 40), in der die wie die Diana durch die Luft fliegenden Hexen (Bonomo, 1959, Kap. 1) ihresgleichen erkannten (vgl. auch Leland, 1979). Die Nachfolgerinnen der Diana begegnen in einer originären Weise, die keine Vorbilder, denn die ihrer eigenen Wurzeln gelten lassen, dem Leben. So ist der unmittelbare Zugang, der natürlich vom Eros getragen wird, von den Männern, die Schranken und Städte errichteten (und Bordelle), in die ängstlich-ersehnten verschlingenden Lamien *(lámia* heisst Schlund), die aus den Unterweltsreichen der schamanischen Hekate emporgekommen sind, umgemünzt worden. Diana war eben schon in der Antike eine «perverse» Göttin (Gressmann, 1930, S. 90).

154 Der Stechapfel als Mittel der Mädchenverführer (Hansen, 1980, S. 67f).

155 Schon bei den Persern und Ägyptern galt die Alraune *(Mandragora officinarum)* als Aphrodisiakum und wurde vielleicht bereits im bekannten Papyrus Ebers (1700-1600 v. Chr.) erwähnt (Hansen, 1980, S. 27; das wird von Heide, 1921 I, S. 21 allerdings bestritten).

156 Schröder (1685, S. 943). Das Bilsenkraut *(Hyoscyamus niger)* die Tollkirsche *(Atropa belladonna)*, der Sturmhut *(Aconitum napellus)* mit etlichen andern Pflanzen und Fetten und abenteuerlichen Beigaben wurden zu den wichtigsten Bestandteilen der sogenannten Flugsalben der Hexen (vgl. u. a. Richter, 1960; Gessmann, 1922, S. 158f; de Lancre, 1630, S. 21f; Robbins, 1959, S. 366; Meurger, 1981; Harner, 1973c; Hansen, 1905; Chauvincourt, 1599; Ciruelo, 1628; Bodin, 1587; Wier, 1567; Porta, 1562; Rübel, 1758; Duerr, 1978, S. 13ff, 163ff; 1978a; Nynauld, 1591). Meurger (1981, S. 60f) bringt schwere Bedenken vor, gegen die immer wiederkehrenden Berichte von Verwendung von Nachtschattengewächsen in Hexensalben und zum Flug auf den Sabbat. Man müsse, so Meurger, die religiösen und profanen Mythen um den Gebrauch von mächtigen Kräutern im Hexenwesen entlarven. «Le plus bel exemple, à mon sens, de ces fausses certitudes est celui bâti autour de l'envol des sorcières, accompli, dit-on, grâce à des plantes hallucinogènes. C'est devenu, aux XIXe siècle, un dogme grâce à l'influence de Michelet et consorts.» (Meurger, 1981, S. 60). Grund für diesen üblen Mythos sieht der französische Forscher darin, dass immer wieder von zwei alten Autoren, Cardan und della Porta, abgeschrieben wurde: «. . . j'ai montré, qu'alors qu'il est fait mention, depuis longtemps, d'un onguent, avec lequel se frottent les femmes, avant de partir par la cheminée, que c'est simplement au XVIe, – quand la chasse aux sorcières a déjà deux siècles derrière elle – que l'on cite ces plantes hallucinogènes; et ce, principalement dans deux ouvrages qui seront, ensuite, pillés et recités sans cesse, ceux de deux Italiens, Cardan et della Porta.» (S. 61). Duerr (1978, S. 169) zeigt, dass die im Volk «Hexenkräuter» genannten Pflanzen nicht deshalb so heissen, weil sie auf ihre Verwendung in Hexensalben zurückgeführt werden, sondern weil «ihre zerzausten Fruchtstände an die wirren Haare der Hexen erinnern». Er meint auch, dass die Quellen der Originalrezepte nicht mehr feststellbar sind, obwohl es den Anschein habe, dass Leute wie Paracelsus, aber auch gerade della Porta und Cardan, «die Auskünfte von Nachtfahrenden und Kräuterfrauen selber hatten». Meurger (1981; auch 1981b) nimmt an, dass für die Hexen eher die symbolische Bedeutung der Pflanzen im Hinblick auf ihren magischen Gebrauch bedeutsam war, was sich in dem Umstand zeigt, dass Nachtschattengewächse bei den Flugsalben-Geständnissen in den Hexenprozessen so gut wie gar nicht vorkamen. Da allerdings die botanische Forschung im 16. Jahrhundert einen starken Aufschwung erlebte, begann man auch mit mächtigen Kräutern zu experimentieren, so vor allem Cardan (1550) und Porta (1562). Als man deren Wirkungen erfuhr, wurde das ganze magische Weltbild auf eine Illusion durch «halluzinogene» Pflanzen reduziert, um die Ratio des herrschenden kulturellen Milieus zu retten. Natürlich hat kulturhistorisch ein solcher Schachzug eine entscheidende Rolle gespielt (neben der Dämonisierung die Rationalisierung; das ist heute nicht viel anders), aber ebensowenig wie die Zigeuner aus dämonologischen Traktaten vom Stechapfel erfahren haben (vgl. Duerr, 1978, S. 284), werden die Hexen, die in engster Beziehung zu ekstatischen antiken Kulturen mit Rauschdrogen-Verwendung zu sehen sind, sich auf vergleichsweise harmlose medizinische Kräutlein beschränkt haben, weil diese etwa zum Mond oder zu einem Tier oder sonst was in magisch-symbolischer Beziehung standen.

157 Hexenbeere wurde die Tollkirsche bisweilen genannt (Hansen, 1980, S. 55). Sie soll die Frauen hypnotisch-verführerisch machen und bekam deshalb auch den Beinamen *hypnoticon*. «Der Name Belladonna kommt daher, dass Frauen, die Gefallen erregen wollen und sich deshalb besagte Tropfen in die Augen träufeln, die Augen einer Meduse bekommen, gross, durchdringend und hypnotisierend.» (Elling, 1959).

158 In deutscher Übersetzung heisst es bei Cardanus in seinem 18. Buch von *De Subtilitate:* Es geht um eine Salbe «welche soll der krafft vnnd wirckung seyn / das man durch sie wunderbarliche dinge ersehen man . . . mehrertheils Spielhäuser / grüne Lustplätz / herrliche Malzeiten / viel vnd mancherley gezierde / hüpsche kleider / schöne Jüngling / Könige / Oberherrn / ja alles dass es danach jnen bang vnnd watz ist / sie vermeinen auch nicht anders / denn dass sie solcher kurtzweil vnnd wollusts geniessen vnd gefreuwet werden. Sie sehen aber beneb auch den Teuffel / Raben / Kercker / Einödinen / vnd des Henckers oder Volterers gauckelsack . . . dass sie bedünckt / wie sie durch viel weitere / seltzame Lande reisen . . . » (nach Peuckert, 1960). Schenk (1955, S. 36f) macht Flugsalben dafür verantwortlich, «Visionen» wilder sexueller Orgien vorzuspiegeln, zumal oft Petersilie und Sellerie, die als Aphrodisiaka gelten, dafür Verwendung fanden. Deshalb würden die dämonologischen Schriften aus dem 16. und 17. Jahrhundert voll sein von Beschreibungen der Sodomie, Päderastie, Inzest, Homosexualität und in ritualisierter Form des Anal-Kusses des Satans und des Beischlafs mit den *incubi* und *succubi*. Also Petersilie und Sellerie muss es sein! Freilich waren die Frauen, die von mächtigen Kräutern wussten, Hexen und Huren (vgl. Ettmüller, 1688, S. 507; Groellmann, 1683, § 6; Webster, 1716, S. 434; Agrippa von Nettesheim, 1913, I. S. 272), die Tränke zu mischen wussten um die Liebeskrankheit hervorzurufen. In der Verwendung von Schwalben- und Taubenherzen, Hasenblut, Fischen, Kröten, Schlangen etc. und angeblich aphrodisisch wirkender Kräuter, unterscheiden sich die Liebestränke nur unwesentlich von den anderen hexischen Gebräuen. Dazu kamen auch nicht selten Substanzen der Frau selbst, wie Menstrualblut, Schleim, Kot, Teile von Nachgeburten und Nabelschnüre. Von der schrecklichen Giftigkeit der weiblichen Ex- und Sekrete waren viele überzeugt (vgl. Birchler, 1975, S. 317f). Dieser Umstand weist darauf hin, dass den sich nicht den männlichen Regeln unterwerfenden Frauen – Hexen und Huren – die satanische Schuld an der üblen Liebeskrankheit, und nicht nur an dieser, die den Männern durch nymphomanische Wildheit arg zu schaffen macht, in die Schuhe geschoben wurde. Indem aber das von den Hexen verwendete höchst giftige Teufelszeug letztlich zu einem bedeutenden Anteil aus den Frauen selbst stammt, steckt hier eine ganze massive Herabsetzung des Weiblichen selbst drinnen: die Frau vergiftet durch die unverzeihliche Tatsache, dass sie eine Frau ist, den Mann. Diese Ansicht ist nicht erst vor einigen hundert Jahren entstanden. Schon Ovid weiss einige *remedia amoris* zu nennen (Ovid, Übers. Eberle, 1959), die den Mann davor bewahren sollen, sich selbst in Verliebtheit zu vergessen. Und zwar soll sich der Verliebte seine Freundin möglichst hässlich vorstellen, nach dem Motto «Nenne sie fett, wenn sie vollschlank, und schwarz, wenn sie dunkleren Teint hat» (Vers 326). Ende des 13. Jahrhunderts wurde daraus die Radikalkur nach Bernhard de Gordon (1550, S. 212; vgl. auch Avicen-

na, 1595, S. 493ff): alte Vetteln sollen geholt werden, die nichts weiter zu tun haben, als die Geliebte zu beschimpfen, wie hässlich und trunksüchtig sie sei und dass «in ihrem Körper enorme, schlecht riechende Ausdünstungen enthalten seien. Wenn ihr der Liebeskranke dies nicht glaube, soll sie sofort vor seinem Angesicht einen mit Menstrualblut getränkten Lappen hervorziehen, und dabei sagen: Derart ist deine Freundin, derart. Wenn auch dies nichts nützt, dann ist der Betroffene kein Mensch mehr, sondern ein *diabolus incarnatus*» (de Gordon, 1550, S. 212). Keine Frage, dass die Wunschmaschinerie die Frauen tatsächlich zu solchen machte, und sie in Form von Hexen zu fleischgewordenen *remedia amoris* stempelte. Freud (1941, XIV, S. 422f) hat es noch nötig darauf hinzuweisen, dass Verliebtheit ein Zustand ist, «den man aber nicht als krankhaft verurteilen kann», und wie es den männlichen Vorstellungen von der Frau im faschistischen Denken ergangen ist, hat Theweleit (1977, I) erschreckend dokumentiert und analysiert: «Auch hier (im Wilhelminismus) also erscheint die Fliessfähige, Vermischte unter den Aspekten von Schmutz und Strafe und Weibertum, oder schlimmer: Unmännlichkeit». (Theweleit, 1977, I. S. 523). Was fliesst, sich vermengt und mischt muss in starre Bahnen, Grenzen, Gesetze, Burgen, Kammern, Küchen und Keuschheitsgürtel verwiesen werden. Denn überall soll sich die starre und erstarrte Männlichkeit als triumphierend erweisen. Die schrecklich anzusehende Medusa, deren Anblick versteinerte, muss wohl ein Urbild solcher Weiblichkeit sein: verhasst ihrer Scheusslichkeit und magisch-erstarrenden Fähigkeiten wegen und als solche gewünscht um die eigene Erstarrung zu behaupten, nicht mitgerissen und verschlungen zu werden. Gegen die Liebeskrankheit, die ja im Laufe der Geschichte immer mehr die Frauen denn die Männer zu befallen pflegte (Birchler, 1975) – ein Hinweis darauf, dass sich der «Panzer gegen die Frau» (Theweleit) recht «gut» entwickelte – gab es natürlich bald deftige phallokratische Gegenmittel: «In der cur hilfft nichts leichter und eher, als öffterer beyschlaf mit einem guten starcken kerl», weiss Ettmüller (1717, S. 670) zu raten und fährt erklärend fort: «Denn auf diese art wird der verderbte saamen-liquor abgeführt, ein neuer sauerteig von dem männlichen saamen herzugebracht, und das blut fängt aufs neue an zu brausen, dannenhero das gesicht eine rothe farbe bekommt, und auf diese art werden offt aus den gärstigsten jungfern die schönsten weiber.»

159 Pentheus, König von Theben, ist in den Augen von Devereux (1974, S. 39) ein «neurotischer» und ein «law and order» König.

160 Francesco Salviati (1510–1563), vgl. die Abb. bei Bataille (1981, S. 76f). André Masson hat mit seinen Zeichnungen erotischer Tempel (1940) dasselbe Thema erneuert.

161 Gerade dieser Umstand hat die raffiniertesten und perfidesten Sadisten entstehen lassen, die uns in Filmthemen über Faschismus mit der gleichen Scheusslichkeit wieder begegnen: etwa in Bertoluccis *1900*, aber mit grösster Verwerflichkeit in Pasolins *Salò oder die 120 Tage von Sodom*. Wie Cardan und della Porta einige hundert Jahre davor den Hexenschrecken in Büchern verbreiteten, sind es wiederum zwei Italiener, die durch Darstellung den Schrecken magisch vertreiben wollen.

162 Graves (1960, I, S. 252ff).

163 Walter Serner, Meister und Sprachrohr der rohen Dada-Psychologie, die sämtliche ethischen und erotischen Werte einer unaufhaltsamen Inflation

zuführen wollte (vgl. Richter, 1965, S. 36), hat in seinem Pamphlet *Letzte Lockerung* (1918) die Desintegration der Welt zu einem dadalogischen Abschluss gebracht.

164 Lumholtz (1902, I, S. 359; 1899 S. 181f).

165 Fernberger (1932, S. 368). Sein Informant Petrullo fand allerdings Fernbergers Darstellung nicht richtig zitiert (Petrullo, 1934, S. 8).

166 La Barre (1975, S. 146).

167 Aphrodisisch oder nicht: «It can hardly be both», resümiert La Barre (1975, S. 144).

168 Ich habe schon angedeutet, und aus der fortlaufenden Diskussion sollte klar werden, dass die Drogen nur in einem bestimmten kulturhistorischen Kontext, zu «Flug-» oder «Verwandlungskräutern», oder was auch immer, gemacht wurden. An sich stellte das mächtige Kraut eine Hilfe dar, die Regeln der Welt aufzulösen, um in einer skandalösen Verschmelzung das Ich aus den Fesseln zu lösen. Freilich mag es dann fliegen, sich zu einem Tier verwandeln, andere Welten besuchen.

169 Lewin (1980, S. 179) zitiert diese Sätze aus einer Schrift über *Datura* aus dem 17. Jahrhundert, ohne den Autor anzugeben.

170 Gottlieb (1976).

171 Voigt (1982, S. 61).

172 Voigt (1982, S. 62).

173 Vgl. dazu das ausgezeichnete und in fröhlichem Sinn rebellische Werk von Bruckner und Finkielkraut (1979); erheiternd, aber von barock-sentimentaler Echtheit auch Stabler (1979).

174 Wenn er in Indien nicht «Quelle des Glücks» genannt wurde, dann hiess der Hanf «Erreger des Lachens» (Reininger, 1955, S. 2346), was freilich nicht mit dem blödsinningen Lachen zu verwechseln ist, das die amerikanischen Komik-Kiffer Cheech und Chong in unseren Tagen über die Leinwände zittern lassen (vgl. Bracharz, 1980). Auch dem *soma* soll, der Suśruta zufolge, Hanf beigemischt worden (Reininger, 1955, S. 2346; Schadewaldt, 1972, S. 17) und so soll es zum Lieblingsgetränk des Himmel- und Sonnengottes Indra aufgestiegen sein (Lippert, 1959, S. 134). Manche indische Sekten nehmen bei ihren Feiern Haschisch zu sich, da es die Fähigkeiten hat, Krankheiten zu heilen und «eine harmonische Beziehung zum Unendlichen» (Warnock, zit. in Behringer, 1948, S. 287) herstellt. Beim Vishnu-Fest erhielten die jungen Priesterinnen Haschisch. Im Rausch sahen sie das Gesicht des Gottes und orakelten (Kaempfer, 1712).

175 Reichel-Dolmatoff (1975, S. 145).

176 Reichel-Domatoff (1975, S. 145). Einer Sage zufolge hatte Manko Kapak, der «Sohn der Sonne», der in grauer Vorzeit vom Titicacasee herabgestiegen war, den Inka in Peru das *coca* mitgebracht (Gutiérrez-Noriega, 1947; Römpp, 1939). Noch heute werden die Blätter von *Erythroxylon coca* von den Indios im Mund mit Speichel zu einer Kugel gerollt, mit etwas Kalklösung versetzt, um die wirksamen Stoffe zu lösen, und gekaut. *Coca*-Indios tragen immer die charakteristische runde Kalkkalebasse mit sich, die man noch auf alten Tonstatuetten wiederfinden kann (vgl. Voigt, 1982, S. 31 Abb.). Sigmund Freud scheint durch Kokain besonders gesprächig geworden zu sein: «Das bisschen Cocain, das ich genommen habe, macht mich geschwätzig, Weibchen . . . Solche dummen Geständnisse mache ich Dir, mein süsser Schatz, und eigentlich ganz ohne Anlass, wenn es

nicht das Cocain ist, was mich zum Reden treibt». (Freud an Martha Bernays 2. Feb. 1886, in Freud, 1968, S. 206ff; vgl. auch vom Scheidt, 1973).

177 Der therapeutische Wert von *Cannabis* soll in einem chinesischen pharmazeutischen Traktat aus dem Jahre 2737 v. Chr., das von dem legendären Kaiser Shen Nung verfasst worden sein soll, zum ersten Mal Erwähnung gefunden haben. (Brecher *et al.*, 1972; Emboden, 1972). Norman Taylor (1968, S. 35) beschreibt dies mit den poetischen Worten:«. . . about 2737 B. C. Nung wrote a pharmacy book. In it he was far more observant about Indian hemp, knew its love life, and had more understanding about its use than most of us.» Haenel (1970) vermutet allerdings, dass dieses Buch erst im ersten Jahrhundert v. Chr. verfasst wurde.

178 «Die Samenkörner dieses Hanfes nehmen die Skythen, kriechen damit unter Filzdecken und legen sie auf heisse Steine. Diese beginnen zu rauchen und erzeugen einen so starken Dampf, dass wohl kein griechisches Schwitzbad dieses Dampfbad übertrifft. Dann aber heulen die Skythen vor Freude». (Herodot, o. J., Kap. 75) Vgl. Rohde (o. J. S. 280) über Hanfgebrauch bei den Thrakern.

179 Zu Dioskurides vgl. Schadewaldt (1972, S. 18). Die Derwischgeschichte stammt aus Gelpke (o. J., S. 63).

180 Gelpke (o. J., S. 102); Bouisson (1960, S. 196ff); Bouthol (1936); Willey (1963). Hartwich (1911) vermutet, dass die Assassinen von Alamut nicht Haschisch zu sich nahmen, sondern vielmehr Bilsenkraut und Allegro (1971, S. 208) will sie selbstverständlich im Fliegenpilz-Rausch wissen.

181 Nur zweimal habe der konsequente Herr von Alamut sein Zimmer verlassen und auch das nur, um sich auf das Dach der Burg zu begeben (Gelpke, o. J., S. 112).

182 Marco Polo (1955, S. 114ff) erzählt von einer Geschichte, die er in Persien mehrmals vernommen hatte, und die von einem «Alten vom Berg» handelt. De Sacy (1809) bestätigte die Erzählung von Marco Polo als einen Bericht über die sagenumwobenen Assassinen. Der Abt Arnold von Lübeck hatte bereits im 12. Jahrhundert eine Bericht verfasst, der dem Marco Polos sehr ähnlich war und von «Heissessin» handelt. Das französische Wort assassin, Meuchelmörder, soll, de Sacy zufolge, vom arabisch-persischen *haschischium,* dialektisch *haschischin,* und *haschischia* (Haschisch-Leute) stammen. Vgl. auch Hammer-Purgstall (1818).

183 Unter Hasan III. fand eine grosse Kehrtwendung statt zu einer äusserst asketischen Lebensführung, die auch die Enthaltsamkeit gegenüber Wein und Haschisch ausdrücklich betont. Gelpke zufolge (o. J., S. 109f) unterstreicht dieses Dokument, dass Wein und Haschisch von den Asssasinen tatsächlich benutzt wurde.

184 Die Warnung «Geheimnisse des Rausches und der Liebe» Aussenstehenden zu verraten spricht Hâfez aus (vgl. Gelpke, o. J., S. 118).

185 Golowin (1981, S. 163ff); die ekstatische «Kampftechnik» wird nicht explizit mit mächtigen Kräutern in Verbindung gebracht.

186 Die Muskatnuss *(Myristica fragrans)* etwa, die in Asien und im Nahen Osten als Heilmittel verwendet wurde (Weil, 1967) und durch arabische Gewürzhändler erst im Mittelalter Europa erreichte. Die Banda (Muskatnuss) Insel, woher die *Myristica* ursprünglich stammte, wurden von den Portugiesen erst 1512 entdeckt. Es braucht kaum speziell erwähnt werden, dass die Muskatnuss im Ruf eines potenten Aphrodisiakums stand. Im

Nahen Osten wird *Myristica* von den Männern im Jemen als Potenzmittel verwendet (Furst, 1976, S. 37). Zwei chemisch erzeugte Drogen, MDA und MMDA, werden aus den wichtigsten Ölen der Muskatnuss gewonnen. Sie finden in der Drogen-Psychotherapie Anwendung (Naranjo, 1973).

187 Huxley (1972) schreibt südostasiatischen Schamanen den Gebrauch des Opiums zu. Im allgemeinen dürfte diese Droge im eigentlichen schamanischen Sinne nicht unter häufiger Benützung stehen. Um welche Droge es sich handelt, mit der Artey Virāf seinen Wein veredelte und schliesslich für sieben Tage und sieben Nächte in tiefen Schlaf versank (vgl. Barthélemy, 1887; Wikander, 1941, S. 43ff; Widengren, 1955, S. 67ff) kann nicht mit Bestimmtheit festgestellt werden. Klar ist allerdings, dass sich Artay Virāf auf einer schamanischen Reise befand, die ihn zur Chinvat Brücke von Chakât-i-Dâîtîk führte, in die überirdischen Regionen, die finstere Unterwelt, wo er die Qualen der Schlechten und die Belohnungen der Guten sah. Eine weibliche minoische Gottheit des Schlafes trägt eine Krone mit skarifizierten Mohnkapseln. Die stammt aus dem zweiten Jahrtausend vor Chr. (de Margne, 1965, Abb. 321); denn das Opium bringt den friedlichen langen Schlaf.

188 «Der Geist des Opiumessers wird empfänglich; die Bilder ziehen in ihn ein, sie zeichnen ihre Charaktere wie auf ein jungfräuliches Blatt.» (Jünger, 1949, S. 319f). Früher hatte man im Orient das Opium getrunken. Erst im 17. Jahrhundert ging man dazu über, es zu rauchen. Møller (1951, S. 361) übertreibt mit der Feststellung, man habe im alten China Haschisch nie benützt, da es zu Gewalttätigkeiten und konvulsivischen Ekstasen führen kann, während das Opium einen «richtigen Traumzustand, der dem philosophischen, friedlichen chinesischen Temperament besser entspricht» hervorruft, was zu seiner Verwendung geführt haben soll. Zum Haschisch-Gebrauch in China vgl. de Ropp (1961, S. 64). Die islamische Medizin übernahm den Opiumgebrauch von der altgriechischen Heilkunst und später machte Paracelsus durch sein *Laudanum,* das er im Schwertknauf mit sich führte, das Opium abermals berühmt. Sicherlich hat es sich nicht um Opium gehandelt, als der Orientreisende Engelbert Kaempfer (1712) schrieb: «Dazu verschlucken sie einen Klumpen Opium. Dadurch werden sie aufgespeitscht und so zur Raserei gebracht, dass sie mit gezücktem Dolch wie wilde Tiger auf die Strasse stürzen, um alle ihnen Begegnenden, Freunde wie Feinde, niederzustechen, bis sie selbst, von einem anderen durchbohrt, hinstürzen. Diesen Vorgang nennt man ‹Hamuk›.» Stärksten Anteil an den Opium-Alkaloiden hat das Morphin, gefolgt von Narkotin, Kodein und Papaverin. Im Rohopium können 25 verschiedene Alkaloide nachgewiesen werden. Da die Hauptwirkung von Morphin verursacht wird, und der Opium-Rausch gewöhnlicherweise in Schlaf übergeht, kann dem Bericht von Kaempfer kein Glauben geschenkt werden, obwohl er auch von Schadewaldt (1972, S. 5f) kritiklos übernommen wurde. Vgl. auch Tadros (1964); de Quncey (1962); Michaux (1957); Gavit (1927); Meyer (1952); Wikler (1953).

189 Abu 'l-Qâsem Yazdi sagt in seinem *Traktat für Opiumraucher* (1898), dass der Rauch möglichst tief eingezogen werden und möglichst lange in der Lunge verbleiben soll. Der Rest soll langsam, stossweise durch die Nase entlassen werden.

190 Auf sumerischen Ideogrammen wird der Mohn schon vor 6000 Jahren als Rauschmittel erwähnt (Scott, 1969). Im Zweistromland, aber auch in Anatolien war er wohl in sehr frühen Zeiten bekannt (Kramer und Levy, 1954, S. 76ff). Über Zypern kam das Opium schliesslich nach Ägypten (Merrillees, 1962, S. 290f; Leca, 1971, S. 436f). Schon sehr früh wird er wohl bei Mysterienkulten in Kreta Anwendung gefunden haben (Kritikos, 1960, S. 71) und es ist anzunehmen, dass er in ebensolchem Gebrauch bei den späteren Mysterienkulten stand. Auch das sorgenvertreibende *nepenthes* der Helena wurde für Opium gehalten (vgl. Schmiedeberg, 1918, S. 9). Ob die Mohnkapseln aus der Fledermaus-Höhle von Albanol bei Granada, aus schweizer Pfahlbauten und den deutschen Bandkeramiker-Siedlungen (Buschan, 1895, S. 246ff; Tröltsch, 1902, S. 46f; Knörzer, 1971, S. 34) zur Gewinnung von Opium dienten, bleibt ungewiss, obwohl einige Hinweise darauf bestehen (Hartwich, 1911, S. 144f; dagegen Renfrew, 1973, S. 162; vgl. auch Duerr, 1978, S. 221f).

191 Vgl. Kritikos, 1960, S. 71. Duerr (1978, S. 222): «Die Göttin von Gazi, die wohl in der Eileithyiahöhle bei Amnisos und vielleicht auch in Psychro im Lassithi verehrt wurde, trägt einen Stirnreif mit Schlafmohnkapseln, auf denen Opiumschnitte zu erkennen sind.» (Vgl. die Abb. 108 bei Platon, 1968; vgl. auch Abb. 321 bei de Margne, 1965). Im Louvre kann man auf einem assyrischen Relief einen priesterlichen Arzt sehen, der Mohnkapseln in der Hand trägt (um 700 v. Chr., vgl. Abb. 3 bei Schadewaldt, 1972).

192 Laufer (1919, S. 572ff); Mänchen-Helfen (1951); Pelliot (1912).

193 Steiner (1939); Eliade (1972, S. 501).

194 Der männliche *pawo* und die weiblichen *nyen-jomo* sind Medien, die bei Buddhisten als typische Repräsentanten der Bon-Tradition gelten. Sie stammen aus der Zeit des älteren, unorganisierten Bon und stehen nicht mit den Tempeln in Sikkim und Bhutan in Verbindung. Sie werden von Verstorbenen besessen und kommunizieren in ihrer Trance mit jenseitigen Verbündeten (Nebesky-Wojkowitz, 1956, S. 425). Diese Funktion geht auf schamanische Urformen zurück, wie sie sich etwa im Schamanismus der Lepcha (Morris, 1938, S. 123ff) erhalten haben, der als besonders archaische Form gilt (Hermanns, 1954, S. 49ff). Auch der tibetanische Lamaismus weist verschiedenste schamanische Züge auf, so etwa in der prophetischen Trance zum Zweck zeremonieller Divination (Nebesky-Wojkowitz, 1956, S. 538f; 1948; Schröder, 1952/3; Radha, 1981, S. 8ff). Vgl. dazu Eliade (1972, S. 428ff).

195 Aus einem Gedicht des römischen Transvestiten Franco, das er unter LSD-Einfluss an einem kühlen Abend in einem Amsterdamer Park verfasste (vgl. Romoli, 1977, S. 47).

Der Heiler und der Seher

1 Biegert (1979, S. 261).

2 Cavazzi da Montecuccoli (1687), zit. nach Jahn (1964, S. 151ff).

3 Die *divinatio* ist die lateinische Bezeichnung für die Sehergabe, die ebenso dem griechischen *mantis*, dem wahnsinnigen (*mantis* kommt von *mania*) Wahrsager eigen ist. In der ethnographischen Literatur werden die divina-

torisch tätigen Personen mit den verschiedensten Bezeichnungen versehen, je nachdem, durch welche Technik sie ihre magischen Fähigkeiten einsetzen. Bezeichnungen reichen von Feticheur und Orakelsteller bis zum Zauberer und Medizinmann (Hinderling, 1981, Ackerknecht, 1971).

4 Lévi-Strauss (1974, S. 165ff); vgl. auch Eliade (1978).

5 Lévi-Strauss (1974, S. 166). Ein für Aussenstehende zunächst kaum einsichtiger Plan ging dadurch für die Bororo verloren, der nicht nur ihr soziales Gefüge betraf, sondern auch die kosmogonischen Bezüge, die sich in Entsprechungen in der Dorfanlage fest gemacht hatten (s. unten).

6 Ethnopoetische Konzepte, wie das literarische System von Michel Leiris (Heinrichs, 1978; Leiris, 1934) oder die deutlichen, sich aber nicht auf eindeutige Begriffsverklausulierungen festsetzenden Arbeiten von Hubert Fichte (1976), sowie die Ethnographie von Hélène Clastres (1975), Hans-Peter Duerr (1976) und Lévi-Strauss (1974) vermag den beschriebenen Situationen und Bezügen neben der faktischen Eindringlichkeit eine künstlerische Leichtigkeit zu geben. Letztere versetzt den Gegenstand wiederum in jene unreduzierbaren Bereiche zurück, woraus er entnommen und mit Blitzlichtern bestrahlt wurde.

7 Lévi-Strauss (1980, S. 57).

8 In der zivilisierten Weltsicht ist das Magische vollständig in den Bereich des Unfixierten gedrängt worden. Wenn etwas magisch ist, dann vielleicht ein unerklärbar Einsicht gewährender Traum, ein seltsamer Zufall, nicht aber die Architektur der Städte, das auf Funktionales Festgefahrene. Man muss zugeben, dass sich eine Wandlung bemerkbar macht, die den alltäglichen Lebensraum und seine auf Praktisches orientierte Geometrie, ins Magische zurückführt. Die Wiederentdeckung einer unbewusst gestalterischen kosmogonischen Anlage, die das Trockene und Rationale mit unsichtbaren Bezugsebenen verbindet. Harbison (1980) hat besonderen Anteil daran; ebenso Thomas Pynchon (1973), der einen Morsekode für die mysteriöse Maschine des Technologischen und in gewissem Sinne eine Neuinterpretation der imaginativen Welten eines Gustave Moreau entwikkelt ohne dem Trugschluss zu verfallen, dass die künstlerische Fantasie und die Lebensumstände in jedem Fall zusammenführbar sind, wie es das Art Deco wollte: «. . . jokes like Art Deco spring from such painful ambivalences of feeling that the art itself cannot be lived with. We retreat instead into dreams of obsolete maschines and see ourselves among windmills, clipper ships, even trolley cars. There is no nostalgia like the nostalgia for simpler machines, which are now imbued with the warm glow of a smaller past.» (Harbison, 1980, S. 53).

9 Hultkrantz (1981, S. 73f).

10 Trotzdem war es Hultkrantz nicht leicht gefallen, das eigenartige Ereignis zu berichten, wie es ihm widerfahren ist. Als Gründe listet der Ethnograph auf: «. . . ein gewisses Misstrauen in mein eigenes Beobachtungs- und geistiges Registrierungsvermögen. Zweitens die grundsätzliche Angst vor einem Abweichen von den normalen anthropologischen Verfahrensweisen. Drittens die Einsicht, dass es keine anerkannten anthropologischen Techniken zur Aufzeichnung und Mitteilung solcher ‹unheimlichen› Phänomene gibt. Im Laufe der Zeit habe ich meine Hemmungen allmählich überwunden.» (Hultkrantz, 1981, S. 75). Dieses Angsteingeständnis und die Einsicht in die Begrenztheit ethnologischer Beschrei-

bungsmethoden sind in der Tat erhellend und stellen eine rühmliche Ausnahme dar, die von einem bekannten, akademischen Anthropologen geäussert wird. In der Tat sind die Aufzeichnungstechniken für solche «unheimlichen» Phänomene nicht nur für die Anthropologie schwierig. Selbst die Parapsychologie, deren Aufgabe gerade die Entwicklung einer angemessenen *Sprache* für solche Ereignisse ist (vgl. Standford, 1977 b, S. 825; Broad, 1969; Ducasse, 1959; Gruber, 1981a), hat mit der Beschreibung des Aussergewöhnlichen wohl eine Methodik der Benennung entwickelt, aber das Magische nicht im geringsten zu Bekanntem gemacht. Letzterer Wunsch wird auch eine Utopie der Ratio bleiben, zumal das Magische erst durch den Entzug vom methodisch Geordneten zu dem wird, was es sein soll. Das Bemühen um eine theoretische Eingliederung des Paranormalen kann deshalb gar nicht das Ziel vor Augen haben, das Magische verstehbar zu machen, ohne es bereits durch die Vorgehensweise zu exorzieren (vgl. die in Problemen ertrinkenden neuen theoretischen Ansätze zu diesem Problemkreis, wie etwa Millar, 1978; Donald und Martin, 1976; Hartwell, 1977; Kornwachs und Lucadou, 1977; Mattuck, 1977; Schmidt, 1975; Walker, 1976; Temkin, 1982). Auch die Parapsychologie ist von dem Verselbständigungsstreben der Methode gegenüber dem Erkenntnisinteresse (vgl. Stagl, 1981, S. 283) nicht gefeit und der Parapsychologe läuft deshalb in ein besonders wirres Durcheinander, weil in seinen Gegenstandsbereich weniger als in andere eindeutige Ordnungen hineingelesen werden können (vgl. Gruber, 1979a; 1980e).

11 Staub (1978; 1979), dessen Schlussfolgerung in dem schrecklichen methodischen Wirrwarr der Parapsychologie ein neuer Ausgangspunkt in einer «wissenschaftlichen Problemdefinition» (Straub, 1979, S. 36) ist, schreibt einer gewissen parapsychologischen Argumentationsweise einen «illusionären Erwartungshorizont» zu – dies nicht zu Unrecht – will ihn aber zugleich durch eine Utopie der Anwendbarkeit wissenschaftstheoretischer «Spielregeln» ersetzen. In dieselbe Richtung scheinen bestimmte theoretische Spekulationen zu laufen, die ich unter Anm. 10 angesprochen habe, und die am Besonderen des Paranormalen zu häufig vorbeidenken (vgl. Braude, 1979; auch Beloff, 1979a; 1979b).

12 Vgl. Standford (1977a); Johnson und Kanthamani (1967).

13 Vgl. dazu besonders de Martino (1948, S. 21ff).

14 Diese Vorgehensweise umschifft ein zweifaches Problem, freilich ohne es zu lösen: indem die Möglichkeit paranormaler Bewirkungen überhaupt nicht angesprochen wird, muss man sich nicht mit der faktischen Zweckmässigkeit magischer Handlungen beschäftigen (Fox, 1961; Kluckhohn, 1944; Lévi-Strauss, 1949; Malinowski, 1954; Moore, 1957; Wisdom, 1952), noch kann man den Fehler begehen, etwas vorschnell das in den Bereich «der Parapsychologie zu verweisen, was in Wirklichkeit nicht dorthin gehört» (Hultkrantz, 1981, S. 75). Letzterer Umstand verkompliziert die Beschäftigung mit dem Magischen, weil sich die Bereiche des Paranormalen oft nur schwer von unvertrauten Erlebnisweisen trennen lassen. Es fragt sich natürlich im Hinblick auf das oben Gesagte, ob es überhaupt zweckmässig ist, solche Trennungen anzustreben, ober ob man damit *nur* einem fragwürdigen Reduktionismus (vgl. Gruber, 1978b; 1981a) Vorschub leistet. Das Traumhafte, Tranceartige, Künstlerische, Impulsive, Anarche ist mit dem Paranormalen aufs engste verwandt. Letz-

teres kann nur in Zusammenhang damit gesehen werden (vgl. LeShan, 1968; 1974), so dass auch die paranormalen Phänomene nicht immer eindeutig bezeichnet werden können. Entsprechend dem vielfältigen magischen Bezugsrahmen lösen sie ein Kaleidoskop von Bezüglichkeiten aus, dem nicht selten der Zug eigen ist, auf etwas zu verweisen, das der Erlebende gar nicht oder von einer festgefahrenen Perspektive aus sieht. In der innigen Verbindung zwischen der «inneren» Erlebniswelt und der «äusseren» Realität in den paranormalen Phänomenen (vgl. Fassberg und Gruber, 1982) manifestiert sich der schöpferische Aspekt des Magischen.

15 Im radikalen Aufklärungsjargon der Wissenschaft, die sich mit Macht von jeglicher Magie lossagen will (und eben dadurch ihre Herkunft verrät; vgl. Ginzburg, 1979, S. 68ff), wird vor der menschlichen Schwäche magisch zu denken gewarnt: «As for the individual, each of us is vulnerable to magical thought; each of us is capable of allowing our interpretation of events to be unduly influenced by our emotional reactions to them.» (Alcock, 1981, S. 196). Nicht nur um die Magie als solche ist es Alcock zu tun, sondern um die Magie der Emotionen, die unsere Interpretationen «unduly» beeinflussen. Es ist deutlich genug, dass der wissenschaftliche Weg jener ist, der von den schrecklich unkontrollierbaren Emotionen nichts wissen will. Tatsächlich ist es gelungen, in den Labors Gefühlsregungen auf ein Minimum zu reduzieren. Lobenswerte Wissenschaft? Selbst wenn es um besonders Emotionales geht, glaubt man, dass die Autoren von Bauklötzen oder von arithmetischen Spielereien reden. Feyerabend zitiert treffend aus der Einleitung von Masters und Johnson (*The Human Sexual Response*): «Angesichts des superresistenten gonadalen Dranges im Menschen ist es nicht zu wenig seltsam, dass die Wissenschaft ihre singuläre Timidität im Zentralpunkt der Physiologie des Sex enthüllt.» (zit. nach Feyerabend, 1976, S. 17).

16 Lie (1920/1, X).

17 Homer, *Ilias,* 1,43f, 62f; vgl. auch Morrison (1981, S. 90f). Kalchas *weiss,* warum Apollo zornig ist und er *weiss,* wann er die griechischen Schiffe gegen Troja zu führen hat. Heute könnte man sagen, dass Kalchas eine besondere Form der *awareness* habe – sensitive Bewusstheit um die Dinge der Welt, gepaart mit den Fähigkeiten seinen Intuitionen gemäss zu handeln.

18 Von Helenus heisst es, er sei der «beste der Vogel-Auguren» (*Ilias,* 6, 76 und 7, 53).

19 Wagner-Robertz (1981, S. 149ff).

20 Wie das von einem anständigen Star erwartet wird lässt sich der Schamane gern Zeit, bevor er erscheint, damit Unmut und Erwartung die Spannung anheizen. Der grönländische Schamane Sorqaq kam zur Séance «like a stage star making an appereance... Sorqaq was the last man to enter the house, and he was announced three times before he finally arrived.» (Freuchen, 1935, S. 133). Bei manchen modernen Schamanennachfolgern lässt es sich schwer auseinanderhalten, ob man es mit einem Schamanen oder einem Schauspieler zu tun hat. So ging es mir mit dem unorthodoxen paraguayanischen Heiler Ivan Trilha, der nach dem Vorbild des legendären brasilianischen Heilers Ze Arigó (St. Clair, 1971; Fuller, 1977), mit einer Nagelschere erkrankte Gewebsteile einfach abzuschneiden pflegt, ohne für diese «Operationen» auch nur die geringsten Massnahmen zu er-

greifen. Wenn Ivan erscheint, dann wird aus dem Hotelzimmer, in dem ein gespanntes Grüppchen auf die Vorführung wartet, eine Bühne. Im weissen Hemd taucht der Playboy-Heiler nach geraumer Wartezeit auf, unterbricht seine Schnippeleien an einem grossen offenen Brusttumor, um ein längeres Gespräch entgegenzunehmen oder eine anwesende Schöne kurzerhand für besessen zu erklären, um sie bei der nächsten Pause mit einfältigem Pathos von den Dämonen zu befreien.

21 Vgl. in Oesch (1963).

22 Eristik ist die Bezeichnung sophistischer Streitkunst. Mit Hilfe der Eristik sollte jede Ansicht, vor allem die selbstverständliche, widerlegt werden, um neue Einsichten zu gewähren (Beispiele finden sich im *Euthydemos* Platons). Bei den Orakel-Offenbarungen der Zande-Medizinmänner bedienen sich die Protagonisten eines besonders frechen Umgangs mit ihrem Publikum (Evans-Pritchard, 1978, S. 136). Sie sind aggressiv, überfahren die Umstehenden und nehmen sich Freiheiten heraus, die im alltäglichen Leben schwer verübelt werden würden. Dennoch, Strukturfunktionalisten wie Radcliffe-Brown (1958) wissen, dass magische oder religiöse Handlungen die traditionellen Verbindungen zwischen Stammesmitgliedern durch Symbolisierung sozialer oder ritueller Werte bekräftigen. Kitt für die Sozialstruktur (vgl. Tedlock, 1981, S. 158). Durch das radikale Schauspiel erreichen die Schamanen wohl kathartische Wirkungen, genauso durch ihr Ansprechen von Dingen die Spannungen verursachen können und ausserhalb der magischen Rituale unangesprochen bleiben (vgl. Beattie, 1967).

23 Für Lukian war der Tanz nicht nur Vergnügen, sondern augenöffnendes Psychodrama. Denn er «bringt die Seele des Menschen in den rechten Rhythmus und stellt anschaulich dar, was die innere Schönheit der Seele mit der äusseren Schönheit des Körpers gemeinsam hat, den Punkt aufzeigend, wo beide gleichsam zusammenfliessen.» (Lukian, *Über den Tanz* 6). Nur ein Weiser, der Kenner des Menschlichen kann demnach schön und «richtig» tanzen. Der Tänzer muss jene Eigenschaft besitzen, die Thukydides an Perikles pries: Wissen um das, was sein soll, und verstehen, es auch auszudrücken.» (vgl. Rahner, 1978, S. 62). Der !Kung Buschmann K"xau lernt «richtig» zu tanzen von *Kauha* (Gott), der ihn durch den Tanz in die Geheimnisse der Existenz einführt (Biesele, 1975, S. 153ff). Dann kann der Schamane von sich behaupten «yes, I am a big dancer» (Biesele, 1975). Der maskierte Tanz versucht durch Hilfsmittel besonders deutlich zu machen, dass sich etwas ausdrückt, das gewöhnlicherweise unsichtbar ist und dass der Zeitpunkt und der Ort des Tanzes deshalb von besonderer Alltagsenthobenheit ist. Zum Zweck der Heilung eingesetzt ist der «richtige» Tanz auch das «richtige» Remedium (vgl. Fenton, 1937; 1940; Hewitt, 1895; Fox, 1964; Lawrence, 1927; Lange, 1957; Barrett, 1976).

24 Lukian, *Über den Tanz* 35.

25 Freilich ist der Tanz immer Darstellung, Produktion des eigenen Körpers. Soll jemand anderer oder eine Gottheit dargestellt werden, dann ist dies nur möglich, indem der Tänzer das Wesen des andern überzeugend durch sein eigenes Wesen zur Geltung bringen kann. Während der Besessenheitstanz eine Inbesitznahme des eigenen Körpers durch ein fremdes Bewusstsein ist (Johnston, 1972; Laguerre, 1980) und damit der Tänzer selbst

nicht zum «richtigen» Tanzen angewiesen werden kann (dieses *zeigt sich* sofern eine tatsächliche Besessenheit vorliegt in oft erschreckenden klassischen Posen und theatralischen Gesten im Umfeld des Voodoo (vgl. Laguerre, 1980; Marcelin, 1949), bildet der schamanische oder rituelle Tanz in den verschiedensten Volksgruppen die Möglichkeit, unirdisches Geschehen einsichtig zu machen und durch die Dramaturgie in eine künstlerische Verbindung mit dem alltäglichen Leben zu bringen. Die Kosmogonie der Versatzstücke beim Seelensuche-Tanz der Magar (Oppitz, 1981 a, S. 44ff) durchbricht die Banalität des Anschaulichen. Die Tänzer werden zu anarchen Grenzwanderern in deren Pantomime sich ihr tiefstes Selbst mit den Reichen der Fremde als vereint erweist. Der gute Tanz ist dann weniger Psychologie der Darstellung denn unmoralische Direktheit. Hier ist nicht das eingetreten, was Artaud als einen der Gründe für den Verfall und die Verlogenheit des modernen Theaters ansah: «Parce qu'il a rompu avec l'esprit d'anarchie profonde qui est à la base de toute poésie.» (Artaud, 1964, S. 63). Poetische Anarchie kennt als ihre Grundlage die bedingungslose Exaltation des Emotionalen – *mania*, der dichterische Wahnsinn des schamanischen Apollo; ein Zustand, der den Schauspieler (und sein Publikum) nicht ungeschoren lässt, weil er das Drehbuch kennt, aber nicht für verbindlich nimmt. Wenn sich sein Inneres umwühlt und stöhnt und ächzt und platzt, dann bricht im schrankenlosen Tanz der ganze Mensch hervor. Die Tänze bei den grossen Winterzeremonien der Salish im Nordwesten Amerikas vibrieren in jenem echt theatralischen Geist, den Artaud im neuen Theater vermisst. Die Tänze waren von solcher Intensität, dass Tänzer, nach einer einzigen Runde durch das Langhaus vollkommen erschöpft waren. Von Helfern mussten sie auf ihre Sitzplätze gebracht werden, wo sie unter Tränen zusammenbrachen. Erst nach einer Stunde, oder länger, beruhigte sich der Salish-Tänzer (Bancroft-Hunt und Forman, 1979, S. 109).

26 Lukian (*Über den Tanz* 69). Gewissermassen handelt es sich um eine unkontrollierte Weisheit, die Klarheit der Trance und der unmittelbaren Darstellung. Keine säuberlich abgezirkelten Gesten. «When I dance I don't act, just follow your power, just follow the way of your power», berichtet der Salish-Indianer (Jilek, 1974, S. 27) und verweist damit auf den Intellekt der Wildnis.

27 Saugen als Heilhandlung, um die Krankheit oder den die Krankheit verursachenden «Gegenstand» aus dem Körper des Patienten zu entfernen, ist ein beinahe universales Muster. Auf jeden Fall steht solche Aktion mit der Vorstellung in Verbindung, dass der kranke Zustand durch etwas verursacht wurde, das in den Körper des Patienten eingedrungen ist, sei dies ein Objekt (Clements, 1932; Pfeiffer, 1971), ein Geschoss (Honko, 1959; Bartels, 1893, S. 25 sprach vom «magischen Schuss»), ein «Wurm» (Bartels, 1893, S. 21ff; Honko 1959, S. 33f) oder ein Geist (Bartels, 1893, S. 11ff; 1902; Clements, 1932; auch Kaplan, 1927, S. 156f).

28 Die Autorin glaubt ausschliessen zu können, dass sie der Heilung eines Simulanten beigewohnt hatte (Wagner-Robertz, 1981, S. 153), zumal eine solche Zeremonie sehr teuer sei und nicht selten den gesamten Besitz des Patienten kosten kann. «Der Preis dieser Behandlung lag bei ungefähr DM 130. Ehe ein Eingeborener diesen für ihn sehr hohen Preis bezahlt, muss er wirklich auf Leben und Tod erkrankt sein.» (Wagner-Robertz,

1981, S. 153). Da in der westlichen Welt der Weg zum Heiler, insbesondere zum Psycho-Chirurgen, oft nicht mit der nötigen Einstellung sich selbst für die Effektivität der Heilung einzusetzen einhergeht, haben es Psychologen etwa einfach gehabt, hohe Preise als angemessen anzusehen, um die rechte Motivation der Klienten über eine der empfindlichsten Stellen westlicher Besorgnis hervorzurufen: den Geldbeutel.

29 Das ethnographische Material dazu ist sehr reichhaltig. Nur einige Titel seien genannt: Beattie, 1967; Middleton, 1979; Hand, 1976; Buschan, 1941; Delobsom, 1934; Lang, 1900; Wirz, 1941; Loazia, 1976; de Sanctis-Mangelli, 1935; Morley und Wallis, 1978; Grossinger, 1980; Ackerknecht, 1943; 1945; Clements, 1932; Denko, 1966; Drobec, 1954; 1955; Fernandez, 1950; Koty, 1934; Barbeau, 1958; Trilles, 1932; McNickle, 1956; Ehrenwald, 1977; Long, 1977).

30 So drückte sich Susan Fassberg aus, als wir diesen Komplex einmal diskutierten.

31 Vorschnelle Urteile nach dem einfachen Schema, «wo getrickst wird, ist alles Humbug» haben dazu geführt, dass die sich grosser westlicher Popularität erfreuenden philippinischen «Geistheiler» (eigentlich «Geistchirurgen») samt ihren blutigen Demonstrationen abqualifiziert wurden. Kritik an diesem negativen Urteil bedeutet allerdings nicht eine unkritisch gläubige Einstellung. Aber die Parapsychologie hat das Tricksen von Medien als einen vom Gesamtbild dieser Wissenschaft nicht wegzudenkenden Umstand kennengelernt (Müller, 1979), ebenso wie in der ethnologischen Feldforschung Heilung und Manipulationen häufig einherzugehen pflegen. Das eine schliesst das andere nicht unbedingt aus, was nicht heisst, dass der umgekehrte Schluss vom Vorhandensein von Tricks auf die paranormale Wirksamkeit der «Heilung» zu schliessen weiterbringt. Die Verwendung von Tricks wird häufig zu einem rituellen Bestandteil der zu einer zeremonialen Performance geronnenen Darbietung. Eine Darbietung, die den Glauben an die Wirksamkeit der Heilhandlung wünscht. Die Darbietung, Imitation, das Ausagieren und die Beschreibung des magischen Aktes zielt auf das gewünschte Ergebnis ab (vgl. Skorupski, 1976, S. 149; Malinowski, 1954, S. 79f; 1972, S. 68), dessen Zustandekommen durch unbedingten Glauben daran unterstützt wird. Dass Glaube an die Möglichkeit paranormaler Ereignisse das Zustandekommen derselben stark begünstigt, ist in der Parapsychologie eines der bestgesichertsten Ergebnisse (Schmeidler und Murphy, 1946; Palmer, 1971; 1977; Mischo, 1979). Entsprechend haben Anthropologen angenommen (etwa Mauss, 1972, S. 97; Malinowski, 1954, S. 79ff), dass Magie als Gesamtphänomen ein Objekt von ungeteiltem und kollektivem Glauben darstellt. So weigert sich etwa der Apachen-Schamane, einen Skeptiker zu heilen (Opler, 1936, S. 1375), und Schamanen fühlen sich in ihrer Ehre rasch getroffen, wenn bei einer Séance Zweifel an der Echtheit vorgebracht werden, was diese zum Abbruch der Sitzung bewegen kann (Barnouw, 1942; Winkelman, 1980, S. 9; 1982). Hierin und in der allgemeinen Persönlichkeitsstruktur – sofern man hier überhaupt verallgemeinern kann – ähneln die Schamanen den (spiritistischen) Medien (vgl. Barnouw, 1942, S. 160ff; Findeisen, 1960; 1958). Der eigene Glaube setzt sich über eine einfach abqualifizierende Ansicht über die Verwendung von Manipulationen hinweg. Auch wenn der Grönland Schamane Sorqaq von sich behauptet,

«nur ein grosser Lügner» zu sein und dass das, was während der Heilhandlung vor sich geht «nichts mit der Wahrheit zu tun hat» (Freuchen, 1935, S. 133), wird er nicht einen Augenblick zögern, wenn er selbst krank sein sollte, einen Schamanen-Kollegen mit der Bitte um Heilung aufzusuchen (Rose, 1956, S. 94ff).

32 Ein interessantes Dokument in bezug auf diesen Fragenkomplex stellt die fragmentarische Autobiographie eines Kwakiutl-Indianers dar, der den Schamanennamen Quesalid bei seiner Initiation erhielt (Boas, 1930, II; Lévi-Strauss, 1949). Ursprünglich war Quesalid neugierig gewesen, den Schamanen auf die Finger zu schauen, da er nicht an die Effizienz ihrer angeblichen paranormalen Fähigkeiten glaubte. Er suchte deshalb immer die Nähe der Meister auf, bis ihn einer eines Tages aufforderte, sein Schüler zu werden. Der junge Kwakiutl zögerte nicht und erfuhr in seiner ersten Lektion, wie man Bewusstlosigkeit imitiert oder einen wilden Anfall, lernte Pantomime und Manipulationen einzusetzen. Wie man Erbrechen hervorrufen kann, wie man einen Körper abhorcht und als Geburtshelfer tätig wird erfuhr er, aber auch wie man «Träumer» einsetzt, d. h. Spione, die Gespräche belauschen und dem Schamanen Informationen über die Ursprünge und Symptome der Krankheiten von potentiellen Patienten überbringen. Vor allem unterweist man ihn in der *ars magna* der Schamanenschulen der Nordwestküste: ein kleiner Daunenballen wird im Mund versteckt und schliesslich blutig erbrochen, nachdem sich der Schamane in die Zunge gebissen hat oder sein Zahnfleisch zum Bluten brachte, und feierlich als der pathologische Fremdkörper präsentiert, den er aus dem Leib des Patienten durch Saugen entfernt habe. Quesalid fand seinen Skeptizismus bestätigt und setzte seine Lehre fort. Schon bald wird er zu einer Heilung gerufen, nachdem er einer kranken Person erschienen war. Er führte seine Kunst mit grosser Geschicklichkeit aus und hatte sofort einen beachtenswerten Erfolg zu verzeichnen, was ihm das Ansehen eines «grossen Schamanen» einbrachte, ohne dass er seine Lehrzeit noch abgeschlossen hätte. Trotzdem behielt er seinen kritischen Standpunkt bei und gab psychologischen Kriterien die «Schuld» an seinem Erfolg: «Weil sie (die kranke Person) stark in ihrem Traum an mich glaubte.» (Boas, 1930, II, S. 13). Dann aber erlebte der Abenteurer des Aussergewöhnlichen seltsame Dinge, die ihn «zögern liessen und über viele Dinge nachdenklich» machten (Boas, II, S. 19): bei den benachbarten Koskimo Indianern beobachtet er eine Heilzeremonie bei der ein bekannter Schamane die Frechheit besitzt, die Krankheit eines Patienten nicht als «blutigen Wurm» (der versteckte Daunenballen) zum Vorschein zu bringen sondern lediglich indem er in seine Hand spuckt. Quesalid bietet sich an, mit seiner Methode einen Heilversuch zu unternehmen, als sich einmal die Koskimo-Art für uneffektiv erwies. Die kranke Frau erklärt dadurch geheilt worden zu sein. Dieser Umstand macht unseren Helden nervös. Denn obwohl er seinen eigenen Manipulationen gegenüber keineswegs Illusionen hegt, ist er einer «falscheren» Methode begegnet. Schliesslich gibt er seinen Klienten etwas, präsentiert ihnen ihre Krankheit in sichtbarer und berührbarer Form, während seine fremden Kollegen lediglich *behaupten* die Krankheit gefangen zu haben. Beschämt bestellen die Koskimo Schamanen den erfolgreichen Kwakiutl in eine Höhle, denn bislang hatten sie geglaubt, dass die Krankheit «ein Mensch» sei, der gefangen werden muss. Sobald die

«Seele der Krankheit, die ein Mensch ist, erfasst wird, stirbt die Krankheit, die ein Mensch ist. Ihr Körper verschwindet einfach in unserem Inneren.» (Boas, 1930, II, S. 20f). Wie kommt es also, dass bei den Operationen von Quesalid, die Krankheit sichtbar wird? Quesalid aber schweigt, denn während seiner Ausbildungszeit darf er über seine Lehren nicht sprechen. Auch die angeblich jungfräulichen Töchter der neugierigen Koskimo Schamanen, die Quesalid verführen und ihm sein Geheimnis entlocken sollen, erfahren nichts. Später treibt er einen Schamanen seines Stammes zum Wahnsinn, weil er abermals mit seiner Technik Erfolg hat, während der Rivale ohne sichtbare Extraktion der Krankheit erfolglos bleibt. Wieder behält Quesalid sein Geheimnis für sich und beginnt «echte» von «unechten» Schamanen zu trennen, wobei er nunmehr keinen Zweifel mehr daran hat, dass er selbst zu den echten zählt.
Für Lévi-Strauss (1949) ist die Geschichte von Quesalid ein Lehrstück über schamanische Psychologie: der Weg von der anfänglichen Skepsis des Freidenkers zur Überzeugtheit magischer Fähigkeiten aufgrund von offensichtlichen Tricks. Zweifellos kann man an dieser Erzählung theoretisches und empirisches Interesse an der Konzeptbildung magischer Effektivität anmelden. Von einem anderen Standpunkt betrachtet muss man nicht annehmen, dass Quesalid einem abergläubischen System zum Opfer gefallen ist, in dem sich die «wirkliche Wirklichkeit» nicht mehr durch empirische Argumente zweifelsfrei feststellen lässt. «Aber du siehst doch, dass du nur einen Daunenballen ausspuckst» ist kein adäquates Argument, zumal Quesalid das sehr wohl sieht und die von ihm «besiegten» Schamanen sehr wohl wussten, dass sie lediglich in die Hand spuckten. Das Erleben dieser Objekte und Handlungen lässt sich nicht einfach mit den selbstverständlichen Alltagswahrnehmungen in Verbindung bringen. Sie sind immer noch *anders* als eindeutig durch unsere Beobachter-Erfahrung festgelegt. Zwischen den Welten kann man deren Magie erleben. So ist auch Quesalids Weg nicht der in die Unwissenschaftlichkeit (den Parapsychologen wird ja ähnlicher Umgang mit den Phänomenen ihres Gegenstandsbereichs vorgeworfen; vgl. Staub, 1978; 1979; Edge, 1981; Rockwell und Rockwell, 1978a, 1978b), sondern der an den Zaun, wo «sowohl die ‹Wissenschaftsgläubigen› als auch die ‹Zaubergläubigen› recht und unrecht zugleich haben.» (Duerr, 1978, S. 134). Solang nicht Mäntel und Dämme die anarche Ordnungslosigkeit verdrängen, bedrängen, zurückdrängen wird Quesalids Daunenballen weder ein Daunenballen noch der «blutige Wurm» der Krankheit sein. Verständlicherweise haben es Indianer oft schwer, diese Einsicht den westlichen Feldforschern klar zu machen (wovon Duerrs *Traumzeit* beste Zeugenschaft ablegt) und beschränken sich dann darauf, die Effektivität ihrer unmöglichen Manipulationen herauszustreichen. Denn das verstehen die Forscher. Rose (1956, S. 94f) konfrontiert mit der üblichen überheblichen Aufdeckermentalität den australischen Medizinmann mit dessen Tricks. Der Medizinmann muss wohl die Aussichtslosigkeit langer Erklärungen erkannt haben und beruhigt den Durchschauer: «They bin get better all the same». Aha, die Manipulationen haben psychologische Wirkung als Zeichen, wie das Bild für den Vorbildzauber. Eindeutigkeit gerettet.

33 Locke (1980); Krippner (1978); LeShan (1975); Long (1977); Jensen (1963).

34 Van de Castle (1977); Long (1972); Rose (1956); Krippner (1981); Kawanami-Allen (1981); Westerbeke *et al.* (1977).

35 Strauch (1958; 1960); Jores (1955); Krivorotov *et al.* (1974); Guerra (1976); Lacourcière (1976); Grad (1965); Krieger (1975; 1976).

36 Watkins und Watkins (1971). Die Versuchsperonen in diesem Experiment hatten nicht selten die Vorstellung, dass sich eine Art «elektrisches Feld» entwickelt, das für die psychokinetischen Bewirkungen verantwortlich sein soll (Watkins, 1979, S. 23).

37 Grad (1965). In einem weiteren Experiment untersuchte Grad den Effekt von Wasser, das in Glasröhren zuvor von einem Heiler in der Hand gehalten wurde, auf die Wachstumsrate von Pflanzen (Grad, 1965). Gerstensamen, die «behandeltes» Wasser erhielten, wuchsen rascher als die mit «unbehandeltem» Wasser gegossenen. Nur teilweise konnten diese mit grossem Enthusiasmus anfänglich begrüssten Versuche wiederholt werden (vgl. Macdonald *et al.*, 1977). Chemische Analysen des «behandelten» Wassers erbrachten keine Resultate (Randall, 1975, S. 168f). Andere Untersuchungen an Heilern schlossen deren Effekte auf die biologische Aktivität des Enzyms Trypsin ein. Trypsin findet sich im menschlichen Verdauungstrakt, wo es die Aufgabe erfüllt, Proteine und Polypeptide zu spalten. Ein Heiler mit dem auch Grad seine erfolgreichsten Versuche durchgeführt hatte (Grad *et al,* 1961; Grad, 1963; 1964; 1965), Oskar Estembany, veranlasste auf ungeklärte Weise eine Beschleunigung der Enzymaktivität (Smith, 1968). Im Hinblick auf die paranormale Beeinflussung von physischen Vorgängen, um eventuell unerklärte Heilvorgänge einsichtig zu machen, erweisen sich Experimente an Enzymen recht fruchtbar, zumal alle metabolischen Reaktionen jeder Zelle durch spezifische Enzyme katalysiert zu werden scheinen. Krankheiten können somit auf das Fehlen oder die Dysfunktion eines Enzyms zurückgeführt werden. Trotzdem sind Wiederholungsversuche der Arbeiten von Smith alles andere als zahlreich und nicht in gleicher Weise erfolgreich (was nicht unbedingt an der Methode, sondern an der unterschiedlichen «Güte» der Heiler liegen mag; vgl. Edge, 1980). Was physikalisch etwa beim «Handauflegen» abläuft, ist ebenfalls noch kaum einer eingehenden Untersuchung zugeführt worden. In Anm. 36 berichte ich kurz von Versuchspersonen, die bei Heilexperimenten das Gefühl hatten, eine Art «elektrisches Feld» aufzubauen. Tatsächlich konnten zumindest geringe Veränderungen in der Stärke des elektrischen Feldes in der Nähe von Heilern festgestellt werden (Macdonald *et al.*, 1977, S. 74f). Versuche, die mit dem englischen Heiler Matthew Manning zur Beeinflussung von Krebszellen durchgeführt wurden, haben, einer etwas unbedachten Experimentierweise wegen, zu nicht interpretierbaren Resultaten geführt.

38 Allobiofeedback nennt der besonders einfallsreiche Experimentator William Braud (1978; auch 1978a) die Fähigkeit von Versuchspersonen, physiologische Abläufe im Körper einer anderen Person auf paranormalem Wege durch eine Feedback-Verbindung zu beeinflussen.

39 Gruber (1979c; 1980c); Braud (1979); Standford (1978). In einem Versuch (Gruber, 1980c) konnten Versuchspersonen auf rätselhafte Weise die Anzahl von Leuten, die einen Supermarkt betraten, «steuern». Ob es sich tatsächlich um eine Steuerung handelt, die auf paranormalem Weg erfolgt, oder vielmehr ein ebenso unerklärtes Zusammentreffen von Intention und

Situation kann nicht entschieden werden. Das gilt für alle Abteilungen der Parapsychologie. Dass etwa die Telepathie immer noch als «Übertragung» von Gedanken oder Vorstellungsbildern definiert wird liegt daran, dass Parapsychologen die paranormalen Phänomene häufig mit den Augen ansehen, mit denen sie auch ihr Schnitzel auf dem Teller untersuchen (cf. Werth, 1978; Gruber, 1979a, S. 165ff; Beloff, 1979; 1980). In diesem Fall wird der Schamane Quesalid immer nur blutgetränkte Daunenballen ausspucken und ein Vorstellungsbild auf irgendeinem geheimnisvollen Weg von einer Person zu anderen fliegen. Diese Ansicht sagt mehr über das moderne wissenschaftliche Lebensgefühl und die damit verbundene Weltsicht aus, denn über das Paranormale: wie anders als in der Sicht eines abgekapselten, gepanzerten Individuums, das lediglich über die mechanisch arbeitenden Sinnesorgane Zugang zur «wirklichen Welt» ausserhalb seiner selbst hat (aber wo ist er denn selbst, wo denn?!), ist die archaische Grenzüberspringung, die skandalöse Vermischung des Ichs mit der Welt, von der ich gesprochen habe, auf das Paranormale abonniert. Keine Schranken mehr, einmal lachender Schamane, einmal Fisch, Jaguar und Adler, im Busch und in den Städten da.

40 Vgl. Morris *et al.* (1979); Levi (1979); Kennedy (1978); Stanford (1977a, S. 332ff, 370ff). Wie bereits festgestellt, zielt auch die einen umschriebenen Effekt hervorrufen wollende magische Handlung lediglich auf das Resultat ab: der Schamane der Cuna in Panama besingt mythologische «Stationen», die den inneren Zustand des Kranken reflektieren (Enderwitz, 1977, S. 9ff), der charakteristische Kern magischer Verwünschungen beschreibt die Konsequenzen der Handlung (Skorupski, 1976, S. 149; Elkin, 1977, S. 43, siehe unten) und schliesst die intensive Vorstellung des zu erreichenden Zieles mit ein (vgl. Morris, 1980 für den Einsatz dieser Technik in der parapsychologischen Experimentierkunst).

41 Gruber (1979a, 1981a).

42 Braud (1978, S. 156f); vgl. dagegen den optimistischen Standpunkt von Kennedy (1978, S. 117f).

43 James (1909).

44 Freilich sind die Probleme in der Parapsychologie mannigfaltig, weil sich eben über die Dinge der magischen Bezirke nicht mit der alltäglichen Sicherheit Aussagen machen lassen. Das hat zu Kontroversen geführt, die diese Wissenschaft seit ihren Anfängen verfolgen (Gruber, 1978a; 1979b; Bauer, 1979). So hat man sich heute wieder in Streitigkeiten verstrickt, ob es sich wohl bei der Psi-Fähigkeit (Psi gilt als Sammelbegriff aller paranormalen Phänomene) in der Tat um eine Fähigkeit handelt, die einigen Menschen zukommt, anderen aber nicht (Stanford, 1981; Millar, 1979), oder ob sie nach Rhinescher Schulmeinung (Nielsson, 1975/76; Allison, 1973; McVaugh und Mauskopf, 1976) «gleichverteilt» in der Bevölkerung vorliegt und durch gewisse Begleitumstände biologischer, sozialer, situativer oder psychologischer Art in verschiedener Ausprägung demonstriert werden kann. Damit verbunden erweist sich die Diskussion um die Erlernbarkeit einer gewissen Kontrolle über paranormale Fähigkeiten, wie sie etwa von Yogis berichtet wird oder aus dem schamanischen Umfeld (obwohl man sich da vor Augen halten muss, dass die Berufung zum Schamanen ja häufig schon beim Kleinkind erkannt wird, was auf eine «angeborene» Komponente bezüglich seiner späteren Fähigkeiten verwei-

sen mag). Diese hat in eine Kontroverse geführt (vgl. Tart, 1975c; 1975d; 1977a; 1977b; 1977c; Stanford, 1977c; 1977d; O'Brien, 1976) deren Fruchtbarkeit nicht einschätzbar und deren Ende nicht absehbar ist (Kennedy, 1980; Tart, 1980).

45 Der amerikanische Psychologe und Parapsychologe Charles Tart hat 1981 ein Rundschreiben an Parapsychologen ausgeschickt, um Meinungen einzuholen über die nachhaltige Ängstlichkeit, die gegenüber dem Paranormalen besteht. Dabei beschränkt er sich nicht auf die Angst der Gegner dieser Wissenschaft, sondern wünscht sich vor allem Einsicht in die Angst der Parapsychologen selbst. Vgl. dazu Gruber (1981a; auch 1982b).

46 Jung (1965, S. 79f).

47 Das hat Jung allerdings auch gesehen (1965, S. 81).

48 Mauss (1972, S. 110).

49 Die Vorstellungen von dieser gerichteten «Kraft» gehen häufig mit «dinglichen» Vorstellungen einher, ohne das *mana* zu einem *einfachen* Objekt der Erfahrung zu machen. Mauss (1972, S. 111) sagt auch, dass *mana* «spirituell und natürlich sei, weil es in der gesamten berührbaren Welt vorhanden ist, wo es heterogen und immanent erscheint». *Mana* bezieht sich tatsächlich auf beides zugleich: Vielfalt und eigentliche Einheit, so wie die Erfahrung des Transpersonalen, des vollkommen von der Person getrennten andern immer auch die Erfahrung des höchst Individuellen bleibt (vgl. Gruber, 1981c; 1981d; Müller, 1970; 1977).

50 *Wakan* bezeichnete alles das, was «jenseits der Ordnung der Dinge lag» (Duerr, 1978, S. 275) und scheint deshalb dem Wort *Nagual* aufs engste verwandt zu sein (Castaneda, 1974, S. 126). Castaneda personifizierte den *Nagual*-Begriff, indem er seinen Meister Don Juan als *Nagual* bezeichnet und weist somit auf die Essenz göttlich-schöpferischer Ordnungsfreiheit (vgl. Radin, 1957, S. 14b) die im Menschen und im besonderen im Schamanen vorhanden ist. Don Juan lehrt Castaneda vor allem die Selbstverständlichkeiten seiner Alltagswelt zu *sehen,* während ihn Don Genaro eigentlich in die Fremde des *Nagual* einführt (vgl. Coerper, 1981, S. 242). Castaneda ist fasziniert von diesem alles Bekannte verändernden Etwas und will von seinem Meister wissen, was dieses Quasi-Ding *Nagual* denn eigentlich sei. «Nein, es gibt keine Erklärung. . . Das Nagual ist nur dazu da, erlebt zu werden», antwortet Don Juan (Castaneda, 1976, S. 191). Jenseits der *nierika,* dem Tor zum Reich des Unbekannten der Huichol, tobt jener Sturm von dem bei Castaneda die Rede ist (Castaneda, 1976, S. 196), der Konzepte, Meinungen, Ansichten, Fakten fürchterlich durcheinanderwühlt bis nichts mehr bleibt, denn das Bewusstsein des Menschen mit seiner inneren Treue.

51 Radin (1957, S. 143).

52 Die in der Wildnis mit jener *intelligenza d'amore* geschaut wird, die das «Auge des Herzens» offenbart. Eine Art, die zivilisatorischer Übermut in die Abstellkammern des Menschlichen verwies, wo Perversion und Wahnsinn lauern, die die grossen Errungenschaften des Geistes wiederum in Hexenwahn und fantastische Vorstellungen von der kannibalisch vatermordenden Urhorde à la Freud zu stürzen drohen.

53 Radin (1957, S. 14). Vgl. Anm. 49.

56 Lévi-Strauss (1974, S. 179).

55 Lévi-Strauss (1974, S. 366ff). Ja, diese Erinnerung hat auch mit der Zeit zu

tun, als die Menschen ihre Masken abnahmen und ihre Körper nicht mehr kunstvoll bemalten; mit dem «grünen Paradies der kindlichen Lieben», von denen Baudelaire träumte. Die verdriessliche Leere, der Lévi-Strauss – Anthropologe mit Leib und Seele (Leiris, 1956) – begegnet, hat mit der schmerzhaften Erfahrung zu tun, dass die ausgesprochene Wahrheit immer in einem Kleid erscheint und erst dann zu gelebter Freude ohne Abstriche wird, wenn sie zum Arretischen (Deubner, 1932, S. 9; Kerényi, 1945, S. 20ff) vorgedrungen ist.

56 Wittgenstein *(Tractatus,* 6. 52); vgl. de Martino (1948, S. 258).

57 Kuhn (1962).

57 Lévi-Strauss (1974, S. 185f).

59 Van der Hooft (1979; 1980); vgl. auch Johnston (1973).

60 Der *!kia* Heiltanz der !Kung aus der Kalahari Wüste (Lee, 1968; Marshall, 1969) erfüllt einen ähnlichen Zweck. Er führt zu Heilung und Schutz, erhöht den sozialen Zusammenhalt und die Solidarität, erlaubt das Ausleben von Aggressionen und verändert nicht zuletzt die Perspektive auf die Welt des Alltäglichen (vgl. Katz, 1973a; 1973b, S. 139f). Das was wirklich ist, wird gesehen, plötzlich und umgreifend. Ein Zhũ/twãsi !Kung berichtet dem Ethnologen: «You dance, dance, dance, dance. The *n/um* (eine Art ‹Lebensenergie›) lifts you in your belly and lifts you in your back, and then you start to shiver. *N/um* makes you tremble; it's hot. Your eyes are open but you don't look around; you hold your eyes still and look straight ahead. But when you get into *!kia,* you're looking around because you see everything, because you see what's troubling everybody.» (Katz, 1973b, S. 140). Alles wird gesehen in der Ursprungserfahrung, so wie Cicero die *initia,* die Mysterien der Einweihung in Ungeahntes, beschreibt: «Und in den Initien erkannten wir genau so, wie sie heissen, die Prinzipien des Lebens» (nach Kerényi, 1945, S. 22), was zu einem Grund für fröhlicheres Leben wird, aber auch «cum spe meliore moriendi».

61 Intoxikation mit Schnupfpulver das vom Rindenharz von *Virola theidora* oder verwandten Spezies gewonnen wird (oder aus den Samen von *Anadenanthera peregrina,* vgl. Spruce, 1908) wirkt besonders schnell und stark (vgl. Reichel-Dolmatoff, 1975, S. 3ff; Furst, 1976, S. 152). Der Gebrauch bei kolumbianischen Indianerstämmen wird schon von Christoph Columbus beobachtet und von seinem Sohn aufgezeichnet (Colon, 1944, S. 161f). Schamanen nehmen das Pulver zu sich, um zu heilen oder die Transformation in einen Jaguar zu erleichtern. Letzteres wird bevorzugt auch durch *yajé* erreicht, zumal diese Liane, wie ein südamerikanischer Indianer dem deutschen Ethnographen Koch-Grünberg (1923, S. 388) versicherte, «den Schamanen, den Jaguar» enthält.

62 Als westlicher Patient im «ethnographischen Feld» kann man eine indigene Heilung aus verschiedenen Gründen wünschen. Sicherlich aus (wissenschaftlicher) Neugier, gezwungenermassen wenn keine Alternativen greifbar sind, oder aus Überzeugung. Ich hatte genug Zeit meine Beweggründe zu überdenken keine indigene Heilung über mich ergehen zu lassen, als ich im Mazatekenland wenig heroisch stürzte und mir eine klaffende Handverletzung zuzog (ich war auf dem sonst immer willkommen begrüssten Morgentau ausgerutscht, als ich aus der Hütte in Huautla zum Pinkeln gehen wollte). Constantino, unser zwölfjähriger Gastgeber, schlug

sofort vor, mit einer Maria Sabina Tochter, die um mehrere Ecken herum mit seiner Familie verwandt zu sein schien, eine Heilzeremonie zu versuchen. Sie würde mir Steine auflegen, Pilze zu essen geben und Räucherharz verbrennen, was alles dazu beitragen sollte, die Schmerzen zu lindern. Ich ging allerdings auf das Angebot nicht sofort ein, was mich über mich selbst stutzig machte. Nicht, dass ich etwas gegen eine Zeremonie gehabt hätte, oder gegen die Pilze, das sicher nicht, aber ich kann nicht behaupten von enthusiastischer Überzeugung gewesen zu sein. Das hängt von mehreren Umständen ab. Einmal war ich erst wenige Tage in dem mazatekischen Bergdorf und kann nicht sagen, dass mir die Lebensform der Indios in irgendeiner Form vertraut war, geschweige denn, dass diese selbst in mir etwas anderes gesehen hätten, denn einen der unzähligen Pilz-gringos. Wie sollte sich eine Atmosphäre entwickeln, wie sie sich zwischen *curandera* und einheimischen Patienten entfaltet, wenn durch die Vertragsbasis einer solchen transkulturellen Handlung das Wesentliche der Heilauffassung zerstört wird? Ich konnte mir keine widrigeren Umstände vorstellen. Zum anderen war ich in dieser Entscheidung nicht gerade von grossartiger Tapferkeit, zumal ich keine Infektion aufkommen lassen wollte, und entschied mich daher, die Wunde von dem einzig verfügbaren Arzt im Dorf nähen zu lassen. *Medico* nannten wir den eben von der Universtitätsbank in die Wildnis gekommenen vierundzwanzigjährigen Zahnarztneuling, der sich mit seinen auf Zähne und Kiefer spezialisierten Geräten an meiner Hand versuchte. Irgendwann während der Näh-Aktion hatte ich den erschreckenden Gedanken, dass meine Entscheidung den jungen Zahnarzt vorzuziehen das eigentlich Irrationale daran war. Aber rasch beruhigte ich mich damit, dass ich weder einer romantischen Primitivitätsnostalgie zum Opfer fallen wollte, noch ein enttäuschter Zivilisationsflüchtling war. Das sympathische Wesen des flinken *medico* hat sicher dazu beigetragen, dass mein Entschluss erträglich blieb, auch als der postoperative Schmerz nicht nachlassen wollte. Ich hatte mir oft überlegt, unter welchen Voraussetzungen Heilungen, wie sie in den Philippinen an westlichen Touristen-Patienten durchgeführt werden, für Klient und Heiler überhaupt eine tragbare Form solch entscheidender Handlung sein können. Wahrscheinlich spielen auf beiden Seiten Motive eine Rolle, die für die jeweils andere Lebensform selbstverständlich und für die eigene erhofft und häufig als unerreichbar gesehen werden: Magisches und Pekuniäres. Für mich persönlich sind die blutigen «Operationen» der Philippinos weitaus fremder geblieben als die der mazatekischen *curanderos,* die ich schliesslich kennengelernt hatte. Das mag aber eher auf ästhetische Empfindungen zurückzuführen sein, denn auf «objektive» (und schliesslich habe ich auch die Erinnerung an das flaue Gefühl im Magen, das ich beim Filmen von blutigen «Operationen» des «Schnipselmeisters» Ivan Trilha über mich ergehen lassen musste; vgl. Anm. 20). Was sind «objektive» Erwägungen in solchen Fällen überhaupt wert? K. W. Ankenbrandt hatte nach Heilsitzungen mit dem Ojibwa-Medizinmann Simon Luke wohl auch «objektive» Verbesserungen ihrer Sehfähigkeiten zu verzeichnen. Für die Überlassung ihrer Feldnotizen darüber von 1980 sei ihr hier herzlich gedankt.

63 Der Ausdruck stammt von den kalifornischen Chumash Indianern.

64 Gusinde (1932, S. 288f). Vgl. auch Peters (1978); Kelly (1979); Parin

(1976); Dobkin de Rios (1969); Naranjo (1973); Enderwitz (1977); Peters und Price-Williams (1980); Fabrega und Silver (1970); Devereux (1978); Katz (1977); Beck (1966); Kiev (1964).

65 Levy-Bruhl (1921, S. 236).

66 Auch die schamanische Heilung, selbst wenn sie zielgerichtet ist, was sich im Verbalen und in den Handlungen zeigt, bezieht sich eigentlich auf den ganzen Menschen; so wie der *ombouiri,* ein Doktor aus dem Jenseits, der sich in der Einnahme von *alan (Alchornea floribunda)* oder *iboga (Tabernanthe iboga)* in den afrikanischen Fang inkarniert, es auf eine Heilung des ganzen Menschen abgesehen hat (vgl. S. Świderski, 1981). Ob sogenannte multivariate Ansätze im parapsychologischen Experiment das geeignete Mittel darstellen zu einer die Gesamtheit des Magischen angemessen beschreibenden wissenschaftlichen Sprache zu gelangen, bleibt zu bezweifeln (vgl. Mischo, 1974; 1979, S. 532ff; Mischo und Wittmann, 1980). Denn obwohl diese Methode in den «Verhaltenswissenschaften» als die «wichtigste Form statistischer Analyse» (Kerlinger, 1976, S. 149) angesehen wird, heisst das noch lange nicht, dass sich ihre Bedeutung auf das parapsychologische Material übertragen lässt. Zwar halten die meisten experimentell arbeitenden Parapsychologen ihre Wissenschaft tatsächlich für eine mit den Methoden der Verhaltenswissenschaften erforschbare (das vor allem im Zuge der Entwicklung des Rhineschen Forschungsprogrammes; vgl. Gruber, 1979b; 1982b; Nielsson, 1975/76), aber die Fortschrittsstagnation hat gezeigt, dass diese Methoden dem von ihnen angestrebten Ziel nicht viel näher gekommen sind. Ich will hier die Probleme beiseite lassen, die sich mit der angesprochenen statistischen Methode bereits innerhalb der Verhaltenswissenschaften selbst ergeben.

67 Vgl. Roll (1974); dazu auch Gruber (1980d; 1981a; 1981b); Fassberg und Gruber (1982).

68 Colazo (1970, S. 41f).

69 Lévi-Strauss (1969, S. 204ff). Kürzlich hat Locke (1980) strukturalistische Gedanken zu einem Resonanzkonzept erweitert, das für Wechsel von Bewusstseinsebenen verantwortlich sein und dadurch Psi-Heilungen hervorrufen soll. Dabei konzentriert sich Locke auf die Resonanz auf Ebene der Kommunikation und der Vorstellungsbilder und versucht Semiologie, interpersonelle Psychodynamik, Neuropsychologie und Phänomenologie zusammenzuführen. Personale Grundpfeiler seiner Hypothesen sind Lacan, Lévi-Strauss, Polanyi und Merleau-Ponty, unter deren schützende Hand der Strukturalismus in der Parapsychologie fröhliche Urständ feiert; was ich durchaus positiv sehe, zumal hier der Versuch gemacht wird, eine Ganzheit zu bewahren, ohne sich auf faktische Sturheiten zu kaprizieren. Ich glaube, dass dieser Ansatz anthropologischen Bemühens ein wenig Salz in die fade Suppe parapsychologischer Konzepte streuen kann, was bei Kongressen der *Association for Transpersonal Anthropology* und der *Parapsychological Association* bereits auf fruchtbaren Boden gestossen zu sein scheint. Vgl. dazu auch Gruber (1982a).

70 Auch wenn die Vorstellungsbilder und die Konzentration darauf mit der Absicht einem magischen Zweck zu genügen wichtiger Bestandteil magischer Handlungen bleibt, so kann sich die Horkheimer/Adorno-Kurzschreibweise («Der Schamane bannt das Gefährliche durch dessen Bild. Gleichheit ist sein Mittel.» Horkheimer und Adorno, 1947, S. 28) nicht be-

haupten. Dem Schamanen ist jedes Mittel recht, auch das der «Ungleichheit».

71 «Then I complained to him (Carlos Castaneda) about how the baby had colic and I hadn't slept much for three months, and he said: ‹Leave him to me.› And I said: ‹What are you going to do?› And he said: ‹Don't ask. Leave the room›. So I left the room, and left my baby with him, until he called me back. He wouldn't tell me what he had done, and I didn't press him, but the baby never had colic again.» (Barbara Myerhoff zu Richard de Mille; de Mille, 1980, S. 349). Fragt sich bloss wie Castaneda durch Kommunikations- und Vorstellungsresonanz mit einem Baby jenes System das da heilt entstehen liess. Fast ist man angesichts der Unkompliziertheit und gerade deshalb so überraschend magischen Heilung gewillt den gesamten Phänomenbereich auf die Formel der Rockgruppe *The Who* zu bringen: *See me, feel me, touch me, heal me (Tommy).*

72 Cooper (1944); Hallowell (1942); Lambert (1956); Hultkrantz (1967; 1981); Hurt und Howard (1952).

73 *Yuwipi* stammt aus der Sprache der Dakota und denotiert das Festbinden und Einwickeln des Schamanen während der Sitzung (Vgl. Hultkrantz, 1967, S. 44f; Hurt und Howard, 1952, S. 286ff; Hurt, 1961; Feraca, 1961).

74 Hultkrantz (1981, S. 80).

75 Biggar (1925, S. 86ff); Thwaites (1897, S. 163ff; 1898, S. 17ff). Champlains Bericht stammt aus dem Jahre 1609, der von Le Jeune von 1634. Erst mehr als zweihundert Jahre später wird die erste Zeichnung einer «spirit lodge» angefertigt (Schoolcraft, 1860, Tafel 32). Die Errichtung spezieller «Beschwörungshütten» ähnlicher Art wird auch von anderen Ethnien berichtet (so etwa von den Semang in Malaysia; vgl. Schebesta, 1940; Evans, 1937; 1930, S. 115), während das Fesseln des Meisters zum Zweck der magischen Vorführung oder des Schamanisierens noch weitere Verbreitung gefunden hat (Sieroszewski, 1902, S. 325ff; Anisimov, 1963, S. 100 ff; Rasmussen, 1926, S. 66).

76 Vgl. Servadio (1958).

77 Ehrenwald (1948, S. 186).

78 Ehrenwald (1948, S. 186).

79 Vgl. Eisenbud (1946, S. 51).

80 Schaefer (1969, S. 6f).

81 Das soll keineswegs heissen, dass ich die Ansicht vertrete, hier gäbe es überhaupt keine Tricks. Aber im Zusammenhang mit schamanischer Magie interessiert mich zunächst das überraschend Ungeklärte, das – in der Sicht westlicher Wissenschaft – dem magischen Handeln eine gewisse «Rationalität» nicht absprechen kann.

82 Lambert (1956, S. 128).

83 Tatsächlich entwickelte und verbreitete sich der Spiritismus oder Spiritualismus als eine Bewegung, die auf den Glauben an die reguläre Kommunikation mit jenseitigen Verstorbenen basierte, zu einer Zeit, als die ethnographischen Kenntnisse über amerikanische Indianerstämme weite Verbreitung fanden. Es war eine Zeit intellektueller Höhenflüge, mit niedriger Analphabetismusrate in den Vereinigten Staaten, vielen Schulen und einem enormen Aufschwung des Zeitungswesens (Nelson, 1969). Diese Umstände mögen dazu beigetragen haben, dass sich die spiritistische Séance sowohl in Anlehnung an ursprünglich europäische spirituelle Bewe-

gungen (Swedenborgianer, Christen, Freimaurer, Rosenkreuzer) entwikkelte, aber auch entscheidende Anleihen vom nordamerikanischen Schamanismus bezog (vgl. Gruber, 1979b, S. 486; Hallowell, 1942, S. 2). Rawcliffe (1959, S. 302) geht sogar soweit zu behaupten, dass das durch schwere Vorhänge abgetrennte Séance-Kabinett spiritistischer Sitzungen direkt von der nordamerikanischen «Beschwörungshütte» abgeschaut wurde. Historische Verbindungslinien sind allerdings mannigfaltig. Die Praxis des abgetrennten Raumes für die Pythia oder das Medium war bereits in Griechenland bekannt (Dodds, 1970, S. 163ff; Morrison, 1981, S. 98f), wohl um den Eintritt in einen nicht-alltäglichen Bewusstseinszustand zu erleichtern: denn im Zurückfallen auf die eigene Dunkelheit, im Schliessen der Augen und Ohren, eröffnen sich die Mysterien (vgl. Deubner, 1932; Mommsen, 1898).

84 Levitationen von Gegenständen gehören zu oft berichteten Erscheinungen spontaner Psyochokinese. Von Heiligen wie Joseph von Copertino (Turi, 1977; auch Rogo 1981) werden Autolevitationen kolportiert. Die psychoanalytische Reflexion weiss zu deuten, dass das Gefühl des Schwebens mit Regression verbunden ist, bzw. mit einem «Wechsel der Ansichten». Aktives Fliegen enthält Ekstase durch eine phallische Leistung (Devereux, 1960). Von dem Star-Medium des letzten Jahrhunderts D. D. Home werden ebenso Autolevitationen berichtet, Schmerzunempfindlichkeit gegenüber glühenden Kohlen, bis hin zum einzigartigen «earthquake effect», bei dem ein ganzes Haus in unerklärliche Erschüttungen versetzt wurde (Zorab, 1976; 1977).

85 Vgl. Gruber (1979a; 1981a); Bender (1979, S. 136ff); du Prel (1894); Riko (1881); Zorab (1954). Freilich kann sich ein Spuk auch auf ganz andere Dinge kaprizieren und eine bestimmte Art ungeklärter Phänomene wiederholen (vgl. Gruber, 1977b; Owen, 1964; Roll, 1977; Tizané, 1951; Gauld und Cornell, 1979). Trotz seiner Tendenz zu wiederholen, scheinbare musterhafte Abläufe zu bilden, kann man in der Phänomenologie des Spuks nur ein Muster unter allen Umständen aufecht erhalten, jenes nämlich, immer überraschend und unvorhergesehen zu wirken – in der Gleichförmigkeit der Abläufe oder in der Unähnlichkeit (vgl. Gruber, 1979; dazu auch Lucadou, 1982). Bender (1979) versucht die anscheinende Musterhaftigkeit von Spukgeschehnissen theoretisch in den Griff zu bekommen. Dabei unterstellt er dem Spuk verschiedene, anthropomorph formulierte Verhaltensweisen: intelligent anmutendes Verhalten, Drohgebärden, infantil anmutendes Necken, ein «frotzelnder» Charakter (S. 136; vgl. auch Sexauer, 1958/59, S. 113). Bender fährt fort, die psychokinetischen «Drohgebärden» etwa umherfliegender Gegenstände als «Aktualisierung eines Archetypus» (S. 138) aufzufassen, zumindest wenn es sich bei den beobachteten Phänomenen um jene «transkulturellen Muster» handelt, die man immer wieder gefunden haben will. Die im Zentrum des Spukgeschehens stehende Person selbst kondensiert ein «undifferenziertes psychisches Substrat der Dinge», um ihrem Affekt (vgl. wiederum auch Sexauer, 1958/59, S. 113) psychokinetisch Ausdruck zu verleihen. Warum allerdings sollte das «undifferenzierte psychische Substrat» von fallenden Steinen einen ganz bestimmten, von fallenden Kaffeetassen oder Porzellansammlungen unterschiedenen, Ausdruck zutage fördern? Warum sollte dieser «anordnende Archetypus» gerade den «Wunsch» ha-

ben Steine von der Zimmerdecke fallen zu lassen? Was bedeutet das alles? Zumal fallen diese Steine sowohl in palmblattbedeckten Hütten Sumatras (Grottendieck, 1906), dem Burjaten Schamanen fallen sie als Zeichen vom Himmel (Mikhailowski, 1894, S. 86), bei der Tschuktschen-Sitzung regnen sie vom Zeltdach (Bogoras, 1904, S. 438ff), so wie sie in Bayern vor einigen Jahren in einem Haus herabregneten (Bender, 1970) und in Frankfurt als Backsteine spukhaft eine Gastarbeiterwohnung heimsuchten (Lucadou, 1981). Ich glaube nicht, dass die Steine als «Botschafter einer transzendenten Wirklichkeit» (Bender, 1979, S. 137) *per se* im *musterhaften* Auftreten symbolische Bedeutungen mit sich führen (vgl. auch Braude, 1980, S. 27f), sondern vielmehr, dass sich eine Bedeutung erst durch das Wiedererkennen der Erlebenden im Geschehen selbst einstellt. Damit aber meine ich nicht nur die Muster, das bisweilen wiederholt Erscheinende, sondern die Gesamtheit der Vorgänge, seien sie nun paranormal, vorgestellt, zusammengedichtet, erträumt, vergessen worden, was auch immer (vgl. auch Fassberg und Gruber, 1982). Wenn wir schon von einem quasi-personalen Etwas sprechen wollen, das da im «transzendenten Hintergrund» die Dinge unserer Welt in anarcher Weise beeinflusst, dann würde ich für den Spuk den Begriff des «unordnenden» statt «anordnenden» Archetypus bevorzugen, denn was geschieht ist das Ende des Herkömmlichen, Auflösung der Ordnung; Dinge geschehen, die sich einfach nicht mehr einordnen lassen. Dies ist ja der Kern der Geschehnisse, und gerade darum sind Ansätze für die Einordnung das, was der nicht nur neckische Kobold Poltergeist am Vorgehen der Wissenschaftler so belustigend findet. So wie sich die Zeitauffassung der Saulteaux am Berens River nicht mit unserer vergleichen lässt, sondern eher mit einer Spezialisierung auf «Zeitlöcher» (vgl. Duerr, 1978, S. 145), kann man ihre «shaking tent» Séancen (Hallowell, 1942) mit «Löchern im Raum» in Verbindung bringen. Was da geschieht, wie beim Spuk, findet wohl in Zeit und Raum *Ausdruck,* ist jedoch im Wesen aufs engste verbunden mit mythischen Stationen, die aus der Zeit und dem Raum hinausfallen. Tritt so etwas ein, dann können die seltsamsten Dinge passieren, die Charles Fort einmal sammelte und heute in der amüsanten *Fortean Times* nachzulesen sind (vgl. etwa die Geschichte über den grossen «Fisch-Fall» von 1859 von Schadewald, 1979; siehe auch Persinger und Lafrenière, 1977).

86 Bogoras (1904, S. 438ff). Vgl. auch Bogoras (1956); Šimkević (1896, S. 29f).

87 Man vergleiche dazu die Darstellung mediumistischer Phänomene (Konsultation von Medien) bei Proklos, Iamblichos und Apuleius. Siehe auch Herzog (1931, S. 112ff).

88 Vor einigen Jahren besuchte ich meinen guten Freund Lorenzo Ostuni in seinem Underground-Wahrsagetheater in Rom. Dort hat er verschiedenste mantische Techniken entwickelt, die sich an antike Vorbilder anlehnen und bei bestimmten «Ritualen» in einem theatralischen Spiel des Charakters und des Lebens der fragenden Person gipfeln. Die Medien-Schauspieler, die zu diesem Spiel befähigt sind, werden von ihrem Meister ausgebildet, der am Ende eine poetische Interpretation des Dargestellten gibt. Eine lange Szene des Spiels, das sich auf mich bezog, beinhaltete, dass ein als Tod verkleideter Schauspieler auf einem «unmöglichen» Schachbrett versuchte Schach zu spielen. Interpretation Lorenzos am En-

de: Ich werde versuchen, die Welt auf nicht-euklidsche Weise zu erfahren, irgendwie aus den vorgeschriebenen Methoden ausbrechen. Das war mir damals ganz und gar nicht einleuchtend, zumal ich an sauberen, reduktionistischen Experimenten zur Parapsychologie arbeitete.

89 Uslar (1958/59).

90 Evans-Wentz (o. J.); Staniford (1977); Manguel und Gudalupi (1980).

91 Die Psychometrie, also die aussersinnliche Wahrnehmung in Zusammenhang mit einem «Induktor», einem Gegenstand, über den oder über dessen Geschichte etwas ausgesagt wird, was nicht bekannt sein kann, hat interessante Untersuchungen erfahren, die Backus (1977, S. 784) eher als poetisch denn als wissenschaftlich ansieht. Er bezieht sich dabei vor allem auf Karagulla (1967, S. 215) und Roll (1967, S. 221). Verblüfft durch die Fähigkeit, durch ein Objekt plötzlich an «Erinnerungen» angeschlossen zu sein, die die eigene historische Erfahrung übersteigen, konstruierte Driesch (1938) die Theorie, dass auch das menschliche Gehirn eigentlich in keiner anderen Funktion stünde, denn als psychometrisches Rapportobjekt zu dienen. Diese Auffassung (Driesch, 1935; Gruber, 1978a) erfuhr in der Parapsychologie ein Wiederaufleben (Rao, 1979; Weiner und Height, 1980; Roll, 1981; Schmeidler, 1981). Dies blieb aber nicht auf die empirische Ebene beschränkt, sondern steuerte entscheidende Anstösse für neo-vitalistische Überlegungen (vgl. Diskussion zu Tart, 1979 S. 201ff) zum Begriff des Bewusstseins im Hinblick auf die Parapsychologie bei (Tart, 1979). Hier mischen sich neue neurophysiologische Befunde mit Quantenphysik und Bergsonschen Ansichten zu jenem neuen Wissenschaftsgebiet, dass sich «Bewusstseinsforschung» nennt (vgl. Pribram, 1971; Pribram *et al.* 1974; Bohm, 1971; 1973; 1980; Weber und Sellon, 1981; siehe auch Sheldrake, 1981; Fassberg, 1982). Auf der anderen Seite findet die Psychometrie als «intuitive Archäologie» (Emerson, 1977) ein neues Anwendungsgebiet. Archäologische Fundstücke werden paranormal Begabten übergeben, von denen man sich Aussagen erhofft, die mit den Mitteln der herkömmlichen Archäologie nicht gefunden werden können (vgl. Jones, 1979; Goodman, 1977; Wolkowski, 1977; Schwartz, 1978).

92 Bogoras (1956, S. 148).

93 Métraux (1944); Nimuendaju (1939).

94 Vgl. Ott (1981).

95 Ramsay Smith (1930, S. 202ff); Elkin (1977, S. 43).

96 In dem erwähnten Film von Peter Weir *The last Wave* wird die magische Handlung des Knochen-Richtens dramatisiert: der alte Meister hält zitternd und unter höchster Konzentration den kleinen Knochen gegen das Opfer gerichtet, das sich sofort in Krämpfen windet und stirbt. Was viele andere Teile des Films betrifft, handelt es sich sicherlich um einen der wenigen, die eine magische Atmosphäre entscheidend darstellen können.

97 Jaffé (1980, S. 112). Weiter schreibt die Jung-Schülerin dazu: «Es schien ihr, als ging sie bei dieser äussersten Anstrengung so vollständig aus sich selbst heraus, dass im selben Augenblick ihr physischer Körper zusammenbrach und sie fast ohnmächtig auf ihr Bett sank, erschöpft und unfähig, sich zu rühren.» (S. 112). Vgl. dazu auch Sargant (1975, S. 94ff).

98 Vgl. Boshiers Diskussionsbeitrag zu Halifax (1974, S. 78); auch Boshier (1974).

99 Umgekehrt orientieren sich zahlreiche Theorien, die das paranomale Heilen einer Erklärung näherzubringen trachten, ebenso an dem Faktum, dass die kranke Person von der Tatsache, dass ein Heilversuch mit ihr durchgeführt wird, weiss (vgl. Anm. 71).

100 Cannon (1929; 1942). Vgl. auch Lex (1974); Halifax-Grof (1974, S. 61ff).

101 Richter (1957). Lester (1972) versucht die Standpunkte von Richter und Cannon zusammenzuführen, wobei er sich auf die medizinischen Arbeiten von Dynes (1969) und Engel (1968) stützt. Vgl. auch Long (1977, S. 265ff). Bei den Maori muss der Initiand, Alma Karlin zufolge (Karlin, 1931, S. 26f), seine Weihe zum Zauberer durch eine gelungene Ferntötung unter Beweis stellen, die gleichzeitig den Garant für sein eigenes Leben darstellt. Ähnliche Vorstellungen finden sich im nordasiatischen Raum. Dabei müssen Sippenangehörige des angehenden Schamanen den «Krankheitsgeistern» geopfert werden, um sein Leben zu sichern. Aus Afrika werden entsprechende Geschichten kolportiert (vgl. Friedrich, 1939, S. 231f).

102 So etwa bei den Jívaro (Harner, 1973, S. 17f). In ähnliche Richtung geht der Diskussionsbeitrag von Kreitler zu einem Vortrag von Joan Halifax (Halifax-Grof, 1974, S. 77), der nach Berichten von «hex killing animals» fragt, um die Hypothese auszuschliessen, dass die verhexten Personen einen psychogenen Tod durch das Wissen von ihrer Verhexung selbst hervorrufen. Seine Frage blieb unbeantwortet. Brockhaus berichtete allerdings bereits einige Jahre zuvor von Zeremonien bei einer Familien-Fetisch-Feier in Porto-Novo, Dahomey, bei der ein Opferpriester auf magischem Weg Hühner tötete (Brockhaus, 1968, S. 33ff). Der Ethnologe Brockhaus, der zum Schüler des Magiers wurde und über einen Gehilfen dessen Kunst lernte, brachte es später selbst fertig, mit Hilfe eines Fetisches und einer Beschwörungsformel Hühner auf unerklärliche Weise rituell zu töten (S. 35).

103 Spiro (1967, S. 27). Allerdings muss zu diesem Fall gesagt werden, dass die Dorfbewohner erst nach den eingetretenen Todesereignissen die Koinzidenz auf magische Ursachen zurückführten.

104 Der blinde Tsau, hochgeachteter *n/um* Meister der !Kung Buschleute erzählt, dass Gott seine Augäpfel in einem kleinen Sack aufbewahrt. «And now when I dance, on the nights when I dance and the singing rises up, he comes down from heaven swinging the bag with the eyeballs above my head and then he lowers the eyeballs to my eyelevel, and as the singing gets strong, he puts the eyeballs into my sockets and they stay there and I cure.» (Katz, 1973, S. 141).

105 Ich will hier noch einmal auf die Assoziation zu den Mysterien verweisen: Herakles sitzt mit verhülltem Gesicht da – Zeremonie des Augenschliessens (vgl. Kerényi, 1945, S. 21f). Duerr (1978, S. 32) erinnert nachdrücklich an die gesichtslosen Göttinnen-Figurinen, die schon in der Eiszeit angefertigt wurden, und als Prototypen der späteren «Verhüllerin» zu gelten haben – Kalypso und «fraw Holt», in deren Namen die indogermanische Wurzel *kel-* steckt, was soviel wie «verbergen», «verhüllen» bedeutet (Kluge, 1967, S. 297).

106 Shiels (1981).

107 Gurney (1981).

108 Nougayrol (1963, S. 32f). Vgl. auch Ebeling (1935, S. 138). Die Hettiter

entwickelten die Ornithomantik zu einer grossen Kunst, die der unmittelbare Vorläufer des römischen *auspicium* wurde (Archi, 1975; Ünal, 1973).

109 Von rascher Zunge waren auch die Phythien in Delphi, die gewisse Orakel sofort zu geben pflegten, sogar bevor die Frage gestellt wurde (Dodds, 1971, S. 18).

110 Falkenstein (1966, S. 56) berichtet diese Art des «dreamsharing» aus dem antiken Mesopotamien. Heute finden sich mehr und mehr Gruppen zusammen zum Zweck der psychotherapeutischen Aufarbeitung ihrer Träume. Nicht selten kommt es dabei spontan zu Erlebnissen, gemeinsame Träume zu haben, oder im Traum des andern «gewesen» zu sein. Parapsychologische Experimente haben den Traum als besonders empfehlenswertes Exerzierfeld entdeckt (vgl. Devereux, 1953; Ermacora, 1895; Strauch, 1970; Rechtschaffen, 1970; Van de Castle, 1977; Ullman und Krippner, 1970; Ullman *et al.* 1973).

111 Luzide Träume, bei denen der Träumer weiss, einen Traum zu haben, sollen bis zu einem gewissen Grad beeinflussbar sein. Besonders begabte luzide Träumer können ihre eigenen Träume sozusagen entwerfen und sie als nächtliche Problemlösemittel in Verwendung bringen (Green, 1960; Colligan, 1982). Schon 1819 hatte Weserman Gedanken geäussert, die in Richtung luzider Träume und von paranormal beeinflussten Träumen lagen (Weserman, 1819). Heute ist das Interesse nicht zuletzt durch Castaneda, der von Don Juan die bewusste Begegnung mit dem Traum lernt und eigentlich auch seine Träume zu «wählen» (Castaneda, 1976, S. 39), an der kreativen Arbeit mit seinen Träumen (Garfield, 1980) angestiegen, und verspricht interessante Möglichkeiten. Vgl. dazu auch Coerper, 1981, S. 220ff).

112 «Gerufen oder ungerufen, Gott wird zugegen sein.» Es ist die lateinische Version eines delphischen Orakelspruchs, die C. G. Jung über seine Tür in Küsnacht geschrieben hatte. Zu gesuchten oder nicht gesuchten Omen vgl. Ray (1976, S. 130 ff).

113 Absichtlich hervorgerufene Omen, um eine bestimmte Frage zu beantworten, hiessen bei den Römern *omina impetrativa,* während die sich unaufgefordert zeigenden Omen *omina oblativa* genannt wurden. Beide Bereiche wurden auch im Hinblick auf die wahrsagende Tätigkeit des Sehers *divinatio artificiosa* bzw. *divinatio naturalis* genannt (vgl. Bouché-Leclercq, 1879-82; Gurney, 1981, S. 142).

114 Häufig lässt sich die *divinatio naturalis* von der *artificiosa* nicht eindeutig unterscheiden. Selbst dann nicht, wenn offensichtliche mantische Hilfsmittel in Verwendung stehen, wie etwa spiegelnde Gegenstände, die vor allem in der afrikanischen Divinationskunst eine besondere Rolle spielen (vgl. etwa Doutté, 1909, S. 389, 426; Tauxier, 1927, S. 223ff; Schwarz, 1888, S. 175; Smith-Dale, I. 1920, S. 270f; Melland, 1923, S. 225; Baumann, 1894, S. 163). Ein Pygmäe hatte für R. P. Trilles einen Dieb mit Hilfe seines Zauberspiegels gestellt. Damit auch der Ethnograph die Wirksamkeit des magischen Gegenstands nachprüfen konnte, hielt ihm der Zauberer seinen Spiegel hin. «Et à mon grand étonnement», gesteht Trilles, «je vis en effet se refléter, très distinctement, les traits de mon voleur dans le miroir. L'homme, aussitôt interrogé, avoua qu'il ètait, en effet, le coupable.» (Trilles, 1932, S. 180). Für Trilles war die künstliche Herbeiführung des Divinationsbildes überraschend, gewissermassen ihm zuge-

tragen worden, nicht eigentlich von ihm aufgesucht, und somit eher der *divinatio naturalis* zuzurechnen. Mit Leichty (1966, S. 131) würde man von einem «einfach gesehenen» im Gegensatz zu einem «aufgesuchten» Omen sprechen.

115 Im Traum des Sophokles enthüllt Herakles den Namen des Diebes, der Teile des Tempelgeschirrs gestohlen hatte (vgl. Cicero, *de Div.* I. 25,54). Vgl. auch Herzog (1931, S. 61f 1 123; 140f). Die Einsichten, die man bei der Inkubation selbst, also ohne die Hilfe eines Mediums beanspruchen zu müssen, erhält, haben einen ganz besonderen Charakter: sie zeigen Verborgenes, zeigen das, was wirklich ist (Telesphoros sendet Träume, die Wirklichkeit sind), heilen Physis und Psyche. Gerade wegen letzterer Eigenschaft haben sie C. A. Meier (1949) von der Sicht Jungscher Psychologie her gesehen interessiert. Denn wie der Tempelschlaf, so soll die analytische Psychologie, laut Meier (1949, S. 10) die «natürliche ‹Weissagung› der Seele konstellieren». Dieser Ansatzpunkt ist interessant, nicht so sehr, weil der Psyche ein «autonomer Faktor» zugesprochen wird, der das Unmögliche von Heilung und Wahrsagung möglich macht, sondern eher, weil der Anschluss an eine schamanische Einsicht gesucht wird. Reed (1977) hat versucht diesen Anschluss noch enger zu machen und über das rein intellektuelle Material hinauszuheben: in Verbindung mit Riten nordamerikanischer Indianer rekonstruiert er den antiken Gedanken der Inkubation als ein therapeutisches Unternehmen – ein bizzarrer Trip auf der Suche nach ekstatischen «peak experiences».

116 Sollberger und Kupper (1971, S. 49). Auch Patroklus stand in gleicher Weise über dem Kopf des Achilles (Gurney, 1981, S. 145).

117 Die Annahme scheint nicht unberechtigt (vgl. die vorangegangenen Kapitel). Allerdings darf in der neueren Literatur zu diesem Thema eine Tendenz nicht übersehen werden, die Frau in ihrer initiatorischen Funktion jenem Wunschbild mütterlicher Weiblichkeit anzugleichen, das sich hinter den Aspekten der (sexuell) erfahrenen Frau und der hexenhaft furchterregenden lüsternen Alten verbirgt. Dieser männliche Mythos kann auch dann nicht täuschen, wenn sich die antike Mythologie bis zu einem gewissen Mass diesem Schema zu unterwerfen scheint. Aber das mag wohl eher darauf zurückzuführen sein, dass unsere Kenntnis der Mythologien zum grossen Teil bereits patriarchalen Systemen entstammt bzw. dass Mythologien von Männern verfasst wurden. Zum anderen hat sich die Ethnologie vorwiegend mit der männlichen Hälfte der Menschheit befasst (wohl auch, weil die Forscher selbst meist Männer waren und sind; vgl. Hauser-Schäublin, 1981). Frauen, die sich wissenschaftlich mit Frauen befassen gelten weiterhin immer noch als Forscher zweiter Klasse (Bujra, 1975, S. 552f). Das Problem – auch der Frauenforschung und der Frauenanthropologie – das nur schwer zu umschiffen ist, bleibt aber, dass Mythen in erster Linie von Männern formuliert wurden. Dazu gehört auch das im melanesischen Bereich und in Südamerika weitverbreitete mythologische Thema einer ursprünglichen Herrschaft der Frau, die nach der legendären Urzeit von Männern unterworfen wurde. Auch dies ist vorwiegend männliches Erzählgut und muss in diesem Sinne unter veränderter Perspektive betrachtet werden. Das eigentliche Problem ist nicht, die ursprünglichen «tatsächlichen» Verhältnisse aufzudecken (was wünschenswert wäre, doch wohl aussichtslose Utopie zu sein scheint), son-

dern das einzuschätzen lernen, was uns von der Gesamtheit mythischer und alltäglicher Lebenszusammenhänge bekannt wird, ohne durch ideologische Scheuklappen vorschnell Pseudofaktisches oder fragwürdige normative Überzeugtheiten zu produzieren. Das Plädoyer für einen solchen Zugang verdanken wir in glänzender Form Lévi-Strauss (vgl. etwa 1980).

118 Tacitus verleiht den germanischen Frauen die Auszeichnung *sanctum aliquid et providum* (etwas Heiliges und Vorausschauendes) an sich zu haben.

119 Vgl. Mühlmann (1981, S. 19).

120 Gurney (1981, S. 157).

121 Gurney (1981, S. 157).

122 Davidson (1981, S. 129). Tacitus spricht in seinen *Historiae* (IV, 61ff) von der Seherin Veleda vom Stamm der rheinländischen Bructeri. Der Name Veleda stammt von *veles*, Seher, ein Name der mit dem irischen *file*, Dichter, in Verwandtschaft steht. Veles scheint also ein Schamanenname gewesen zu sein, der der Seherin ihrer Fähigkeiten wegen verliehen wurde. Veleda wurde nicht nur zur Wahrsagerei aufgesucht, sondern auch in Fragen der Politik. Dies zeichnet sich als schamanischen Charakter aus.

123 *aeiðr* oder *seiðkona* war ein Divinationsritus. Die Herkunft des Wortes ist nicht bekannt, steht aber wahrscheinlich mit Gesang und dem Lied in Verbindung (Strömbäck, 1935, S. 119f). Bei diesem Ritus sitzt die *vǫlva*, wie die Pythia auf dem Dreifuss, auf einem hohen Stuhl, dem *seiðjhallr*. Von diesem Platz aus soll sie das gewöhnlicherweise Verborgene sehen können. Vielleicht zeigt das Oseberg Schiffsbegräbnis auf einem Wandteppich aus dem neunten Jahrhundert diesen besonderen Sessel (Kiil, 1960, S. 84ff). Zahlreiche Schamanen haben ihre besonderen Stühle, die bei den Huichol etwa (vgl. Zingg, 1938; Berrin, 1978, Abb. 43) aus einer charakteristischen Mischung von hartem und weichem Holz gefertigt wurden.

124 Vgl. Chadwick (1968, S. 39); Davidson (1973, S. 34f; 1976, S. 286f). Huson (1972) macht es sich etwas leicht, das klassische Schamanenaccessoire mit dem der Hexen zu vergleichen, «to realize that they are one and the same person». Die Richtung stimmt.

125 Aischylos (*Agamemnon*, 1063 und 1093).

126 Ninck (1935, S. 320).

127 Die Diskussionen um den Schamanenflug, auch um den Hexenflug, haben nachhaltige Verwirrung ausgelöst. Das hängt mit der immer wiederkehrenden Ansicht zusammen, dass man ja nur entweder «wirklich» fliegen kann oder es sich lediglich vorstellt. Die Parapsychologen haben eine Alternative angeboten, die am ehesten dem «Seelenflug»-Konzept entspricht: ausserkörperliche Erfahrungen – ein nicht materiell fassbares Etwas fliegt vom Körper weg, durchmisst in Windeseile Kontinente ist aber selbst mit den Wahrnehmungsorganen ausgestattet, die den physischen Leib charakterisieren (Vgl. Green, 1968; Crookall, 1961; 1964; Muldoon und Carrington, 1929; 1951; Fox, 1962; Lancelin, 1913; Monroe, 1971; Durville, 1929; Heywood, 1968; Walker, 1974; Whiteman, 1961). Laborexperimente haben versucht diese anscheinend «gewöhnliche» Wahrnehmungsfähigkeit während einer OBE (out-of-the-body experience) zu erfassen (Tart, 1968; Osis, 1975; Hart, 1954), die Psychologie der Erlebenden zu beschreiben (Palmer, 1978; Palmer und Lieberman, 1975; Ehrenwald, 1974), physiologische Indikatoren zu finden (Tart, 1968; Morris *et*

al. 1978) oder «Detektoren», die das Vorhandensein dieses ausgetretenen Etwas feststellen sollten (Morris, 1973; Morris *et al.* 1978; Bowles und Hynds, 1978, S. 48f). Auch im ethnologischen Feld haben sich die Parapsychologen nach ähnlichen Phänomenen umgesehen (MacIntosh, 1980; Shiels, 1978). Verschiedene Anzeichen sprechen dafür, dass wir es bei den OBE ganz und gar nicht mit einem quasi-physischen Flug zu tun haben, ja dass im eigentlichen Sinne überhaupt nichts «fliegt» (vgl. auch Duerr, 1978). Zum Teil handelt es sich um scheinbar beiläufige Behauptungen, etwa dass man während einer OB-Erfahrung sein eigenes Gesicht nicht ansehen soll (was sich bei Trance-Kulten in der Aufforderung widerspiegelt, ein Ekstatischer solle sein eigenes Gesicht niemals im Spiegel betrachten) oder dass die Schamanenseele den Körper verlassen hätte, um bei der «shaking tent» Zeremonie zum Rauchloch des Wigwams zu segeln, «um den Geistern zu begegnen» (Le Jeune, 1634 nach Lambert, 1956, S. 117). Immer ist irgend etwas an diesen Flügen seltsam, auch wenn sie häufig von den Schamanen selbst in Drachenfliegermanier beschrieben werden, wie etwa im Fall der beiden Eskimo-Schamanen Muraoq und Titqatsaq, die in der Luft kollidierten (Rasmussen, 1931, S. 299f); der Jukagiren Schamane fliegt sogar mit den Vögeln (Siikala, 1978, S. 117); andere halten sich nicht nur auf der Erde auf, sondern begeben sich tollkühn ins Weltall (Brodzky *et al.*, 1977, S. 122). Auf jeden Fall sind die vom Schamanen durchstreiften Fluglandschaften bisweilen alltäglicher Natur, bisweilen nicht alltäglicher. Es hat den Anschein, als könne sich der Schamane willentlich der Grenzen setzenden Welt gegenüber öffnen. Dieser plötzliche Wechsel lässt die Dinge nicht mehr getrennt erscheinen, macht es möglich, dass Dinge gesehen werden, die zur physischen Welt gehören, aber momentan den Sinnen verborgen sind, ebenso wie jene «Dinge» erfahren werden, die die jenseitige Welt ausmachen, oder vielmehr die *uneingeschränkte* Welt. Denn wenn der Schamane in die Unterwelt oder die himmlischen Gefilde fliegt, dann sind dies keine voneinander getrennten Orte, überhaupt keine Orte irgendwo. Ein «Zwangsneurotiker» schrieb einmal stundenlang dieselbe Botschaft auf Servietten, die er möglichst vielen Leuten zukommen liess: «Auf dem Weg zum Himmel bist Du bereit, bis zum Vorposten der Hölle zu gehen?» (Zimbardo und Ruch, 1978, S. 366). Und Maya Deren fasste in pathetischer Klarheit dieses unmittelbare Sich-Öffnen zusammen, dass sich im Gefühl des «magischen Flugs» äussern mag: «If the earth is a sphere, then the abyss below the earth is also heavens; and the difference between them is no more than time, the time of the earth's turning. If the earth is a vast horizontal surface reflecting, invisibly, even for each man his own proper soul, then again, the abyss below the earth is also its heavens, and the difference between them is time, the time of an eye lifting and dropping. The sun-door and the tree-root are the same thing in the same place, seen now from below and now from above and named, by the seer, for the moment of seeing» (Deren, 1972, S. 260). Wenn sich dem Schamanen die dem Auge verborgenen Gefilde der irdischen und mythischen Welten offenbaren, dann opfert er die alltägliche Sichtweise, mit der sich eine für alle verbindliche *Darstellung* des Erlebten verbinden lässt. Dass der Schamane dennoch die Erfahrung des andern ihrer verformten Kommunizierbarkeit bevorzugt, ist nicht so sehr ein Zeichen seiner Egozentrik, als vielmehr ein

Eingeständnis zum persönlichen Risiko. Es ist eine freudige Aufgabe des Selbstverständlichen auf Zeit, wenn er Erfahrungen macht, wie die von Deren berichtete oder fliegt, oder die Welt plötzlich ihre Grenzen verliert: «Die Hütte war oben mit Stimmen erfüllt, und es offenbarte sich mir dort ein Lichtglanz, und vor mir eröffneten sich der Himmel und weite Länder. Ich konnte sehr weit um mich her schauen und ich glaubte, das Entfernteste zu erkennen.» (Kohl, 1859, II, S. 79). Diese «Übersetzung» eines «shaking-tent» Erlebnisses eines Ojibway Schamanen könnte ebensogut die Beschreibung eines schamanischen Flugs sein.
Der Schamane reitet auf seinem Pferd in die unirdischen Gefilde, wie auf einem Bild von Blake. Sein Pferd ist seine Trommel, die er aus dem Stamm des Weltenbaums geschnitzt hat, wo er als Vogel grossgezogen wurde. Kein gewöhnlicher Vogel freilich; einer wie Odin, der vom Dichtermet und Umarmungen gefüllt, auf seinem Baum *Yggdrasil* der ursprünglichen Verschmelzung entgegenreitet. Neue Techniken, die mit Flugerfahrungen einhergehen (McIntosh, 1978), sollen das menschliche Körpergefühl zur Welt hin öffnen, in das All projizieren gleichsam, bis man fliegt und taucht und reitet und ist und war und sein wird – ein Lichtball (Green, 1968; McIntosh, 1978; 1980) auf den Fährten des Ursprungs. Wie war das noch mit dem mythisch-unmythischen Ort, an den uns Stanley Kubrik in *2001* entführt?

128 Vgl. Colli (1981, S. 26ff).

129 Larsen (1976, S. 181f) berichtet von dem Science Fiction Epos *Macroscope* (Anthony, 1969) in Zusammenhang mit der Suche nach dem Selbst und der persönlichen Mythologien. Es passt auch gut in den hier vorgetragenen Zusammenhang: es geht darum, eine geeignete Person zu finden, die das hellseherische Teleskop-Mikroskop einer frühen hochentwickelten Zivilisation «meistern» kann, d. h. wer in der «rechten Art» in dieses Macroscope hineinblickt, erlangt damit unmittelbar das unkommunizierbare, universelle Wissen um die letzten Dinge. Wenn man hineinblickt, dann entfaltet sich vor dem Auge eine optimale Sequenz von Symbolen, die immer komplexer wird, deren Logik man aber nicht entkommen kann. Irgendwann spielt der Verstand nicht mehr mit und wird ob der Klarheit des Rätsels verrückt. Mehr und mehr verrückte Superwissenschaftler und Mathematiker, die es gewagt hatten, dieses Labyrinth herauszufordern wandern schliesslich umher. Die Erzeuger des Macroscopes hatten eine Sicherheitsvorrichtung eingebaut, da sie wussten wie destruktiv das durch das Gerät vermittelte Wissen im Besitz der «falschen» Person sein könnte. Erst ein unscheinbarer Mann namens Schön, der sich hinter einer anderen Figur des Buches versteckt, kann das Macroscope meistern, denn er begegnet ihm mit Gefühl, Intuition, Emotion und vor allem der Bereitschaft einer Verwandlung, einer echten Tranceformation zu unterliegen.

130 Heute suchen die Parapsychologen nach dem «psi-conducive syndrome» (Braud, 1975) oder nach «receiver optimizing procedures» (Honorton, 1975), um Techniken zu finden, divinatorische Fähigkeiten zu steigern, steuern, kontrollieren (vgl. Stanford, 1977, S. 826ff). Braud (1975) fasst jene Randbedingungen zusammen, die Psi besonders begünstigen: 1. Physische Entspannung. 2. Reduzierte physische Aktivierung. 3. Reduzierter sensorischer Input und Informationsverarbeitung. 4. Höhere Aufmerksamkeit auf innere Prozesse, Gefühle und Bilder (vgl. Honorton, 1977). 5.

Rechtshemisphärisch-rezeptive Funktionen, anstatt linkshemisphärisch-aktiver Funktionen. 6. Eine veränderte Weltsicht, speziell eine, in der die Einheit bzw die enge Verbindung der Dinge betont wird (vgl. LeShan, 1969). 7. Psi und was damit erreicht werden kann muss (zumindest augenblicklich) wichtig sein (vgl. Bender und Gruber, 1982). Natürlich beziehen sich solche Modelle auf die Psychologie und auch die technischen Aspekte haben eigentlich nur die Aufgabe, eine rechte psychologische Grundstimmung zu schaffen. Die Institutionalisierung schamanischer mantischer Techniken schloss immer eine besondere (ritualisierte) Vorgehensweise ein, meist unter Verwendung bestimmter Divinations-Gegenstände.

131 Gurney (1981, S. 148 u. Abb.).

132 Kraus (1935; 1939); Bottéro (1974, S. 107f).

133 Vgl. Homer (*Ilias*, 1. 43f, 62f).

134 Herodotus I, 48 und VII, 142.

135 Die göttlich inspirierten Worte, die übersetzt werden müssen, erinnern an die Schamanensprachen, die nur dem Meister verständlich sind. Bei den Bambara muss der *nya-tigi*, eine Art Grosspriester, die Worte seines besessenen Mediums übersetzen, um sie verständlich zu machen (Tauxier, 1927, S. 330f). In den grossen Orakelstätten von Griechenland, wie in Dodona (Platon, *Phaedrus*, 275b; Homer, *Ilias*, 16, 234), aber vor allem in Delphi, war es üblich Fragen in geschriebener Form vorzulegen (Dodds, 1971, S. 18). Dabei wurden die Orakel immer wieder zu Testzwecken befragt (ähnliches wird aus dem schamanischen Umkreis berichtet). Das bekannteste «Experiment» dieser Art hatte Krösus mit dem Delphischen und sechs anderen Orakeln durchgeführt. Üblicherweise waren die Versuche so angelegt, wie sie in den Pionierzeiten der parapsychologischen Forschung noch häufig mit Medien wiederholt wurden. Macrobius zufolge (1694, S. 216f) testete Kaiser Trajan das Orakel des Jupiter Heliopolitanus in Baalbek, indem er eine Reihe blanker Schreibtäfelchen versiegelte und ihm schicken liess. Das Baalbeker Orakel war auf das Lesen verschlossener Briefbotschaften spezialisiert. Die Sendung gelangt mit intakten Siegeln wieder an den Kaiser, zusammen mit der Antwort des Gottes. Sie bestand aus einem leeren Papyrusbogen. Damals wie in unseren Tagen unterlag diese empirisch-städtische Form des Testens des Magischen grösster Skepsis. Man kannte Methoden, Siegelabdrücke herzustellen (so berichtet Hippolytus in seiner kuriosen Sammlung von Zaubertricks; vgl. Wellmann, 1928) und es gab Beschuldigungen, Orakel durch Siegelnachbildung fingiert zu haben (etwa Lucians Beschuldigung von Alexander von Abonoteichus). Bei Versuchen mit der «Geisterschrift» auf Schiefertafeln, wie sie etwa Henry Slade, dem Spiritisten und Parapsychologen im letzten Jahrhundert vorgeführt wurden (Flammarion, 1907, S. 93; Rochas, 1906, S. 514ff), oder mit zwei jeweils zu einer Schlinge verbundenen und am Ende versiegelten Lederstreifen, die sich unter den Händen des Experimentators Zöllner (1878, II. S. 911f) auf rätselhafte Weise zu bewegen und schliesslich zu verknoten begannen (vgl. Abb. 7 bei Moser, 1974), wurden nicht wenige skeptische Stimmen wach (vgl. Moser, 1974, S. 92ff; 686ff).

136 Aristophanes *(Vögel*, 959f). Beim Ausbruch des Peloponnesischen Krieges, berichtet Thukydides, der vornehme Athener und Kriegschronograph (II, 21,3), sollen die *chresmologoi* die verschiedensten Orakel gesungen und angehört haben.

137 Plutarch gibt im *Theseus* (25) Aufschluss darüber, dass es die Aufgabe der Exegeten war, *exegetai hosiōn kai hierōn*, Erleuterer von heiligen und sakralen Dingen, zu sein. Plutarch scheint eine der besten antiken Quellen zur Wahrsagepraxis an den Orakelstätten zu sein (vgl. Dodds, 1971).
138 Homer *(Ilias*, 2, 233; *Odyssee*, 327).
139 Virgil *(Aeneis*, 3, 73ff).
140 Homer *(Hym. Apollo*, 393).
141 In Sizilien wurden noch im letzten Jahrhundert Karnevalsmasken mit Lorbeerzweigen geschmückt. Der Baum stand als Symbol für Magie und Nekromantie (Pitré, 1886, S. 121).
142 Macrobius (1694, S. 265f).
143 Kerényi, (1962, S. 128).
144 Duerr (1978, S. 206).
145 In diesem Fall stellen die Faune nicht den Frauen nach, sondern der mit Wollust in enger Verbindung stehende Baum (Rettenbeck, 1955; Murr, 1890, S. 32) beschert den in seinem Schatten schlafenden Mann die Vision einer Hausfrau im Schwesterngewand, die ihm nach Sphinx-Manier eine Frage stellt, die bei richtiger Beantwortung grosses Glück (was das wohl gewesen sein mag?), bei falscher allerdings den Tod (und was damit wohl gemeint war?) bringt (Pitré, 1886, S. 121). Schliesslich hiess in Sizilien «fari la ficu» Geschlechtsverkehr haben, während «Feige» bei den alten Griechen ein Wort für «Vagina» war (Aigremont, 1910, I, S. 75).
146 *Samuel* (V, 24).
147 *Richter* (IV, 5). Heilige Palmen waren im übrigen auch in Arabien und im Zweistromland bekannt. Die vorislamischen Araber verwandten die Dornen von *samurah* (Spina aegyptica) als Talismane.
148 Bouché-Leclercq (1879ff).
149 Gurney (1981, S. 166).
150 Margoliouth (1922, S. 274ff). In dem Text mit dem Titel *Nishwār al Muḥāḍarah* heisst es: «Er blickte auf den ersten Gegenstand, auf den sein Auge fiel und er entnahm daraus einen Begriff, den er auf die Angelegenheit anwandte, über die er eine Entscheidung fällen sollte.»
151 «Manche ziehen glückliche oder unglückliche Vorbedeutungen aus dem ersten Gegenstande, der ihnen des Morgens, wenn sie aus dem Hause gehen, in die Augen fällt . . .» (Lane, 1852, II, S. 83). Der Autor berichtet auch von der Technik der *divinatio per puerum*, die im 13. Jahrhundert von Guillaume d'Auvergne (1674; vgl. Delatte, 1932, S. 29ff), Bischof von Paris eloquent beschrieben wurde. Dabei muss der Knabe, der noch nicht das Mannesalter erreicht hat (es kann selbstverständlich auch eine Jungfrau sein, eine schwarze Sklavin oder eine schwangere Frau; Lane, 1852,II, S. 92) in einen speziell vorbereiteten «magischen Tintenspiegel» blicken und seine Gesichte kundtun (Lane, 1852, II, S. 90ff). Spiegelorakel, bzw. Wasserschalenorakel (vgl. Anm. 114) standen im afrikanischen Raum gern im Gebrauch zur Frauenunterdrückung: die Naba prüfen die eheliche Treue ihrer Frauen im Spiegelbild des Wassertopfes. Bei klarem Bild folgt Schuldspruch und Tötung (Marc, 1909, S. 162f). In ähnlicher Weise wird die geschlechtliche Reinheit, wie man den im Spiesserjargon häufig gar nicht so «reinen» Zustand vor der Defloration zu bezeichnen pflegt, der Frauen im Sudan geprüft (Tauxier, 1912, S. 570, 572). Über Schuld oder Unschuld seiner Haremsfrauen entscheidet der Poinaba

ebenfalls, indem er sie in ein Gefäss mit Wasser blicken lässt (Frobenius, nach Friedrich, 1939, S. 261).

152 Darüber hat Cornford (1952) ausführlich geschrieben. Er sah den Seher, Poeten und Philosophen als ursprünglich identisch an. Erst im Zuge der griechischen intellektuellen Geschichte splitterte sich diese Figur auf: *mantis, poietes, sophistes-philosophos.* In der archaischen Periode war dies die erste Aufsplitterung der Schamanen in der Kultur der Städte.

153 Homer *(Odyssee,* 11, 13ff).

154 Rohde (o. J., S. 177, 298).

155 Von Amphiaraos meinte man, er bringe Tempelschläfern Traumgesichte. Zur Befragung des Trophonios musste man sich durch einen Schlund aus der Ordnung des Alltäglichen begeben, um in seiner Höhle seine Weisungen zu hören. (Rohde, o. J., S. 69, 246). Der Tempel, in den man zur Inkubation sich niederlässt, ist die städtische Form der Höhle, wie oben gezeigt.

156 Auch an diese erinnern sich die Parapsychologen mittlerweile intensiver. Denn veränderte Bewusstseinszustände, meist solche, die der alltäglichen Welt durch innerliche Ruhe entrückt sind, werden zunehmend in den Laboratorien auf ihre Tauglichkeit zur «Produktion» von «aussersinnlichen Wahrnehmungen» untersucht (Shapin und Coly, 1978, Honorton, 1977; Braud *et al.*, 1975; Sargent, 1980). Von dem strengen normierten Material mit dem jahrelang in Labors der Psi-Forscher jegliche Freud und viel Magie ausgetrieben wurde, nimmt man nach und nach Abstand; und wenn es nicht gleich apollinischer Wahnsinn ist, der jetzt die Experimentalsitzungen durchflutet, so hat ein gewisses Mass an Lockerung dazu beigetragen wieder auf den Teppich zu kommen (vgl. Schlitz und Gruber, 1980; 1981). Fernwahrnehmungsexperimente besinnen sich ein wenig auf die Poesie aussergewöhnlicher Kommunikation, auch wenn sie weit von dem entfernt bleiben, was die schamanische Magie so anziehend macht.

157 Homer *(Ilias,* 1, 603).

Chronique Scandaleuse

1 Campbell (1958, S. 449); Goodwin (1939); Radin (1972).

2 Kerényi (1943).

3 Jennings (1963, S. 13).

4 Vgl. Dorsey (1904) für Skidi Pawnee Coyote-Geschichten, bei den Salish und Sahaptin (Boas, 1917; Reichard, 1947), bei den Kutenai (Boas, 1918), bei den Hidatsa (Beckwith, 1937). Für südliche Stämme, Apachen und Navajo etwa, siehe Opler (1938), Goodwin (1939), Hill und Hill (1945).

5 Siehe Radin (1972); Thompson (1966); auch Lowie (1909).

6 Vor allem Swanton (1913; 1929).

7 Vgl. Schoolcraft (1856, S. 2ff; Chamberlain 1891; Young, 1903; Skinner und Satterlee, 1915; Reid, 1964).

8 Der Trickster-Gott der Handelsleute, Diebe, Reisenden und Schäfer war Hermes, dessen quirlige Lebensweise ihn zu einem wechselhaften Wesen machte, dessen Gestalt man nie so recht zu fassen bekommen kann. Deshalb ist Hermes der Bringer der schwer festzuhaltenden Träume und der Magie (als *oneiro pompos*; vgl. Jayne, 1962, S. 331f; Hillman 1975, S. 283).

Als Heilergott half er Athene, die Töchter des Proitos vom Wahnsinn zu heilen (Farnell, 1896, I, S. 318). Pausanias berichtet, dass Hermes die Pest in Tangra beendet hätte, indem er, einen Widder auf den Schultern tragend, um die Stadtmauern ging. In seiner Eigenschaft als Seelenführer *(psychopompos)* geleitet er die Toten in die Unterwelt, denn in der Homerischen Hymne an Hermes (Boer, Übers. 1970, S. 60) wird er der «einzige anerkannte Bote des Hades» genannt.

9 Die Bezeichnung «flüchtiger Sklave» wird bisweilen auch als *cervus fugitivus* (flüchtiger Hirsch) widergegeben (vgl. Jung, 1976, IX/1; 1978, XIII); der Stoff Mercurius ist das Quecksilber, im Englischen noch als *mercury* bezeichnet. Der Hirsch als Tricksterfigur stellt ebenfalls eine verbreitete «Theriomorphisierung» dar (so etwa bei den Huichol).

10 In alchimistischer Schreibweise ist der Mercurius deshalb die *serpens mercurialis*. «Das Urbild, das der mit Quecksilber umgürteten Sphäre zugrunde liegt, ist wohl das von einer Schlange umwundene orphische Weltei» (Jung, 1976, IX/1, S. 331). Der Zauberstab des Hermes Trismegistos, des Erzvaters der Alchemie, ist von zwei Schlangen umwunden. Mit demselben Zeichen wird bekanntlich auch Asklepios, der Gott der Ärzte, dargestellt (vgl. Meier, 1949).

11 Campbell (1958, S. 450).

12 Jung (1976, IX/1, S. 288). Dabei streicht Jung die «inferioren individuellen Charaktereigenschaften» heraus. (Henderson, 1968, S. 103ff) baut diesen Ansatz aus.

13 Ich lasse das Wort «Schüler» stehen, auch wenn ich mir vorstellen kann, dass nicht alle mit dieser Titulierung einverstanden sind (vgl. Kerényi, 1943; Radin *et al.* 1979; Henderson, 1968; Larsen, 1976; Müller, 1981; Hillmann, 1975; auch Durand, 1975).

14 Radin (1972, S. 165). Wenn sich der Trickster-*loa* Ghede in einem Besessenen im Voodoo manifestiert, dann zieht er eine Show auffälliger sexueller Gesten ab (Sargant, 1975, S. 176; auch Devereux, 1974, S. 48) oder er will sich sofort den Bauch vollschlagen (Deren, 1972, S. 105).

15 Aus allen Kulturen, bei denen kräftig missioniert wurde, können solche Tricksterverwandlungen zu Teufeln verfolgt werden. Stumpfl (1936, S. 257) hat gezeigt wie germanische Götter, die Trickstereigenschaften an den Tag legten (Paradebeispiel: Loki), durch die Kirche zu lächerlichen und teuflischen Figuren gemacht wurden, was seinerseits zur Parallele von Narr und Teufel in volkstümlichen Theaterstücken führte. Die schwarze Tier-Halbmaske des Harlekin deutet auf seine Abstammung vom mittelalterlichen Teufel hin (Koebner, 1981, S. 192). Die wilden Männer und Frauen – Symbole des Gottlosen, der sexuellen Impulsivität, des Wahnsinns, der Unmässigkeit (vgl. Ratcliff, 1981, S. 104), ganz wie der archaische Trickster – wurden in die Teufelsfigur assimiliert und die daraus hervorgegangene Mischung erlebte schliesslich die Metamorphose zur grotesken Bühnenfigur des 18. Jahrhunderts (vgl. Driesen, 1904; Brüggemann, 1980; Richter, 1981, S. 200f).

16 Lug zeigt nicht nur Eigenschaften, die er mit Loki gemeinsam hat, sondern auch mit Odin: auch er ist Dichtergott durch einen berauschenden Trank, die magischen Vögel seiner Göttin Erin, die ihm helfen, sind ebenso Raben (vgl. Göttner-Abendroth, 1980, S. 106).

17 Siehe auch Nicoll, (1931, S. 63, Abb. 60); Gifford (1979, S. 30f); te Velde

(1967); Goidicke (1961). Vgl. dazu auch das bekannte römische «Spottkruzifix».

18 Solche schreibt Dumézil (1959, S. 231ff) dem Loki zu. Er will in Syrdon, einem Helden aus dem ossetischen Bereich im Kaukasus, im keltischen Bricriu und im indischen Duryodhana den gleichen Charakterzug wiedergefunden haben (vgl. auch Dumézil, 1971, I, S. 228f; Sauer, 1981, S. 116).

19 Siehe Anm. 16. Im Hyndlalied der *Edda* heisst es, dass Loki schwanger wurde und Hexen zur Welt brachte. Was sonst.

20 Davidson (1979, S. 10). Unzüchtige Gesten mit Geschlechtsteilen sind, wie oben erwähnt, aus der griechischen Mythologie in der Szene Demeter-Baubo bekannt. Auch diese waren dazu ausgeführt, um eine Trauernde zum Lachen zu bringen (vgl. Devereux, 1981). Koepping (1981, S. 315) zeigt die Probleme der Gelehrten mit solch «anrüchigem» Material (siehe auch Graves, 1960, I, S. 89ff; Kern, 1963, I, S. 54). Devereux (1981, S. 84): «Der Anblick des Geschlechtsorgans der (männlichen) Sedang erheiterte die (männlichen) Dämonen des Feuers, so wie die Zurschaustellung der Vulva von Baubo/Iambe die trauernde *Göttin* Demeter erheiterte. Diese Feststellungen scheinen zu implizieren, dass der Anblick des Geschlechtsorgans einer Person *desselben Geschlechts* den Betrachter (oder die Betrachterin) häufig zum *Lachen* bringt.» Leider hat Devereux, der raffinierte Ethnopsychiater, den Fall Skathi-Loki nicht behandelt. In diesem Fall wird eine Trauernde erheitert durch Manipulationen am Geschlechtsorgan einer Person des *anderen* Geschlechts. Freilich zeigt sich Loki, wie gesagt, gern auch als Frau, aber in dieser Szene deuten seine Geschlechtsteile eindeutig auf seinen männlichen Aspekt. Nun weist Devereux nach (1981, S. 131ff), dass die Möglichkeit der Verwandlung (in Fantasie oder Wirklichkeit) von Penis in Vagina und umgekehrt, für das Verständnis des Baubo-Mythos von zentraler Bedeutung ist. In diesem Sinn lässt sich auch die Skathi-Loki-Szene neu interpretieren, was allerdings das obige Zitat von Devereux fragwürdig erscheinen lässt, mehr noch, zu einer unangemessenen Verallgemeinerung erhebt.

21 Vgl. te Velde (1967); Williams (1979, S. 118).

22 Thompson (1981, S. 242).

23 Deshalb seine Porträtierung als kastrierter Gott, dessen eregierter Penis eine «befreite», eine «losgelöste» sexuelle Potenz repräsentiert. Und darum tötet Seth Osiris, zerreisst ihn später, nachdem Isis vom toten Osiris noch ihren Sohn Horus empfangen hatte, kastriert ihn. Bezeichnenderweise kann die grosse Göttin Isis, beim Einsammeln der Teile des Osiris, seinen Penis nicht mehr finden. Seths Kastration ist das äussere Zeichen einer selbstbestimmten Freiheit von einer *bestimmten* Art von Sexualität, nicht von Sexualität an sich. Denn der steife Schwanz behält seine Bedeutung. Die spätere Phallusverehrung geht eigentlich auf eine Verehrung befreiter Sexualität zurück. Wir finden dies etwa beim Phallusfest des Dikaiopolis in den *Acharnern* des Aristophanes wieder und in einem Bericht aus den nordischen *Wölsistrophen* (vgl. Vanggaard, 1971, S. 82). In letzterem heisst es, dass der Bauer und der Knecht eines abgelegenen Hofes einen Lasthengst schlachten und ihm das Glied abschneiden. Die Bäuerin wickelt es sorgsam in ein Tuch und schützt es durch Kräuter und Zwiebeln vor dem Verfall. Allabendlich wird es hervorgeholt und mit denselben rituellen Worten bedacht. Die Geschichte erzählt auch, «dass der

Teufel es anschwellen und steif werden liess, so dass es bei der Frau stehen konnte, so oft sie es wünschte». (Vgl. Larsen, 1943, IV, S. 250).

24 Vgl. Thompson (1981, S. 216f). Seth jedoch zerstört nicht nur, sondern er ist auch jener, der misst, der durchaus weiss, wie Ordnungen zu «handhaben» sind, ohne sich davon abhängig zu machen. Auch hierin will Thompson einen Hinweis auf die Rolle der Frau in der Morgenröte der Menschheitsgeschichte sehen: das Füllhorn der Venus von Laussel steht ebenso für den Mond. Dreizehn oder vierzehn Einritzungen können auf diesem Mond gesehen werden; sie sollen die Phasen vom Neumond zum Vollmond (von der Menstruation zur Ovulation) darstellen (Thompson, 1981, S. 105; vgl. Rodewald, 1980), oder die dreizehn Mond-Monate des Jahres. Das Horn und das Füllhorn stand immer wieder auch für die Vulva selbst. So heisst es in einem Gedicht an die schöne Vulva der sumerischen Inanna:
«Die Vulva ist. . .
wie ein Horn, sie. . . am breiten Wagen,
sie ist das ‹Boot des Himmels›. . .» (nach Thompson, 1981, S. 105). (Man erinnert sich an das Erscheinen von besonders schönen Göttinnen aus Muscheln, oder sie kamen in Booten auf die Erde, in deren Nähe auch die *yajé*-Frau des Desana gerückt wurde; vgl. Kap. I). Indem sie die Phasen des Mondes, durch Assoziation zu physischen Zyklen in ihrem Körper stellt, wird die Frau, so Thompson, die eigentliche Begründerin von Messen und Wägen, von Wissenschaft. Es ist eine Poesie des Messens, wie in Mythen gemessen wird, eine Kunst des Bezeichnens, nicht eine Ideologie.

25 Maclean (1974, S. 34f). Der afrikanische Ursprung des verteufelten Voodoo-*loa* Ghede ist nicht eindeutig geklärt (vgl. Herskovits, 1938; Courlander, 1939). Bisweilen glaubt man, dass Ghede überhaupt kein *loa* in der afrikanischen Tradition war, sondern immer schon ein «evil spirit» (vgl. Deren, 1972, S. 281f). Bei Zeremonien wird er immer speziell und getrennt von anderen *loas* behandelt. Auch die «lebenden Toten», die *zombies*, sollen nicht eigentlich von Voodoo-Ursprung sein (Courlander, 1939, S. 88). Der in Haiti einheimische Glaube an *zemis* entspricht genau dem der *zombies*. Die Beziehung zwischen den Worten ist auffällig, ebenso zwischen *zemi* und *samedi*. Ghede wird häufig mit *Baron Samedi* identifiziert. Der archaische spanisch-amerikanische Ausdruck für eine Mischung aus Indianer und Mulatte hiess *zambo*, was in Beziehung zu *zambobo* steht. Letzteres bedeutet soviel wie «ungehobelter Clown» und steht wahrscheinlich mit *Sambo*, einem entsprechenden Charakter schwarzamerikanischer Folklore in Verbindung. Wiederum: Teufel – Clown – Trickster – Gott.

26 Vgl. Marcadé (1961). Vgl. auch Vukanovic (1981, S. 43), der Phallus-Statuetten in magischem Gebrauch als «obszön» ansieht.

27 Vukanovic (1981, S. 43f).

28 Deren (1972, S. 38).

29 Williams (1979). Im Candomblé werden die *orixás* als «Naturgottheiten» (Figge, 1973, S. 37) begriffen. Im brasilianischen Schulwörterbuch ist ein *caboclo* ein »Mestize aus Weissem und Indianer». Im kultischen Umfeld sind damit jenseitige Verbündete der indigenen schamanischen Traditionen gemeint (vgl. Figge, 1973, S. 37; Rosenfeld, 1955).

30 Williams (1979, S. 109); Bastide (1961, S. 209, 222).

31 «And Ghede is generous with his wisdom. He may be playing the Clown, but if you will call him aside and humbly ask him, in all seriousness, an important question, he will generally answer you thoughtfully and carefully, and it will usually be the best possible advice.» (Deren, 1972, S. 112; vgl. dazu auch Courlander, 1939, S. 16f, der den gutmütigen Aspekt Ghedes in der Formel zusammenfasst: der Tod ist positiv).

32 Der eigentliche Herr des Lebens im Voodoo ist Legba (der bestimmte Merkmale durchaus mit Ghede teilt: so ist er, wie Trickster-Hermes, der Gott der Wegkreuzungen und ein phallischer *loa*). Ghede aber, der durch den Tod gegangen ist und immer durch ihn geht, ist die Gottheit der Auferstehung. Darum hat ihn Maximilien (1945, S. 119ff) mit dem ägyptischen Osiris in Verbindung gebracht. In der Verbindung zwischen Ghede und Legba – ähnlich der Verbindung zwischen Loki und Odin – sehen wir den engen Bezug und die zeitweilige Austauschbarkeit einer grossen Gottheit mit einer Trickstergottheit. Das deutet darauf hin, dass diese Gottheiten ursprünglich wohl eine einzige waren, deren verschiedene Aspekte im Lauf der Zeit »typisiert» und schliesslich neu personalisiert wurden. Der Trickster-Gott musste sich dabei nicht selten mit den negativen, zerstörerischen, anarchen Charakterzügen begnügen und konnte so einfach mit dem Teufel in Verbindung gebracht werden, auf der psychologischen Ebene mit einem triebhaften, undifferenzierten »Erstzustand« des Unbewussten bzw. der Persönlichkeit. In Wahrheit aber ist auch die ganze Persönlichkeit der grossen Gottheit immer erfüllt vom Wesen des Tricksters und nur so wert, eine grosse genannt zu werden. Ausdruck dieser Wesenhaftigkeit ist in den weisen, lachenden Schamanen zu finden.

33 Frobenius (1973, S. 179f); Verger (1957, S. 112f). Von der dämonisch-närrischen Transformation des Harlekin haben wir schon gehört (siehe Anm. 15). Die Eskimesen stellen in ihrer Kunst, ihren Mythen und Ritualen bewusst ein Klima her, das ein zerbrechliches Equilibrium zwischen dem Erschreckenden und dem Lachhaften darstellt (vgl. Douglas und D'Harnoncourt, 1941, S. 177). Eine Lektion in emotionaler Berührung durch das Paradoxe, das plötzlich extreme Positionen sichtbar macht und verbindet. Auch der mystische Grundgedanke ist nicht die Vereinigung alles Getrennten, sondern zugleich die Trennung alles Vereinten.

34 Wirth (1977, S. 78f).

35 Williams (1979, S. 115).

36 Hillman (1975, S. 283); Jayne (1962, S. 331). Siehe Anm. 8.

37 Der *caduceus* ist nicht nur ein von zwei Schlangen umwundener Stab, sondern auch einer, auf dessen Spitze ein Vogel sitzt. Das erinnert an den Vogelstab des ithyphallischen Mannes in der Höhle von Lascaux. Thompson (1981, S. 112f) bringt den *caduceus* auch mit Tantra Yoga in Verbindung: *ida* und *pingala*, die beiden Nervenkanäle, die sich entlang der Wirbelsäule, des zentralen Durchgangs, *sushumna*, nach oben winden, wo dem erstrahlenden Bewusstsein Flügel gewachsen sind. Es ist kein Geheimnis, dass das Erwecken der *Kundalini* eine offensichtlich sexuelle Ekstase darstellt, bisweilen beschrieben als das Sperma, das entlang der Wirbelsäule in den Kopf steigt (vgl. Muktunanda, 1972, S. 85). In Ägypten sprach man in diesem Zusammenhang vom Anheben des *djed*-Pfeilers des Osiris. Der Stab des Osiris, den später Crowley in pathetischer Pose halten sollte, deutet auf initiatisches Material dieser Art hin.

Venus von Laussel.

38 Courlander (1939, S. 18, 26) bezeichnet *zombies* als «negative Nachbilder», die sich nach dem Tode nicht vom Körper trennen wollen. Die Seele sei ein *zombie.* Voodoo-Todesrituale richten sich gegen physische Wiederauferstehung, über die Ghede Macht besitzt.

39 Werden Speisen für Exú bereitet, dann werden sie immer mit scharfen und «heissen» Substanzen gemischt, mit *dendé*-Öl oder Alkohol. Ein spezielles Pulver, das zu schwarzmagischen Zwecken zur Ehre Exús angefertigt wird und als *pemba preta* oder *pemba de Exu* bekannt ist, wird über einem Feuer hergestellt, das vollständig von Zweigen und Kräutern gespeist wird, die in irgendeiner Form Exú unterstehen (Williams, 1979, S. 112).

40 Durchaus aufschlussreich dazu ist das Buch *Hiob* aus dem alten Testament (vgl. auch Jung, 1973, XI).

41 Deren (1972, S. 113f).

42 Deren (1972, S. 113).

43 Ja vielleicht haben Frauen in aussergewöhnlichen Zuständen tatsächlich einen Penis – jene skandalöse Möglichkeit, die in phantasierter Wirklichkeit die Psychoanalytiker stets intenviser besessen hat, denn ihre angeblich darunter leidenden (oder sich darüber freuenden) Patienten. Wieso auch nicht? Schliesslich sollen *zâr*-besessene Männer auch zu menstruieren begonnen haben (Leiris, 1977, S. 164). Was werden diese wohl anstelle des hochgejubelten kleinen Fortsatzes in solch einem aussergewöhnlichen Zustand zwischen den Beinen gehabt haben?

44 Deren (1972, S. 114).

45 *Psalter von Winchester,* British Museum, London, Cotton Nero, IV. Dazu auch Minne (1977, S. 54, 59); vgl. auch Dewald (o. J.).

46 Was den Teufel dämonisch macht, wird in Wahrheit gesucht. Obrist (1977, S. 28): «Dans la langue . . . de sainte Brigitte, la pécheresse doit éternellement supporter le serpent mordant ses parties sexuelles et son ventre, et elle dit elle-même avoir le serpent à ces endroits à cause des plaisirs d'autrefois.»

47 Parrinder (1969, S. 57).

48 Bastide (1961, S. 223), Rodrigues (1935, S. 41f); Verger (1957, S. 119).

49 Williams (1979, S. 116).

50 Figge (1979, S. 50).

51 Der Phallus und die Hörner scheinen afrikanische Importe zu sein.Traditionelle Exú-Darstellungen bestehen manchmal lediglich aus einem gehörnten Phallus. (Parrinder, 1969, S. 57).

52 Vgl. Göttner-Abendroth (1980).

53 Der Vermännlichung folgte die Dämonisierung. Personius (1737, S. 43) bezeichnet sogar Jupiter und Apollo als «altro non erano che mali Spiriti sotto quei nomi».

54 Laotse, *Tao te King.* Was ist der Geist des Tales? Der Philosoph gibt die Antwort: das mysteriöse Weibliche.

55 Colón (1944, S. 176ff).

56 Reichel-Dolmatoff (1975, S. 5). Colón (1944, S. 177).

57 Kayser (1957).

58 Spitzer (1958); Anderson (1958).

59 Flögel (1788).

60. Ratcliff (1981, S. 103).

61 de Magdebourg (1953, S. 84). Mir lag nur diese Ausgabe vor. Die Höllen-

beschreibung befindet sich in einem Traktat mit dem Titel *Das fliessende Licht der Gottheit*. Vgl. auch Mew (1903, S. 269).

62 Rodari und Wirth (1977). In seiner Einleitung deutet Jean Wirth an, dass sich die Zustände eigentlich nicht bedeutend geändert hätten, zumindest was Einzelfälle betrifft: «Peut-être même, était-il moins dangereux pour une jeune fille de faire une crise d'épilepsie dans l'évêché de Strasbourg en 1510 que dans celui de Wurtzbourg aujourd'hui.» (Wirth, 1977, S. 9). Freilich ein extremer Standpunkt, aber nicht umsonst hat der Autor seinen Abschnitt dem Gedenken an das Exorzistenopfer Annelise Michel gewidmet. Die Diskussion um den Tod der Anneliese Michel hat verschiedenes erhellt und vieles verdunkelt, so dass sich mit letzter Sicherheit auch die unmittelbare und mittelbare Todesursache nicht angeben lässt (vgl. etwa die den Exorzismus entlastende Argumentation von Goodman, 1980). Was die Interpretation des Zustands der «Besessenen» angeht, haben sich die abenteuerlichsten Diagnosen versammelt. Von psychologischer Seite sei lediglich erwähnt (dies nur als Denkhilfe für jene, die von nun an die Welt einer symbolischen Interpretation unterziehen wollen), dass der Exorzist Renz «nach einer Bedenkzeit von drei Tagen» sein «Jawort» gegeben und nach vollzogener symbolischer Hochzeit seine Angetraute wider Willen mit Weihwasser bespritzt hat (was selbstverständlich für Sperma steht) und somit die beginnende seltsame Beziehung zu einem sadistischen Handlungsablauf werden lässt (soweit Auchter, 1977, S. 233ff).

63 Nach Kenner (1970, S. 98).

64 Calstres (1975).

65 Clastres (1975, S. 83). Der erste Mann, der das «Land ohne Übel» erreichte war bei den Mbya-Guarani auch der erste, der die Inzestschranke überschritt: der *karai* Jeupie trieb es mit seiner Tante väterlicherseits. Nach dem Tricksterschema des Zerstörerischen folgte darauf die grosse Überschwemmung. Doch er allein entging ihr, denn er kam vom «Land ohne Übel» und stand deshalb ausserhalb der Ordnung des Gewöhnlichen.

66 Clastres (1975, S. 83).

67 Kenner (1970, S. 76, 98).

68 Zit. nach Duerr (1978, S. 281).

69 Der Tanz und selbst der Beischlaf mit wilden Tieren und den jenseitigen Verbündeten der Schamanen war im Ursprung noch gang und gäbe (vgl. Münzel, 1971, S. 205ff). Siehe auch die zahlreichen eindeutigen Felsbilder, besonders aus der Bronzezeit (etwa Vanggaard, 1971, Abb. 11, 24).

70 Myerhoff (1980, S. 173). Die Anhänger der Prophetin Mother Shipton (Head, 1687) liessen sich verkehrt herum begraben, da sich beim jüngsten Gericht alles umdrehen soll (vgl. Simpson, 1978, S. 560). In alten Ausgaben ihrer Prophezeihungen (Brighton, 1862) heisst es etwa:
The world upside down shall be;
and gold found at the root of tree.
Später mussten die Shipton-Jünger einen gewissen Endvers immer wieder erneuern, da sich dieser auf das tatsächliche Datum (das immer verkehrtherum lesbar das gleiche Jahr ergeben muss!) des Weltuntergangs bezog, indes letzterer über Gebühr auf sich warten liess. Aus:
The world to an end shall come
in eighteen houndred and eighty-one

wurde nineteen sixty-one (1961, ein besonderes sich eignendes Jahr, das sich sogar auf den Kopf stellen lässt!) und schliesslich 1991. Dass sich bei einer Endkatastrophe das Untere nach oben wendet, ist von Hopi-Mythen (Amery, 1976, S. 59) bis zu Nostradamus (vgl. etwa Roberts, 1972, S. 336) verbreitet worden. Albrecht Dürer illustrierte die Aussage von Sebastian Brant in dessen *Narrenschiff* (1494), die lautet: «Ich vörcht der endchrist sy nit wyt.» Darauf ist der «Endkrist» (später immer Antichrist genannt) auf einem zerbrochenen Himmelsbrücken-Bogen zu sehen, ein fliegender Teufel säuselt dem lächelnden Mann mit Geldbeutel und Rute in den Händen Dämonisches mit einem Blasbalg ins Ohr; die Narren ertrinken im Wasser unter ihm, und er selbst hat eine Narrenkappe neben sich liegen.

71 Saturnalien fanden in Erinnerung an den legendären König Saturnus statt (Strasburger, 1976, S. 98). «Daher wurden an demselben zum Andenken an die goldenen Zeiten des Saturnus den Knechten alle Freiheiten gestattet. Diese spielten dann unter sich Könige und Herren, gingen in Purpur und weisse Togen gekleidet, gaben einander Geschenke, trugen Hüte als Zeichen der Freiheit, wurden von ihren Herrn zu Gaste gebeten und von ihnen bedient». (Nick, 1861). Das sozial umgekehrte Moment sticht hier ins Auge, andere Feste zielten auf andere Besonderheiten der Umkehr ab.

72 Vgl. Duerr (1978, S. 90).

73 Kurath (1956, S. 110f). Dazu auch Du Cange (1733-36); Nick (1861); Poley (1981).

74 Kurath (1956, S. 110). Vgl. auch Oppitz (1981, S. 62) über die rituelle Figur des «stummen Hundes», eines «Komikers des Obszönen» bei den nepalesischen Magar. Bei den Kumandin der Region von Tomsk wird beim Pferdeopfer eine Zurschaustellung von Holzmasken und Holzphalli betrieben. Drei junge Männer galoppieren mit dem Phallus zwischen ihren Beinen «wie ein Hengst» umher und berühren die Zuschauer. Dazu singen sie erotische Gesänge (vgl. Zelenin, 1928, S. 88f). Vgl. auch die Geschichte von Polyhymnos und Dionysos (Devereux, 1981, S. 140).

75 Howard (1954); Neihardt (1972, S. 159ff); Storm (1981).

76 Ein Clown der Dakota sagt über seine Teilnahme an einer *heyoka*-Zeremonie: «I made myself a mask and a costume of gunny sack. If i hadn't done this sooner or later, I would have been hit by lightning.» (Howard, 1954). Vgl. auch Cushing (1979, S. 315f).

77 Quintessenz der Lehre des Zen-Meisters Shunryu Suzuki (1970, S. 94): «Our life and death are the same thing».

78 Vgl. Eliade (1978, S. 94ff).

79 Goldman (1964, S. 119f).

80 Pruess (1979). Vgl. auch Spiro (1967, S. 121 ff).

81 Hoffmann (1967, S. 113); Ohlmarks (1939, S. 266); Shirokogoroff (1935, S. 364, 338); Mühlmann (1981, S. 49).

82 Mühlmann (1981, S. 49). Bei gewissen australischen Stämmen ist die Ansicht verbreitet, dass der männliche Samen die Vagina lediglich für die Empfängnis eines «Geistkindes» vorbereiten soll (vgl. Strehlow, 1907, S. XI; Berndt und Berndt, 1951, S. 80ff). Ein melanesischer Mythos erzählt, dass die Urahnin in Ermangelung eines Mannes in eine Höhle kroch und das von einem Stalaktiten tropfende Wasser in ihre Vagina fliessen liess, so dass es das Menstrualblut zurückgehämmert hätte und somit ein

«Geistkind» in sie kommen konnte (Austen, 1934, S. 105). Auch die indischen Gandharven aus den Hindu-Überlieferungen sind für eine ähnliche Kinderzeugung notwendig. Es handelt sich um männliche Genien, die sich in Frauen einnisten (vgl. Mühlmann, 1981, S. 54).

83 (1967, S. 122). Dazu auch Devereux (1974). Carpanzano (1973) beobachtete Fälle von Orgasmen (bei Männern begleitet von Ejakulation) bei den marokkanischen A'isha-Quandisha-Trance-Tänzen (vgl. auch Carpanzano, 1977, S. 144ff; siehe auch das bisweilen informative, im ganzen aber enttäuschende Buch von Sargant, 1975, S. 87ff). Leo Sternberg (1925, S. 476ff) sieht das sexuelle Element als den wichtigsten Bestandteil schamanischer Initiation an. Er zitiert Shirokogoroff, der einen Bericht liefert von einer Schamanin, die während ihrer Initiation einen Orgasmus erlebte. Den Ritualtanz der Golden interpretiert Sternberg ebenso als einen schamanischen Sexualverkehr mit den *ayami.*

84 Métraux (1959; auf Seite 215 gibt er ein Voodoo-Ehe-Zertifikat zwischen einer Besessenen und Damballah wider). Auch Lewis (1971, S. 61ff). Die Yakuten erzählen, dass junge himmlische Geister – Kinder der Sonne und des Mondes – auf die Erde kommen, um sterbliche Frauen zu ehelichen (vgl. Troschchansky, 1902). Vgl. auch Eliade (1972, S. 73ff).

85 So etwa bei den Marind-anim auf Neuguinea (Van Baal, 1966, S. 834ff), bei den Kiwai Papua (Landtman, 1927, S. 237), bei den Keraki Papua (Williams, 1963), bei den Baruya, Etero, Kaluli (Godelier, 1976, S. 276ff; Kelly, 1976, S. 45ff; Schieffelin, 1976, S. 124ff) und bei den Sambia (Herdt, 1981).

86 Vgl. Devereux (1967); im Umkreis der marokkanischen Trance-Kulte etwa sind (nicht-kultische) Fälle von Sodomie von Seiten der männlichen Bevölkerung alles andere als selten (vgl. Carpanzano, 1977, S. 54).

87 Vgl. dazu den erwähnten melanesischen Mythos (Anm. 82, und Malinowski, 1932). Frank Zappa *(Joe's Garage,* Act II, 1979) besingt saftigst die sexuelle Begegnung des suchenden Joe in der «First Church of Appliantology» (ich nehme an, Ron Hubbard hat ihm verziehen) mit einer Küchenmaschine. Vor allem jene Maschine hat es ihm angetan «that looks like a cross between an industrial vacuum cleaner and a chrome piggy bank with marital aids stuck all over its body». Dem noch Ungläubigen erklärt der Leiter der *Church,* dass er ein latenter «Appliance Fetishist» sei: «It is a person who refuses to admit to him or herself that sexual gratification can only be achieved through the use of machines.» Lebendige Maschinen, die am liebsten deutsch sprechen – so will es Zappa.

88 Die heilige Person lebt nicht mehr (oder nicht nur) innerhalb der Grenzzäune eines Dorfes, sondern in den Wäldern, im Undurchdringlichen, wie Enkidu im chaldäischen Epos (vgl. Gordon, 1946, S. 164). Enkidu – halb Stier, halb Mensch – sollte den Menschen helfen, die unter der Tyrannei Gilgameschs litten. «Vermenschlicht» (man kann nicht «zivilisiert» sagen) wurde der wilde Enkidu durch eine intensive Liebeswoche mit einer *initiatrix* – einer Einweiherin. Diese Erfahrung hielt den immer un-geordneten Enkidu nicht davon ab, mit Gilgamesch eine erotische Freundschaft einzugehen.

89 de Prorok (1943, S. 72).

90 Pausanias (IX, 27,6); Tatian (*Adv. Graex.*, 21).

91 Herdt (1981).

92 Aus Bäumen tauchen bisweilen Gottheiten auf, so schon im alten Ägypten, um reiche Gaben darzubringen. Bevor der Samojede, Serpetie Dyaruoskin zu einem Schamanen wurde, fällte er einen Baum aus dem ein Mann sprang, der ihn in die Unterwelt auf eine geheimnisvolle initiatorische Reise führte (Popov, 1968; Siikala, 1978, S. 175ff).

93 In einer anderen Variante des Mythos hat das geschlechtslose Wesen Chenchi überhaupt keine Geschlechtsteile. Mit Beginn der Fellatio aber wuchsen ihm Brüste und die Brust Numboolyus verflachte (Herdt, 1981, S. 257).

94 Menstruationshütten, in die sich menstruierende Frauen zurückziehen müssen, sind in allen Teilen der Welt verbreitet; auch die zahllosen «Vorsichtsmassnahmen», die in Zusammenhang mit dem Menstrualblut stehen. Vorsichtsmassnahmen freilich, die für den männlichen Teil der Schöpfung wichtig geworden sind.

95 Tali, der dem Ethnologen den Mythos berichtet (Herdt, 1981, S. 259), fügt hinzu, dass die Sambia heute ihre Frauen nicht ihren Söhnen «geben» würden, *weil* es Numboolyu zu Anbeginn der Zeiten auch nicht getan hat.

96 Herdt (1981, S. 235). Interessant in diesem Zusammenhang mag die Aussage eines Patienten von Socarides (1968) sein, der homosexuelle Betätigung (Fellatio) in Zusammenhang damit bringt, dass er die Brüste seiner Mutter auffressen will: «Ihre Brüste sind es, die ich essen will, und sie werden ersetzt durch den Penis von Männern».

97 Herdt (1981, S. 178f). Heterosexuelle Fellatio vor der Menarche ist bei den Sambia selten, im späteren Eheleben fleissig praktiziert.

98 Herdt (1981, S. 168ff).

99 Von der Giftigkeit des Menstrualbluts habe ich oben bereits berichtet. In einem gynäkologischen Lehrbuch von Döderlein-Mestwerdt (1967) wird immer noch in diesem Zusammenhang von einem fraglichen, im Menstrualblut vorhandenen «Menotoxin» gesprochen. Plinius der Ältere schreibt in seiner *Naturgeschichte* (7, 13), dass selbst Hunde, die an diesem Blut lecken, wütend werden; sollte man von ihnen gebissen werden, dann ist man unheilbar vergiftet. Dagegen Rodewald (1980).

100 Wie erwähnt trägt Chenchi auch hermaphroditische Züge. Unter diesem Gesichtspunkt ist er in den Augen der Sambia-Männer kein mythisches Vorbild; bestenfalls ein negatives. Klare Rollenteilung ist die Devise.

101 Herdt (1981, S. 182).

102 Thompson (1981, S. 109); Leroi-Gourhan (1967, S. 173f) analysiert in Anlehnung an symbolische Überlegungen zwischen Vulva und Wunde, Speer und Phallus die bekannte Abbildung des liegenden «Schamanen» von Lascaux. Vgl. dazu auch Honegger (1978).

103 Herdt (1981, S. 184).

104 Herdt (1981, S. 188).

105 Herdt (1981, S. 188). Schon der Gedanke an Cunnilingus lässt die Sambia-Männer Grimassen schneiden und zum Zeichen der Abscheu spukken. Freilich tun sie dies nicht während des Geschlechtsverkehrs selbst, sollten sie in die unglückliche Lage kommen, den Vaginalgeruch (*geruchentu*) in die Nase zu bekommen, da sich die Frau daraufhin aus Gekränktheit aufhängen würde.

106 Herdt (1981, S. 189). Sambia-Männer wissen nicht um den weiblichen Orgasmus und sind an ihm auch nicht im geringsten interessiert.

107 Herdt (1981, S. 184) berichtet, dass auch Penissäfte *muguchelu* genannt werden.

108 Raum (1939, S. 554ff). Siehe auch Devereux (1981, S. 160).

109 Ein Sambia-Mann zu den Initianden: «You novices have been with your mothers. They have said ‹bad words› to you. Their talk has entered your noses and prevented you from growing big. Your skins are no good.» (Herdt, 1981, S. 225, 216). Abhilfe schafft die homosexuelle Fellatio.

110 Herdt (1981, S. 246).

111 Die aktive Suche nach der Rollenidentität, die hier, wie in anderen ethnischen Gruppen (vgl. Jilek-Aall und Jilek, 1980; Van Baal, 1966; Landtman, 1927, S. 237; Kelly, 1976, S. 45ff) vom männlichen Teil der Bevölkerung angestrebt wird, deutet die Angst an den in einem langen historischen Prozess errungenen Herrschaftsanspruch zu verlieren. In zahlreichen anderen Gesellschaften steuert die initiatorische Erfahrung allerdings gerade das Gegenteil an: die Erfahrung des Weiblichen (für den männlichen Bevölkerungsteil), um in der Transzendierung der physischen Erscheinungsform seine Männlichkeit zu durchschauen und verstehen zu lernen. Der aktive Wunsch, auf Zeit oder für immer in eine Frau verwandelt zu werden, zieht sich wie ein roter Faden durch den männlichen Schamanismus (vgl. unten den folgenden Abschnitt). Der Wunsch männlicher Homosexueller, einen weiblichen Körper zu haben, stellt sich bisweilen als Revolte gegen die Bürde des Rollenspiels dar (vgl. Saghir und Robins, 1973, S. 21f; dagegen Loney, 1972), selbst im Hinblick darauf, dass der Sozialstatus der Frau dem des Mannes untergeordnet ist. In solchem Wunsch äussern sich weniger die sozialen Verhältnisse, denn der archaische Wunsch, die Grenzen zu überqueren, um innerhalb der Grenzen *leben* zu können. Die Tukano-Knaben werden im Verlauf ihrer Initiation den Mädchen so ähnlich, dass sie sich streng an das Initiationsprotokoll halten müssen, um sich nicht der Gefahr auszusetzen, zu menstruieren zu beginnen. Man nennt sie in dieser Zeit *amóa mahsá,* Menstruationsleute (Reichel-Dolmatoff, 1975, S. 86).

112 Wickler (1966). Lebensgrosse Strohfiguren mit immensen steifen Pimmeln beschützen die balinesischen Reisfelder (Eibl-Eibesfeld und Wickler, 1968).

113 Devereux (1981, S. 118ff).

114 Schapera (1950); Van der Post (1950). Zur Demonstration ihrer Männlichkeit springen die mit wichtigen Ämtern betrauten Männer der Asmat vor dem Ethnologen auf und ab, um ihren Penis in wippende Bewegungen zu versetzen (Konrad, 1976/77, S. 308).

115 Bei der Korrektur des Manuskripts bemerkte ich, dass ich mich vertippt hatte und statt *Fels*zeichnungen *Fest*zeichnungen geschrieben hatte. In der Tat stellen diese auf Stein gemalten und in den Fels geschlagenen Abbildungen Feste männlicher Zurschaustellung dar: die unerhörte Erfüllung des alltäglichen mit heiliger sexueller Erregung und abwehrender Aggression.

116 Vgl. Vanggaard (1971, Abb. 10, 11).

117 Reichel-Dolmatoff (1975, S. 108ff).

118 Bataille (1981, S. 76).

119 Der französische «Schamane» Mario Mercier sagt: «Quand l'homme se met à l'écoute de l'univers, il le perçoit comme un cristal et la lumière du

cristal le traverse, s'individualise et fortifie son essence. Mon travail consiste à dépasser la personalité.» (Denieul, 1981, S. 167).

120 Bataille (1981, S. 85).

121 Dieser wurde später als Mithras («Herr des himmlischen Lichts») verabsolutiert.

122 Vgl. Jones (1912, S. 87).

123 Jones (1912, S. 87).

124 Nach Thera kam die Knabenliebe wohl durch spartanische Kolonisten. Im Altertum war der Analkoitus mit Frauen ebenso weit verbreitet (Lukian, *Erotes*, 14, 17; Xanthos, *Fragmenta Histor. Graec.* 1.39.19).

125 Vgl. Anm. 85 und Deacon (1934, S. 171ff); Hogbin (1970).

126 «Ohne Rücksicht auf Sünde, und ob Mutter oder Schwester oder Nonne beschlafen wurde, der Geschlechtsakt wurde von ihnen als etwas Heiliges und Religiöses geschätzt.» (Bouquet *et al.* 1738ff, X, S. 538). Die Adamiten, böhmische Sektierer des vierzehnten und fünfzehnten Jahrhunderts wollten den Urzustand der Unschuld Adams wiederherstellen. Sie predigten Nudismus und praktizierten eine uneingeschränkte sexuelle Promiskuität (Vgl. Eliade, 1978, S. 95). Bei der *papisj*-Zeremonie der Asmat (Zegwaard und Boelaars, 1955; Sowada, 1961) kommt es zum rituellen Frauentausch unter jeweils zwei befreundeten Männern, der sich allerdings nach strikt zu befolgenden Regeln abspielt. Bei den Bai-ila (Smith-Dale, 1920, II, S. 28ff) werden die Novizen von einem Initiationsmeister gezüchtigt und gelehrt. Der Initiator heisst *mulumi*, Gatte. Wohl als Zeichen, dass der Initiand selbst zu einem *mulumi* geworden ist, schläft er fünf Nächte lang mit der Gattin seines Meisters und kann später, wenn er aufgefordert wird, jederzeit mit ihr sexuell verkehren.

127 Artaud (1964).

128 Borst (1953, S. 75f); Zacharias (1979, S. 50f).

128a Die Realisierung nicht-kulturierter Triebimpulse in der Manipulation der sexualisierten *prima materia* (vgl. Eliade, 1980, S. 42ff) bedient sich hier einer grausig-ekstatischen Schönheit, deren Grundlage eine heilige Grenzüberschreitung ist, aber erst durch einen sadomasochistischen Vernichtungstaumel Ausdruck findet. Mühls künstlerische Vision geht auf die emotional erschütternde Erfahrung der «grausigen Schönheit», der mit Blut und Dreck beschmierten, auf dem Boden festgefrorenen und mit Reif überzogenen Leichen seiner Kameraden aus dem zweiten Weltkrieg zurück (Spiel, 1964). Tod und Ekstatik wirbelt auch durch die vergleichbaren Jüngerschen Eindrücke, der sich einmal darüber mit dem Satz freute: «O Männerherzen, die das empfinden können!» In einem schweizer Soldatenlied heisst es: «Hab so angenehme, süsse Träume/ von meinem Liebchen und von der Schlächterei» (Bächtold, 1916, S. 39). Vgl. auch Theweleit (1977, I, S. 57ff). Hermann Nitsch in *das lamm*: «Die lammzerfleischung ist im O. M. theater durchgeführte symbolhandlung für das urexzesserlebnis (ekstatischer endpunkt der abreaktionsorgiastik). Die sinnlich reale sado-masochistische situation der zerfleischung ist identisch mit einem extremen triebdurchbruch.» (Nitsch, 1964). Eine Hypothek des Schreckens.

129 Vgl. Leiris (1940); Leiris und Limbour (1947).

130 Turner (1969, S. 236); vgl. Gluckman (1962, S. 5); Duerr (1978, S. 232); Bryk (1934); Nunberg (1949); Daly (1950).

131 Lehmann (1957, S. 67); Kennedy (1970, S. 181).
132 Vgl. Devereux (1981, S. 149); Duerr (1978, S. 232).
133 Von psychologischer Seite kann die Beschneidung nicht einfach aus einer sadistisch-kastrativen Grundhaltung herausgestellt werden (Menninger, 1938; Devereux, 1974, S. 138f, 232), wie dies Bettelheim (1954) versuchte. Damit ist die Beschneidung *mehr* als Vermännlichung, nämlich zugleich ihr Gegenteil: Verweiblichung durch Kastration. Dies ist ein Preis, der zu zahlen ist, um esoterisches Wissen zu erlangen. Als noch im letzten Jahrhundert der Grossvater des australischen Ureinwohners Waipuldanya (Lockwood, 1964, S. 30f) durch *Abbeissen* der Vorhaut «beschnitten» wurde, erinnert dies in gewisser Form an den Kannibalismus Chronos'. Zwar werden die Initianden nicht getötet, aber vom Initiationsvater symbolisch kastriert und symbolisch getötet, womit sie zu seinesgleichen werden und an seinem Wissen Anteil haben (Chronos begnügt sich ja nicht damit, seine Kinder zu töten, sondern er nimmt sie in seinen Leib auf, macht sie zu Teilen seiner selbst). Heute hat sich das patriarchale Söhne-Opfer gewandelt in einen psychologischen und sozialen Mord, der die Jugendrebellion in Bahnen lenkte, die zum Teil durch archaische Gestalten wie Charles Manson getragen werden. Nicht umsonst sagte der «Menschensohn» (Man's son) Charles Manson vor Gericht: «Ihr also wollt mich töten? Ha! Ich bin doch schon tot, mein ganzes Leben über bin ich tot gewesen. . . Ihr hofft mich zu zerbrechen? Das ist unmöglich! Ihr habt mich vor zwanzig Jahren zerbrochen. Ihr habt mich vor Jahren getötet. . . ». (Bugliosi und Gentry, 1975).
134 Carpanzano (1977, S. 154). Später hatte der Marokkaner grosse Angst, als eine französische Prostituierte seinen Penis in den Mund nahm: «I thought she'd bite it off. . . It was like a second circumcision.» (Carpanzano, 1977, S. 167).
135 Cawte (1973); Cawte *et al.* (1966); Singer und DeSole (1967).
136 Róheim (1974, S. 1103); Roth (1897, S. 180).
137 Róheim (1932).
138 Herskovits (1938, II).
139 Vgl. Bryk (1934); Schapera (1941).
140 Devereux (1958).
141 Cawte (1973, S. 387f); Singer und DeSole (1967, S. 355ff). In diesem Fall muss die aktive Veränderung des physischen Körpers mit seiner Bemalung und Tätowierung gesehen werden. Es handelt sich um bleibende Hinweise auf tierische *Tonals*, auf Verwandtschaft mit nicht-menschlichen Wesen und auf die Fähigkeit, gegebenenfalls sich in diese Wesen zu verwandeln. In gewisser Weise wird der Unbedingtheit der menschlichen Historizität entgegengewirkt. Der Mensch wird aus einem vorherbestimmten Lebenszusammenhang hinausgestellt, ein Prozess wird unterbrochen und im Angesicht der ursprünglichen Verschmelzung ungültig erklärt.
142 Zungen werden durchbohrt und Nasenwände und mit Schmuckstücken ausgefüllt, um gewissen Tieren ähnlich zu werden (Boglár, 1975, S. 315). Wie die Krieger Neuguineas, die sich Stosszähne und Elfenbeinschmuck durch die Nasenwand ziehen, schmücken sich heute die Stadtindianer der Punkgeneration (vgl. Wroblewski, 1982, S. 37ff). Für die «Wilden» war solche Veränderung am Körper ein zivilisatorischer Schritt: bei den Roro galt eine untätowierte Person als «roh», wie eine ungekochte Speise und

die Maori-Frau unterschied sich erst durch Lippen- und Zahnfleischtätowierungen vom Hund. Bei uns gilt Schmuck in gleicher Weise als Verrohung und Verwilderung, zumal der Körper als soziales Objekt sich den Regeln und Ordnungen des Gebilligten zu unterwerfen hat und immer seine prinzipielle Gleichheit mit anderen menschlichen Körpern in der Nacktheit unter Beweis stellen muss.

143 In manchen Gesellschaften werden die Geschlechtsorgane lediglich als «vorbereitende Instrumente» für die Zeugung angesehen. Der Penis öffnet den Eingang in die Vagina und den Uterus, damit ein Geistkind eintreten kann. Einen entsprechenden Gedankengang verfolgt auch der menschliche Sexualverkehr zum Zweck der Vermehrung des Wildbestands. Wenn der Yanomámi-Jäger eine Fährte entdeckt, dann nimmt er ein mächtiges Schnupfpulver zu sich (häufig *Virola calophylloidea Markgraf*, jedoch nicht immer; Wassén und Holmstedt, 1963; Chagnon *et al.* 1971) und bumst seine Frau, die sich zu diesem Zweck auf die Wildspur legt. Der Jäger verwandelt sich in das Tier und so produzieren die beiden ein neues Tier als Ersatz für das, was der Yanomámi bald darauf töten wird. Vgl. auch Lizot (1982).

144 Vgl. dazu auch Pastalozza (1951, S. 246); Tucci (1929/30, S. 422); Meyer (1937, III, S. 133ff); Eisler (1909). Pausanias (II, 21, I) spricht von einem Ort in Argos, der *delta* hiess. Der Ort galt als Heiligtum der Demeter. Vgl. auch Eliade (1980, S. 45).

145 Thompson (1981, S. 22).

146 Der Hodensack ähnelt der Feige. Aristophanes nennt aber gerade die Vulva cύχον = Feige (Aristophanes, *Der Frieden,* 1350). Der Phallus des Dionysos, der in Delphi gezeigt wurde, bestand aus Feigenbaumholz (vgl. Devereux, 1981, S. 140).

147 Devereux, 1981, S. 118).

148 Bis heute gilt in verschiedenen Gesellschaften die homosexuelle anale Penetration als verweiblichende Erniedrigung. 1962 sollen die siegreichen Algerier den französischen Konsul in dieser Weise gedemütigt haben (nach Konrad, 1976/77, S. 307). Klassisches Beispiel der Analpenetration zum Zeichen der Unterwerfung ist die Geschichte von Lawrence von Arabien, der in dem von Türken besetzten Ort Deraa verraten und gefangengenommen wird. Sogleich befiehlt ihm der türkische Gouverneur, sich anal ficken zu lassen. Lawrence weigerte sich, aber unter Peitschenhieben gibt er dem erbarmungslosen Gouverneur schliesslich nach. Lawrence entfloh noch in derselben Nacht (wie er das wohl geschafft hat bleibt rätselhaft), doch seine Verräter verbreiteten das, was zwischen Hejim Bey, dem Gouverneur, und dem englischen Helden in jener Nacht geschehen war, was sein Ansehen überall in der arabischen Welt rapide zum Sinken brachte. In einem Brief an Mrs. Bernard Shaw (26. März 1924) verbindet Lawrence sein nicht wieder gutzumachendes sexuelles Hingeben mit der Angst vor den Schmerzen des Auspeitschens und bedauert, dass er seine «physische Integrität», es als «das einzige Gut, mit dem wir auf die Welt kommen» damit eingebüsst habe (Simpson und Knightley, 1969). Die Vergewaltigung durch den Türken hatte tatsächlich seine «Integrität» ausgelöscht und ihn dazu bewogen, seine Vergangenheit vollständig auszumerzen. Von da an verbarg er sich hinter der Anonymität eines einfachen Soldaten. Ein anderer Lawrence, nämlich D. H. Lawrence, verband die

sexuelle Ekstase des Mannes beim Analkoitus (selbstverständlich mit einer Frau) mit der beinahe mystischen Erfahrung der «Wurzeln der Dunkelheit» (vgl. Wilson, 1966, S. 34). Kann der aggressive Akt der homosexuellen Vergewaltigung eine entscheidende und unwiderrufliche Veränderung im Leben des Erleidenden auslösen, so kann eine ähnliche intensive Erfahrung beim erotischen Analverkehr den Penetrierenden heimsuchen (vgl. dazu auch bestimmte Passagen aus Powys *A Glastonbury Romance*; siehe Knight, 1961).

149 Devereux (1981, S. 180) zitiert ein französisches Sprichwort, um die Austauschbarkeit von Vulva und Arsch zu demonstrieren: «La pine (pipe) à Papa qu'on croyait perdue C'est maman qui l'avait tout le temps dans le cul». Dazu bringt Devereux noch einen Ausspruch Djingis Khans in Zusammenhang, für den das grösste Vergnügen gewesen sei, Wallache (kastrierte Pferde) und die Ehefrauen (nicht Jungfrauen) der Besiegten zu besteigen. Dennoch gilt die rituelle Analpenetration häufig als Entsprechung eines «unnormalen» Zeugungsaktes. Wurden bei den vorderorientalischen Völkern etwa Bäume gepfropft, dann geschah dies unter einem bestimmten sexuellen Ritus. Das Pfropfen wurde bei einer Konjunktion von Sonne und Mond durchgeführt. Das aufzupfropfende Reis hält ein wunderschönes Mädchen in der Hand. Dann wird das Mädchen von einem Mann anal gebumst. Während des Koitus pfropft sie das Reis dem Baum auf (vgl. Tolkowsky, 1938, S. 56, 129f; auch Pruessen, 1920, S. 213f). Um eine «unnatürliche» Vereinigung und Fruchtbarkeit im Pflanzenbereich zu gewährleisten wird eine entsprechend «unnatürliche» menschliche Sexualvereinigung vorgenommen.

150 Vgl. das über weite Strecken grossartige Buch von Bruckner und Finkielkraut (1979, S. 233ff). Auf romantische Weise hatte sich bereits Stabler um 1920 (Stabler, 1979, S. 161) geäussert, indem er den «normalen» Beischlaf mit dem genitalzentrierten, lächerlichen kurzen Orgasmus des Mannes zugunsten einer Verweiblichung, bzw einer «Genitalisiserung» des gesamten fühlenden Körpers absetzten wollte: «Was ist mir der kurze Genuss, der so erbärmlich für den Mann ausgeht?»

151 Vgl. Ortner (1974).

152 Das strukturelle Äquivalent von Natur/Kultur zu roh/gekocht stammt bekanntlich von Lévi-Strauss (1971).

153 Siehe Hauser-Schäublin (1981, S. 143f).

154 Bogoras (1904, S. 450ff); Halifax (1979, S. 22f); Basilov (1978, S. 281); Eliade (1972, S. 258).

155 Eliade (1972, S. 258); auch aus Afrika, von den Aleuten, Borneo, Celebes und Palau wird von transsexuellen Schamanen berichtet. Die Iban Sarawak von Nord-Borneo kennen geschlechtslose Schamanen (*manang bali*), die in Frauenkleidern herumlaufen. Die entsprechende Schamanenfigur bei den Ngadju Dyaken von Süd-Borneo heisst *basir*, was soviel wie «impotent» bedeutet (Van der Kroef, 1954). Im allgemeinen sind die Transvesstitenschamanen, was ihre schamanischen Fähigkeiten anbelangt, alles andere als «impotent»; sie werden als die mächtigsten angesehen (vgl. Sandin, 1977, S. 2; Jensen, 1974, S. 145; Brodzky *et al*, 1977, S. 126; Hoffmann, 1967, S. 113). Der biologische Hermaphrodit als Zeichen eines göttlich erwählten Schamanen wurde in Okinawa sogar als heilig verehrt (Roth, 1968, S. 265, 268ff; Sandschejew, 1927/28, S. 606). Eski-

mo-Künstler Peter Inuksuk portraitiert einen Schamanen als eine männliche und weibliche Figur in einem (vgl. Blodgett, 1978, Abb. 24). Vgl. dazu die Eskimo-Geschichten über männliche und weibliche transformierte Schamanen aus der Gegend westlich des Hudson Bay und vom Baffin Land (Boas, 1901, S. 325; Fleming, 1957, S. 153; Rasmussen, 1929, S. 302).

156 Bogoras (1904, S. 448ff). Siehe dazu auch Jochelson, (1905-08, S. 52f; Murphy, 1964, S. 74f; Sternberg, 1925, S. 490ff).

157 Halifax (1979, S. 23); auch Bogoras (1910).

158 Czaplicka (1914, S. 253).

159 Verschiedene Studien haben gezeigt, dass männliche Transsexuelle zum grossen Teil bereits mit zehn Jahren Kleider des anderen Geschlechts anzogen und den Wunsch hatten, eine Frau zu sein (Hoenig *et al.* 1970; Hore *et al.* 1975; Lenti, 1978, S. 314).

160 Basilow (1978, S. 285). Dies ist die Antwort des Schamanen. Seine Bekannten erzählten dem sowjetischen Ethnographen, dass seine jenseitigen Verbündeten ihn dazu zwangen, da sie ihn sonst des Nachts ersticken würden.

161 Ovid, *Metam.* 12, V. 171ff.

162 Auld (1976, S. 150). In der Zankrede Lokis mit den Asen wirft der Trickster Odin vor, er hätte schamanisiert und wäre herumgezogen wie die Weiber (Schröder, 1929, S. 37ff).

163 Davidson (1979, S. 4).

164 Halifax (1979, S. 22ff); Eliade (1972, S. 352): «We here have a ritual androgyny, a well-known archaic formula for the divine biunity and the *coincidentia oppositorum.*» (Vgl. auch Eliade, 1965, S. 26ff; 1958, S. 420ff).

165 Bogoras (1904, S. 450ff).

166 Über die Bedeutung von Leone Ebreo in diesem Zusammenhang siehe Benz (1955, S. 31ff).

167 Franz von Baader: «Damit Sie aber durch ihr eigenes weiteres Nachdenken zu dieser Einsicht gelangen, muss ich Sie vor allem warnen, den Begriff der Androgyne (des Zusammengeschlossenseins des activen und reactiven Princips, des ternaren Centrums mit der Peripherie in eine individeulle Essenz, Natur und Gebilde) ja nicht mir seiner Caricatur, dem Hermaphroditismus, zu vermengen und zu verunreinigen. . . » (nach Benz, 1955, S. 233; siehe auch Baader, 1966, S. 93ff). Auch Mühlmann (1981, S. 67) meint, dass die androgyne Gestalt «im allgemeinen als ‹hässlich› erscheinen» wird, als «Weissagevettel». Irgendwie, meint der Gelehrte, könnte die Gestalt aber wiederum schön sein «in einem vor-klassischen archaischen, dann aber auch wieder nachklassischen, mittelalterlich-christlichen Sinn» (S. 68). Also ehrlich, die meisten Transvestiten und Transsexuellen, denen ich zwischen düsteren Bars in Hamburg und dem *Chez Michou* in Paris begegnet bin, fand ich ausgesprochen schön und reizvoll und das nicht im mittelalterlichen und vor- oder hinter-klassischen Sinn.

168 Schmidt (1980, S. 17); Hill (1935).

169 «A nadle (Transvestit/Transsexueller) around the hogan will bring good luck and riches:» (Zit. nach Schmidt, 1980, S. 17).

170 Kenner (1954, S. 22).

171 Macrobius (1694, S. 283ff). Kleidertausch war auch bei den römischen Saturnalien an der Tagesordnung; ebenfalls bei den mittelalterlichen Nar-

renfesten. In der moslemischen Bruderschaft der *masubori* an der Westküste Afrikas hatten, im wahrsten Sinn des Wortes, die Frauen die Hosen an. Dagegen zeigten sich die Männer, die dem kriegerischen Bund des *ekongola* in Kamerun angehörten, in den Kleidern ihrer Frauen und Schwestern (Butt-Thompson, 1929, S. 96). Kleidertausch, Transvestitismus impliziert keineswegs Homosexualität. Ganz im Gegenteil. Empirische Untersuchungen erweisen den Transvestitismus als primär eindeutig heterosexuell (Pomeroy, 1975, S. 215ff; Prince und Bentler, 1972).

172 Halifax (1977, S. 46).

173 Gottfried von Strassburg, *Tristan*, V. 129f.

174 Vergine (1974). In denselben Bereich gehören auch die Selbstdarstellungen von Bruce Nauman und Dorothea Rockburne und in gewissem Sinn auch jene von Günther Brus und Schwarzkogler.

175 Als solcher mag er Denkern erscheinen, die sich das Androgyne als nette Schreibtischphilosophie denken, ohne an die schamanische *mania* der Aktualisierung wirklich zu glauben (vgl. Anm. 167).

176 Das geniale Werk von Richard O'Brien.

177 In besonders «anstössiger» Form übernimmt Miss Divine, der letzte grosse, dicke Transvestit des Kinos eine ähnliche Rolle im John Waters Film *Pink Flamingos.* Aber seine/ihre Handlungsweise kann sich nicht mit der subtilen Raffinesse von Frankie messen, zu dessen Exzessen niemals der Divine-Titel «filthiest person alive» assoziiert werden könnte.

178 Halifax (1979, S. 22).

179 Gengle (1980, S. 25) bezieht sich zwar nicht ausdrücklich auf geschlechtsverwandelte Schamanen, aber auf homosexuelle und meint, dass «die meisten – vielleicht nicht gerade alle – Schamanen» Homos waren. Das ist freilich eine glatte Übertreibung, zumal man bei den frechen Grenzwanderern ohnehin nie sicher sein kann, ob es stimmt, was sie erzählen, und ob sie ihre Verhaltensweisen nicht im nächsten Augenblick ändern.

180 LaBarre (1972, S. 221) berichtet von einer prophetischen transvestitischen Schamanin, die eine andere Frau heiratete und das Ende der indianischen Lebensform vorhersagte. Dazu auch Leiris (1977, S. 166) über weiblichen Transvestitismus im *zâr*-Kult. Bei den Besessenen der Mettidscha kleidet sich die *kahina*, die Magierin, in einer Art phantasievoller Männertracht (Desparmet, o. J., S. 50).

181 Rasmussen (1931, S. 303f).

182 Die zukünftige transsexuelle Frau lehnt ihre Rolle und ihre Geschlechtsorgane von früher Kindheit an ab (Stoller, 1975, S. 1405). Interessanterweise wollen sich in Osteuropa mehr Frauen als Männer operativ ins andere Geschlecht verwandeln lassen, während das Verhältnis im Westen 1969 noch 8:1 zugunsten der Männer, die zu Frauen werden wollen, hiess (vgl. Erickson Educational Foundation Newsletter, Vol. 2, 2, 1969).

183 Der Astarte-Kult beinhaltete die rituelle Prostitution (vgl. auch Tremearne, 1914, S. 150, der die Brücke zur *bori*-Bruderschaft der Haussa schlägt). Die Priseter-Schamanin der Ngadju Dyaken *(balian)* prostituiert sich rituell (Van der Kroef, 1954). Noch bis vor kurzem war das öffentliche Tanzen und Schauspielen, also die Produktion des eigenen Körpers, in Burma ein Vorrecht von Hetären (Spiro, 1967, S. 209). Und auch heute verbinden Spiesserideologien wilden Tanz und Musik mit sexueller Ausschweifung und wahlloser Promiskuität. Aber im Umkreis schamanischer Kulte han-

delt es sich bei der rituellen Prostitution um eine zutiefst religiöse Ausschweifung, die zumal von starren Regeln geleitet wurde. Aus dem Himalaya-Gebiet wird von einer tantrischen Initiation berichtet, wobei sich die Initianden – abwechselnd ein Mann und eine Frau – im Kreis um wohlriechendes Räucherwerk aufstellen. Die Frau zur Linken jedes Mannes wird von ihm rituell beschlafen, während die zu seiner Rechten göttlich verehrt wird. *Initiatrix* – Prostituierte – Göttin (vgl. Mariel, 1978, S. 86). Die prostituierenden Ehrerbietungen gegenüber einer phallischen männlichen Gottheit, die eine ursprüngliche Verbundenheit von Göttin und Heros bisweilen zu einer religiösen Travestie werden liess, beinhalten manchmal schmerzvolle Penetrationen durch einen Riesen-Steinlingam; so etwa bei einem tantrischen Kult (Mariel, 1978, S. 90). Der Riesenpimmel des Gottes verwandelte sich freilich nach dem Schema der phallischen Aggressivität häufig in ein sadistisches Strafinstrument: der Bambus, der in die Scheide der Ehebrecherin in Burma wächst, bis er sie durchbohrt (Masters zit. nach Devereux, 1981, S. 123); auch jene Jungfrauen, die schmerzerfüllt aufschrien, als sie den Riesen-Lingam in ihre Vagina einführen sollten, sollen getötet worden sein, und Appuleius (*Metam.* 10.24) berichtet von einer eifersüchtigen Ehefrau, die ein unschuldiges Mädchen durch Einführen einer brennenden Fackel in ihre Scheide tötet. In wieweit noch Überreste der «heiligen Prostitution» in der marokkanischen *djinnîya*, einem weiblichen Geist von besonders geilem Charakter, und im *zâr*-Kult eine Rolle spielen (siehe Westermarck, 1935, S. 31ff; Leiris, 1977, S. 164ff) kann nicht mit Bestimmtheit gesagt werden. In Zusammenhang mit dem Astartekult, der ja neben der Prostitution die rituelle Travestie mit einschloss, mag der Umstand interessant sein, dass für viele männliche Transvestiten die Prostitution einen ganz besonderen Reiz ausübt (vgl. Hore *et al.* 1975, S. 318), wenn sie auch von der Mehrzahl nicht betrieben wird. Einerseits sind es ökonomische Erwägungen, die hierbei eine Rolle spielen, aber mehr noch der Wunsch mit der bestimmten «Anerkennung», die gewöhnlicherweise nur der Frau im Geschlechtsverkehr zuteil wird, sich selbst dem anderen Geschlecht zugehörig zu fühlen und jene geheimnisvolle Grenzenlosigkeit des sexuellen Empfindens zu erfahren, die Männer an den Frauen beneiden (vgl. auch Hoenig und Kenna, 1974, S. 237ff; Stürup, 1976, S. 56). Manchmal muss dieser Neid von besonderer Stärke sein: der römische Imperator Heliogabal soll sein halbes Reich jenem Arzt angeboten haben, der ihm weibliche Geschlechtsteile verschaffen könnte (vgl. Green und Money, 1969). Nikolay Berdjajew sagt: «Am Weibe ist nichts, was nicht sexuell wäre. . . Das Weib ist die kosmische Trägerin des sexuellen Elements, des Elementaren im Geschlecht.» (Zit. nach Benz, 1955, S. 288). Dies erinnert an Michelets Verabsolutierung der Frau als das All, als Gott. Doch schon bald nach ihm sollte der Enthusiasmus über diese geheimnisvolle Rolle der Frau von D. H. Lawrence patriarchalisiert werden. Die Frau sei das Tor, schreibt Lawrence in einem Brief an Bertrand Russell, durch das wir eintreten und wieder hinausgehen. «In ihr kehren wir zurück zum Vater. . . »! (nach Mariel, 1978, S. 10).

184 Der Chevalier d'Eon (1728-1810) ist vielleicht der berühmteste Transvestit aller Zeiten. Um seine schwierigen diplomatischen Missionen als Spion Ludwigs XV. zu erfüllen bediente er sich seiner transvestitischen Künste

und erregte als Lia de Beaumont unter der Männerwelt einiges Aufsehen. Als er starb und man entdeckte, dass er ein Mann war, erschrak die Frau, die sich um ihn/sie in den letzten Jahren gekümmert hatte nicht wenig. Damals galt es als besonders «schön dekadent» als Frau verkleidet umherzulaufen. Philippe d'Orléans, Bruder Ludwigs XIV. verkleidete sich bevorzugt als grosse Dame und sang dazu: «Suis-je und fille – suis-je un garçon? / Ton-Ton, tontaine, tonton/ Peut-être l'un, peut-être l'autre / Voyez, voyez si ma façon / Convient à l'une ou bien à l'autre» (vgl. Buttafava, 1977, S. 26). Und der Abbé Francois Timoléon de Choisy (1644-1724), ein enger Freund von Philippe, hörte liebend gern wenn auf Bällen hinter ihm gemurmelt wurde: «Quelle belle femme!» Davon sagt er: «J'éprouvais un plaisir immense, incomparable.»

185 Der assyrische König Sardanapal (auch Assurbanipal) gehört wie Herkules, Dionysos, Odin und die Priester der Kybele zu den klassischen «weibischen» Männergestalten. Vgl. Ellis (1933, Bd. XV. S. 76ff).

186 Austin Osman Spare sagte auch einmal: «All things fornicate all the time.» Über Spare sieht vor allem Grant (1975).

187 Davon singt – ich nehme an mit geschlossenen Augen – Van Morrison.

188 So sieht man es im *Jesus Christ Superstar*-Film.

189 So im Film *Trash* von 1970. (Der dumme Künstlername des vielbeschäftigten Transvestiten heisst wirklich so).

190 Diesen Titel erhielt Miss Divine von Romoli (1977, S. 64).

191 Nach Boehme hatte der «Kraftleib» Adams nicht nur keine «Därmer», sondern für ihn waren Zeugen und Gebären noch ein und derselbe Akt, der sich an einem einzigen androgynen Wesen abspielte, und zwar durch innere Abbildung in Betrachtung des göttlichen Urbildes. Nach Benz (1955, S. 17). Wie ähnliche Gedankengänge aus den mythischen Unterschichten heute zwischen heiliger Sauberkeit und teuflischem Schmutz scheiden, vgl. Milner (1974).

192 Zeile aus einem Liebeslied von Jim Morrison von den *Doors*.

193 Die Fähigkeit der Wahrsagerei erhielten die *enarees* von Aphrodite (Herodot I, 105; IV, 67). Hippocrates berichtet, dass die *enarees* sich mit Frauendingen abgeben würden und Weibergeschwätz verbreiten. Man fürchtete und achtete die transvestitischen Seher, denn ihre Fähigkeiten kamen von einer Göttin. Hippocrates sagt auch, dass jemand durch Reiten zu einem solchen wahrsagenden Transvestiten werden könne. Bei den Pueblo Indianern sollen diejenigen, die von den Geistern, zumeist im Traum, aufgefordert wurden, ihr Geschlecht zu wechseln, diesen Prozess durch Reitübungen beschleunigt haben (vgl. Maksimov, 1912 zit. nach Basilov, 1978, S. 289).

194 Dory Previn singt:

«Jesus was an androgyne
jesus was a he and she
jesus was a freako baby
just like you and me
jesus was a pagan
jesus was a priest
jesus was a beauty
jesus was a beast»

Von der Platte *Mary C. Brown and the Hollywood Sign,* 1972. Thompson

(1981, S. 109) evoziert das gleiche Bild, bleibt aber dem Raum der «sauberen» Mystik verhaftet, in welcher nur symbolische Entsprechungen tatsächlich zählen, wirkliche Aktualisierungen allerdings beängstigend werden: «The wound that does not kill Christ is the magical labial wound; it is the seal of the resurrection . . . He is the man who has transcended the duality of sexuality, the man with a vulva, the shamanistic androgyne.» Und an anderer Stelle: «In the contemporary counterculture we do not see the divine androgyne but the demonic hermaphrodite . . . the profane always contains an exoteric mirror-image of a sacred, esoteric mystery.» (Thompson, 1973, S. 110f).

195 Vgl. Wayne Countys Platte *Man Enough to be a Woman* (1978), auf der sich rätselhafterweise gerade dieser Song nicht befindet, hingegen auf *Storm the Gates of Heaven* (1978):
«I got a transsexual feeling
it's hard to be true to the one that's really you
I got a scandalous feeling
it's hard to be true when they point and stare at you
conditioned to portraying
the mask of masculinity . . .»

196 Vgl. Kern (1922); Nilsson (1941, S. 660ff); Eisler (1921).

197 Der Name Phanes bewahrt den Stamm φαν (φαίνειν = Licht bringen; φαίνεσθαι = scheinen). Ob der Gott nun der «Strahlende» oder der aktive Lichtbringer sei, war eine Streitfrage der Orphiker, die zumindest einen Zweifel unberührt lässt: Phanes war ein Lichtgott (Kern, 1922, fr. 109, 86).

198 Aristophanes, *Vögel* (697); vgl. auch Wili (1945, S. 74f).

199 Zeus verschlingt den Urgott Phanes und nimmt durch diesen omophagischen Akt die ganze alte Welt in sich auf. Für den orphischen Mysten ist Zeus der grösste Gott seiner Epoche, der zweiten orphischen Periode; er ist aber nicht der beliebteste. Zu diesem wird der zweite Dionysos, der abermals durch Inzest gezeugt wird und als Sohn der Persephone, als Zagreus, der Unterwelt besonders nahe steht. Als Knabe spielt er mit den Äpfeln der Hesperiden. Und die Götter zittern vor dem kleinen Knaben, besonders dann, wenn er in einen Spiegel blickt und sich der dionysisch-schamanischen Selbstbegegnung aussetzt. Als Antwort zerreissen und verschlingen sie ihn. Zeus ist wütend und verbrutzelt die Titanen mit seinem Blitzbündel. Das Herz des Dionysos aber konnte Athene retten. Zeus verschluckt es, um den Dionysos in sich zu bewahren. Mit der thrakisch-phrygischen Semele zeugt er den dritten Dionysos. Freilich entspringt dieser dem väterlichen Oberschenkel und soll als Dionysos Lyseus Heil und Seelenbefreiung bringen: Herrscher des dritten Weltzeitalters orphischer Prägung.

200 Macrobius (1694, S. 208). Julian Apostata hatte den Serapis mit Hades gleichgesetzt, den «unsichtbaren, denkenden Gott».

201 Joyce (1966, II, S. 449). Wie durch Serapis, den *deus absconditus,* reisen die Orphiker die Weltzeiten zurück zum schamanischen Lichtbringer Phanes, um ihr Sosein zu erkennen.

Protokoll über den Zerfall der Selbstverständlichkeit

1 Vgl. Larsen (1976, S. 154f).

2 Leiris (1978, S. 256). Colli (1980, S. 123): «Das ist es, was die Kunst wiederherstellen will, das Unmittelbare des Lebens.»

3 Gibran (1946). Die Dadaisten haben sich übrigens häufig sehr ähnlich ausgedrückt.

4 Sartre hat in seinem Baudelaire-Essay von 1947 dem Dichter eine *choix originel* zur Einsamkeit und zum Anderssein zugeschrieben. Aber es sei eine begrenzte Einsamkeit, ein «image affaibli» der grossen Einsamkeit des wahrhaft freien Menschen.

5 Siehe das Motto von «San Juan de la Cruz» in Castanedas *Tales of Power* (1974).

6 «Das wilde Denken unterscheidet sich vom wissenschaftlichen Denken dadurch, dass es den Moment der Beobachtung nicht vom Moment der Interpretation trennt». (Myerhoff, 1980, S. 173).

7 Vgl. Wavell *et al.* (1967).

8 So singt der «sweet transvestite» Frank N Furter in der *Rocky Horror Picture Show*.

9 Kleps (1975, S. 108): «It pisses me off when I think that . . . very few of these happy families . . . ever sit down together and pop a few pills. It has all been made to look too grim, terrible and complicated for the likes of them.»

10 Gibran (1980) S. 66). Zuvor lässt der Autor seinen Propheten schöne Worte sprechen (S. 65): «But let there be no scales to weigh your unknown treasure; and seek not the dephts of your knowledge with staff or sounding line. For self is a sea boundless and measureless.»

11 Grant (1975, S. 93).

Bibliographie

Aarne, A., *Der tiersprachenkundige Mann und seine neugierige Frau: eine vergleichende Märchenstudie,* Hamina 1914.

Aberle, D. F., «Arctic Hysteria» and Latah in Mongolia. *Transactions of the New York Academy of Science,* ser. *2,* vol. 14 (1952).

Abramson, H. A. (Hg.), *The Use of LSD in Psychotherapy,* New York 1960.

Absolon, K., The Diluvial Anthropomorphic Statuettes and Drawings, Especially the so-called Venus Statuettes, Discovered in Moravia. *Artibus Asiae,* 1949.

Ackerknecht, E. H., Psychopathology, Primitive Medicine and Primitive Culture. *Bulletin of the History of Medicine, 14* (1943).

Ackerknecht, E. H., On the Collecting of Data Concerning Primitive Medicine. *American Anthropologist,* 47 (1945).

Ackerknecht, E., *Medicine and Ethnology. Selected Essays.* Walser, H. H. und Koelbing, H. M. (Hg.). Bern, Stuttgart, Wien 1971.

Adorno, T. W., *Einleitung in die Musiksoziologie, Hamburg* 1971.

Adovasio, J. M. und Fry, G. S., Prehistoric Psychotropic Drug Use in Northeastern Mexico and Trans-Pecos Texas. *Econ. Botany 30* (1976).

Adriani, G. (Hg.), *Hannah Höch,* Köln 1980.

Agapitov, N. N. und Khangalov, M. N., Materialy dlya izuchenia schamanstva v Sibiri. Shamanstvo u buryat Irkutskoi gubernii. *Izvestia Vostochno-Sibirskovo Otdela Russkovo Geograficheskovo Obshchestva, 14* (1883).

Agar, M. H., *The Professional Strangers: An Informal Introduction to Ethnography, New York, 1980.*

Agrippa von Nettesheim, C., *Die Eitelkeit und Unsicherheit der Wissenschaften.* F. Mauthner (Hg.), 1. Bd., München 1913.

Agurell, S., Holmstedt, B. und Lindgren, J. E., Alkaloid Content of Banisteriopsis Rusbyana. *Am. Journ. Pharm. 140* (1968).

Aichele, W., *Zigeunermärchen,* Jena 1926.

Aigremont, D., *Volkserotik und Pflanzenwelt.* Leipzig 1910.

Alarcón, R. de, *Tratado de las supersticiones y costumbres gentilicas,* 1629 (An. Mus. Nac. Mexico, *6* 1898).

Albert, H., *Traktat über kritische Vernunft,* Tübingen 1969.

Alcock, J. E., *Parapsychology: Science or Magic?,* Oxford/New York 1981.

Alger, N., Comment on 'The Influence of Psychotropic Flora and Fauna on Maya Religion', *Curr. Anthropol.* (1974).

Allegro, J. M., *Der Geheimkult des magischen Pilzes.* Wien, 1971.

Allen, W., *The timeless Moment,* London 1946.

Allison, P. D., *Social Aspects of Scientific Innovation: The Case of Parapsychology,* Univ. of Wisconsin Diss. 1973.

Altheim, F., *Geschichte der Hunnen,* Berlin 1959–62 (4 Bde).
Amery, C., *The New Atlantis,* London und New York 1976.
Andersen, J., *The Witch on the Wall. Medieval Erotic Sculpture in the British Isles,* London 1977.
Anderson, R. R., *Beiträge zur Geschichte des Wortes «Grotesk».* Diss., Ohio State Univ. 1958.
Andree, R., Die Metalle bei den Naturvölkern; mit Berücksichtigung der prähistorischen Verhältnisse, Leipzig 1884.
Andreski, S., *Social Science as Sorcery,* Harmondsworth 1974.
Angoff, A. und Barth, D., (Hg.), *Parapsychology and anthropology,* New York 1974.
Anisimov, A. F., The Shaman's Tent of the Evenks and the Origin of the Shamanistic Rite. In: Michael, H. N. (Hg.), *Studies in Siberian Shamanism,* Toronto 1963.
Anthony, P., *Macroscope,* New York 1969.
Arbman, E., *Ecstasy or Religious Trance,* Bd. 1, Uppsala 1963.
Archi, A., L'ornitomanzia ittita. *Stud. Micenei Egeo-anatol, 16* (1975).
Arciniega, R. P., Chamula. *Classicos de la Antropol,* Mexic. INI, 1977.
Ardener, S. G., Sexual Insult and Female Militancy, *Man (1973).*
Ariès, P., *Studien zur Geschichte des Todes im Abendland,* München 1976.
Arlegui, P. J. de, *Crónica de la provincia de Zacatecas,* 1851.
Arnold, H., *Die Zigeuner,* Olten 1965.
Artaud, A., *Le théâtre et son double,* Paris 1964.
Artaud, A., *The Peyote Dance,* Farrar 1976.
Auchter, T., Eine Teufelsneurose im 20. Jahrhundert. *Wege zum Menschen 29* (1977).
Auld, R. L., The Psychological and Mythic Unity of the God Odinn. *Numen* (1976).
Austen, L., Procreation Among the Trobriand Islanders. *Oceania* (1934).
d' Auvergne, G., *De universo,* Paris 1674.
Auzias, J. M., *Clefs pur le structuralisme,* Paris 1967.
Avicenna, *Ioanne Costaeo et Ioanne P. Mongio Annotationibus iampridem illustratus,* Venedig 1595.

Baader, F. v., *Sätze aus der erotischen Philosophie und andere Schriften,* Frankfurt 1966.
Backus, J. M., *Parapsychology and Literature,* In: Wolman (1977): 781 ff.
Bader, A. und Navratil, L., *Zwischen Wahn und Wirklichkeit,* Luzern 1976.
Bächtold, F., *Aus Leben und Sprache des Schweizer Soldaten,* Basel 1916.
Bailey, P., *Wovoka: The Indian Messiah,* Los Angeles 1957.
Balázs, J., A magyar samán rëülete, *Ethnographia, 65* (1954).
Balázs, J., Über die Ekstase des ungarischen Schamanen. In: Diószegi, V. (Hg.), *Glaubenswelt und Folklore der sibirischen Völker,* Budapest 1963.
Balikci, A., Shamanic Behavior Among the Netsilik Eskimos. *Southwestern Journal of Anthropology, 19* (1963).
Balikci, A., *The Netsilik Eskimo,* Garden City 1970.
Baltrusaitis, J., *Réveils et prodiges,* Paris 1960.
Bancroft-Hunt, N. und Forman, W., *People of the Totem: The Indians of the Pacific North-West,* Toronto 1979.
Barabas, A. und Bartolomé, M., Hydraulic Development and Ethnocide: The Mazatec and Chinantec People of Oaxaca, Mexico. *IWGIA-Document,* Kopenhagen 1973.
Barker, J. C., Premonitions of the Aberfan Disaster. *J. Soc. Psych. Res. 44* (1967).
Barnard, M., *The Mythmakers,* Athens 1966.
Barnouw, V., Siberian Shamanism and Western Spiritualism. *J. Am. Soc. Psych. Res. 36* (1942).
Barnouw, V., Paranormal Phenomena and Culture, *J. Am. Soc. Psych. Res. 40* (1946).

Barrett, L. E., Healing in a Balmyard: The Practice of Folk Healing in Jamaica. In: Hand W. D. (Hg.), *American Folk Medicine,* Berkeley und Los Angeles 1976.
Bartels. M., *Die Medizin der Naturvölker,* Leipzig 1893.
Bartels, M., Das medizinische Können der Naturvölker. In: Neuburger-Pagel (Hg.), *Handbuch der Geschichte der Medizin,* Bd. 1, Jena 1902.
Barthélemy, M. A., *Artâ Vîrâf-Nâmak ou liver d' Ardâ Vîrâf,* Paris 1887.
Barthes, R., *S/Z,* Paris 1970.
Basilov, V. N., *Vestiges of Transvestitism in Central-Asian Shamanism.* In: Diószegi und Hoppál (1978).
Bastide, R., *O Candomblé de Bahia (Rito Nagô),* São Paolo 1961.
Bataille, G., *Der heilige Eros,* Neuwied 1963.
Bataille, G., *Die Tränen des Eros,* München 1981.
Bauer, E., *Kritik und Kontroversen der Parapsychologie.* In: Condrau (1979).
Baumann, O., *Durch Massailand zur Nilquelle,* Berlin 1894.
Bauer, W., Dümotz, I., Golowin, S., Röttgen, H., *Bildlexikon der Symbole,* München 1980.
Beals, R. L., Aboriginal Survivals in Mayo Culture. *Am. Anthropol. 34* (1932).
Beals, R. L., *Ethnology of the Western Mixe,* Los Angeles 1945.
Bean, L. J., *Mukat's People: The Cahuilla Indians of Southern California,* Berkeley und Los Angeles 1972.
Bean, L. J. und Saubel, K. S., *Temalpakh: Cahuilla Indian Knowledge and Usage of Plants,* Banning 1972.
Beattie, J., *Divination in Bunyoro, Uganda,* in: Middleton (1967).
de Beauvoir, S., *Das andere Geschlecht,* Reinbek 1968.
Beck, R. J., Some Proto-Psychotherapeutic Elements in the Practice of the Shaman. *Hist. Relig,* (1966).
Becker, G., Brackert, H., Brauner, S., Tümmler, A., Zum kulturellen Bild und zur realen Situation der Frau im Mittelalter und in der frühen Neuzeit. In: *Aus der Zeit der Verzweiflung,* Frankfurt 1977.
Beckett, S., *Watt,* Frankfurt 1972.
Beckwith, M. W., *Mandan-Hidatsa Myths and Ceremonies,* New York 1937.
Bee, R. L., Peyotism in North American Indian Groups. *Transac. Kansas Ac. Scie. 68* (1965).
Bégouën, H. und Breuil, H., Les cavernes du Volp. In: *Arts et metiers graphiques,* Paris 1958.
Béliard, O., *Sorciers. Rêveurs et démoniaques,* Paris 1980.
Bellonzi, F., *Kokocinski,* Roma 1979.
Beloff, J., In Defence of the «Psychobiological» Paradigm. *Research in Parapsychology 1978,* Metuchen 1979.
Beloff, J., Parapsychology and the Mind-Body Problem. *Vortrag in der Cambridge University S. P. R., Cambridge,* 1979 a.
Beloff, J., Could There be a Physical Explanation for Psi? *Vortrag bei der 3rd Int. Conf. S. P. R., Edinburgh* 1979 b.
Beloff, J., Using the Scientific Method to Probe the Limits of Science. *Research in Parapsychology 1979,* Metuchen 1980.
Beltrán, G. A., *El processo de aculturación y el cambio sociocultural en México,* México 1958.
Beltrán, G. A., Un postulado de politica indigenista. *Am. Indigena, 27* (1967).
Beltrán, G. A., Etnocido en Mexico: Una denuncia irresponsable. *Am. Indigena 35* (1975).
Bender, H., The Gotenhafen Case of Correspondence Between Dreams and Future Events: A Study of Motivation. *Int. J. Neuropsychiat. 2* (1966).

Bender, H., Neue Entwicklungen in der Spukforschung. *Zeitschr. Parapsychol. Grenzgeb. Psychol. 12* (1970).
Bender, H., Die Gleichförmigkeit von «Spuk»-Mustern. *Zeitschr. Parapsychol. Grenzgeb. Psychol. 21* (1979).
Bender, H. und Gruber, E. R., *Parapsychologie: Die Erforschung einer verborgenen Wirklichkeit.* In: Stahlman, M. (Hg.), *Kindlers Handbuch Psychologie,* München 1982.
Benedetti, G., Psychiatrische Aspekte des Schöpferischen und schöpferische Aspekte der Psychiatrie, Göttingen 1975.
Benedict, R., *The Concept of the Guardian Spirit in North America,* Menasha 1923.
Benitez, F., *Historia de un chamán Cora,* Mexico 1973.
Benitez, F., *Los hongos alucinantes,* Mexico 1979.
Bennett, W. C. und Zingg, R. M., *The Tarahumara: An Indian Tribe of Northern Mexico,* Chicago 1935.
Bensarow, *Tschornaja wera ili schamanstwo u Mongolow,* Kasan 1846.
Benz, E., *Adam. Der Mythos vom Urmenschen,* München 1955.
Bergius, H., *Dada als «Buffonade und Totenmesse zugleich»,* In: Poley (1981).
Beringer, K., Zur Kulturgeschichte der Rauschgifte. *Stud. Gen. 1* (1948).
Berndt, R. M., Berndt, C. H., *Sexual Behavior in Western Arnhem Land.* New York 1951.
Berrin, K., (Hg.) *Art of the Huichol Indians,* New York 1978.
Bettelheim, B., *Symbolic Wounds,* Glencoe 1954.
Beyer, G., Die Mannbarkeitsschule in Südafrika, *Zeitschr. Ethnol.* (1926).
Biegert, C., *Indianerschulen,* Reinbek 1979.
Biegert, C., Mein Volk braucht Träume. In: Thurn, C. und Röttgen, H. (Hg.), *Die Rückkehr des Imaginären,* München 1981.
Biesele, M. A., *Folklore and Ritual of !Kung Hunter-Gatherers,* Ph. D. Diss., Harvard 1975.
Biggar, H. P. (Hg.), *The Works of Samuel de Champlain.* Bd. II, Toronto 1925.
Birchler, U. B., Die Rolle der Frau bei der Liebeskrankheit und den Liebestränken. *Suddh. Arch. 59* (1975).
Blackburn, T., *December's Child,* Berkeley 1975.
Blackman, S., *The Rock Tombs of Meir IV,* London 1924.
Bleeker, C. J. (Hg.)., *Initiation,* Leiden 1965.
Blodgett, J., *The Coming and Going of the Shaman: Eskimo Shamanism and Art,* Winnipeg 1979.
Boas, F., The Central Eskimo, *6th Annual Report of the Bureau of Ethnology.* Washington 1888.
Boas, F., *Indianische Sagen von der nord-pacifischen Küste Amerikas,* Berlin 1895.
Boas, F., The Eskimo of Baffin Land and Hudson Bay, *Am. Mus. Nat. Hist., Bull. 15* (1901).
Boas, F., *Folktales of Salishan and Sahaptin tribes,* New York 1917.
Boas, F., Kutenai Tales. *Bur. Am. Ethnol. Bull. 59* (1918).
Boas, F., *The Religion of the Kwakiutl,* New York 1930.
Bock, H., *Kreütterbuch.* Strassburg 1577.
Bodin, J., *De Magorum daemonomania, sev detestando Lamiarum ac Magorum cum Satana commercio.* Libri IV. Frankfurt 1603.
Boehme, G., van den Daele, W., Krohn, W., Die Finalisierung der Wissenschaft. In: Diederich, W., (Hg.), *Theorien der Wissenschaftsgeschichte,* Frankfurt 1974.
Boer, C., (Übers.), *The Homeric Hymns,* Chicago 1970.
Boglár, L., Beitrag zur Erforschung des «wilden Denkens», *Abh. Staatl. Mus. Völkerk., Dresden* 1975.
Bogoras, W., K psikhologii shamanstva u narodov severo-vostochnoi Azii, *Etnograficheskoye obozreniye, 84–85* (1910).

Bogoras, W., *Etnografia,* Moskau *1* (1926).
Bogoras, W., *Die Seance eines Schamanen, der auf Befehl der Geister zur Frau geworden war* (Findeisen, H., Hg., 1956 b)
Bohm, D., Quantum Theory as an Indication of a New Order in Physics. Part A. *Found. Physics 1* (1971).
Bohm, D., Quantum Theory as an Indication of a New Order in Physics. Part B. *Found. Physics 3* (1973).
Bohm, D., *Wholeness and the Implicate Order,* London 1980.
Bollinger, A., *El curandero,* Wald 1980.
Bonomo, G., *Caccia alle streghe,* Palermo 1959.
Bornemann, E., *Das Patriarchat,* Frankfurt 1979.
Borst, A., *Die Katharer,* Stuttgart 1953.
Boshier, A., *African Apprenticeship.* In: Angoff und Barth (1974).
Bottéro, J., Symptômes, signes, écritures en Mésopotamie ancienne. In: Vernant, J.-P. (Hg.), *Divination et rationalité,* Paris 1974.
Bouché-Leclercq, A., *Histoire de la divination dans l'antiquité,* 4 Bde. Paris 1879–82.
Bouisson, M., *Magic: Its Rites and History,* London 1960.
Bouquet, M. *et al., Recueil des historiens de Gaules et de la France,* Paris 1738–1904.
Bourguignon, E. (Hg.), *Religion, Altered States of Consciousness, and Social Change,* Columbus 1973.
Bourguignon, E., *Possession,* San Francisco 1976.
Bouteiller, M., *Chamanisme et guérison magique,* Paris 1950.
Bouteiller, M., Don chamanistique et adaptation à la vie chez les indiens de l'Amerique du Nord, *Journal de la Societé des Américanistes, 39* (1950).
Bouthoul, B., *Le Grand-Maître des Assassins,* Paris 1936.
Bowles, N. und Hynds, F., *Psi Search,* San Francisco 1978.
Boyer, L. B., Die Psychoanalyse in der Ethnologie. *Psyche, 34, 1(1980).*
Boyer, L. B., Die Psychoanalyse in der Ethnologie. *Psyche, 34, 1* (1980).
Bozzano, E., *Popoli primitivi e manifestazioni supernormali,* Verona 1941.
Bracharz, K., Das Datura-Dossier. *Sphinx Magazin 12* (1981).
Brant, S., *Das Narrenschiff,* Basel 1494.
Braud, W. G., Psi-Conductive States. *J. Commun. 25* (1975).
Braud, W. G., Allobiofeedback: Immediate Feedback for a Psychokinetic Influence upon Another Person's Physiology.*Research in Parapsychology 1977,* Metuchen 1978.
Braud, W. G., Recent Investigations of Microdynamic Psychokinesis, with Special Emphasis on the Roles of Feedback, Effort, and Awareness.*Europ. J. Parapsychol. 2* (1978)a.
Braud, W. G., Conformance Behavior Involving Living Systems. *Research in Parapsychology 1978,* Metuchen 1979.
Braude, S. E., The Observational Theories in Parapsychology: A Critique. *J. A. Soc. Psych. Res. 73* (1979).
Braude, S. E., The Synchronicity Confusion. *Research in Parapsychology 1979,* Metuchen 1980.
Brecher, E. M., *Licit and Illicit Drugs,* Boston 1972.
Brecht, B., *Leben des Galilei,* Frankfurt 1964.
Breton, A., *Entretiens,* Paris 1969.
Briggs, J. R., Muscale Buttons – Physiological Effects. *Med. Register, 1* (1887).
Broad, C. D., Dreaming and Some of Its Implications. *Proc. Soc. Psych. Rs. 52* (1959).
Broad, C. D., *Religion, Philosophy, and Psychical Research,* New York 1969.
Brockhaus, E., Möglichkeiten und Grenzen der Erforschung paranormaler Phänomene in Westafrika. *Neue Wiss. 16* (1968).

Brodzky, A. T., Dansewich, R. und Johnson, N., *Stones, Bones and Skin. Ritual and Shamanic art,* Toronto 1977.
Broekman, J. M., *Strukturalismus,* Freiburg/München 1971.
Brough, J., Soma and Amanita Muscaria. *Bull. School Orient. Afr. Stud. 34* (1971).
Bruce, R. D., *Lacandon Dream Symbolism,* Mexico 1975.
Bruckner, P. und Finkielkraut, A., *Die neue Liebesunordnung,* München 1979.
Brüggemann, D., Teufel und Harlekin. *Sendung des Südwestfunks Baden-Baden 1980.*
Bruhn, J. G., Carnegia gigantea: The Saguaro and its Uses. *Econ. Botany 25* (1971).
Brunel, R., *Essai sur la confrérie religieuse des 'Aissâoûa au Maroc,* Paris 1926.
Bryant, A. T., *Zulu Medicine and Medicine-men,* Cape Town 1966.
Bryk, F., *Circumcision in Man and Woman,* New York 1934.
Buchholz, P., *Schamanistische Züge in der altisländischen Überlieferung,* Münster 1968.
Bucke, R. M., *The Cosmic Consciousness,* Philadelphia 1901.
Bugge, J., *Virginitas,* The Haugue 1975.
Bugliosi, V. und Gentry, C., *Helter Skelter,* New York 1975.
Bujra, J., Women and Fieldwork. In: Rohrlich-Leavitt, R. (Hg.), *Women Cross-Culturally: Change and Challenge,* Den Haag und Paris 1975.
Bunzel, R. L., Introduction to Zuñi Ceremonialism. *47th Annual Report of the Bureau of American Ethnology,* Washington 1929–30.
Burkert, W., Griechische Religion der archaischen und klassischen Epoche. *Religionen der Menschheit, 15,* Stuttgart 1977.
Burroughs, W. S. und Ginsberg, A., *The Yage Letters.* San Francisco, 1963 (Auf der Suche nach Yage, Frankfurt 1978).
Buschan, G., *Vorgeschichtliche Botanik,* Breslau 1895.
Buschan, G., *Über Medizinzauber und Heilkunst im Leben der Völker,* Berlin 1941.
Buttafava, G.. Le transvestisme au théâtre. In: *Eux, qui sont-elles? Art du travestissement et travestissement de l'Art,* Nonville 1977.
Butterworth, E. A. S., *The Tree at the Navel of the Earth,* Berlin 1970.
Butt-Thompson, F. W., *West African Secret Societies,* London 1929.

Calmet, A., *Dissertazioni sopra le apparizioni di spiriti, e sopra i vampiri, o i redivivi D'Ungheria, di Moravia ec,* Venezia 1756.
Campbell, J., The Symbol without Meaning. *Eranos Jahrb. 26* (1958).
Campbell, J., *Vorwort zu Maya Deren, The Voodoo Gods of Haiti,* New York 1970: IX-XIII.
Campbell, R. L. und Staniford, P. S., Transpersonal Anthropology, Phoenix, 2 (1978).
Campbell, T. N., Origin of the Mescal Bean Cult. *Am. Anthropol., 60* (1958).
Cannon, J. A., Halifax, J., Staniford, P. S., Androgyny: Several Viewpoints. *Phoenix, 1* (1977).
Cannon, W. B., *Bodily Changes in Pain, Hunger, Fear und Rage: An Account of Researches Into the Function of Emotional Excitement,* New York 1929.
Cannon, W. B., Voodoo Death. *Am. Anthropol, 44* (1942).
Capra, F., *The Tao of Physics,* London 1975.
Capra, F., *The Turning Point,* New York 1982.
Carchia, G. und Klein, R., *Zum Gedenken Giorgio Collis.* In: Colli, G. (1981).
Cardanus, H., *De subtilitate,* Basel 1554.
Cardinal, R., *Outsider Art,* New York 1972.
Carneiro, R. L., Hunting and Hunting Magic Among the Amahuaca of the Peruvian Montaña, *Ethnol. 9* (1970).
Carneiro, R. L., *Chimera of the Upper Amazon,* In: de Mille (1980).

Carpanzano, V., *The Hamadsha: A Study in Moroccan Ethnopsychiatry,* Berkeley 1973.
Carpanzano, V., The writing of Ethnography. *Ann. Meeting Am. Anthropol. Assoc.,* Mexico City 1974.
Carpanzano, V., Mohammed and Dauwia: Possession in Morocco. In: Carpanzano, V. und Garrison, V. (Hg.), *Case Studies in Spirit Possession.* New York 1977.
Carus, C. G., *Psyche. Zur Entwicklungsgeschichte der Seele,* Pforzheim 1846.
Cassierer, E., *Philosophie der symbolischen Formen,* Bd. II, Darmstadt 1953.
Castaneda, C., *The Teachings of Don Juan: A Yaqui Way of Knowledge,* Harmondsworth 1968.
Castaneda, C., A Seperate Reality, New York 1971.
Castaneda, C., *Journey to Ixtlan,* New York 1972. *(Reise nach Ixtlan,* Frankfurt 1976)
Castaneda, C., *Tales of Power,* New York 1974. (*Der Ring der Kraft,* Frankfurt 1976).
Castaneda, C., *The Second Ring of Power,* London 1978.
Castaneda, C., *The Eagle 's Gift,* New York 1981.
Castrén, A. M., *Nordische Reisen und Forschungen,* 12 Bde. St. Petersburg 1852–62.
Cawte, J. E., Tjimi and Tjagolo. *Oceania, 34* (1963–64).
Cawte, J. F., Why we Slit the Penis. In: Kearney, G. E. *et al.* (Hg.), *The Psychology of Aboriginal Australians.* Sidney (1973).
Cawte, J. E., Djagamara, N., Barrett, M. J., The Meaning of Subincision of the Urethra to Aboriginal Australians. *Brit. J. Med. Psychol.* (1966).
Cawte, J. E., *Medicine is the Law: Studies in Psychiatric Anthropology of Australian Tribal Societies.* Honolulu 1964.
Chadwick, N. K., Dreams in Early European Literature. In: Carney, J. und Greene, D. (Hg.), *Celtic Studies: Essays in Memory of Angus Mautheson,* London 1968.
Chagnon, N. A., Le Quesne, P., Cook, J. M., Yanomamö Hallucinogens. *Curr. Anthropol.* (1971).
Chamberlain, A. F., Nanibozho Amongst the Otchipwe, Mississaugas, and other Algonkian tribes. *J. Am. Folkl. 4* (1891).
Chassinat, M., *Le temple d'Edfou,* Caire 1932.
Chauvincourt, S. de B. de, *Discours de la lycanthropie ou de la transmutation des hommes en loups,* Paris 1599.
Chen, A. L. und Chen, K. K., Harmine: The alkaloid of caapi. *Quarterly Journal of Pharmacy and Pharmcology,* 1939.
Chesler, P., *Über Männer,* Reinbek 1979.
Chevalier, J. und Gheerbrant, A., *Dictionnaire des symbols,* 3, 143. Paris 1969.
Christiansen, K., Schule des Träumens. *Esotera 4* (1981).
Christiansen, R. T., Myth, Metaphor and Smile. In: Sebeok, T. A. (Hg.), *Myth, a Symposium,* Philadelphia 1955.
Cicourel, A. V., The Acquisition of Social Structure. Toward a Developmental Sociology of Language and Meaning. In: Douglas, J. D. (Hg.), *Understanding Everyday Life,* Chicago 1970.
Cicourel, A. V., *Cognitive Sociology,* Harmondsworth 1973.
Cipriani, L., Indovini tra negri e pigmei. *Metapsich. 2* (1947).
Ciruelo, P., *Tratado en el quel se repruevan todas la supersticiones y hechizerias,* Barcelona 1628.
Clark, W. H., Art and Psychotherapy in Mexico. *Art Psychother. 4* (1977).
Clastres, H., *La terre sans mal: Le prophétisme tupi-guarani,* Paris 1975.
Clastres, P., L'arc et le panier. *L'Homme,* April 1966.
Clemen, C., Der Ursprung des Karnevals. *Arch. Religionswiss.* (1914).
Clements, F. E., Primitive concepts of disease. *Univ. Calif. Publ. Am. Anthrop. Ethnol., 32 (4),* Berkeley 1932.
Clifford, M., *Studies in Brown Humanity.* London 1898.

Cline, W., *Mining and Metallurgy in Negro Africa,* Menasha 1937.
Codrington, R. H., *The Melanesians,* 1871.
Coerper, H., *Der Zugang zum Wissen. Tiefenpsychologische Deutung der Literatur Castanedas,* Fellbach 1981.
Cohen, F. S. (Hg.), *Statutory Compilation of the Indian Law Survey,* Washington 1940.
Colazo, S., La malattia come struttura. *Terra Ameriga, 6* (1970).
Cole, F.-C., *The Peoples of Malaysia,* New York 1945.
Colle, R. P., Les Baluba. In: Overbergh, C. van (Hg.), *Collection de Monographies ethnographiques,* Paris 1913.
Colli, G., *La sapienza greca,* Bd. I, Milano 1977.
Colli, G., *Nach Nietzsche,* Frankfurt 1980.
Colli, G., *Die Geburt der Philosophie,* Frankfurt 1981.
Colligan, D., Lucid Dreams. *Omni 4* (1982).
Collins. H. M. und Pinch, T. J., The Construction of the Paranormal: Nothing Unscientific is Happening. In: Wallis, R., (Hg.),*On the Margins of Science: The Social Construction of Rejected Knowledge,* Keele 1979.
Colon, F., *Historia del almirante de las Indias Don Cristóbal Colón,* Buenos Aires 1944.
Condrau, G., Film und Psychiatrie. In: Condrau, G. (Hg.), *Imagination und Kreativität. Die Psychologie des XX. Jahrhunderts,* Bd. XV, Zürich 1979.
Conway, M., *Demonology and Devilore,* 1879.
Cook, A. B., *Zeus,* Bd. II, Cambridge 1925.
Coomaraswamy, A. K., The inverted Tree. *Quart. Journ. Mythic Soc., 29* (1938).
Cooper, J. M., The Shaking tent Rite Among Plains and Forest Algonquians. *Prim. Man. 17* (1944).
Copway, G., *Recollections of a Forrest Life,* London 1851.
Córdova-Rios, M. und Lamb, B., *Wizard of the Upper Amazon,* Boston 1975.
Cornford, F. M., *Principium Sapientiae,* Cambridge 1952.
Cortet, E., *Essai sur les fêtes religieuses,* Paris 1867.
Courlander, H., *Haiti Singing,* North Carolina 1939.
Couyat-Montet, F., *Les inscriptions hiéroglyphiques et hiératiques du Ouâdi Hammâmât,* Caire 1912.
Cox, G. W., *The Mythology of Aryan Nations,* 1870. Bd. 1.
Cramer, G., Traumzeit im Dschungel. *Psychol. heute 9, 1* (1982).
Creel, H. G., *The Birth of China: A Survey of the Formative Period of Chinese Civilization,* London 1936.
Crick, F., *Life Itself,* New York 1981.
Crick, F., The Seeds of Life. *Discover 10* (1981a).
Critchlow, K., *Time Stands Still: New Light on Megalithic Science,* London 1979.
Crookall, R., *The Study and Practice of Astral Projection,* London 1961.
Crookall, R., *The Technique of Astral Projection,* London 1964.
Culin, S., Games of the North American Indians. Ann. Report Bureau *Am. Ethnol. 24* (1902/3).
Curtin, L. S. M., *Healing Herbs of the Upper Rio Grande,* Santa Fé 1947.
Cushing, F. H., *Zuñi,* Green, J. (Hg.). Lincoln und London 1979.
Czaplicka, M. A., *Aboriginal Siberia. A study in Social Anthropology,* Oxford 1914.

Daly, C. D., The Psycho-Biological Origins of Circumcision. *Int. J. Psychoanal. 31* (1950).
Daly, J. W. und Myers, C. W., Toxicity of Panamanian Poison Frogs (Dendrobates): Some Biological and Chemical Aspects.*Science 156* (1967).
Daly, J. W. und Witkop, B., Chemistry and Pharmacology of Frog Venoms. In: *Venomous Animals and their Venoms,* Bd. 2, New York und London 1971.

Davidson, H. R. E., Hostile Magic in the Islandic Sagas. In: Newall, V. (Hg.), *The witch figure,* London 1973.
Davidson , H. R. E., *The Viking Road to Byzantium,* London 1976.
Davidson, H. R. E., *Loki and Saxo's Hamlet.* In: P. V. A. Williams (1979).
Davidson, H. R. E., *The Germanic World,* In: Loewe und Blacker (1981).
Davis, G. M. N., *The Asiatic Dionysos,* London 1914.
Dayton, W. A., *Important Western Browse Plants,* Washington 1931.
Deacon, A. B.,*Malekula: A Vanishing People in the New Hebrides,* London 1934.
De Angulo, J., La psychologie religieuse des Achumawi. IV: Le chamanisme. *Anthropos 23* (1928).
Decker, M. J. C., *Spectrologia, h. e. Discursus ut plurimum philosophicus de spectris,* Hamburg 1690.
De Jonghe (Hg.), A. Thévet, Histoyre de Mechique. *Journ. Soc. Américan.* Paris, *2* (1905).
Delafosse, M., *L'Ame Nègre,* Paris 1922.
Delano, C., Report of the Secretary of The Interior. *U.S. Dept Int., Ann. Report,* (1872).
Delatte, A., La catoptromancie Greque et ses dérivés. *Bibl. Faculté Phil. Lettres,* Univ. Liège *48* (1932).
Delatte, A., *Herbarius.* Liège 1938.
Deleuze, G. und Guattari, F., *Anti-Ödipus,* Frankfurt 1977.
Delobsom, D., *Les secrets des sorciers noirs,* Paris 1934.
Deloria, V., *We Talk, you Listen,* New York 1970.
Deloria, V., *God is Red,* New York 1973.
Deloria, V., *Behind the Trail of Broken Treaties,* New York 1974.
Demant, E. (Hg.), *Das Buch des Lappen Johan Turi. Erzählung von dem Leben der Lappen,* Frankfurt 1912.
Denieul, A., *Le sorcier assassiné: Jeteurs des sort d'hier, chamanes et chercheurs d'aujourd'hui,* Paris 1981.
Denko, J. D., How Preliterate Peoples Explain Disturbed Behavior. *Arch. Gen. Psychiat., 15* (1966).
Desparmet, J., *Ethnographie traditionelle de la Mettidja. Le mal magique,* Algier o. J.
Deubner, L., *Attische Feste,* Berlin 1932.
Devereux, G., *Reality and Dream,* New York 1951.
Devereux, G. (Hg.), *Psychoanalysis and the Occult,* New York 1953.
Devereux, G., Mohave Dreams of Omen and Power. *Tomorrow 4* (1956).
Devereux, G., The Significance of the External Female Genitalia and of Female Orgasm for the Male. *J. Am. Psychoanal. Assoc. 6* (1958).
Devereux, G., Psychoanalytic Reflections on Experiences of «Levitation». *Int. J. Parapsychol. 2* (1960).
Devereux, G., Greek Pseudo-Homosexuality, *Symbolae Osloenses* 1967.
Devereux, G., Considérations psychoanalytique sur la divination. In: Caquot, A. und Leibovici, M. (Hg.) *La divination.* Paris 1967 a.
Devereux, G., *Angst und Methode in den Verhaltenswissenschaften,* München 1973.
Devereux, G., *Trance and Orgasm in Euripides: Bakchai.* In: Angoff und Barth (1974).
Devereux, G., *Ethnopsychoanalysis: Psychoanalysis and Anthropology as Complementary Frames of Reference,* London 1978.
Devereux, G., *Baubo. Die mythische Vulva,* Frankfurt 1981.
Dieck, A., Beschneidung von Frauen und Männern in vor- und frühgeschichtlicher Zeit. *Curare 4* (1981).
Diószegi, W., Samán. *Magyar Nyelv, 63* (1947).
Diószegi, V., *Pre-Islamic Shamanism of the Baraba Turks and some Ethnographic Conclusions.*In: Diószegi und Hoppál (1978).

Diószegi, V. und Hoppál, M. (Hg.), *Shamanism in Siberia,* Budapest 1978.
DiPeso, C., *Casas Grandes: A fallen trading Center of the Gran Chichimeca,* 3 Bde. Flagstaff 1974.
Dobkin de Rios, M., Fortune's Malice: Divination, Psychotherapy and Folk Midicine in Peru. *Journal of American Folklore 82* (1969).
Dobkin de Rios, M., A Note on the Use of *Banisteriopsis* Used in Witchcraft and Folk Healing in Iquitos, Peru. *Economic Botany 14* (1970).
Dobkin des Rios, M., *Visionary vine: Psychedelic Healing in the Peruvian Amazon,* San Francisco 1972.
Dobkin de Rios, M., Is Science Catching up With Magic? A Look at the Contents of Belief Systems. *Medical Anthropology Newsletter, 7* (1975).
Dobkin de Rios, M., *Wilderness of Mind: Sacred Plants in Cross-Cultural Perspective,* Beverly Hills 1976.
Dobkin de Rios, M., A Psi Approach to Love Magic, Witchcraft and Psychedelics in the Peruvian Amazon. *Phoenix, 2* (1978).
Dockstader, F., *The Hopi Kachina cult. Tomorrow 4* (1956).
Dodds, E. R., *Die Griechen und das Irrationale,* Darmstadt 1970.
Dodds, E.R., Telepathie und Hellsehen in der klassischen Antike. In: Bender, H. (Hg.), *Parapsychologie: Entwicklung, Ergebnisse, Probleme,* Darmstadt 1971.
Döderlein-Mestwerdt, *Geburtshilflich-gynäkologische Propädeutik und Untersuchungslehre,* Leipzig 1967.
Dolgikh, B.O., *Obrjadovye sooruženija nganasanov i ėncev,* Moskau 1951.
Dolgikh, B. O., *Nganasan Shaman Drums and Costumes,* In: Diószegi und Hoppál (1978).
Donahoe, J. J., *Die Kunst des Träumens,* Basel 1980.
Donald, J. A. und Martin, B., Time-Symmetric Thermodynamics and Causality Violation. *Europ. J. Parapsychol. 1* (1976).
Dorantes, F. G., *Estudio integral de la comunidad del municipio de Huautla de Jimenez, Oaxaca,* Puebla 1974.
Dorsey, G., *Traditions of the Skidi Pawnee,* New York 1904.
Douglas, F. H. und D'Harnoncourt, R., *Indian Art of the Unites States,* New York 1941.
Doutté, R., *Magie et religion dans l'Afrique du nord,* Alger 1909.
Drab, K. J., The tunnel experience: Reality or Hallucination? *Anabiosis, 1* (1981).
Driesch, H., Memory in its Relation to Psychical Research. *Proc. Soc. Psych. Res., 43* (1935).
Driesch, H., *Alltagsrätsel des Seelenlebens,* Stuttgart und Berlin 1938.
Driesen, O., *Der Ursprung des Harlekin,* Berlin 1904.
Driver, H. E. und Massey, W. C., Comparative Studies of North American Indians. *Trans. Am. Philosoph. Soc.* (1957).
Drobec, E., Das medizinische Denken der Naturvölker. *Wiener Volksk. Mitteil., 2* (1954).
Drobec, E., Zur Geschichte der Ethnomedizin. *Anthropos, 50* (1955).
Dubuffet, J., *Vorwort. Katalog der Galerie René Drouin,* Paris 1949.
Du Cange, C., *Glossarium ad scriptores mediae et infimae latinitatis.* 6 Bde. Paris, 1733-1736.
Ducasse, C. J., Broad and the Relevance of Psychical Research to Philosophy. In: Schilpp, P. A. (Hg.)., *The Philosophy of C. D. Broad,* New York 1959.
Duerr, H. P., Fröhliche Wissenschaft. *Unter dem Pflaster liegt der Strand, 4* (1977).
Duerr, H. P., *Traumzeit. Über die Grenze zwischen Wildnis und Zivilisation,* Frankfurt/Main 1978.

Duerr, H. P., (Hg.) *Der Wissenschaftler und das Irrationale,* Bd. I und II. Frankfurt/ Main 1981 a.
Duerr, H. P., *Die Angst vor dem Leben und die Sehnsucht nach dem Tode.* In: Duerr, (1981 a).
Duerr, H. P., Interview. In: Thurn, C. und Röttgen, H. (Hg.), *Die Rückkehr des Imaginären,* München 1981 c.
Dumézil, G., *Loki,* Darmstadt 1959.
Dumézil, G., *Mythe et épopée,* Bd. I. Paris 1971.
Du Prel, C., Die mystischen Wurfgeschosse. *Psych. Stud. 21* (1894).
Durán, D., *Historia de las Indias de Nueva España,* Mexiko 1867.
Durand, G., Similitude hermétique et science de l'homme. *Eranos Jahrb. 42* (1975).
Durrell, L., *Clea,* New York 1961.
Durrell, L., *Tunc,* Harmondsworth 1979.
Durville, H., *Le fantôme des vivants,* Paris 1929.
Dynes, J. B., Sudden Death. *Dis. Nerv. Syst. 30* (1969).

Ebeling, E., Weissagung aus Weihrauch im alten Babylonien. Sitzungsber. *Preuss. Akad. Wiss.* 1935.
Eberle, J. (Übers.) *Ovid: Heilmittel gegen die Liebe,* Zürich und Stuttgart 1959.
Edge, H., The Effect of the Laying on of Hands on an Enzyme: An Attempted Replication. *Research in Parapsychology 1979,* Metuchen 1980.
Edge, H., *Die Mängel der Kritik der «Rationalisten» an der Parapsychologie.* In: Duerr (1981, II a).
Edsman, C. M., Arbor inversa. *Religion och Bibel, 3* (1944).
Edsman, C. M., *Ignis divinus: le feu comme moyen de rajeunissement et d'immortalité: contes, légendes, mythes et rites,* Lund 1949.
Ehrenreich, P., *Die allgemeine Mythologie und ihre ethnologischen Grundlagen,* Leipzig 1910.
Ehrenwald, J., *Telepathy and Medical Psychology,* New York 1948.
Ehrenwald, J., Out-of-the Body Experiences and the Denial of Death. *J. Nerv. Ment. Dis. 159* (1974).
Ehrenwald, J., *Parapsychology an the Healing Arts.* In: Wolman (1977).
Eibl-Ebesfeld, I. und Wickler, W., Die ethologische Deutung einiger Wächterfiguren auf Bali. *Zeitschr. Tierpsych. 25* (1968).
Eisenberger, E. J., Das Wahrsagen aus dem Schulterblatt. *Int. Arch. Ethnogr. 35* (1938).
Eisenbud, J., Telepathy and Problems of Psychoanalysis. *Psychoanal. Quart. 15* (1946).
Eisler, R., *Kuba-Kybele.* Philolog. *68* (1909).
Eisler, R., *Orpheus the Fisher,* London 1921.
Eisler, R., *Orphisch-Dionysische Mysteriengedanken in der christlichen Antike,* Leipzig 1925.
Eisler, R., *Man into Wolf. An Anthropological Interpretation of Sadism, Masochism and Lycanthropy,* Santa Barbara 1978.
Eliade, M., Signifikations de la lumière intéreure. *Eranos Jahrb. 26* (1958).
Eliade, M., *Patterns in Comparative Religion,* London und New York 1958a.
Eliade, M., *Myths, Dreams, and mysteries,* New York 1960.
Eliade, M., *Shamanism: Archaic Technique of Ecstasy,* New York 1972.
Eliade, M., *Das Okkulte und die moderne Welt,* Salzburg 1978.
Eliade, M., *Schmiede und Alchemisten,* Stuttgart 1980.
Elkin, A. P., The Rainbow-Serpent Myth in North-West Australia. *Oceania 1 (1930).*
Elkin, A. P., *Aboriginal Men of High degree,* New York 1977.
Elling, C., *Shakespeare, an Insight into His World and its Poetry,* London 1959.

Ellis, H., *Etudes de psychopathologie sexuelle*. Paris 1933.
Ellis, H. R., *The road to Hel,* Cambridge 1943.
Emboden, W. A. Jr., *Ritual use of Cannabis Sativa L.: A Historical-Ethnographic Survey*. In: Furst (1972).
Emboden, W., Dionysus as a Shaman and Wine as a Magical Drug. *J. Psychedel. Drugs 9* (1977).
Emerson, J. N., Intuitive Archeology. In: Long, J. K. (Hg.), *Extra-Sensory Ecology*. Metuchen 1977.
Emsheimer, E., Schamanentrommel und Trommelbaum. *Ethnos 6* (1946).
Enderwitz, U., *Schamanismus und Psychiatrie. Zum Problem mythologischer Rationalität in der strukturalen Anthropologie von Claude Lévi-Strauss,* Wiesbaden 1977.
Endres, R., Einer der auszog, das Zaubern zu lernen. In: *Auf den Spuren Carlos Castanedas,* Rheinberg 1981.
Engel, G. L., A Life Setting Conducive to Illness. *Bull. Menninger Clin. 32* (1968).
Ennemoser, J., *Geschichte der Magie,* Leipzig 1844.
Enright, D. J. und Chicera, E. de, (Hg.) *English Critical Texts. 16th Century to 20th Century,* London 1962.
Erdoes, R., *Lame Deer: Seeker of Visions,* New York 1972.
Ermacora, G. B., Telepathic Dreams Experimentally Induced. *Proc. Soc. Psych. Res. 11* (1895).
Erspamer, V., Vitali, T., Roseghini, M. und Cei, J. M., 5-Methoxy- and 5-Hydroxyindoles in the Skin of Bufo Alvarius. *Biochem. pharmacol. 16* (1967).
Estrada, A., *Maria Sabina, Botin der heiligen Pilze,* München 1980.
Ettmüller, M., *Opera omnia, institutiones medicinae, collegium chirurgicum,* Frankfurt 1688.
Ettmüller, M., *Artzney-Kunst, aus seinen medicinischen Schrifften zusammengezogen,* Leipzig 1717.
Eugster, C.H., Isolation, Structure, and Syntheses of Central-Active Compounds from *Amanita Muscaria* (L. ex Fr.) Hooker, In: Efron, D. H. (Hg.), *Ethnopharmacological Search for Psychoactive Drugs,* Washington 1967.
Evans, I. H. N., *Studies in Religion, Folklore and Custom in British North Borneo and the Malay Peninsula,* Cambridge 1923.
Evans, I. H. N., *Papers on the Ethnology and Archaeology of the Malay Peninsula,* Cambridge 1927.
Evans, I. H. N., Schebesta on the Sacerdo-Therapy of the Semang. *Journ. Royal Anthropol. Inst. 40* (1930).
Evans, I. H. N., *The Negritos of Malaya,* Cambridge 1937.
Evans-Pritchard, E. E., Some Reminiscences and Reflections on Fieldwork. *J. Anthropol. Soc. of Oxford* (1973).
Evans-Pritchard, E. E., *Hexerei, Orakel und Magie bei den Zande,* Frankfurt 1978.
Evans-Wentz, W. Y., Cuchama and Other Sacred Mountains. Unpubl. Manuskr. *Special Collection Stanford Univ.*, o. J.
Everone, R. und Everone, C., Wie werden wir ein ewiges Leben verbringen? *Sphinx Magazin 8* (1980).

Faber, M. D., Castaneda and Don Juan: An Unconscious Dimension of the Master-Pupil Relationsship (I, II). *Psychocult, Review* (1977 a).
Faber, M. D., Don Juan and Castaneda: The Psychology of Altered Awareness. *Psychoanal. Review 64* (1977b).
Faber, M. D., *Culture and Consciousness: The social Meaning of Altered Awareness,* New York 1981.
Fabing, H. D., Going on berserk: A Neurochemical Inquiry. *Am. Journ. Psychiat. 113* (1956/57).

Fabrega, H. und Silver, D., Some Social and Psychological Properties of Zinacanteco Shamans. *Behavioral Scie. 15* (1970).
Fages, J. B., *Compredre le structuralisme,* Paris 1967.
Falkenstein, A., Rencontre assyrologique international, Bd. 14: *La divination en Mésopotamie ancienne,* Paris 1966.
Fakhouri, H., The Zar Cult in an Egyptian Village. *Anthropol. Quart., 41* (1968).
Farnell, L., *The Cults of the Greek States,* 5 Bde. Oxford, 1896–1909.
Farnell, L., Greek Hero Cults and the Ideas of Immortality, Oxford 1921.
Fassberg, S., Sheldrake Speaks. *Omega,* Jan./Feb. 1982.
Fassberg, S. und Bender, H., The Mulhouse Poltergeist case. *Vortrag, Conference of the Society for Psychical Research,* Bristol 1981.
Fassberg, S. und Gruber, E. R., Symbolic Interpretation of Poltergeist Events, *Midw. J. Parapsychol.* (1982).
Felson, R. und Gmelch, G., Uncertainity and the Use of Magic. *Current Anthropology, 20* (1979).
Fenton, W. M., The Seneca Society of Faces. *Scient. Am., 44* (1937).
Fenton, W. M., Masked Medicine Societies. *Ann. Rep. Smithson. Inst.,* Washington 1940.
Feraca, S. E., The Yuwipi Cult of the Oglala and Sicangu Teton Sioux. *Plains Anthrop., 6* (1961).
Ferenczi, S., Versuch einer Genitaltheorie. In: *Schriften zur Psychoanalyse.* Bd. 2, Frankfurt 1971.
Ferguson, M., *Die Sanfte Verschwörung,* Basel 1982.
Fernandez, E., Medicina e maneiras de tratamento entre os indios Pariukur (Arnak). *Americana Indigena, 10* (1950).
Fernandez, J. W., Tabernanthe iboga: Narcotic Ecstasis and the Work of the Ancestors. In: Furst (1972).
Fernberger, S. W., Further Observations on Peyote Intoxication. *Journ. Abn. Soc. Psychol., 26* (1932).
Feustel, R., Sexuologische Reflexionen über jungpaläolithische Objekte. *Alt-Thüringen,* 1970a.
Feustel, R., Statuettes féminines paléolithiques de la République Démocratique Allemande. *Bulletin de la Société Préhistorique Française,* 1970b.
Feyerabend, P. K., *Kuhns Struktur wissenschaftlicher Revolutionen – ein Trostbüchlein für Spezialisten?* In: Lakatos und Musgrave (1974).
Feyerabend, P. K., Ein Diskurs. *Neues Lotes Folum* (1975).
Feyerabend, P. K., *Wider den Methodenzwang,* Frankfurt 1976.
Feyerabend, P. K., Experten in einer freien Gesellschaft. *Unter dem Pflaster liegt der Strand, 3* (1976a).
Feyerabend, P. K., Kleines Gespräch über grosse Worte. *Unter dem Pflaster liegt der Strand, 5* (1978).
Feyerabend, P. K., *Science in a Free society.* London 1978 a.
Feyerabend, P. K., Ist Parapsychologie eine Wissenschaft? Fragen an Paul Feyerabend. *Film Zeit, 11* (1979).
Feyerabend, P. K., Democracy, Elitism, and Scientific Method. *Inquiry, 23* (1980).
Fichte, H., *Xangó,* Frankfurt 1976.
Fichte, H., Ketzerische Bemerkungen für eine neue Wissenschaft vom Menschen, *Ethnomedizin, 4* (1976/77).
Figge, H. H., *Geisterkult, Besessenheit und Magie in der Umbanda-Religion Brasiliens,* Freiburg und München 1973.
Filliozat, J., *Magie et médicine,* Paris 1944.

Findeisen, H., Sowjetwissenschaftliche Thesen über das Schamanentum. *Abhandlungen und Aufsätze aus dem Institut für Menschen- und Menschheitskunde,* Nr. 30 Augsburg, 1956a.
Findeisen, H., W. G. Bogoras' Schilderung zweier schamanischer Séancen der Küsten-Tschuktschen. *Abh. u. Aufs. a. d. Inst. f. Menschen- und Menschheitskunde,* Nr. 38. Augsburg, 1956b.
Findeisen, H., Okkulte Begebnisse im schamanischen Raum. *Abh. u. Aufs. a. d. Inst. f. Menschen- und Menschheitskunde,* Nr. 41, Augsburg 1956c.
Findeisen, H., *Das Tier als Gott, Dämon und Ahne,* Stuttgart 1956d.
Findeisen, H., *Schamanentum, dargestellt am Beispiel der Besessenheitspriester nordeurasiatischer Völker,* Stuttgart 1957.
Findeisen, H., Sibirisches Schamanentum und Magie. *Abh. u. Aufs. a. d. Inst. f. Menschen- und Menschheitskunde,* Nr. 3, Augsburg 1958.
Fischer, H. T., Indonesische Paradiesmythen. *Zeitschr. Ethnol., 64* (1932).
Flammarion, C., *Les forces naturelles inconnues,* Paris 1907.
Flannery, R., The cultural Position of the Spanish River Indians. *Prim. Man, 13* (1940).
Flannery, R., The Gros Ventre shaking Tent. *Prim. Man, 17* (1944).
Flannery, R., The Changing Form and Functions of the Gros Ventre Grass Dance. *Prim Man, 20* (1947).
Fleming, A. L., *Archibald the Arctic,* London 1957.
Fletcher, A. C., The Indian Messiah. Journ. Am. *Folklore, 4* (1891).
Fletcher, A. C., The Hako: A Pawnee Ceremony, *22nd Annual Report of the Bureau of American Ethnology,* Washington 1904.
Flögel, C. F., *Geschichte des Groteskekomischen: Ein Beitrag zur Geschichte der Menschheit,* Liegnitz und Leipzig 1788.
Foucart, P., *Les mystères d'Eleusis,* Paris 1914.
Foucault, M., *Les mots et les choses,* Paris 1966.
Fox, J. R., Pueblo Baseball: A New Use For Old Witchcraft. *J. Am. Folklore, 74* (1961).
Fox, J. R., Witchcraft and Clanship in Cochiti Therapy. In: Kiev, A. (Hg.), *Magic, Faith, and Healing: Studies in Primitive Psychiatry Today,* Glencoe 1964.
Fox, O., Astral Projection: A. Record of Out-of-the-Body Experiences. *Secaucus* 1962.
Fox, W. S., *Mythology, Greek and Roman,* Boston 1916.
Frank, W. A., Paranormal Healing in Africa and Asia. *Phoenix, 4* (1980).
Frazer, J. G., *Spirits of the Corn and of the Wild* (3rd edition of The Golden Bough: A Study in Magic and Religion). New York und London, 1955 (2 Bde.).
Freuchen, P., *Arctic adventure: My Life in the Frozen North,* New York 1935.
Freud, S., *Gesammelte Werke,* Bd. 1–17, London 1941.
Friedberg, C., Rapport sur une mission au Perou – description du materiel recueilli, exposé, sommaire des recherches entreprises. *Trav. Inst. Franc. Etudes Andines, 7* (1965).
Friedrich, A., Knochen und Skelett in der Vorstellungswelt Nordasiens. *Wiener Beitr. zur Kulturgesch. Linguist., 5* (1943).
Friedrich, A., *Afrikanische Priestertümer,* Stuttgart 1939.
Friedrich, A., Das Bewusstsein eines Naturvolkes von Haushalt und Ursprung des Lebens. *Paideuma, 6* (1955).
Friedrich, A. und Budruss, G., *Schamanengeschichten aus Sibirien* (Übers. von Ksenofontov, 1930). München und Planegg 1955.
Frobenius, L., *Léo Frobenius 1873–1973 – An Anthology,* Hg. Haberland, E., Wiesbaden 1973.
Frobenius, L., *Die Weltanschauung der Naturvölker,* Weimar 1898.

Frobenius, L., *Kulturgeschichte Afrikas, Prolegomena zu einer historischen Gestaltlehre,* Zürich 1933.
Frostholm, B., *Leib und Unbewusstes,* Bonn 1978.
Fuchs, P., Tatauierung in Afrika. In: *Naturvölker in unserer Zeit.* Stuttgart 1971.
Fuller, J. G., *Arigó – Surgeon of the Rusty Knife,* London 1977.
Furst, P. T. und Myerhoff, B. G., Myth as History: The Jimson Weed Cycle of the Huichols of Mexico. *Anthropologica, 17* (1966).
Furst, P. T., Huichol Conceptions of the Soul. *Folklore Amer., 27* (1967).
Furst, P. T., Ariocarpus retusus, the ‹False Peyote› of Huichol Tradition. *Economic Bot., 25* (1971).
Furst, P. T. (Hg.), *Flesh of the Gods: The ritual Use of Hallucinogens.* New York/Washington 1972.
Furst, P. T., *To Find our Life: Peyote among the Huichol indians of Mexico.* In: Furst (1972).
Furst, P. T., *Hallucinogens and Culture,* San Francisco 1976.
Furst, P. T., *The art of «Being Huichol».* In: Berrin, K. (1978).

Gagé, J., *Matronalia,* Bruxelles 1963.
Gage, T., *Neue merckwürdige Reise-Beschreibung nach Neu Spanien,* Leipzig 1693.
Galtung, J., *Methodologie und Ideologie,* Frankfurt 1978.
Garfias, R., The Role of Dreams and Spirit Possession in the Mbira Dza Vadzimu Music of the Shona People of Zimbabwe. *J. Alt. States Conscious., 5* (1979/80).
Garfield, P., *Kreativ träumen,* Schwarzenburg 1980.
Garfinkel, H., *The Perception of the Other,* Diss. Cambridge 1952.
Garfinkel, H., Remarks on Enthnomethodology. In: Gumperz, J. und Hymes, D. (Hg.), *Directions in Sociolinguistics,* New York 1972.
Gargani A. (Hg.), *Crisi della ragione,* Torino 1979.
Gargani, A., *Introduzione.* In: Gargani (1979) a.
Gauger, W., *Y. Paranormale Welt, Wirklichkeit und Literatur,* Berlin 1980.
Gauld, A., *Discarnate survival.* In: Wolman (1977).
Gauld, A. und Cornell, A. D., *Poltergeists,* London 1979.
Gavit, J. P., *Opium,* New York 1927.
Gehlen, R. und Wolf, B., Merk-Würdiges zu den Arbeiten von Werner Müller. *Unter dem Pflaster liegt der Strand, 9* (1981).
Gelpke, R., Von Fahrten in den Weltraum der Seele. *Antaios* (1962).
Gelpke, R., *Ewiges Morgenland,* Basel 1982.
Gelpke, R., *Drogen und Seelenerweiterung,* München o. J.
Gengle, D., Neoschamanismus in den Achtzigern. *Sphinx Magazin 8* (1980).
Gessmann, G. W., *Die Pflanze im Zauberglauben und in der spagyrischen Heilkunst,* Berlin 1922.
Gibran, K., *The Prophet,* London 1926.
Gibran, K., *The Fool,* London 1946.
Gifford, D. J., *Iconographical Notes towards a Definition of the Medieval Fool.* In: Williams (1979).
Ginsberg, A., *Kaddisch,* Wiesbaden/München 1980.
Ginsberg, A. und Hintze, C. I., Wir Schamanen. *Forum 28* (1981).
Ginzburg, C., *Spie. Radici di un paradigma indiziario.* In: Gargani (1979).
Ginzburg, C., *Die Benandanti: Feldkulte und Hexenwesen im 16. und 17. Jahrhundert,* Frankfurt 1980.
Girard, R., *Die ewigen Mayas,* Wiesbaden o. J.
Gluckman, M., The Rites of Passage. In: Gluckman, M. (Hg.), *Essays on the Ritual of Social Relations,* Manchester 1962.

Godelier, M., Le sexe comme fondement ultime de l'ordre social et cosmique chez les Baruya de Nouvelle-Guinée. In: Verdiglione, A. (Hg.), *Sexualite et pouvoir*, Paris 1976.
Goessler, P., Statuetten der Diana und Victoria von Wannweil. *Germania* (1932).
Göttner-Abendroth, H., *Die Göttin und ihr Heros*, München 1980.
Goidicke, H., Seth as a Fool. *J. Egypt. Archaeol., 47* (1961).
Gold, R., Roles in Sociological Field Observation. *Social Forces, 36* (1958).
Goldmann, L., *Sciences humaines et philosophie*, Paris 1952.
Goldmann, I., The Structure of Ritual in the Northwest Amazon. In: Manners, R. A. (Hg.), *Process and pattern in Culture*, Chicago 1964.
Golowin, S., *Zigeuner-Magie im Alpenland*, Frauenfeld 1973.
Golowin, S., *Die Welt des Tarot*, Basel 1975.
Golowin, S., *Der ewige Zigeuner im Abendland*, München 1980.
Golowin, S., *Das Reich des Schamanen*, Basel 1981.
Gomez, J. A., *Performance and* Jorge Luis Borges. *Lit.-Film Quart., 5* (1977).
Goodman, F., *Anneliese Michel und ihre Dämonen*, München 1980.
Goodman, J., *Psychic Archaeology, New York 1977.*
Goodwin, G., *Myths and Tales of the White Mountain Apache*, New York 1939.
Gorer, G., *African Dances: A Book about West African Negroes*, New York 1935.
Gordon, B. de, *Opus ilium medicinae inscriptum de morborum prope omnium curatione, septem particulis distributum*, Leiden 1550.
Gordon, P., *L'initiation sexuelle et l'evolution religieuse*, Paris 1946.
Gottlieb, A., *The Pleasures of Cocaine*, Berkeley 1976.
Gouldner, A., Ethnomethodology: Sociology as a Happening. In: Gouldner, A. (Hg.), *The coming Crisis in Western Sociology*, New York 1970.
Govinda, A., *The Way of the White Clouds*, London 1966.
Gračeva, G. N., *A Nganasan Shaman Costume*, In: Diószegi und Hoppál (1978).
Grad, B., Cadoret, R. J., Paul, G. I., An Unorthodox Method of Treatment in Wound Healing in Mice. *Int. J. Parapsychol., 3* (1961).
Grad, B., A Telekinetic Effect on Plant Growth. *Int. J. Parapsychol., 5* (1963) I, *6* (1964) II.
Grad, B., Some Biological Effects of the «Laying on of Hands». *J. Am. Soc. Psych. Res., 59* (1965).
Graebner, P., *Lehrbuch der allgemeinen Pflanzengeographie*, Leipzig 1929.
Grant, K., *Images and Oracles of Austin Osman Spare*, London 1975.
Graves, R., *The Greek Myths*, 2 Bde., London 1960.
Graves, R. und Patai, R., *Hebrew Myths: The Book of Genesis*, New York 1966.
Graziosi, P., Une nouvelle statuette préhistorique. *Bull. Soc. Préhist. Française, 36* (1939): 159.
Green, C., *Out-of-the-Body Experiences*, Oxford 1968.
Green, R. und Money, J. (Hg.), *Transsexualism and Sex Reassignment*, Baltimore 1969.
Gressmann, H., *Die orientalischen Religionen im hellenistisch-römischen Zeitalter*, Berlin 1930.
Grimal, P., *Mythen der Völker*, Frankfurt 1977.
Grimble, Sir A., *We Chose the Islands*, New York 1962.
Grimm, J., *Deutsche Mythologie*, Berlin 1876ff.
Grinnell, G. B., *The Cheyenne Indians*, New Haven 1923.
Gritsch, S., Die leuchtenden Wesen oder die Blase der Wahrnehmung. In: *Auf den Spuren Carlos Castanedas*, Rheinberg 1981.
Groellmann, J. D., *De philtris*, Utrecht 1683.
Grof, S. und Halifax, J., *The Human encounter with Death*, New York 1977.
Grof, S., *Topographie des Unbewussten*, Stuttgart 1978.

Grossinger, R., *Planet Medicine: From Stone Age Shamanism to Postindustrial Healing,* Garden City 1980.
Grottendieck, W. G., A Poltergeist Case. *J. Soc. Psych. Res., 12* (1906).
Gruber, E. R., Water Phenomena in a Recent German Poltergeist Case. Vortrag, International Conference on Parapsychology, Barcelona 1977 b.
Gruber, E. R., Hans Driesch and the Concept of Spiritism. *J. Soc. Psych. Res., 49,* (1978 a).
Gruber, E. R., Beyond Ideology and Justification: An Essay on the Scientific Method and Parapsychology, Vortrag, International Conference on Parapsychology, Barcelona 1978 b.
Gruber, E. R., Spuren zum Spuk. *Unter dem Pflaster liegt der Strand, 6* (1979 a).
Gruber, E. R., *Zur historischen Entwicklung der Parapsychologie.* In: G. Condrau (1979 b).
Gruber, E. R., Conformance Behavior Involving Animal and Human Subjects. *Europ. J. Parapsychol., 3* (1979 c).
Gruber, E. R., Psi, Methodology and the Social Context. *Research in Parapsychology 1979,* Metuchen 1980 a.
Gruber, E.R., Mediumistic and Psychopathological Pictorial Expression: An Introductory Comparative Study. *Confinia Psychiatrica, 23* (1980 b).
Gruber, E. R., PK Effects on Pre-Recorded Group Behavior of Living Systems. *Europ. J. Parapsychol., 3* (1980 c).
Gruber, E. R., Four German Poltergeists, *Theta, 8* (1980 d).
Gruber, E. R., Reise nach Chiapas. Ein Lehrstück in Sachen Schamanismus. *Sphinx Magazin 11* (1980 e).
Gruber, E. R., On the Track of the Poltergeist. *ASPR Newsletter, 7* (1981 a).
Gruber, E. R., *Der Parapsychologe vor dem Fremden. Skizzen über die skandalöse Unordnung des Paranormalen.* In: H. P. Duerr (1981 a) b.
Gruber, E. R. La struttura della pittura medianica come paradigma della struttura del paranormale. Vortrag, Convegno Internazionale die Parapsicologia, Campione d'Italia 1981 c.
Gruber, E. R., Wanderer zwischen den Welten. Die mediale Malerei und das Ursprüngliche. *Unter dem Pflaster liegt der Strand, 9* (1981 d).
Gruber, E. R., In: *La Domenica del Corriere, 84, 13,* 1982.
Gruber, E. R., Inside and Outside the Paranormal. Vortrag beim Intern. Kongress der Parapsychology Foundation, London 1982 a.
Gruber, E. R., *History of Psychical Research in Europe.* In: Grattan-Guinness, I. (Hg.), Psychical Research, Northhamptonshire 1982 b.
Grundmann, H., *Religiöse Bewegungen im Mittelalter,* Hildesheim 1961.
Güntert, H., Über altisländische Berserkergeschichten. *Jahresber. Heidelb. Gymn.* (1912).
Guerra, F., Mexican phantastica – A study of the early ethnobotanical sources on hallucinogenic drugs. *Brit. Journ. Addict., 62* (1967).
Guerra, F., *Medical Folklore in Spanish America.* In: Hand (1976).
Gunda, B., Totemistische Spuren in der ungarischen *táltos*-Überlieferung. In: Diószegi, V. (Hg.), *Glaubenswelt und Folklore der sibirischen Völker,* Budapest 1963.
Gurney, O. R., *The Babylonians and Hittites.* In: Loewe und Blacker (1981).
Gusinde, M., *Die Feuerland-Indianer,* Bd. I, Wien 1932.
Gusinde, M., *Die Feuerland-Indianer, II, Die Yamana.* Mödling 1937.
Guthrie, W. K. G., *Orpheus and Greek Religion,* London 1935.
Gutiérrez-Noriega, C., Alteraciones mentales producidas por la coca. *Rev. Neuro-Psiquiat.* (1947).

Haas, J. U., *Schamanentum und Psychiatrie,* München 1976.
Haas, J. U., *Parapsychologie und Ethnologie.* In: G. Condrau (1979).
Haenel, T. A., Kulturgeschichte und heutige Problematik des Haschisch. *Pharmakopsychiat./Neuropsychopharm. 3* (1970).
Halifax, J., *Hex Death.* In: Angoff und Barth (1974).
Halifax, J. Androgyny and Transformation, *Phoenix, 2* (1978).
Halifax, J., *Shamanic Voices,* New York 1979.
Halifax, J., The Sacred Way of the Wounded Healer. *The Laughing Man, 2,* 4 (1981).
Hall, R. L. und Sharp, H. S. (Hg.), *Wolf and Man: Evolution in Parallel,* New York 1978.
Halle, J. S., *Magie oder die Zauberkräfte der Natur,* Berlin 1784.
Hallowell, A. I., *Conjuring in Saulteaux society,* Philadelphia 1942.
Hallpike, C. R., Social Hair. *Man* (1969).
Hallpike, C. R., *The Foundations of Primitive Thought,* Oxford 1979.
Hamel, P. M., *Psychedelische Musik.* In: Condrau (1979).
Hammer-Purgstall, J. von, *Die Geschichte der Assassinen,* Stuttgart und Tübingen 1818.
Hand, W. D. (Hg.), *American Folk Medicine: A Symposium,* Berkeley 1976.
Handbook of the American Indians, Washington 1907/10.
Handelman, D., Shamanizing on an Empty Stomach. *Am. Anthropol., 70* (1968).
Hansen, H. A., *Der Hexengarten,* München 1980.
Hansen, J., *Quellen und Untersuchungen zur Geschichte des Hexenwahns,* Bonn 1901.
Haraldsson, E., Reported Dream Recall, Precognitive Dreams and ESP. *Research in Parapsychology 1974,* Metuchen 1975.
Harbison, R., *Eccentric Spaces,* New York 1980.
Harding, E., *Frauenmysterien,* Zürich 1949.
Harner, M. J. *The Jivaro: People of the Sacred Waterfalls,* New York 1972.
Harner, M. J., (Hg.), *Hallucinogens and Shamanism,* Oxford 1973.
Harner, M. J., *The Role of Hallucinogenic Plants in European Witchcraft.* In: Harner (1973) b.
Harner, M. J., *The Way of the Shaman,* San Francisco 1980.
Harris, M., *Cows, Pigs, Wars and Witches,* London 1975.
Hart, H., ESP Projection: Spontaneous Cases and the Experimental Method. *J. Am. Soc. Psych. Res., 48* (1954).
Hart, H. und Hart, E. B., Visions and Apparitions Collectively and Reciprocally Perceived, *Proc. Soc. Psych. Res., 41* (1933).
Hartwell, J. W., A Bound for the Observational Theories of Psi. *Europ. J. Parapsychol. 2* (1977).
Hartwich, C., *Die menschlichen Genussmittel,* Leipzig 1911.
Harva, U., *Die religiösen Vorstellungen der altaischen Völker.* Helsinki 1938.
Hasted, J., *The Metal-Benders,* London 1981.
Hauenstein, A., La societé secrète des hommes panthères chez les Wobé de Côte d'Ivoire. *Anthropos, 76* (1981).
Hauser-Schäublin, B., Mann und Frau: Versuch einer Standortbestimmung aus kulturanthropologischer Sicht. *Ber. Basler Mus. Völkerk.* für 1979, Basel 1981.
Hausmann, R., Die neue Kunst. In: *Führer durch die Abteilung der Novembergruppe,* Kunstausstellung Berlin 1921.
Havard, V., Report on the Flora of Western and Southern Texas. *Proc. U.S. Nat. Mus., 8* (1886).
Hawkes, E.W., The Labrador Eskimo. *Can. Geolog. Surv., Anthrop. Series, 14* (1916).
Hayter, A., *Opium and the Romantic Imagination,* London 1968.
Head, R., *The Life and Death of Mother Shipton,* London 1687.
Hearn, L., *Glimpses of Unfamiliar Japan,* London 1894.

Hedayat, S., *Die blinde Eule,* Genf und Hamburg 1960.
Heide, F., Die Mandragora im alten Ägypten. *Tidsskr. Hist. Bot., 1* (1921).
Hegi, G., *Illustrierte Flora von Mitteleuropa,* Bd. 5, München 1964.
Heilfurth, G., *Bergbau und Bergmann in der deutschsprachigen Sagenüberlieferung Mitteleuropas,* Bd. 1: Quellen. Marburg 1967.
Heim, R., The Mushroom Madness of the Kuma. *Botan. Mus. Leafl., 21* (1965).
Heim, R. und Wasson, R. G., *Les champignons hallucinogènes du Mexique,* Paris 1958.
Heinrichs, H.-J., Einleitung und Nachwort zu M. Leiris, *Das Auge des Ethnographen,* Frankfurt 1978.
Helg, D., *La fonction du diable dans les textes hagiographiques.* In: Wirth (1976).
Hellmuth, N. M., Comment on ‹The Influence of Psychotropic Flora and Fauna on Maya Religion›. *Curr. Anthropol.* (1974).
Henderson, J. L., Ancient Myths and Modern Man. In: Jung, C. G. (Hg.), *Man and his symbols,* New York 1977.
Henry, A., The Lolos and other Tribes of Western China. *Journ. Royal Anthropol. Inst., 33* (1903).
Henry, T. A., *The Plant Alkaloids,* London 1924.
Herdt, G. H., *Guardians of the Flutes: Idioms of Masculinity,* New York 1981.
Hermanns, M., *Die Familie der A Mdo-Tibeter,* Freiburg 1959.
Hermanns, M., *The Indo-Tibetans,* Bombay 1954.
Hernandez, F., De historia plantarum Novae Hispaniae. *Ann. Inst. Méd. Nac., 4* (1900).
Hernandez, F., *Rerum medicarum Novae Hispaniae Thesaurus seu plantarum, animalium, mineralium Mecicanorum historia,* Roma 1651.
Hernegger, R., *Der Mensch auf der Suche nach Identität,* Bonn 1978.
Herskovits, M. J., *Dahomey,* New York 1938.
Herzog, G., Plains Ghost Dance and Great Basin Music. *Am. Anthropol., 37* (1935).
Herzog, R., *Die Wunderheilungen von Epidauros,* Leipzig 1931.
Hertz, W., *Der Werwolf,* Stuttgart 1862.
Hewitt, J. N. B. The Iroquian Concept of the Soul. *J.Am. Folklore 8* (1895).
Heywood, R., Attitudes to Death in the Light of Dreams and Other Out-of the-Body Experiences. In: Toynbee, A. (Hg.), *Man's concern with death,* New York 1968.
Hill, J., *Das heilige Kraut, oder die Kräfte der Salbey zur Verlängerung des menschlichen Lebens,* Stuttgart 1778.
Hill, W. W., The Status of the Hermaphrodite and Transvestite in Navaho culture. *Am. Anthropol.* (1935).
Hill, W. W. und Hill. D. W., Navaho Coyote Tales and their Position in the Southern Athabaskan Group. *J. Am. Folkl. 58* (1945).
Hillman, J., The Dream and the Underworld. *Eranos Jahrb. 42* (1977).
Hinderling, P., Ist der «Medizinmann» ein Divinator, Exorzist, Heilkundiger, Hexendoktor, Kräuterarzt, Kultführer, Orakelsteller, Schamane, Seher, Wahrsager, Zauberer? *Curare, 4* (1981).
Hodgson, M. G. S., *The Order of Assassins,* S'Gravenhage 1955.
Höfler, O., *Verwandlungskulte, Volkssagen und Mythen,* Wien 1973.
Hoenig, J. *et al.,* A Follow-up Study of Transsexuals: Social and Economic Aspects. *Psychiat. Clin. 3* (1970).
Hoenig, J. und Kenna, J. C., The Nosological Position of Transsexualism. *Arch. Sex. Beh. 3* (1974).
Hoffmann, H., *Symbolik der tibetischen Religionen und des Schamanismus,* Stuttgart 1967.
Hofmann, A., *LSD – Mein Sorgenkind,* Stuttgart 1979.
Hofmann, A., The Active Principles of the Seeds of Rivea Corymbosa and Impomoea Violacea. *Psychedelic Rev. 1* (1964).

Hofmann, C., *Smog im Hirn,* Berlin 1981.
Hogbin, I. *The Island of Menstruating Men,* Scranton 1970.
Holleman, A. W. J., *Pope Gelasius I. and the Lupercalia,* Amsterdam 1974.
Holzinger, J. B., *Zur Naturgeschichte der Hexen,* Graz 1883.
Honko, L. *Krankheitsprojektile. Untersuchung über eine urtümliche Krankheitserklärung.* FF communications *178,* Helsinki 1959.
Honorton, C., Receiver Optimization and Information Rate in ESP. Vortrag Ann. Meeting. Am. Assoc. Advanc. Scie. New York 1975.
Honorton, C., *Psi and Internal Attention States.* In: Wolman (1977)
Honegger, B., A Shamanistic Seed-Dream Interpretation: The Bird Man Mural at Lascaux. *Phoenix 2* (1978).
Hooft, G. A. van der, *De malopodans, een transcultureel-psychiatrische studie.*Amsterdam, M. D. thesis, 1979.
Hooft, G. A., van der, Some Possibly Paranormal Aspects of Malopo Dancing. *Parapsychol. J. South Africa 1* (1980).
Hooper, L., The Cahuilla Indians. *Univ. Calif. Publ. Am. Archaeol. Ethnol. 16* (1920).
Hore, B. D., *et al,* Male Transsexualism in England: Sixteen Cases with Surgical Intervention. *Arch. Sex. Beh. 4 (1975).*
Horkheimer, M. und Adorno, T. W., *Dialektik der Aufklärung,* Amsterdam 1947.
Howard, J. H., The Dakota Heyoka Cult. *Scie. Monthly,* April (1954).
Howard, J. H., The Mescal Bean Cult of the Central and Southern Plains: An Ancestor of the Peyote Cult? *Am. Anthropol., 59* (1957).
Howitt, A. W., On Australian Medicine Men. *Journ. Royal Anthropol. Inst. 16* (1887).
Howitt, A. W., *The Native Tribes of South-East Australia,* London 1904.
Hubert, H. Und Mauss, M., *Mélanges d'historire des religions,* Paris 1929.
Hultkrantz, Å., *The North American Indian Orpheus Tradition: A Contribution to Comparative Religion,* Stockholm 1957.
Hultkrantz, Å., Spirit Lodge, a North American Shamanistic Séance. In: Edsman, C.-M. (Hg.), *Studies in Shamanism,* Stockholm 1967.
Hultkrantz, Å., *Ritual und Geheimnis: Über die Kunst der Medizinmänner, oder: Was der Professor nicht gesagt hat.* In: Duerr (1981 I a).
Hunter, M., *Reaction to Conquest,* Oxford 1961.
Hurt , W. R., und Howard, J. H., A Dakota Conjuring Ceremony. Southw. *J. Anthropol. 8* (1952).
Hurt, W. R., Correction on Yuwipi Color Symbolism. *Plains Anthrop. 6* (1961).
Huson, P., *The Devil's Picture Book,* London 1972.
Huxley, A., *Himmel und Hölle,* München 1970.
Huxley, F., *Drugs. Man, Myth and Magic* (1972).
Huxley, A., *Die Pforten der Wahrnehmung,* München 1970.

Ingalls, D. H., Remarks on Mr. Wasson's Soma. *J. Am. Orient. Soc. 91 (1971).*
Inverarity, R. B., *Art of the Northwest Coast Indians,* Berkeley und London 1973.
Itkonen, T. I., *Heidnische Religion und späterer Aberglaube bei den finnischen Lappen,* Helsinki 1946.

Jacoby, A., Der Baum mit den Wurzeln nach oben und den Zweigen nach unten. *Zeitschr. Missionsk. und Religionswiss. 43* (1928).
Jaffé, A., *Anna Kingsford: Religiöser Wahn und Magie,* Fellbach 1980.
Jahn, J., *Wir nannten sie Wilde,* München 1964.
Jakab, I., *Zeichnungen und Gemälde der Geisteskranken, ihre psychatrische und künstlerische Analyse,* Budapest 1956.

James, W., The Final Impressions of a Psychical Researcher. *The Am. Magazine,* Oct. 1909.
James, W., *The Varities of Religious Experience,* New York 1929.
Janet, P., Une extatique. *Bull. Inst. Psychol.* (1901).
Jantsch, E., *Die Selbstorganisation des Universums,* München/Wien 1979.
Jaspers, K., *General Psychopathology,* Manchester 1962.
Jenness, D., The Life of the Copper Eskimos. *Report of the Can. Arctic Exped.* 1913–18, Vol. XII (1922).
Jennings, L. B., *The Ludicrous Demon. Aspects of the Grotesque in German Post-Romantic Prose,* Berkeley und Los Angeles 1963.
Jensen, A. E., *Beschneidung und Reifezeremonien bei Naturvölkern,* Stuttgart 1933.
Jensen, A., *Myth and Cult among Primitive People,* Chicago 1963.
Jensen, E., *The Iban an Their Religion,* Oxford 1974.
Jilek, W. G., *Salish Indian Mental Health and Culture Change,* Toronto 1974.
Jilek-Aal, L. M. und Jilek, W. G., Identity Through Initiation: A Papua New Guinea Paradigm of Preventing Role Confusions in Young Adults. *Ethnomed. 6* (1980).
Jochelson, W., *The Koryak. The Jesup North Pacific Expedition,* Hrsg. F. Boas. Leiden & New York 1905–1908.
Jochelson, W., *The Yukaghir and the Yukaghirized Tungus. The Jesup North Pacific Expedition,* Hrsg. F. Boas. New York 1926.
Jochelson, W., *The Yakut,* New York 1933.
Johnson, M. und Kanthamani, B. K., The Defense Mechanism Test as a Predictor of ESP Scoring Direction. *J. Parapsychol. 31* (1967).
Johnson, R. C., *The Imprisoned Splendour.* New York 1953.
Johnston, T. F., Datura Use in a Tsonga Girl's Puberty School. *Economic Bot. 26* (1972).
Johnston, T. F., Believed Fertility through Altered States of Consciousness Among the Shangana-Tsonga of Southern Africa. Transcult. Psychiat. Res. Rev. 10 (1973).
Jones, D. E., *Visions of Time: Experiments in Psychic Archeology,* Wheaton 1979.
Jones, E., *Der Alptraum in seiner Beziehung zu gewissen Formen des mittelalterlichen Aberglaubens,* Leipzig und Wien 1912.
Jones, W., A., The Revival of the Messiah Craze in Montana. *U. S. Bur. Ind. Aff., Ann. Report* (1901).
Jons, V., *Ägyptische Mythologie,* Wiesbaden 1968.
Jores, A., Magie und Zauber in der modernen Medizin. *D. Med. Wochenschr. 80* (1955).
Joyce, J., *Ulysses. Bd. 2* (Übers. G. Goyert), München 1966.
Jung, C. G., Synchronizität als ein Prinzip akausaler Zusammenhänge. In: Jung, C. G. und Pauli W., *Naturerklärung und Psyche,* Zürich 1952.
Jung, C. G., *Gesammelte Werke,* Bd. 1–18. Freiburg und Olten 1965–1981.
Jünger, E., *Kampf als inneres Erlebnis,* 1922.
Jünger, E., *Heliopolis,* Tübingen 1949.
Jünger, E., *Eumeswil,* Stuttgart 1977.
Jünger, E., *Annäherungen. Drogen und Rausch, Frankfurt 1980.*
Junker, B., *Field Work,* Chicago 1960.

Kaberry, P. M., Totemism in East and South Kimberley. *Oceania* (1938)
Kaempfer, E., *Amoenitates exoticae.* 1712.
Kagarow, E., Der umgekehrte Schamanenbaum. *Archiv f. Religionswiss.* (1929).
Kaiserberg, G. von, *Die Emeis,* Strassburg 1917.
Kaplan, B., (Hrsg.) *The Inner World of Mental Illness: A Series of First-Person Accounts of What is was Like,* New York 1964.
Kaplan, L., *Das Problem der Magie,* Heidelberg 1927.

Kaplan, R. W., *The Sacred Mushroom in Skandinavia,* Man (1975).
Karacan, I., Williams, R. L. Thornby, J. I., Salis, P. J., Sleep-Related Penile Tumescence as a Function of Age. *Am. J. Psychiat. 132* (1975).
Karagulla, S., *Breakthrough to Creativity: Your Higher Sense Perception,* Santa Monica 1967.
Karajalainen, K. F., *Die Religion der Jugra-Völker,* FF Communications, 8.3 Bde. (1921–27).
Karlin, A., *Mystik der Südsee,* Berlin 1931.
Karsten, R., *Blood Revenge, War and Victory Feasts Among the Jibaro Indians,* Washington 1923.
Karsten, R., *The Religions of the Samek,* Leiden 1955.
Katz, F., *Vorkolumbianische Kulturen,* München 1969.
Katz, R., *Preludes to Growth: An Experiential Approach,* New York 1973 a.
Katz, R., Education for Transcendence: Lessons from the !Kung Zhu/Twasi. *J. Transpers. Psychol. 5* (1973 b).
Katz, R., Heilung durch Ekstase. *Psychologie heute,* 1977.
Katzenelbogen, S., in: *Abramson,* H. A., (1960).
Kawanami-Allen, G. C., Moral and Ethical Issues of Parapsychological Resaerch into Non-Western Magical Traditions. *Research in Parapsychology 1980,* Metuchen 1981.
Kayser, W., *Das Groteske. Seine Gestaltung in Malerei und Dichtkunst,* Oldenburg 1957.
Kehoe, B. und Giletti, D. H., Women's Preponderance in Possession Cults: The Calcium -Deficiency Hypothesis Extended. *Am. Anthropol. 83* (1981).
Kelly, R., Witchcraft and Sexual Relations: An Exploration in the Social and Semantic Implications of a Structure of Belief. In: Brown, P. und Buchbinder, G. (Hg.), *Man and Woman in the New Guinea Highlands,* Washington 1976.
Kelly, T., Medicine Men, Shamans, and Psychotherapists: An Exploration into the Origin of Wisdom and Healing in the West. *Diss. Abstracts Int. 40* Sept. (1979).
Kennedy, J. E., The Role of Task Complexity in PK: A review. *J. Parapsychology 42* (1978).
Kennedy, J. E., Learning to use ESP: Do the Calls Match the Targets or do the Targets Match the Calls? *J. Am. Soc. Psych. Res. 74* (1980).
Kennedy, J. G., Nubian Zar Ceremonies as Psychotherapy. *Human Organiz. 26* (1967).
Kennedy, J. G., Circumcision and Excision in Aegyptian Nuba. *Man* (1970).
Kenner, H., In *Carinthia 1* (1954).
Kenner, H., *Das Phänomen der verkehrten Welt in der griechisch-römischen Antike,* Klagenfurt 1970.
Kensinger, K. M., *Banisteriopsis Usage Among the Peruvian Cashinahua,* In: Harner (1973).
Kerbs, D., (Hg.), *Die hedonistische Linke,* Neuwied 1970.
Kern, O., *Orphicorum fragmenta,* Leipzig 1922.
Kern, O., *Die Religion der Griechen.* Berlin 1963.
Kerényi, K., Hermes der Seelenführer. *Eranos Jahrb. 9* (1943).
Kerényi, K., Mysterien der Kabiren. *Eranos Jahrb. 11* (1945).
Keréniy, K., Wolf und Ziege am Fest der Lupercalia. In: *Mélanges offerts à J. Marouzeau,* Paris 1948.
Kerényi, K., *Die Mysterien von Eleusis,* Zürich 1962.
Kerényi, K., *Voraussetzungen der Einweihung in Eleusis.* in: Bleeker (1965).
Kerényi, K., *Dionysos,* München 1976.
Kerlinger, F. N., *Foundation of Behavioral Research,* London 1976.
Khangalov, M., N., in: *Agapitov und Khangalov* (1883).

Kiev, A. (Hg.), *Magic, Faith and Healing. Studies in Primitive Psychiatry Today,* Glencoe 1964.
Kihm, W., *Zur Symbolik im Schamanismus.* Phil. Diss., Freiburg 1974.
Kiil, V., Hliðskjalf og seiðhjallr. *Arkiv Nord. Filol. 75* (1960).
King, F., *The Magical World of Aleister Crowley,* New York 1978.
Kinross-Wright, V. J., Research on Ololiuqui: The Aztec Drug. In: Bradley *et al.* (Hg.), *Neuro-Psychopharmacology,* Amsterdam und New York 1959.
Kirchner, H., Ein archäologischer Beitrag zur Urgeschichte des Schamanismus. *Anthropos, 47* (1952).
Kirkland, C. B., Magic of African Natives. *Light 55* (1935).
Kleps, A., *Millbrook: The True Story of the Early Years of the Psychedelic Revolution,* Oakland 1975.
Kluckhohn, C., Navaho Witchcraft. *Papers of the Peabody Museum 24* (1944).
Kluge, F., *Etymologisches Wörterbuch der deutschen Sprache,* Berlin 1967.
Knecht, S., Indianische Götterpilze, *Zeitschr. Ethnol.,* (1967).
Knight, W., Lawrence, Joyce, and Powys. *Essays in Criticism, Oct.* (1961).
Knörzer, K.-H., Prähistorische Mohnsamen. *Bonner Jahrbuch.* (1971).
Knoll-Greiling, U., Die sozial-psychologische Funktion des Schamanismus. *Beiträge zur Gesellungs- und Völkerwissenschaft.* Berlin 1950.
Knust, H. (Hg.), *George Grosz, Briefe 1913–1959. Hamburg* 1979.
Koch-Grünberg, T., *Vom Roroima zum Orinoko.* Stuttgart 1923.
Koebner, T., *Der Narr auf der Bühne.* In: Poley (1981).
Koepping, K.-P., Das Wagnis des Feldforschers zwischen Ethnozentrismus und Entfremdung. In: K. Tauchmann (Hg.), *Festschrift zum 65. Geburtstag von Helmut Petri.* Köln/Wien 1973.
Koepping, K. P., *Lachen und Leib, Scham und Schweigen, Sprache und Spiel. Die Ethnologie als freucht-fröhliche Wissenschaft.* In: Duerr (1981 I a).
Koestler, A., *Die Wurzeln des Zufalls.* Reinbek 1973.
Kohl, J. G., *Kitschi-Gami oder Erzählungen vom Obern See.* Bd. 2, Bremen 1859.
Konrad, G., Meaning of Phallic Display Among the Asmat and Other Societies of Irian Yaga. *Ethnomed. 4* (1976/77).
Kornwachs, K. und Lucadou, W. v., Beitrag zur systemtheoretischen Untersuchung paranormaler Phänomene. *Zeitschr. Parapsychol. Grenzgeb. Psychol., 19* (1977).
Koty, J., Die Behandlung der Alten und Kranken bei den Naturvölkern. *Forsch. Völkerpsychol. und -soziol.,* Leipzig, 1934.
Kramer, F. und Sigrist, C. (Hg.), *Gesellschaften ohne Staat.* Bd. I. Frankfurt 1978.
Kramer, S. M. und Levy, M., First Pharmacopeia in Man's Recorded History. *Am. Journ. Pharm.* (1954).
Krappe, A. H., Acca Larentia. *Am. Journ. Archeol. 66* (1942).
Krauch, H., Romantische Wissenschaft. Ein Interview mit Hans Peter Duerr. *Unter dem Pflaster liegt der Strand, 6* (1979).
Kraus, F. R., Die physiognomischen Omina der Babylonier. *Mitt. Vorderas.-Ägypt. Gesellsch. 40* (1935).
Kraus, F. R. *Texte zur babylonischen Physiognomatik.* Berlin 1939.
Kretschmer, P., *Einleitung in die Geschichte der griechischen Sprache.* Göttingen 1896.
Krieger, D., Healing by the Laying on of Hands as a Facilitator of Bioenergetic Change. The Response of in-Vitro Human Hemoglobin. *Psychoenerg. Systems 3* (1975).
Krieger, D., A Second Experiments in «Laying-on-of-Hands». *Psychoenerg. Systems 7* (1976).
Krippner, S., Ullman, M., Honorton, C. A. Precognitive Dream Study with a Single Subjekt. *J. Am. Psych. Res. 65* (1971).

Krippner, S., Honorton, C., Ullman, M., Masters, R., Houston, J., A Long-Distance «Sensory Bombardement» Study of ESP in Dreams. *J. Am. Soc. Psychol. Res. 65* (1971) a.
Krippner, S., Psychic Healing – A Multidimensional View. In: Fosshage, J. und Olsen, P. (Hg.), *Healing: Implications for Psychotherapy,* New York 1978.
Krippner, S., Healing Practices Around the World. *Research in Parapsychology 1978,* Metuchen 1979.
Krippner, S., Social Issues in the Investigation of Folk Healing. *Research in Parapsychology 1980,* Metuchen 1981.
Kristeva, J., *Semiotike. Recherches pour une sémanalyse,* Paris, 1969.
Kritikos, G., Der Mohn, das Opium und ihr Gebrauch im Spätminoicum III. Prakt. *Akadēm. Athēnon* (1960).
Krivorotov, V. K., Krivorotov, A. E., Krivorotov, V. K., Bioenergotherapy and Healing. *Psychoenerg. Systems 1* (1974).
Kroeber, A. L., *A Mission Record of the California Indians.* Berkeley, 1908.
Ksenofontov, G. V., *Legendy i rasskazy o shamanakh u yakutov, buryat i tungusov,* Moskau, 1930.
Kübler-Ross, E., *On Death and Dying,* London 1969.
Kuhn, H., Kämpen und Berserker. *Frühmittelalterliche Studien* (1968).
Kuhn, T. S., *The Structure of Scientific Revolutions,* Chicago, 1962.
Kurath, G., Masked clowns. *Tomorrow, 4* (1956).
Kulenkampff, C., Entbergung, Entgrenzung, Überwältigung als Weisen des Standverlustes. In: Straus. E. und Zutt, H. (Hg.) *Die Wahnwelten,* Frankfurt 1963.

La Barre, W., Mescalism and Peyotism. *Am. Anthropol., 59* (1957).
La Barre, W., Review of Wasson's *Soma. Am. Anthropol.,* 72 (1970).
La Barre, W., Old and New World Narcotics: A Statistical Question and an Ethnological Reply. *Economic Botany, 24* (1970).
La Barre, W., *The Peyote Cult,* New York 1975.
Lacan, J., *Ecrits,* Paris 1966.
Lacourcière, L., *A Survey of Folk Medicine in French Canada from Early Times to the Present.* In: Hand (1976).
Lagercrantz, E., Die Geheimsprachen der Lappen. *Journ. Soc. Finno-Ougrienne, 42* (1928).
Laguerre, M. S., *Voodoo Heritage,* Beverly Hills 1980.
Laing, R. D., Transcendental Experience in Relation to Religion and Psychosis. *Psychedelic Rev., 2* (1965).
Laing, R. D., *The Facts of Life,* New York 1976.
Lakatos, I., Criticism and the Methodology of Scientific Research Programmes. *Proceedings of the Aristotelian Society, 69* (1968).
Lakatos, I., *Falsifikation und die Methodologie wissenschaftlicher Forschungsprogramme.* In: Lakatos und Musgrave (1974).
Lakatos, I. und Musgrave, A. (Hrsg.), *Kritik und Erkenntnisfortschritt,* Braunschweig 1974.
Lalanne, G., Découverte d'un bas-relief à représentation humaine dans les fouilles de Laussel. *Anthropologie, 12* (1911).
Lamb, B., Comment on Bock's Review of The Don Juan Papers. *Am. Anthropol. 83* (1981 a).
Lamb, B., Wizard of the Upper Amazon as Ethnography. *Current Anthropol. 22* (1981 b).
Lamb, B., *Persönl. Mitteilung,* Feb. 1982.
Lambert, R. S., The Shaking Tent. *Tomorrow 4* (1956).
Lancelin, C., *Méthode de dedoublement personnel,* Paris 1913.

de Lancre, P., *Wunderbahrliche Geheimnissen der Zauberey,* 1630.
Landtman, G., *The Kiwai Papuans of British New Guinea,* London 1927.
Lane, E. W., *Sitten und Gebräuche der heutigen Ägypter,* 3 Bde., Leipzig 1852.
Lang, A., *The Making of Religion,* London 1900.
Lange, C. H., Tablita, or Corn, Dances of the Rio Grande Pueblo Indians, *Texas J. Scie. 9* (1957).
Lanternari, V., Il serpente arcobaleno e il complesso religioso degli esseri pluviali in Australia. *Studi e mater. stor. relig. 23* (1952).
Lapassade, G., *Essai sur la transe,* Paris 1976.
Laplanche, J. und Leclaire, S., L'inconscient, une étude psychoanalytique. *Les Temps Modernes, 17* (1961).
Larcher, H., Le sang peut-il vincre la mort? In: *Les frontières de la science,* Paris 1957.
Larcher, H., Medizinische und psychologische Aspekte der Mystik. *Imago Mundi 5* (1975).
Larsen, S., The Shaman's Doorway, New York 1976.
Larsen, M., *Den aeldre Edda,* Kopenhagen 1943.
Laufer, B., Burkhan. *Journal of the American Oriental Society, 36* (1917).
Laufer, B., *Sino-Iranica: Chinese Contributions to the History of Civilization in Ancient Iran,* Chicago 1919.
Laufer, B., Columbus and Cathay, and the Meaning of America to the Orientalist. *Journ. Am. Oriental Soc. 51* (1931).
Lawrence, D. H., The Dance of the Sprouting Corn. *Mornings in Mexico,* London 1927.
Leach, E. R., Magical Hair. *Journ. Royal Anthropol. Inst.* (1958).
Leary, T., Interview. *Playboy, 9* (1966).
Leary, T., Interview mit Dean Gengle. *Sphinx Magazin 6* (1979).
Leary, T., Wie man freudig den Zusammenbruch der Zivilisation in den 80er Jahren überlebt. *Sphinx Magazin 8* (1980).
Leary, T., *Exo Psychologie,* Basel 1981.
Leca, A.-P., *La médecine égyptienne au temps des pharaons,* Paris 1971.
Leclaire, S., *Das Reale entlarven. Das Objekt in der Psychoanalyse,* Olten/Freiburg 1976.
Lee, R., The Sociology of !Kung Bushmen Trance Performance. In: Prince (Hg.), *Trance and Possession States,* Montreal 1968.
Leete, E., The Alkaloids of Datura. In: Sinnott, W. E. (Hg.), *Blakeslee: The Genus Datura,* New York 1959.
Leginger, T., *Urwald: Eine Reise zu den Schamanen des Amazonas,* München 1981.
Leichty, E., In: *La divination en Mésopotamie ancienne,* Paris 1966.
Leiris, M., *L'Afrique fantôme,* Paris 1934.
Leiris, M., *Elément pour une biographie.* In: André Masson. Paris 1940.
Leiris, M. und Limbour, G., *André Masson et son oeuvre,* Genf 1947.
Leiris, M., A travers Tristes Tropiques. *Les Cahiers de la République, 1* (1956).
Leiris, M., *Die eigene und die fremde Kultur,* Frankfurt 1977.
Leiris, M., *Das Auge des Ethnographen,* Frankfurt 1978.
Lehmann, F. R., Bemerkungen zu einer neuen Begründung der Beschneidung. *Sociologus* (1957).
Lehtisalo, T., Entwurf einer Mythologie der Jurak-Samojeden. *Mémoirs de la Societé Finno-Ougrienne, 53,* Helsinki 1924.
Lehtisalo, T., Beobachtungen über die Jodler. *Journ. Soc. Finno-Ougrienne, 48* (1936/37).
Lehtisalo, T., Der Tod und die Wiedergeburt des künftigen Schamanen. *Journal de la Societé Finno-Ougrienne, 48* (1937).
Leland, C. G., *Aradia. Die Lehre der Hexen,* München 1979.

Lenti, G., *La sessualitá nelle ricerche epiriche,* Innsbruck 1978.
León-Portilla, M., Teoria y practica de indigenismo interamericano. *Am. Indigena 24* (1964).
Leroi-Gourhan, A., *Préhistoire de l'art occidental,* Paris 1965.
Leroi-Gourhan, A., *Treasures of Prehistoric Art,* New York 1967.
LeShan, L., Psi and Altered States of Consciousness. In: Cavanna, R. und Ullman, M. (Hg.), *Psi and Alteres Stated of Consciousness,* New York 1968.
LeShan, L., *Toward a General Theory of the Paranormal,* New York 1969.
LeShan, L., *The Medium, the Mystic, and the Physicist,* New York 1974.
LeShan, L., Toward a General Theory of Psychic Healing. In: Dean, S. (Hg.), *Psychiatry and Mysticism,* Chicago 1975.
Lesky, A., Zum Schiffskarren des Dionysos. *Mitt. Verein Klass. Philol. Wien* (1925).
Lesourd, D., Diane et les sorcières: Etude sur les survivances de Diana dans les langues romanes. *Anagrom* (1972).
Lester, D., Voodoo Death – Some New Thoughts on an Old Phenomenon. *Am. Anthropol., 74* (1972).
Leubuscher, R., *Über die Wehrwölfe und Thierverwandlungen im Mittelalter,* Berlin 1850.
Leuenberger, H., *Im Rausch der Drogen,* München 1970.
Leuner, H., *Halluzinogene,* Bern/Stuttgart/Wien 1981.
Levi, A., The Influence of Imagery and Feedback on PK effects. *J. Parapsychol., 43* (1979).
Lévi, S., *La doctrine du sacrifice dans les Brāhmaṇas,* Paris 1898.
Lévi, S., Étude des documents tokhariens de la Mission Pelliot. *Journal Asiatique,* ser. X, *17* (1911).
Levinson, L., Toward an Extended Anthropology. *Phoenix, 3* (1979).
Lévi-Strauss, C., Le sorcier et sa magie. *Les Temps Modernes, 41* (1949).
Lévi-Strauss, C., *Das Ende des Totemismus,* Frankfurt 1965.
Lévi-Strauss, C., Das wilde Denken, Frankfurt 1968.
Lévi-Strauss, C., Introduction à l'oeuvre de Marcel Mauss. In: Mauss, M., *Sociologie et anthropologie,* Paris 1968.
Lévi-Strauss, C., *Strukturale Anthropologie,* Frankfurt 1969.
Lévi-Strauss, C., *Mythologica I. Das Rohe und das Gekochte,* Frankfurt 1971.
Lévi-Strauss, C., *Traurige Tropen,* Köln 1974.
Lévi-Strauss, C., *Der Weg der Masken,* Frankfurt/Main 1977.
Lévi-Strauss, C., *Mythos und Bedeutung,* Frankfurt 1980.
Levy, G. R., *The Gate of Horn,* London 1948.
Lévy-Bruhl, L., *La mentalité primitive,* Paris 1947.
Lewin, L., *Phantastica,* Linden 1980.
Lewis, C. I., Experience and Meaning. *The Philosophical Review, 63* (1934).
Lewis, I. M., *Ecstatic Religion,* Harmondsworth 1971.
Lewis, I. M., *The Anthropologist's Encounter With the Supernatural.* In: Angoff und Barth (1974).
Lex, B., Voodoo Death. *Am. Anthropol., 76* (1974).
Lie, J., *Werke.* 10 Bde. 1920–1921.
Linser, W., Schwache Trommeln Ihr Schamanen der Wabenstädte. *Sphinx, 11* (1980).
Linton, R., *Hexen aus Andilamena.* In: Duerr (1981 a).
Lippert, H., *Einführung in die Pharmakopsychologie,* Bern und Stuttgart 1959.
Liungman, W., *Traditionswanderungen Euphrat–Rhein,* Bd. 2, Helsinki 1938.
Lizot, J., *Im Kreis der Feuer. Aus dem Leben der Yanomami-Indianer,* Frankfurt 1982.
Loaiza, H., *Wanu-Pura: Le chemin des sorciers des Andes,* Paris 1976.
Locke, R., Transformations: Resonance in Healing. *Phoenix, 4* (1980).

Lockwood, D., *Tabu – Ein Tatsachenbericht,* Herrenalb 1964.
Loeb, E. M., Shaman and Seer, *American Anthropologist, 31* (1929).
Loeb, E. M., *Tribal Initiations and Secret Societies,* Berkeley 1929.
Loeb, E. M., Sumatra: Its History and People. *Wiener Beiträge zur Kulturgeschichte und Linguistik, 3* (1935).
Loewe, M. und Blacker, C. (Hg.), *Divination and Oracles,* London 1981.
Lommel, A., *Die Welt der frühen Jäger. Medizinmänner, Schamanen, Künstler,* München 1965.
Lommel, A., *Shamanism,* New York 1967.
Lommel, A., Der Schamanismus: In: *Naturvölker in unserer Zeit,* Stuttgart 1971.
Loney, J., Background Factors, Sexual Experiences, and Attitudes towards Treatment in two «Normal» Homosexual Samples. *J. Consult. Clin. Psychol., 38* (1972).
Long, J. (Hg.), *Extrasensory Ecology,* Metuchen 1977.
Lowie, R., The Hero-Trickster Discussion. *J. Am. Folkl., 22* (1909).
Lowie, R., *The Crow Indians,* New York 1935.
Lowie, R., Religious Ideas and Practices of the Eurasiatic and North American Areas. In: Evans-Pritchard, E. E. (Hg.), *Essays Presented to C. G. Seligman,* London 1934.
Lowy, B., Amanita Muscaria and the Thunderbolt Legend in Guatemala and Mexico. *Mycologia, 66* (1974).
Lucadou, W. v., Report About a Recent Alleged RSPK Case in Frankfurt. *Research in Parapsychology 1980,* Metuchen 1981.
Lucadou, W. v., Der flüchtige Spuk. *Zeitschr. Parapsychol. Grenzgeb. Psychol., 24* (1982).
Luck, G., *Hexen und Zauberei in der römischen Dichtung,* Zürich 1962.
Ludlow, F. H., *Der Haschisch Esser,* Basel 1981.
Lumholtz, C., The American Cave Dwellers. *Bull. Am. Geogr. Soc., 26* (1894).
Lumholtz, C., Explorations en Mexique de 1894 a 1897. *Journ. Soc. American., 7* (1899).
Lumholtz, C., *Unknown Mexico,* 2 Bde., New York 1902.

MacCartney, E. S., Greek and Roman Lore of Animal-Nursed Infants. *Papers Michigan Acad. Arts and Letters, 4,* New York 1925.
Macdonald, R. G., Hickman, J. L und Dakin, H. S., Preliminary Physical Measurements of Psychophysical Effects Associated With three Alleged Psychic Healers. *Research in Parapsychology 1976,* Metuchen 1977.
MacDougall, T., Ipomoea Tricolor, a Hallucinogenic Plant of the Zapotecs. *Bol. Centro Invest. Antropol. Mexico, 6* (1960).
MacIntosh, A., A Commentary on the «Christos» Technique. In: Glaskin, G. M. (Hg.), *Worlds Within,* London 1978.
MacIntosh, A., Beliefs about Out-of-the-Body Experiences Among the Elema, Gulf Kamea and Rigo Peoples of Papua New Guinea. *J. Soc. Psych. Res., 50* (1980).
Maclean, U., *Magical medicine: A Nigerian Case-Study,* London 1974.
Macrobius, A. T., *Opera. Saturnal,* London 1694.
Maddox, J. L., *The Medicine Man: A Sociological Study of the Character and Evolution of Shamanism,* New York 1923.
de Magdebourg, M., *The Revelations, the Flowing Light of Godhead,* London 1953.
Malinowski, B., *Argonauts of the Western Pacific,* London 1922.
Malinowski, B., *The Sexual Life of Savages in North Western Melanesia,* London 1932.
Malinowski, B., *Magic, Science and Religion,* New York 1954.
Malinowski, B., The Role of Magic and Religion. In: Lessa, W. A. und Vogt, E. Z. (Hg.), *Reader in Comparative Religion,* New York 1972.

Mänchen-Helfen, O., Manicheans in Siberia. In: Fischel, W. J. (Hg.), *Semitic and Oriental Studies Presented to William Popper on the Occasion of His Seventy-Fifth Birthday,* Berkeley and Los Angeles 1951.
Mandell, A., The Neurochemistry of Religious Insight and Ecstasy. In: Berrin, K. (Hg.), *Art of the Huichol Indians.* San Francisco 1978.
Manguel, A. und Gudalupi, G., *The Dictionary of Imaginary Places,* London 1980.
Mannhardt, W., *Antike Feld- und Waldkulte,* Berlin 1877.
Marc, L., *Le pays Mossi,* Paris 1909.
Marcadé, J., *Roma amor: Essai sur les représentations érotiques dans l'art étrusque et romain,* Paris 1961.
Marcelin, M., *Mythologie Vodou (Rite Arada),* Port-au-Prince 1949.
Der Marderosian, A., Hallucinogenic Indole Compounds From Higher Plants. *Lloydia, 30* (1967).
Der Marderosian, A. H., Kensinger, K. M., Chao, J. und Goldstein, F. J., The Use and Hallucinatory Principles of a Psychoactive Beverage of the Cashinahua Tribe (Amazon Basin). *Drug Depend., 5* (1970).
Margne, P. de, *Die Geburt der griechischen Kunst,* München 1965.
Margoliouth, D. S., The Table-Talk of a Mesopotamian Judge. *J. Royal Asiat. Soc.* (1922).
Mariel, P., *Sectes et sexe. La sexualité dans l'ésoterisme traditionnel,* St. Jean de Braye 1978.
Marshall, L., The Medicine Dance of the !Kung Bushmen. *Africa, 39* (1969).
de Martino, E., Magismo sciamanistico e fenomenologia paranormale. *Metapsichica, 1* (1946).
de Martino, E., *Il mondo magico,* Milano 1948.
Masters, R. E. L. und Houston, J., *The Varieties of Psychedelic Experience,* New York 1966.
Mastermann, M., *Die Natur eines Paradigmas.* In: Lakatos & Musgrave (1974).
Mattuck, R. D., Random Fluctuation («noise») Theory of Psychokinesis. *Res. Parapsychol. 1976,* Metuchen 1977.
Maturana, H. und Varela, F., Autopoiesis and Cognition. *Boston Studies in the Philosophy of Science,* Boston 1979.
Mauss, M., *A General Theory of Magic,* New York 1972.
Maquet, J., Meditation in Contemporary Sri Lanka. *Journal of Transpersonal Psychology, 7* (1975).
Maximilien, L., *Le Vodou Haitien, rite Radas-Canzo,* Port-au-Prince 1945.
Mayer, M., *Betrübtes Kind Gottes,* Leipzig 1686.
Marzell, H., *Zauberpflanzen und Hexengetränke,* Stuttgart 1963.
McElroy, W. A., Psi Testing in Arnheim Land. *Oceania, 26* (1955).
McKellar, P., *Mind Split: The Psychology of Multiple Personality and Dissociated Self,* London 1979.
McNickle, D. A., The Healing Vision. *Tomorrow, 4* (1956).
McVaugh, M. und Mauskopf, S. H., J. B. Rhine's «Extra-Sensory Perception» and its Background in Psychical Research. *Isis, 67* (1976).
Mehan, H. und Wood, H., *The Reality of Ethnomethodology,* New York 1975.
Mehnert, K., *Jugend im Zeitbruch,* Stuttgart 1976.
Meier, C. A., *Antike Inkubation und moderne Psychotherapie,* Zürich 1949.
Mellaart, J., *Çatal Hüyük,* Bergisch Gladbach 1967.
Melland, F. H., *In Witchbound Africa,* London 1923.
Menninger, K. A., *Man Against Himself,* New York 1938.
Menzel-Tettenborn, H. und Herrmann, H.-H., Heilpflanzen, Gifte, Drogen und Gewürze. In: *Das Reich der Pflanzen,* Gütersloh 1974.
Merrillees, R. S., Opium Trade in Bronze Age Levant. *Antiquity* (1962).

Messing, S. D., Group Therapy and Social Status in The zâr Cult of Ethiopia. *Am. Anthropol., 60* (1958).
Métraux, A., *La religion Tupinamba et ses rapports avec celle des autres tribus Tupi-Guarani,* Paris 1928.
Métraux, A., Les hommes-dieux chez les Chiriguano et dans l'Amérique du Sud. *Revista del Instituto de Etnología de la Universidad national de Tucumán, 2* (1931).
Métraux, A., Le shamanisme auracan. *Revista del Instituto de Antropología de la Universidad nacional de Tucamán, 2* (1942).
Métraux, A., Le shamanisme chez les indiens de l'Amérique du sud tropicale. *Acta Americana, 2* (1944).
Métraux, A., La cause e el tratamento magico de las enfermendades entre los indios de la región tropical sudamericana. *Am. Indigena, 2* (1944).
Métraux, A., The Concept of the Soul in Haitian Vodu. *Southwest. J. Anthropol., 2* (1946).
Métraux, A., *Voodoo in Haiti,* London 1959.
Metzner, R., Alchemy and Personal Transformation. The Laughing *Man, 2* (1981).
Meuli, K., Scythica. *Hermes, 70* (1935).
Meurger, M., ‹Stella Nocens›. *Anagrom* (1981 b).
Meurger, M., Onguent des sorcieres et plantes alpines. *Revue Metapsych., 15* (1981).
Mew, J., *Traditional Aspects of Hell,* London 1903.
Meyer, A. S. (Hg.), *Social and Psychological Factors in Opiate Addiction,* New York 1952.
Meyer, E. H., *Germanische Mythologie,* Berlin 1891.
Michelet, J., *Die Hexe,* Berlin 1975.
Michaux, H., *L'infini turbulent,* Paris 1957.
Middleton, J. und Tait, D. (Hg.), *Tribes Without Rulers. Studies in African Sementary Systems,* London 1958.
Middleton, J. (Hg.), *Magic, Witchcraft, and Curing,* Austin 1967.
Mikhailovski, V. M., Shamanism in Siberia and European Russia, Being the Second Part of ‹Shamanstvo›. *Journal of the Royal Asiatic Society, 24* (1895).
de Mille, R., *Castanedas Journey,* Santa Barbara 1976.
de Mille, R. (Hg.), *The Don Juan Papers,* Santa Barbara 1980.
de Mille, R., *Persönl. Mitteilung,* Feb., 1982.
Millar, B., The Observational Theories: A primer. *Europ. J. Parapsychol., 2* (1978).
Millar, B., The Distribution of Psi. *Europ. J. Parapsychol., 3* (1979).
Milner, H., Das Körperritual der Renakirema. In: Stover, L. E. und Harrison, H. (Hg.), *Anthropofiction.* Frankfurt 1974.
Minne, V., *L'enfer.* In: Rodari und Wirth (1977).
Mirnov, N. D. und Shirokogoroff, S. M., Śramana – Shaman: Etymology of the word ‹shaman›. *Journal of the Royal Asiatic Society, 55* (1924).
Mischo, J., Neue Perspektiven parapsychologischer Forschung: Der Weg zum multivariaten Experiment. In: Bauer, E. (Hg.), *Psi und Psyche* Stuttgart 1974.
Mischo, J., Zum Stand der sheep-goat-Forschung – eine kritische Übersicht. *Zeitschr. Parapsychol. Grenzgeb. Psychol., 21* (1979).
Mischo, J., *Methoden, Probleme und Ergebnisse der ASW-Forschung.* In: Condrau (1979).
Mischo, J. und Wittmann, W., Ein multivariates ASW-Experiment I. *Zeitschr. Parapsychol. Grenzgeb. Psychol., 22* (1980).
Mitford, A. B., *Tales of Old Japan,* London 1871.
Mittelstrass, J., *Die Möglichkeit von Wissenschaft,* Frankfurt 1974.
Miyakawa, H. und Kollautz, A., Zur Ur- und Vorgeschichte des Schamanismus. *Zeitschrift für Ethnologie, 91* (1966).

Mogar, R. E., *Current State and Future Research in Psychedelic (LSD) Research.* In: Tart (1969).
Mogk, E., *Germanische Mythologie,* Strassburg 1906.
Møller, K. O., *Rauschgifte und Genussmittel,* Basel 1951.
Mommsen, A., *Feste der Stadt Athen,* Leipzig 1898.
Monroe, R. A., *Journeys out of the Body,* Garden City 1971.
Moody, R. A., *Life After Life,* Atlanta 1975.
Mooney, J., The Ghost-Dance Religion and the Sioux Outbreak of 1890. *Ann. Report Bureau Am. Ethnol., 14* (1892/93).
Mooney, J., The Mescal Plant and Ceremony. *Therap. Gazette, 12* (1896).
Moore, O. K., Divination – A new Perspective. *Am. Anthropol., 56* (1957).
Morgan, E., *The Descent of Woman,* New York 1973.
Morley, P. und Wallis, R., *Culture and Curing: Anthropological Perspectives on Traditional Medical Beliefs and Practices,* London 1978.
Morrison, J. S., *The Classical World.* In: Loewe und Blacker (1981).
Morris, J., *Living with the Lepchas,* London 1938.
Morris, R., The use of Detectors for Out-of-Body Experiences. *Paraps. Assoc. Proc.* 1973.
Morris, R., New Directions in Parapsychological Research: The Investigation of Psychic Development Procedures. *Parapsychol. Review, 11* (1980).
Morris, R., Harary, S. B., Janis, J., Hartwell, J., Roll, W. G., Studies of Communication During Out-of-Body Experiences. *J. Am. Soc. Psych. Res., 72* (1978).
Morris, R., Nanko, M., und Phillips, D., Intentional Observer Influence upon Measurements of a Quantum-Mechanical System.: A Comparison of two Imagery Strategies. *Research in Parapsychology 1978,* Metuchen 1979.
Motolinia, *Ritos antiguos, sacrificios e idolatrias de los Indios de Nueva España, y de su conversión a la fe.* (J. G. Icazbalceta, Hg., Mexico 1858).
Morton, C. V., Notes on Yagé, a drug of southeastern Colombia. *Journ. Acad. Scie.* (1931).
Moser, F., *Das grosse Buch des Okkultismus,* Freiburg 1974.
Mrsich, W., Erfahrungen mit Hexen und Hexensalbe. *Mensch und Schicksal* (1957).
Mühlmann, W. E., *Rassen und Völkerkunde,* Braunschweig 1936.
Mühlmann, W. E., *Arioi und Mamaia,* Wiesbaden 1955.
Mühlmann, W. E., *Die Metamorphose der Frau. Weiblicher Schamanismus und Dichtung,* Berlin 1981.
Muktunanda, S., *Guru,* New York 1972.
Muldoon, S. und Carrington, H., *The Projection of the Astral Body,* London 1929.
Muldoon, S. und Carrington, H., *The Phenomena of Astral Projection,* London 1951.
Müller-Bergström, W., Zur Berserkerfrage. *Niederdt. Zeitschr. Volksk.* (1934).
Müller-Suur, H., Schizophrenie und Kunst. *Grenzgeb. Med., 1* (1948).
Müller, L., *Para, Psi und Pseudo,* Ullstein, 1980.
Müller, L., Psi und der Archetyp des Tricksters. *Zeitschrift für Parapsychologie und Grenzgebiete der Psychologie, 23* (1981).
Müller, W., *Weltbild und Kult der Kwakiutl-Indianer,* Wiesbaden 1955.
Müller, W., Der Mythos von heute und die Wissenschaft von gestern. *Antaios, 4* (1963).
Müller, W., *Glauben und Denken der Sioux,* Berlin 1970.
Müller, W., Sprache und Naturauffassung bei den Sioux. *Unter dem Pflaster liegt der Strand, 4* (1977).
Müller, W., *Indianische Welterfahrung,* Stuttgart 1981.
Munkácsi, B., Pilz und Rausch. *Keleti Szemle, 8* (1907).
Munn, H., The Mushrooms of Language. In: Harner (1973).

Münzel, M., *Medizinmannwesen und Geistervorstellungen bei den Kamayurá,* Wiesbaden 1971.
Murphy, J. M., *Psychotherapeutic Aspects of Shamanism on St. Lawrence Island,* Alaska. In: Kiev (1964).
Murr, J., *Die Pflanzenwelt in der griechischen Mythologie,* Innsbruck 1980.
Murray, M., Female Fertility Figures. *Journal of the Royal Anthropological Institute, 64* (1934).
Murray, H. A. und Wheeler, D. R., A Note on the Possible Clairvoyance of Dreams. *J. Psychol., 3* (1937).
Mylius, C., *Traumjournal,* Stuttgart 1976.
Mylonas, G. E., *Eleusis and the Eleusinian Mysteries,* Princeton 1961.

Nadel, S. F., A. Study of Shamanism in the Nuba Mountains. *Journ. Royal Anthropol. Inst., 76* (1946).
Naess, A., Warum nicht auch Wissenschaft für Anarchisten? *Unter dem Pflaster liegt der Strand, 3* (1976).
Naranjo, C., *Psychological Aspects of the yagé Experience in an Experimental Setting.* In: Harner (1973).
Naranjo, C., *The Healing Journey,* New York 1975.
Navratil, L., *Gespräche mit Schizophrenen,* München 1978.
Nebesky-Wojkowitz, R. de, Das tibetische Staatsorakel. *Arch. Völkerk., 3* (1948).
Nebesky-Wojkowitz, R. de, *Oracles and Demons of Tibet,* The Hague 1956.
Needham, J., *Science and Civilisation in China.* Cambridge 1956.
Neihardt, J. G., *Black Elk Speaks,* New York 1972.
Nelson, G. K., *Spiritualism and Society,* New York 1969.
Németh, J., Über den Ursprung des Wortes Saman und einige Bemerkungen zur türkisch-mongolischen Lautgeschichte. *Keletï Szemle, 14* (1913/14).
Newberne, R. E. L. und Burke, C. H., *Peyote: An Abridged Compilation from the Files of the Bureau of Indian Affairs,* Washington 1922.
Nick, F., *Die Hof- und Volks-Narren,* Stuttgart 1861.
Nicoll, A., *Masks, Mimes, and Miracles,* London 1931.
Nielsson, I., The Paradigm of the Rhinean School. *Europ. J. Parapsychol., 1* (1975) I, (1976) II.
Nietzsche, F., *Die fröhliche Wissenschaft,* Leipzig 1887.
Nietzsche, F., *Zur Genealogie der Moral,* München 1980.
Nilsson, M. P., *Geschichte der griechischen Religion,* München 1941.
Nimuendaju, K., The Apinayé. *The Cath. Univ. Am. Anthropol. Series, 8* (1939).
Ninck, M., *Wodan und germanischer Schicksalsglaube,* Jena 1935.
Nioradze, G., *Der Schamanismus bei den sibirischen Völkern,* Stuttgart 1925.
Nitsch, H., *Prospekt Galerie Junge Generation, 10* (1964).
Noirot, E., *A travers le Futa Djallon et le Bambouc,* Paris 1881.
Nordenskjöld, E., An Historical and Ethnological Survey of the Cuna indians. In: Wassen, H. (Hg.), *Comparative Ethnographical Studies, 10,* Göteborg 1947.
Nordland, O., *Shamanism as an Experiencing of the «Unreal».* In: Edsman, C.-M. (Hg.), *Studies in Shamanism,* Stockholm 1967.
Nunberg, H., *Problems of Bisexuality as Reflected in Circumcision,* London 1949.
Nougayrol, J., Aleuromancie babylonienne. *Orientalia, 32* (1963).
Nynauld, J. de, *De la lycanthropie, transformation et extase des sorciers,* Lyon 1591.

O'Brien, D. P., Review of The Application of Learning Theory to ESP Performance, by Charles T. Tart. *J. Parapsychol., 40* (1976).
Obrist, B., *Les deux visages du diable.* In: Rodari und Wirth (1977).

Ödman, S., *Försök at utur Naturens Historia förklara de nordiska gamla kämpars Berserka-gang*. Stockholm 1784.
Oesch, H., *An Anthology of South-East Asian Music*, Musicaphon 1963.
Oeser, E., *System, Klassifikation, Evolution*, Wien/Stuttgart 1974.
Österreich, T. K., *Die Besessenheit*, Halle 1921.
Ohff, H., *Hannah Höch, «Dada Puppen»*, Berlin 1968.
Ohlmarks, A.,*Studien zum Problem des Schamanismus*, Lund 1939.
Olofson, H., Northern Paiute Shamanism. *Revis. Anthropos., 74* (1979).
Olson, A. M. From Shaman to Mystic: An Interpretation of the Castaneda Quartet. *Soundings* (1980).
Opler, M., Some Points of Comparison and Contrast Between the Treatment of Functional Disorders by Apache Shamans and Modern Psychiatric Practice. *Am. J. Pschiat. 92* (1936).
Opler, M., *Myths and Tales of the Jicarilla Apache Indians*, New York 1938.
Opler, M. K., Cross-Cultural Uses of Psychoactive Drugs. In: Clark, W. G., *et al.* (Hg.), *Principles of Psychopharmacology*, New York 1970.
Oppitz, M., *Schamanen im blinden Land*, Frankfurt/Main 1981.
Oppitz, M., *Schamanen, Hexen, Ethnographen*. In: Duerr (1981 a I).
Ortiz, A., *Die letzte Wanderung auf den Berggipfel*. In: Duerr (1981 a I).
Ortner, S. B., Is Female to Male as Nature is to Culture? In: Rosaldo, M. Z. und Lamphere, L. (Hg.), *Women, Culture and Society*, Stanford 1974.
Osis, K., Perceptual Experiments in Out-of-Body Experiences. *Research in Parapsychology 1974*, Metuchen 1975.
Osis, K. und Haraldsson, E., *At the Hour of Death*, New York 1977.
Osmond, H., Ololiuqui: The Ancient Aztec Narcotic. *J. Ment. Scie., 101* (1955).
Osty E., *La connaissance supranormale*, Paris 1932.
Ott, T., *Der magische Pfeil*, Zürich und Freiburg 1979.
Ouspensky, P., On the Study of Dreams and on Hypnotism. In: Ouspensky, P., *A New Model of the Universe*, London 1960.
Owen, A. R. G., *Can we Explain the Poltergeist?* New York 1964.

Pahnke, W. M. und Richards, W. A., Implications of LSD and Experimental Mysticism. In: Tart (1969).
Palmer, J., Scoring on ESP Tests as a Function in Belief in ESP. Part I: The Sheep-Goat Effect. *J. Am. Soc. Psych. Res., 65* (1971).
Palmer, J., *Attitudes and Personality Traits in Experimental ESP Research*. In: Wolman (1977).
Palmer, J., The Out-of-Body Experience: A Psychological Theory. *Parapsychol. Rev., 9* (1978).
Palmer, J. und Lieberman, R., The Influence of Physiological Set on ESP and Out-of-Body Experiences. *J. Am. Soc. Psych. Res., 69* (1975).
Palmer, J. und Vassar, C., ESP and Out-of-the-Body Experiences: An Exploratory Study. *J. Am. Soc. Psych. Res., 60* (1974).
Parin, P., Morgenthaler, F. und Parin-Matthèy, *Die Weissen denken zuviel*, München 1966.
Parin, P., Morgenthaler, F. und Parin-Matthèy, *Fürchte deinen Nächsten wie dich selbst*, Frankfurt 1971.
Parin, P., Das Mikroskop der vergleichenden Psychoanalyse und die Makrosozietät. *Psyche, 30* (1976).
Parain-Vial, J., *Analyses structurales et idéologies structuralistes*, Paris 1969.
Park, W. Z., *Shamanism in Western North America: A Study in Cultural Relationships*, Evanston/Chicago 1938.
Parker, K.L., *The Euahlayi tribe: A study of Aboriginal Life in Australia*, London 1905.

Parrinder, E. G., *West African Religion*, London 1969.
Parsons, E. C., *Spirit Cult in Hayti*, Paris 1928.
Parsons, E. C., *Kiowa Tales*, New York 1929.
Paul, C., *Die Geschichte des Itterschen Kupferbergwerks*, Korbach 1939.
Pelliot, P., Influence iranienne en Asie centrale et en extrême orient. *Rev. Hist. Litter. Relig.*, Paris 1912.
Pelliot P., Sur quelques mots d'Asie centrale attestés dans les textes chinois. *Journal Asiatique*, ser. XI, *1* (1913).
Pelto P. und Pelto, G., *Anthropological Research: The Structure of Inquiry*, Cambridge 1978.
Penard, A. P., Het pujai-geheim der Surinaamsche Caraiben. In: *Bijdragen tot de Taal-, Land- en Volkenkunde van Nederlandsch-Indie, 84* (1928).
Perger, A. R. von, *Deutsche Pflanzensagen*, Stuttgart 1864.
Perry, W. J., *The Primordial Ocean*, London 1935.
Persinger, M. A. und Lafrenière, G. F., *Space-Time Transients and Unusual Events*, Chicago 1977.
Personius, R., *Guida degli uomini alla loro eterna salute*, Roma 1737.
Pestalozza, U., *Religione mediterranee*, Milano 1951.
Peters, L. G., Psychotherapy in Tamang Shamanism. *Ethos 6* (1978).
Peters, L. G., An Experiential Study of Nepalese Shamanism. *Journal of Transpersonal Psychology, 13* (1981).
Peters, L. G. und Price-Williams, D., Towards an Experiential Analysis of Shamanism. *American Ethnologist, 7* (1980).
Petersen, K., Die ängstlichen Netze der eigenen Beschränktheit. *Unter dem Pflaster liegt der Strand, 6* (1979).
Petri, H., Der australische Medizinmann. *Annali Lateran.* 1952.
Petri, H., Traum und Trance bei den Australiden. In: *Naturvölker in unserer Zeit*, Stuttgart 1971.
Petrullo, V., *The Diabolic Root*, Philadelphia 1934.
Pettazzoni, R., *L'Onniscienza di Dio*, Torino 1955.
Peucer, C., *Commentar. de praecipius divinationum generibus etc*, Servestae 1691.
Peuckert, W.-E., *Geheimkulte*, Heidelberg 1951.
Pfeiffer, W. M., *Transkulturelle Psychiatrie*, Stuttgart 1971
Pietschmann, H., *Das Ende des naturwissenschaftlichen Zeitalters*, Wien/Hamburg 1980.
Piette, E., La station de Brassempouy. *Anthropologie, 6* (1895).
Pinches I., *The Religion of Babylonia and Assyria*, London 1906.
Pitré, G., Alberi e piante negli usi e nelle credenze popolari Siciliane. *Arch. Stud. Tradiz. Popol. 5* (1886).
Platon, N., *Kreta*, Genf 1968.
Plinius, Secundus Caius, *Natural History*. Übers., H. Rackham, W. H. S. Jones, E. Eichholz. London 1938-62.
Pörksen, U., Vom pseudowissenschaftlichen Jargon. *Neue Rundschau*, 1974.
Poisson, J., Note sur le ‹Natem›, boisson toxique péruvienne et ses alcaloides. *Ann. Pharmac. Franç. 23*(1965).
Polanyi, M., *Personal Knowledge*, London 1959.
Poley, S., (Hg.), *Unter der Maske des Narren*, Stuttgart 1981.
Polo, M. (A. t'Serstevens, Hg.) *Le livre de Marco Polo*. Paris 1955.
Pomeroy, S. B., *Goddesses, Whores, Wives and Slaves: Women in Classical Antiquity*, New York 1975.
Pomeroy, W., The Diagnosis and Treatment of Transvestites and Transsexuals, *J. Sex. Marc. Ter. 1*, (1975).
Pontalis, J.-B., *Nach Freud*, Frankfurt 1974.

Pope, H. G. Jr., Tabernanthe iboga: An African Narcotic Plant of Social Importance. *Econ. Botany, 23* (1969).
Popper, K. R., *Logik der Forschung,* Tübingen 1971.
Popper, K. R., *Die Normalwissenschaft und ihre Gefahren.* In: Lakatos und Musgrave (1974).
Popov, A. A., Consecration Ritual for a Blacksmith Novice Among the Yakuts. *Journ. Am. Folklore 46* (1933).
Popov, A. A., *Tavgytzy: Materialy po etnografii avamskikh i vedeyevskikh tavgytzev,* Moskau und Leningrad 1936.
Popov, A. A., *How Serpetie Djaruoskin of the Nganasans Tavgi Samoyeds Became a Shaman,* Budapest 1968.
Porta, G. B. della, *Magiae naturalis, sive de miraculis rerum naturalium, Libri IV.* Köln 1562.
Porta, G. B. della, *Villa,* Frankfurt 1592
Potanin, G. N., *Ocherki severo-zapadnoi Mongolii,* St. Petersburg 1881–83. 4. Bde.
Presler, G., *L'Art Brut. Kunst zwischen Genialität und Wahnsinn,* Köln 1981.
Pribram, K. H., *Languages of the Brain,* Englewood Cliffs 1971.
Pribram, K. H., Nuwer, M., Baron, R., The Holographic Hypothesis of Memory Structure in Brain Function and Perception. In: Atkinson, R. ., Krantz, D. H., Luce, R. C., Suppes, P. (Hg.), *Contemporary Developments in Mathematical Psychology,* San Francisco 1974.
Price, G. R., Science and the Supernatural. *Science, 122* (1955).
Prieto, A., *Historia y estadistica del estado de Tamaulipas,* Mexico 1873.
Prince, V. und Bentler, P. M., Survey of 504 Cases of Transvestitism. *Psychol. Rep., 31* (1972).
Prinzhorn, H., *Die Bildnerei der Geisteskranken,* Berlin und Heidelberg 1922.
Progoff, I. (Hg.,) *The Cloud of Unknowing,* New York 1961.
de Prorok, B., *Dead Men do Tell Tales,* London 1943.
Pruess, J. B., Merit and Misconduct: Venerating the Bo Tree at a Buddhist Shrine. *Am. Ethnol, 6 (1979).*
Pruessen, A. H., Date Culture in Ancient Babylonia. *J. Am. Orient. Soc. 36* 1920).
Puharich, A., *The Sacred Mushroom,* London 1959.
Pynchon, T., *Gravity's Rainbow,* New York 1973. *Die Enden der Parabel,* Reinbek 1981.

de Quincey, T., *Bekenntnisse eines englischen Opiumessers,* Stuttgart 1962.

Radcliffe-Brown, A. R., *Method in Social Anthropology,* Chicago 1958.
Radha, Lama C., *Tibet.* In: Loewe und Blacker (1981).
Radin, P., *Crashing Thunder: The Autobiographiy of a Winnebago Indian,* New York 1926.
Radin, P., *Primitive Religion: Its Nature and Origin,* London 1937.
Radin, P., *The Trickster,* New York 1972.
Radin, P., Kerenyi, K., Jung, C. G., *Der göttliche Schelm,* Hildesheim 1979.
Radlov, W., *Aus Sibirien: Lose Blätter aus dem Tagebuche eines reisenden Linguisten,* Leipzig 1884(2 Bde. in 1).
Rahner, H., *Der spielende Mensch,* Einsiedeln 1978.
Rainer, A., *Schön und Wahn,* 1967.
Ramsay Smith, W.,*Myths and Legends of the Australian Aboriginals,* London 1930.
Ramstet, G. J., Zur Frage nach der Stellung der Tschuwassichen. *Journal de la Sociéte Finno-Ougrienne, 38* (1922–23).
Randall, A., Dream Telepathy Among a Group of Dream Sharers? *Phoenix, 4* (1980).
Randall, J. L., *Parapsychology and the Nature of Life,* London 1975.

Ranke-Graves, R. v., What Food the Centaurs Ate. *Steps* (1958).
Ranke-Graves, R. v., *Griechische Mythologie*, Hamburg 1960.
Rao, K. R., Further Studies of Memory and ESP. *Research in Parapsychology 1978* Metuchen 1979.
Rasmussen, K., *Thulefahrt*, Kopenhagen 1926.
Rasmussen, K., *Observations on the Intellectual Culture of the Caribou Eskimos*, Kopenhagen 1930.
Rasmussen, K., *The Alaskan Eskimos*, Kopenhagen 1952.
Ratcliff, C., Odd Men Out. *Art in America*, summer 1981.
Ratkay, J. M., Brief aus Nordamerika an R. P. Nicolaum Avancinum. Aus dem Latein von J. Stöcklin. In: Der Neue Welt-Gott Brief, 29 (1681).
Raum, O., Female Initiation among the Chaga. *A. Anthropol.*, *41* (1939).
Rawcliffe, D. H., *Illusions and Delusions of the Supernatural and the Occult*, New York 1959.
Ray, J. D., *The Archive of Hor*, London 1976.
Reay, M., *The Kuma*, Melbourne 1959.
Reay, M., Mushroom Madness in the New Guinea Highlands. *Oceania 31* (1960).
Rechtschaffen, A., Sleep and Dream states: An Experimental Design. In: Cavanna, R. (Hg.), *Psi Favourable States of Consciousness*, New York 1970.
Reed, H., *Dream Incubation*. In: Long (1977).
Reichard, G., *An Analysis of Coeur d'Aleene Indian Myths*, Philadelphia 1947.
Reichbart, R., Castaneda and Parapsychology. In: de Mille, R. (Hg.), *The Don Juan Papers*. Santa Barbara1980.
Reichel-Dolmatoff, G., *Amazonian Cosmos: The Sexual and Religious Symbolism of the Tukano Indians*, Chicago 1971.
Reichel-Dolmatoff, G., *The Cultural Context of an Aboriginal Hallucinogen: Banisteriopsis Caapi*. In: Furst (1972).
Reichel-Dolmatoff, G., *The Shaman and the Jaguar*, Philadelphia 1975.
Reid, D., *Tales of Nanabozho*, London 1964.
Reinhard, J. G., *Deskriptive Analyse von Schamanismus und Hexerei bei den Purbia Raji Südwest-Nepals*, Wien 1973.
Reinhard, . G., Shamanism and Spirit Possession: The Definition Problem. In: Hitchcock, J. und Jones R. (Hg.), *Spirit Possession in the Nepal Himalayas*, London 1976.
Reininger, W., Haschisch. *Ciba-Zeitschr.*, *71* (1955).
Réja, M., *L'art chez les fous*, Paris 1907.
Reko, V. A., *Magische Gifte*, Stuttgart 1949.
Renel, C., L'Arc-en-ciel dans la tradition religieuse de l'antiquité. *Révue de L'his. relig. 46* (1902).
Renfrew, C., *Before Civilization*, New York 1973.
Renfrew, J. M., *Paleothnobotany*, New York 1973.
Rentoul, A. C., Physiological Paternity and the Trobrianders. *Man* (1931).
Rettenbeck, L., *Feige*, Basel 1955.
Rhode, E., *Psyche. Seelenkult und Unsterblichkeitsglaube der Griechen*. Leipzig o. J.
Richter, C. P., On the Phenomenon of Sudden Death in Animals and Men. *Psychosom. Med. 19* (1957).
Richter, E., Der nacherlebte Hexensabbat. *Forschungsfr. uns. Zeit* (1960).
Richter, H., *Dada: Art und Anti-art*, London 1965.
Richter, K., *Die Verwandlungen des Harlekin*, In: Poley (1981).
Ricoeur, P., *Le conflit des interprétations. Essai d'herméneutique*, Paris 1969.
Rigaud, M., *Jesus ou Legba*, Paris 1933.
Riko, A. J., Das gespenstische Steinwerfen auf Java und an anderen Orten. *Psych. Stud. 8* (1881).
Ring, K., *Life at Death*, New York 1980.

Rink, H., *Tales and Traditions of the Eskimo,* Edinbourgh und London 1875.
Rios, O., *Aspectos preliminares al estudio farmaco-psiquatrico del Ayahuasca y su principio activo,* Lima 1962.
Robbins, R. H., *Encyclopedia of Witchcraft and Demonology,* New York 1959.
Roberts, H. C.,*The Complete Prophecies of Nostradamus,* New York 1972.
Rochas, A., *L'exteriorisation de la motoricite,* Paris 1906.
Rockwell, R. und Rockwell, W. T., Irrational Rationalists. *J. Am. Soc. Psych. Res. 72* (1978 a).
Rockwell, R. und Rockwell, W. T., The Humanists Crusade Against Parapsychology. *J. Am. Soc. J. Am. Soc. Psych. Res. 72* (1978 b).
Rodari, F. und Wirth, J. (Hg.), *Diables et diableries.* Geneve 1977.
Rodewald, R., *Magie, Heilen und Menstruation,* München 1980.
Rodrigues, N., *O animismo fetichista dos negros Brasilieros,* Rio de Janeiro 1935.
Röck, F., Neunmalneun und Siebenmalsieben. *Mitt. anthropol. Gesellsch. Wien, 60* (1930).
Röhrich, L., Mensch und Tier im Märchen. In: Karlinger, F. (Hg.), *Wege der Märchenforschung,* Darmstadt 1973.
Römpp, H.,*Chemische Zaubertränke,* Stuttgart 1939.
Rogo, D. S., Shamans, Saints and the Paranormal. *Vortrag Ann. Meeting Assoc. Transpers. Anthropol,* Santa Barbara 1981.
Róheim, G., Psycho-Analysis of Primitive Cultural Types. *Int. J. Psychoanal. 13.* (1932).
Róheim, G. (Hg.), *Psychoanalysis and the Social Sciences,* London 1947 ff.
Róheim, G., Psychoanalyse und Anthropologie. *Psyche (1974).*
Roll, W. G., Pagenstecher's Contribution to Parapsychology. *J. Am. Soc. Psych. Res. 61* (1967).
Roll, W. G., Kann man den Poltergeist mit dem Bandmass fangen? In: Bauer, E. (Hg.), *Psi und Psyche.* Stuttgart 1974.
Roll, W. G., *Poltergeists.* In: Wolman (1977).
Roll, W. G., «External Mystical Powers». *Research in Parapsychology 1980.* Metuchen 1981.
Romoli, G., La reine et le déguisement. In:*Eux, qui sont-elles? Art du travestissement et travestissement de l'Art,* Nonville 1977.
Ropp, R. de, *Drugs and the Mind,*New York 1961.
Rorvik, D., Sperm from Deep Space: Interview with Francis Crick. *Omni 4* (1982).
Roscher, F. *Ephialtes. Eine pathologisch-mythologische Abhandlung über die Alpträume und Dämonen des klassischen Altertums,* 1900.
Rose, R., A Second Report on Psi Experiments with Australian Aborigines. *Journal of Parapsychology, 19* (1955).
Rose, R., *Living Magie,* New York 1956.
Rose, R. und Rose, L., Psi experiments with Australian Aborigines. *Journal of Parapsychology, 15* (1951).
Rosenfeld, A. H., Macumba. Staden-Jahrb. *Beitr. Brasilienk. 3* (1955).
Roskoff, G., *Geschichte des Teufels,* Leipzig 1869.
Ross, A., The Divine Hag of the Pagan Celts. In: Newall, v. (Hg.), *The Witch Figure,* London 1973.
Roszak, T., *The Making of a Counter Culture,* London 1971.
Roth, H. L., *The Natives of Sarawak and British North Borneo, 2 Bde.,* Kuala Lumpur 1968.
Roth, W. E., *Ethnological Studies Among the Northwest-Central Queensland Aborigines,* Brisbane 1897.
Roys, R. L., *The Book of Chilam Balam of Chmayel,* Washington 1933.

Rübel, J. F., *Systematische Abhandlung von denen fast allgemein eingerissenen Irrthümern betreffend die Besizung des Menschen vom Teufel,* 1758.
Rusell, F., The Pima Indians. *26th Annual Report of the Bureau of American Ethnology,* Washington 1904/05.
Rutschky, M. *Erfahrungshunger. Ein Essay über die siebziger Jahre,* Köln 1980.

Sacks, H., Tout le monde doit mentir. *Communications 20* (1973).
Saccasyn-Della Santa, E., Les figures humaines du paléolithique superieur eurasiatique. *Anvers, 196* (1947).
Sacy, S. de, *Sur la dynastie des Assassins et sur l'origine de leur nom,* Paris 1809.
Safford, W. E., Narcotic Plants and Stimulants of the Ancient Americans.*Ann. Report, Smthson. Ins. für 1916, (1917).*
Safford, W. E., *Daturas of the Old World and New,*Washington 1922.
Saghir, M. T. und Robins, E., *Male and Female homosexuality: A Comprehensive Investigation,* Baltimore 1973.
Sahagún, B. de, *Historia general de las cosas de Nueva España. 3 Bde., Mexico, 1829–1830*
Sanctis-Mangelli, A. de, *Alla ricerca di dio.* Bd.1, I primitivi. Roma 1935.
Sandin, B., *Gawai Burong: The Chants and Celebrations of the Iban Bird festival,* Pulau Pinang 1977.
Sandschejew, G., Weltanschauung und Schamanismus der Alaren-Burjaten. *Anthropos, 22* (1927), *23* (1928).
Santesson, C. G., Piule, eine mexikanische Rauschdroge. *Arch. Pharm. Ber. Deutsche Pharm. Ges.* (1937).
Sargent, C. L., A note on Personality Differences Between Psiconducive and Psi-Inhibitory Ganzfeld Experiments. *Research in Parapsychology 1979,* Metuchen 1980.
Sargant, W.,*The Mind Possessed,* New York 1973.
Sartre, J. P., *Bei geschlossenen Türen,* Reinbek 1965.
Sauer, G., Loki., *Analyt. Psychol. 12* (1981).
Saunders, L. W., *Variants in zar Experience in an Egyptian village.* In: Carpanzano, V., und Garrison, V. (Hg.), *Case Studies in Spirit Possession.* New York, 1977.
Schadewaldt, H., Zur Geschichte einiger Rauschdrogen. *Nat. Med. Nordm. 24* (1972).
Schadewald, R., The Great Fish Fall of 1859. *Fortean Times, 30* (1979).
Schaeffer, C. E., Blackfoot Shaking Tent. *Glenbow-Alberta Inst. Occ. Papers, 5* (1969).
Schapera, I., *Married Life in an African Tribe,* New York 1941.
Schapera, I., *The Khoisan Peoples of South Africa,* London 1950.
Schebesta, P., Jenseitsglaube der Semang auf Malakka. In: Koppers, W. (Hg.), *Festschrift für W. Schmidt.* Wien 1928.
Schebesta, P. *Bambuti, die Zwerge vom Kongo,* Leipzig 1932.
Schebesta, P., *Les Pygmes,* Paris 1940.
Scheidegger, E. (Hg.), *Zweiklang. Sophie Taeuber-Arp/Hans Arp,* Zürich 1960.
Scheidt, J. vom, *Freud und das Kokain,* München 1973.
Schelling, F. W. J., *Über die Natur der Philosophie als Wissenschaft. Bd. IX von Sämtliche Werke,* Stuttgart/Augsburg 1856 ff.
Schenk, G.,*The Book of Poisons,* New York 1955.
Schieffelin, E. L., *The Sorrow of the Lonely and the Burning of the Dancers,* New York 1976.
Schlitz, M., und Gruber, E. R., Transcontinental Remote Viewing. *Journal of Parapsychology, 44* (1980).
Schlitz, M. und Gruber, E. R., Transcontinental Remote Viewing: A Rejudging. *J. Parapsychol., 45* (1981).
Schmeidler, G., ESP and Memory: Support for Kreiman's Summary Hypothesis. *Research in Parapsychology 1979,* Metuchen 1980.

Schmeidler, G. und Murphy, G., The Influence of Belief and Disbelief in ESP upon Individual Scoring Levels. *J. Exp. Psychol., 36* (1946).
Schmeing, K., Das ‹Zweite Gesicht› in Schottland und Niederdeutschland. *Niederd. Zeitschr. Volksk.* (1938).
Schmidt, A., Der strukturalistische Angriff auf die Geschichte. In: Schmidt, A. (Hg.), *Beiträge zur marxistischen Erkenntnistheorie,* Frankfurt 1969.
Schmidt, H., Towards a Mathematical Theory of Psi. *J. Am. Soc. Psych. Res., 69* (1975).
Schmidt, W., *Der Ursprung der Gottesidee. Eine historisch-kritische und positive Studie,* 12 Bde., Münster 1912–1955.
Schmidt, W. J., Androgynie – Das erste Geschlecht. *Zero 16* (1980).
Schmiedbauer, W., Halluzinogene in Eleusis. In: Vom Scheid, J. (Hg.), *Drogenabhängigkeit,* München 1972.
Schmiedeberg, O. und Koppe, R., *Das Muscarin,* Leipzig 1869.
Schmiedeberg, O., *Über die Pharmaka in der Ilias und Odyssee,* Strassburg 1918.
Schmied-Kowarzik, W., *Das spekulative Wissen oder die Ekstasis des Denkens.* In: Duerr (1981 II a).
Smith, D., The Sioux Ghost-Dance. *Leslie's Ill. Weekly Newsp., 71* (1890/91).
Smith-Dale, R., *The Ila-speaking Peoples of Northern Rhodesia.* 2 Bde., London 1920.
Schmitz, C. A. (Hg.), *Religions-Ethnologie,* Frankfurt/Main 1964.
Schneider, D. M., Virgin Birth. *Man* (1968).
Scholz, W. von, *Der Zufall. Eine Vorform des Schicksals,* Stuttgart 1924.
Schomberg, R. C. F., *Kafirs and Glaciers,* London 1938.
Schoolcraft, H., *Historical and Statistical Information Respecting the History, Condition and Prospects of the Indian Tribes of the United States.* Bd. 5, Philadelphia 1860.
Schoolcraft, H., *The Myth of Hiawatha and Other Indian Legends,* Philadelphia 1956.
Schreiber, H., *Die Feen in Europa,* Freiburg 1842.
Schröder, D. J., *Johann Schröders trefflich-versehene Medizin-chymische Apotheke oder: höchstkostbarer Arzeney-Schatz,* Nürnberg 1685.
Schröder, D., Zur Religion der Tujen des Sininggebietes (Kukunor). *Anthropos, 47/48* (1952/53).
Schröder, F. R., *Die Germanen. Religionsgesch. Leseb. H. 12,* Tübingen 1929.
Schultes, R. E., Botanical Sources of the New World Narcotics. *Psychedelic Rev. 1* (1963).
Schultes, R. E., *An Overview of Hallucinogens in the Western Hemisphere.* In: Furst (1972).
Schwartz, E., *Die Odyssee,* München 1924.
Schwartz, S. A., *The secret Vaults of Time,* New York 1978.
Schwarz, B., *Kamerun,* Leipzig 1888.
Scott, J. M., *The White Poppy,* London 1969.
Scrobogna, B., *Die Pintubi,* Berlin 1980.
Seattle, *Wir sind ein Teil der Erde,* Freiburg/Olten 1982.
Sèchehaye, M. A., *Journal d'une schizophrène,* Paris 1950.
Sejourné, L., *Burning Water: Thought and Religion in Ancient Mexico,* New York 1956.
Sendak, M., *Wo die wilden Kerle wohnen,* Zürich 1967.
Serner, W., *Letzte Lockerung. Manifest Dada,* Hannover 1920.
Serrano, M., *El/Ella,* Basel 1982.
Servadio, E., Parapsychologie und «Ungläubigkeitsreaktion». *Zeitschr. Parapsychol. Grenzgeb. Psychol., 2* (1958).
Sexauer, H., Zur Phänomenologie und Psychologie des Spuks. *Zeitschr. Parapsychol. Grenzgeb. Psychol., 2* (1958/59).

Sharkey, J., *Celtic Mysteries,* London 1979.
Sharon, D., *The San Pedro Cactus in Peruvian Folk Healing.* In: Furst (1972).
Sharon, D. und Donnan, C. B., The Magic Cactus: Ethnoarcheological Continuity in Peru. *Archeology, 30* (1977).
Sheils, D., A Cross-Cultural Study of Beliefs in Out-of-the-Body Experiences, Waking and Sleeping. *J. Soc. Psych. Res., 49* (1978).
Sheldrake, R. *A New Science of Life: The Hypothesis of Formative Causation,* London 1981.
Shields, D., All my Eye and Mister Martin. *Fortean Times 35* (1981).
Shimkin, B. D., A Sketch of the Ket, or Yenisei ‹Ostyak›. *Ethnos, 4* (1939).
Shirokogoroff., S. M., Psychomental Complex of the Tungus, London 1935 a.
Shirokogoroff, S. M., Versuch einer Erforschung der Grundlagen des Schamanentums bei den Tungusen. *Beiträge zur Völkerkunde, Baessler-Archiv, 18,* Berlin 1935 b.
Shu-Fang Dien, D., Seeing Between Lao Tzu and Don Juan: Not-Doing. *Journal of Altered States of Consciousness, 5* (1979/80).
Shuttle, P. und Redgrove, I., *The Wise Wound: Menstruation and Everywomen,* London 1978.
Shonle, R., Peyote: The Giver of Visions. *Am. Anthropol., 27* (1925).
Siegel, R. K., Collings, P. R. und Diaz, J. L., On the Use of Tagetes Lucida and Nicotina Rustica as a Huichol Smoking Mixture: The Aztec ‹Yagutli› with Suggestive Hallucinogenic Effects. *Econ. Bot. 31* (1977): 16 ff.
Sieroszewski, W., *12 lat w kraju Jakutów,* Warszawa 1900.
Sieroszewski, W., Du chamanisme d'après les croyances des Yakoutes. *Revue de l'hist. relig., 46* (1902).
Siiger, H., *Shamanistic Ecstasy and Supernatural Beings. A Study Based on Fieldwork among the Kalash Kafirs of Chitral.* In: Edsman, C.-M. (Hg.), *Studies in Shamanism,* Stockholm 1967.
Siikala, A.-L., *The Rite Technique of the Siberian Shaman,* Helsinki 1978.
Silverman, J., Shamans and Acute Schizophrenia. *American Anthropologist,* 1967.
Simčenko, J. B., *Mother Cult among the North Eurasian Peoples.* In: Diószegi und Hoppál (1978).
Simkević, P. P., *Materialy dlya izuchenia shamanstva u goldov,* Chabarovsk 1896.
Simpson, C. und Knightley, P., *The Secret Lives of Lawrence of Arabia,* London und New York 1969.
Simpson, J., The World Upside Down Shall Be: A Note on the Folklore of Doomsday. *J. Am. Folkl. 91* (1978).
Simrock, K., *Handbuch der deutschen Mythologie,* Bonn 1864.
Singer, P. und DeSole, D., The Australian Subincision Ceremony Reconsidered. *Am. Anthropol.* (1967).
Singer, P. und Ankenbrandt, K. W., The Ethnography of the Paranormal. *Phoenix 4* (1980).
Skinner, A. und Satterlee, J. V., *Folklore and the Menomini Indians,* New York 1915.
Skorupski, J., *Symbol and Theory,* Cambridge 1976.
Slotkin, J. S., Peyotism, 1521–1891. *Am. Anthropol., 57* (1955).
Slotkin, J. S., *The Peyote Religion,* Glencoe 1956 a.
Slotkin, J. S., The Peyote Way. *Tomorrow 4* (1956).
Smiley, H. D., The Naming of Tobacco Plains. *Eureka, 1975.*
Smith, H., Do Drugs have Religious Import? *J. Philos.* (1964).
Smith, J., Paranormal Effects on Enzyme Activity. *J. Parapsychol., 31* (1968).
Socarides, C. W., *The Overt Homosexual,* New York 1968.
Solecki, R. S., Shanidar IV, a Neandertal Flower Burial in Northern Iraq. *Science, 190* (1975).

Sollberger, E. und Kupper, J.-R., *Inscriptions royales sumériennes et akkadiennes,* Paris 1971.
Sollers, P., *Drame,* Paris 1965.
Sollers, P., *Nombres,* Paris 1968.
Solms, H., Chemische Struktur und Psychose bei Lysergsäure-Derivaten. *Praxis, 45* (1956 a).
Solms, H., Relationships Between Chemical Structure and Psychoses with the Use of Psychotoxic Substances. *Journ. Clin. Exp. Psychopath., 17* (1956 b).
Sowada, A., *Socio-Economic Survey of the Asmat People of Southwestern New Guinea,* Diss. Washington 1961.
Spaeth, E., Über die Anhalonium-Alkaloide. I, Anhalin und Mescalin. *Mh. Chemie, 40* (1919).
Spamer, A., *Deutsche Fastnachtsbräuche,* Jena 1934.
Speck, F. G., *Naskapi: The Savage Hunters of the Labrador Peninsula,* Oklahoma 1935.
Speiser, F., Die eleusinischen Mysterien als primitive Initiation. *Zeitschr. Ethnol.* (1928).
Spencer, B. und Gillen, F. J., *The Native Tribes of Central Australia,* London 1899.
Spencer, B. und Gillen, F. J., *The Arunta,* London 1927.
Spencer, R. F., *The North Alaskan Eskimo: A Study in Ecology and Society,* New York 1976.
Spiel, H., Aus der Tiefe der Zeit. *Frankfurter Allgem. Zeit.,* 4. 7. 1964.
Spiro, M. E., *Burmese Supernaturalism,* Englewood Cliffs 1967.
Spitzer, L., Besprechung von Kayser «Das Groteske». *Gött. Gelehr. Anz., 112,* (1958).
Spruce, R., *Notes of a Botanist on the Amazon and the Andes.* 2 Bde., London 1908.
Staal, F., *Exploring Mysticism,* Berkeley 1975.
Stabler, D., *Der paradiesische Augenblick,* München 1979.
Stagl, J., *Die Beschreibung des Fremden in der Wissenschaft.* In: Duerr (1981 I a).
Stanford, R. G., *Experimental Psychokinesis: A review from diverse perspectives.* In: Wolman (1977 a).
Stanford, R. G., *Conceptual Frameworks of Contemporary Psi Research.* In: Wolman (1977 b).
Stanford, R. G., The Question is: Good Experimentation or Not? A reply to Dr. C. T. Tart. *J. Am. Soc. Psych. Res., 71* (1977 c).
Stanford, R. G., The Application of Learning Theory to ESP Performance: A Review of Dr. C. T. Tart's Monograph. *J. Am. Soc. Psych. Res., 71* (1977 d).
Stanford, R. G., Toward Reinterpreting Psi Events. *J. Am. Soc. Psych. Res., 72,* (1978).
Stanford, R. G., Are we Shamans or Scientists? *J. Am. Soc. Psych. Res., 75* (1981).
Staniford, P. S., Inside out: Anthropological Communication of Alternate Realities. *Phoenix, 1* (1977).
Staub, W., Beobachten, Beschreiben und Erklären in der Parapsychologie – eine methodologische Kritik. Teil I und II. *Zeitschr. Parapsychol. Grenzgeb. Psychol., 20* (1978), *21* (1979).
St. Clair, D., *Drum and Candle,* Garden City 1971.
Steckel, R., *Bewusstseinserweiternde Drogen,* Berlin 1969.
Steffel, M., *Tarahumarisches Wörterbuch.* G. C. Murr (Hg.), 2 Bde., Halle, 1810–1811.
Steiner, F. B., Skinboats and the Yakut ‹Xayik›. *Ethnos 4,* (1939).
Stepanova, M. V., Gurvich, I. S., Khramova, V. V., *The Yukagirs. The peoples of Siberia,* Chicago & London 1964.
Sternberg, L., Die Religion der Giljaken. *Arch. Religionswiss., 8* (1905).
Sternberg, L., Divine Election in Primitive Religion. *Compte-Rendu Congr. Int. Américan.,* Göteborg 1925.

Sternberg, L., Der Adlerkult bei den Völkern Sibiriens: Vergleichende Folklore-Studie. *Archiv für Religionswissenschaft, 28* (1930).
Steward, O. C., Contemporary Document on Wovoka (Jack Wilson), Prophet of the Ghost Dance in 1890. *Ethnohistory, 24* (1977).
Stewart, K., *Dream Theory in Malaya*. In: Tart (1969).
Stewart, O. C., Ethnohistorical Aspects of Peyotism and Mescalism. *Journ. Altered St. Consc., 5* (1979/80).
Stieda, L., Das Schamenenthum unter den Burjäten. *Globus, 52* (1887).
Stillwell, W., The Process of Mysticism: Carlos Castaneda. *Journ. Humanist. Psychol., 19* (1979).
Stoller, R. J., Gender Identity. In: Freedman, A. M. *et al.* (Hg.), *Comprehensive Textbook of Psychiatry,* Bd. 2, Baltimore 1975.
Storm, H., *Song of Heyoehkah,* San Francisco 1981.
Strahlenberg, P. von, *Das nord- und ostliche Theil von Europa und Asia,* Stockholm 1736.
Strasburger, H., *Zum antiken Gesellschaftsideal,* Heidelberg 1976.
Strauch, I., Zur Frage der «Geistigen Heilung». *Zeitschr. Parapsychol. Grenzgeb. Psychol., 1* (1958) I; *4* (1960) II.
Strauch, I., Dreams and Psi in the Laboratory. In: Cavanna, R. (Hg.), *Psi favourable States of Consciousness,* New York 1970.
Strauss, T., *Der Künstler und der Narr.* In: Poley (1981).
Strehlow, C., *Die Aranda- und Loritja-Stämme in Zentralaustralien,* Frankfurt 1907.
Strobel, H., *Bauernbrauch im Jahresablauf,* Leipzig 1936.
Strong, W. D., Aboriginal Society in Southern California. *Univ. Cal. Publ. Am. Archaeol. Ethnol., 26* (1929).
Studniczka, F., *Kyrene,* Leipzig 1890.
Stürup, G. K., Male Transsexuals. *Acta Psychiat., 53* (1976).
Stumpfl, R., *Kultspiel der Germanen als Ursprung des mittelalterlichen Dramas,* Berlin 1936.
Suzuki, S., *Zen mind, Beginners mind,* New York und Tokyo 1970.
Swanton, J. R., Animal Stories From the Indians of the Muskhogean Stock. *J. Am. Folkl., 26* (1913).
Swanton, J. R., Myths and Tales of the Southeastern Indians. *Bureau Am. Ethnol. Bull, 88* (1929).
Swiderski, S., Les visions d'iboga. *Anthropos, 76* (1981).
Szasz, T., *Heresies,* New York 1976.
Szasz, T., *The myth of psychotherapy,* New York 1979.

Taber, W. A. und Heacock, R. A., Location of Ergot Alkaloids and Fungi in the Seed of *Rivea corymbosa* (L.) Hall. f. «Ololiuqui». *Can. Journ. Microbiol., 8* (1962).
Taber, W. A., Vining, L. C. und Heacock, R. A., Clavine and Lysergic Acid Alkaloids in Varieties of Morning Glory. *Phytochem., 2* (1963).
Tart, C. T., A Psychophysiological Study of Out-of-the-Body Experiences in a Selected Subject. *J. Am. Soc. Psych. Res., 62* (1968).
Tart, C. T. (Hg.), *Altered States of Consciousness,* New York 1969.
Tart, C. T., *On Being Stoned: A Psychological Study of Marihuana Intoxication,* Palo Alto 1971.
Tart, C. T., States of Consciousness and State-Specific Sciences. *Science, 176* (1972).
Tart, C. T., *States of Consciousness,* New York 1975 a.
Tart, C. T., Descrete States of Consciousness. In: P. Lee, R. E. Ornstein, D. Galin, A. J. Deikman, C. T. Tart (Hg.), *Symposium on Consciousness,* New York 1975 b.
Tart, C. T., *The Application of Learning Theory to ESP Performance,* New York 1975 c.

Tart, C. T., Studies of Learning Theory Application, 1964–1974, *Parapsychology Review, 6* (1975 d).
Tart, C. T., Putting the Pieces Together: A Conceptual Framework for Understanding Discrete States of Consciousness. In: Zinberg, N. E. (Hg.), *Alternate States of Consciousness,* New York 1977.
Tart, C. T., *Psi: Scientific Studies of the Psychic Realm,* New York 1977 a.
Tart, C. T., Toward Conscious Control of Psi Through Immediate Feedback Training: Some Considerations of Internal Processes. *J. Am. Soc. Psych. Res., 71* (1977 b).
Tart, C. T., Toward Humanistic Experimentation in Parapsychology: A Reply to Dr. Stanford's Review. *J. Am. Soc. Psych. Res., 71* (1977 c).
Tart, C. T., Science and the Sources of Value: A Transpersonal-Behavioristic Point of View. *Phoenix, 3* (1979): 25–30.
Tart, C. T., An Emergent-Interactionist Understanding of Human Consciousness. In: Shapin, B. und Coly, L. (Hg.), *Brain/Mind and Parapsychology,* New York 1979.
Tauxier, L., *Le noir du Sudan,* Paris 1912.
Tauxier, L., *La religion Bambara,* Paris 1927.
Taylor, N., The Pleasant Assassin: The Story of Marihuana. In: Solomon. D. (Hg.), *The Marihuana Papers,* New York 1968.
Tedlock, B., *Der Anthropologe und der Wahrsager.* In: Duerr (1981, II, a).
Temkin, A. Y., Parapsychology from the Point of View of Modern Physics. *Europ. J. Parapsychol. 4* (1982).
Tezozómoc, A., *Crónica Méxicana. 1959.* (M. Orozco y Berra, Hg., Mexico 1878).
Thalbitzer, W., The Heathen Priests of East Greenland (Angakut). *Proc. 16. Int. Congr. Americanists,* Vienna 1908.
Thalbitzer, W., Les magiciens esquimaux, leurs conception du monde, de l'âme et de la vie. *Journ. Soc. Américanistes, 22* (1930).
Thompson, J. E. S., *Maya History and Religion,* Norman 1970.
Thompson, S., *Tales of the North American Indians,* Bloomington 1966.
Thompson, W. S., The Asiatic or Winged Artemis. *Journ. Hellenic Stud.* (1909).
Thompson, W. I., *Passages about the Earth,* New York 1973.
Thompson, W. I., *The Time Falling Bodies Take to Light,* New York 1981.
Theweleit, K., *Männerphantasien,* Bd. 1., Frankfurt 1977, Bd. 2, Frankfurt 1978.
Thwaites, R. G. (Hg.), *The Jesuit Relations and Allied Documents,* Bd. 6, Cleveland 1897. Bd. 12, Cleveland 1898.
Tietzel, M., Sympathy for the Devil. Die literarische Figur des Wissenschaftlers aus der Sicht der modernen Wissenschaftslehre. *Zeitschr. allgem. Wissenschaftstheor., 11* (1980).
Timm, D., *Die Linien der Welt greifen. Carlos Castaneda und die Anthropologie.* In: Duerr (1981 a I).
Tipton, S. M., *Getting Saved From the Sixties. Moral Meaning in Conversion and Cultural Change,* Berkeley 1981.
Tizané, E., *Sur la piste de l'homme inconnu,* Paris 1951.
Tolkowsky, S., *Hesperides: A History of the Culture and Use of Citrus Fruits,* London 1938.
Torquemada, J. de, *Primera (segunda, tercera) parte de los veinte i un libros rituales i monarchia indiana.* 3 Bde., Madrid 1723.
Toulmin, S., *Ist die Unterscheidung zwischen Normalwissenschaft und revolutionärer Wissenschaft stichhaltig?* In: Lakatos und Musgrave (1974).
Tozzer, A. M., *A Comparative Study of the Mayas and Lacandones,* New York 1907.
Tremearne, A., *The Ban of the Bori,* Cranton und Ouseley 1914.
Trilles, H., *Fleurs noires et âmes blanches,* Lille 1914.
Trilles, R. P., *Les Pygmées de la forêt equatoriale,* Paris 1932.

Tröltsch, E. von, *Die Pfahlbauten des Bodenseegebietes,* Stuttgart 1912.
Troschchanski, V. G., *Evoljucija černoj very u jakutov,* Kazan 1902.
Tucci, G., Tracce di culto lunare in India. *Riv. Stud. Orient. 12* (1929/30).
Turi, A. M., *La levitazione,* Roma 1977.
Turner, V. W., Symbolization and Patterning in the Circumcision Rites of two Bantu-speaking Societies. In: Douglas, M. und Kaberry, P. M. (Hg.), *Man in Africa,* London 1969.

Ünal, A., Zum Status des «Augures» bei den Hethitern, *Rev. Hittite Asian, 31* (1973).
Ullmann, M. und Krippner, S., *Dream Studies in Telepathy,* New York 1970.
Ullmann, M., Krippner, S. with Vaughan, A., *Dream Telepathy,* New York 1973.
Urbina, M., El peyote y el ololuihqui. *An. Mus. Nac. Mexico, 7* (1900).
Uslar, D. v., Über die traumartige Struktur telepathischer Aussagen. *Zeitschr. Parapsychol. Grenzgeb. Psychol., 1* (1958) I, *2* (1958/59) II.

Van Baal, J., *Dema,* The Hague 1966.
Van de Castle, R., *The Psychology of Dreaming,* Morristown 1971.
Van de Castle, R., *An Investigation of Psi Abilities among the Cuna Indians of Panama.* In: Angoff und Bath (1974).
Van de Castle, R., Anthropology and Psychical Research. *Phoenix, 1* (1977).
Van der Kroef, J. M., Transvestitism and the Religious Hermaphrodite in Indonesia. *J. East As. Stud., 3* (1954).
Van der Post, L., *The lost World of the Kalahari,* London 1950.
Van Dyke, C. und Byck, R., Cocain. *Spektrum Wiss.,* Mai (1982).
Van Eden, F., A Study of Dreams. *Proc. Soc. Psych. Res., 26* (1913).
Vanggaard, T., *Phallos: Symbol und Kult in Europa,* München 1971.
Van Loon, F. G. H., Die Bedeutung urinstinktiver Phänomene bei den «Primitiven» und in der Kulturgesellschaft. *Zeitschr. Völkerpsych. Soziol., 7* (1931).
Vannicelli, L., *La religione dei Lolo,* Milano 1944.
Varela, F., *Principles of Biological Autonomy,* New York 1979.
Vajda, L., *Zur phaseologischen Stellung des Schamanismus.* In: Schmitz, C. A. (1964).
Vdovin, I. S., *Social Foundations of Ancestor Cult among the Yukagirs, Koryaks, and Chukchis.* In: Diószegi und Hoppál (1978).
te Velde, H., *Seth, God of Confusion,* Leiden 1967.
Verger, P., *Notes sur le culte des orisa et vodun à Bahia, la baie de tout les saints, au Brésil et à l'ancienne côte des esclaves en Afrique,* Dakar 1957.
Vergine, L., *Il corpo come linguaggio,* Milano 1974.
Villa Rojas, A., *Integración e indigenismo en el pensiamento de Aguirre Beltrán,* Mexico 1973.
Voigt, H. P., *Zum Thema: Kokain,* Basel 1982.
Volker, T., *The Animal in Far Eastern Art,* Leiden 1950.
Volten, A., Demotische Traumdeutung. *Analecta Aegyptiaca, 3,* Kopenhagen, 1942.
Vukanovic, T. P., Obscene objects in Balkan religion and magic. *Folklore, 92* (1981).

Wagner-Robertz, D., Krankenheilung bei den Hei//om. *Unter dem Pflaster liegt der Strand, 9* (1981).
Wahner, J., Vom Berggeiste. *Monatsschr. Pfl. Kenntn. Vertr. Intern. Oberschl., 1* (1902/03).
Waser, P. G., The Pharmacology of Amanita Muscaria. In: Efron, D. H. (Hg.), *Ethnopharmacological Search for Psychoactive Drugs,* Washington 1967.
Waser, P. G., Pharmakologische Wirkungsspektren von Halluzinogenen. *Bull. Schweiz. Ak. Med. Wiss., 27* (1971).

Waldenfels, B., *Die Verschränkung von Innen und Aussen im Verhalten. Phänomenologische Forschungen,* Bd. 2, Freiburg/München 1976.
Walker, B., *Beyond the Body,* London 1974.
Walker, E. H., Quantum Mechanics/psi phenomena: The theory and suggestions for new experiments. *J. Res. Psi Phenom., 1* (1976).
Wallis, R., (Hg.), *On the Margins of Science: The Social Construction of Rejected Knowledge,* Keele 1979.
Ward, P., The Little Man Who Wasn't There: Encounters with the Supranormal. *Fabula, 18* (1977).
Warner, W. L., *A Black Civilization: A Social Study of an Australian Tribe,* New York 1937.
Wassén, S. H. und Holmstedt, B., The Use of Paricá. *Ethnos* (1963).
Wassén, S. H., The Use of Some Specific Kinds of South American Snuff and Related Paraphernalia, Göteborg 1965.
Wasson, R. G. und Wasson, V. P., *Mushrooms, Russia and History,* New York 1957.
Wasson, R. G., Notes on the Present Status of Ololiuhqui and the Other Hallucinogens of Mexico. *Psychedelic Rev., 1* (1964).
Wasson, R. G., Fly Agaric and Man. In: Efron, D. H. (Hg.), *Ethnopharmacological Search for Psychoactive Drugs,* Washington 1967.
Wasson, R. G., *Soma. Divine Mushroom of Immortality,* New York 1968.
Wasson, R. G., *The Divine Mushroom of Immortality.* In: Furst (1972) a.
Wasson, R. G., *What was the Soma of the Aryans?* In: Furst (1972) b.
Wasson, R. G., *Soma and the Fly-Agaric, Mr. Wasson's Rejoinder to Prof. Brough,* Cambridge 1972.
Wasson, R. G., *Maria Sabina and her Mazatec Mushroom Velada,* New York/London 1974.
Waterman, T. T., *The Religious Practices of the Digueño Indians,* Berkeley 1910.
Watkins, G. und Watkins, A. M., Possible PK Influence on the Resuscitation of Anaesthetised Mice. *J. Parapsychol., 35* (1971).
Watkins, G. K., Psychic Healing: The Experimental Viewpoint. *Research in Parapsychology 1978,* Metuchen 1979.
Watkins, J., *Gegen die Normalwissenschaft.* In: Lakatos und Musgrave (1974).
Watts, A., *Dies ist es,* Basel 1981.
Wavell, S., Butt, A., Epton, N., *Trances,* London 1967.
Weber, R. und Sellon, E., The Physicist and the Mystic – Is a Dialogue Between them Possible? *ReVision, 4* (1981).
Webster, H., *Magic: A Sociological Study,* Stanford 1948.
Webster, J., M. Rulandus: *Aus Johann Websters: Med. Pract. Untersuchung der vermeinten und so genannten Hexereyen. Aus dem Englischen ins Teutsche übersetzt,* Halle 1716.
Wehrli, F., Die Mysterien von Eleusis. *Archiv für Religionswissenschaft,* 1934.
Weil, A. T., Nutmeg as a Psychoactive Drug. In: Efron, D. H. (Hg.), *Ethnopharmacological Search for Psychoactive Drugs,* Washington 1967.
Weil, A. T., *The Natural Mind,* Boston 1972.
Weinberg, S., Neolithische anthropomorphe Steinidole aus Griechenland. In: Thimme, H. (Hg.), *Kunst und Kultur der Kykladeninseln im 3. Jahrtausend vor Christus.* Karlsruhe 1976.
Weingarten, E., Sack, F., Schenkein, J. (Hg.), *Ethnomethodologie. Beiträge zu einer Soziologie des Alltagshandelns,* Frankfurt 1976.
Weiner, D. H. und Haight, J., Psi Within a Test of Memory: A Partial Replication. *Research in Parapsychology 1979,* Metuchen 1980.
Weiss, G., *Shamanism and Priesthood in Light of the Campa Ayahuasca Ceremony.* In: Harner (1973).

Weitnauer, A., *Keltisches Erbe in Schwaben und Baiern,* Kempten 1961.
Wellmann, H., Die «Physiká» des Bolos Demokritos. *Abh. Preuss. Akad.* (1928).
Welcker, F. G., *Griechische Götterlehre,* Göttingen 1860.
Welsh, H., *Civilization Among the Sioux Indians,* Philadelphia 1893.
Werth, L. F., Normalizing the Paranormal. *Am. Philos. Quart.* (1978).
Weserman, H. M., Versuche willkürlicher Traumbildung. *Archiv tier. Magnet., 6* (1819).
Westerbeke, P., Gover, J., Krippner, S., Subjective Reactions to the Filipino «Healers»: A Questionnaire Study. *Research in Parapsychology 1976,* Metuchen 1977.
Westermarck, E., *Survivances paiennes dans la civilisation mahonétane.* Paris 1935.
Weyer, E. M., *The Eskimos: Their Environment and Folkways,* New Haven und London 1932.
White, E. E., Report of the Kiowa, Comanche and Wichtita Agency. *U.S. Bureau Ind. Affairs Ann. Rep.,* 1888.
Whiteman, J. H. M., The Vision of Archetypal Light. *Rev. Relig. 18* (1954).
Whiteman, J. H. M., *The Mystical Life,* London 1961.
Whiteman, J. H. M., An Introduction to the Mystical Model for Psychopathology. *Journal of Altered States of Consciousness, 5* (1979/80).
Whiting, J. W. M., Totem and Taboo – a Re-evaluation. In: Masserman, J. H. (Hg.), *Science and psychoanalysis,* Bd. 3, 1960.
Wick, J. J., *Die Wickiana,* Küsnacht 1975.
Wickler, W., Ursprung und biologische Deutung des Genitalpräsentierens männlicher Primaten. *Zeitschr. Tierpsych., 23* (1966).
Widengren, G., *Die Religionen Irans,* Stuttgart 1965.
Widengren, G., Stand und Aufgaben der iranischen Religionsgeschichte. *Numen, 2* (1955).
Wieland, T. und Motzel, W., Über das Vorkommen von Bufotenin im gelben Knollenblätterpilz. *Ann. Chem. 581* (1953).
Wikander, S., *Vayu: Texte und Untersuchungen zur indo-iranischen Religionsgeschichte,* Uppsala 1941.
Wikler, A., *Opiate Addiction,* Springfield 1953.
Wilbert, J., *Tobacco and Shamanic Ecstasy Among the Warao Indians of Venezuela.* In: Furst (1972).
Wili, W., Die orphischen Mysterien und der griechische Geist. *Eranos Jahrb., 11* (1954).
Williams, F. E., *Papuans of the Trans-Fly,* Oxford 1936.
Williams, H., *Der Immortalist,* Basel 1979.
Williams, P. V. A., *Exú: The Master and the Slave in Afro-Brazilian Religion.* In: Williams (1979).
Williams, P. V. A. (Hg.), *The Fool and The Trickster: Studies in Honour of Enid Welsford,* Cambridge 1979.
Wilson, C., *Origins of the Sexual Impulse,* London 1966.
Wilson, E. O., *Sociobiology: The New Synthesis,* Cambridge 1975.
Wilson, R. A. und White, J. B., Kryogenik und Zukunftsperspektiven. *Sphinx Magazin 8* (1980).
Wilson, R. A., *Cosmic Trigger,* Basel 1979.
Winkelman, M. Extrasensory, Cognitive and Social Features Among Nahuatl Children. *Parapsychology Review, 10* (1979).
Winkelman, M., Magic and Parapsychology. *Phoenix, 4* (1980).
Winkelman, M., Magic: A Theoretical Reassessment. *Current Anthrop., 23* (1982).
Wirth, J., *La démonologie de Bosch.* In: Rodari und Wirth (1977).
Wirz, P., *Exorzismus und Heilkunde auf Ceylon,* Bern 1941.

Wisdom, C., The Supernatural World and Curing. In: S. Tax (Hg.), *Heritage of Conquest,* Glencoe 1952.
Wissler, C., General Discussion of Shamanistic and Dancing Societies. *Anthropol. Papers Am. Mus. Nat. Hist., 11* (1912–16).
Wittgenstein, L., *Tractatus logico-philosophicus,* London 1922.
Wittgenstein, L., *Vermischte Bemerkungen,* Hg. von G. H. von Wright und H. Nyman, Frankfurt 1977.
Wlislocki, H. v., *Volksglaube und religiöser Brauch der Zigeuner,* Münster 1891.
Wolman, B. B. (Hg.), *Handbook of Parapsychology,* New York 1977.
Worms, E. A., Australian Mythological Terms. *Anthropos* (1957).
Wroblewski, C., Stadtindianer. *Tages Anzeiger Magazin,* 22. 5. 1982.
Wünsche, A., *Die Sagen vom Lebensbaum und Lebenswasser,* Leipzig 1905.
Wuttke, M., *Der deutsche Volksaberglaube der Gegenwart,* Leipzig 1900.

Yalman, N., The Raw: the Cooked:: Nature: Culture – Observations on «Le Cru et le Cuit». In: Leach, E. (Hg.), *The Structural Study of Myth and Totemism,* London/ New York 1969.
Young, E., *Algonquin Indian Tales,* London 1903.

Zacharias, G. *Satanskult und Schwarze Messe,* München 1979.
Zegwaard, G. P. und Boelaars, J. H. M. C., De social structur van de Asmat-Bevolking. *Adatrechtbundel, 45* (1955).
Zelenin, D., Ein erotischer Ritus in den Opferungen der altaischen Türken. *Int. Arch. Ethnogr., 29* (1928).
Zerries, O., *Wild- und Buschgeister in Südamerika,* Wiesbaden 1954.
Zerries, O., Besessenheit und Geisterbesuch. Parapsychologische Erscheinungen unter den Mahekodo-tedi, einer Yanoama-Gruppe am oberen Orinoco. *Ethnol. Am.* (1972).
Zimbardo, P. G. und Ruch, F. L., *Lehrbuch der Psychologie,* Berlin 1978.
Zingg, R. M., *The Huichols: Primitive Artists,* New York 1938.
Zöllner, F., *Wissenschaftliche Abhandlungen.* Bd. 2, Leipzig 1878.
Zorab, G., The Surabaja Poltergeist. *Parapsychol. Bull., 34* (1954).
Zorab, G., *D. D. Home il medium.* Milano 1976.
Zorab, G., The Earthquake Effect: D. D. Home's Unique and Powerful PK Phenomenon. *Research in Parapsychology 1976,* Metuchen 1977.

Bildnachweis

H. Becher, 295
Bildarchiv Preussischer Kulturbesitz, Berlin, 79, 113, 201, 209, 349
Esotera-Archiv, 63
C. Gatewood, 91
E. R. Gruber, 11, 27, 37, 83, 85, 93, 147, 149, 157, 221, 235, 257, 273, 423
Aus J. Halifax, *Shamanic Voices*, 335
Museum of Anthropology, Vancouver, 95
Aus *Mythos und Ritual*, Kunsthaus Zürich, 183, 255
M. Oppitz, 249, 303
T. Ott, 129, 145, 167, 169, 171
B. Plummer, 291
Prem Dass, 231
Aus G. Reichel-Dolmatoff, *The Shaman and the Jaguar*, 41, 101, 223, 245
S. Ruppert, 217
Staatliches Museum für Völkerkunde, München, 23, 49
Aus *Stones Bones and Skin*, Toronto, 355
T. G. H. Strehlow, 97
Winnipeg Art Gallery, 87
Witsen, 99